정말이지
쉬운 한자

47일 만에 끝내는
정말이지 쉬운 한자

초판1쇄 발행일 2012년 7월 2일
초판2쇄 발행일 2014년 1월 9일
초판3쇄 발행일 2016년 7월 22일

지은이 : 현재진
펴낸이 : 현재진
펴낸곳 : 도서출판 한자북스
     주소 경기도 고양시 일산동구 경의로 329 상가-208(마두동, 백마마을)
     전화 031-903-1482
     Email : hanjabooks@naver.com
     블로그 : blog.naver.com/hanjabooks
     등록번호 제396-2009-000033호
     등록년월일 2009년 3월 17일

편집 : 안승철, 현창훈
디자인 : 현창훈

이 책의 무단전재 및 복사나 복제행위는 저작권법에 저촉됩니다.
Copyright ⓒ2014 by 도서출판 한자북스

ISBN 89-967602-0-7　(13700)
파본된 책은 구입처에서 교환해 드립니다.
책값은 뒤표지에 있습니다.

47일만에 끝내는

정말이지 easy 쉬운 한자

현재진 지음

3급

한국어문회 3급(1817자)

한자북S

책을 내면서

　구제역, 살처분, 원전, 피폭과 천안함, 초계함, 함수, 함미, 승조원 등의 단어는 우리 모두가 가슴 아파하며 들은 단어들 입니다. 아마 많은 분들이 단어의 뜻을 이해하지 못하셨을 텐데요. 이 단어들은 모두 한자어로 한자를 조금이라도 공부하신 분들은 좀 더 쉽게 이해하셨을 테지요.

　옛날부터 우리나라에서는 한자와 한글 두 가지의 문자를 병행하여 사용해 왔지만 최근에는 한글의 비중이 더 높아졌습니다. 하지만 한글만으로는 단어의 70%이상을 차지하는 한자어를 정확하게 이해할 수 없습니다. 또 뉴스와 신문뿐만 아니라 책이나 대화에서도 대부분 한자로 이루어진 단어를 사용하기 때문에 한자는 우리의 생활과 떼려야 뗄 수 없는 관계입니다.

　그런데 많은 사람들이 한자를 기피하는 이유는 한자를 익히는 과정이 너무나 어렵기 때문입니다. 그래서 저는 많은 사람들이 한자를 좀 더 쉽게 공부하고 기억에 오래 남도록 십수 년간에 걸쳐 학생들에게 한자를 가르치며 연구를 하였고 그 결과 이 책을 쓰게 되었습니다.

　이 책에서는 여러분이 한자를 좀더 쉽고 재미있게 익힐 수 있도록 한자를 분해한 뒤 이야기로 풀이하여 좀 더 한자에 쉽게 다가갈 수 있도록 하였습니다.

　끝으로 이 책을 쓰는 동안 많은 도움을 준 'WORD WEB'의 저자 김두하씨와 디자인과 편집을 같이 해준 아들 창훈이와 승훈이에게 고맙다는 말을 전합니다.

지은이 현재진

목차

서문

- 책을 내면서   5
- 이 책의 특징은   8
- 이 책의 구성은   9
- 기초부수는 왜 공부해야 할까요   13
- 한자능력검정시험에 합격하려면   14

본문

- 기초부수와 뜻풀이 (118자) 2일 동안   15
- 본문학습 (1817자) 45일 동안   27

부록1 - 3급을 공부하며 꼭 알아야 할 것들

- 약자 — 486
- 유의자/유의어 — 488
- 반의자/반의어 — 494
- 사자성어 — 500
- 부수해석 (214자) — 530
- 총 복습1 - 3급 배정한자 읽기 (본문 나열 순) — 544
- 총 복습2 - 3급 배정한자 쓰기 (본문 나열 순) — 545

부록2 - 한자의 이해 및 한자능력검정시험 안내

- 한자의 기초 — 560
- 한자능력검정시험 응시요강 — 567
- 전국한자능력검정시험 예상문제 및 정답 — 569

부록3 - 훈음 색인

- 3급 배정한자 (1817자, 가나다순) — 577

이 책의 특징은

○ 일자별로 나누어

47일 만에 기초부수 118자와 3급 1817자를 체계적으로 학습할 수있도록
하루 40자씩 일자별로 엮었습니다.

○ 기초부수로 뜻을 풀이하고

각 글자를 기초부수와 어원으로 분해하고 뜻으로 풀이하여
쉽게 익힐 수 있으며, 오랫동안 잊혀지지 않습니다.

○ 요점을 콕콕 짚어주고

요점만 콕. 뉘앙스 콕. 복습하기 등을 통해
중요한 요점을 놓치지 않도록 하였습니다.

○ 약자와 간체자를 수록하고

각 글자의 반의어, 유의어, 약자, 일본어 한자, 중국어 한자(간체자)
등을 수록하였습니다.

○ 신규 개정 내용을 반영하여

2011년에 새로 개정된
급수체계(7Ⅱ, 6Ⅱ, 5Ⅱ)를 반영하였습니다.

○ 학원에서 공부하듯 엮었습니다

글자를 뜻으로 풀이해 설명하는 방식으로
마치 학원에서 수업을 듣는 것처럼 공부할 수 있습니다.

이 책의 구성은

01 기초부수

3급에서 필요한 기초부수는
부수 214개 중 3급을 공부하는데 필요한 68개와 변형부수 30개,
기초자모(부수나 변형부수는 아니지만 글자에 공통적으로 사용되는 요소)
20개를 합한 118개 입니다.

부 수	기본뜻/속뜻	그 림	풀 이	부수명칭/훈음 (원부수)
一	하나/모으다		* 물건이 하나 있는 모양으로 * 사람들이 모여 하나의 조직이나 나라를 이루니	한 일
ㅣ	뚫다		물건을 뚫은 모양	뚫을 곤
丶	불똥/중요		* 불똥의 모양으로 * 옛날에는 불똥을 모은 불씨가 중요했으니	점 주
丿	다스리다		* 칼을 내리치는 모양으로 * 칼을 내리쳐 상대방을 다스리니	삐침 별
乀				파임 불
乂	다스리다/베다		칼을 휘둘러 상대방을 베어 다스리니	벨 예

* 부수명칭 : 亻(사람인변), 氵(삼수변)과 같이 단독으로 사용되지 않는 부수들은 오랫동안 서당 등에서 교육의 편의를 위해 속칭으로 불리어짐으로써 원래 훈음 외에 부수명칭을 갖게 되었다.
* 원부수 : 변형부수의 원래 부수

02 본문

이 책은 매일 40자씩 45일 동안 3급 1817자를 공부하도록 구성되어 있습니다.

1. 본문구성

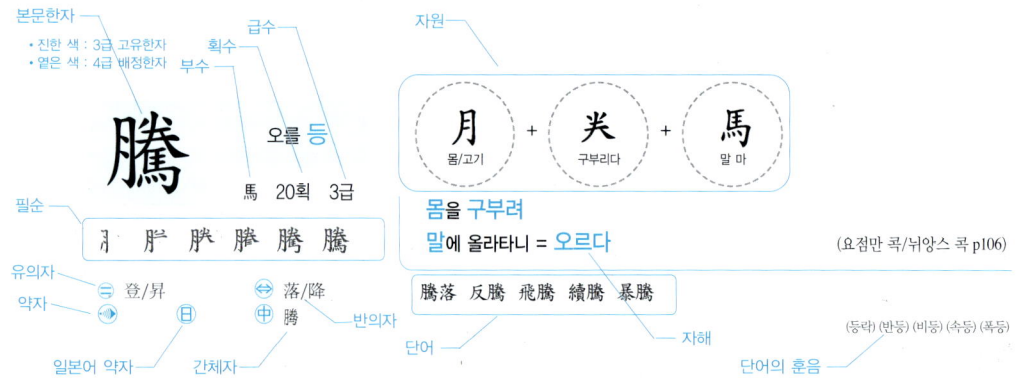

2. 요점만 콕

놓쳐서는 안될 중요한 요점들을 수록해 놓았습니다.

 요점만 콕!

☑ 직업 명칭에 사용되는 士, 師, 事는 각각 쓰임이 달라요
- 士(선비 사) 주로 공인된 전문기능직에 사용
  ▶ 辯護士(변호사) 博士(박사) 公認仲介士(공인중개사) 會計士(회계사) 辨理士(변리사) 營養士(영양사)
- 師(스승 사) 사람을 지도하는 역할의 직명, 의술 및 기타 전통적인 기술직에 사용
  ① 스승 ▶ 牧師(목사) 敎師(교사) ② 의술 종사자 ▶ 醫師(의사) 看護師(간호사) 韓醫師(한의사)
  ③ 전통 기술직 ▶ 理髮師(이발사) 料理師(요리사) 寫眞師(사진사)
- 事(일 사) 사건을 판단하고 조사하는 직업에 사용 ▶ 判事(판사) 檢事(검사) 道知事(도지사) 監事(감사)

3. 뉘앙스 콕

주의해야 할 동음이의어와 단어를 수록하여 어휘력을 향상시킬 수 있게 했습니다.

 뉘앙스 콕!

- ☑ • **色彩(색채)** : 물체가 빛을 받을 때 빛의 파장에 따라 그 겉에 나타나는 빛 ▶색채(色彩)가 곱다.
- • **彩色(채색)** : 그림 등에 색을 칠함 ▶물감으로 곱게 채색(彩色)하였다.
- ☑ • **太半(태반)** : 절반이 지남. 보통 3분의 2 이상을 가리킴 ▶국민들 태반(太半)이 반대하였다.
- • **殆半(태반)** : 거의 절반 ▶회원 태반(殆半)이 찬성하다.

4. 복습하기

복습 1 다음 한자를 훈독하세요. (2번 이상)

一	三	上	下	丈	丁	亭	停	寧	貯
打	頂	訂	七	切	不	否	杯	丙	病
疫	疾	症	丘	兵	岳	且	祖	組	租
宜	助	査	世	葉	蝶	棄	中	仲	忠

복습 2 다음 훈음에 해당되는 한자를 쓰세요. 물론 윗부분은 감추고…

한 일	석 삼	윗 상	아래 하	어른 장	장정 정	정자 정	머무를 정	편안 녕	쌓을 저
칠 타	정수리 정	바로잡을 정	일곱 칠	끊을 절	아닐 불	아닐 부	잔 배	남녘 병	병 병
전염병 역	병 질	증세 증	언덕 구	병사 병	큰산 악	또 차	조상 조	짤 조	조세 조
마땅 의	도울 조	조사할 사	세상 세	잎 엽	나비 접	버릴 기	가운데 중	버금 중	충성 충

복습 3 단어로 복습하기. 다음 뜻에 맞는 한자어를 한자로 쓰세요.

장모 ( ) 아내의 어머니	독감의 증세가 점점 악화되고 있다. ( )
정자 ( ) 경치가 좋은 곳에 쉬려고 지은 집	구릉을 깎아 평지를 만들었다. ( )
안녕 ( ) 아무 탈 없이 편안함	병영에서 병사들이 훈련을 받고 있다. ( )
丈母/亭子/安寧	症勢/丘陵/兵營

03 부록

* 부록 1

3급에서 정리되어야 하는 것과 한자능력검정시험에 필요한 요점들을 수록하였습니다.

   1. 약자

   2. 유의자/유의어

   3. 반의자/반의어

   4. 사자성어

   5. 부수 해석 – 214자

   6. 총 복습 – 3급 배정한자 읽기 (본문 나열 순)

   7. 총 복습 – 3급 배정한자 쓰기 (본문 나열 순)

* 부록 2

한자의 기초와 시험 응시 요강을 수록하였습니다.

  1. 한자의 기초(基礎)

    – 3요소   – 육서

    – 부수의 위치와 명칭   – 자전 찾는 방법

    – 한자어의 짜임   – 한자의 획과 획수

    – 기본 획순   – 두음법칙

  2. 한자능력검정시험 응시(應試) 요강(要綱)

    – 한자능력검정시험 급수별 배정한자 및 수준

    – 급수별 출제 유형 / 합격기준 / 시험시간 / 검정료

* 부록 3

3급 1817자를 가나다순으로 나열하여 색인(索引)으로 활용할 수 있게 하였습니다.

기초부수는 왜 공부해야 할까요

혹시 한글이나 영어를 공부할 때
자음과 모음, 알파벳을 익히지 않고 단어나 문장부터 배웠던 분 계시나요?
물론 없으시겠지요.
마찬가지로 한자를 처음 시작할 때도 본문을 공부하기전에 기초부수를 먼저 익혀야 합니다.
기초부수란 부수 214개 중 3급을 공부하는데 필요한 부수와 변형부수, 그리고 기초자모
(부수나 변형부수는 아니지만 글자에 공통적으로 사용되는 요소) 118자를 말합니다.

아래의 그래프는 필자가 지난 10년 동안 한자학원을 운영하며 학생들을 가르친 경험을
토대로 3급(1817자)을 기준으로 하여 기초부수를 익히고 공부한 경우와 무작정 글자를
외운 경우를 비교해본 것입니다.

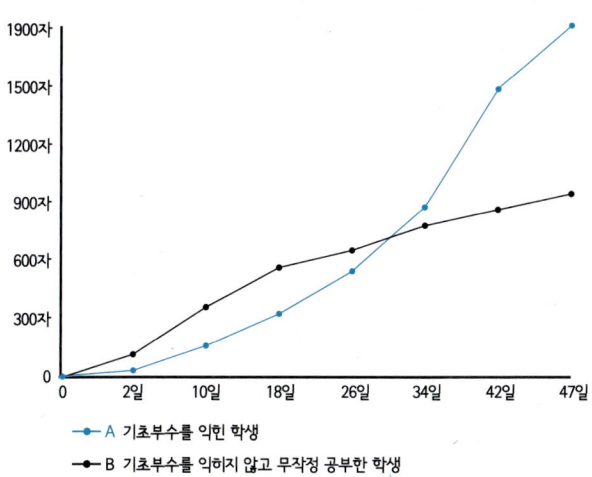

A는 기초부수를 익힌 학생이며 B는 기초부수를 익히지 않고 한자를 시작한 학생입니다. 기초부수를 익히는 처음 이틀간은 먼저 진도를 나가기 시작한 B가 A에 비하여 진도가 빨랐지만 불과 며칠 뒤에 A가 앞서나갔다는 것을 볼 수 있습니다. 기초부수를 익히지 않고 처음 이틀 동안 먼저 진도를 나간 B가 결국 A에게 뒤쳐질 수 밖에 없는 이유는 무작정 글자를 외웠기 때문입니다. 무작정 쓰면서 외우는 방식은 공부의 흥미를 떨어트려 결국 중도에 한자 공부를 포기하는 요인이 됩니다.

글자를 배우기에 앞서
기초부수를 익혀야한다는 사실에 힘들어 하는 분들도 계실텐데요
하지만 기초부수를 익혀두면 한자를 쉽게 공부할 수 있을 뿐만 아니라
글자를 내 것으로 만들어 시간이 지난 뒤에도 오랫동안 기억에 남을 수 있게 하는 밑거름이
된답니다.

한자능력검정시험에 합격하려면

3급에 합격하려면 150문제 중 105개(70%)이상을 맞춰야 합니다.
그렇다면 무엇을 어떻게 공부해야 할까요?

72문제 (독음 45문제, 훈음 27문제 - 48%)를 풀기 위해서는

8급 ~ 3급 1817자를 읽을 수 있어야 합니다.
- 66개 이상 맞으면 합격을 보장
- 10개 이상 틀리면 합격에 빨간 신호

30문제 (한자쓰기 30문제 - 20%)를 풀기 위해서는

8급 ~ 4급 1000자 및 단어를 한자로 쓸 수 있어야 합니다.
- 25개 이상 맞으면 합격을 보장
- 10개 이상 틀리면 합격에 빨간 신호

20문제 (유의어 5, 반의어 5, 반의어 5, 동음이의어 5 - 13%)를 풀기 위해서는

유의자, 유의어, 반의어, 반의자, 동음이의어 등을 쓸 수 있어야 합니다.
- 12개 이상 맞으면 합격을 보장
- 10개 이상 틀리면 합격에 빨간 신호

28문제 (사자성어 10, 부수 5, 뜻풀이 5, 장단음 5, 약자 3 -19%)를 풀기 위해서는

사자성어를 많이 읽고 각 글자의 부수와 한자어 그리고 약자 등을 주의깊게 익혀야 합니다.

2일 동안

기초부수와 뜻풀이

기초부수 118자

정말이지
쉬운 **한자**

01 일째 학습하기 – 기초부수 59자

부수	기본뜻/속뜻	그림	풀이	부수명칭/훈음 (원부수)
一	하나/모으다		* 물건이 하나 있는 모양으로 * 사람들이 모여 하나의 조직이나 나라를 이루니	한 일
丨	뚫다		물건을 뚫은 모양	뚫을 곤
丶	불똥/중요		* 불똥의 모양으로 * 옛날에는 불똥을 모은 불씨가 중요했으니	점 주
丿	다스리다		* 칼을 내리치는 모양으로 * 칼을 내리쳐 상대방을 다스리니	삐침 별
丶				파임 불
乂	다스리다 /베다		칼을 휘둘러 상대방을 베어 다스리니	벨 예
又	다스리다/ 들어오다		오른손의 모양으로 손에 무기를 들고 적을 다스린 후 성으로 들어오니	또 우
乚	새/굽음		* 乙(새 을)의 변형 * 글씨가 굽어 있는 모양에서 굽다	새을 방
亅	갈고리/ 농기구/무기		농기구나 무기처럼 끝이 구부러진 갈고리 모양	갈고리 궐
亠	머리/높다		상투의 모양으로 상투가 있는 머리는 몸에서 높으니	돼지머리해
亻	사람		人(사람 인)의 변형	사람인변
丄	사람/높다		사람의 머리에 높이 달린 상투의 모양	
彳	사람/가다		걸어가는 사람의 다리 모양	두인변 조금걸을 척
儿	사람/어질다		어진 노인의 수염 모양	어진사람 인

부 수	기본뜻/속뜻	그 림	풀 이	부수명칭/훈음 (원부수)
八	나누다/ 사람들		* 두 손을 나누고 있는 모양 * 많은 사람들을 가리킴	여덟 팔
冂	울타리		멀리 떨어져 있는 성이나 울타리의 모양	멀 경
冖			冂(멀 경)의 변형	(冂)
冖	덮다		물건을 덮은 모양	민갓머리 덮을 멱
冫	차다		날씨가 차 고드름이 달린 모양	이수변 얼음 빙
几	안석/기대다		사람이 몸을 기대 앉는 책상의 모양	안석 궤
凵	그릇		빈 그릇의 모양	위튼입 구 입벌릴 감
勹	싸다		물건을 몸으로 싸고 있는 모양	쌀 포
刂	칼/나누다		* 刀(칼 도)의 변형 * 칼로 물건을 나누니	선칼도방 (刀)
匕	칼/숟가락		* 구부러진 칼의 모양 * 칼과 숟가락을 사용하여 음식을 먹으니	비수 비
匚	감추다		물건을 감춰 둔 상자의 모양	터진에운담 감출 혜
匸			匚(터진에운담)의 변형	(匚)
十	많다		물건이 열개씩 많이 묶여있는 모양	열 십
廿			十(열 십) 두 자가 합쳐 만들어진 글자	스물 입
卄			廿(스물 입)의 변형	

부 수	기본뜻/속뜻	그 림	풀 이	부수명칭/훈음 (원부수)
廾	많다/ 바치다		많은 물건을 두 손으로 윗사람에게 바치는 모양	밑스물 입 받쳐들 공
卩	벼슬		벼슬아치가 무릎을 꿇고 앉아 있는 모양	병부 절
㔾			卩(병부 절)의 변형	병부절발 (卩)
厂	장소		바위가 튀어나와 그 밑에 장소가 생긴 모양	민엄 호 언덕 한
广				바위집엄 집 엄
厶	개인/크다		팔을 구부려 자신의 큰 얼굴을 가리키는 모양	마늘모 사사로울 사
マ	크다		厶(크다/개인)의 변형	
口	입/사람		사람이 입을 벌린 모양	입 구
囗	싸다/둥글다		둥근 담이 사방을 둘러 싸고 있는 모양	큰입구에운담 나라 국
夂	천천히		다리를 넓게 벌리고 천천히 걷는 모양	천천히걸을 쇠
宀	집		중요(丶)한 지붕으로 덮인(冖) 집의 모양	갓머리 집 면
寸	마디/ 헤아리다		맥박이 뛰는 팔목의 마디 모양으로 옛날에는 마디가 길이를 헤아리는 기준이었으니	마디 촌
幺	작다		작고 가느다란 실타래의 모양	작을 요
尢	절름발이		발을 절뚝거리는 절름발이의 모양	절름발이 왕
工	장인/ 만들다		장인이 물건을 만들 때 사용하는 자의 모양	장인 공

부 수	기본뜻/속뜻	그 림	풀 이	부수명칭/훈음 (원부수)
尸	죽음/몸/지붕		* 관속에 사람의 **몸**이 **죽어**있는 모양 * 관은 시체에게 집과 **지붕**이 되어 주니	주검 시
巛	냇물		川(내 천)의 변형	개미허리 내 천
川	내		냇물이 흘러가는 모양	내 천 (巛)
廴	가다		다리를 길게 뻗어 걸어 **가는** 모양	민책받침 끌 인
辶				책받침 (辵)
巾	베/재물		* **베**로 만든 수건이 걸려 있는 모양 * 베는 값비싼 **재물**이니	수건 건
彐	힘쓰다		돼지가 땅에 머리를 박고 **힘쓰는** 모양	터진가로 왈 돼지머리 계
彑				
彐			彐(돼지머리 계)의 변형	(彐)
扌	손		* 手(손 수)의 변형 * 才(재주 재)와 비슷한 모양에서 재방변	재방변 (手)
犭	개/짐승		犬(개 견)의 변형	개사슴록변 (犬)
氵	물		水(물 수)의 변형	삼수변 (水)
氺	물/모으다		* 水(물 수)의 변형으로 * 여러 갈래의 물길이 한데 모이는 모양	물 수 (水)
忄	마음		심장의 모양으로 心(마음 심)의 변형	심방변 (心)
㣺				마음심발 (心)

일째 복습하기 - 기초부수 59자

一 한 일	丨 뚫을 곤	丶 점 주	丿 삐침 별	㇏ 파임 불	乂 벨 예	又 또 우	乚 새을 방	亅 갈고리 궐	亠 돼지머리해
하나/모으다	뚫다	불똥/중요	다스리다		다스리다/베다	다스리다/들어오다	새/굽음	농기구/무기	머리/높다
亻 사람인변	𠆢	彳 두인변	儿 어진사람 인	八 여덟 팔	冂 멀 경	冖 민갓머리	冖 민갓머리	冫 이수변	几 안석 궤
사람	사람/높다	사람/가다	사람/어질다	나누다/사람들	울타리		덮다	차다	안석/기대다
凵 위튼입구	勹 쌀 포	刂 선칼도방	匕 비수 비	匚 터진에운담	匸	十 열 십	卄 스물 입	卅	廾 받쳐들 공
그릇	싸다	칼/나누다	칼/숟가락	감추다		많다			많다/바치다
卩 병부 절	㔾 병부절발	厂 민엄호	广 바위집엄	厶 마늘모	⼅	口 입 구	囗 큰입구에운담	夂 천천히걸을 쇠	宀 갓머리
벼슬		장소		개인/크다	크다	입/사람	싸다/둥글다	천천히	집
寸 마디 촌	幺 작을 요	尢 절름발이 왕	工 장인 공	尸 주검 시	巛 개미허리	川 내 천	夊 민책받침	辶 책받침	巾 수건 건
마디/헤아리다	작다	절름발이	장인/만들다	죽음/몸/지붕	냇물	내	가다		베/재물
彐 돼지머리 계	彑	彑	扌 재방변	犭 개사슴록변	氵 삼수변	氺 물 수	忄 심방변	㣺 마음심발	
	힘쓰다		손	개/짐승	물	물/모으다	마음		

02 일째 학습하기 - 기초부수 59자

부 수	기본뜻/속뜻	그 림	풀 이	부수명칭/훈음 (원부수)
彡	털		털이 가지런히 나 있는 모양	터럭 삼
攵	힘쓰다		* 팔에 힘을 주는 모양 * 높이(ㅗ) 다스리려면(乂) 힘써야 하니	등글월문방 (攴)
弋	줄화살/ 가지다		* 주살(줄을 매어 쏘는 화살)의 모양 * 줄을 당기면 화살을 다시 가질 수 있으니	주살 익
戈	창		창의 모양	창 과
斤	도끼/작다		* 도끼의 모양 * 도끼는 물건을 쪼개 작게 만드니	도끼 근
旡	목메다		설움이나 기쁨이 북받쳐 목이 메인 모양	목멜 기 (无)
欠	입벌리다		사람이 입 벌려 하품을 하는 모양	하품 흠
歹	죽음		사람이 죽어 뼈만 남은 모양	죽을사 변 부서진뼈 알
殳	몽둥이/ 창/치다		몽둥이나 창을 들고 내리치는 모양	갖은등글월문 창/몽둥이 수
氏	성/뿌리		* 뿌리의 모양 * 성(姓)이 같은 사람은 조상의 뿌리가 같으니	성 씨
气	기운		구름의 기운이 하늘에 떠다니는 모양	기운 기
灬	불		火(불 화)의 변형	연화발 (火)
王	임금/구슬		임금이 쓰는 왕관의 구슬 모양	임금왕변 (玉)
爫	손톱/ 다투다		* 爪(손톱 조)의 변형 * 다툴 때는 손톱을 사용하니	손톱조머리 (爪)

부 수	기본뜻/속뜻	그 림	풀 이	부수명칭/훈음 (원부수)
爫	다투다		상대와 **다투며** 할퀴는 모양	
爿	조각/장수		**장수**가 칼로 반 토막 낸 나무 **조각** 모양	장수장변 나무조각 장
疋	발/바르다		* **발**의 모양 * 正(바를 정)의 변형	필(짝) 필
止 𣥂	발		* 疋(발 소)의 변형, * **발**의 모양	(疋)
疒	병		**찬**(冫) 날씨에 **병**에 걸린 환자가 어느 **장소**(广)에 누워 있는 모양	병질엄 병들 녁
癶	가다		걸어**가는** 사람의 다리 모양	필발머리 걸을 발
皿	그릇		**그릇**의 모양	그릇 명
示	신		**신**에게 제사를 지내는 제사상이나 제단의 모양	보일 시
禸	짐승발자국		**울타리**(冂)를 넘어온 짐승의 **커다란**(厶) **발자국** 모양	짐승발자국 유
竹	대나무/책		* 竹(대 죽)의 변형 * 옛날에는 대나무 조각을 엮어 **책**을 만들었으니	대죽머리 (竹)
糸	실		**실**을 감아 놓은 실타래의 모양	실 사
缶	장군/질그릇		**질그릇**으로 만든 **장군**의 모양 * 장군: 술이나 간장 등을 담아 옮길 때 쓰는 그릇	장군 부
月	고기/몸		肉(고기 육)의 변형	육달월 (肉)
耂	늙다		**늙은** 노인이 지팡이를 짚고 서 있는 모양	늙을로엄 (老)

부 수	기본뜻/속뜻	그 림	풀　　이	부수명칭/훈음 (원부수)
夊	가다/넘다		앞으로 나아 가기 위해 담을 넘는 모양	걸을 과
舛	어그러지다		두 다리를 엇갈리게 꼬고 있는 모습	어그러질 천
网	그물		그물의 모양	그물 망
罒 罓	그물/법		网(그물 망)의 변형으로 고기가 그물에 걸리 듯 사람이 죄를 지으면 법에 걸리니	(网)
臼	절구		절구의 모양	절구 구
衤	옷		衣(옷 의)의 변형	옷의변 (衣)
艹	풀		艸(풀 초)의 변형	초두머리 (艸)
屮	풀/높다		높은 가지에 풀이 자라 있는 모양	풀 초
艸 芈	무성하다		풀이 무성하게 자라 있는 모양	
			나무에 잎이 무성하게 나 있는 모양	
襾 西	덮다		뚜껑을 덮어 막아 놓은 모양	덮을 아 (襾)
			襾(덮을 아)의 변형	
豆	콩/제기		제기(제사를 지낼 때 사용하는 그릇) 의 모양, 제기와 콩은 모양이 비슷하니	콩 두
豕	돼지/많다		살이 많이 찐 돼지가 서 있는 모양	돼지 시

부 수	기본뜻/속뜻	그 림	풀 이	부수명칭/훈음 (원부수)
貝	재물/조개		* 조개의 모양 * 옛날에는 조개 껍질을 돈 대신 사용했으니	조개 패
辛	맵다/ 고생/죄		죄를 지어 십자가(十) 위에 힘들게 서(立) 있으니	매울 신
酉	술/닭		* 술을 담는 술병의 모양 * 12지지(地支) 중 닭을 나타냄	닭 유
釆	분별하다		벼(禾)와 쌀(米)이 섞인 모양으로 종류에 맞게 분별해두니	분별할 변
阜	언덕		언덕 위에 깃발이 꽂혀 있는 모양	언덕 부
阝			* 阜(언덕 부)의 변형 * 항상 글자의 좌측에 위치	좌부변 (阜)
阝	고을		* 고을 중앙의 관청에서 휘날리는 깃발의 모양 * 항상 글자의 우측에 위치	우부방 (邑)
隹	새		꽁지가 짧은 새의 모양	새 추
頁	머리/ 우두머리		* 코(自:주름진 코의 모양)가 있는 머리 부분이니	머리 혈
首			코(自)가 있는 얼굴의 위 쪽 높은(⺍) 부분이니	머리 수
尢	방향		방향을 나타내는 이정표의 모양	
幺	과녁		과녁의 모양	
丯	쌓다		물건이 쌓여 있는 모양	
夫	커지다		지게에 나무를 계속 쌓아올려 커지는 모양	
癶	구부리다		어깨를 구부리고 있는 모양	

02 일째 복습하기 – 기초부수 59자

彡	攵	弋	戈	斤	旡	欠	歹	殳	氏
터럭 삼	등글월문방	주살 익	창 과	도끼 근	목멜 기	하품 흠	죽을사 변	갖은등글월문	성 씨
털	힘쓰다	줄화살/가지다	창	도끼/작다	목메다	입벌리다	죽음	몽둥이/창/치다	성/뿌리
气	灬	王	爫	夕	爿	疋	辶	𠃉	疒
기운 기	연화발	임금왕변	손톱조머리		장수장변	필(짝) 필			병질엄
기운	불	임금/구슬	손톱/다투다	다투다	조각/장수	발/바르다	발		병
癶	皿	示	禸	竹	糸	缶	月	耂	牛
필발머리	그릇 명	보일 시	짐승발자국 유	대죽머리	실 사	장군 부	육달월	늙을로엄	걸을 과
가다	그릇	신	짐승발자국	대나무/책	실	장군/질그릇	고기/몸	늙다	가다/넘다
舛	网	門	罒	臼	衤	艹	屮	艸	羊
어그러질 천	그물 망	그물 망	그물 망	절구 구	옷의변	초두머리	풀 초		
어그러지다	그물	그물/법		절구	옷	풀	풀/높다	무성하다	
襾	西	豆	豕	貝	辛	酉	采	阜	阝
덮을 아	덮을 아	콩 두	돼지 시	조개 패	매울 신	닭 유	분별할 변	언덕 부	좌부변
덮다		콩/제기	돼지/많다	재물/조개	맵다/고생/죄	술/닭	분별하다	언덕	
阝	隹	頁	首	ナ	그	主	夫	光	
우부방	새 추	머리 혈	머리 수						
고을	새	머리/우두머리		방향	과녁	쌓다	커지다	구부리다	

☞ **3급에서 새롭게 익혀야 할 기초부수 ⇒ 3字**

4급에서 기초부수 115자를 공부했으면, 3급에서 새롭게 3자만 익히면 됩니다.

부 수	기본뜻/속뜻	그 림	풀　이	부수명칭/훈음 (원부수)
冂	울타리		冂(멀 경)의 변형	(冂)
忄	마음		심장의 모양으로 心(마음 심)의 변형	마음심발 (心)
旡	목메다		설움이나 기쁨이 북받쳐 목이 메인 모양	목멜 기 (无)

☞ **3급에서 새롭게 익혀야 할 기초부수 정리 ⇒ 3字**

冂	忄	旡
(冂)멀 경의 변형	마음심발	목멜 기
울타리	마음	목메다

45일 동안
본문과 뜻풀이
3급 한자 1817자

정말이지
쉬운 **한자**

03 일째

一 한 일
一 1획 8급

一 한 일

물건이 **하나** 있는 모양 = **하나**

一邊倒 唯一 劃一性 一觸卽發
(일변도) (유일) (획일성) (일촉즉발)

三 석 삼
三 3획 8급

三 석 삼

* 물건이 **셋** 있는 모양 = **셋**
* 天, 人, 地를 나타냄

三伏 三振 三人稱
(삼복) (삼진) (삼인칭)

上 위 상
上 3획 7급Ⅱ

上 위 상

물건이 **위**에 있는 모양 = **위**

上訴 上旬 上昇 上策 零上 浮上
(상소) (상순) (상승) (상책) (영상) (부상)

下 아래 하
下 3획 7급Ⅱ

下 아래 하

물건이 **아래**에 있는 모양 = **아래**

下降 下達 零下 下賜
(하강) (하달) (영하) (하사)

 어른/길이 **장**

一 3획 3급Ⅱ

一 ナ 丈

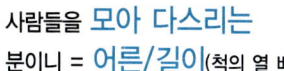

사람들을 **모아 다스리는**
분이니 = **어른/길이**(척의 열 배) (요점만 콕)

丈母　大丈夫　丈夫　主人丈　春府丈

(장모) (대장부) (장부) (주인장) (춘부장)

 장정/고무래/천간 **정**

一 2획 4급

一 丁

곡식을 **모으는 농기구**를 든 사람이니
= **장정**(혈기 왕성한 남자)**/고무래/넷째 천간** (요점만 콕 p481)

壯丁　兵丁　白丁　目不識丁

(장정) (병정) (백정) (목불식정)

 정자 **정**

亠 9획 3급Ⅱ

亠 宀 亩 亭 亭 亭

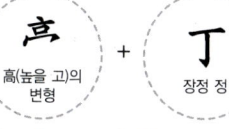

높이 지어 **장정**들을 쉬게 하는
곳이니 = **정자**(경치 좋은 곳에 쉬기 위하여 지은 집)

亭子　料亭　八角亭

(정자) (요정) (팔각정)

 머무를 **정**

人 11획 5급

亻 亻 亻 亻 停 停

 +

사람이
정자에서 쉬니 = **머무르다**

停年　停電　停會　停刊

(정년) (정전) (정회) (정간)

 요점만 **콕**!

☑ 옛날에는 길이의 단위를 이렇게 나타냈어요. (부피의 단위 p283, 무게의 단위 p443)
- 寸(마디 촌) = 치 : 약 3.03cm
- 尺(자 척) : 약 30.3cm, 치의 열배
- 丈(길이 장) : 척(尺)의 열배

☑ 장정과 고무래의 정확한 뜻에 대하여 알아볼까요.
- 壯丁(장정) : 나이가 젊고 기운이 좋은 남자
- 고무래 : 곡식을 긁어 모으거나, 밭의 흙을 고르는 데에 쓰는 '丁'자 모양의 기구

寧 편안 녕
宀 14획 3급Ⅱ

宀 宁 宁 宣 寍 寧 寧

= 便/安/康/逸　↔ 危
◐　　　日　　 中 宁

宀(집) + 心(마음 심) + 皿(그릇) + 丁(장정 정)

집안에 음식으로 가득 차 있는
그릇을 보면 장정의 마음이 편안해지니 = 편안

安寧　寧日　康寧
(안녕) (영일) (강녕)

貯 쌓을 저
貝 12획 5급

貝 貯 貯 貯 貯

= 蓄/積
◐　　　日　　 中 贮

貝(재물) + 宀(집) + 丁(장정 정)

재물을 집으로
가져와 장정이 쌓아두니 = 쌓다

貯蓄　貯炭　貯藏
(저축) (저탄) (저장)

打 칠 타
手 5획 5급

一 亅 扌 扌 打

= 擊　 ↔
◐　　　日　　 中

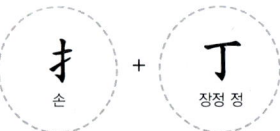
扌(손) + 丁(장정 정)

손으로
장정이 때리니 = 치다

打擊　打鍾　亂打　打令　連打　打倒
(타격) (타종) (난타) (타령) (연타) (타도)

頂 정수리 정
頁 11획 3급Ⅱ

丁 丆 顶 顶 頂 頂

=　 ↔
◐　　　日　　 中 顶

丁(장정 정) + 頁(머리 혈)

❶ 頁(머리 혈) : 코(自: 주름진 코의 모양)가 있는 곳이니

장정의 머리 윗 부분이니
= 정수리(머리 위의 숫구멍이 있는 자리)

頂上　登頂　絶頂　山頂
(정상) (등정) (절정) (산정)

訂 바로잡을 정
言 9획 3급

亠 亠 言 言 訂 訂

=　 ↔
◐　　　日　　 中 订

言(말씀 언:p436) + 丁(장정/고무래 정)

말을 고무래로
땅을 고르듯 바로잡으니 = 바로잡다

(뉘앙스 콕 p36)

訂正　改訂　校訂　修訂
(정정) (개정) (교정) (수정)

七

일곱 칠

一　2획　8급

一 七

일곱 칠

북두칠성의 모양 = **일곱**

北斗七星　七面鳥　七旬
(북두칠성) (칠면조) (칠순)

切

끊을 절
온통 체

刀　4획　5급II

一 七 切 切

 + 刀
일곱 칠　　칼 도:p93

일곱 번이나 **칼**을 내리쳐
전부 끊어버리니 = **끊다/온통**(통째로 전부)

切斷　品切　切上　切實　適切　切感　懇切　哀切　切迫　一切
(절단) (품절) (절상) (절실) (적절) (절감) (간절) (애절) (절박) (일체)

不

아닐 불

一　4획　7급II

一 ア 不 不

非/否

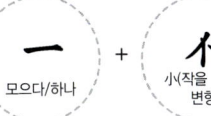
一　　　 +　　小(작을 소)의
모으다/하나　　　　변형

재물을 **모을** 때는 **작은** 것
하나라도 소홀히 하면 안되니 = **아니다**
(요점만 콕)

不貞　不振　不祥事　不滅　不惑　不凍液
(부정) (부진) (불상사) (불멸) (불혹) (부동액)

否

아닐 부
막힐 비

口　7획　4급

ア 不 不 否 否

不　 +　口
아닐 불　　사람/입

아니라고 **입**으로
말하니 = **아니다/막히다**
(요점만 콕)

否決　否認　拒否　與否　贊否　否塞(운수가 꽉 막힘)
(부결) (부인) (거부) (여부) (찬부) (비색)

 요점만 콕!

- ✓ 不(아닐 불)의 다음 음절이 'ㄷ'이나 'ㅈ'일 때는 '부'로 발음해요. ▶ 不渡(부도), 不振(부진)
- ✓ 不(아닐 불), 否(아닐 부), 未(아닐 미), 無(없을 무), 非(아닐 비)는 각각 쓰임이 달라요.
  - 不 : 형용사나 동사를 부정할 때 사용 ▶ 不滿(불만) 不渡(부도) 不定(부정) 정해져 있지 않음
  - 否 : 두 가지 중 하나를 부정할 때 사용 ▶ 否決(부결) 贊否(찬부) 否定(부정) 그렇지 않다고 단정함
  - 未 : 아직 ~하지 못했다 ▶ 未收金(미수금) 아직 거두어들이지 못한 돈
  - 無 : ~이 없다 ▶ 無識(무식) 지식이나 식견이 없음 ⇔ 有(있을 유)
  - 非 : ~이 아니다. 명사 부정 ▶ 非行(비행) 그릇된 행위 ⇔ 是(옳을 시)

杯 잔 배
木 8획 3급

木 杧 杧 杯 杯

=
↔
▶ 日 中

나무로 만든
속이 차 있지 않는 것이니 = 잔

乾杯 苦杯 毒杯 祝杯
(건배) (고배) (독배) (축배)

丙 남녘/천간 병
一 5획 3급II

一 丆 丙 丙 丙

=
↔
▶ 日 中

풀이 많이 모여있는
남쪽 울타리에 햇볕이 비치니 = 남녘/셋째 천간   (요점만 콕 p481)

丙寅年 丙子胡亂
(병인년) (병자호란)

病 병 병
疒 10획 6급

疒 疒 疒 病 病 病

= 疾/疫
↔
▶ 日 中

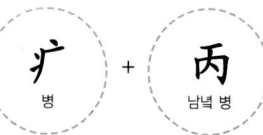

병에 걸리면 따뜻한
남쪽처럼 몸에서 열이 나니 = 병   (요점만 콕)

看病 病缺 病菌 肺病 疾病 傳染病
(간병) (병결) (병균) (폐병) (질병) (전염병)

疫 전염병 역
疒 9획 3급II

疒 疒 疒 疒 疫 疫

= 疾
↔
▶ 日 中

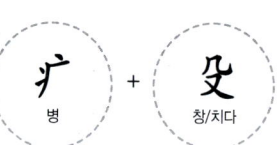

병이 몽둥이로 치 듯
무섭게 번지니 = 전염병

疫疾 檢疫 免疫 防疫 紅疫 疫學調査
(역질) (검역) (면역) (방역) (홍역) (역학조사)

疾 병 질
疒 10획 3급II

疒 疒 疒 疒 疾 疾

= 病/疫
↔
▶ 日 中

화살처럼 빠르게
번지는 병이니 = 병   (요점만 콕)

疾病 疾苦 疾視 疾患 眼疾 疾走 疾徐 疾呼(소리를 질러 급히 부름)
(질병) (질고) (질시) (질환) (안질) (질주) (질서) (질호)

症 증세 증

广 10획 3급II

广 疒 疔 疖 症 症

= 日 ↔
◐ 日 ⊕

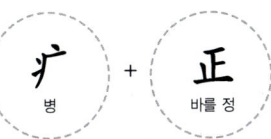

병에 대하여
바르게 알도록 해 주는 것이니 = 증세

渴症 炎症 症候群 症勢 症狀 後遺症
(갈증) (염증) (증후군) (증세) (증상) (후유증)

丘 언덕 구

一 5획 3급II

' ┌ ┌ 斤 丘

= 原/岸/陵/阿 ↔
◐ 日 ⊕

흙이 높이
쌓여 있는 언덕의 모양 = 언덕

丘陵 沙丘 青丘(예전에 중국에서 우리나라를 이르던 말)
(구릉) (사구) (청구)

兵 병사 병

八 7획 5급II

' ┌ ┌ 斤 丘 兵

= ↔
◐ 日 ⊕

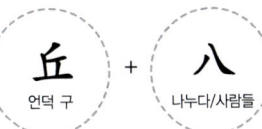

언덕 밑에
몰래 숨어 있는 사람들이니 = 병사

兵務廳 兵營 伏兵 騎兵隊 私兵 徵兵
(병무청) (병영) (복병) (기병대) (사병) (징병)

岳 큰산 악

山 8획 3급

' ┌ ┌ 斤 乒 岳

= ↔
◐ 日 ⊕

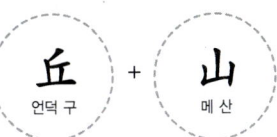

많은 언덕과
산봉우리가 이어지는 곳이니 = 큰 산

冠岳山 月岳山 山岳
(관악산) (월악산) (산악)

 요점만 콕!

✓ 疾(병 질)은 '빠르다' 라는 뜻으로도 쓰여요.
- 병 : 疾病(질병) 疾苦(질고) 疾視(질시) 疾患(질환) 眼疾(안질)
- 빠르다 : 疾走(질주) 疾徐(질서) 빠름과 느림 疾呼(질호) 급히 부름

且

또 차

一 5획 3급

丨 冂 冃 月 且

물건 위에 물건이
또 쌓여 있는 모양 = **또**

苟且 且置 重且大

(구차) (차치) (중차대)

祖

조상/할아버지 조

示 10획 7급

二 千 禾 和 和 祖 祖

示 + 且
신   또 차

신 앞으로 가고
또 가신 분들이니 = **조상/할아버지**

祖國 曾祖父 始祖 高祖父

(조국) (증조부) (시조) (고조부)

組

짤 조

糸 11획 4급

幺 纟 糸 糸 紅 組 組

糸 + 且
실   또 차

실을 겹치고
또 겹치는 것이니 = **짜다**

組立 組織 組長 組合 組閣 組版

(조립) (조직) (조장) (조합) (조각) (조판)

租

조세 조

禾 10획 3급 II

二 千 禾 和 和 租

禾 + 且
벼 화: p383   또 차

벼로 매년 내고
또 내는 것이니 = **조세**(국가가 국민으로부터 징수하는 돈)

租稅 租借

(조세) (조차)

宜

마땅 의

宀 8획 3급

宀 宀 宁 宜 宜 宜

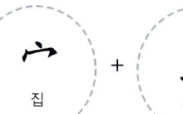

집에 재물을 쌓고 **또** 쌓는 일은
당연하니 = **마땅**(행동 등이 일정한 조건에 어울리게 알맞다)

宜當 便宜

(의당) (편의)

助

도울 조

力 7획 4급II

丿 刀 月 且 助 助

힘을 더하고
또 더해 주는 것이니 = **돕다**

援助 協助 助演 傍助 扶助 贊助
(원조) (협조) (조연) (방조) (부조) (찬조)

査

조사할 사

木 9획 5급

一 十 木 杏 杳 査

나무를 보고
또 보는 것이니 = **조사하다**

査證 探査 査察 檢査 調査 監査 踏査 審査
(사증) (탐사) (사찰) (검사) (조사) (감사) (답사) (심사)

世

인간/세상 세

一 5획 7급II

一 十 卅 丗 世

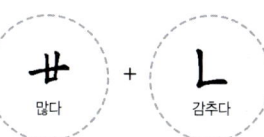

많은 것이
감추어진 곳이니 = **인간/세상**

世評 亂世 世波 世襲
(세평) (난세) (세파) (세습)

葉

잎 엽
땅이름 섭

艹 13획 5급

 莁 莁 葉 葉 葉 葉

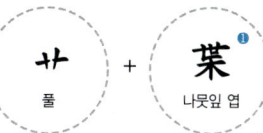

❶ 枼(나뭇잎 엽): 나무(木)에서 세상(世)으로 뻗어 나온 것이니

나뭇잎 같은
풀이니 = **잎/땅이름**

葉錢 葉書 葉綠素 葉茶 枝葉 針葉樹 迦葉 *迦: 부처 가
(엽전) (엽서) (엽록소) (엽차) (지엽) (침엽수) (가섭)

蝶

나비 접

虫 15획 3급

虫 虬 蚪 蜨 蝶 蝶

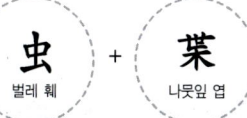

나뭇잎 같은
날개가 있는 벌레니 = **나비**

蝶泳 胡蝶 蜂蝶
(접영) (호접) (봉접)

棄 버릴 기
木 12획 3급

一 亠 壺 弃 棄 棄

≡ 捨/廢
↔ 弃
⊕ 弃

 +  + 十 + 廿 + 木
머리/높다 + 크다/개인 + 많다 + 많다 + 나무 목

머리속에 떠오르는 개인적인 많고
많은 생각을 나무 위로 날려 보내니 = 버리다

棄却 棄權 遺棄 破棄 廢棄
(기각) (기권) (유기) (파기) (폐기)

中 가운데 중
| 4획 8급

丨 口 口 中

口 + |
물건의 모양 + 뚫다

물건의
중심을 뚫으니 = 가운데

中繼 忙中閑 中堅 中距離 中庸
(중계) (망중한) (중견) (중거리) (중용)

仲 버금 중
亻 6획 3급Ⅱ

丿 亻 亻 仂 仂 仲

≡ 副/亞/次

亻 + 中
사람 + 가운데 중

중간에 서 있는 사람이니
= 버금(서열이나 차례에서 으뜸의 다음)

仲媒 仲秋節 仲裁 仲介人 仲父
(중매) (중추절) (중재) (중개인) (중부)

忠 충성 충
心 8획 4급Ⅱ

口 口 中 忠 忠

中 + 心
가운데 중 + 마음 심

마음 한 가운데에서
우러나오는 것이니 = 충성

忠犬 顯忠日 忠魂 忠魂塔
(충견) (현충일) (충혼) (충혼탑)

 뉘앙스 콕!

☑ • 校訂(교정) : 남의 문장이나 출판물의 잘못된 글 등을 바르게 고침 ▶ 문장을 교정(校訂)하다.
  • 校正(교정) : 교정쇄와 원고를 대조하여 오자 등을 바르게 고침 ▶ 책의 교정(校正)을 보다.
  • 矯正(교정) : 틀어지거나 굽은 것을 바로잡음 ▶ 자세를 바르게 교정(矯正)하다.
☑ • 改正(개정) : 주로 문서의 내용 등을 바르게 고침 ▶ 회칙을 개정(改正)하였다.
  • 改訂(개정) : 글이나 책의 잘못된 내용을 바로잡음 ▶ 초판본을 개정(改訂)했다.
  • 改定(개정) : 이미 정하였던 것을 다시 고치어 정리함 ▶ 맞춤법이 개정(改定) 되었다.

03일째 복습하기

복습 1 다음 한자를 큰 소리로 읽어 보세요. (2번 이상)

一	三	上	下	丈	丁	亭	停	寧	貯
打	頂	訂	七	切	不	否	杯	丙	病
疫	疾	症	丘	兵	岳	且	祖	組	租
宜	助	査	世	葉	蝶	棄	中	仲	忠

복습 2 다음 훈음에 해당되는 한자를 쓰세요. 물론 윗부분은 감추고…

한 일	석 삼	윗 상	아래 하	어른 장	장정 정	정자 정	머무를 정	편안 녕	쌓을 저
칠 타	정수리 정	바로잡을 정	일곱 칠	끊을 절	아닐 불	아닐 부	잔 배	남녘 병	병 병
전염병 역	병 질	증세 증	언덕 구	병사 병	큰산 악	또 차	조상 조	짤 조	조세 조
마땅 의	도울 조	조사할 사	세상 세	잎 엽	나비 접	버릴 기	가운데 중	버금 중	충성 충

복습 3 단어로 복습하기. 다음 뜻에 맞는 한자어를 한자로 쓰세요.

장모 (	) 아내의 어머니	독감의 증세가 점점 악화되고 있다. (	)
정자 (	) 경치가 좋은 곳에 쉬려고 지은 집	구릉을 깎아 평지를 만들었다. (	)
안녕 (	) 아무 탈 없이 편안함	병영에서 병사들이 훈련을 받고 있다. (	)
절정 (	) 일의 진행이 최고조에 달한 상태	험준한 산악 지대를 넘어가다. (	)
수정 (	) 바로잡아 고침	그는 중차대한 일을 맡았다. (	)
불혹 (	) 마흔 살	백성들의 조세를 감면해 주었다. (	)
여부 (	) 그러함과 그렇지 아니함	편의 시설을 잘 갖추어 놓다. (	)
독배 (	) 독약이 든 잔	구제역을 예방하려고 방역을 하다. (	)
질병 (	) 몸의 여러 가지 병	그 선수는 경기에 기권하였다. (	)
접영 (	) 버터플라이 수영법	부동산 중개 수수료를 내다. (	)

丈母/亭子/安寧/絶頂/修訂/不惑/與否/毒杯/疾病/蝶泳   症勢/丘陵/兵營/山岳/重且大/租稅/便宜/防疫/棄權/仲介

선생님의 응원

시작이 반이야
이제 시작했으니 반은 끝났잖아.
힘을 내서 끝까지 아자 아자^^

04 일째

患 근심 환
心 11획 5급

口 吕 串 串 患 患

㊀   ↔
◐   日   中

걱정이 **마음**에
꿰어져 있으니 = **근심**

(뉘앙스 콕 p46)

❶ 串(꿸 관) : 여러 개의 물건을 꿰어 놓은 모양

憂患 疾患 重患者 患亂 患難 急患 宿患
(우환) (질환) (중환자) (환란) (환난) (급환) (숙환)

丹 붉을 단 / 꽃이름 란
、 4획 3급Ⅱ

丿 刀 刀 丹

㊀ 赤/朱/紅   ↔
◐   日   中

울타리에 **불똥**이
모여 붉게 빛나니 = **붉다/꽃 이름**

丹藥 丹粧 丹青 丹楓 牡丹 丹田呼吸 *牡:수컷 모
(단약) (단장) (단청) (단풍) (모란) (단전호흡)

青 푸를 청
青 8획 8급

一 十 主 青 青 青

㊀ 綠/碧/蒼   ↔
◐   日 青   中 青

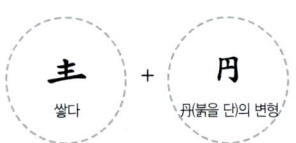

초목이 **쌓여** 있는
붉은 흙 위로 자라니 = **푸르다**

(요점만 콕)

青龍 青松 青魚 青丘 青寫眞
(청룡) (청송) (청어) (청구) (청사진)

淸 맑을 청
水 11획 6급Ⅱ

氵氵汁 浐 清 清

㊀ 淨   ↔ 濁
◐   日   中

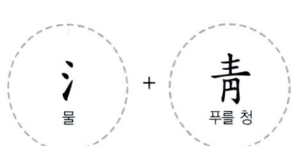

물이 **푸르니** = **맑다**

清廉 清濁 清心丸 清雅 清淨 清白吏
(청렴) (청탁) (청심환) (청아) (청정) (청백리)

請 청할 청
言 15획 4급II

言 計 詰 詰 請 請

言(말씀 언) + 靑(푸를 청: 젊다)

젊은이는 부탁하는
말을 자주하니 = 청하다

請婚 招請 請負 請求 請願 懇請 訴請
(청혼) (초청) (청부) (청구) (청원) (간청) (소청)

情 뜻 정
心 11획 5급II

忄 忄 忄 情 情 情

忄(마음) + 靑(푸를 청: 젊다)

마음속에
젊은이가 품고 있는 것이니 = 뜻

(뉘앙스 콕 p46)

友情 慕情 薄情 愛情 戀情 情緒
(우정) (모정) (박정) (애정) (연정) (정서)

精 정할 정
米 14획 4급II

米 米 精 精 精

米(쌀 미) + 靑(푸를 청)

쌀이 푸르게 될 정도로 깨끗하게 씻으니
= 정하다(정성을 들여서 거칠지 아니하고 매우 곱다)

(요점만 콕)

精神 精讀 精密 精誠 精銳 精巧 精靈
(정신) (정독) (정밀) (정성) (정예) (정교) (정령)

靜 고요할 정
靑 16획 4급

主 靑 靑 靜 靜 靜

靑(푸를 청: 젊다) + 爭(다툴 쟁: p180)

젊은이들이
다툰 뒤에 조용해지니 = 고요하다

(뉘앙스 콕 p46)

靜坐 眞靜 靜中動 靜脈 靜物 靜肅 靜寂
(정좌) (진정) (정중동) (정맥) (정물) (정숙) (정적)

 요점만 콕!

- ☑ 靑(푸를 청)은 '젊다'라는 뜻으로도 쓰여요.
  - 푸르다 : 靑果(청과) 靑魚(청어) 靑龍(청룡) 靑松(청송) 靑丘(청구) 丹靑(단청)
  - 젊다 : 靑年(청년) 靑少年(청소년) 靑春(청춘)
- ☑ 精(정할 정)은 '정밀하다'라는 뜻으로도 쓰여요.
  - 정하다 : 精神(정신) 精誠(정성) 精華(정화) 精子(정자) 受精(수정) 無精卵(무정란)
  - 정밀하다 : 精讀(정독) 精密(정밀) 精通(정통) 精銳(정예) 精巧(정교) 精靈(정령)

晴 갤 청
日 12획 3급

日 旷 晴 晴 晴 晴

日 (해/날 일) + 靑 (푸를 청)

비가 온 뒤 해가 떠
날이 푸르러지니 = 개다

晴雨 晴天 快晴 晴耕雨讀
(청우) (청천) (쾌청) (청경우독)

久 오랠 구
ノ 3획 3급II

ノ ク 久

長/永/遠/悠

久 (夂(천천히)의 변형)

천천히 가면
오래 걸리니 = 오래다

耐久性 悠久 未久 持久力 長久 久交
(내구성) (유구) (미구) (지구력) (장구) (구교)

之 갈/어조사 지
ノ 4획 3급II

ヽ ㄧ ㅋ 之

之 갈/어조사 지

사람이 걷는 모양
= 가다/어조사(실질적인 뜻이 없이 다른 글자를 보조하여 주는 한문의 토) (요점만 콕)

之東之西 塞翁之馬 之次
(지동지서) (새옹지마) (지차)

主 주인 주
丶 5획 7급

丶 ㄧ 宀 主 主

丶 (불똥/중요) + 王 (임금 왕)

임금 만큼
중요한 사람이니 = 주인

主峯 主管 主張 主幹 荷主 主謀者
(주봉) (주관) (주장) (주간) (하주) (주모자)

住 살 주
人 7획 7급

亻 亻 亻 住 住 住

亻 (사람) + 主 (주인 주)

사람이 인생의
주인이 되어 살아가니 = 살다

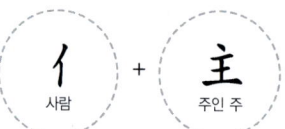
住宅街 住居地 住民登錄
(주택가) (주거지) (주민등록)

注 부을 주
水 8획 6급II

氵 氵 氵 汁 汁 注

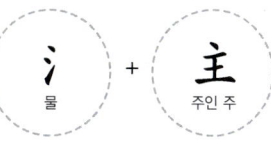 = 氵(물) + 主(주인 주)

농사에 쓰이는 물은
주인이 직접 부어야 하니 = 붓다

注射　注目處　脚注　注文生産
(주사) (주목처) (각주) (주문생산)

往 갈 왕
彳 8획 4급II

彳 彳 彳 行 往 往

⇔ 來

彳(사람/가다) + 主(주인 주)

사람들이
주인을 찾아가니 = 가다

往復　往來　旣往　已往
(왕복) (왕래) (기왕) (이왕)

柱 기둥 주
木 9획 3급II

十 木 木 柱 柱 柱 柱

木(나무 목) + 主(주인 주)

나무 중에서 주인처럼
중요한 역할을 하는 것이니 = 기둥

四柱　電柱　支柱
(사주) (전주) (지주)

乃 이에 내
丿 2획 3급

丿 乃

丿(다스리다) + 乃(도달하려는 목표)

잘 다스리면
목표에 곧 도달하니 = 이에(곧)

人乃天　乃至　乃武乃文(문무를 아울러 갖춘다는 뜻으로 임금의 덕을 이름)
(인내천) (내지) (내무내문)

요점만 콕!

☑ 之(어조사 지)는 여러 가지 역할을 해요. (어조사는 실질적인 뜻은 없지만 다른 글자를 보조해 주는 역할을 합니다.)
- 후치사(後置詞) : 명사의 뒤에 놓여 앞뒤의 말을 연결함
  - 관형격(冠形格) 어조사 : ~의 ▶ 父母之恩(부모지은) 부모의 은혜
  - 주격(主格) 어조사 : ~이, ~가 ▶ 人之在世(인지재세) 사람이 세상에 있다
- 지시대명사(指示代名詞) : 동사 뒤에 놓임 ▶ 易地思之(역지사지) 처지를 바꾸어서 생각하여 봄
- 동사(動詞) : '가다'라는 뜻으로 쓰임 ▶ 之東之西(지동지서) 동쪽으로 가고 서쪽으로 가다.

秀

빼어날 **수**

禾 7획 4급

一 二 千 禾 禿 秀

禾 (벼 화:p383) + **乃** (이에 내)

벼를 심으면 곧 그 모양이
다른 식물보다 두드러지게 뛰어나니 = **빼어나다**

秀麗 優秀 秀才 俊秀
(수려) (우수) (수재) (준수)

透

사무칠 **투**

辶 11획 3급Ⅱ

一 二 千 禾 秀 透

秀 (빼어날 수) + **辶** (가다)

빼어난 사람의 영향은 멀리까지
가니 = **사무치다**(깊이 스며들어 미치다)
(요점만 콕/뉘앙스 콕 p46)

透明 透視 透徹 浸透 透寫 透射
(투명) (투시) (투철) (침투) (투사) (투사)

誘

꾈 **유**

言 14획 3급Ⅱ

言 言 訁 誘 誘 誘

言 (말씀 언:p436) + **秀** (빼어날 수)

말을 빼어나게
잘 하여 상대방을 = **꾀다**

誘發 誘引 誘致 誘惑 勸誘 誘導彈
(유발) (유인) (유치) (유혹) (권유) (유도탄)

携

이끌 **휴**

手 13획 3급

扌 扌 扩 挣 捲 携

引/提

扌 (손) + **隹** (새 추) + **乃** (이에 내)

손으로 새를 잡아
곧장 새장으로 이끄니 = **이끌다**

携帶 提携 携引 携帶電話
(휴대) (제휴) (휴인) (휴대전화)

乙

새/천간 **을**

乙 1획 3급Ⅱ

乙

鳥

乙 (새/천간 을)

가슴이 불룩한
새의 모양 = **새/둘째 천간**
(요점만 콕 p481)

乙科 乙巳保護條約 甲男乙女 乙卯倭變
(을과) (을사보호조약) (갑남을녀) (을묘왜변)

乞 빌 걸
乙 3획 3급

丿 ㅅ 乞

≡ 祝/求

사람이 몸을
굽혀서 비니 = 빌다

乞食 乞人 求乞 哀乞伏乞
(걸식) (걸인) (구걸) (애걸복걸)

乾 하늘/마를 건
乙 11획 3급Ⅱ

一 十 古 卓 軟 乾

≡ 天, 枯/燥 ↔ 地/坤, 濕
干

 +  +  +

많은 햇볕이 비치는,
사람이 비는 대상이니 = 하늘/마르다

乾坤 乾杯 乾燥 乾達
(건곤) (건배) (건조) (건달)

也 어조사/또한 야
乙 3획 3급

丿 카 也

다툴 때는 감추어진 힘
또한 내야하니 = 어조사/또한

(요점만 콕)

及其也 也無妨 (또한 거리낄 것이 없이 괜찮음)
(급기야) (야무방)

地 땅 지
土 6획 7급

一 十 土 圵 圸 地

↔ 天

흙은
또한 땅이니 = 땅

地雷 地盤 發祥地 地獄 葬地 避暑地
(지뢰) (지반) (발상지) (지옥) (장지) (피서지)

 요점만 콕!

☑ 透(사무칠 투)는 '통하다'라는 뜻으로도 쓰여요.
  • 사무치다 : 透徹(투철) 浸透(침투)
  • 통하다 : 透明(투명) 透視(투시) 透寫(투사) 透射(투사) 透光(투광)

☑ 也(어조사 야)는 여러 가지 역할을 해요.
  • 단정종결사 : ~다/이다 ▶ 孝 百行之本也(효 백행지본야) 효는 모든 행실의 근본이다
  • 주격조사 : ~은/이 ▶ 其聞道也 固先乎吾(기문도야 고선호오) 그 도를 듣는 것이 진실로 나보다 먼저이다

他 다를 타
人 5획 5급

丿 亻 亻 仂 他

亻(사람) + 也(어조사/또한 야)

사람은 또한
서로 다르니 = 다르다

他殺 排他 依他 他動詞
(타살) (배타) (의타) (타동사)

池 못 지
水 6획 3급II

丶 氵 氵 汀 池 池

氵(물) + 也(어조사/또한 야)

물이 또한
많이 있는 곳이니 = 못

天池 乾電池 蓮池 貯水池
(천지) (건전지) (연지) (저수지)

九 아홉 구
乙 2획 8급

丿 九

九 (아홉 구)

열 십(十)에서 가로 줄을
구부려 하나가 모자라는 모양 = 아홉

九折羊腸 九曲肝腸 九泉
(구절양장) (구곡간장) (구천)

丸 둥글 환
丶 3획 3급

丿 九 丸

九(아홉 구) + 丶(불똥/중요)

아홉 가지 중요한 약재를
넣은 약을 둥글게 만드니 = 둥글다

丸藥 彈丸 砲丸 牛黃淸心丸
(환약) (탄환) (포환) (우황청심환)

軌 바퀴자국 궤
車 9획 3급

百 亘 車 軌 軌

車(수레 차) + 九(아홉 구)

수레 아홉 대가
지나간 자리에 생긴 것이니 = 바퀴자국

軌道 軌跡 軌範
(궤도) (궤적) (궤범)

乳 젖 유
乙 8획 4급

丿 𠂉 𠂆 孚 孚 乳

=
⇔
日 乱
中 乳

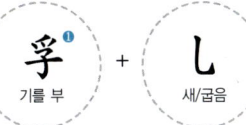

❶ 孚(기를 부) : 손(𠂆)으로 아들(子)을 기르니

새처럼 작고 어린
자식을 기르기 위한 것이니 = 젖

乳兒 乳業 豆乳 授乳 乳製品 離乳食 鍾乳石
(유아) (유업) (두유) (수유) (유제품) (이유식) (종유석)

浮 뜰 부
水 10획 3급II

氵 氵 浮 浮 浮 浮

물에서 기르는
식물들이 물 위에 떠 있으니 = 뜨다

浮力 浮上 浮漂 浮刻 浮橋 浮客
(부력) (부상) (부표) (부각) (부교) (부객)

亂 어지러울 란
乙 13획 4급

丿 𠂉 胥 胥 胥 亂

= 紛
日 乱
⇔
中 乱

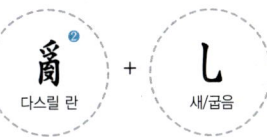

❷ 𠬪(다스릴 란) : 다툼(𠂆)이 커져(⺈) 짐승발자국(冂)처럼
어지럽게 된 상황을 다스리니(又)

아무리 다스려도
아직 꼬여 있으니 = 어지럽다

亂局 亂離 亂脈 亂舞 亂刺 騷亂 搖亂 淫亂
(난국) (난리) (난맥) (난무) (난자) (소란) (요란) (음란)

辭 말씀/사양할 사
辛 19획 4급

𠂉 胥 胥 胥 辭 辭

= 語/話/談/說
日 辞
⇔
中 辞

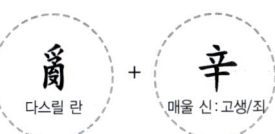

말로써 죄를
다스리니 = 말씀/사양하다

祝辭 弔辭 辭令狀 辭讓 辭任 辭職書
(축사) (조사) (사령장) (사양) (사임) (사직서)

了 마칠 료
亅 2획 3급

丁 了

= 終/卒/罷
日
⇔ 初/始
中

아기가 태어나는 모습,
아기가 엄마 배 속에서의 과정을 종료하니 = 마치다

滿了 修了 完了 終了
(만료) (수료) (완료) (종료)

予 나/줄 여
亅 4획 3급

フ マ 予 予

= 余/吾/我   ⇔ 汝

予
나/줄 여

내가 서서
물건을 나누어 주는 모습 = 나/주다

予奪
(여탈)

野 들 야
里 11획 6급

日 甲 里 野 野 野

里 (마을 리:p453) + 予 (나 여)

마을에서 남자인
내가 있어야 할 곳이니 = 들

荒野　野薄　野卑　野獸　野慾　野菜
(황야) (야박) (야비) (야수) (야욕) (야채)

序 차례 서
广 7획 5급

ㆍ 广 户 庐 序 序

广 (장소) + 予 (나 여)

공공장소에서
내가 먼저 지켜야 하는 것이니 = 차례

序列　序頭　序幕　秩序　長幼有序
(서열) (서두) (서막) (질서) (장유유서)

事 일 사
亅 8획 7급II

一 ㄇ 宮 写 写 事

一 (모으다/하나) + 口 (사람/입) + ⺕ (힘쓰다) + 亅 (갈고리/농기구)

곡식을 모으려고 사람이
힘써 농기구로 하는 것이니 = 일

(요점만 콕 p193)

= 業

役事　不祥事　幹事　敍事詩　事項
(역사) (불상사) (간사) (서사시) (사항)

 뉘앙스 콕!

- ☑ **患亂(환란)** : 재앙과 전쟁 ▶ 환란(患亂)을 극복하다.
- **患難(환난)** : 근심과 재난(災難) ▶ 환난(患難)이 닥치다.
- ☑ **同情(동정)** : 남의 불행 슬픔 등을 가슴 아파하고 위로함 ▶ 수재민에게 동정(同情)을 느끼다.
- **動靜(동정)** : 일이나 현상이 벌어지고 있는 낌새 ▶ 적의 동정(動靜)을 살피다.
- ☑ **透寫(투사)** : 그림 등을 얇은 종이 밑에 받쳐 놓고 그리어 베낌 ▶ 원본 그림을 투사(透寫)하다.
- **透射(투사)** : 빛이 물건을 꿰뚫고 들어감 ▶ 광선을 투사(透射)하다.

04일째 복습하기

복습 1 다음 한자를 큰 소리로 읽어 보세요. (2번 이상)

患	丹	靑	淸	請	情	精	靜	晴	久
之	主	住	注	往	柱	乃	秀	透	誘
携	乙	乞	乾	也	地	他	池	九	丸
軌	乳	浮	亂	辭	了	予	野	序	事

복습 2 다음 훈음에 해당되는 한자를 쓰세요. 물론 윗부분은 감추고…

근심 환	붉을 단	푸를 청	맑을 청	청할 청	뜻 정	정할 정	고요할 정	갤 청	오랠 구
어조사 지	주인 주	살 주	부을 주	갈 왕	기둥 주	이에 내	빼어날 수	사무칠 투	꾈 유
이끌 휴	새 을	빌 걸	하늘 건	어조사 야	땅 지	다를 타	연못 지	아홉 구	둥글 환
바퀴국 궤	젖 유	뜰 부	어지러울 란	말씀 사	마칠 료	나 여	들 야	차례 서	일 사

복습 3 단어로 복습하기. 다음 뜻에 맞는 한자어를 한자로 쓰세요.

장지 (   ) 장사하여 시체를 묻는 땅   여자의 유혹에 넘어가다. (   )
간청 (   ) 간절히 청함   접이식 우산은 휴대가 간편하다. (   )
정예 (   ) 날래고 용맹스러움   집집마다 돌아다니며 구걸을 했다. (   )
쾌청 (   ) 하늘이 구름 한 점 없이 맑게 갬   군인들이 포환이 든 상자를 운반한다. (   )
지차 (   ) 맏이 이외의 자식들   집 안 단장을 새로 했다. (   )
내구성 (   ) 오래 견디는 성질   급기야 둘은 헤어지고 말았다. (   )
지주 (   ) 어떤 물건을 버티는 기둥   백두산 천지의 아름다움에 감탄하다. (   )
내지 (   ) '얼마에서 얼마까지'의 뜻   지구의 궤도 위로 인공위성을 쏘았다. (   )
준수 (   ) 재주나 풍채가 아주 빼어남   건달 생활을 청산하다. (   )
투시 (   ) 막힌 물체를 꿰뚫어 봄   석사 과정을 수료하다. (   )

葬地/懇請/精銳/快晴/之次/耐久性/支柱/乃至/俊秀/透視   誘惑/携帶/求乞/砲丸/丹粧/及其也/天池/軌道/乾達/修了

현샘의 응원

천리 길도 한 걸음부터[등고자비(登高自卑)]
지금부터 한자한자 열심히 익히다 보면 곧 한자의 고수가 되어 있을 거에요
힘을 내서 파이팅^^

05 일째

二 두 이
二 2획 8급
一 二

二
두 이

* 물건이 두 개 있는 모양 = 둘
* 위는 하늘 아래는 땅을 나타냄

二輪車 二毛作 二重唱 二人三脚
(이륜차) (이모작) (이중창) (이인삼각)

于 어조사/클 우
二 3획 3급
一 二 于

于
어조사/클 우

장애물에 막혀 크게
탄식하는 모양 = 어조사/크다

于先 至于今 于今 于山國
(우선) (지우금) (우금) (우산국)

宇 집/우주 우
宀 6획 3급II
＇ ＾ 宀 宁 宇 宇

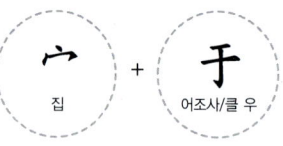

만물이 존재하는
가장 큰 집이니 = 집/우주

宇宙 宇宙船
(우주) (우주선)

云 이를 운
二 4획 3급
一 二 云 云

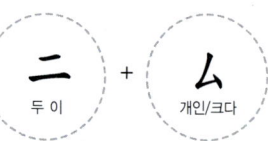

두 사람이 모여 개인적인
이야기를 하니 = 이르다(무엇이라고 말하다)

(뉘앙스 콕 p56)

云云 云謂 云爲
(운운) (운위) (운위)

雲 구름 운
雨 12획 5급II
一 一 二 戸 雪 雪 雲 雲

雨(비 우:p469) + 云(이를 운)

비가 온다고
일러 주는 것이니 = 구름

雲集 暗雲 戰雲 祥雲
(운집) (암운) (전운) (상운)

05 일째

五 다섯 오
二 4획 8급
一 丁 五 五

二(두 이: 하늘과 땅) + 丿(하늘과 땅을 잇는 모양)

하늘과 땅 사이를
잇는 기본원리가 오행이니 = 다섯

五穀 五倫 五賊 五味子 五里霧中
(오곡) (오륜) (오적) (오미자) (오리무중)

吾 나 오
口 7획 3급
一 丁 五 吾 吾

五(다섯 오) + 口(사람/입)

다섯 손가락으로
자신을 가리키니 = 나

吾等 吾黨 吾家 吾鼻三尺
(오등) (오당) (오가) (오비삼척)

語 말씀 어
言 14획 7급
二 言 訂 語 語 語

言(말씀 언) + 吾(나 오)

내가 하는
말이니 = 말씀

語群 語源 敍述語 略語 隱語 密語 熟語
(어군) (어원) (서술어) (약어) (은어) (밀어) (숙어)

悟 깨달을 오
心 10획 3급II
忄 忄 忏 悟 悟

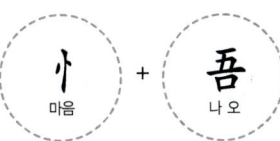

忄(마음) + 吾(나 오)

마음으로
참된 나를 알게 되는 것이니 = 깨닫다

覺悟 悟性 悔悟 悟得 悟了(완전히 깨달음)
(각오) (오성) (회오) (오득) (오료)

정말이지 쉬운 한자 49

互 서로 호
二 4획 3급

一 ㄅ 互 互

互 (서로 호)

실이나 새끼가 서로
번갈아 가면서 꼬이는 모습 = **서로**

相互 互選 互惠 互換
(상호) (호선) (호혜) (호환)

井 우물 정
二 4획 3급II

一 二 亍 井

井 (우물 정)

우물의 난간을
본뜬 모양 = **우물**

天井 井華水
(천정) (정화수)

耕 밭갈 경
耒 10획 3급II

三 丰 耒 耒 耒 耕 耕

 耒(쟁기 뢰) + 井(우물 정)
쟁기 뢰 · 우물 정

❶ 耒(쟁기 뢰) : 나무로 만든 쟁기의 모양
 * 쟁기 : 논밭을 가는 농기구

쟁기로 밭을
우물처럼 깊게 파는 것이니 = **밭 갈다**

農耕 耕作地 水耕 晝耕夜讀
(농경) (경작지) (수경) (주경야독)

形 모양 형
彡 7획 6급II

二 于 开 形 形

 开(井(우물 정)의 변형) + 彡(털)

우물에 **털**을
비추면 그 모양이 나타나니 = **모양**
(뉘앙스 콕 p346)

形象 形狀 形相 象形 形而上學 形而下學
(형상) (형상) (형상) (상형) (형이상학) (형이하학)

刑 형벌 형
刀 6획 4급

二 于 开 刑 刑

 开(井(우물 정)의 변형) + 刂(칼)

우물틀처럼 만든 형틀에 죄인을 묶고
칼로 벌 주는 것이니 = **형벌** (국가가 범죄자에게 가하는 제재)

刑期 刑務所 極刑 刑事訴訟
(형기) (형무소) (극형) (형사소송)

亞

버금 아

二 8획 3급II

一 一 乛 丆 亞 亞 亞 亞

- 〓 次/仲/副
- 日 亜 中 亚

버금 아

곱사등이의 모양으로 몸이 정상인보다
못하니 = 버금(서열이나 차례에서 으뜸의 다음) (요점만 콕)

亞鉛 亞麻 亞熱帶 亞流 亞細亞

(아연) (아마) (아열대) (아류) (아세아)

惡

악할 악
미워할 오

心 12획 5급II

亞 亞 亞 亞 惡 惡

- 〓
- ↔ 善

亞 + 心
버금 아 마음 심

버금이 으뜸에게
가지는 마음이니 = 악하다/미워하다

劣惡 惡疾 邪惡 醜惡 憎惡 惡循環

(열악) (악질) (사악) (추악) (증오) (악순환)

亡

망할 망

亠 3획 5급

丶 亠 亡

- 〓 滅/廢
- ↔ 存/興

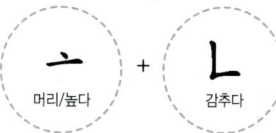
머리/높다 + 감추다

패가망신하여 사람들을 피하려고 머리를 감추니
= 망하다(개인이나 가정 등이 제 구실을 하지 못하고 끝장나다) (요점만 콕/뉘앙스 콕 p56)

逃亡 敗亡 滅亡 亡靈 亡兆 脣亡齒寒

(도망) (패망) (멸망) (망령) (망조) (순망치한)

望

바랄 망

月 11획 5급II

亡 切 朗 朗 望 望

- 〓 希/企/祈

망할 망 + 달 월 + 짊어질 임: p168

사업에 망한 사람이 달을 보며
다시 가정을 짊어질 수 있기를 바라니 = 바라다

望遠鏡 渴望 慾望 有望株 望樓 潛望鏡

(망원경) (갈망) (욕망) (유망주) (망루) (잠망경)

 요점만 콕!

☑ 亞(버금 아)는 이렇게 쓰여요.
- 亞流(아류) 둘째가는 사람이나 사물 또는 문학,예술,학문 등에서 모방하는 일.
- 亞世亞(아세아) 아시아(Asia)의 음역어(音譯) ※ 음역 : 한자를 사용하여 외국어의 음을 나타낸 말

☑ 亡(망할 망)은 '잃다'와 '죽다'라는 뜻으로도 쓰여요.
- 망하다 : 敗亡(패망) 逃亡(도망) 亡兆(망조) 敗家亡身(패가망신) 脣亡齒寒(순망치한)
- 잃다 : 亡失(망실) 失亡(실망)
- 죽다 : 死亡(사망) 亡者(망자) 亡兒(망아) 亡靈(망령)

妄 망령될 망
女 6획 3급II

一 亡 亡 妄 妄

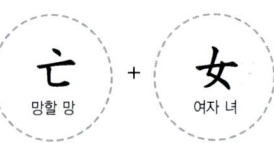

집안이 **망해** 정신을 놓아버린 **여자**니
= **망령되다**(늙거나 정신이 흐려져 말이나 행동이 정상이 아님) (뉘앙스 콕 p56)

妄覺 妄發 妄言 輕妄 老妄 虛妄
(망각) (망발) (망언) (경망) (노망) (허망)

荒 거칠 황
艹 10획 3급II

一 艹 芒 芒 荒 荒

풀도 없고
냇물조차 말랐으니 = **거칠다**

荒野 荒唐 荒涼 荒城 荒廢 虛荒
(황야) (황당) (황량) (황성) (황폐) (허황)

盲 소경 맹
目 8획 3급II

一 亡 亡 盲 盲

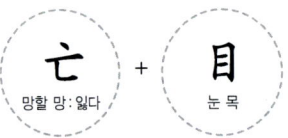

눈의 시력을 **잃으니**
= **소경**(눈이 멀어 앞을 못 보는 사람)

盲人 盲信 夜盲症 盲點 盲從 色盲 盲腸
(맹인) (맹신) (야맹증) (맹점) (맹종) (색맹) (맹장)

忙 바쁠 망
心 6획 3급

丶 忄 忄 忙 忙

↔ 閑

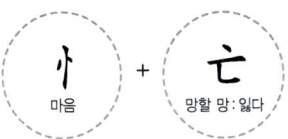

마음이 쉴 새
없이 바쁘니 = **바쁘다**

奔忙 忙中閑 公私多忙
(분망) (망중한) (공사다망)

忘 잊을 망
心 7획 3급

一 亡 亡 忘 忘

마음속
생각을 **잃으니** = **잊다** (뉘앙스 콕 p56)

忘却 忘年會 忘失 健忘症 備忘錄
(망각) (망년회) (망실) (건망증) (비망록)

茫 아득할 망
艹 10획 3급

艹 茳 茫 茫 茫

㊀ ↔
▶ ㊐ ㊥

풀:초원 + 물:바다 + 망할 망:잃다

초원이나 바다가 끝이
안 보일 정도로 넓으니 = 아득하다

茫漠 茫茫大海
(망막) (망망대해)

罔 없을 망
网 8획 3급

冂 冂 罓 罓 罔 罔

㊀ 無   ↔ 有/在/存
▶ ㊐ ㊥

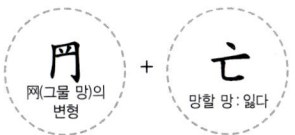
网(그물 망)의 변형 + 망할 망:잃다

그물 안에
고기가 없으니 = 없다

罔極 欺罔 怪常罔測
(망극) (기망) (괴상망측)

交 사귈 교
亠 6획 6급

亠 亠 六 亣 交

㊀ 際   ↔
▶ ㊐ ㊥

머리/높다 + 두 팔의 모양 + 두 발의 모양

머리를 위로 하고 팔을 흔들며
두 발로 걷는 모양으로, 서로 왕래하며 사귀니 = 사귀다

交易 修交 交際 交尾 交涉 交錯 交付 交換
(교역) (수교) (교제) (교미) (교섭) (교착) (교부) (교환)

校 학교 교
木 10획 8급

木 朩 杧 柿 校

㊀   ↔
▶ ㊐ ㊥

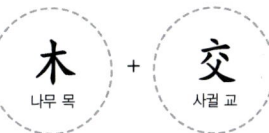
나무 목 + 사귈 교

나무 아래에서
친구들과 사귀는 곳이니 = 학교

校誌 閉校 鄕校 將校 校訂 廢校
(교지) (폐교) (향교) (장교) (교정) (폐교)

效 본받을 효
攴 10획 5급Ⅱ

亣 交 刻 敩 效 效

㊀   ↔
▶ ㊐ ㊥

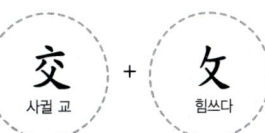
사귈 교 + 힘쓰다

사람을 사귈 때는
장점을 본받는데 힘써야 하니 = 본받다

效果 效能 效驗 效率
(효과) (효능) (효험) (효율)

정말이지 쉬운 한자

較 비교 교
車 13획 3급Ⅱ

日 亘 車 軒 軒 較

≡ 比
↔ 較

 + 交
車 수레 차:p445 / 交 사귈 교

수레를 타고 사람들을
사귀며 서로 비교하니 = 비교

比較 日較差
(비교) (일교차)

郊 들 교
邑 9획 3급

亠 六 交 交' 交阝 郊

交 + 阝
交 사귈 교 / 阝 고을

자연을 사귀려면
고을을 벗어나 들로 가야하니 = 들

郊外 近郊
(교외) (근교)

亥 돼지/지지 해
亠 6획 3급

亠 亠 亥 亥 亥

≡ 豚

亥 돼지 해

돼지 뼈의 모양
= 돼지/열두째 지지(돼지)

(요점만 콕 – p481)

亥時 乙亥年
(해시) (을해년)

刻 새길 각
刀 8획 4급

亠 亠 亥 亥 亥 刻

亥 + 刂
亥 돼지 해 / 刂 칼

돼지 뼈에 글자나
그림을 칼로 새기니 = 새기다

(뉘앙스 콕 p56)

浮刻 時刻 正刻 頃刻 刻骨難忘
(부각) (시각) (정각) (경각) (각골난망)

核 씨 핵
木 10획 4급

木 杧 杧 柼 核 核

木 + 亥
木 나무 목 / 亥 돼지 해

나무의 열매가 돼지처럼
살이 쪄 그 안에 생기는 것이니 = 씨

核心 核爆彈 核武器 核實驗 核分裂 肺結核
(핵심) (핵폭탄) (핵무기) (핵실험) (핵분열) (폐결핵)

該

갖출/마땅 해

言 13획 3급

言 訁 訪 訪 該 該

🟰 當 　 ⇔ 　
🔊 　 🇯 　 🇨🇳

말을 돼지처럼 많이 하여 형식을 갖추니
= 갖추다/마땅하다(행동 등이 일정한 조건에 어울리게 알맞다)

該當　該博(여러 방면으로 학식이 넓음)

(해당) (해박)

亦

또 역

亠 6획 3급Ⅱ

一 亠 广 亣 亦 亦

🟰 且/又　⇔
🔊 　 🇯 　 🇨🇳

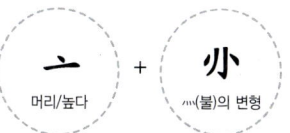

높게
불똥이 계속 날리니 = 또

亦是

(역시)

赤

붉을 적

赤 7획 5급

一 十 土 토 赤 赤

🟰 丹/紅/朱　⇔
🔊 　 🇯 　 🇨🇳

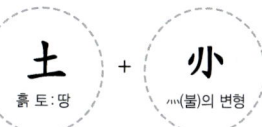

땅이 불에
타고 있으니 = 붉다

(요점만 콕)

赤潮　赤字　赤外線　赤血球　赤手空拳

(적조) (적자) (적외선) (적혈구) (적수공권)

亨

형통할 형

亠 7획 3급

亠 亠 亠 亨 亨 亨

🟰　　⇔
🔊 　 🇯 　 🇨🇳

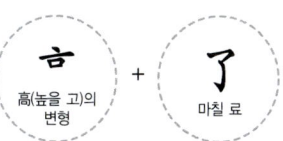

높은 학문을 마치면 모든 일에
잘 통하게 되니 = 형통하다(온갖 일이 뜻대로 되다)

萬事亨通

(만사형통)

 요점만 콕!

- ✔ 亥(돼지 해)는 십이지지 중 열두 번째 동물인 돼지를 상징해요
- ✔ 赤字(적자)와 黑字(흑자)는 왜 손실과 이득이라는 뜻으로 쓰일까요?
  - • 赤字(적자) 지출이 수입을 초과하여 결손이 날 때는 붉은 글자를 사용하여 기입하기 때문.
  - • 黑字(흑자) 수입이 지출을 초과하여 이익이 날 때는 검은 글자를 그대로 사용하여 기입하기 때문

享 누릴 향
亠 8획 3급

亠 亠 亠 享 享 享

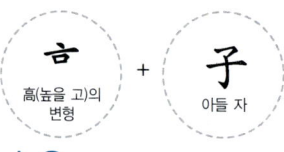

높은 학문을 마친
아들은 행복을 누릴 수 있으니 = 누리다

享年 享樂 享有
(향년) (향락) (향유)

郭 성곽 곽
邑 11획 3급

亠 亨 享 享' 享⻏ 郭

享(누릴 향) + 阝(고을)

백성들이 평안을 누리도록
고을 주위에 쌓는 것이니 = 성곽(적을 막기위해 흙이나 돌로 쌓은 담)

城郭 外郭 郭氏
(성곽) (외곽) (곽씨)

敦 도타울 돈
攵 12획 3급

亠 亨 享 享 享 敦

= 篤

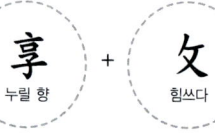

자식이나 제자가 행복을 누리도록 힘써
가르치는 정성이 깊으니 = 도탑다(인정이나 사랑이 많고 깊다)

敦篤 敦厚
(돈독) (돈후)

뉘앙스 콕!

- ☑ 云謂(운위) : 입에 올려 말하는 것 ▶ 김부장에 대한 나쁜 소문이 운위(云謂)되고 있다.
- 云爲(운위) : 말과 행동 혹은 세태와 인정 ▶ 사람이 운위(云爲)할 때는 항상 조심해야 한다.
- ☑ 亡失(망실) : 물건을 잃어버려 없어짐 ▶ 장비가 파손되거나 망실(亡失)되었다
- 忘失(망실) : 생각을 잊어버림 = 忘却(망각) ▶ 망실(忘失)된 이야기
- ☑ 忘却(망각) : 어떤 사실을 잊어버림 ▶ 치욕의 날을 망각(忘却) 하지 마라
- 妄覺(망각) : 외부 세계의 자극을 잘못 지각하거나 생각하는 병적 현상
- ☑ 時刻(시각) : 시간의 어느 한 시점 ▶ 해가 뜨는 시각(時刻)
- 時角(시각) : 천구의 북극과 천체를 잇는 시권이 자오선과 이루는 각도 ▶ 2시각(時角)은 30도이다
- 視角(시각) : 사물을 관찰하고 파악하는 기본적인 자세 ▶ 여성의 시각(視角)으로 바라보다.
- 視覺(시각) : 눈을 통해 빛의 자극을 받아들이는 감각 작용. ▶ 시각(視覺)을 교정하다

05일째 복습하기

복습 1 다음 한자를 큰 소리로 읽어 보세요. (2번 이상)

二	于	宇	云	雲	五	吾	語	悟	互
井	耕	形	刑	亞	惡	亡	望	妄	荒
盲	忙	忘	茫	罔	交	校	效	較	郊
亥	刻	核	該	亦	赤	亨	享	郭	敦

복습 2 다음 훈음에 해당되는 한자를 쓰세요. 물론 윗부분은 감추고…

두 이	어조사 우	집 우	이를 운	구름 운	다섯 오	나 오	말씀 어	깨달을 오	서로 호
우물 정	밭갈 경	모양 형	형벌 형	버금 아	악할 악	망할 망	바랄 망	망령될 망	거칠 황
소경 맹	바쁠 망	잊을 망	아득할 망	없을 망	사귈 교	학교 교	본받을 효	비교 교	들 교
돼지 해	새길 각	씨 핵	갖출 해	또 역	붉을 적	형통할 형	누릴 향	성곽 곽	도타울 돈

복습 3 단어로 복습하기. 다음 뜻에 맞는 한자어를 한자로 쓰세요.

망극( ) 은혜가 커서 갚을 길이 없음	기억 상실증으로 모든 것을 망각하다. ( )
각오( ) 닥쳐올 일에 대한 마음의 준비	우주의 신비를 연구하다. ( )
호환( ) 서로 교환함	두 제품을 비교 분석하다. ( )
정화수( ) 이른 새벽에 길은 우물물	교외로 소풍을 가다. ( )
농경( ) 논밭을 갈아 농사를 지음	입학 신청서를 해당 학교에 제출하다. ( )
아류( ) 둘째가는 사람이나 사물	역시 친구는 가장 소중한 존재이다. ( )
경망( ) 행동 등이 가볍고 조심성이 없음	만사가 형통하다. ( )
황당( ) 말과 행동이 터무니없음	향락에 빠져 몸을 망치다. ( )
돈독( ) 인정이 두터움	성곽을 높이 쌓아 적의 공격을 막다. ( )
망중한( ) 바쁜 가운데 잠깐 얻어 낸 틈	맹인을 부축해 길을 안내해 주었다. ( )
罔極/覺悟/互換/井華水/農耕/亞流/輕妄/荒唐/敦篤/忙中閑	忘却/宇宙/比較/郊外/該當/亦是/亨通/享樂/城郭/盲人

현쌤의 응원

서당개 삼 년이면 풍월을 읊고[당구풍월(堂狗風月)],
47일만에 3급을 통달하자.
아자 아자 !!!!!!!!!!!

06 일째

孰 누구 숙
子 11획 3급

子 亨 享 刳 孰 孰

= 誰

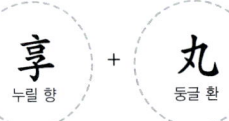

누구나 행복을 **누리며**
세상을 **둥글고** 원만하게 살고 싶어 하니 = **누구**

孰是孰非(누가 옳고 누가 그름) 誰怨孰尤(누구를 원망하고 누구를 탓하겠냐)
(숙시숙비) (수원숙우)

熟 익을 숙
火 15획 3급II

亠 亨 享 孰 孰 熟

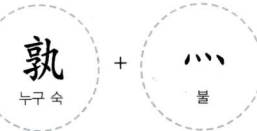

누구나 **불**에
음식을 익혀 먹으니 = **익다**
(뉘앙스 콕 p66)

熟考 熟練 熟眠 熟成 熟語 能熟 完熟 早熟
(숙고) (숙련) (숙면) (숙성) (숙어) (능숙) (완숙) (조숙)

京 서울 경
亠 8획 6급

亠 亠 亠 宁 京 京

⇔ 鄕

높은 건물이 많아
사람이 **작아** 보이는 곳이니 = **서울**
(요점만 콕)

京劇 歸京 京畿 京畓 京兆 京仁線
(경극) (귀경) (경기) (경답) (경조) (경인선)

景 볕 경
日 12획 5급

日 星 몸 景 景 景

= 陽

햇볕이
서울을 비추니 = **볕**
(요점만 콕)

景致 珍風景 景況 景觀 景槪 佳景 景福宮
(경치) (진풍경) (경황) (경관) (경개) (가경) (경복궁)

影 그림자 영
彡 15획 3급II

日 昙 景 景 影 影

=
⇔

 +
景(볕 경) + 彡(털)

햇볕이 털을 비추면
생기는 것이니 = 그림자

(뉘앙스 콕 p66)

影像 影響 近影 暗影 投影
(영상) (영향) (근영) (암영) (투영)

涼 서늘할 량
水 11획 3급II

氵 氵 汁 泞 涼

= 寒
⇔ 溫/暖

 +
氵(물) + 京(서울 경)

비가 와 서울이
서늘해지니 = 서늘하다 (凉과 동자)

納涼 荒涼 涼風
(납량) (황량) (양풍)

諒 살펴알/믿을 량
言 15획 3급

言 言 言 訁 訐 諒

= 察, 信
⇔
中 谅

 +
言(말씀 언) + 京(서울 경)

마음이 서울처럼 큰 사람은 상대를 잘 살펴
말을 하고, 그 말에는 믿음이 있으니 = 살펴 알다/믿다

諒知 諒察 諒解 海諒
(양지) (양찰) (양해) (해량)

掠 노략질할 략
手 11획 3급

扌 扩 扩 拧 掠

= 侵/奪
⇔

 +
扌(손) + 京(서울 경)

손에 칼을 들고 서울을 약탈하니
= 노략질하다(떼를 지어 돌아다니며 사람을 해치거나 재물을 강제로 빼앗다)

掠奪 侵掠
(약탈) (침략)

 요점만 콕!

☑ 京(서울 경)은 兆(억조 조)의 만 배(倍)를 뜻하기도 해요.
☑ 景(볕 경)은 '경치'와 '크다' 라는 뜻으로도 쓰여요.
  • 볕 : 景氣(경기) 不景氣(불경기) 好景氣(호경기)
  • 경치 : 景致(경치) 景觀(경관) 景勝地(경승지) 光景(광경) 珍風景(진풍경) 景概(경개) 佳景(가경)
  • 크다 : 景福(경복) 景福宮(경복궁)

人 사람 인
人 2획 8급

ノ 人

=
⊕
🔵 日 中

사람 인

사람의 모양 = **사람**

人傑 囚人 廢人 異邦人
(인걸) (수인) (폐인) (이방인)

今 이제 금
人 4획 6급II

ノ 人 𠆢 今

= 現   ⊕ 古/昔
🔵 日 中

사람이 농사 같은 **중요한** 일은 **농기구**로 지금 해야 하니 = **이제**

今時初聞 今昔之感 今世紀
(금시초문) (금석지감) (금세기)

念 생각 념
心 8획 5급II

𠆢 今 今 念 念 念

= 思/考/想/慮
🔵 日 中

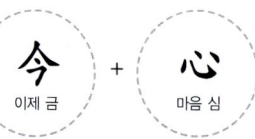

지금 마음에서 떠오르는 것이니 = **생각**

念慮 雜念 專念 念珠 掛念 概念 默念 執念
(염려) (잡념) (전념) (염주) (괘념) (개념) (묵념) (집념)

陰 그늘 음
阜 11획 4급II

阝 阣 阣 陰 陰 陰

=
⊕ 陽
🔵 陰 日 中 阴

언덕에서 **지금** 하던 일을 멈추고 **이야기하며** 쉬는 곳이니 = **그늘**

陰陽 陰刻 陰散 陰凶 陰濕 陰曆 陰謀 陰沈
(음양) (음각) (음산) (음흉) (음습) (음력) (음모) (음침)

舍 머금을 함
口 7획 3급II

𠆢 𠆢 今 舍 舍

=
⊕
🔵 日 中

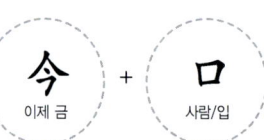

지금 입에 머금고 있으니 = **머금다**

含量 含有 含蓄 包含
(함량) (함유) (함축) (포함)

吟

읊을 음

口 7획 3급

口 마 叭 吟 吟

≡ 詠
◉ 日 ⇔
中

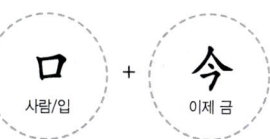
입 + 이제 금
사람/입

입으로 지금 말하는
것이니 = 읊다(소리를 내어 운에 맞춰 시를 읽거나 외다)

吟味　吟曲
　(음미) (음곡)

琴

거문고 금

玉 12획 3급Ⅱ

丁 王 珏 珡 珡 琴

≡
◉ 日 ⇔
中

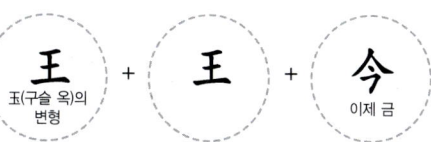
王 + 王 + 今
玉(구슬 옥)의 변형　　　이제 금

옥이 지금 쟁반 위를 구르듯
아름다운 소리를 내는 것이니 = 거문고

風琴　琴書
　(풍금) (금서)

貪

탐낼 탐

貝 11획 3급

人 今 含 貪 貪 貪

≡ 慾
◉ 日 ⇔
中 贪

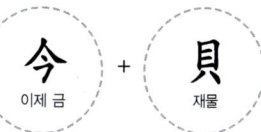
今 + 貝
이제 금　재물

지금 재물이
바로 앞에 있으니 = 탐내다

貪慾　食貪　貪權
(탐욕) (식탐) (탐권)

來

올 래

人 8획 7급

一 厸 厼 來 來

≡
◉ 来 日 来 ⇔ 去/往/就/赴
中 来

木 + 人 + 人
나무 목　사람 인

나무 밑으로
사람들이 오니 = 오다

來賓　從來　招來　渡來　來襲
(내빈) (종래) (초래) (도래) (내습)

麥

보리 맥

麥 11획 3급Ⅱ

厸 厼 夾 來 麥 麥

≡
◉ 麦 日 麦 ⇔
中 麦

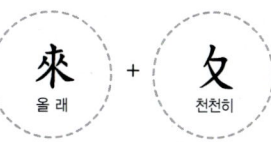
來 + 夊
올 래　천천히

식량이 부족한 보릿고개 때는 보리를
수확하는 날이 천천히 오는 것처럼 느껴지니 = 보리

麥飯　麥酒　小麥　麥芽　精麥
(맥반) (맥주) (소맥) (맥아) (정맥)

정말이지 쉬운 한자　61

介 끼일 개
人 4획 3급II
ノ 人 介 介

≡ 日 ⇔
💬 田 申

人(사람 인) + 儿(틈이 나 있는 모양)

사람이 틈에
끼이니 = 끼이다

媒介　仲介　介意　介入　介在
(매개)(중개)(개의)(개입)(개재)

界 지경 계
田 9획 6급II
丨 口 四 田 界 界

≡ 區/域/境 ⇔
💬 日 申

田(밭 전) + 介(끼일 개)

밭 사이에
끼어 있는 것이니 = 지경(땅의 경계)

境界　臨界　界域
(경계)(임계)(계역)

休 쉴 휴
人 6획 7급
亻 亻 什 什 休

≡ 息 ⇔
💬 日 申

亻(사람) + 木(나무 목)

사람이 나무
밑에서 쉬고 있으니 = 쉬다

休暇　遊休　休講　休刊　休眠　休廷
(휴가)(유휴)(휴강)(휴간)(휴면)(휴정)

信 믿을 신
人 9획 6급II
亻 亻 信 信 信

≡ 諒 ⇔
💬 日 申

亻(사람) + 言(말씀 언)

사람의 말에는
믿음이 있어야 하니 = 믿다

信徒　信條　迷信　信賴　信仰　盲信
(신도)(신조)(미신)(신뢰)(신앙)(맹신)

仁 어질 인
人 4획 4급
ノ 亻 仁 仁

≡ 賢 ⇔
💬 日 申

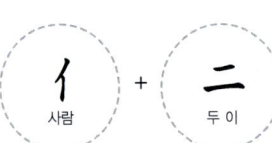

亻(사람) + 二(두 이)

사람은 둘만 모여도 서로에게
너그러워야 하니 = 어질다(마음이 너그럽고 슬기로우며 덕행이 높다)

仁術　仁慈　殺身成仁
(인술)(인자)(살신성인)

仙 신선 선
人 5획 5급Ⅱ

丿 亻 亻 仙 仙

산에 사는
사람이니 = 신선

仙境　鳳仙花　仙人掌
(선경) (봉선화) (선인장)

候 기후 후
人 10획 4급

亻 亻 亻 亻 候 候

사람이 뚫어야 할 과녁에
화살을 쏠 때는 바람을 잘 헤아려야 하니 = 기후
(요점만 콕)

氣候　全天候　症候　徵候　候補　測候所　斥候兵
(기후) (전천후) (증후) (징후) (후보) (측후소) (척후병)

侯 제후 후
人 9획 3급

亻 亻 亻 亻 侯 侯

과녁을 화살로 잘 맞추는 사람이니
= 제후(봉건 시대에 영토를 가지고 그 영내의 백성을 다스리던 사람)

諸侯　侯爵　王侯將相
(제후) (후작) (왕후장상)

代 대신할 대
人 5획 6급Ⅱ

丿 亻 亻 代 代

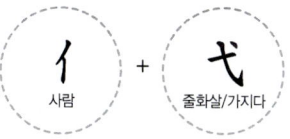

다른 사람이 가진 능력에
내 일을 맡기니 = 대신하다
(요점만 콕)

代納　代價　代名詞　代替　累代　代役　稀代
(대납) (대가) (대명사) (대체) (누대) (대역) (희대)

 요점만 콕!

☑ 候(기후 후)는 '조짐/징후' 또는 '염탐하다'라는 뜻으로도 쓰여요.
- 기후 : 氣候(기후)　全天候(전천후)　測候所(측후소)
- 조짐/징후 : 症候(증후)　症候群(증후군)　徵候(징후)
- 염탐하다 : 斥候(척후)　斥候兵(척후병)　候補(후보)

☑ 代(대신할 대)는 '세대/시대'라는 뜻으로도 쓰여요.
- 대신하다 : 代理(대리)　代筆(대필)　代納(대납)　代置(대치)　代辯人(대변인)　代役(대역)
- 세대/시대 : 時代(시대)　初代(초대)　歷代(역대)　當代(당대)　累代(누대)　稀代(희대)

貸 빌릴 대
貝 12획 3급II

丿 亻 代 伐 貸 貸

= 借/賃　⇔
⊕　日　中 贷

사는 **대신**
재물을 주고 빌리니 = **빌리다**

貸出　貸付　貸與　貸損　貸借
(대출) (대부) (대여) (대손) (대차)

伐 칠 벌
人 6획 4급II

丿 亻 亻 代 伐 伐

= 討/擊/拍/征　⇔ 守/防
⊕　日　中

사람이 **창**을
들고 적을 치니 = **치다**

討伐　征伐　濫伐　盜伐　殺伐　伐採
(토벌) (정벌) (남벌) (도벌) (살벌) (벌채)

以 써 이
人 5획 5급II

丨 丶 丶 以 以

=　⇔
⊕　日　中

개인의 능력으로써 **사람**을 평가하니
= **써**(그것을 가지고, 그것으로 인하여의 뜻을 나타내는 접속 부사)　(요점만 콕)

以心傳心　以卵投石　以實直告
(이심전심) (이란투석) (이실직고)

似 같을 사
人 7획 3급

亻 亻 似 似 似 似

= 肖/類　⇔
⊕　日　中

사람들은 도구를
써서 일을 하는 점이 서로 같으니 = **같다**

類似　似而非　近似値
(유사) (사이비) (근사치)

令 하여금 령
人 5획 5급

丿 人 亼 今 令

= 命/使　⇔
⊕　日　中

사람들을 **모아** 놓고 **벼슬아치**가
명령을 내리며 부리니 = **하여금**(누구를 시키어)

命令　令狀　戒嚴令　縣令　司令官
(명령) (영장) (계엄령) (현령) (사령관)

命 목숨/명령 명
口 8획 7급

人 亽 合 合 命 命

≡ 令, 壽

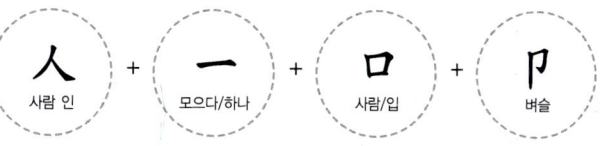

사람들을 모아 놓고 입으로 벼슬아치가
명령을 하며, 그에 따라 목숨이 좌우되니 = 목숨/명령

御命 嚴命 革命 召命 壽命 延命 致命傷
(어명) (엄명) (혁명) (소명) (수명) (연명) (치명상)

領 거느릴 령
頁 14획 5급

人 亼 令 솎 領 領

≡ 統/率/御, 頭
中 领

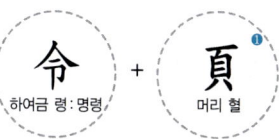

❶ 頁(머리 혈) : 코(自: 주름진 코의 모양)가 있는 곳이니

명령을 하며 우두머리가
부하를 거느리니 = 거느리다

領域 占領 頭領 綱領 橫領 領收證
(영역) (점령) (두령) (강령) (횡령) (영수증)

冷 찰 랭
冫 7획 5급

冫 冫 冫 冷 冷

≡ 寒/涼
↔ 溫/熱

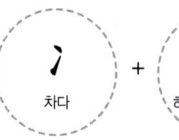

명령은
차고 냉정하니 = 차다

冷凍 冷湯 冷却 冷嚴 冷靜
(냉동) (냉탕) (냉각) (냉엄) (냉정)

嶺 고개 령
山 17획 3급Ⅱ

山 岐 岑 岒 嶺 嶺

中 岭

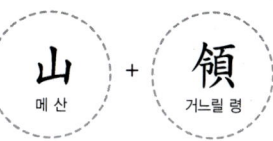

산이 거느린
높은 곳이니 = 고개

嶺南 大關嶺 分水嶺 高嶺土
(영남) (대관령) (분수령) (고령토)

 요점만 콕!

☑ 以(써 이)는 여러 가지 뜻으로 쓰여요.
- 도구, 수단, 방법, 자료 : ~으로써 ▶ 以熱治熱(이열치열) 열로써 열을 다스림
- 원인 : ~때문에 ▶ 勿以惡小爲之(물이악소위지) 나쁜 짓은 아무리 작은 것이라도 하지 마라
- 所以 : ~인 까닭은 ▶ 敢問其所以異(감문기소이이) 감히 그것이 다른 까닭을 묻겠습니다

零

떨어질/영 령

雨 13획 3급

雨 비 우 + 令 하여금 령 : 명령

비와 명령은 위에서
아래로 내려오니 = **떨어지다/영**(숫자)

宀 示 乕 乕 零 零

≡ 落/墮

零落 零細 零細民 零細企業 零下 零時 零點
(영락) (영세) (영세민) (영세기업) (영하) (영시) (영점)

付

부칠/줄/의지할 부

人 5획 3급Ⅱ

亻 사람 + 寸 마디/헤아릴 촌

사람이 상대를 잘 헤아려 해야
하는 것이니 = **부치다/주다/의지하다**

ノ 亻 仁 付 付

≡ 給/與

交付 發付 配付 送付 分付
(교부) (발부) (배부) (송부) (분부)

附

붙을 부

阜 8획 3급Ⅱ

阝 언덕 + 付 의지할 부

언덕이 산에
의지하며 붙어 있으니 = **붙다**

阝 阝 阝 阝 附 附

≡ 着/屬

附近 附錄 附屬 附與 添附 附和雷同
(부근) (부록) (부속) (부여) (첨부) (부화뇌동)

符

부호 부

竹 11획 3급Ⅱ

⺮ 대나무/책 + 付 의지할 부

대나무에 표시를 하여 뒤쳐져
오는 사람이 의지하도록 하니 = **부호**

笁 笁 笁 符 符

符號 符籍 符合 終止符
(부호) (부적) (부합) (종지부)

 뉘앙스 콕!

- ☑ **老熟**(노숙) : 오래 경험을 쌓아 익숙함 ▶ 그는 노숙(老熟)한 솜씨를 가지고 있다.
- **露宿**(노숙) : 한데에서 자는 잠 ▶ 역에는 노숙(露宿)하는 사람들이 많다.
- ☑ **映像**(영상) : 빛의 굴절이나 반사에 의하여 이루어진 물체의 상 ▶ 영상(映像) 자료를 시청하다.
- **影像**(영상) : 사람의 얼굴을 그린 족자 = 영정(影幀) ▶ 조부의 영상(影像)

06일째 복습하기

복습 1 다음 한자를 큰 소리로 읽어 보세요. (2번 이상)

孰	熟	京	景	影	凉	諒	掠	人	今
念	陰	含	吟	琴	貪	來	麥	介	界
休	信	仁	仙	候	侯	代	貸	伐	以
似	令	命	領	冷	嶺	零	付	附	符

복습 2 다음 훈음에 해당되는 한자를 쓰세요. 물론 윗부분은 감추고…

누구 숙	익을 숙	서울 경	볕 경	그림자 영	서늘할 량	살펴알 량	노략질할 략	사람 인	이제 금
생각 념	그늘 음	머금을 함	읊을 음	거문고 금	탐낼 탐	올 래	보리 맥	끼일 개	지경 계
쉴 휴	믿을 신	어질 인	신선 선	기후 후	제후 후	대신할 대	빌릴 대	칠 벌	써 이
같을 사	하여금 령	목숨 명	거느릴 령	찰 랭	고개 령	떨어질 령	부칠 부	붙을 부	부호 부

복습 3 단어로 복습하기. 다음 뜻에 맞는 한자어를 한자로 쓰세요.

숙고 (   ) 곰곰이 깊이 생각함
근영 (   ) 최근에 찍은 인물 사진
황량 (   ) 황폐하여 거칠고 쓸쓸함
양지 (   ) 살피어 앎
침략 (   ) 남의 나라에 쳐들어감
함축 (   ) 겉으로 드러내지 않고 속에 간직함
음미 (   ) 사물의 속 내용을 느끼거나 생각함
금서 (   ) 거문고와 서책을 아울러 이름
부합 (   ) 둘이 서로 꼭 들어맞음
분수령 (   ) 분수계가 되는 산 또는 산맥

이 싸움에 제삼자가 개입하다. (   )
국회의원 후보에 나가다. (   )
왕실로부터 후작의 작위를 받았다. (   )
학생들에게 학자금을 대여해 주다. (   )
유사품에 주의해야 한다. (   )
치킨을 안주로 맥주를 마시다. (   )
영하의 날씨가 계속되었다. (   )
학생들에게 성적표가 배부되었다. (   )
추천서를 입사 지원서에 첨부하다. (   )
탐욕에 눈이 멀어 화를 부르다. (   )

熟考/近影/荒凉/諒知/侵掠/含蓄/吟味/琴書/符合/分水嶺   介入/候補/侯爵/貸與/類似/麥酒/零下/配付/添附/貪慾

현샘의 응원

오이 심은데 오이 나 듯 [종과득과(種瓜得瓜)],
열심히 한자를 머릿속에 심다보면
언젠가 그 열매가 열리겠지요^^

07 일째

府 관청/마을 부
广 8획 4급Ⅱ

一 广 广 广 府 府

≡ 官/廳

백성이 의지하는
곳이니 = 관청/마을

行政府 總督府 幕府 司法府 司憲府 春府丈
(행정부) (총독부) (막부) (사법부) (사헌부) (춘부장)

腐 썩을 부
肉 14획 3급Ⅱ

厂 府 府 府 腐 腐

관청의 창고에 있는
고기가 오래되어 변하니 = 썩다

腐植 豆腐 腐敗 陳腐 腐葉土
(부식) (두부) (부패) (진부) (부엽토)

余 나/남을 여
人 7획 3급

丿 人 人 今 今 余

≡ 我/吾/予

 +  +

나무 아래 모였던 사람들이
모두 떠나고 나만 남으니 = 나/남다

余等
余等(여등)

餘 남을 여
食 16획 4급Ⅱ

𩙿 𩙿 飣 飠 飴 餘

≡ 遺/殘

 +

양식이 부족한 옛날에는 가족을 위해
아버지인 내가 밥을 남겼으니 = 남다

餘暇 餘恨 殘餘 餘興 餘勢 餘滴 餘韻 餘裕
(여가) (여한) (잔여) (여흥) (여세) (여적) (여운) (여유)

除 덜 제
阜 10획 4급II

阝 阝 阡 阾 除 除

- ≡ 減
- ⇔ 增/添

언덕에서 필요 없는 나머지 부분을 깎아내니 = 덜다 (일정한 수량에서 얼마를 적게 하다)

除去 除隊 除籍 免除 削除 排除
(제거) (제대) (제적) (면제) (삭제) (배제)

途 길 도
辶 11획 3급II

八 스 余 余 涂 途

- ≡ 道/路/程/徑

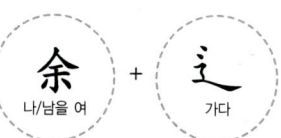

내가 걸어 갈 때 필요한 것이니 = 길

(뉘앙스 콕 p76)

途上 方途 別途 用途 途中下車
(도상) (방도) (별도) (용도) (도중하차)

徐 천천히 서
彳 10획 3급II

彳 彳 彳 徐 徐 徐

- ≡ 緩
- ⇔ 速/急

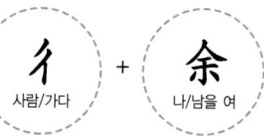

사람들이 가버리고 나만 남아 천천히 가니 = 천천히

徐行 徐羅伐
(서행) (서라벌)

敍 펼 서
攴 11획 3급

ᄼ 余 余ᅡ 余ᅡ 敍 敍

- ≡ 展/伸/演/述
- 日 叙 中 叙

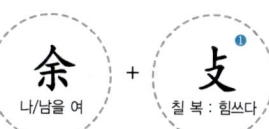

❶ 攴(칠복): 회초리를[卜(점 복-회초리의 모양)] 들고 아들을 다스리려면(乂) 힘써야 하니

내가 힘써 덕과 재물을 베푸니 = 펴다

敍事詩 敍情詩 自敍傳 敍述 追敍
(서사시) (서정시) (자서전) (서술) (추서)

斜 비낄 사
斗 11획 3급II

人 今 余 余 斜 斜

- ≡ 傾
- ⇔ 平

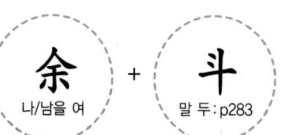

남아 있는 말 속의 곡식을 비우려고 말을 기울이니 = 비끼다 (비스듬히 놓이거나 늘어지다)

斜面 傾斜 斜線 斜視 斜陽産業
(사면) (경사) (사선) (사시) (사양산업)

塗 칠할 도
土 13획 3급

氵 汙 泠 涂 淦 塗

= 炭
↔ 涂
中 涂

 +  + 土
(氵 물) (余 나/남을 여) (흙 토)

물에 남아 있는
흙을 섞어 칠하니 = **칠하다**

塗料 塗壁 塗裝 塗炭
(도료) (도벽) (도장) (도탄)

倉 곳집 창
人 10획 3급Ⅱ

人 今 今 솜 솜 倉

= 庫
↔ 仓
中 仓

 + 口
(食(먹을/밥 식)의 변형) (사람/입)

사람이 먹을 음식이나
재료 등을 보관하는 곳이니 = **곳집**(창고)

倉庫 穀倉 營倉 彈倉 倉卒間
(창고) (곡창) (영창) (탄창) (창졸간)

創 비롯할 창
刀 12획 4급Ⅱ

人 今 今 솜 倉 創

= 始
中 创

 + 刂
(倉 창고 창) (칼)

창고를 짓는 일은 칼로 나무를 자르는
것으로부터 시작되니 = **비롯하다** (사물이 처음으로 시작되다)

創造 創案 創業 獨創的 創刊 創設 草創期
(창조) (창안) (창업) (독창적) (창간) (창설) (초창기)

蒼 푸를 창
艹 14획 3급Ⅱ

卝 苁 茊 苍 苍 蒼

= 靑/綠
中 苍

 +
(艹 풀) (倉 창고 창)

풀이 창고 위에
무성하게 자라고 있으니 = **푸르다**

蒼空 蒼白
(창공) (창백)

修 닦을 수
人 10획 4급Ⅱ

亻 亻 亻 攸 攸 修

❶ 攸(아득할 유) : 사람(亻)이 땅을 뚫는(丨) 일을 힘써(攵) 해도 일이 아직 많이 남아 있으니

 +
(攸 아득할 유) (彡 털)

아득한 세월 동안
털이 나도록 하는 일이니 = **닦다**

修練 修了 修訂 修辭 修飾 嚴修 編修 補修
(수련) (수료) (수정) (수사) (수식) (엄수) (편수) (보수)

條

가지 조

木 11획 4급

亻 亻 伩 攸 倏 條

= 枝
= 条 日 条 中 条

 + 木 (나무 목)
攸 (아득할 유)

① 攸(아득할 유) : 사람(亻)이 땅을 뚫는(丨) 일을 힘써(攵) 해도 일이 아직 많이 남아 있으니

나무에서
멀리 뻗어 있는 것이니 = 가지

(요점만 콕)

枝條 條件 信條 條項 條理 不條理
(지조) (조건) (신조) (조항) (조리) (부조리)

悠

멀 유

心 11획 3급II

亻 亻 伩 攸 悠 悠

= 遠, 閑 ↔ 近

 +
攸 (아득할 유)   心 (마음 심)

아득하게
먼 앞날이 마음에 떠오르니 = 멀다

(요점만 콕)

悠久 悠然 悠忽 悠悠自適
(유구) (유연) (유홀) (유유자적)

保

지킬 보

人 9획 4급II

亻 亻' 伄 伄 俘 保

= 守/衛 ↔ 攻/扣/擊

 +  +
亻(사람⇒어른) 口(사람/입⇒아이) 木(나무 목)

어른이 나무 위에
올라간 아이를 지켜보니 = 지키다

保管 保證 保險 保菌 保釋
(보관) (보증) (보험) (보균) (보석)

俊

준걸 준

人 9획 3급

亻 伀 伀 伀 俊 俊

= 傑/秀 ↔ 劣/拙

亻(사람)   夋(의젓하게 갈 준)

① 夋(의젓하게 갈 준) : 덩치가 큰(厶) 사람(儿)이 천천히(夂) 자신 있게 걸으니

사람이 의젓하게 삶을 살아가면
지혜와 슬기가 생기니 = 준걸(재주와 슬기가 뛰어남)

俊傑 俊秀 俊才 英俊
(준걸) (준수) (준재) (영준)

 요점만 콕!

☑ 條(가지 조)는 '조목(條目)/조리(條理)'라는 뜻으로도 쓰여요.
- 가지 : 枝條(지조)
- 조목/조리 : 條目(조목) 條件(조건) 信條(신조) 條項(조항) 條理(조리) 不條理(부조리)

☑ 悠(멀 유)는 '한가하다'라는 뜻으로도 쓰여요.
- 멀다 : 悠久(유구)
- 한가하다 : 悠然(유연) 悠忽(유홀: 한가하게 세월을 보냄) 悠悠自適(유유자적)

정말이지 쉬운 한자 71

傑 뛰어날 걸

人 12획 4급

夕 夕 俨 俨 傑 傑

= 俊
↔ 劣/拙
日 杰
中 杰

새가 홰에 오르듯
사람이 높은 곳에 오르니 = **뛰어나다**

① 桀(홰 걸) : 새장 안에 어그러지게(舛) 놓아 둔 나무(木)니

豪傑 傑作 傑物 怪傑
(호걸) (걸작) (걸물) (괴걸)

僚 동료 료

人 14획 3급

亻 亻 佚 佚 倅 僚

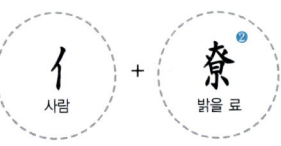

② 尞(밝을 료) : 큰(大) 불똥(丶)같은 해(日)가 밝게
비추어 작은(小) 것까지 잘 보이니

사람의 앞날을 밝게 비춰 주는
사람이니 = **동료**(같은 곳에서 같은 일을 하는 사람)

同僚 閣僚 幕僚
(동료) (각료) (막료)

偶 짝 우

人 11획 3급II

們 們 倜 偶 偶

= 匹/配/伴

③ 禺(원숭이 우) : 밭(田)에서 발자국(内)을 내며
다니는 짐승이니

사람과 원숭이는
모습이 비슷하게 닮았으니 = **짝**

偶然 偶發 偶像 偶數 配偶者
(우연) (우발) (우상) (우수) (배우자)

遇 만날 우

辶 13획 4급

禺 禺 禺 禺 遇 遇

= 逢

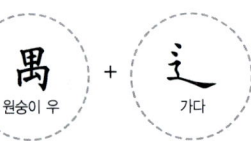

원숭이가 오다가다
다른 원숭이를 = **만나다**

(뉘앙스 콕 p76)

境遇 待遇 處遇 不遇 千載一遇
(경우) (대우) (처우) (불우) (천재일우)

愚 어리석을 우

心 13획 3급II

日 禺 禺 禺 愚 愚

= 鈍
↔ 賢/良/仁

원숭이 같은
마음이니 = **어리석다**

愚鈍 愚弄 愚直
(우둔) (우롱) (우직)

萬 일만 만
艸 13획 8급

艹 芊 菖 萬 萬 萬

= 万 ↔ 日 万 中 万

농작물이 있는 **풀 밭**에
수많은 **짐승 발자국**이 나 있으니 = **일만**

萬康 萬能 萬邦 萬不當
(만강) (만능) (만방) (만부당)

勵 힘쓸 려
力 17획 3급II

厂 厂 严 厏 厲 勵

= 勉/務 ↔
日 励 中 励

칼을 가는 일에
있는 **힘**을 다하니 = **힘쓰다**

❶ 厲(갈 려) : 어느 장소(厂)에서 많은(萬) 힘을 써서 하는 일이니

激勵 督勵 獎勵
(격려) (독려) (장려)

元 으뜸 원
儿 4획 5급II

一 二 子 元

하늘과 땅 사이의 만물 중 **사람**이
제일이니 = **으뜸**(사물의 중요한 정도로 본 첫째)

元帥 紀元 壯元 元旦 高次元
(원수) (기원) (장원) (원단) (고차원)

(뉘앙스 콕 p76)

完 완전할 완
宀 7획 5급

宀 宁 宇 完 完

= 全

집을 **으뜸**으로
잘 지었으니 = **완전하다**

完納 完快 完備 完了 完拂 完遂 完熟 補完
(완납) (완쾌) (완비) (완료) (완불) (완수) (완숙) (보완)

院 집 원
阜 10획 5급

阝 阝 阡 阡 院 院

= 宅/宇/宙/軒

언덕에
완전하게 지은 것이니 = **집**

(뉘앙스 콕 p76)

醫院 議院 府院君(조선 시대 왕비의 친아버지나 정일품 공신에게 주던 작호)
(의원) (의원) (부원군)

정말이지 쉬운 한자 73

冠 갓 관
冖 9획 3급II

冖 덮다 + 元 으뜸 원 + 寸 마디/헤아릴 촌

머리에 덮어쓰려고 으뜸으로 잘 헤아려 만든 것이니 = 갓 (예전에 어른이 된 남자가 머리에 쓰던 의관의 하나)

金冠 弱冠 衣冠 冠帶 月桂冠 冠形詞
(금관) (약관) (의관) (관대) (월계관) (관형사)

兄 형 형
儿 5획 8급

口 사람/입 + 儿 사람/어질다

동생을 잘 보살피는 어진 사람이니 = 형

↔ 弟

兄弟 兄氏 義兄弟
(형제) (형씨) (의형제)

祝 빌 축
示 10획 5급

示 신 + 兄 형 형

신에게 형이 가족의 행복을 비니 = 빌다

≡ 祈

慶祝 頌祝 祝祭 祝杯 祝賀 仰祝
(경축) (송축) (축제) (축배) (축하) (앙축)

況 상황 황
水 8획 4급

氵 물:홍수 + 兄 형 형

홍수가 나 형이 상황을 알아 보니 = 상황 (일이 되어 가는 형편이나 모양)

≡ 狀

狀況 景況 近況 盛況 況且 概況
(상황) (경황) (근황) (성황) (황차) (개황)

競 다툴 경
立 20획 5급

立 설 립 + 兄 형 형 + 立 + 兄

양쪽 집안의 형들이 서서 다투고 있으니 = 다투다

≡ 爭/戰/鬪 ↔ 和/協
中 竞

競技 競爭 競步 競買 競舟
(경기) (경쟁) (경보) (경매) (경주)

克 이길 극
儿 7획 3급II

一 十 十 古 古 克

≡ 勝 ⇔ 敗

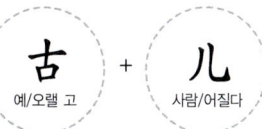

옛부터 어진 사람은
시련을 잘 극복하니 = 이기다

克己 克明 克服
(극기) (극명) (극복)

充 채울 충
儿 6획 5급II

亠 亡 云 产 充

≡ 滿 ⇔

지위가 높은 사람이 백성을
잘 다스리려면 크고 어진 마음을 가져야 하니 = 채우다

充分 充電 充滿 充實 擴充 補充
(충분) (충전) (충만) (충실) (확충) (보충)

統 거느릴 통
糸 12획 4급II

紀 紀 紡 紡 統

≡ 率/領/總/御 ⇔
中 统

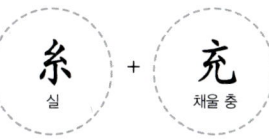

실을 통에 채우려면
엉키지 않도록 잘 다스려야 하니 = 거느리다

統一 統制 統率 傳統 系統 統帥權
(통일) (통제) (통솔) (전통) (계통) (통수권)

銃 총 총
金 14획 4급II

金 針 釷 鉾 銃

中 铳

쇠로 만든 총알을
채워 쏘는 것이니 = 총

銃彈 銃擊 銃傷 銃劍 拳銃 機關銃
(총탄) (총격) (총상) (총검) (권총) (기관총)

沈 잠길 침 / 성 심
水 7획 3급II

氵 氵 氵 沪 沙 沈

≡ 浸/沒/潛 ⇔ 浮
沉 中 沉

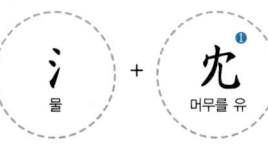

❶ 尤(머무를 유) : 이불을 덮은(冖) 사람(儿)이
방에 머무르니

물이 머물러
있으니 = 잠기다/성(姓)
(요점만 콕 p199)

沈沒 沈降 沈痛 陰沈 沈默 擊沈 浮沈 沈氏
(침몰) (침강) (침통) (음침) (침묵) (격침) (부침) (심씨)

枕 베개 침
木 8획 3급

十 木 札 枕 枕

木 + 冘
나무 목 + 머무를 유

❶ 冘(머무를 유) : 이불을 덮은(冖) 사람(儿)이 방에 머무르니

나무로 만들어 머리가
머무르게 하는 것이니 = 베개

(뉴앙스 콕 p76)

木枕(나무토막으로 만든 베개) 枕上 枕木

(목침) (침상) (침목)

深 깊을 심
水 11획 4급II

氵 氵 氵 氵 深 深

淺

氵 + 冖 + 儿 + 木
물 + 덮다 + 사람/어질다 + 나무 목

물이 사람과
나무를 덮을 정도니 = 깊다

(뉴앙스 콕 p76)

深夜 夜深 深海 深化 深刻 深趣 深層 深思熟考

(심야) (야심) (심해) (심화) (심각) (심취) (심층) (심사숙고)

뉴앙스 콕!

- **道中(도중)** : 길 가운데 = 노중(路中) ▶ 그는 도중(道中)에서 장사를 하고 있다.
- **途中(도중)** : ① 길을 가고 있는 동안. ▶ 여행하는 도중(途中)에 길을 잃었다.
  ② 계속되는 일이 끝나지 않고 진행되는 중간 ▶ 식사 도중(途中)

- **用途(용도)** : 쓰이는 곳. ▶ 용도(用途)에 맞게 사용한다.
- **用度(용도)** : 씀씀이. 관청이나 회사에서 물품을 공급하는 일 ▶ 용도(用度)가 크다.

- **待遇(대우)** : 직장에서 지위/급료 등의 근로조건. ▶ 그는 회사에서 특급 대우(待遇)를 받는다.
- **對偶(대우)** : 쌍이 되어 있는 것이나 대칭이 되어 있는 것. ▶ 대우(對偶)를 이룸

- **元首(원수)** : 한 나라의 최고 통치권자. 국가 원수 ▶ 대통령은 국가의 원수(元首)이다.
- **元帥(원수)** : 군인의 가장 높은 계급 ▶ 행사에 원수(元帥)가 참석하신다.
- **怨讐(원수)** : 원한이 맺힐 정도로 해를 끼친 사람이나 집단 ▶ 부모를 죽인 원수(怨讐) *讐:원수 수

- **學院(학원)** : 학교 설치 기준의 여러 조건을 갖추지 않은 사립 교육 기관 ▶ 학원(學院) 규제
- **學園(학원)** : 학교 및 기타 교육 기관을 통틀어 이르는 말 ▶ 학원(學園) 재단

- **木枕(목침)** : 나무토막으로 만든 베개 ▶ 나는 목침(木枕)을 베고 낮잠을 잤다.
- **枕木(침목)** : 선로 아래에 까는 나무나 콘크리트로 된 토막 ▶ 선로를 받치고 있는 침목(枕木)

- **深夜(심야)** : 깊은 밤 ▶ 심야(深夜) 극장에서 영화를 보았다.
- **夜深(야심)** : 밤이 깊음 ▶ 야심(夜深)한 밤에 집을 나섰다.

07일째 복습하기

복습 1 다음 한자를 큰 소리로 읽어 보세요. (2번 이상)

府	腐	余	餘	除	途	徐	敍	斜	塗
倉	創	蒼	修	條	悠	保	俊	傑	僚
偶	遇	愚	萬	勵	元	完	院	冠	兄
祝	況	競	克	充	統	銃	沈	枕	深

복습 2 다음 훈음에 해당되는 한자를 쓰세요. 물론 윗부분은 감추고…

관청 부	썩을 부	나 여	남을 여	덜 제	길 도	천천히 서	펼 서	비낄 사	칠할 도
곳집 창	비롯할 창	푸를 창	닦을 수	가지 조	멀 유	지킬 보	준걸 준	뛰어날 걸	동료 료
짝 우	만날 우	어리석을 우	일만 만	힘쓸 려	으뜸 원	완전할 완	집 원	갓 관	형 형
빌 축	상황 황	다툴 경	이길 극	채울 충	거느릴 통	총 총	잠길 침	베개 침	깊을 심

복습 3 단어로 복습하기. 다음 뜻에 맞는 한자어를 한자로 쓰세요.

진부(	) 사상 등이 낡아서 새롭지 못함	법률 조항을 개정하다.	(	)
여유(	) 물질적, 시간적으로 넉넉함	병역을 면제받았다.	(	)
준걸(	) 재주와 슬기가 뛰어남	대통령이 각료들을 새로 임명했다.	(	)
방도(	) 어떤 일을 치러 나갈 방법	그 가수는 청소년들의 우상이다.	(	)
서행(	) 사람이나 자동차가 천천히 감	하는 짓이 우둔하다.	(	)
추서(	) 죽은 뒤에 훈장을 줌	격려의 박수를 보내다.	(	)
경사(	) 비스듬히 기울어짐	푸른 창공을 가르며 날다.	(	)
도탄(	) 몹시 곤궁하거나 고통스러운 지경	추위를 극복하고 정상에 오르다.	(	)
곡창(	) 곡식을 저장하여 두는 창고	타이타닉은 빙산과 부딪쳐 침몰했다.	(	)
금관(	) 금으로 만든 관	어머니는 목침을 베고 주무신다.	(	)

陳腐/餘裕/俊傑/方途/徐行/追敍/傾斜/塗炭/穀倉/金冠　　條項/免除/閣僚/偶像/愚鈍/激勵/蒼空/克服/沈沒/木枕

현쌤의 응원

달리는 말에 채찍질을 하듯[주마가편(走馬加鞭)],
불 붙은 한자공부에
휘발유 끼얹기^^

정말이지 쉬운 한자

08 일째

探 찾을 탐
手 11획 4급
扌 扩 扩 探 探 探
= 訪/尋/索

扌(손) + 冖(덮다) + 儿(사람/어질다) + 木(나무 목)

손을 더듬어 덮여 있는
사람과 나무를 찾으니 = 찾다

(뉘앙스 콕 p86)

探問 探險 探查 探究 廉探 探索 探照燈
(탐문) (탐험) (탐사) (탐구) (염탐) (탐색) (탐조등)

先 먼저 선
儿 6획 8급
一 ㄗ 생 步 先
⇔ 後

牛(소 우)의 변형 + 儿(사람/어질다)

밭을 갈 때 소가
사람보다 앞서가니 = 먼저

先覺者 先納 先烈 先驅者 于先 先輩
(선각자) (선납) (선열) (선구자) (우선) (선배)

洗 씻을 세
水 9획 5급Ⅱ
氵 汀 沪 浩 泮 洗
= 濯

氵(물) + 先(먼저 선)

외출 후에는 물로
손을 먼저 씻으니 = 씻다

洗髮 洗鍊 洗禮 洗腦 洗面臺
(세발) (세련) (세례) (세뇌) (세면대)

光 빛 광
儿 6획 6급Ⅱ
ㅣ ㅣ ㅓ 步 光
= 色

小(작을 소) + 一(하나/모으다) + 儿(사람/어질다)

작은 햇불이 모여
사람들의 주위를 밝히니 = 빛

光澤 光彩 光臨 脚光 燭光 螢光燈
(광택) (광채) (광림) (각광) (촉광) (형광등)

贊 도울 찬
貝 19획 3급II

一 ナ 놧 銑 贊 贊

≡ 協/助/援/扶/補 ⇔
◉   日 賛 中 赞

先(먼저 선) + **先** + **貝**(재물)

남보다 **먼저**
재물을 주며 도우니 = **돕다**

贊助 協贊 贊否 贊成
(찬조) (협찬) (찬부) (찬성)

讚 기릴 찬
言 26획 4급

言 訐 譜 譜先 譜贊 讚

≡ 頌/譽 ⇔
◉   日 讃 中 赞

言(말씀 언) + **贊**(도울 찬)

말로 **도와** 주는 것이니
= **기리다** (잘한 일이나 뛰어난 업적, 인물 등을 추어올려 말하다)

讚歌 絶讚 讚辭 激讚 極讚 譽讚 稱讚 讚揚
(찬가) (절찬) (찬사) (격찬) (극찬) (예찬) (칭찬) (찬양)

兆 억조/조짐 조
儿 6획 3급II

丿 丿 刂 兆 兆 兆

≡   ⇔
◉   日   中

兆(억조/조짐 조)

점칠 때 사용하는 거북의 등 껍질 모양,
갈라진 곳을 보고 조짐을 알아내니 = **억조/조짐**

億兆蒼生 吉兆 徵兆
(억조창생) (길조) (징조)

逃 달아날 도
辶 10획 4급

丿 丿 刂 兆 兆 逃

≡ 北/避 ⇔
◉   日   中

兆(억조/조짐 조) + **辶**(가다)

나쁜 **조짐**이 느껴져
도망가니 = **달아나다**

逃亡 逃走 逃避
(도망) (도주) (도피)

桃 복숭아 도
木 10획 3급II

十 木 机 机 桃 桃

≡   ⇔
◉   日   中

木(나무 목) + **兆**(억조/조짐 조)

나쁜 **조짐**을 막아 주는 **나무**니
= **복숭아** [복숭아는 악귀를 쫓는 천상의 과일로 여김]

黃桃 桃園 武陵桃源
(황도) (도원) (무릉도원)

挑 돋울 도
手 9획 3급

丬 才 扌 扎 挑 挑

= 培 ⇔
日 中

 손 + 兆 억조/조짐 조

손으로 나쁜 조짐을 보여
상대를 화나게 하니 = 돋우다

挑發 挑戰
(도발) (도전)

跳 뛸 도
足 13획 3급

口 旦 足 趴 跳 跳

= 躍 ⇔
日 中

 足(발 족)의 변형 + 兆 억조/조짐 조

나쁜 조짐이
보여 발로 달아나니 = 뛰다

跳躍 高跳
(도약) (고도)

兎 토끼 토
儿 8획 3급II

⺈ ⺈ 召 罗 兎 兎

= 兔 ⇔
日 兔 中 兎

 토끼 토

토끼의 모양 = 토끼 (兎와 同字, 俗字 : 兔)

赤兎馬 兎生傳
(적토마) (토생전)

免 면할 면
儿 7획 3급II

⺈ ⺈ 刍 刍 孕 免

= ⇔ 任/委/托
日 中

 면할 면   ❶ 免(면할 면) : 兎(토끼 토)에서 ㇔(꼬리 모양)가 빠진 모양

토끼가 꼬리를
자르고 위험을 피하니 = 면하다
(뉘앙스 콕 p86)

免稅 免役 免疫 免除 免職 免許 謀免 罷免
(면세) (면역) (면역) (면제) (면직) (면허) (모면) (파면)

勉 힘쓸 면
力 9획 4급

⺈ 刍 孕 免 免 勉

= 務/勵 ⇔
日 中

 면할 면 +  힘 력

어려운 상황을 면하려고
있는 힘을 다하니 = 힘쓰다

勉學 勤勉 勸勉
(면학) (근면) (권면)

늦을 **만**

日 11획 3급II

日 旷 昤 晬 晩

= 遲   ↔ 早

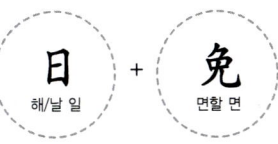

햇빛을 면하려면
늦게 외출해야 하니 = **늦다**

晩成 晩秋 早晩間

(만성) (만추) (조만간)

편안할 **일**

辶 12획 3급II

⺈ 夕 旬 免 兔 逸

= 安/康   ↔ 危

토끼가 길을 가다
풀밭에서 쉬니 = **편안하다**

逸話 安逸 逸品

(일화) (안일) (일품)

08
일째

아이 **아**

儿 8획 5급II

⺈ 臼 臼 臼 臼 兒

= 童   ↔ 長/丈

절구처럼 몸에 비해
머리가 더 큰 사람이니 = **아이**

幼兒 乳兒 孤兒 兒役 未熟兒 優良兒

(유아) (유아) (고아) (아역) (미숙아) (우량아)

들 **입**

入 2획 7급

丿 入

= 納   ↔ 出

사람이 문으로
들어가려고 고개를 숙인 모양 = **들어가다**

入庫 入寂 入營 編入

(입고) (입적) (입영) (편입)

 요점만 **콕!**

☑ 逸(편안할 일)은 '숨다'와 '뛰어나다'라는 뜻으로도 쓰여요
  • **편안하다** : 安逸(안일) 편안하고 한가로움
  • **숨다** : 逸話(일화) 세상에 널리 알려지지 않은 이야기
  • **뛰어나다** : 逸品(일품) 솜씨가 아주 좋음

정말이지 쉬운 한자

內 안 내
入 4획 7급II

丨 冂 内 內

=
⇔ 外
⊙ 日 內 中 内

冂 울타리 + 入 들 입

울타리 안으로 들어가니 = 안

內勤 內亂 內紛 內賓
(내근) (내란) (내분) (내빈)

納 들일 납
糸 10획 4급

幺 糸 糸 紅 納 納

= 入
⇔
⊙ 日 中 纳

糸 실 + 內 안 내

실을 안으로 들이니 = 들이다

納稅 納付 納得 納涼 納骨堂 格納庫
(납세) (납부) (납득) (납량) (납골당) (격납고)

全 온전할 전
入 6획 7급II

丿 入 人 仝 全 全

= 完
⇔
⊙ 日 中

入 들 입 + 王 임금 왕

모든 것이 준비된 방에 임금이 들어가니 = 온전하다 (본바탕 그대로 완전하다)

全擔 全段 全額 全域 全燒 全滅 全貌 全般
(전담) (전단) (전액) (전역) (전소) (전멸) (전모) (전반)

兩 두 량
入 8획 4급II

冂 丙 雨 雨 兩

= 二/再/雙
⇔
⊙ 両 日 両 中 两

 +  + 丨 뚫다 + 入 들 입 + 入

一 모으다/하나 + 冂 울타리 + 丨 뚫다 + 入 들 입 + 入

모은 것을 종류별로 보관하려고 울타리를 뚫어 둘로 나누어 넣어 두니 = 둘

兩班 兩親 兩極 兩者擇一 一刀兩斷
(양반) (양친) (양극) (양자택일) (일도양단)

滿 찰 만
水 14획 4급II

氵 泄 浩 浩 滿 滿

= 充
⇔ 虛, 干
⊙ 満 日 満 中 满

 + 廿 많다 +

氵 물 + 廿 많다 + 㒼 兩(두 량)의 변형

물이 많이 두 번 거듭 들어와 가득 차니 = 차다

滿潮 滿洲 滿了 滿朔 圓滿 干滿 飽滿 肥滿
(만조) (만주) (만료) (만삭) (원만) (간만) (포만) (비만)

八 여덟 팔
八 2획 8급

여덟 팔

손가락을
네 개씩 편 모양 = **여덟**

八景 百八煩惱
(팔경) (백팔번뇌)

六 여섯 륙
八 4획 8급

六
여섯 륙

손가락을
세 개씩 편 모양 = **여섯**

六甲 六旬
(육갑) (육순)

兮 어조사 혜
八 4획 3급

八(나누다/사람들) + 丂(공교할 교)

❶ 丂(공교할 교) : 교묘하게 만들어진 모양
 *공교하다 : 재치가 있고 교묘하다

문장을 **교묘히**
나눌 때 쓰는 것이니 = **어조사**
(요점만 콕)

斷兮 兮也 樂兮
(단혜) (혜야) (낙혜)

公 공평할 공
八 4획 6급II

八(나누다/사람들) + 厶(개인/크다)

재물을 **나눌** 때는 **개개인**
모두에게 공평해야 하니 = **공평하다**
(요점만 콕/뉘앙스 콕 p86)

⇔ 私

公平 公評 公私 公社 公判 公債 公憤 公企業 公納金
(공평) (공평) (공사) (공사) (공판) (공채) (공분) (공기업) (공납금)

 요점만 콕!

☑ 兮(어조사 혜)는 감탄문을 만드는 종결사로 쓰여요(~로다, ~구나).
- **斷兮**(단혜) : 단호히
- **樂兮**(낙혜) : 즐거움이여
- **兮也**(혜야) : 어조사로 윗말을 부드럽게하고 아랫말을 강조할 때 쓰임

☑ 公(공평할 공)은 '공적인 것'을 뜻하기도 해요.
- 공평하다 : 公平(공평) 公明(공명) 公評(공평)
- 공적인 것 : 公害(공해) 公約(공약) 公私(공사) 公憤(공분) 公債(공채) 公企業(공기업)

松 소나무 송
木 8획 4급

十 木 木 朴 松 松

=
⇔
日
中

木 (나무 목) + 公 (공평할 공)

공평하게 널리
분포되어 있는 나무니 = 소나무

松葉 赤松 菜松花
(송엽) (적송) (채송화)

頌 기릴 송
頁 13획 4급

八 公 公 頌 頌 頌

= 讚/譽/稱
⇔
日
中 頌

公 (공평할 공) + 頁 (머리 혈)

❶ 頁(머리 혈): 코(自: 주름진 코의 모양)가 있는 곳이니

백성들이 공평한 관리에게 머리숙여 기리니
= 기리다(잘한 일이나 뛰어난 업적, 인물 등을 칭찬하여 말하다)

讚頌 稱頌 頌辭 頌祝 頌德碑
(찬송) (칭송) (송사) (송축) (송덕비)

訟 송사할 송
言 11획 3급Ⅱ

二 言 言 訁 訟 訟

= 訴
⇔
日
中 讼

言 (말씀 언) + 公 (공평할 공)

양측의 말을 듣고 공평하게 판결해야 하는 것이니
= 송사하다(백성끼리 분쟁이 있을 때 관청에 호소하여 판결을 구하다)

訟事 訴訟
(송사) (소송)

共 한가지/함께 공
八 6획 6급Ⅱ

一 十 廿 丗 井 共

= 同
⇔ 異
日
中

廾 (많다) + 八 (나누다/사람들)

많은 사람들이 한 가지
일을 나누어 함께 하니 = 한가지/함께

共鳴 共犯 共謀 滅共 共産黨 共和國
(공명) (공범) (공모) (멸공) (공산당) (공화국)

供 이바지할 공
人 8획 3급Ⅱ

亻 亻 什 件 供 供

=
⇔
日
中

亻 (사람) + 共 (한가지/함께 공)

사람들이 한가지 목표를 이루기 위해
힘을 합치니 = 이바지하다(도움이 되게 하다)

供給 提供 供養米
(공급) (제공) (공양미)

恭 공손할 공
心 10획 3급II

艹 丯 共 恭 恭 恭

= 敬

 +

한가지/함께 공 + 마음

사람들이 함께 모여
마음을 다해 받드니 = 공손하다

恭敬 不恭
(공경)(불공)

洪 넓을 홍
水 9획 3급II

氵 沪 泄 洪 洪 洪

= 博/普/浩

 +

물 + 한가지/함께 공

많은 물이
함께 모여 있으니 = 넓다

洪水 洪震 洪福
(홍수)(홍진)(홍복)

巷 거리 항
己 9획 3급

一 艹 丯 共 共 巷

= 街

 +

한가지/함께 공 + 뱀 사: p224

사람들이
함께 다니는 뱀처럼 긴 것이니 = 거리

巷間 巷談 巷說
(항간)(항담)(항설)

港 항구 항
水 12획 4급II

氵 汁 洪 洪 港 港

 +

물 + 거리 항

물 위의 배가
다니는 거리니 = 항구
(뉘앙스 콕 p86)

港口 歸港 寄港 港都 空港
(항구)(귀항)(기항)(항도)(공항)

選 가릴 선
辶 16획 5급

巴 毘 巽 巽 選

= 擇/拔
他 诜

 +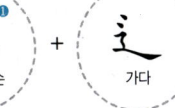

유순할 손 + 가다

❶ 巽(유순할 손): 많은 뱀(巳)들이 함께(共) 지내 듯 여러 사람들과 어울릴 수 있는 성격이니

중요한 일에 유순한 사람을
뽑아 보내니 = 가리다 (여럿 가운데서 어떤 것을 뽑다)

選擇 選擧 選拔 補選 被選 嚴選 豫選 決選
(선택)(선거)(선발)(보선)(피선)(엄선)(예선)(결선)

其 그 기
八 8획 3급II

一 十 卄 甘 苴 其

≡ ⇔ 是/斯
◐ 日 中

其
그 기

키를 사용한 뒤
그 자리에 걸어 두니 = 그

其實 其他 各其 不知其數
(기실) (기타) (각기) (부지기수)

旗 기 기
方 14획 7급

亠 方 方 旃 旌 旗

≡ ⇔
◐ 日 中

한 방향으로 높이 휘날리는 중요한 그것이니
= 기 (헝겊 등에 글자나 그림 등을 넣어 특정한 단체를 나타내는 데 쓰는 물건)

旗章 旗幅 弔旗 太極旗 五輪旗 萬國旗
(기장) (기폭) (조기) (태극기) (오륜기) (만국기)

期 기약할 기
月 12획 5급

一 卄 其 其 期 期

≡ 約 ⇔
◐ 日 中

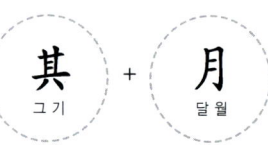

그 달을 보며 만남을
약속하니 = 기약하다 (때를 정해 약속하다)

期約 期間 週期 期待 納期 婚期 所期 劃期的
(기약) (기간) (주기) (기대) (납기) (혼기) (소기) (획기적)

 뉴앙스 콕!

- ☑ • 探求(탐구) : 필요한 것을 조사하여 찾아내거나 얻어 냄 ▶ 탐구(探求) 생활
  - 探究(탐구) : 진리, 학문 등을 파고들어 깊이 연구함 ▶ 진리 탐구(探究)
- ☑ • 免疫(면역) : 몸 속의 병원균에 대항하는 항체를 생산하여 후에 그 병에 걸리지 않도록 된 상태
  ▶ 병에 대한 면역력(免疫力)
  - 免役(면역) : 병역이나 부역을 면함. ▶ 그는 아파서 부역에서 면역(免役) 되었다.
- ☑ • 公平(공평) : 어느 쪽으로도 치우치지 않고 고름 ▶ 세금을 공평(公平)하게 부과하다.
  - 公評(공평) : 공정하게 비평함 ▶ 그 두 팀은 공평(公評)을 받다.
- ☑ • 歸港(귀항) : 배가 출발하였던 항구로 다시 돌아옴 ▶ 배가 포구로 귀항(歸港)했다.
  - 歸航(귀항) : 배나 비행기가 출발하였던 곳으로 다시 돌아오는 항해 ▶ 귀항(歸航) 중인 배

08일째 복습하기

복습 1 다음 한자를 큰 소리로 읽어 보세요.(2번 이상)

探	先	洗	光	贊	讚	兆	逃	桃	挑
跳	兎	免	勉	晩	逸	兒	入	內	納
全	兩	滿	八	六	兮	公	松	頌	訟
共	供	恭	洪	巷	港	選	其	旗	期

복습 2 다음 훈음에 해당되는 한자를 쓰세요. 물론 윗부분은 감추고…

찾을 탐	먼저 선	씻을 세	빛 광	도울 찬	기릴 찬	억조 조	달아날 도	복숭아 도	돋울 도
뛸 도	토끼 토	면할 면	힘쓸 면	늦을 만	편안할 일	아이 아	들 입	안 내	들일 납
온전할 전	두 량	찰 만	여덟 팔	여섯 륙	어조사 혜	공평할 공	소나무 송	기릴 송	송사할 송
한가지 공	이바지할 공	공손할 공	넓을 홍	거리 항	항구 항	가릴 선	그 기	기 기	기약할 기

복습 3 단어로 복습하기. 다음 뜻에 맞는 한자어를 한자로 쓰세요.

탐험 (	) 위험을 무릅쓰고 살펴보고 조사함	이 나무는 회초리로 쓰기에 일품이다. (	)
찬조 (	) 어떤 일에 찬성하여 도움	세금을 납부하다. (	)
격찬 (	) 매우 칭찬함	그는 영웅으로 칭송되었다. (	)
도피 (	) 도망하여 몸을 피함	손해 배상 청구 소송을 제기하다. (	)
적토마 (	) 매우 빠른 말을 이름	피부에 수분을 공급하다. (	)
도원 (	) 복숭아 나무가 많은 정원	어른을 공경하다. (	)
도발 (	) 남을 집적거려 일을 일으킴	홍수가 나서 집이 물에 잠겼다. (	)
도약 (	) 뛰어 오름	항간에 떠도는 소문을 믿지 않다. (	)
기실 (	) 실제 사정	근면한 생활을 해야 한다. (	)
조만간 (	) 앞으로 곧	화단에 채송화를 심어 가꾸었다. (	)

探險/贊助/激讚/逃避/赤兎馬/桃園/挑發/跳躍/其實/早晚間 | 逸品/納付/稱頌/訴訟/供給/恭敬/洪水/巷間/勤勉/菜松花

현샘학 응원

티끌 모아 태산이 되 듯[積土成山(적토성산)]
하루에 40자씩 익히다보면
언젠가는 1817자가 내것으로^^

09 일째

基 터 기
土 11획 5급Ⅱ
廿 甘 甚 其 基 基
≡   ⇔
🔊   日   中

其(그 기) + 土(흙 토 : 땅)

집을 짓기 위한 그 땅이니
= 터(집이나 건물을 지었거나 지을 자리)   (뉘앙스 콕 p96)

基礎 基準 基因 基底 基幹 基督教
(기초)(기준)(기인)(기저)(기간)(기독교)

欺 속일 기
欠 12획 3급
廿 甘 甚 其 欺 欺
≡ 詐   ⇔
🔊   日   中

其(그 기) + 欠(입벌리다)

그 사람은
입만 벌리면 남을 속이니 = 속이다

詐欺 欺罔 欺弄
(사기)(기망)(기롱)

具 갖출 구
八 8획 5급Ⅱ
冂 冃 且 具 具
≡ 備/該   ⇔
🔊   日   中

具(갖출 구)

책상 위에 필요한
물건들을 갖추어 놓은 모양 = 갖추다   (뉘앙스 콕 p96)

家具 寢具 機具 器具 具象 裝身具 筆記具
(가구)(침구)(기구)(기구)(구상)(장신구)(필기구)

俱 함께 구
人 10획 3급
亻 亻 們 俱 俱 俱
≡ 同/皆/咸   ⇔
🔊   日 俱   中

亻(사람) + 具(갖출 구)

사람들이 조직을
갖추어 함께 일하니 = 함께   (뉘앙스 콕 p96)

俱現 俱樂部[클럽(club)의 음역어]
* 음역어(音譯語) : 한자를 사용하여 외국어의 음을 나타낸 말.

(구현)(구락부)

典

법/책 **전**

八　8획　5급II

冂 曲 曲 曲 典 典

⊜ 法/則, 冊/書/卷

법/책 전

책상 위에 책이 꽂혀 있는 모양으로,
책은 삶의 본보기나 법이 되니 = **법/책**

(뉘앙스 콕 p96)

辭典　事典　典籍　典範　儀典　祭典

(사전) (사전) (전적) (전범) (의전) (제전)

兼

겸할 **겸**

八　10획　3급II

八 今 今 今 争 兼

 +
禾 벼 화　　禾　　크 힘쓰다

벼 두 포기를 **힘써** 잡고
있으니 = **겸하다**(두 개 이상을 아울러 가지다)

兼備　兼床　兼業　兼任　兼職　兼用

(겸비) (겸상) (겸업) (겸임) (겸직) (겸용)

謙

겸손할 **겸**

言　17획　3급II

言 訁 訐 訲 謙 謙

⊜ 讓　⇔ 慢/傲
㊥ 谦

言 말씀 언 + 兼(겸할 겸)의 변형

학식과 덕을
겸한 사람의 말은 = **겸손하다**

謙德　謙讓　謙虛

(겸덕) (겸양) (겸허)

廉

청렴할 **렴**

广　13획　3급

广 广 庐 庐 庙 廉 廉

⊜ 儉

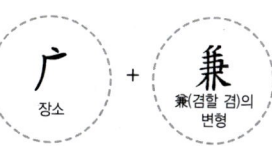
广 장소 + 兼(겸할 겸)의 변형

어느 **곳**에서나 학식과
덕을 **겸한** 사람은 = **청렴하다**

(요점만 콕)

清廉　廉價　低廉　廉探　廉恥　破廉恥　沒廉恥

(청렴) (염가) (저렴) (염탐) (염치) (파렴치) (몰염치)

 요점만 **콕**!

☑ **廉**(청렴할 렴)은 '값이 싸다'와 '살피다'라는 뜻으로도 쓰여요.
- 청렴하다 : 清廉(청렴) 謙廉(겸렴) 廉恥(염치) 破廉恥(파렴치) 沒廉恥(몰염치)
- 값이 싸다 : 廉價(염가) 低廉(저렴)
- 살피다 : 廉探(염탐)

嫌

싫어할 혐

女 13획 3급

女 女 女 妒 婶 嫌 嫌

= 忌/惡, 疑 ⇔ 好

 女 (여자 녀) + 兼 (兼(겸할 겸)의 변형)

남편이 다른 **여자**를
겸하여 사귀면 싫어하니 = **싫어하다**

嫌惡 嫌疑 嫌忌
(혐오) (혐의) (혐기)

册

책 책

冂 5획 4급

丿 刀 刀 册 册

= 篇/書/卷
⊙ 冊 日 冊 中

冊 (책 책)

대나무 조각에 글을 써서
가죽 끈으로 엮은 책의 모양 = **책**

冊張 冊房 冊曆 冊封
(책장) (책방) (책력) (책봉)

再

두/거듭 재

冂 6획 5급

一 厂 冂 丙 丙 再

= 二/雙

 一 (모으다/하나) + 冂 (울타리) + 土 (흙 토)

사람들을 **모아 울타리**에
흙을 거듭 쌓으니 = **두**(두 번)**/거듭**

再婚 再請 再臨 再審 再版 再湯 再編
(재혼) (재청) (재림) (재심) (재판) (재탕) (재편)

構

얽을 구

木 14획 4급

木 杧 村 栽 構 構

= 築
中 构

 木 (나무 목) + 冓 (쌓을 구)

나무를 격자 모양으로 **쌓아** 올리니
= **얽다**(노끈이나 새끼 등으로 이리저리 걸어서 묶다)

❶ 冓(쌓을 구) : 나무를 풍성하게(冉 나가/풍성할 염) 쌓으니(土土)
• 冉(나아갈/풍성할 염) : 울타리(冂)를 만들기 위해 밖으로 나가 흙(土)을 많이 가지고 오니

構成 構想 構造 構築 機構 虛構性
(구성) (구상) (구조) (구축) (기구) (허구성)

講

욀 강

言 17획 4급II

言 訁 請 請 講 講

= 誦
中 讲

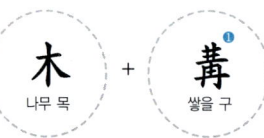 言 (말씀 언) + 冓 (쌓을 구)

말을 많이 하여
쌓이면 욀 수 있으니 = **외다**

(뉘앙스 콕 p96)

講義 講師 講士 講評 講壇 講堂 聽講 講義室 講演會
(강의) (강사) (강사) (강평) (강단) (강당) (청강) (강의실) (강연회)

稱

일컬을 칭

禾 14획 4급

禾 禾 秆 稍 稱 稱

= 頌/讚/譽/衡 ↔
⊙ 称 ㊐ 称 ㊥ 称

벼를 손으로 마차에 실은 후
말에게 소리쳐 나아가게하니 = 일컫다

❶ 冉(나아갈/풍성할 염) : 울타리(冂)를
만들기 위해 밖으로 나가
흙(土)을 많이 가지고 오니

稱讚 稱頌 稱帝 對稱 略稱 詐稱 稱疾(병이 있다고 핑계함)
(칭찬) (칭송) (칭제) (대칭) (약칭) (사칭) (칭질)

凶

흉할 흉

凵 4획 5급II

丿 㐅 凶 凶

= 災/殃/禍 ↔ 吉/福
⊙ ㊐ ㊥

그릇이 깨지니(베어지니)
= 흉하다(운이 나쁘거나 불길하다)

凶彈 凶測 凶夢 凶兆
(흉탄) (흉측) (흉몽) (흉조)

胸

가슴 흉

肉 10획 3급II

月 肑 胸 胸 胸

= ↔
⊙ ㊐ ㊥

몸에서 흉한 마음을
싸고 있는 곳이니 = 가슴

胸背 胸部 胸像 胸圍(가슴둘레)
(흉배) (흉부) (흉상) (흉위)

渴

마를 갈

水 12획 3급

氵 沪 泻 渴 渴 渴

= 枯 ↔
⊙ ㊐ 渇 ㊥

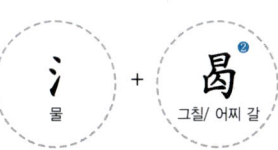

물이 그쳐
땅이 마르니 = 마르다

❷ 曷(그칠/어찌 갈) : 말한(曰) 것이 문제가 되어
돌로 싸인(勹) 동굴에 사람(人)이 숨으니(乚)

渴求 渴望 渴症 枯渴 飢渴 解渴
(갈구) (갈망) (갈증) (고갈) (기갈) (해갈)

謁

뵐 알

言 16획 3급

言 訶 謁 謁 謁

= 見 ↔
⊙ ㊐ ㊥ 谒

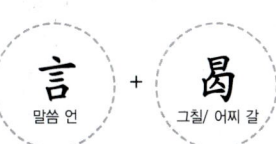

말로 안부를 여쭈려고
어른 앞에 발걸음을 그치니 = 뵈다

謁見 拜謁 謁聖科
(알현) (배알) (알성과)

出 날 출
凵 5획 7급

丨 屮 屮 出 出

= 進 ⇔ 入/沒

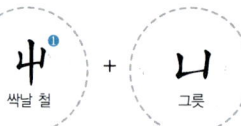

씨를 심으면 **새싹**이
그릇 밖으로 나오니 = **나가다**

● 屮(싹날 철) : 싹이 돋아 있는 모양

出擊 出勤 傑出 出納 出沒 腦出血
(출격) (출근) (걸출) (출납) (출몰) (뇌출혈)

屈 굽힐 굴
尸 8획 4급

尸 尺 屈 屈 屈 屈

= 曲/折 ⇔ 直/貞

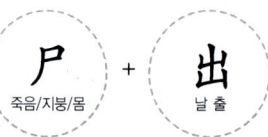

집 밖으로
나가려고 몸을 숙이니 = **굽히다**

屈曲 屈服 屈伏 屈折 屈指 屈辱 卑屈
(굴곡) (굴복) (굴복) (굴절) (굴지) (굴욕) (비굴)

拙 못날 졸
手 8획 3급

扌 扌 扚 抖 抽 拙 拙

= 劣 ⇔ 優/秀/俊

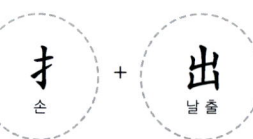

베풀지는 않으면서
손만 **내미니** = **못나다**

拙劣 拙速 拙作 拙筆 稚拙 拙丈夫
(졸렬) (졸속) (졸작) (졸필) (치졸) (졸장부)

凡 무릇 범
几 3획 3급Ⅱ

丿 几 凡

몸을 기대는 **안석**이 **중요**하다는
것은 일반적이니 = **무릇** (대체로 헤아려 생각하건데)

平凡 非凡 大凡 凡常 凡例
(평범) (비범) (대범) (범상) (범례)

築 쌓을 축
竹 16획 4급Ⅱ

𥫗 𥬡 筑 筑 築 築

⇔ 筑

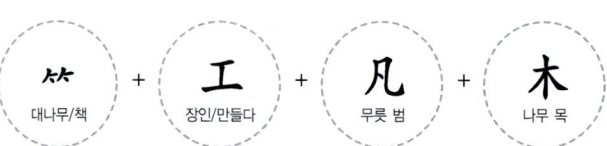

예전에 **무릇** 건물을 **만들** 때는
대나무와 **나무**를 사용하니 = **쌓다**

構築 建築 增築 築臺 築城
(구축) (건축) (증축) (축대) (축성)

染 물들 염
木 9획 3급II

氵 氿 氿 汖 染 染

≡ 日 ⇔ ⊕ 中

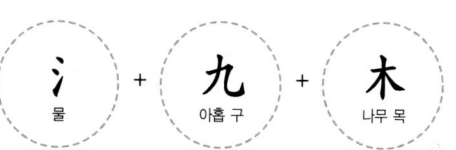

천을 쪽물에 넣고 아홉 번이나
나무 막대로 저으니 = 물들이다

染料 染織 汚染 感染 傳染 染色體
(염료) (염직) (오염) (감염) (전염) (염색체)

風 바람 풍
風 9획 6급II

几 凡 风 風 風 風

≡ 日 ⇔ ⊕ 风

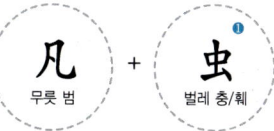

❶ 虫(벌레 충/훼) : 蟲(벌레 충)의 약자

무릇 바람이 불면
벌레가 숨으니 = 바람

風浪 風齒 威風 風貌 珍風景 破傷風
(풍랑) (풍치) (위풍) (풍모) (진풍경) (파상풍)

楓 단풍 풍
木 13획 3급II

木 机 机 桐 楓 楓

≡ 日 ⇔ ⊕ 枫

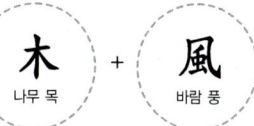

나뭇잎이
가을 바람에 물드니 = 단풍

丹楓 楓葉
(단풍) (풍엽)

刀 칼 도
刀 2획 3급II

刁 刀

≡ 劍 ⇔
日 ⊕

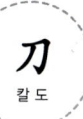

칼의 모양 = 칼

刀劍 亂刀 執刀 銀粧刀
(도검) (난도) (집도) (은장도)

初 처음 초
刀 7획 5급

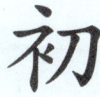

冫 亣 衤 衤 初 初

≡ 始 ⇔ 終/了
日 ⊕

옷을 만들 때는
먼저 칼로 옷감을 자르니 = 처음

初段 初伏 初産 初盤 初喪 初版
(초단) (초복) (초산) (초반) (초상) (초판)

忍 참을 인

心 7획 3급Ⅱ

刀 刃 刃 忍 忍 忍

≡ 耐   ↔
↔ 日   ⊕

刃(칼날 인) + 心(마음 심)

❶ 刃(칼날 인) : 칼(刀)의 칼날(ヽ)부분이니

칼날을
마음에 품고 꾹 참으니 = **참다**

忍耐 忍苦 忍辱 殘忍
(인내) (인고) (인욕) (잔인)

認 알 인

言 14획 4급Ⅱ

言 訂 訒 訒 認 認

≡ 知/識   ↔
↔ 日   ⊕ 认

言(말씀 언) + 忍(참을 인)

상대방의 말을 끝까지
참고 들어야 그 뜻을 알 수 있으니 = **알다**

認識 是認 否認 承認 默認
(인식) (시인) (부인) (승인) (묵인)

梁 들보/다리 량

木 11획 3급Ⅱ

氵 刃 汈 汈 梁 梁

≡ 橋   ↔
↔ 日   ⊕

氵(물) + 刃(칼날 인) + 丶(불똥/중요) + 木(나무 목)

물 위에 칼로 잘라 올려놓은 중요한
나무니 = **들보**(칸과 칸 사이의 두 기둥을 건너질러서 올리는 나무)/**다리**

橋梁   梁上君子(들보 위의 군자라는 뜻으로 도둑을 완곡하게 이르는 말)
(교량) (양상군자)

分 나눌 분

刀 4획 6급Ⅱ

丿 八 分 分

≡ 別/班/配/割   ↔ 合
↔ 日   ⊕

八(나누다/사람들) + 刀(칼 도)

나누려고
칼로 자르니 = **나누다**

分離 分擔 分裂 分析 糖分 分割 微分
(분리) (분담) (분열) (분석) (당분) (분할) (미분)

粉 가루 분

米 10획 4급

半 米 籵 籵 粉 粉

≡   ↔
↔ 日   ⊕

米(쌀 미) + 分(나눌 분)

쌀을
나누니 = **가루**

(뉘앙스 콕 p96)

粉末 粉食 軟粉紅 粉筆 製粉 花粉 粉飾
(분말) (분식) (연분홍) (분필) (제분) (화분) (분식)

紛

어지러울 분

糸 10획 3급II

幺 幺 糸 紀 紛 紛

- ⊜ 亂
- ⊕
- ⊖
- ⊜
- 中 纷

⊙ 糸 (실) + 分 (나눌 분)

실이 나누어 흩어져 있으니 = 어지럽다

紛亂 紛失 紛爭 內紛
(분란) (분실) (분쟁) (내분)

貧

가난할 빈

貝 11획 4급II

分 分 纷 貧 貧 貧

- ⊜ 困/窮
- ⊖ 富/優/裕
- ⊕
- 中 贫

分 (나눌 분) + 貝 (재물)

사방으로 나눠 주어 남은 재물이 얼마 없으니 = 가난하다

貧困 活貧黨
(빈곤) (활빈당)

寡

적을 과

宀 14획 3급II

宀 宀 宙 宙 寅 寡

- ⊜ 少
- ⊖ 多/衆
- ⊕
- 中

宀 (집) + 頁(머리 혈)의 변형 + 分 (나눌 분)

❶ 頁(머리 혈): 코(自: 주름진 코의 모양)가 있는 곳이니

식구들의 머릿수가 적은 집에는 나누어 주는 곡식이 적으니 = 적다

寡婦 寡默 寡人 獨寡占
(과부) (과묵) (과인) (독과점)

列

벌일 렬

刀 6획 4급II

一 ア 万 歹 列 列

- ⊜ 羅
- ⊖
- ⊕
- 中

歹 (죽음) + 刂 (칼)

짐승을 칼로 죽여 펼쳐 놓으니 = 벌이다(일을 계획하여 시작하거나 펼쳐 놓다)

系列 陳列 整列 隊列 羅列 竝列 葬列 列眉(명백함을 비유적으로 이름)
(계열) (진열) (정렬) (대열) (나열) (병렬) (장렬) (열미)

例

법식/보기 례

人 8획 6급

亻 亻 伊 伊 例 例

- ⊜ 式/法/律/規
- ⊖
- ⊕
- 中

亻 (사람) + 列 (벌일 렬)

사람이 물건을 벌려 놓고 팔 때 지켜야 하는 것이니 = 법식(법도와 양식)/보기

例示 例規 典例 異例 條例 判例 慣例 凡例
(예시) (예규) (전례) (이례) (조례) (판례) (관례) (범례)

烈 매울 렬
火 10획 4급

一 ァ ラ ヌ 列 烈

≡ 辛   ⇔
↔ 日   中

列(벌일 렬) + 灬(불)

연기가 벌어지며
불길이 세차게 올라오니 = 맵다

(요점만 콕)

烈女 先烈 壯烈 極烈 痛烈 猛烈

(열녀) (선열) (장렬) (극렬) (통렬) (맹렬)

裂 찢어질 렬
衣 12획 3급Ⅱ

ラ ヌ 列 烈 裂 裂

≡ 龜   ⇔
↔ 日   中

列(벌일 렬) + 衣(옷 의)

벌어진
옷이니 = 찢어지다

(요점만 콕)

決裂 龜裂 破裂

(결렬) (균열) (파열)

 요점만 콕!

☑ 모음이나 'ㄴ' 받침 뒤에 이어지는 '렬, 률'은 '열, 율'로 적는다
  • 系列(계열) 陳列(진열) 隊列(대열) 羅列(나열) 先烈(선열) 龜裂(균열) 破裂(파열)

 뉘앙스 콕!

☑ • **基因(기인)** : 근본이 되는 원인 ▶ 이 일의 기인(基因)은 무엇인가?
  • **起因(기인)** : 일이 일어나게 된 까닭 ▶ 우리 회사의 적자는 판매 부진에 기인(起因)한다.
☑ • **機具(기구)** : 기계와 기구 ▶ 실험 기구(機具)들이 연구실 곳곳에 놓여 있다
  • **器具(기구)** : 세간이나 그릇, 연장, 기계 등의 총칭 ▶ 부엌 기구(器具)를 이용해 요리를 하였다.
☑ • **具現(구현)** : 어떤 내용이 구체적인 사실로 나타나게 함 ▶ 정의를 구현(具現)하다.
  • **俱現(구현)** : 내용이 속속들이 다 드러남. ▶ 그 일의 진상이 구현(俱現)되다.
☑ • **辭典(사전)** : 낱말을 모아 일정한 순서로 배열하여 해설한 책 ▶ 이 단어의 뜻을 사전(辭典)에서 찾아보자
  • **事典(사전)** : 여러 가지 사항을 모아 해설을 붙인 책 ▶ 백과사전(百科事典)
☑ • **聖典(성전)** : 성인들의 말씀으로 이루어진 책. 성경(聖經) ▶ 성경이나 불경 같은 성전(聖典)
  • **盛典(성전)** : 성대한 의식(儀式) ▶ 성전(盛典)을 거행하다
  • **性典(성전)** : 성(性)에 관한 지침이나 비결 등을 적은 책 ▶ 성전(性典)은 성에 관한 책이다
☑ • **講師(강사)** : 학교나 학원 등에서 위촉을 받아 강의를 하는 사람 ▶ 전임 강사(講師)
  • **講士(강사)** : 강연회에서 강연을 하는 사람 ▶ 그는 여러 모임에서 강사(講士)로 활동한다
☑ • **粉食(분식)** : 밀가루 등의 가루 음식 ▶ 라면이나 국수를 파는 분식(粉食)집
  • **粉飾(분식)** : 실제보다 좋게 보이도록 사실을 거짓으로 꾸밈 ▶ 이익을 부풀려 계산한 분식(粉飾)회계

09일째 복습하기

복습 1 다음 한자를 큰 소리로 읽어 보세요. (2번 이상)

基	欺	具	俱	典	兼	謙	廉	嫌	册
再	構	講	稱	凶	胸	渴	謁	出	屈
拙	凡	築	染	風	楓	刀	初	忍	認
梁	分	粉	紛	貧	寡	列	例	烈	裂

복습 2 다음 훈음에 해당되는 한자를 쓰세요. 물론 윗부분은 감추고…

터 기	속일 기	갖출 구	함께 구	법 전	겸할 겸	겸손할 겸	청렴할 렴	싫어할 혐	책 책
두 재	얽을 구	욀 강	일컬을 칭	흉할 흉	가슴 흉	마를 갈	뵐 알	날 출	굽힐 굴
못날 졸	무릇 범	쌓을 축	물들 염	바람 풍	단풍 풍	칼 도	처음 초	참을 인	알 인
들보 량	나눌 분	가루 분	어지러울 분	가난할 빈	적을 과	벌일 렬	법식 례	매울 렬	찢어질 렬

복습 3 단어로 복습하기. 다음 뜻에 맞는 한자어를 한자로 쓰세요.

졸렬 (	) 옹졸하고 천하여 서투름	노인들을 상대로 사기를 치다.	(	)
구현 (	) 내용이 속속들이 다 드러남	그는 비범한 인물이다.	(	)
겸임 (	) 여러 가지 직무를 맡아보다	공장 주변의 강이 폐수로 오염되었다.	(	)
겸허 (	) 스스로 자신을 낮추는 태도가 있음	가을이 되자 온 산에 단풍이 물들었다.	(	)
집도 (	) 칼을 손에 잡음	범죄 혐의를 받다.	(	)
청렴 (	) 성품이 고결하고 탐욕이 없음	고통을 인내하며 역경을 극복하다.	(	)
흉위 (	) 가슴 둘레	전쟁으로 교량이 파괴되었다.	(	)
갈증 (	) 목이 말라 물을 마시고 싶은 느낌	조직 내부에서 분란이 일어나다.	(	)
알현 (	) 지체 높은 사람을 찾아 뵘	사회의 모순을 통렬하게 비판하다.	(	)
비굴 (	) 용기가 없고 비겁함	협상이 결렬되었다.	(	)

拙劣/俱現/兼任/謙虛/執刀/淸廉/胸圍/渴症/謁見/卑屈   詐欺/非凡/汚染/丹楓/嫌疑/忍耐/橋梁/紛亂/痛烈/決裂

현쌤의 응원

9일째가 끝나는 날.
축하해요. 다시 힘을 내서
지금까지 공부한 내용을 복습하고 다음 페이지로^^

10 일째

別 나눌/다를 별
刂 7획 6급

丨 口 叧 別 別

≡ 分/辨, 他/差　⇔ 如/若/肖

사람이 힘껏 칼로
나누니 = 나누다/다르다

別居　別差　別添　別莊　鑑別　惜別　別動隊
(별거) (별차) (별첨) (별장) (감별) (석별) (별동대)

卷 책 권
卩 8획 4급

丶 䒑 䒑 ⺋ 夹 卷 卷

≡ 冊/篇/書

몸을 구부려
벼슬아치가 보는 것이니 = 책

卷末　卷數　席卷　壓卷　通卷
(권말) (권수) (석권) (압권) (통권)

券 문서 권
刀 8획 4급

丶 䒑 䒑 夹 夹 卷 券

≡ 狀/簿/籍

몸을 구부려
종이를 칼로 잘라 만드는 것이니 = 문서

株券　債券　發券　福券　旅券　證券　回數券
(주권) (채권) (발권) (복권) (여권) (증권) (회수권)

拳 주먹 권
手 10획 3급Ⅱ

丶 䒑 䒑 夹 夹 拳 拳

손가락을
모두 구부린 손이니 = 주먹

拳法　拳銃　拳鬪　鐵拳
(권법) (권총) (권투) (철권)

勝 이길 승
力 12획 6급

月 月⺼ ⺼ 朕 勝

- ≡ 克
- ⇔ 敗/負
- 日
- 中 胜

 +  + 力(힘 력)

月(몸/고기) + 关(구부리다) + 力(힘 력)

몸이 구부러질 정도로 힘쓰니 = 이기다 (요점만 콕)

勝機 勝負 優勝 健勝 壓勝 勝訴 景勝地
(승기) (승부) (우승) (건승) (압승) (승소) (경승지)

騰 오를 등
馬 20획 3급

月 ⺼ 朕 滕 騰 騰

- ≡ 登/昇
- ⇔ 落/降
- 日
- 中 腾

月(몸/고기) + 关(구부리다) + 馬(말 마)

몸을 구부려 말에 올라타니 = 오르다 (뉘앙스 콕 p106)

騰落 反騰 飛騰 續騰 暴騰
(등락) (반등) (비등) (속등) (폭등)

制 절제할 제
刀 8획 4급Ⅱ

ㅗ ㅗ 두 朱 制 制

- ≡
- ⇔
- 日
- 中

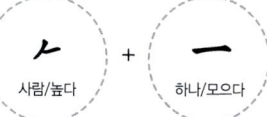 + 巾(베/재물) + 刂(칼)

ノ(사람/높다) + 一(하나/모으다) + 巾(베/재물) + 刂(칼)

사람이 모은 베를 칼로 자를 때 잘 조절해야 하니 = 절제하다 (정도에 넘지 않도록 알맞게 조절하여 제한하다) (요점만 콕)

制憲 專制 制壓 規制 節制 制御 制裁 抑制
(제헌) (전제) (제압) (규제) (절제) (제어) (제재) (억제)

製 지을 제
衣 14획 4급Ⅱ

ㅗ 朱 制 製 製 製

- ≡ 作/造
- ⇔
- 日
- 中 制

制(절제할 제) + 衣(옷 의)

베를 알맞게 절제하여 옷을 만드니 = 짓다

製粉 複製 私製 製藥 製紙 製糖 製鍊
(제분) (복제) (사제) (제약) (제지) (제당) (제련)

 요점만 콕!

☑ 勝(이길 승)은 '경치가 좋다' 라는 뜻으로도 쓰여요.
- 이기다   : 勝利(승리) 決勝(결승) 勝敗(승패) 勝負(승부) 壓勝(압승) 勝訴(승소)
- 경치가 좋다: 名勝地(명승지) 景勝地(경승지)

☑ 制(절제할 제) 는 '제도(制度)' 라는 뜻으로도 쓰여요.
- 절제하다 : 節制(절제) 制壓(제압) 專制(전제) 制御(제어) 制裁(제재) 抑制(억제)
- 제도   : 制定(제정) 制度(제도) 制服(제복) 制憲(제헌)

刺 찌를 자/척 수라 라
刀 8획 3급II

一 𠂤 朿 剌 刺 刺

≡ 衝 ⇔ 日 中

가시와 칼은 찌르니
= 찌르다/수라(임금에게 올리는 밥을 궁중에서 이르던 말)   (요점만 콕)

刺客 亂刺 刺殺(칼 등으로 사람을 찔러 죽임) 水刺
(자객) (난자) (척살) (수라)

策 꾀 책
竹 12획 3급II

𠂉 𥫗 笙 竺 筀 笡 策

≡ 計/謀 ⇔ 日 中

대나무에
가시를 달아 적을 물리치니 = 꾀

策略 秘策 散策 劃策 政策 苦肉策
(책략) (비책) (산책) (획책) (정책) (고육책)

束 묶을 속
木 7획 5급II

一 𠂤 𠂤 束 束 束

≡ ⇔ 解/釋 日 中

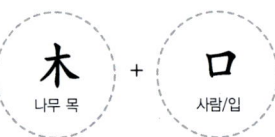

나무를
사람이 묶으니 = 묶다   (요점만 콕)

約束 結束 團束 拘束
(약속) (결속) (단속) (구속)

速 빠를 속
辶 11획 6급

一 𠂤 束 涑 速

≡ 緩 ⇔ 急 日 中

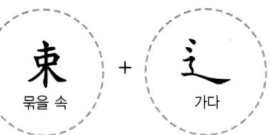

묶어서 운반하면
빠르게 옮길 수 있으니 = 빠르다

速攻 速報 拙速 超音速
(속공) (속보) (졸속) (초음속)

賴 의뢰할 뢰
貝 16획 3급II

口 束 軴 軴 賴 賴

≡ 依 ⇔ 日 頼 中 赖

칼과 재물을 묶어
주면서 부탁하니 = 의뢰하다(남에게 부탁하다)

信賴 依賴 無賴漢
(신뢰) (의뢰) (무뢰한)

則

법칙 칙 / 곧 즉

刀 9획 5급

丨 冂 目 貝 貝 則

≡ 法/規/律, 卽 ⇔
◐ 日 ㊥ 则

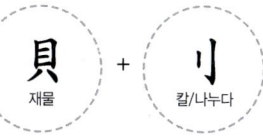

재물을 나눌 때는 법에
따르며, 미루지 말아야 하니 = **법칙/곧**

犯則 鐵則 附則(어떠한 규칙을 보충하기 위하여 덧붙인 규칙)

(범칙) (철칙) (부칙)

側

곁 측

人 11획 3급Ⅱ

亻 仉 但 俱 側 側

≡ 傍 ⇔
◐ 日 ㊥ 侧

사람은 항상 법칙을
곁에 두고 행동해야 하니 = **곁**(어떤 대상의 옆)

側近 側面

(측근) (측면)

測

헤아릴 측

水 12획 4급Ⅱ

氵 汈 洱 泪 渇 測

≡ 度/料/量
◐ 日 ㊥ 测

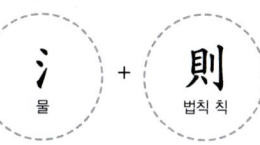

비가 내린 양을
규칙에 따라 측정하니 = **헤아리다**

豫測 推測 測候所 怪常罔測

(예측) (추측) (측후소) (괴상망측)

刷

인쇄할 쇄

刀 8획 3급Ⅱ

コ 尸 尸 屈 刷 刷

≡ ⇔
◐ 日 ㊥

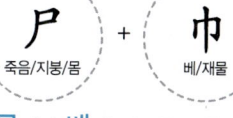

몸이나 베에 잉크를 묻힌
칼로 글을 새기니 = **인쇄하다**

(요점만 콕)

印刷 刷新

(인쇄) (쇄신)

 요점만 콕!

☑ 비슷한 모양을 가진 朿(가시 자)와 束(묶을 속)에 주의하세요.
- 朿 : 刺客(자객) 刺戟(자극) 亂刺(난자) 諷刺(풍자) 刺殺(척살)
- 束 : 約束(약속) 結束(결속) 團束(단속) 拘束(구속)

☑ 刷(인쇄할 쇄)는 '깨끗하게 하다' 라는 뜻으로도 쓰여요.
- 인쇄하다 : 印刷(인쇄) 校正刷(교정쇄)
- 깨끗하게 하다 : 刷新(쇄신) 刷掃(쇄소)

前

앞 전

刀　9획　7급II

丷 亍 亓 前 前 前

= ／ ⇔ 後

副

버금 부

刀　11획　4급II

一 畐 畐 畐 副 副

= 亞/仲/次　⇔

畐(찰 복) : 밭(田)에서 생산되는 곡식을 사람(口)이 모으니(一)

丷(높다) + 月(몸/고기) + 刂(칼)

지위가 **높은** 사람이
몸에 **칼**을 차고 앞서니 = **앞**

前篇　靈前　驛前　前置詞　前渡金(=先給金. 미리 지급하여 주는 돈)
(전편) (영전) (역전) (전치사) (전도금)

畐(찰 복) + 刂(칼/나누다)

가득 **찬** 식량을 **칼**로 나누어
다음을 대비하니 = **버금**(서열이나 차례에서 으뜸의 다음)

副食　副賞　副官　副詞　副葬　副班長　副産物
(부식) (부상) (부관) (부사) (부장) (부반장) (부산물)

福

복 복

示　14획　5급II

示 礻 祀 福 福 福

= ／ ⇔ 災/殃/禍

示(신) + 畐(찰 복)

신이 가득
채워 주는 것이니 = **복**

幸福　薄福　裕福　福券　康福　福祿　冥福　福德房
(행복) (박복) (유복) (복권) (강복) (복록) (명복) (복덕방)

富

부자 부

宀　12획　4급II

宀 宣 宮 寓 富 富

= 裕　⇔ 貧/困/窮

宀(집) + 畐(찰 복)

집에 재물이
가득 **차** 있으니 = **부자**

甲富　巨富　富貴　豊富　富裕
(갑부) (거부) (부귀) (풍부) (부유)

幅

폭 폭

巾　12획　3급

巾 帄 帊 幅 幅 幅

= ⇔

巾(베/재물) + 畐(찰 복)

삼베가 좌우를 **채운** 길이니
= **폭**(평면이나 넓은 물체의 가로로 건너지른 거리)

大幅　步幅　增幅　振幅　畵幅　全幅的
(대폭) (보폭) (증폭) (진폭) (화폭) (전폭적)

剛 굳셀 강
刀 10획 3급II

丨 冂 冂 冈 岡 剛

= 健　↔ 柔
⊕ 剛

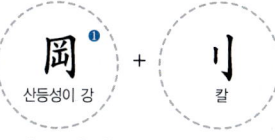

❶ 岡(산등성이 강) : 산(山)에서 그물(罒)처럼 보이는 산의 등줄기이니

산등성이를
칼로 벨 정도니 = 굳세다

(요점만 콕/뉘앙스 콕 p106)

剛健　剛度　剛烈　剛直　金剛山
(강건) (강도) (강렬) (강직) (금강산)

綱 벼리 강
糸 14획 3급II

糸 紅 紉 網 網 綱

= 紀/維
⊕ 纲

실이 산등성이처럼 늘어져 그물을 이루니
= 벼리(그물의 코를 꿰어 그물을 잡아 당길 수 있게 한 동아줄)

(요점만 콕)

紀綱　大綱　要綱　綱領　三綱五倫
(기강) (대강) (요강) (강령) (삼강오륜)

鋼 강철 강
金 16획 3급II

金 釘 鉀 鉀 鋼 鋼

= 鐵
⊕ 钢

쇠가
산등성이처럼 강하니 = 강철

鋼鐵　製鋼　鍊鋼
(강철) (제강) (연강)

力 힘 력
力 2획 7급II

フ 力

근육의
힘줄 모양 = 힘

力點　筋力　怪力　迫力　浮力　凝集力
(역점) (근력) (괴력) (박력) (부력) (응집력)

 요점만 콕!

☑ 금강산은 계절에 따라 이름이 달라져요.
- 春 : 金剛山(금강산)　• 夏 : 蓬萊山(봉래산)　• 秋 : 楓嶽山(풍악산)　• 冬 : 皆骨山(개골산)
  - 蓬: 쑥 봉,　- 萊: 명아주 래　- 嶽: 큰산 악

☑ 三綱(삼강)은 유교의 도덕에서 기본이 되는 세 가지 강령을 뜻해요.
- 君爲臣綱(군위신강)　• 父爲子綱(부위자강)　• 夫爲婦綱(부위부강)

☑ 五倫(오륜)은 유학에서 사람이 지켜야 할 다섯 가지 도리를 뜻해요
- 父子有親(부자유친)　• 君臣有義(군신유의)　• 夫婦有別(부부유별)　• 長幼有序(장유유서)　• 朋友有信(붕우유신)

加 더할 가
力 5획 5급
ㄱ 力 加 加 加
= 益/增/添
⇔ 減/損/除

力 힘 력 + 口 사람/입

힘을 사람이
더해 주니 = 더하다

加擊 加點 加擔 加贈
(가격) (가점) (가담) (가증)

架 시렁 가
木 9획 3급II
加 加 加 架 架 架

加 더할 가 + 木 나무 목

벽에 나무를 더해 만든 것이니
= 시렁(물건을 얹기 위해 가로지른 두 개의 긴 나무)

架空 架橋 架設 架版 書架
(가공) (가교) (가설) (가판) (서가)

賀 하례할 하
貝 12획 3급II
加 加 智 智 智 賀
= 祝
中 贺

加 더할 가 + 貝 재물

좋은 일에 재물을 더해 주며
축하하니 = 하례하다(축하하여 예를 차리다)

賀禮 賀客 慶賀 祝賀 致賀 年賀狀 謹賀新年
(하례) (하객) (경하) (축하) (치하) (연하장) (근하신년)

勿 말/없을 물
勹 4획 3급II
ノ 勹 勿 勿
= 無/莫

ㄱ 勹 싸다 + ノノ 흘러내리는 모양

싸여 있는 것이 흘러내려 없어지니
= 말다(어떤 일이나 행동을 하지 않거나 그만두다)/없다

勿論 勿驚(놀라지 마라는 뜻으로 엄청난 것을 말할 때에 미리 내세우는 말) 勿忘草
(물론) (물경) (물망초)

物 물건 물
牛 8획 7급II
ㄱ 牛 牜 牧 物 物
= 件/品

牛 소 우 + 勿 없을/말 물

소를 팔아(없다)
물건을 마련하니 = 물건

貝物 物證 物望 汚物 老廢物 唯物論
(패물) (물증) (물망) (오물) (노폐물) (유물론)

忽 갑자기 홀
心 8획 3급II

丿 勹 勿 忽 忽

= 突
⇔
中

勿 (없을/말 물) + 心 (마음 심)

없던 마음속에
뭔가가 떠오르니 = 갑자기

忽待 忽然 疏忽 突忽
(홀대) (홀연) (소홀) (돌홀)

場 마당 장
土 12획 7급II

土 圤 坦 坦 場 場

=
⇔
中 场

土 (흙 토:땅) + 昜 (빛날 양)

땅에 햇빛이
많이 비치는 곳이니 = 마당

❶ 昜(빛날 양) : 밤에 없던(勿:없을 물) 태양이 아침
(旦:아침 단, P293 참조)에 떠오르니

劇場 刑場 亂場 荷置場
(극장) (형장) (난장) (하치장)

陽 볕 양
阜 12획 6급

阝 阝 阝 陽 陽 陽

= 景
⇔ 陰
中 阳

阝 (언덕) + 昜 (빛날 양)

언덕에
햇빛이 비치니 = 볕

陰陽 陽地 陽刻 陽極 斜陽
(음양) (양지) (양각) (양극) (사양)

傷 다칠 상
亻 13획 4급

亻 俨 俨 倬 傷 傷

=
⇔
中 伤

亻 (사람) + 丶 (높다/사람) + 昜 (빛날 양)

사람들이 빛나는
태양에 화상을 입으니 = 다치다

傷處 感傷 輕傷 殺傷 傷害 食傷 負傷 凍傷
(상처) (감상) (경상) (살상) (상해) (식상) (부상) (동상)

腸 창자 장
肉 13획 4급

月 月 胆 胆 腸 腸

=
⇔
中 肠

月 (몸/고기) + 昜 (빛날 양)

사람의 몸속에
빛나는 햇살처럼 길게 퍼져 있는 것이니 = 창자

斷腸 脫腸 胃腸 肝腸 盲腸
(단장) (탈장) (위장) (간장) (맹장)

정말이지 쉬운 한자 105

湯
끓을 탕

水 12획 3급II

氵沪沪渇湯湯

㊀ ㊉
㊍ 日 ㊥ 汤

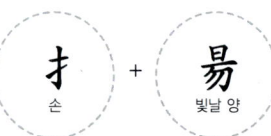

물이
햇빛을 받으니 = **끓다**

湯藥 冷湯 雜湯 補身湯 雙和湯 蔘鷄湯 *蔘: 인삼 삼
(탕약) (냉탕) (잡탕) (보신탕) (쌍화탕) (삼계탕)

● 昜(빛날 양): 밤에 없던(勿:없을 물) 태양이 아침
(旦:아침 단, P.293 참조)에 떠오르니

揚
날릴 양

手 12획 3급II

扌扩护捛捛揚

㊀ ㊉ 抑
㊍ 日 ㊥ 扬

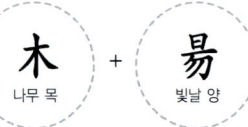

손으로 업적을 이뤄
이름을 빛나게 하니 = **날리다**(명성이 드날리게 하다)

揚名 讚揚 高揚 引揚
(양명) (찬양) (고양) (인양)

楊
버들 양

木 13획 3급

十木杞杞楊楊

㊀ 柳 ㊉
㊍ 日 ㊥ 杨

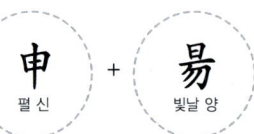

빛나는 햇살처럼 잎이
무성하게 늘어진 나무니 = **버들**(버드나무)

楊柳 楊枝
(양류) (양지)

暢
화창할 창

日 14획 3급

申甲甲甲暢暢

㊀ 和 ㊉
㊍ 日 ㊥ 畅

빛나는 햇살이
사방에 펼쳐지니 = **화창하다**

和暢 暢達 流暢
(화창) (창달) (유창)

뉘앙스 콕!

☑ • **騰落**(등락): 물가 등이 오르고 내림 ▶ 유가가 등락(騰落)을 거듭하고 있다
  • **登落**(등락): 급제(及第)와 낙제(落第)를 아울러 이름 ▶ 면접으로 등락(登落)이 결정되었다.
☑ • **強度**(강도): 센 정도 ▶ 강도(強度) 높은 훈련.
  • **剛度**(강도): 금속 물질을 잡아당겨 끊을 때 버티는 힘의 정도 ▶ 합금으로 강도(剛度)를 높였다.

10일째 복습하기

복습 1 다음 한자를 큰 소리로 읽어 보세요. (2번 이상)

別	卷	券	拳	勝	騰	制	製	刺	策
束	速	賴	則	側	測	刷	前	副	福
富	幅	剛	綱	鋼	力	加	架	賀	勿
物	忽	場	陽	傷	腸	湯	揚	楊	暢

복습 2 다음 훈음에 해당되는 한자를 쓰세요. 물론 윗부분은 감추고…

나눌 별	책 권	문서 권	주먹 권	이길 승	오를 등	절제할 제	지을 제	찌를 자	꾀 책
묶을 속	빠를 속	의뢰할 뢰	법칙 칙	곁 측	헤아릴 측	인쇄할 쇄	앞 전	버금 부	복 복
부자 부	폭 폭	굳셀 강	벼리 강	강철 강	힘 력	더할 가	시렁 가	하례할 하	말 물
물건 물	갑자기 홀	마당 장	볕 양	다칠 상	창자 장	끓을 탕	날릴 양	버들 양	화창할 창

복습 3 단어로 복습하기. 다음 뜻에 맞는 한자어를 한자로 쓰세요.

강령 (	) 일의 근본이 되는 큰 줄거리	이 소설의 압권은 마지막 장면이었다. ( )
철권 (	) 쇠망치 같이 굳센 주먹	고기값이 폭등하다. ( )
연강 (	) 불에 달군 강철	자객을 보내 적국의 왕을 죽이다. ( )
가교 (	) 다리를 놓음	생일을 축하하다. ( )
물경 (	) '놀랍게도'라는 뜻	날씨가 좋아 산책을 나갔다. ( )
신뢰 (	) 믿고 의지함	사람들에게 홀대를 받다. ( )
측근 (	) 곁에서 가까이 모시는 사람	환자에게 탕약을 달여 먹이다. ( )
쇄신 (	) 나쁜 폐단을 없애고 새롭게 함	왕의 덕을 찬양하다. ( )
보폭 (	) 걸을 때 발 사이의 거리	햇빛이 강렬하게 내리쬐다. ( )
양류 (	) 버드나무	외국어를 유창하게 잘하다. ( )

綱領/鐵拳/鍊鋼/架橋/勿驚/信賴/側近/刷新/步幅/楊柳   壓卷/暴騰/刺客/祝賀/散策/忽待/湯藥/讚揚/剛烈/流暢

현쌤의 응원

열 번 찍어 안 넘어가는 나무가 없 듯 [十伐之木(십벌지목)]
하루에 40자씩 익히면
47일 뒤엔 3급 완성. 와우^^ !!

11일째

易 — 바꿀 역 / 쉬울 이
日 8획 4급

冂 日 日 목 易 易

= 替/換/貿, 容 ⇔ 難

日(해/날 일) + 勿(없을/말 물)

해가 뜨고 져 없어지면
날이 바뀌니 = 바꾸다/쉽다

安易 容易 簡易 易經 周易 交易 易地思之
(안이) (용이) (간이) (역경) (주역) (교역) (역지사지)

賜 — 줄 사
貝 15획 3급

目 貝 貝 貯 賜 賜

= 與/授/贈/給/付 ⇔ 受/賜

貝(재물) + 易(바꿀 역)

재물을 다른 사람에게 주면
재물의 주인이 바뀌니 = 주다

(뉘앙스 콕 p116)

賜藥 下賜 厚賜
(사약) (하사) (후사)

均 — 고를 균
土 7획 4급

十 土 土 圴 均 均

= 調/平

土(흙 토) + 勻(고를 균)

❶ 勻(고를 균) : 발으로 싸인(勹) 흙을 거듭(二)하여 다지니

흙을 고르게 하니
= 고르다(높고 낮거나, 크고 작거나, 더하거나 덜함의 차이 없이 똑같다)

均等 均配 均衡 均質 平均臺 成均館
(균등) (균배) (균형) (균질) (평균대) (성균관)

包 — 쌀 포
勹 5획 4급II

丿 勹 匀 包 包

勹(싸다) + 巳(뱀 사 : p224)

먹이를 싸고
있는 뱀의 모습이니 = 싸다

(뉘앙스 콕 p116)

包圍 包裝 包容 小包 包含
(포위) (포장) (포용) (소포) (포함)

砲 대포 포
石 10획 4급II

一 丆 石 砂 砒 砲

⊜ ⊕ 炮

石(돌 석) + 包(쌀 포)

투석기에 돌을 싸서 쏘는 것이니 = 대포

* 투석기(投石器) : 큰 돌을 성이나 적진으로 쏘아 던지던 병기

砲彈 砲擊 砲煙 曲射砲 投砲丸 迫擊砲
(포탄) (포격) (포연) (곡사포) (투포환) (박격포)

胞 세포 포
肉 9획 4급

月 刖 肑 胸 胞 胞

月(몸/고기) + 包(쌀 포)

몸을 둘러싸고 있는 것이니 = 세포

胞子 同胞 單細胞
(포자) (동포) (단세포)

飽 배부를 포
食 14획 3급

今 令 倉 飣 飣 飽

⊕ 飢/餓 ⊕ 饱

食(먹을/밥 식)의 변형 + 包(쌀 포)

먹은 음식이 배를 싸고 있으니 = 배부르다

飽食 飽滿 飽和
(포식) (포만) (포화)

抱 안을 포
手 8획 3급

扌 扌 扚 抅 抅 抱

⊜ 擁/懷

扌(손) + 包(쌀 포)

손으로 상대를 싸는 것이니 = 안다

(뉘앙스 콕 p116)

抱負 抱主 懷抱
(포부) (포주) (회포)

化 될 화
匕 4획 5급II

丿 亻 化 化

亻(사람) + 匕(칼/숟가락)

사람을 칼로 위협하면 얼굴 빛이 변하게 되니 = 되다

化粧 鹽化 激化 歸化 劇化 鈍化 荒廢化
(화장) (염화) (격화) (귀화) (극화) (둔화) (황폐화)

花 꽃 화
++ 8획 7급

一 ++ ++ 艹 艿 花 花

≡ ⇔
◉ 日 ⊕

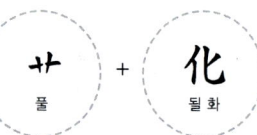
풀 + 될 화

풀이 변해
된 것이니 = 꽃

花鬪 花環 花郎 獻花 無窮花 鳳仙花
(화투) (화환) (화랑) (헌화) (무궁화) (봉선화)

貨 재물 화
貝 11획 4급II

亻 化 化 作 貨 貨 貨

≡ 資/財 ⇔
◉ 日 ⊕ 货

될 화 + 재물

돈으로 물건을 사 듯, 재물은
또 다른 형태의 재물이 되니 = 재물

(뉘앙스 콕 p116)

財貨 貨幣 雜貨 寶貨 通貨 硬貨
(재화) (화폐) (잡화) (보화) (통화) (경화)

北 북녘 북, 달아날 배
匕 5획 8급

丨 丨 壮 圵 北

≡ 敗 ⇔ 南
◉ 日 ⊕

북녘 북, 달아날 배

다투어 서로 등을 지고 있는 모양,
남쪽과 등져 있는 방향이니 = 북녘/달아나다

北伐 北極 北緯 越北
(북벌) (북극) (북위) (월북)

背 등 배
肉 9획 4급II

丨 丬 壮 北 肯 背

≡ ⇔ 腹
◉ 日 ⊕

북녘 북, 달아날 배 + 몸/고기

달아 날 때
몸에서 보이는 부분이니 = 등

背任 背景 背叛 背泳 違背 背水陣
(배임) (배경) (배반) (배영) (위배) (배수진)

匹 짝 필
匚 4획 3급

一 丆 兀 匹

≡ 配/偶/伴 ⇔
◉ 日 ⊕

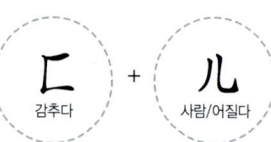
匚 감추다 + 儿 사람/어질다

감추고 보여 주지
않는 소중한 사람이니 = 짝

(요점만 콕)

配匹 匹敵 匹馬 匹夫(한 사람의 남자. 신분이 낮고 보잘것없는 사내)
(배필) (필적) (필마) (필부)

심할 **심**

甘 9획 3급II

一 廿 甘 甚 甚 甚

≡ 劇/激

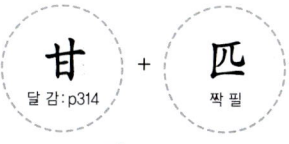

달 감:p314 / 짝 필

연인둘이 **짝**을 지어 민망할 정도로
달콤한 사랑을 나누고 있으니 = **심하다**

激甚 極甚 甚難 甚至於

(격심) (극심) (심난) (심지어)

열 **십**

十 2획 8급

一 十

열 십

열 개 씩
묶여 있는 모양 = **열**

十字架 十二指腸

(십자가) (십이지장)

셀 **계**

言 9획 6급II

` 一 二 言 言 計

≡ 算/數, 策   ⊕ 計

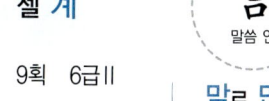

말씀 언 / 많다

말로 많은
수를 세니 = **세다**

(요점만 콕)

計略 計座 推計 累計 計策 計劃 計算機

(계략) (계좌) (추계) (누계) (계책) (계획) (계산기)

일천 **천**

十 3획 7급

一 二 千

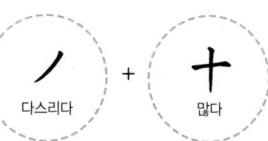

다스리다 / 많다

다스려야
할 것이 매우 **많으니** = **일천**

危險千萬 千辛萬苦

(위험천만) (천신만고)

 요점만 **콕!**

☑ 匹(짝 필)은 물건을 세는 단위로도 사용되요.
- 말이나 소를 세는 단위(單位) ▶ 경마용으로 말 한 필(匹)을 구입했다.
- 천이나 가죽을 셀 때 쓰는 단위. ▶ 비단 한 필(匹)을 구입했다.

☑ 計(셀 계)는 '꾀하다' 라는 뜻으로도 쓰여요.
- 세다 : 計量(계량) 會計(회계) 推計(추계) 統計(통계) 總計(총계) 累計(누계) 計座(계좌)
- 꾀하다 : 凶計(흉계) 設計(설계) 計略(계략) 妙計(묘계) 計策(계책) 計劃(계획)

南

남녘 남

十 9획 8급

十 冂 丙 两 南 南

- ≡ 丙
- ⇔ 北
- ⇒ 日
- ⇒ 中

많은 풀이 울타리 주위에
무성한 것은 햇볕이 많이 비치기 때문이니 = **남녘**

南派 南侵 指南鐵(자석. 쇠를 끌어당기는 자기를 띤 물체)

(남파) (남침) (지남철)

索

**찾을 색
노 삭**

糸 10획 3급II

一 十 冉 㐁 索 索

- ≡ 訪/探/尋, 線/絃
- ⇒ 日
- ⇒ 中

많은 사람들이 지붕이 덮힌 곳에서 실로
새끼줄을 짜고, 불량품을 찾아 내니 = **찾다/노**(새끼줄)

鐵索 索莫 搜索 索引 索出 檢索 思索 探索

(철삭) (삭막) (수색) (색인) (색출) (검색) (사색) (탐색)

奔

달릴 분

大 9획 3급II

大 ㅊ 本 杢 奔 奔

- ≡ 走, 忙

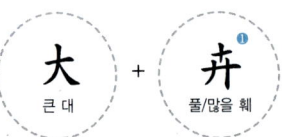

❶ 卉(풀/많을 훼) : 풀이 많이(十, 十, 十) 자라 있으니

재물을 크고 많이
벌기 위해 바쁘게 다니니 = **달리다**

奔走 奔忙 東奔西走

(분주) (분망) (동분서주)

憤

분할 분

心 15획 4급

忄 忄 忄 忄 憤 憤

- ≡ 怒/慨
- ⇒ 中 愤

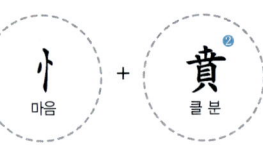

❷ 賁(클 분) : 재물(貝)이 많이(卉:풀/많을 훼) 있으니

마음속에 크게
맺혀 있는 것이니 = **분하다**(억울하고 원통하다)

憤怒 憤痛 憤敗 激憤 憤慨

(분노) (분통) (분패) (격분) (분개)

墳

무덤 분

土 15획 3급

扌 垆 坧 堷 墳 墳

- ≡ 墓
- ⇒ 中 坟

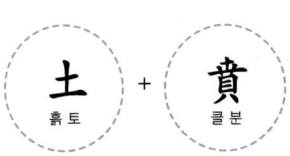

흙이 크게
쌓여 있는 곳이니 = **무덤**

墳墓 古墳 雙墳

(분묘) (고분) (쌍분)

半 반 반
十 5획 6급 II

丿 ハ 込 半

=
⊙ 日 ⊕

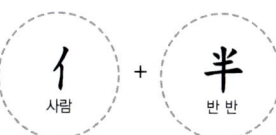

물건을 쌓아 놓고
반으로 나누니 = 반

半世紀 半額 半導體 半偏(한 개를 절반으로 나눈 한편, 모자라는 사람을 낮잡아 이름)
(반세기) (반액) (반도체) (반편)

伴 짝 반
亻 7획 3급

亻 亻 亻 伴 伴

= 配/匹/偶
⊙ 日 ⊕

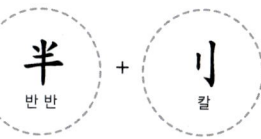

사람의
다른 쪽 반이니 = 짝

同伴 隨伴 伴奏
(동반) (수반) (반주)

判 판단할 판
刀 7획 4급

ハ 込 半 半 判

=
⊙ 日 ⊕

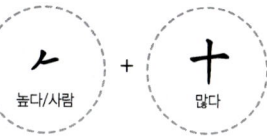

칼로 물건을 반 토막 내 듯
모든 일의 시비를 분명히 가리니 = 판단하다

判斷 判決 談判 判例 判事 誤判 審判 裁判
(판단) (판결) (담판) (판례) (판사) (오판) (심판) (재판)

午 낮/지지 오
十 4획 7급 II

丿 ト 上 午

= 晝
⊙ 日 ⊕ 夜

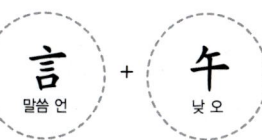

사람들이 많이 모여
있을 때니 = 낮/일곱째 지지(말) (요점만 콕 p481)

端午 午時 午睡
(단오) (오시) (오수)

許 허락할 허
言 11획 5급

亠 亠 言 許 許 許

= 諾
⊙ 日 ⊕ 许

상대의 말에 대해 낮처럼
밝게 이야기하는 것이니 = 허락하다

許諾 許可 官許 認許 免許
(허락) (허가) (관허) (인허) (면허)

卑 낮을/하여금 비
十 8획 3급II

冖 白 申 卑 卑

= 低/賤　↔ 卓/崇/尊

낮을/하여금 비

술을 푸는 바가지의 모양, 술을 푸는 사람은
신분이 낮으니 = **낮다/하여금**(누구를 시켜)　(뉘앙스 콕 p116)

卑劣　卑屈　卑俗　卑屬　卑賤　野卑
(비열) (비굴) (비속) (비속) (비천) (야비)

碑 비석 비
石 13획 4급

石 石' 砌 砷 碑 碑

돌로 하여금(사용해서)
이름과 업적을 후세까지 알리려는 것이니 = **비석**

墓碑　碑文　碑銘　記念碑　頌德碑
(묘비) (비문) (비명) (기념비) (송덕비)

婢 여종 비
女 11획 3급II

女 奵 妈 娳 婢 婢

↔ 奴

여자 녀 + 낮을/하여금 비

신분이 낮은
여자니 = **여종**(계집 종)

婢妾　奴婢(사내종(奴)과 계집종(婢)을 아울러 이르는 말)
(비첩) (노비)

卒 군사/마칠 졸
十 8획 5급

亠 亠 衣 衣 卒

= 兵/軍,了/畢　↔ 將,始/初
卆

머리/높다 + 사람 인 + 사람 인 + 많다

지위가 높은 장군 밑에 있는
많은 사람들이니 = **군사/마치다**

兵卒　將卒　卒倒　卒徒　卒業　倉卒間
(병졸) (장졸) (졸도) (졸도) (졸업) (창졸간)

醉 취할 취
酉 15획 3급II

酉 西 酉 酉 酉 醉

醉　日 醉　中

술 + 군사/마칠 졸

술자리가
끝날 때 까지 마시니 = **취하다**　(뉘앙스 콕 p116)

醉客　醉興　宿醉　熟醉　陶醉　滿醉
(취객) (취흥) (숙취) (숙취) (도취) (만취)

牛 소 우

牛 4획 5급

丿 ⺧ 匚 牛

≡ 丑

牛 소 우

뿔이 나 있는
소의 모양 = **소**

牛乳　鬪牛　肥肉牛　碧昌牛
(우유) (투우) (비육우) (벽창우)

件 물건 건

人 6획 5급

丿 亻 亻 亻 件 件

≡ 物/品

亻 (사람) + 牛 (소 우)

사람에게
소는 중요한 물건이니 = **물건**

物件　事件　與件　條件　案件　人件費
(물건) (사건) (여건) (조건) (안건) (인건비)

牧 칠 목

牛 8획 4급Ⅱ

牛 牛 牜 牜 牧 牧

牛 (소 우) + 攵 (힘쓰다)

소를 **힘써**
기르니 = **치다**(가축 등을 기르다)

牧童　牧會　牧師　牧畜　遊牧民
(목동) (목회) (목사) (목축) (유목민)

丑 소/지지 축

一 4획 3급

フ コ 丑 丑

≡ 牛

子 (힘쓰다) + ㅣ (소 고삐의 모양)

힘써 소 고삐를 잡고
있는 모습이니 = **소/둘째 지지**(소)

(요점만 콕 - p481)

丑時　癸丑年
(축시) (계축년)

 요점만 콕!

☑ 丑(소 축)는 십이지지 중 두 번째 동물인 소를 상징해요. (요점만 콕 p481)

協 화할/도울 협
十 8획 4급II

ㅣ ナ � 벗 협 협 협

≡ 和, 助/贊/護 ⇔
◉   日   ⊕ 协

十(많다) + 力(힘력) + 力 + 力

많은 힘을 보태 주니
= 화(和)하다(화목하게 어울리다)/돕다

協助 協議 協定 協商 協奏 妥協 協贊
(협조) (협의) (협정) (협상) (협주) (타협) (협찬)

脅 위협할 협
肉 10획 3급II

ㄱ 力 ヵ ㅎ 脅 脅

≡ 威 ⇔
◉   日   ⊕

力(힘력) + 力 + 力 + 月(몸/고기)

힘을 잔뜩 준
몸으로 상대방을 = 위협하다

威脅 脅奪 脅迫
(위협) (협탈) (협박)

卜 점 복
卜 2획 3급

ㅣ 卜

≡ 占 ⇔
◉   日   ⊕

卜(점 복)

점칠 때 사용하는
거북의 등 껍질에 나타난 금의 모양 = 점

卜債 卜術 卜占 卜居(살 만한 곳을 가려서 정함) 卜師(점을 치는 사람)
(복채) (복술) (복점) (복거) (복사)

뉘앙스 콕!

- ☑ **賜藥**(사약) : 사대부가 큰 죄를 범했을 때 왕이 내리는 독약 ▶ 죄인에게 사약(賜藥)을 내리다
- **死藥**(사약) : 먹으면 죽는 약 ▶ 사약(死藥)을 먹고 죽다
- ☑ **抱主**(포주) : 창녀를 두고 영업을 하는 사람 ▶ 포주(抱主)가 관리하는 창녀.
- **包主**(포주) : 동학(東學)의 교구 및 집회소 책임자 = 접주(接主) ▶ 포주(包主)들이 회의를 하다.
- ☑ **財貨**(재화) : 돈이나 그 밖의 값나가는 모든 물건. = 재물(財物) ▶ 재화(財貨)를 모으다
- **載貨**(재화) : 화물(貨物)을 차나 배에 실음 ▶ 인부들이 차에 물건을 재화(載貨)하고 있다.
- ☑ **卑屬**(비속) : 아들 이하의 항렬에 속하는 친족 ▶ 직계비속(卑屬)은 상속에서 순위가 우선이다.
- **尊屬**(존속) : 부모 이상의 항렬에 속하는 친족 ▶ 존속(尊屬) 살해 사건
- ☑ **宿醉**(숙취) : 이튿날까지 깨지 않는 취기 ▶ 숙취(宿醉)로 머리가 아프다.
- **熟醉**(숙취) : 술에 흠뻑 취함 ▶ 오늘밤에도 숙취(熟醉)를 하였다.

11일째 복습하기

복습 1 다음 한자를 큰 소리로 읽어 보세요. (2번 이상)

易	賜	均	包	砲	胞	飽	抱	化	花
貨	北	背	匹	甚	十	計	千	南	索
奔	憤	墳	半	伴	判	午	許	卑	碑
婢	卒	醉	牛	件	牧	丑	協	脅	卜

복습 2 다음 훈음에 해당되는 한자를 쓰세요. 물론 윗부분은 감추고…

바꿀 역	줄 사	고를 균	쌀 포	대포 포	세포 포	배부를 포	안을 포	될 화	꽃 화
재물 화	북녘 북	등 배	짝 필	심할 심	열 십	셀 계	일천 천	남녘 남	찾을 색
달릴 분	분할 분	무덤 분	반 반	짝 반	판단할 판	낮 오	허락할 허	낮을 비	비석 비
여종 비	군사 졸	취할 취	소 우	물건 건	칠 목	소 축	화할 협	위협할 협	점 복

복습 3 단어로 복습하기. 다음 뜻에 맞는 한자어를 한자로 쓰세요.

용이 (	) 어렵지 않고 매우 쉽다	회사의 부당한 대우에 분개하였다. ( )
후사 (	) 물건 등을 후하게 내려줌	조상의 분묘에 가서 제사를 지내다. ( )
균형 (	) 한쪽으로 치우치지 않고 고름	무분별한 개발은 환경 파괴를 수반한다. ( )
동포 (	) 같은 민족을 다정하게 이르는 말	비열한 방법으로 승리하다. ( )
포만 (	) 넘치도록 가득함	출근하는 사람들이 분주해 보인다. ( )
포부 (	) 마음속에 지니고 있는 계획	노비 문서를 불태우다. ( )
필적 (	) 능력 등이 비슷하여 견줄 만함	아름다운 경치에 도취되었다. ( )
심난 (	) 매우 어려움	목축과 농업에 종사하다. ( )
수색 (	) 구석구석 더듬어 찾음	강도에게 협박을 당하다. ( )
비명 (	) 비석에 새긴 글	점을 쳐주고 복채를 받다. ( )

容易/厚賜/均衡/同胞/飽滿/抱負/匹敵/甚難/搜索/碑銘　　憤慨/墳墓/隨伴/卑劣/奔走/奴婢/陶醉/牧畜/脅迫/卜債

현쌤의 응원

도끼를 갈아 바늘을 만들 듯 [磨斧爲針(마부위침)]
하루에 40자씩 익히면
47일 뒤엔 3급을 완성할 수 있어요^^

12일째

外 바깥 외
夕 5획 8급
丿 ク 夕 夘 外

夕(저녁 석) + 卜(점 복)

저녁에 점을
치러 집을 나가니 = 바깥

外債 涉外 郊外 外貌 外換 外販員
(외채) (섭외) (교외) (외모) (외환) (외판원)

朴 성/순박할 박
木 6획 6급
一 十 オ 木 朴 朴

木(나무 목) + 卜(점 복)

점칠 때 사용하는
껍질이 투박한 나무의 모양이니 = 성/순박하다

淳朴 素朴 質朴 朴氏
(순박) (소박) (질박) (박씨)

占 점칠/점령할 점
卜 5획 4급
丨 卜 卜 占 占

 卜(점 복) + 口(사람/입)

* 점괘를 입으로 말하는 것이니 = 점치다
* 차지한 땅에 깃발을 세운 모양 = 점령하다
(뉘앙스 콕 p126)

占術 卜占 占居 占據 占領 寡占 獨寡占
(점술) (복점) (점거) (점거) (점령) (과점) (독과점)

店 가게 점
广 8획 5급Ⅱ
广 广 庁 庁 店 店

广(장소) + 占(점칠 점)

돈을 내고 점치는
곳이 가게의 시초니 = 가게

酒店 飯店 百貨店 飮食店 露店商 連鎖店
(주점) (반점) (백화점) (음식점) (노점상) (연쇄점)

點 점 점
黑 17획 4급

四 甲 里 黑 點 點

= 点/奌 日 点 ⊕ 点

黑 (검을 흑) + 占 (점칠/점령할 점)

검은 것으로
점령된 것이니 = 점(작고 둥글게 찍는 표)

點檢 點數 點心 缺點 得點 汚點 點滅
(점검) (점수) (점심) (결점) (득점) (오점) (점멸)

卓 높을 탁
十 8획 5급

卜 亠 占 卣 卓 卓

= 高/尙 ⇔ 低

卜 (점 복) + 早 (이를 조)

점을 치려고
이른 새벽에 높은 제단에 오르니 = 높다

卓球 卓子 圓卓 卓越 卓拔(여럿 가운데 특별히 뛰어남)
(탁구) (탁자) (원탁) (탁월) (탁발)

赴 다다를/갈 부
走 9획 3급

丰 韦 赱 走 赴 赴

走 (달릴 주 : P443) + 卜 (점 복)

점괘를 전해 주려고
달려가니 = 다다르다/가다

赴任 赴役(병역이나 부역(賦役)을 치르러 나감)
(부임) (부역)

掛 걸 괘
手 11획 3급

扌 才 扗 抖 挂 掛

⊕ 挂

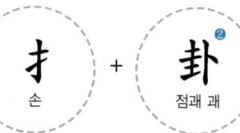
扌 (손) + 卦 (점괘 괘)

손으로 점괘를
높은 곳에 걸어 놓으니 = 걸다

❷ 卦(점괘 괘) : 흙(土)을 쌓은 제단에 올라 점(卜)을 치니

掛念 掛圖 掛鍾
(괘념) (괘도) (괘종)

卯 토끼/지지 묘
卩 5획 3급

亠 乚 乡 卯 卯

= 兎

卯 토끼/지지 묘

토끼의 귀 모양 = 토끼/넷째 지지(토끼)
* 1년 중 만물이 소생하는 음력 2월을 가리키니 '무성하다'는 뜻이 있음

(요점만 콕 p481)

卯時 乙卯年
(묘시) (을묘년)

버들 류

木 9획 4급

朩 朼 杊 栁 柳 柳

≡ 楊

나무 가지가
무성하게 늘어지는 나무니 = 버들(버드나무)

楊柳 柳器 花柳界 路柳墻花

(양류) (유기) (화류계) (노류장화)

머무를 류

田 10획 4급Ⅱ

𠂉 𠃋 𠃌 𠄒 留 留

≡ 停/泊

곡식이 무성하게 자란
밭에서 일을 하고 있으니 = 머무르다

殘留 押留 保留 居留 拘留 留級 留置場

(잔류) (압류) (보류) (거류) (구류) (유급) (유치장)

무역할 무

貝 12획 3급Ⅱ

丶 𠂉 𠃋 𠄒 留 貿

≡ 易

中 贸

무성하게 많은 재물을
사고 파는 것이니 = 무역하다

貿易 貿易風

(무역) (무역풍)

알 란

卩 7획 4급

丶 𠄌 𠄌 卯 卯 卵

무성한 수의
알들이 모여 있는 모양 = 알

鷄卵 産卵 排卵 累卵 卵管 以卵投石

(계란) (산란) (배란) (누란) (난관) (이란투석)

벼슬 경

卩 12획 3급

𠂉 𠃋 卯 𡖦 卿 卿

≡ 官/吏/爵

❶ 皀(고소할 급): 흰(白) 쌀밥을 숟가락(匕)으로 먹으니

무성한 종류의 고소하고
값비싼 음식을 먹을 수 있는 자리니 = 벼슬

公卿 卿相

(공경) (경상)

印 도장 인
卩 6획 4급Ⅱ

ㄏ ㄐ 匚 印 印

 + 卩(벼슬)

벼슬아치가
손에 쥐고 있는 것이니 = 도장 (요점만 콕)

印章 印朱 印鑑 印刷 職印 消印 封印 印象 刻印
(인장) (인주) (인감) (인쇄) (직인) (소인) (봉인) (인상) (각인)

迎 맞을 영
辶 8획 4급

ㄏ ㄒ 卬 卬 迎 迎

= / ↔ 送/輸

卬(높을/나 앙) + 辶(가다)

❶ 卬(높을/나 앙) : 사람(亻)이 벼슬(卩)을 하니

높은 사람이 오면 가서
맞이하니 = 맞다 (오는 사람을 기다려 받아 들이다) (요점만 콕)

歡迎 迎接 迎賓 送舊迎新
(환영) (영접) (영빈) (송구영신)

仰 우러를 앙
人 6획 3급Ⅱ

丿 亻 亻 亻 仰 仰

= 崇

亻(사람) + 卬(높을/나 앙)

사람은 높은 사람을 존경하고
우러러 보니 = 우러르다 (공경하는 마음을 가지다) (요점만 콕)

信仰 推仰 仰天 仰請 仰祝
(신앙) (추앙) (앙천) (앙청) (앙축)

抑 누를 억
手 7획 3급Ⅱ

扌 扌 扌 扚 抑 抑

= 壓 / ↔ 揚,解/釋

扌(손) + 卬(높을/나 앙)

손을 높이 들어
다른 사람을 누르니 = 누르다 (요점만 콕)

抑壓 抑制 抑留 抑揚
(억압) (억제) (억류) (억양)

 요점만 콕!

☑ 卯/卯/臼/卬는 서로 모양이 비슷해 헷갈리기 쉬워요.
- 卯(토끼 묘) : 무성하다 ▶ 柳/卵/卿
- 卯 : 卯(토끼 묘)의 변형 ▶ 留/貿
- 臼 : 爪(다투다/손톱)의 변형 ▶ 印
- 卬 : 높을/나 앙 ▶ 迎/仰/抑

卽 곧 즉

卩 9획 3급II

𠂤 白 皀 皀 卽 卽

☰ 則
⇔ 即
🌐 即

❶ 皀(고소할 급) : 흰(白) 쌀밥을 숟가락(匕)으로 먹으니

고소한 음식은
벼슬아치에게 바로 바치니 = 곧

(요점만 콕)

卽時 卽刻 卽死
(즉시) (즉각) (즉사)

節 마디 절

竹 15획 5급II

⺮ 笡 笡 笡 笳 節

☰ 寸
⇔ 節
🌐 节

대나무가 자라면서
곧 생기는 것이니 = 마디

節度 節約 禮節 調節 季節 時節 使節 節槪 貞節
(절도) (절약) (예절) (조절) (계절) (시절) (사절) (절개) (정절)

鄕 시골 향

邑 13획 4급II

乡 纟 纟 纟 郷 鄕

☰
⇔ 京
🌐 鄕 乡

 +  +

작고 고소한
냄새가 나는 마을이니 = 시골

故鄕 京鄕 歸鄕 鄕校 鄕愁 理想鄕
(고향) (경향) (귀향) (향교) (향수) (이상향)

響 울릴 향

音 21획 3급II

乡 纟 鄕 鄕 響 響

☰
⇔
🌐 响

시골에서 소리치면
메아리가 되어 다시 돌아오니 = 울리다

音響 反響 影響 響應 交響樂
(음향) (반향) (영향) (향응) (교향악)

旣 이미 기

无 11획 3급

皀 皀 皀 皍 旣 旣

☰ 已
⇔
🌐 旣 既

❷ 旡(목멜 기) : 목이 막힌 모양

고소한 음식을
목이 멜 정도로 먹어 이미 없으니 = 이미

(요점만 콕)

旣婚 旣存 旣決囚 旣成服 旣得權
(기혼) (기존) (기결수) (기성복) (기득권)

概

대개 개

木 15획 3급Ⅱ

桁 栲 栩 楒 楖 概

⊜ 　　　日 槪　　⇔　　中 概

대부분의 **나무**가
이미 다 자랐으니 = **대개**(대부분)

大概 概念 概論 概要 概觀

(대개) (개념) (개론) (개요) (개관)

慨

슬퍼할 개

心 14획 3급

忄 忏 怦 愷 愷 慨

⊜ 歎/悲/哀/嗚　　⇔ 歡/喜/悅
　　　日 慨　　中 慨

마음으로 **이미**
늦었음을 아니 = **슬퍼하다**

慨歎 憤慨 感慨無量

(개탄) (분개) (감개무량)

潛

잠길 잠

水 15획 3급Ⅱ

氵 汀 汧 㳀 潛 潛

⊜ 沈/浸　　⇔ 浮
　　日 潜　　中 潜

❶ 朁(곧/이에/일찍 참) : 말(曰)을 많이 하여 이에
목이 막히니(旡)

물이 **곧**
차 오르니 = **잠기다**

潛入 潛伏 潛跡 潛行 潛水橋

(잠입) (잠복) (잠적) (잠행) (잠수교)

厄

재앙 액

厂 4획 3급

一 厂 厄 厄

⊜ 災/禍/殃　　⇔ 福
　　日 厄　　中 厄

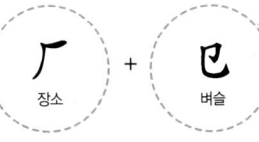

위험이 닥쳐
어느 **장소**에 **벼슬아치**가 숨으니 = **재앙**

厄運 橫厄(뜻밖에 닥쳐오는 불행 = 橫來之厄)

(액운) (횡액)

요점만 콕!

☑ **皀**(고소할 급)의 ヒ(비수 비)는 숟가락의 뜻으로도 쓰여요
  - 숟가락 : 卽(곧 즉) 節(마디 절) 卿(벼슬 경) 鄕(시골 향) 旣(이미 기)
  - 칼 : 化(될 화) 死(죽을 사) 比(견줄 비) 此(이 차)

☑ **旣**(이미 기)의 부수 无(없을 무)에 대해 알아봐요!
  - **无**(없을 무) : 절름발이(尢:절름발이 왕)가 모여(一)있어 일할 사람이 없으니
  - '없다'와 '아니다'라는 뜻으로 사용
  - 無(없을 무)의 고자(古字)임

危 위태할 위
卩 6획 4급

ㄣ ㄶ 广 危 危

= 險/殆 ↔ 安

다투어 재앙이 닥친 것이니 = 위태하다

危殆 危急 危機 危險 危篤 危懼心
(위태) (위급) (위기) (위험) (위독) (위구심)

犯 범할 범
犬 5획 4급

丿 ㄅ 犭 犭 犯

짐승 같은 마음을 가진 벼슬아치가 법을 어기니 = 범하다 (잘못을 저지르다)

犯法 犯罪 犯行 共犯 侵犯 犯則金
(범법) (범죄) (범행) (공범) (침범) (범칙금)

範 법 범
竹 15획 4급

⺮ ⺮ 䈬 筲 範 範

= 法/則/律/憲 中 范

대나무로 만든 수레에 태워 법을 어긴 벼슬아치를 귀양 보내니 = 법

模範 示範 師範 規範 範圍
(모범) (시범) (사범) (규범) (범위)

怨 원망할 원
心 9획 4급

夕 夘 夗 怨 怨

= 恨

저녁에 벼슬아치의 마음에 원수가 떠오르니 = 원망하다

(뉘앙스 콕 p126)

怨望 怨聲 怨恨 民怨 宿怨
(원망) (원성) (원한) (민원) (숙원)

原 언덕/근본 원
厂 10획 5급

一 厂 厂 厍 原 原

= 丘/岸/陵/阿, 本

깨끗한 물이 작게 흐르는 곳이 강의 근본이니 = 언덕/근본 (사물이 발생하는 근원)

原價 原稿 原審 雪原 高原 病原菌 (병의 원인이 되는 균)
(원가) (원고) (원심) (설원) (고원) (병원균)

源 근원 원

水 13획 4급

汇 汇 沥 沥 源 源

= 根

물이 시작되는 근본이니
= 근원(물이 흘러내리기 시작하는 곳)

源泉 根源 財源 資源 汚染源 供給源
(원천) (근원) (재원) (자원) (오염원) (공급원)

願 원할 원

頁 19획 5급

厄 戶 原 原 願 願

= 望/希
⇔ 愿

❶ 頁(머리 혈) : 코(自: 주름진 코의 모양)가 있는 곳이니

일의 근본을
머리로 알고 싶어하니 = 원하다

(뉘앙스 콕 p126)

所願 宿願 祈願 哀願 願書 歎願書
(소원) (숙원) (기원) (애원) (원서) (탄원서)

泉 샘 천

水 9획 4급

冖 白 自 泉 泉

깨끗한 물이
나오는 곳이니 = 샘

溫泉 冷泉 鑛泉 黃泉
(온천) (냉천) (광천) (황천)

線 줄 선

糸 15획 6급Ⅱ

糸 糸 糸 線 線

= 絃/索
⇔ 线

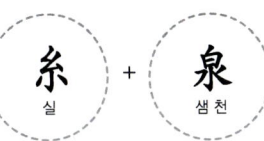

실이 샘에서 물이
나오 듯 이어지는 것이니 = 줄

境界線 放射線 紫外線 脚線美
(경계선) (방사선) (자외선) (각선미)

珍 보배 진

玉 9획 4급

一 T 干 王 玠 珍

= 寶
◉ 珎

구슬이 사람의
털처럼 귀중하니 = 보배

珍貴 珍味 珍珠 珍風景
(진귀) (진미) (진주) (진풍경)

參

참여할 **참**
석 **삼**

厶 11획 5급 II

= 三, 與
⊕ 參　日 參　中 參

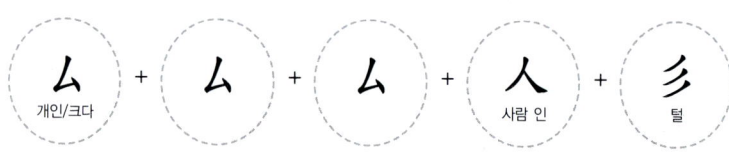

개인들이 사람의 털처럼
많이 참여하니 = 참여하다/셋

(요점만 콕)

參億　參與　持參　參拜　參考　參禪　參照　參謀
(삼억) (참여) (지참) (참배) (참고) (참선) (참조) (참모)

慘

참혹할 **참**

心 14획 3급

=
⊕ 慘　日 慘　中 慘

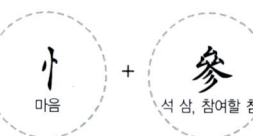

마음이 세 갈래로
찢어질 정도니 = 참혹하다

慘變　慘事　慘狀　慘敗　無慘　慘劇　悲慘
(참변) (참사) (참상) (참패) (무참) (참극) (비참)

去

갈 **거**

厶 5획 5급

一 十 土 去 去

= 往/進/就/赴　⇔ 來
⊕ 　日 　中

아들과 제자는
배울 것이 많은 큰 땅으로 보내니 = 가다

過去　去來　去就　去勢　去處　退去　去皮(콩, 팥 등의 껍질을 벗김)
(과거) (거래) (거취) (거세) (거처) (퇴거) (거피)

 요점만 **콕!**

☑ **參**(석 삼)은 三(석 삼)의 갖은자로 쓰인답니다. (一의 갖은자는 壹이며 二의 갖은자는 貳)
　• 갖은자 : 같은 뜻을 지닌 글자 중 보통 쓰는 글자보다 획을 더 많이 써서 모양이 전혀 다르게 된 글자

 뉘앙스 **콕!**

☑ • **占居**(점거) : 물건이나 영역, 지위 등을 차지함 = 점유(占有)　▶ 완전하고 영원한 소유나 점거(占居)란 없다.
　• **占據**(점거) : 어떤 장소를 차지하여 자리를 잡음 = 점령(占領)　▶ 시위대가 점거(占據) 농성을 하고 있다.
☑ • **民願**(민원) : 주민이 행정 기관에 원하는 바를 요구하는 일　▶ 민원실(民願室)
　• **民怨**(민원) : 백성의 원망　▶ 탐관오리로 인해 백성들의 민원(民怨)이 높다.
☑ • **宿願**(숙원) : 오랫동안 품어온 염원이나 소망　▶ 마침내 숙원(宿願)을 이루었다.
　• **宿怨**(숙원) : 오랫동안 품어온 원한이나 대상　▶ 그는 나의 오랜 숙원(宿怨)이다.
☑ • **怨望**(원망) : 억울하게 여겨 탓하거나 분하게 여겨 미워함　▶ 나는 부모님을 원망(怨望) 해본 적이 없다.
　• **願望**(원망) : 원하고 바람　▶ 통일은 사람들의 오랜 원망(願望)이다.

12일째 복습하기

복습 1 다음 한자를 큰 소리로 읽어 보세요.(2번 이상)

外	朴	占	店	點	卓	赴	掛	卯	柳
留	貿	卵	卿	印	迎	仰	抑	卽	節
鄕	響	旣	槪	慨	潛	厄	危	犯	範
怨	原	源	願	泉	線	珍	參	慘	去

복습 2 다음 훈음에 해당되는 한자를 쓰세요. 물론 윗부분은 감추고···

바깥 외	성 박	점칠 점	가게 점	점 점	높을 탁	다다를 부	걸 괘	토끼 묘	버들 류
머무를 류	무역할 무	알 란	벼슬 경	도장 인	맞을 영	우러를 앙	누를 억	곧 즉	마디 절
시골 향	울릴 향	이미 기	대개 개	슬퍼할 개	잠길 잠	재앙 액	위태할 위	범할 범	법 범
원망할 원	언덕 원	근원 원	원할 원	샘 천	줄 선	보배 진	참여할 참	참혹할 참	갈 거

복습 3 단어로 복습하기. 다음 뜻에 맞는 한자어를 한자로 쓰세요.

과점 (	) 소수 기업이 시장을 차지한 상태	부모는 아이의 성장에 영향을 미친다. (	)
개론 (	) 내용을 대강 추려서 서술함	그는 기혼 남성이다. (	)
괘념 (	) 마음에 두고 잊지 않음	새로 부임해 오다. (	)
무역 (	) 나라 사이에 물품을 매매하는 일	학생들의 흡연을 개탄하다. (	)
배란 (	) 난자가 난소에서 배출되는 일	자객이 적진에 잠행하였다. (	)
공경 (	) 고관의 총칭	굿을 하여 액운을 몰아내다. (	)
영빈 (	) 귀한 손님을 맞음	아버지께서 위독하시다. (	)
추앙 (	) 높이 받들어 우러러봄	폭군에 대한 원성이 자자하다. (	)
억압 (	) 행동 등을 힘으로 억누름	시험 범위가 넓어 공부하기가 힘들다. (	)
즉각 (	) 당장에 곧	전쟁의 참상을 고발하다. (	)

寡占/槪論/掛念/貿易/排卵/公卿/迎賓/推仰/抑壓/卽刻　　影響/旣婚/赴任/慨歎/潛行/厄運/危篤/怨聲/範圍/慘狀

현쌤의 응원

물방울이 바위를 뚫 듯[수적천석(水滴穿石)]
한자한자가 모여 1,817자를 이루네
추카추카 !!!!!!!!!!!

13 일째

法 법 법
水 8획 5급II

氵 氵 汁 泮 法 法

≡ 律/則/規/範

물이 흘러가 듯
순리대로 만든 것이니 = 법

法廷 法科 法官 法度 法道 違法 遵法 司法 憲法
(법정) (법과) (법관) (법도) (법도) (위법) (준법) (사법) (헌법)

蓋 덮을 개
艸 14획 3급II

艹 芏 荠 菩 蓋 蓋

≡ 蔽/覆
蓋 (日) 盖 (中) 盖

풀을 갖고 가서
그릇 위를 덮으니 = 덮다

覆蓋 蓋瓦 蓋然性(절대적으로 확실하지 않으나 아마 그럴 것이라고 생각되는 성질)
(복개) (개와) (개연성)

却 물리칠 각
卩 7획 3급

十 土 去 去 去¹ 却

≡ 斥

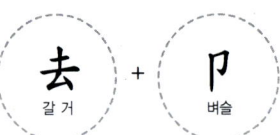

벼슬아치가 가는 길에
백성들을 물리치니 = 물리치다

賣却 退却 棄却 消却 燒却 冷却 忘却 却說
(매각) (퇴각) (기각) (소각) (소각) (냉각) (망각) (각설)

脚 다리 각
肉 11획 3급II

肝 肚 脐 脚 脚

몸에서 적을
물리칠 때 쓰는 부분이니 = 다리

健脚 橋脚 立脚 脚光 脚本 脚色(소설 등을 희곡 등으로 고쳐 쓰는 일)
(건각) (교각) (입각) (각광) (각본) (각색)

又 또 우
又 2획 3급

= 且
⊕

又 또 우

오른 손의 모양,
오른 손은 사용하고 또 사용하니 = 또

又日新(또 날로 새롭게 하라)
(우일신)

怪 괴이할 괴
心 8획 3급II

忄 忄 ↑ 怪 怪 怪

= 奇

忄 마음 + 又 다스리다 + 土 흙 토

마음 먹은대로 흙을 잘 다스려
그릇을 빚고 싶지만 잘 되지 않으니 = 괴이하다

怪物 怪談 怪盜 怪變 怪獸 怪異 怪漢
(괴물) (괴담) (괴도) (괴변) (괴수) (괴이) (괴한)

反 돌이킬 반
又 4획 6급II

一 厂 厅 反

⇔ 贊

厂 장소 + 又 다스리다

어느 장소에 사람을 가두고 다스리려고만
하면 예전으로 돌아가고 싶어 하니 = 돌이키다
(요점만 콕)

反影 謀反 反擊 反亂 反射 違反 如反掌(일이 매우 쉬움을 이름)
(반영) (모반) (반격) (반란) (반사) (위반) (여반장)

返 돌이킬 반
辶 8획 3급

厂 厅 反 反 返 返

= 歸/還

反 돌이킬 반 + 辶 가다

되돌아가니 = 돌이키다
(요점만 콕)

返納 返送 返品 返還
(반납) (반송) (반품) (반환)

 요점만 콕!

☑ 비슷한 모양을 가진 反(돌이킬 반)과 返(돌이킬 반)의 서로 다른 뜻을 정확히 알아두세요.
- 反 : 되돌리다, 뒤집다, 반복하다, 반대하다 등의 뜻을 가짐
  ▶ 反影(반영) 謀反(모반) 反擊(반격) 如反掌(여반장) 反亂(반란) 違反(위반)
- 返 : 돌이키다, 되돌아오다, 돌려주다, 바꾸다 등의 뜻을 가짐
  ▶ 返納(반납) 返送(반송) 返品(반품) 返還(반환)

13 일째

飯 밥 반
食 13획 3급II

今 倉 倉 飣 飣 飯

= 食
⇔ 饭

食(먹을/밥 식)의 변형 + 反 돌이킬 반

되돌려서 즉
되풀이해서 먹는 것이니 = 밥
(뉘앙스 콕 p136)

飯店 飯酒 朝飯 早飯 茶飯事 (보통 있는 예사로운 일을 이름)
(반점) (반주) (조반) (조반) (다반사)

叛 배반할 반
又 9획 3급

⺍ 半 半 叛 叛 叛

= 背
⇔

半 반 반 + 反 돌이킬 반

반 이상의 마음이
돌아서니 = 배반하다

背叛 謀叛 叛軍 叛亂 叛逆
(배반) (모반) (반군) (반란) (반역)

板 널 판
木 8획 5급

十 木 木 朴 板 板

=
⇔

木 나무 목 + 反 돌이킬 반:뒤집다

반대로 뒤집어도 사용할 수 있는
나무니 = 널 (나무를 판판하고 넓게 켠 나뭇조각)
(뉘앙스 콕 p136)

板木 漆板 坐板 鋼板 苗板 板刻 看板 甲板 降板
(판목)(칠판)(좌판)(강판)(묘판)(판각)(간판)(갑판)(강판)

版 판목 판
片 8획 3급II

广 片 片 片 版 版

=
⇔

片 조각 편 + 反 돌이킬 반

인쇄를 위해 나무 조각에 거꾸로 글을 새긴
것이니 = 판목 (인쇄하기 위하여 글자나 그림을 새긴 나무)
(뉘앙스 콕 p136)

版木 出版 版畫 改訂版 複寫版 豪華版
(판목) (출판) (판화) (개정판) (복사판) (호화판)

販 팔 판
貝 11획 3급

目 貝 貝 貝 販 販

= 賣
⇔ 買
販

貝 재물 + 反 돌이킬 반

돈을 받고
반대로 물건을 주니 = 팔다

販賣 販路 販促 總販
(판매) (판로) (판촉) (총판)

取 취할 취
又 8획 4급II

一 丅 FT 耳 取 取

= 得/持
⇔ 捨/棄/廢

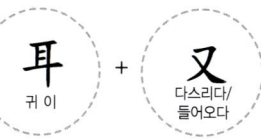

전쟁에 이겨 적군의
귀를 가지고 **들어오니** = **취하다**

(뉘앙스 콕 p136)

採取 取消 取材 取才 奪取 詐取 聽取 取捨選擇
(채취) (취소) (취재) (취재) (탈취) (사취) (청취) (취사선택)

最 가장 최
日 12획 5급

日 早 昗 最 最 最

원하는 것을 싸우지 않고
말로 **취하는** 것이 가장 좋은 방법이니 = **가장**(제일)

最善 最古 最高 最長 最適 最惡 最尖端
(최선) (최고) (최고) (최장) (최적) (최악) (최첨단)

趣 뜻 취
走 15획 4급

走 走 赴 赿 趣 趣

= 意/志/情/義

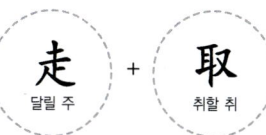

달려가서 그것을
취하는 것은 뜻과 재미가 있어서니 = **뜻**

趣味 趣向 情趣 興趣
(취미) (취향) (정취) (흥취)

叔 아재비 숙
又 8획 4급

上 十 才 方 叔 叔

⇔ 姪

손**위**인 아버지가 **다스리는**
작은 동생이니 = **아재비**(작은 아버지)

叔父 叔母 堂叔 叔姪 外叔母
(숙부) (숙모) (당숙) (숙질) (외숙모)

督 살필 독
目 13획 4급II

上 十 未 叔 叔 督

= 監

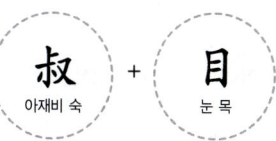

아재비가 조카들을
눈으로 살피니 = **살피다**

監督 提督 總督 督勵 督促 基督敎
(감독) (제독) (총독) (독려) (독촉) (기독교)

淑 맑을 숙

水 11획 3급II

氵 沪 汁 沐 淑 淑

= 淸/淡/雅 ⇔ 濁

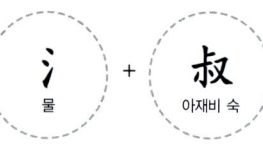

물로 아재비가
깨끗이 씻으니 = 맑다

(뉘앙스 콕 p136)

淑女 貞淑

(숙녀) (정숙)

寂 고요할 적

宀 11획 3급II

宀 宀 宇 宋 宗 寂

= 靜 ⇔ 忙

집에 아재비만
있으니 = 고요하다

靜寂 閑寂 入寂 寂滅 寂寂 孤寂

(정적) (한적) (입적) (적멸) (적적) (고적)

友 벗 우

又 4획 5급II

一 ナ 方 友

= 朋

상대의 나아갈 방향을
잘 다스려 주는 사람이니 = 벗

朋友 友邦 鄕友會 友好條約

(붕우) (우방) (향우회) (우호조약)

及 미칠 급

又 4획 3급II

丿 乃 及

⇔ 落

사람이 목표에
도달하니 = 미치다 (수준 등이 일정한 곳에 이르다)

及第 普及 言及 及其也 可及的

(급제) (보급) (언급) (급기야) (가급적)

 등급 급

糸 10획 6급

幺 糸 糸 紈 級 級

= 等 ⇔ 級

실의 품질이 어디에
미치느냐에 따라 나누어지는 것이니 = 등급

等級 昇級 巨物級 最上級 重量級

(등급) (승급) (거물급) (최상급) (중량급)

吸 마실 흡

口 7획 4급II

ㅁ ㅁ ㅁ! ㅁ及 吸

= 飮

공기가 **입**을 통해
폐에 **미치는** 것이니 = **마시다**

吸收 吸煙 吸着 呼吸 吸血鬼
(흡수) (흡연) (흡착) (호흡) (흡혈귀)

口 입 구

口 3획 7급

ㅣ ㄇ ㅁ

입의 모양 = **입**

口辯 口徑 口舌數 突破口
(구변) (구경) (구설수) (돌파구)

史 사기 사

口 5획 5급II

ㅣ ㅁ ㅁ 史 史

왕이 **사람**을 **다스린**
기록이니 = **사기** (史記.역사를 기록한 책)

國史 世界史 略史 御史 史蹟 史劇
(국사) (세계사) (약사) (어사) (사적) (사극)

吏 관리 리

口 6획 3급II

一 ㄇ ㅁ 尸 吏 吏

= 官

모인 **사람**들을 **다스리는**
사람이니 = **관리** (官吏.관직에 있는 사람.벼슬아치.아전)

官吏 淸白吏 吏房 貪官汚吏
(관리) (청백리) (이방) (탐관오리)

使 부릴/하여금 사

人 8획 6급

亻 亻 仁 𠂉 使 使

= 役   ↔ 勞

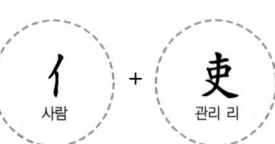

관리가 **사람**에게 일을
시키니 = **부리다/하여금** (누구를 시키어)

使用 使臣 勞使 特使 大使 天使 驅使 使節團 公使館
(사용) (사신) (노사) (특사) (대사) (천사) (구사) (사절단) (공사관)

可 옳을 가
口 5획 5급

一 丁 口 可 可

= 義 ⇔ 否

곡식을 **모으려고**
사람이 **농기구**를 사용하는 것은 = **옳다**

許可 可否 可決 可憎 裁可(안건을 결재하여 허가함)
(허가) (가부) (가결) (가증) (재가)

歌 노래 가
欠 14획 7급

哥 哥 哥 歌 歌 歌

= 樂/曲/謠

계속해서 **옳다**고 말하 듯
입 벌려 소리치는 것이니 = **노래**

愛國歌 戀歌 歌曲 歌謠 歌劇 歌舞 歌詞
(애국가) (연가) (가곡) (가요) (가극) (가무) (가사)

河 물 하
水 8획 5급

氵 汀 沪 沪 河

= 水/川/江

물을
옳게 사용하니 = **물**

河川 氷河 銀河水
(하천) (빙하) (은하수)

何 어찌 하
人 7획 3급Ⅱ

亻 仁 伺 伺 何

= 奈/奚/豈/焉

사람이 자기만 **옳다**고
여기는 것이 어찌 옳을까 = **어찌**(어떠한 이유로)

幾何 如何 何如間(어찌하든지 간에)
(기하) (여하) (하여간)

荷 멜/짐 하
艸 11획 3급Ⅱ

艹 芢 芢 荷 荷

많은 **풀**을 **사람**이
옳게 묶어 짊어지니 = **메다/짐**

荷物 荷役 荷重 負荷 出荷 荷花 荷置場
(하물) (하역) (하중) (부하) (출하) (하화) (하치장)

阿

언덕 아

阜　8획　3급II

｀ 阝 阝 阝 阿 阿 阿

≡ 原/岸/陵　　⇔　　
🔊　　日　　中

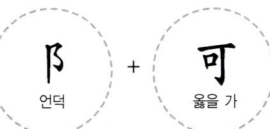

언덕을
옳게 오르니 = 언덕　　　　　　　　　　　　　　　(요점만 콕)

阿附　阿片　阿丘　阿世　曲學阿世　阿且山城　阿修羅場
(아부) (아편) (아구) (아세) (곡학아세) (아차산성) (아수라장)

奇

기특할/기이할 기

大　8획　4급

ナ 大 ナ 卉 奇 奇 奇

≡ 怪　　⇔　　
🔊　　日　　中

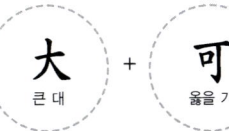

크고 옳은 일을 하는 사람은 기특하고
기이하니 = 기특하다/기이하다 (기묘하고 이상하다)

奇異　奇特　奇妙　奇緣　神奇　奇拔　奇襲　奇巖　奇蹟
(기이) (기특) (기묘) (기연) (신기) (기발) (기습) (기암) (기적)

寄

부칠 기

宀　11획　4급

｀ 宀 宀 宇 宝 寄 寄

≡ 附　　⇔　　
🔊　　日　　中

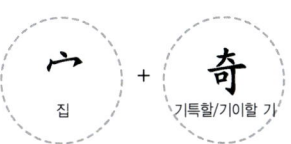

집에 있는 재물을 기특하게도
나누어 주니 = 부치다 (편지나 물건 등을 상대에게 보내다)　　(요점만 콕)

寄附　寄居　寄與　寄贈　寄稿　寄宿舍　寄生蟲
(기부) (기거) (기여) (기증) (기고) (기숙사) (기생충)

13 일째

騎

말탈 기

馬　18획　3급II

馬 馬 馬 馬 騎 騎

≡　　⇔　　
🔊　　日　　中　骑

말을 기이하게
잘 타니 = 말 타다

騎馬　騎兵
(기마) (기병)

 요점만 콕!

☑ 阿(언덕 아)는 '아첨하다'라는 뜻으로도 쓰여요.
- 언덕 : 阿丘(아구) 阿片(아편) 阿且山城(아차산성) 阿修羅場(아수라장)
- 아첨하다 : 阿附(아부) 阿諂(아첨) 阿世(아세) 曲學阿世(곡학아세)

☑ 寄(부칠 기)는 '붙어 살다'는 뜻으로도 쓰여요.
- 부치다 : 寄與(기여) 寄附(기부) 寄贈(기증) 寄稿(기고)
- 붙어 살다 : 寄居(기거) 寄生蟲(기생충) 寄宿舍(기숙사)

司 맡을 사
口 5획 3급II

ㄱ ㄱ 司 司 司

= 任/委/托

ㄱ (울타리) + 一 (하나/모으다) + 口 (사람/입)

울타리 안에 모인
사람들이 각각 일을 맡으니 = 맡다

(뉘앙스 콕 p136)

司會 司書 司法 司令官 司憲府
(사회) (사서) (사법) (사령관) (사헌부)

詞 말/글 사
言 12획 3급II

言 言 訂 訂 詞 詞

= 辭/辯, 書/章 中 词

言 (말씀 언) + 司 (맡을 사)

말한 것을
맡아 기록하니 = 말/글

(뉘앙스 콕 p136)

名詞 副詞 臺詞 歌詞 形容詞 前置詞
(명사) (부사) (대사) (가사) (형용사) (전치사)

右 오른 우
口 5획 7급II

ノ ナ 才 右 右

⇔ 左

ナ (방향) + 口 (사람/입)

사람들이 많이
사용하는 방향이니 = 오른(오른쪽)

右側 右傾 右派 右翼(새나 비행기 등의 오른쪽 날개, 보수적인 경향)
(우측) (우경) (우파) (우익)

뉘앙스 콕!

- **朝飯**(조반) : 아침 밥 ▶ 조반(朝飯)을 먹고 출근하다
- **早飯**(조반) : 아침밥 전에 조금 먹는 음식 ▶ 아침 식사 전에 배가 고파 조반(早飯)을 먹었다.

- **板木**(판목) : 두께가 6cm 이상 너비가 두께의 3배 이상인 재목 ▶ 판목(板木)으로 선반을 만들다.
- **版木**(판목) : 인쇄를 위하여 그림이나 글씨를 새긴 나무 ▶ 불경이 새겨져 있는 판목(版木)

- **取材**(취재) : 작품이나 기사의 재료 또는 제재(題材)를 얻음 ▶ 기자들이 사건을 취재(取材)하다.
- **取才**(취재) : 재주를 시험하여 사람을 뽑음 ▶ 예전엔 벼슬아치 취재(取才)를 과거로 했다.

- **貞淑**(정숙) : 여자로서 행실이 곧고 마음씨가 맑고 고움 ▶ 정숙(貞淑)한 여자
- **靜肅**(정숙) : 조용하고 엄숙함 ▶ 교실 내에서는 정숙(靜肅)해야 한다.

- **司正**(사정) : 그릇된 일을 다스려 바로잡음. ▶ 사정 위원회(司正 委員會)
- **査正**(사정) : 조사하여 그릇된 것을 바로잡음. ▶ 공무원들의 비리를 사정(査正)하다.
- **査定**(사정) : 조사하거나 심사하여 결정함. ▶ 입학 사정 회의(入學 査定 會議)

- **歌詞**(가사) : 가곡이나 가요 등의 노래 내용이 되는 글 ▶ 노래 가사(歌詞)를 외우다.
- **歌辭**(가사) : 조선 초에 나타난 시가와 산문 중간 형태의 문학 ▶ 가사(歌辭)는 운문으로 된 수필이다.

13일째 복습하기

복습 1 다음 한자를 큰 소리로 읽어 보세요.(2번 이상)

法	蓋	却	脚	又	怪	反	返	飯	叛
板	版	販	取	最	趣	叔	督	淑	寂
友	及	級	吸	口	史	吏	使	可	歌
河	何	荷	阿	奇	寄	騎	司	詞	右

복습 2 다음 훈음에 해당되는 한자를 쓰세요. 물론 윗부분은 감추고…

법 법	덮을 개	물리칠 각	다리 각	또 우	괴이할 괴	돌이킬 반	돌이킬 반	밥 반	배반할 반
널 판	판목 판	팔 판	취할 취	가장 최	뜻 취	아재비 숙	살필 독	맑을 숙	고요할 적
벗 우	미칠 급	등급 급	마실 흡	입 구	사기 사	관리 리	부릴 사	옳을 가	노래 가
물 하	어찌 하	멜 하	언덕 아	기특할 기	부칠 기	말탈 기	맡을 사	말 사	오른 우

복습 3 단어로 복습하기. 다음 뜻에 맞는 한자어를 한자로 쓰세요.

개와 (	) 지붕에 기와를 임	김치가 세계시장에서 각광을 받고 있다. ( )
기각 (	) 물품을 버리다	비명 소리가 정적을 깨뜨리다. ( )
정숙 (	) 여자로서 행실과 마음씨가 고움	과거에 급제하다. ( )
괴이 (	) 정상적이지 않고 괴상하다	그는 지방의 하급 관리다. ( )
반점 (	) 중국 음식을 파는 대중 음식점	영국이 홍콩을 중국에 반환하다. ( )
기하 (	) 얼마. 기하학의 준말	기계에 과부하가 걸리다. ( )
배반 (	) 믿음과 의리를 저버리고 돌아섬	신하가 왕에게 아부하다. ( )
판목 (	) 인쇄를 위해 글씨 등을 새긴 나무	기병을 이끌고 전투에 나서다. ( )
총판 (	) 어떤 상품을 한데 합쳐 도맡아 팖	결혼식의 사회를 맡다. ( )
흥취 (	) 흥과 취미를 아울러 이름	배우가 연극 대사를 외우고 있다. ( )

蓋瓦/棄却/貞淑/怪異/飯店/幾何/背叛/版木/總販/興趣   脚光/靜寂/及第/官吏/返還/負荷/阿附/騎兵/司會/臺詞

 현쌤의 응원

한방울 한방울의 물방울이 바위를 뚫 듯[點滴穿石(점적천석)]
한자한자 익히다 보면
언젠가 1,817자를 이룰 수 있겠지요^^

14일째

若 같을 약 / 반야 야
艹 9획 3급II

一 艹 芒 芒 若 若

= 如/肖 ⇔ 他/差

 + 右(오른 우)

풀을 뽑을 때 사람들이 **오른** 손을 사용하는 것이 같으니
= **같다/반야**(불교에서 만물의 참다운 실상을 깨닫고 불법을 꿰뚫는 지혜) (요점만 콕)

萬若 若干 傍若無人 般若 般若心經
(만약)(약간)(방약무인)(반야)(반야심경)

諾 허락할 낙
言 16획 3급II

言 言 許 許 許 諾

= 許   中 诺

言(말씀 언) + 若(같을 약)

부탁하는 **말**과
대답이 **같은** 것이니 = **허락하다**

許諾 內諾 受諾 承諾 應諾 快諾
(허락)(내락)(수락)(승낙)(응낙)(쾌락)

古 예/오랠 고
口 5획 6급

一 十 十 古 古

= 舊/昔 ⇔ 今/新

十(많다) + 口(사람/입)

많은 사람의 **입**에 오르내리는
이야기는 오래 전부터 시작된 것이니 = **옛날/오래다**

古參 古蹟 古稀 蒙古 考古學
(고참)(고적)(고희)(몽고)(고고학)

苦 쓸/괴로울 고
艹 9획 6급

一 艹 丱 芏 苦

⇔ 樂/甘

 + 古(예/오랠 고)

풀이 **오래** 되어
맛이 쓰니 = **쓰다/괴롭다**

苦惱 苦杯 苦役 獄苦 辛苦 忍苦
(고뇌)(고배)(고역)(옥고)(신고)(인고)

故 연고 고
攵 9획 4급II

十 古 古 古 故 故

= 舊/昔, 鄕 ↔

古 (예/오랠 고) + 攵 (힘쓰다)

오랫동안 서로에게 **힘써** 도와주는 사이니 = **연고**(혈통이나 법률 등으로 맺어진 관계나 인연) (요점만 콕)

緣故 故障 故鄕 故人 故事成語
(연고) (고장) (고향) (고인) (고사성어)

枯 마를 고
木 9획 3급

一 十 木 木 杧 枯

= 乾/燥/渴 ↔ 濕/潤

木 (나무 목) + 古 (예/오랠 고)

나무에 **오랫**동안 비가 오지 않으니 = **마르다**

枯渴 枯死 枯葉
(고갈) (고사) (고엽)

姑 시어머니 고
女 8획 3급II

ㄑ 女 女 女 姑 姑

= ↔ 婦

女 (여자 녀) + 古 (예/오랠 고)

여자가 **오래** 살아 며느리를 보게 되니 = **시어머니**

姑婦 姑母 姑息(우선 당장에 탈이 없고 편안하게 지냄) 姑從(고모의 자녀)
(고부) (고모) (고식) (고종)

固 굳을 고
囗 8획 5급

冂 冋 冋 周 周 固

= 確/堅/硬 ↔ 軟/柔

口 (싸다/둥글다) + 古 (예/오랠 고)

오랫동안 **싸여** 있으니 = **굳다**

固體 固辭 固守 固着 固執 凝固 堅固
(고체) (고사) (고수) (고착) (고집) (응고) (견고)

 요점만 콕!

☑ **般若**(반야)는 만물의 참다운 실상을 깨닫고 불법을 꿰뚫는 지혜를 뜻해요.
- 인도의 산스크리트 어인 프라즈냐(Prajñā:지혜/반야)를 음차(音借)한 말
  음차란 어떤 언어의 소리를 그 언어에서 사용하지 않는 다른 문자로 나타내는 것

☑ **故**(연고 고)는 죽은 사람의 성명 앞에 쓰여 이미 세상을 떠났음을 나타내기도 해요.
- 故 박정희 大統領(대통령)

個 낱 개
人 10획 4급II

亻 们 们 個 個 個

⇔ 个

亻(사람) + **固**(굳을 고)

사람이 굳은 것을 세는
단위니 = 낱(셀 수 있게 된 물건의 하나하나)

個人 個體 個性 個當

(개인) (개체) (개성) (개당)

胡 되/클 호
肉 9획 3급II

十 十 古 리 胡 胡

古(예/오랠 고) + **月**(몸/고기)

오래된 고기를 즐겨 먹는 덩치가 큰 사람이니
= 되(두만강 근방에 살던 오랑캐를 이르던 말)/크다

丙子胡亂 胡蝶 胡桃('호두'의 본딧말)

(병자호란) (호접) (호도)

湖 호수 호
水 12획 5급

氵 氵 汁 湖 湖 湖

氵(물) + **胡**(되/클 호)

물이 크게
있는 곳이니 = 호수

湖水公園 湖南 畿湖

(호수공원) (호남) (기호)

召 부를 소
口 5획 3급

フ 刀 끄 召 召

= 呼/唱/徵/聘 ⇔

刀(칼 도) + **口**(사람/입)

칼을 찬 사람이
위엄있게 부르니 = 부르다

召集 召命 召喚 應召   喚:부를 환

(소집) (소명) (소환) (응소)

招 부를 초
手 8획 4급

扌 扌 扚 扣 招 招

= 呼/唱/徵/聘 ⇔

扌(손) + **召**(부를 소)

손짓하여
부르니 = 부르다

招待 招聘 招魂 問招(죄나 잘못 등을 따져 묻거나 심문함)

(초대) (초빙) (초혼) (문초)

昭 밝을 소
日 9획 3급

丨 日 日刀 日刀 昭 昭

≡ 哲   ⇔ 暗/昏

日 + 召
해/날 일 + 부를 소

해를 부르 듯
해가 떠오르니 = 밝다

昭詳 光昭(빛나고 밝음)
(소상) (광소)

照 비출 조
火 13획 3급II

丨 日 日刀 日刀 昭 照

≡ 映   ⇔

昭 + 灬
밝을 소 + 불

밝게 불을
비추니 = 비추다

照明 照度 照會 照鑑 對照 參照 落照
(조명) (조도) (조회) (조감) (대조) (참조) (낙조)

句 글귀 구
口 5획 4급II

丿 勹 勹 句 句

勹 + 口
싸다 + 사람/입

책에 싸여 입으로 끊어
읽을 만큼의 글이니 = 글귀(글의 구나 절)

句節 警句 句讀點 一言半句
(구절) (경구) (구두점) (일언반구)

拘 잡을 구
手 8획 3급II

扌 扌 扣 扣 拘 拘

≡ 執/捉/捕/獲   ⇔ 放

扌 + 句
손 + 글귀 구

손으로 글이 적힌
책을 쥐고 있으니 = 잡다

拘束 拘留 拘禁 拘置所 拘引狀
(구속) (구류) (구금) (구치소) (구인장)

苟 진실로/구차할 구
艹 9획 3급

艹 艹 芍 芍 苟 苟

艹 + 句
풀 + 글귀 구

벼슬은 하지 않고 초야(草野)에서 글만 읽으면 마음은
진실되나 생활이 힘드니 = 진실로/구차하다(살림이 몹시 가난하다)

苟且 苟免(위험이나 재난 등에서 간신히 벗어남)
(구차) (구면)

狗 개 구
犬 8획 3급

犭 犭 狗 狗 狗 狗

≡ 犬/戌

犭 (개/짐승) + 句 (글귀 구)

글을 읽는 집에서
키우는 짐승이니 = 개

黃狗 走狗(사냥할 때 부리는 개, 앞잡이) 羊頭狗肉
(황구) (주구) (양두구육)

敬 공경 경
攵 13획 5급Ⅱ

十 艹 艿 苟 苟 敬

≡ 恭

苟 (진실로 구) + 攵 (힘쓰다)

진실로
힘쓰는 마음이니 = 공경

恭敬 敬稱 敬拜 敬慕
(공경) (경칭) (경배) (경모)

警 깨우칠 경
言 20획 4급Ⅱ

艹 苟 苟 敬 敬 警

≡ 覺/悟/戒

敬 (공경 경) + 言 (말씀 언)

어른을 공경하라는
말을 듣고 = 깨우치다

警察 警備 警覺 警戒 警告 巡警 警護員
(경찰) (경비) (경각) (경계) (경고) (순경) (경호원)

驚 놀랄 경
馬 23획 4급

苟 敬 敬 敬 驚 驚

中 惊

敬 (공경 경) + 馬 (말 마)

어른을 공경하라고 혼내 듯,
말에게 채찍질하니 = 놀라다

驚歎 驚異 驚氣 驚倒(몹시 놀라 넘어짐)
(경탄) (경이) (경기) (경도)

只 다만 지
口 5획 3급

丨 口 口 只 只

≡ 但

口 (사람/입) + 八 (나누다/사람들)

사람들이 두패로
나누어져 서로의 잘못만 말하니 = 다만

但只
(단지)

同 한가지/같을 동

口 6획 7급

丨 冂 冂 同 同 同

= 共　⇔ 異

울타리에 **모인**
사람들이 같은 이야기를 하니 = **한가지/같다**

同盟　同封　同乘　贊同　同年輩
(동맹)(동봉)(동승)(찬동)(동년배)

洞 고을/골 동, 밝을 통

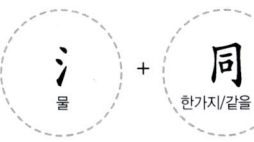

氵 9획 7급

氵 氵 汀 洞 洞 洞

= 里/邑, 明/朗/哲　⇔ 暗/昏/冥

* **물**을 **같이** 쓰는 곳이니 = **고을/골**(골짜기)
* **고을** 안 사람들은 서로의 사정에 = **밝다**

洞事務所　洞窟　洞穴　洞察　洞燭
(동사무소)(동굴)(동혈)(통찰)(통촉)

銅 구리 동

金 14획 4급Ⅱ

厶 乍 金 金 釘 銅

中 銅

金과 같은 색을
가지고 있는 것이니 = **구리**

銅錢　銅像　銅鏡　銅版
(동전)(동상)(동경)(동판)

向 향할 향

 +  +

口 6획 6급

丿 丶 冂 向 向 向

해가 **비치는** 쪽으로
울타리 안의 **사람**들이 = **향하다**

南向　傾向　轉向　趣向　偏向　向上
(남향)(경향)(전향)(취향)(편향)(향상)

各 각각 각

口 6획 6급Ⅱ

丿 勹 夂 冬 各 各

천천히 온 **사람**과
먼저 온 사람의 의견이 각각이니 = **각각**

各自　各派　各葬　各樣各色
(각자)(각파)(각장)(각양각색)

格 격식 격
木 10획 5급II

十 木 木 木 杦 格

- ≡ 式
- ⊕ 日
- ⇔
- ⊕ 中

나무마다 제 **각각**
다른 모양을 하고 있으니 = **격식**(격에 맞는 법식)

格式 格言 合格 人格 資格 昇格 格差 嚴格
(격식) (격언) (합격) (인격) (자격) (승격) (격차) (엄격)

略 간략할/꾀 략
田 11획 4급

田 町 略 略 略 略

- ≡ 簡, 計/策
- ⇔ 詳
- ⊕ 日
- ⊕ 中

밭 일을 **각각** 맡아
간단하게 끝내니 = **간략하다/꾀**

簡略 大略 略圖 略稱 略歷 侵略 智略 謀略 策略
(간략) (대략) (약도) (약칭) (약력) (침략) (지략) (모략) (책략)

閣 집 각
門 14획 3급II

丨 卩 門 門 閂 閣

- ≡ 宮/倉/庫/館/樓
- ⊕ 日
- ⊕ 中 阁

문이 **각** 방향으로
나 있는 큰 집이니 = **집**

(뉘앙스 콕 p146)

樓閣 鍾閣 組閣 碑閣 閣下 閣僚
(누각) (종각) (조각) (비각) (각하) (각료)

絡 이을 락
糸 12획 3급II

幺 糸 糸 紗 紋 絡

- ≡ 連/繼/續/承
- ⇔ 絶/切/斷
- ⊕ 日
- ⊕ 中 络

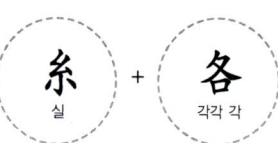

각각 끊어진
실을 이으니 = **잇다**

連絡 脈絡 經絡(인체의 경맥과 낙맥으로 전신의 기혈을 운행하고 조절하는 통로)
(연락) (맥락) (경락)

落 떨어질 락
艹 13획 5급

艹 茅 艺 莎 茨 落

- ≡ 墮/零
- ⇔ 登/騰
- ⊕ 日
- ⊕ 中

풀잎에 맺힌 **물**방울이
각각 떨어지니 = **떨어지다**

落雷 落薦 漏落 墮落 沒落 衰落 陷落 登落 騰落
(낙뢰) (낙천) (누락) (타락) (몰락) (쇠락) (함락) (등락) (등락)

客 손 객

宀 9획 5급Ⅱ

宀 宀 宀 宏 宊 客 客

= 旅/賓 ⇔ 主

宀 (집) + 各 (각각 각)

집에 각각
방문하는 사람들이니 = 손(손님)

主客 賓客 旅客 乘客 賀客 客觀 客席 客室
(주객) (빈객) (여객) (승객) (하객) (객관) (객석) (객실)

額 이마/수량 액

頁 18획 4급

宀 宊 客 客' 額 額

= ⇔ 額

 客 (손 객) + 頁 (머리 혈)

ⓘ 頁(머리혈) : 코(自: 주름진 코의 모양)가 있는 곳이니

* 손님이 머리를 숙일 때 보이는 부분이니 = 이마
* 손님들의 머리를 보고 몇 명인지 세니 = 수량
(요점만 콕)

金額 殘額 額面 額子(그림이나 글씨, 사진 등을 끼우는 틀)
(금액) (잔액) (액면) (액자)

路 길 로

足 13획 6급

Y Y 牙 足 趵 路

= 道/程/途/徑

 足(발 족)의 변형 +  各 (각각 각)

두 발로
각각 걷는 곳이니 = 길

道路 歸路 險路 迷路 路幅 路程 路資
(도로) (귀로) (험로) (미로) (노폭) (노정) (노자)

露 이슬 로

雨 20획 3급Ⅱ

雨 雷 雷 霞 霞 露

= 暴

 雨 (비 우) + 路 (길 로)

빗방울처럼 길가에
맺혀 있는 것이니 = 이슬
(요점만 콕/뉘앙스 콕 p146)

白露 吐露 露骨 露宿 露店 露天 露出 暴露
(백로) (토로) (노골) (노숙) (노점) (노천) (노출) (폭로)

 요점만 콕!

☑ 頁(머리 혈)은 항상 글자의 오른쪽에 위치함에 유의하세요.
• 頂(정수리 정) 領(거느릴 령) 願(원할 원) 額(이마 액) 頭(머리 두) 題(제목 제)

☑ 露(이슬 로)는 '드러나다' 라는 뜻으로도 쓰여요.
• 이슬 : 白露(백로) 寒露(한로) 草露人生(초로인생)
• 드러나다 : 露出(노출) 露天(노천) 露骨(노골) 露宿者(노숙자) 露店商(노점상) 暴露(폭로)

合 합할 합 / 홉 홉
口 3획 6급

ノ 人 ヘ 今 合 合

≡ ⇔ 分
日 中

人(사람 인) + 一(모으다/하나) + 口(사람/입)

사람들이 입으로 말한 의견을
모으니 = 합하다 / 홉(부피의 단위, 한 되의 1/10)

合格 合當 合流 合邦 統廢合
(합격) (합당) (합류) (합방) (통폐합)

答 답할 답
竹 12획 7급Ⅱ

゛ 答 笒 笞 答 答

≡ ⇔ 問
日 中

竹(대나무/책) + 合(합할 합)

대나무 조각을 엮어 만든 책에
합한 의견을 적어 주니 = 답하다

問答 答狀 答辭 愚問賢答
(문답) (답장) (답사) (우문현답)

給 줄 급
糸 12획 5급

ㄠ 幺 糸 糿 紷 給

≡ 授/與/賜/贈/付 ⇔ 受/收/需
日 中 给

糸(실) + 合(합할 합)

생산된 실들을
합하여 필요한 곳에 주니 = 주다

(뉘앙스 콕 p146)

給與 給料 供給 需給 補給 都給(어떤 공사를 도맡아 하게 하는 일)
(급여) (급료) (공급) (수급) (보급) (도급)

뉘앙스 콕!

- ☑ **碑閣**(비각) : 비(碑)를 세우고 비바람을 막기 위해 지붕으로 덮어 지은 집 ▶ 비각(碑閣)을 세우다.
- **碑刻**(비각) : 비석(碑石)에 글을 새김. ▶ 비석에 비문을 비각(碑刻)하다.
- ☑ **露宿**(노숙) : 한데에서 자는 잠 ▶ 역에는 노숙(露宿)하는 사람이 많다.
- **老熟**(노숙) : 오래 경험을 쌓아 익숙함 ▶ 그는 노숙(老熟)한 솜씨를 가지고 있다.
- ☑ **收給**(수급) : 수입(收入)과 지급(支給) ▶ 회사의 수급(收給)을 맞추다.
- **受給**(수급) : ①급여나 연금, 배급 등을 받음 ②받고 줌 ▶ 국민연금을 수급(受給)하다.
- **需給**(수급) : 수요(需要)와 공급(供給) ▶ 수급(需給)의 불균형

14일째 복습하기

복습 1 다음 한자를 큰 소리로 읽어 보세요. (2번 이상)

若	諾	古	苦	故	枯	姑	固	個	胡
湖	召	招	昭	照	句	拘	苟	狗	敬
警	驚	只	同	洞	銅	向	各	格	略
閣	絡	落	客	額	路	露	合	答	給

복습 2 다음 훈음에 해당되는 한자를 쓰세요. 물론 윗부분은 감추고…

같을 약	허락할 낙	예 고	쓸 고	연고 고	마를 고	시어머니 고	굳을 고	낱 개	되 호
호수 호	부를 소	부를 초	밝을 소	비출 조	글귀 구	잡을 구	진실로 구	개 구	공경 경
깨우칠 경	놀랄 경	다만 지	한가지 동	고을 동	구리 동	향할 향	각각 각	격식 격	간략할 략
집 각	이을 락	떨어질 락	손 객	이마 액	길 로	이슬 로	합할 합	답할 답	줄 급

복습 3 단어로 복습하기. 다음 뜻에 맞는 한자어를 한자로 쓰세요.

만약 (	) 혹시 있을지도 모르는 뜻밖의 경우	절도 혐의로 구속되었다. (	)
주구 (	) 사냥할 때 부리는 개. 남의 앞잡이	구차한 변명을 늘어놓다. (	)
연고 (	) 혈통이나 정분 등으로 맺어진 관계	결혼 허락을 받다. (	)
고갈 (	) 물이 말라 없어짐	화려한 광경을 경이롭게 바라보다. (	)
고식 (	) 당장에는 탈이 없고 편안하게 지냄	그것은 단지 소문에 불과했다. (	)
호접 (	) 호랑나비	간략하게 요약하여 메모하다. (	)
소명 (	) 신하를 부르는 왕의 명령	경치가 좋은 곳에 누각을 지었다. (	)
초빙 (	) 예를 갖추어 불러 맞아들임	연락이 두절되었다. (	)
소상 (	) 분명하고 자세함	벽에 액자를 걸어 두다. (	)
대조 (	) 둘 이상을 맞대어 검토함	사람들에게 비리를 폭로하다. (	)

萬若/走狗/緣故/枯渴/姑息/胡蝶/召命/招聘/昭詳/對照 　　 拘束/苟且/許諾/驚異/但只/簡略/樓閣/連絡/額子/暴露

 현쌤의 응원

고생 끝에 즐거움이 오 듯 [고진감래(苦盡甘來)]
오늘 힘들게 익힌 한자
내일은 어휘 박사의 기초 ^^ =

15일째

拾
주울 습
열 십
手 9획 3급II

一 十 扌 扑 拾 拾

= 十   ↔ 廢/棄

扌(손) + 合(합할 합)

* 손을 합하여 물건을 주우니 = 줍다
* 두 손을 합한 손가락의 수 = 열

(요점만 콕)

拾萬 拾得 收拾

(십만) (습득) (수습)

塔
탑 탑
土 13획 3급II

土 圹 圹 垯 垯 塔

土(흙 토) + 艹(풀) + 合(합할 합)

흙과 풀을
합쳐 만든 것이니 = 탑

鐵塔 金字塔 象牙塔 管制塔 多寶塔 無影塔

(철탑) (금자탑) (상아탑) (관제탑) (다보탑) (무영탑)

君
임금 군
口 7획 4급

一 ㄱ ㅋ 尹 君 君

= 王/帝/皇   ↔ 民/臣

ヨ(힘쓰다) + ノ(다스리다) + 口(사람/입)

힘써 백성을
다스리는 사람이니 = 임금

檀君 大院君 暴君 郞君 諸君 君臨 君師父一體

(단군) (대원군) (폭군) (낭군) (제군) (군림) (군사부일체)

郡
고을 군
邑 10획 6급

一 ㄱ ㅋ 尹 君 君阝 郡

= 洞/邑/州/縣

君(임금 군) + 阝(고을)

임금이
다스리는 고을이니 = 고을

郡守 郡廳 達城郡

(군수) (군청) (달성군)

群

무리 **군**

羊 13획 4급

尹 君 君' 君" 君" 群 群

≡ 衆/徒/隊/黨　⇔ 獨/孤

君(임금 군) + 羊(양 양)

임금이 다스리는
백성들이 양 떼처럼 많으니 = 무리

群衆 群落 群島 群舞 群像 學群 拔群 症候群
(군중) (군락) (군도) (군무) (군상) (학군) (발군) (증후군)

次

버금 **차**

欠 6획 4급Ⅱ

丶 丷 冫 次 次 次

≡ 副/仲/亞

冫(차다) + 欠(하품 흠: 입벌리다)

날씨가 차고 하품을 할 정도로 몸이 피곤해
일을 다음으로 미루니 = 버금(서열이나 차례에서 으뜸의 다음)　(요점만 콕)

次男 次席 次官 次善 次點 次期 屢次
(차남) (차석) (차관) (차선) (차점) (차기) (누차)

資

재물 **자**

貝 13획 4급

丶 冫 次 冹 資 資

≡ 財/貨

中 瓷

次(버금 차) + 貝(재물)

사업을 할 때 사람
다음으로 중요한 것이 재물이니 = 재물

資産 資格 資料 物資 機資材
(자산) (자격) (자료) (물자) (기자재)

姿

모양 **자**

女 9획 4급

丷 冫 次 冹 姿 姿

≡ 像/樣/貌/態

次(버금 차) + 女(여자 녀)

마음 다음으로
여자에게 중요한 것이니 = 모양

姿勢 姿態 姿色(여자의 고운 얼굴이나 모습)
(자세) (자태) (자색)

요점만 콕!

- ☑ 拾(열 십)은 十(열 십)의 갖은자로 쓰인답니다. (一:壹, 二:貳, 三:參)
  - 갖은자 : 같은 뜻을 지닌 글자 중 보통 쓰는 글자보다 획을 더 많이 써서 모양이 전혀 다르게 된 글자
- ☑ 次(버금 차)는 아래와 같은 단어에서 '으뜸의 다음'이라는 뜻으로 쓰여요.
  - 次善(차선) : 최선(最善)의 다음.
  - 次點(차점) : 최고점이나 기준점에 다음가는 점수.
  - 次席(차석) : 수석(首席)에 다음가는 자리나 그런 사람
  - 次官(차관) : 소속 장관을 보좌하고 장관의 직무를 대행할 수 있는 정무직 국가 공무원

恣 방자할/마음대로 자
心 10획 3급

氵 冫 冹 次 恣 恣

次(버금 차) + 心(마음 심)

게으른 행동에 버금가는 마음이니
= 방자하다(제멋대로 거리낌 없이 놀다)/마음대로

放恣 恣行(삼가는 태도가 없이 건방지게 행동함)
(방자) (자행)

盜 도둑 도
皿 12획 4급

氵 冫 次 洡 盜 盜

賊, 竊

氵(물) + 欠(입벌리다) + 皿(그릇)

입 벌려 침을 흘리며
그릇 안의 음식을 훔치는 사람이니 = 도둑

盜賊 盜難 盜聽 强盜 竊盜 怪盜 捕盜大將
(도적) (도난) (도청) (강도) (절도) (괴도) (포도대장)

名 이름 명
口 6획 7급Ⅱ

丿 ク 夕 夕 名 名

號

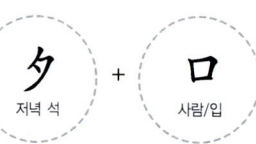

夕(저녁 석) + 口(사람/입)

저녁에 사람을
찾기 위해 부르는 것이니 = 이름

姓名 名品 名曲 名單 汚名 名簿 名譽 芳名錄
(성명) (명품) (명곡) (명단) (오명) (명부) (명예) (방명록)

銘 새길 명
金 14획 3급Ⅱ

丿 乍 金 釒 銘 銘

刊/刻

銘

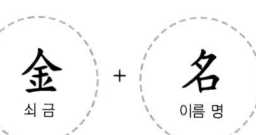

金(쇠 금) + 名(이름 명)

쇠에 이름을
새기니 = 새기다

銘記 銘心 感銘 座右銘
(명기) (명심) (감명) (좌우명)

告 고할 고
口 7획 5급Ⅱ

𠂉 牛 生 生 告 告

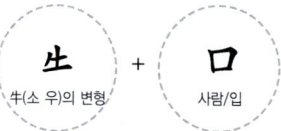

生(牛(소 우)의 변형) + 口(사람/입)

소를 잡아 놓고
입으로 소리쳐 알리니 = 고하다

公告 勸告 宣告 豫告 告祀 告訴 被告
(공고) (권고) (선고) (예고) (고사) (고소) (피고)

 **지을 조**

辶 11획 4급II

丷 生 告 告 浩 造

= 作/製

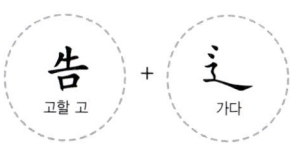
告(고할 고) + 辶(가다)

윗사람에게
알린 후에 가서 만드니 = 짓다

(뉘앙스 콕 p156)

造化 構造 模造 僞造 造物主 被造物 造幣公社
(조화) (구조) (모조) (위조) (조물주) (피조물) (조폐공사)

 **넓을 호**

水 10획 3급II

氵 氵 浩 浩 浩 浩

= 博/廣/洪

 +
氵(물) + 告(고할 고)

홍수가 난 상황을
알릴 정도로 피해 지역이 넓고 크니 = 넓다

浩歌(큰 소리로 노래를 부름) 浩然之氣(거침 없이 넓고 큰 기개)
(호가) (호연지기)

 **어조사 호**

丿 5획 3급

一 丷 丷 乎 乎

어조사 호

입김이
나오는 모양 = 어조사

(요점만 콕)

斷乎(결심이나 태도 등이 과단성 있고 엄격함) 乎哉(감탄을 표시하는 말. ~로다)
(단호) (호재)

呼 부를 호

口 8획 4급II

口 口 口 呼 呼 呼

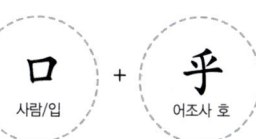
口(사람/입) + 乎(어조사 호)

입에서 입김을 내며
소리 내어 부르니 = 부르다

呼名 呼出 呼稱 呼應 呼訴 歡呼 嗚呼 點呼
(호명) (호출) (호칭) (호응) (호소) (환호) (오호) (점호)

 요점만 콕!

☑ 乎(어조사 호)는 왕래,발착을 나타내는 말 앞에 놓여 출발이나 유래를 나타내요. (~에,~에서,~로)
• 出乎爾者 反乎爾(출호이자 반호이) : 너에게서 나온 것은 너에게로 돌아간다. ※ 爾:너 이

周 두루 주
口 8획 4급

冂 月 月 冃 周 周

≡ 遍

입을 사용해 주위에
빠짐없이 골고루 알리니 = 두루(빠짐없이 골고루)

周邊 周圍 周旋 周波數 周到綿密
(주변) (주위) (주선) (주파수) (주도면밀)

週 주일/돌 주
辶 12획 5급Ⅱ

冂 月 周 周 调 週

≡ 日 中 周

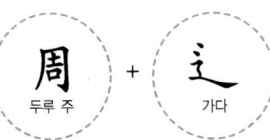

두루 알리려고 주일 내내
주위를 돌며 가니 = 주일(일요일부터 토요일까지)/돌다

週日 週末 週報 週刊 週期 週番
(주일) (주말) (주보) (주간) (주기) (주번)

調 고를 조
言 15획 5급Ⅱ

言 訶 訶 訶 調 調

≡ 日 中 调

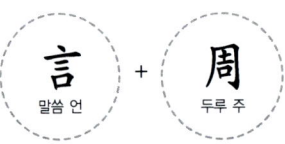

말을 잘 골라 두루 알리니
= 고르다(여럿 중에서 뽑다, 차이가 없이 한결같다)

(뉘앙스 콕 p156)

調査 調和 調理 曲調 調律 調整 亂調 散調 弄調
(조사) (조화) (조리) (곡조) (조율) (조정) (난조) (산조) (농조)

品 물건 품
口 9획 5급Ⅱ

口 口 品 品 品

≡ 物/件

물건들이
쌓여 있는 모양 = 물건

品質 品貴 品格 製品 納品 返品 廢品 類似品
(품질) (품귀) (품격) (제품) (납품) (반품) (폐품) (유사품)

區 구분할/지경 구
匸 11획 6급

一 丆 品 品 區

≡ 分/別/班, 域
 区 日 区 中 区

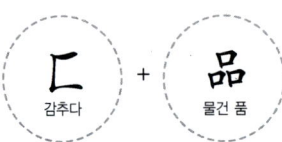

감춰둔 물건을 구역별로 구분해 놓으니
= 구분하다/지경(나라나 지역 등의 구간을 가르는 경계)

區分 區別 區域 區廳 地區
(구분) (구별) (구역) (구청) (지구)

驅 몰 구

馬 21획 3급

馬 馬 馬 馬 驅 驅

= 驅 / 일 駆 / 중 驱

馬 (말 마) + 區 (구분할/지경 구)

말을 어느
구역으로 몰고 가니 = 몰다

驅蟲 驅迫 驅步 驅使 先驅者 乘勝長驅
(구충) (구박) (구보) (구사) (선구자) (승승장구)

操 잡을 조

手 16획 5급

扌 扩 护 捛 捛 操

= 拘/執/捉/捕

扌 (손) + 喿 (새 떼지어 울 소)

❶ 喿(새 떼지어 울 소): 나무(木) 위에 새가 떼(品) 지어 울고 있으니

손으로 떼지어
우는 새들을 잡으니 = 잡다

操心 操業 體操 情操 志操 操縱
(조심) (조업) (체조) (정조) (지조) (조종)

燥 마를 조

火 17획 3급

火 炉 炉 燥 燥 燥

= 乾/渴 ↔ 濕

火 (불 화) + 喿 (새 떼지어 울 소)

새 떼지어 우는 소리를 내며 타오르는
불에 옷을 말리니 = 마르다 (물기가 다 날아가서 없어지다)

乾燥 燥渴症
(건조) (조갈증)

員 인원 원

口 10획 4급II

口 口 口 吊 吊 員

= 負  員 / 중 员

口 (사람/입) + 貝 (재물)

재물을 모으는
사람들이니 = 인원

人員 官員 滿員 委員 黨員 契員 乘務員 外販員
(인원) (관원) (만원) (위원) (당원) (계원) (승무원) (외판원)

圓 둥글 원

口 13획 4급II

囗 同 同 圓 圓 圓

= 團/丸 ↔ 方

일 円 / 중 圆

口 (싸다/둥글다) + 員 (인원 원)

인원들이
둥글게 모여 있으니 = 둥글다

圓周 圓卓 圓滿 圓熟 方圓 大團圓 投圓盤
(원주) (원탁) (원만) (원숙) (방원) (대단원) (투원반)

損 덜 손
手 13획 4급

扌 护 捐 捐 捐 損

≡ 除/省　　⇔ 益/增/添
👁 　　　　🇯 　　　　🇨🇳 损

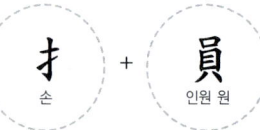

손으로 불필요한 인원을
빼내니 = 덜다(일정한 수량에서 얼마를 적게 하다)

損益　損害　損失　損傷　損壞　缺損　破損　毀損
　(손익) (손해) (손실) (손상) (손괴) (결손) (파손) (훼손)

韻 운 운
音 19획 3급II

音　音　韻　韻　韻　韻

≡ 　　　　⇔
👁 　　　　🇯 　　　　🇨🇳 韵

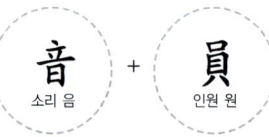

인원들이 조화를 이뤄 소리를 내니
= 운(각 시행의 동일한 위치에 규칙적으로 쓰인 음조가 비슷한 글자)

韻文　韻律　韻致　餘韻
(운문) (운율) (운치) (여운)

商 장사 상
口 11획 5급II

一　亠　产　产　商　商

≡ 　　　　⇔
👁 　　　　🇯 　　　　🇨🇳

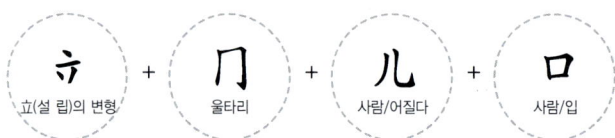

세워 놓은 울타리 안에서
사람과 사람이 물건을 사고파니 = 장사
　　　　　　　　　　　　　　(뉘앙스 콕 p156)

商人　商店　商標　商魂　巨商　都賣商　小賣商
(상인) (상점) (상표) (상혼) (거상) (도매상) (소매상)

敵 대적할 적
攵 15획 4급II

亠　产　商　商　敵　敵

≡ 　　　　⇔
👁 　　　　🇯 　　　　🇨🇳 敌

❶ 啇(뿌리/과실꼭지 적): 울타리(冂) 안에서 식물이
오랫동안(古) 서(立) 있기 위해 필요한 것이니

마음속에 뿌리 깊이 사무친 적과 힘써
겨루니 = 대적하다(적이나 어떤 세력 등에 맞서 겨루다)

對敵　宿敵　匹敵　敵陣　衆寡不敵
(대적) (숙적) (필적) (적진) (중과부적)

適 맞을 적
辶 15획 4급

亠　产　商　商　適　適

≡ 　　　　⇔
👁 　　　　🇯 　　　　🇨🇳 适

뿌리는 알맞은 곳으로
뻗어 가니 = 맞다(사실 등이 틀림이 없다. 들어맞다)

適當　適切　適格　適應　悠悠自適
(적당) (적절) (적격) (적응) (유유자적)

摘 딸 적
手 14획 3급II

扌 扩 扩 摘 摘 摘

= ⇔
👁 日 中

① 啇(뿌리/과실꼭지 적) : 울타리(冂) 안에서 식물이 오랫동안(古) 서(立) 있기 위해 필요한 것이니

손으로
과실 꼭지를 따니 = 따다

指摘 摘出 摘要 摘發
(지적) (적출) (적요) (적발)

滴 물방울 적
水 14획 3급

氵 氵 渧 渧 滴 滴

= ⇔
👁 日 中

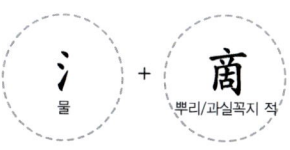

물이 과실꼭지에
맺혀 있으니 = 물방울

餘滴 滴定 滴露 (방울지어 떨어지는 이슬)
(여적) (적정) (적로)

單 홀 단
口 12획 4급II

口 吅 吧 뿌 單 單

= 獨 ⇔ 複
👁 単 日 単 中 单

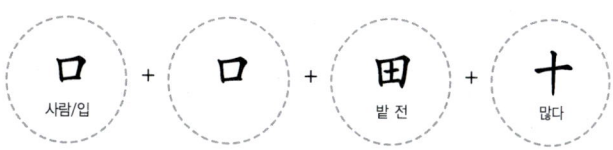

여러 식구를 위해 밭에서 많은 일을 하는 사람은 아버지 혼자
뿐이니 = 홀(짝을 이루지 않거나 겹으로 되지 않은 것)
(뉘앙스 콕 p156)

單獨 單價 單層 簡單 單細胞 單行本 單刀直入
(단독) (단가) (단층) (간단) (단세포) (단행본) (단도직입)

戰 싸울 전
戈 16획 6급II

吅 單 單 戰 戰 戰

= 爭/競/鬪 ⇔ 和/協
👁 战 日 戦 中 战

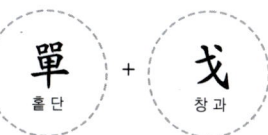

개개인마다
창을 들고 적과 싸우니 = 싸우다

戰爭 戰鬪 戰略 激戰 挑戰 角逐戰 騎馬戰 肉薄戰
(전쟁) (전투) (전략) (격전) (도전) (각축전) (기마전) (육박전)

彈 탄알 탄
弓 15획 4급

弓 弓 弹 彈 彈 彈

=
👁   日 弾 中 弹

활에서 하나씩 쏘는
화살 같은 것이니 = 탄알

銃彈 彈性 彈壓 彈丸 彈倉 誘導彈 催淚彈
(총탄) (탄성) (탄압) (탄환) (탄창) (유도탄) (최루탄)

禪 선 선
示 17획 3급II

示 衤 衤 禪 禪 禪

示 + 單
신   홀 단

신 앞에서 홀로 기도하고
있으니 = 선 (마음을 한곳에 모아 고요히 생각하는 일)

參禪 禪師 禪讓(임금의 자리를 물려줌) 禪問答
(참선) (선사) (선양)   (선문답)

唐 당황할/당나라 당
口 10획 3급II

亠 广 户 户 庐 唐

广 + ⺕ + ㅣ + 口
장소 힘쓰다 뚫다 사람/입

조용한 장소에서 고막을 뚫을 정도로 힘껏
외치는 큰 소리에 사람들이 놀라니 = 당황하다/당나라

荒唐 唐突 唐詩
(황당) (당돌) (당시)

糖 엿 당 / 사탕 탕
米 16획 3급II

亠 米 料 粗 糖 糖

米 + 唐
쌀 미   당황할/당나라 당

쌀로 만든 당황스러울
정도로 단맛이 나는 것이니 = 엿/사탕

糖分 糖質 製糖 沙糖 雪糖 糖水肉
(당분) (당질) (제당) (사탕) (설탕) (탕수육)

뉘앙스 콕!

- 造化(조화) : 만물을 창조하고 기르는 대자연의 이치. ▶ 조물주의 조화(造化)
- 造花(조화) : 종이나 비닐 등을 재료로 하여 인공적으로 만든 꽃. ▶ 생화가 아닌 조화(造花)
- 高潮(고조) : 밀물로 해면의 높이가 가장 높은 상태. 감정이나 기세가 극도로 높은 상태
  ▶ 공연이 최고조(最高潮)에 달했다
- 高調(고조) : ① 음 등의 가락을 높임 ② 사상이나 감정, 세력 등이 한창 무르익거나 높아짐.
  ▶ 이야기가 점점 고조(高調)에 다다르다
- 負商(부상) : 등짐장수 ▶ 부상(負商)꾼들이 전국의 5일장을 돌아다닌다
- 富商(부상) : 밑천이 넉넉한 부유한 상인. ▶ 그는 밑천이 넉넉한 부상(富商)이다
- 負傷(부상) : 몸에 상처를 입음. ▶ 몸에 부상(負傷)을 입었다
- 單身(단신) : 혼자의 몸 ▶ 단신(單身)으로 적진에 들어가다
- 短身(단신) : 키가 작은 몸 ▶ 그는 단신(短身)이다

15일째 복습하기

복습 1 다음 한자를 큰 소리로 읽어 보세요. (2번 이상)

拾	塔	君	郡	群	次	資	姿	恣	盜
名	銘	告	造	浩	乎	呼	周	週	調
品	區	驅	操	燥	員	圓	損	韻	商
敵	適	摘	滴	單	戰	彈	禪	唐	糖

복습 2 다음 훈음에 해당되는 한자를 쓰세요. 물론 윗부분은 감추고…

주울 습	탑 탑	임금 군	고을 군	무리 군	버금 차	재물 자	모양 자	방자할 자	도둑 도
이름 명	새길 명	고할 고	지을 조	넓을 호	어조사 호	부를 호	두루 주	주일 주	고를 조
물건 품	구분할 구	몰 구	잡을 조	마를 조	인원 원	둥글 원	덜 손	운 운	장사 상
대적할 적	맞을 적	딸 적	물방울 적	홑 단	싸울 전	탄알 탄	선 선	당황할 당	엿 당

복습 3 단어로 복습하기. 다음 뜻에 맞는 한자어를 한자로 쓰세요.

수습 (	) 어수선한 사태를 바로잡음	유권자들에게 지지를 호소하다. (	)
군림 (	) 절대적인 세력으로 남을 압도함	어른들의 주선으로 선을 보다. (	)
발군 (	) 여럿 가운데에서 특별히 뛰어남	영어를 유창하게 구사하다. (	)
자태 (	) 몸가짐과 맵시	햇볕에 빨래를 건조시키다 (	)
방자 (	) 조심스러운 태도가 없이 건방짐	운율에 맞추어 시를 낭송하다. (	)
괴도 (	) 수법이 교묘하고 괴상한 도둑	졸다가 선생님의 지적을 받았다. (	)
여적 (	) 글을 다 쓰고 난 뒤에 남은 먹물	연설을 듣고 감명을 받다. (	)
호가 (	) 큰 소리로 노래를 부름	가부좌를 틀고 참선을 시작했다. (	)
단호 (	) 일을 처리함에 과단성이 있음	그는 어리지만 당돌했다. (	)
상아탑 (	) '대학'을 비유적으로 이름	설탕을 넣고 커피를 타다. (	)

收拾 / 君臨 / 拔群 / 姿態 / 放恣 / 怪盜 / 餘滴 / 浩歌 / 斷乎 / 象牙塔 　　 呼訴 / 周旋 / 驅使 / 乾燥 / 韻律 / 指摘 / 感銘 / 參禪 / 唐突 / 雪糖

 현샘학 응원

낫 놓고 기역자도 모르는[目不識丁(목불식정)]
사람이 되지 않게 오늘도 열심히
아자아자^^

16일째

困 곤할 곤
口 7획 4급
丨 冂 冂 用 困 困
= 貧/疲/窮

나무가 싸여 있어
잘 자라지 못하니 = **곤하다** (기운이 없고 나른하다)

疲困 困惑 困境 困窮 困馬 勞困 食困症
(피곤) (곤혹) (곤경) (곤궁) (곤마) (노곤) (식곤증)

囚 가둘 수
口 5획 3급
丨 冂 冂 囚 囚
↔ 放/解/釋

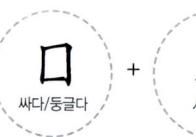
사람이 담에
싸여 있으니 = **가두다**

罪囚 囚衣 未決囚 旣決囚 良心囚 脫獄囚
(죄수) (수의) (미결수) (기결수) (양심수) (탈옥수)

溫 따뜻할 온
水 13획 6급
氵 沪 沪 沪 温 溫
= 暖   ↔ 冷/寒
温   日 温   中 温

물을 죄수에게 그릇에
담아 주는 마음이니 = **따뜻하다**

溫泉 溫突 溫厚 溫柔 恒溫 微溫的
(온천) (온돌) (온후) (온유) (항온) (미온적)

因 인할 인
口 6획 5급
冂 冂 日 因 因
↔ 果

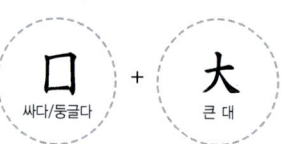
베일에 싸여 있는 큰 사건에는
어떤 이유가 있으니 = **인하다** (어떤 사실로 말미암다)
(뉘앙스 콕 p480)

原因 因果 因緣 因習 因襲
(원인) (인과) (인연) (인습) (인습)

158 47일만에 끝내는

恩 은혜 은

心 10획 4급II

月 円 肉 因 因 恩

= 惠

因(인할 인) + 心(마음 심)

어떤 일로 **인해**
감사한 **마음**이니 = **은혜**

(뉘앙스 콕 p166)

恩惠 恩功 恩師 忘恩 謝恩會 背恩忘德
(은혜) (은공) (은사) (망은) (사은회) (배은망덕)

姻 혼인 인

女 9획 3급

女 女 如 如 姻 姻

= 婚

女(여자 녀) + 因(인할 인)

여자가 사랑으로
인하여 상대와 결혼하니 = **혼인**

婚姻 姻戚(혼인에 의하여 맺어진 친척)
(혼인) (인척)

回 돌아올 회

口 6획 4급II

丨 冂 冂 冋 回 回

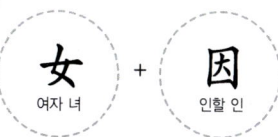

回(돌아올 회)

물이 소용돌이
치는 모양 = **돌아오다**

回轉 回甲 回覽 回避 回顧 旋回 回廊 回數
(회전) (회갑) (회람) (회피) (회고) (선회) (회랑) (횟수)

圖 그림 도

口 14획 6급II

門 門 周 圖 圖 圖

= 畵, 謀/策/企
= 図 = 図 = 图

囗(싸다/둥글다) + 口(사람/입) + 亠(높다/머리) + 回(돌아올 회)

둥근 **삿갓**을 **머리**에 쓴 **사람**이
전국을 **돌며** 지도를 그리니 = **그림**

地圖 略圖 圖畵 圖書館 縮圖 掛圖 圖謀 企圖
(지도) (약도) (도화) (도서관) (축도) (괘도) (도모) (기도)

菌 버섯 균

艹 12획 3급II

艹 芹 芦 莴 菌 菌

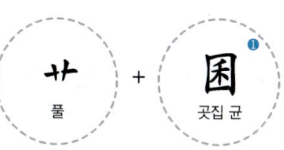

艹(풀) + 囷(곳집 균)

곳간에서
기르는 **풀**이니 = **버섯**

❶ 囷(곳집 균): 둥근(囗) 지붕아래 벼(禾)가 쌓여있는 곳이니

細菌 病菌 滅菌 菌類 大腸菌 保菌者
(세균) (병균) (멸균) (균류) (대장균) (보균자)

四 넉 사
口 5획 8급

一 冂 冂 四 四

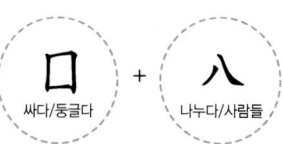

에워싼 부분을
사방으로 나누니 = 넷

四季 四柱 四君子
(사계) (사주) (사군자)

土 흙 토
土 3획 8급

一 十 土

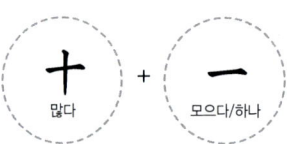

많은 것들이
모여 있는 곳이니 = 흙

土壤 土龍 土種 土卵 凍土 荒土 腐葉土
(토양) (토룡) (토종) (토란) (동토) (황토) (부엽토)

吐 토할 토
口 6획 3급II

丨 口 口 口⁻ 叶 吐

입안에 있는 것을
땅 위에 토해내니 = 토하다.

吐氣 吐說 實吐
(토기) (토설) (실토)

坐 앉을 좌
土 7획 3급II

ノ ㅅ ㅆ 巛 坐 坐

사람들이
땅 위에 앉으니 = 앉다.

坐禪 坐視 坐臥 靜坐
(좌선) (좌시) (좌와) (정좌)

座 자리 좌
广 10획 4급

亠 广 广 庐 座 座

앉을 수 있게
해놓은 곳이니 = 자리

座席 座談 講座 權座 座右銘
(좌석) (좌담) (강좌) (권좌) (좌우명)

壇 제단 단
土 16획 5급

扩 圹 垍 埍 壇 壇

흙을 높이 여러 번 쌓고 또 쌓아
만든 것이니 = 제단(제사를 지내는 단)   (뉘앙스 콕 p166)

祭壇 花壇 講壇 敎壇 文壇
(제단) (화단) (강단) (교단) (문단)

檀 박달나무 단
木 17획 4급II

木 栏 柠 梢 檀 檀

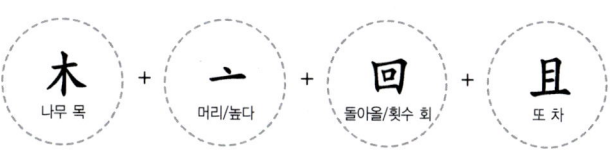

여러 해 동안 자라고
또 자라 높아진 나무니 = 박달나무

檀君 檀紀 神檀樹 (단군 신화에서 환웅이 하늘에서 그 밑에 내려 왔다는 신령한 나무)
(단군) (단기) (신단수)

墻 담 장
土 16획 3급

十 土 圹 墕 墻 墻

≡ 壁   ⇔
◉   ㊐   ㊥ 墙

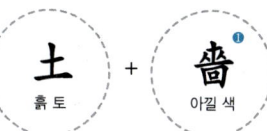

❶ 嗇(아낄 색) : 많은(十) 사람들(人)이 모은(一) 재물을 집안에서만 돌게(回)하고 나가지 않게 하니

흙을 높이 쌓아 아끼는 가족을 지키려고 만든
것이니 = 담(흙, 돌 등으로 집 둘레를 쌓아 둘러 막은 것)   (뉘앙스 콕 p166)

墻壁 越墻 路柳墻花
(장벽) (월장) (노류장화)

垂 드리울 수
土 8획 3급II

三 千 乒 乖 垂 垂

천 개나 되는 많은 줄기들이 땅 위에 늘어뜨려져 있으니
= 드리우다(한쪽이 위에 고정된 천이나 줄 등이 아래로 늘어지다)

垂直 垂楊 懸垂幕
(수직) (수양) (현수막)

郵 우편 우
邑 11획 4급

三 千 乒 垂 垂3 郵

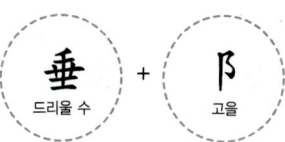

고을 구석구석까지
드리우는 것이니 = 우편

郵便 郵票 郵送 郵遞局
(우편) (우표) (우송) (우체국)

睡 졸음 수

目 13획 3급

目 旷 旷 眭 睡 睡

≡ 眠　⇔
◉　日　中

눈꺼풀이
아래로 드리워 지니 = 졸음

睡眠　午睡　昏睡
(수면) (오수) (혼수)

華 빛날 화

⺾ 12획 4급

艹 艹 芢 芢 荜 華

≡ 曜/輝　⇔
◉　日　中 华

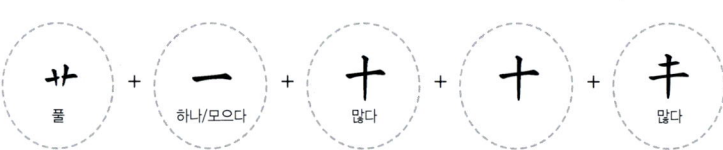

단풍 잎처럼 고운 풀들이
많고 많이 모여 있으니 = 빛나다

華麗　榮華　精華　豪華　華燭　井華水　華嚴經
(화려) (영화) (정화) (호화) (화촉) (정화수) (화엄경)

畢 마칠 필

田 11획 3급Ⅱ

⺁ 罒 罒 뫁 畢 畢

≡ 卒/罷/了/終　⇔ 初/始
◉　日　中 毕

밭에서 많고 많은 곡식을
수확한 후 일을 끝내니 = 마치다

軍畢　畢竟　畢生　檢査畢
(군필) (필경) (필생) (검사필)

佳 아름다울 가

人 8획 3급Ⅱ

亻 仁 仹 佳 佳 佳

≡ 美　⇔ 醜
◉　日　中

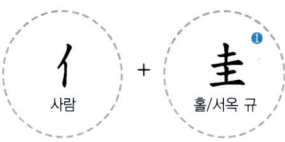

❶ 圭(홀/서옥 규) : 임금이 벼슬아치를 봉하고 영토
(土 + 土)를 하사할 때 주는 표식이 홀이니.
홀은 서옥으로 만드니

사람이
서옥처럼 고우니 = 아름답다
(요점만 쏙)

佳約(부부가 되자는 약속)　佳客　佳節(좋은 시절이나 계절, 좋은 명절)
(가약) (가객) (가절)

桂 계수나무 계

木 10획 3급Ⅱ

一 十 才 木 杧 桂

≡　⇔
◉　日　中

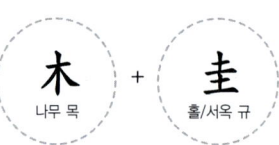

서옥처럼 좋은
나무니 = 계수나무

桂皮　桂皮茶　月桂冠　月桂樹
(계피) (계피차) (월계관) (월계수)

封 봉할 봉
寸 9획 3급II

土 圡 圭 圭 封 封

= 地
⊕ 日
↔
⊕
中

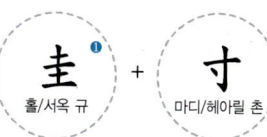

❶ 圭(홀/서옥 규) : 임금이 벼슬아치를 봉하고 영토 (土+土)를 하사할 때 주는 표식이 홀이니. 홀은 서옥으로 만드니

왕이 **홀**을 줄 신하들을 잘 **헤아려** 벼슬에 봉하니
= **봉하다**(왕이 작위를 내려 주다, 문이나 봉투 등을 열지 못하게 붙이다)

封紙　封鎖　開封　封合　密封　封墳
(봉지) (봉쇄) (개봉) (봉합) (밀봉) (봉분)

涯 물가 애
水 11획 3급

氵 汀 汀 洱 洱 涯

= 洲
↔
⊕ 日
⊕ 中

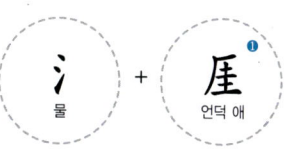

❶ 厓(언덕 애) : 많은 흙(土)이 높이 쌓여 있는 곳(厂)이니

물과 맞닿은
언덕이니 = **물가**

生涯　天涯孤兒
(생애) (천애고아)

陸 뭍 륙
阜 11획 5급II

阝 阝 阡 阡 陸 陸

= 地
↔ 海
⊕ 日
⊕ 中 陆

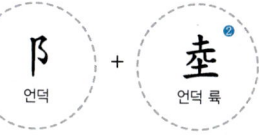

❷ 坴(언덕 륙) : 사람(儿)이 흙(土) 위에 흙(土)을 또 쌓으니

언덕과 **언덕**이
계속 이어지는 곳이니 = **뭍**(육지)

陸地　陸橋　着陸　離陸　揚陸　陸稻(밭에 심어 기르는 벼)
(육지) (육교) (착륙) (이륙) (양륙) (육도)

睦 화목할 목
目 13획 3급II

目 目+ 目+ 盱 睦 睦

= 和
↔
⊕ 日
⊕ 中

가족들이 **눈**으로 곡식이
풍성한 **언덕**을 바라보고 있으니 = **화목하다**

和睦　親睦
(화목) (친목)

요점만 콕!

☑ 圭(홀/서옥 규)의 '홀'과 '서옥'이란 무엇일까요?
- **홀** : 벼슬아치가 임금을 뵐 때 손에 쥐던 물건
- **서옥**(瑞玉) : 상서로운 구슬이란 뜻으로 홀을 만들 때 사용　*瑞: 상서로울 서

陵 언덕 릉
阜 11획 3급II

阝 阝 阡 陡 陵 陵

= 丘/阿/原/岸

阝 언덕 +  언덕 릉

❶ 夌(언덕 릉) : 흙(土)이 쌓여 있는 언덕을 사람(儿)이 천천히(夂) 오르니

언덕과 언덕이
계속되는 곳이니 = 언덕

丘陵　王陵　武陵桃源　陵遲處斬
(구릉) (왕릉) (무릉도원) (능지처참)

熱 더울 열
火 15획 5급

圥 坴 埶 執 熱 熱

= 暑
⇔ 冷/寒
日 热

불이
심어져 있으니 = 덥다

熱誠　熱烈　熱帶　微熱　稻熱病　亞熱帶
(열성) (열렬) (열대) (미열) (도열병) (아열대)

勢 형세 세
力 13획 4급II

坴 坴 刲 埶 執 勢

中 势

 심을 예 + 力 힘 력

심어져 있는
힘이 위로 올라오니 = 형세

形勢　優勢　威勢　攻勢　得勢　權勢　症勢　劣勢
(형세) (우세) (위세) (공세) (득세) (권세) (증세) (열세)

藝 재주 예
艹 19획 4급II

艹 茾 蓺 蓺 藝 藝

= 才/術
日 芸
中 艺

艹 풀 +  심을 예 + 云 이를 운 : p48

풀을 잘 심는
방법을 일러 주니 = 재주

藝術　藝能　曲藝　武藝　書藝　陶藝
(예술) (예능) (곡예) (무예) (서예) (도예)

燒 사를 소
火 16획 3급II

火 炸 炷 焯 燒 燒

= 燃
日 焼
中 烧

火 불 화 +  높을 요

❸ 堯(높을 요) : 흙(土)이 쌓여 우뚝(兀:우뚝할 올) 해지니
兀(우뚝할 올) : 어진(儿) 덕이 많이 모이면(一) 우뚝하게 되니

불이 높이
타오르니 = 사르다 (불에 태워 없애다)

燃燒　全燒　燒却　燒滅　燒失　燒盡　燒酒
(연소) (전소) (소각) (소멸) (소실) (소진) (소주)

曉 새벽 효
日 16획 3급

日 旷 旷 胪 晓 曉

- ≡ 晨
- ⇔ 昏
- 日 曉
- 中 晓

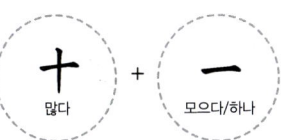

하루 중 제일
높이 생각할 수 있는 때니 = **새벽**

曉星 曉得(깨달아 앎)
(효성) (효득)

士 선비 사
士 3획 5급II

一 十 士

- ≡ 儒
- ⇔ 將/帥

하나만 배워도 많은 것을 깨치는
사람이니 = **선비**(예전에 학식은 있되 벼슬하지 않은 사람)
(요점만 콕 p193)

士禍 騎士 機關士 辯護士 辨理士 操縱士
(사화) (기사) (기관사) (변호사) (변리사) (조종사)

仕 섬길 사
人 5획 5급II

丿 亻 亻 仕 仕

- ≡ 奉

사람들과
선비는 임금을 섬기니 = **섬기다**

奉仕 仕官
(봉사) (사관)

吉 길할 길
口 6획 5급

一 十 士 吉 吉 吉

- ⇔ 凶

선비는 입으로 좋은 말만
하니 = **길하다**(운이 좋거나 일이 상서롭다)
(요점만 콕 p193)

吉運 吉凶 吉夢 吉兆 不吉
(길운) (길흉) (길몽) (길조) (불길)

結 맺을 결
糸 12획 5급II

幺 糸 糸 紅 紝 結

- ≡ 約/契
- ⇔ 解/釋
- 中 结

실을 잇 듯
좋은 날을 잡아 약속을 맺으니 = **맺다**

結果 結局 結束 結氷 結實 妥結
(결과) (결국) (결속) (결빙) (결실) (타결)

志 뜻 지
心 7획 4급II

十 士 志 志 志

= 意
↔
● 日
● 中

士(선비 사) + 心(마음 심)

선비가 마음속에
품고 있는 것이니 = 뜻

志士 同志 意志 鬪志 志操 寸志 三國志 篤志家
(지사) (동지) (의지) (투지) (지조) (촌지) (삼국지) (독지가)

誌 기록할 지
言 14획 4급

言 言 計 計 誌 誌

= 記/錄
↔
● 日
● 中 志

言(말씀 언) + 志(뜻 지)

성인의 말씀에
대한 뜻을 기록하니 = 기록하다

校誌 雜誌 日誌 誌面
(교지) (잡지) (일지) (지면)

 뉴앙스 콕!

- 師恩(사은) : 스승의 은혜 ▶ 사은(師恩)에 보답하다.
- 謝恩(사은) : 받은 은혜를 감사히 여겨 사례함 ▶ 고객 사은(謝恩) 행사
- 敎壇(교단) : 교실에서 선생님이 강의 때 올라서는 단 ▶ 교단(敎壇)에 서다.
- 敎團(교단) : 같은 종교를 믿는 사람들끼리 모여 만든 종교 단체 ▶ 교단(敎團)에 많은 신도가 있다.
- 墻壁(장벽) : 담과 벽을 아울러 이름 ▶ 도둑이 장벽(墻壁)을 넘어 집으로 잠입하였다.
- 障壁(장벽) : 가려 막은 벽 또는 장애가 되는 것이나 극복하기 어려운 장애물 ▶ 언어의 장벽(障壁)

 고사성어 콕!

古稀(고희) : 예로부터 드물다는 뜻으로 나이 70세를 말함
- 朝回日日典春衣(조회일일전춘의) : 조정에서 돌아와서는 날마다 봄옷을 저당 잡히고
- 每日江頭盡醉歸(매일강두진취귀) : 매일 강둑에서 만취되어 돌아오네.
- 酒債尋常行處有(주채심상행처유) : 외상 술값은 가는 곳마다 있건만
- 人生七十古來稀(인생칠십고래희) : 70세까지 사는 것은 옛부터 드물구나
- 穿花蛺蝶深深見(천화협접심심견) : 꽃을 찾는 나비는 깊이깊이 꽃을 찾고
- 點水蜻蜓款款飛(점수청정관관비) : 잠자리는 물을 찍으며 천천히 날아다니네
- 傳語風光共流轉(전어풍광공유전) : 전해오는 말로 아름다운 경치도 우리 인생처럼 흘러가는 거라니
- 暫時相賞莫相違(잠시상상막상위) : 잠시나마 경치 즐김을 어기지나 맙시다.

출전은 두보(杜甫)의 곡강이수(曲江二首)

16일째 복습하기

복습 1 다음 한자를 큰 소리로 읽어 보세요. (2번 이상)

困	囚	溫	因	恩	姻	回	圖	菌	四
土	吐	坐	座	壇	檀	墻	垂	郵	睡
華	畢	佳	桂	封	涯	陸	睦	陵	熱
勢	藝	燒	曉	士	仕	吉	結	志	誌

복습 2 다음 훈음에 해당되는 한자를 쓰세요. 물론 윗부분은 감추고...

곤할 곤	가둘 수	따뜻할 온	인할 인	은혜 은	혼인 인	돌아올 회	그림 도	버섯 균	넉 사
흙 토	토할 토	앉을 좌	자리 좌	제단 단	박달나무 단	담 장	드리울 수	우편 우	졸음 수
빛날 화	마칠 필	아름다울 가	계수나무 계	봉할 봉	물가 애	뭍 륙	화목할 목	언덕 릉	더울 열
형세 세	재주 예	사를 소	새벽 효	선비 사	섬길 사	길할 길	맺을 결	뜻 지	기록할 지

복습 3 단어로 복습하기. 다음 뜻에 맞는 한자어를 한자로 쓰세요.

곤궁 ( ) 가난하여 살림이 구차함
필경 ( ) 마침내
혼인 ( ) 남녀가 부부가 되는 일
균류 ( ) 광합성을 하지 않는 식물을 이름
실토 ( ) 거짓 없이 사실대로 말함
좌선 ( ) 고요히 앉아서 참선함
장벽 ( ) 담과 벽을 아울러 이름
수직 ( ) 직선과 직선이 만나 직각을 이룸
우송 ( ) 우편으로 보냄
효성 ( ) 샛별

호화스러운 궁전을 짓다. ( )
죄수를 감옥에 수감하다. ( )
부부가 백년가약을 맺다. ( )
생강과 계피를 넣고 수정과를 끓이다. ( )
세균을 막기 위해 밀봉하다. ( )
위인의 생애를 다룬 위인전을 읽었다. ( )
친목을 도모하다. ( )
구릉을 깎아 원만하게 만들다. ( )
물질이 연소되며 연기가 나다. ( )
수면 부족으로 피로가 쌓이다. ( )

困窮/畢竟/婚姻/菌類/實吐/坐禪/墻壁/垂直/郵送/曉星   豪華/罪囚/佳約/桂皮/密封/生涯/親睦/丘陵/燃燒/睡眠

현샘의 응원

드디어 16일째가 끝났네요.
축하합니다^^
지금까지 공부한 내용을 복습하고 다음 페이지로~~

17일째

壬 북방/짊어질/천간 임
士 4획 3급II

ノ 二 千 壬

선비는 스스로를 잘 다스려야 되는 책임을
짊어지니 = 북방(北方)/짊어지다/아홉째 천간 (요점만 콕 p481)

壬午年 壬辰亂 壬午軍亂
(임오년) (임진란) (임오군란)

任 맡길 임
人 6획 5급II

ノ 亻 仁 仨 任 任

≡ 委/托/司 ↔ 免

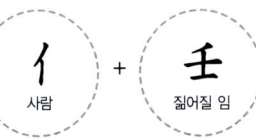

사람에게 책임을
짊어지게 하니 = 맡기다

責任 任務 放任 辭任 委任 任官 兼任 赴任
(책임) (임무) (방임) (사임) (위임) (임관) (겸임) (부임)

賃 품삯 임
貝 13획 3급II

亻 仁 任 任 賃 賃

中 贷

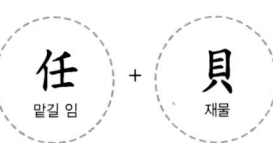

일을 맡기는 대가로 주는
재물이니 = 품삯(품팔이에 대한 삯. 노임) (뉘앙스 콕 p176)

賃金 賃貸 賃借 運賃
(임금) (임대) (임차) (운임)

淫 음란할 음
水 11획 3급II

氵 氵 氵 淫 淫 淫

≡ 姦

침을 흘리며 여자를
손으로 짊어지려 하니 = 음란하다

淫亂 姦淫 賣淫 手淫
(음란) (간음) (매음) (수음)

廷 조정 정

廴 7획 3급II

二 千 壬 廷 廷 廷

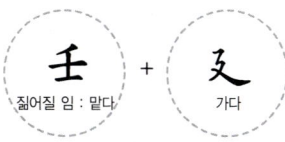

壬 (짊어질 임 : 맡다) + 廴 (가다)

왕으로부터 소임을 **맡기** 위해 **가는** 곳이니 = **조정**(임금이 나라의 정치를 의논 또는 집행하는 곳)

朝廷 法廷 開廷 閉廷 休廷

(조정) (법정) (개정) (폐정) (휴정)

庭 뜰 정

广 10획 6급II

广 庐 庄 庄 庭 庭

广 (장소) + 廷 (조정 정)

풀로 **덮인 조정**처럼 넓은 곳이니 = **뜰**

庭園 庭球 校庭 家庭 親庭

(정원) (정구) (교정) (가정) (친정)

程 한도/길 정

禾 12획 4급II

禾 和 和 程 程 程

≡ 道/路/途/徑

禾 (벼 화) + 口 (사람/입) + 壬 (짊어질 임)

벼를 **사람**이 **짊어지는** 양에는 한도가 있으니 = **한도**(일정하게 정한 정도)/**길**

(요점만 콕/뉘앙스 콕 p176)

程度 方程式 里程標 規程 日程 旅程 射程 課程

(정도) (방정식) (이정표) (규정) (일정) (여정) (사정) (과정)

聖 성인 성

耳 13획 4급II

耳 耳 耵 聖 聖 聖

中 圣

耳 (귀 이) + 口 (사람/입) + 壬 (짊어질 임)

사람들의 어려움을 **귀**로 듣고, 고충을 **짊어지는** 사람이니 = **성인**(지혜와 덕이 매우 뛰어난 사람)

聖君 聖徒 聖域 聖職 聖火 聖靈 謁聖及第

(성군) (성도) (성역) (성직) (성화) (성령) (알성급제)

 요점만 콕!

✓ 글자 안에서 壬(천간 임)을 王(임금 왕)의 형태로도 사용하는 글자들을 알아볼까요?
- 望(바랄 망) 程(길 정) 聖(성인 성) 聽(들을 청) 廳(관청 청)

壽

목숨 **수**

士 14획 3급Ⅱ

士 壽 壽 壽 壽 壽

= 命 ⇔
◎   日   中

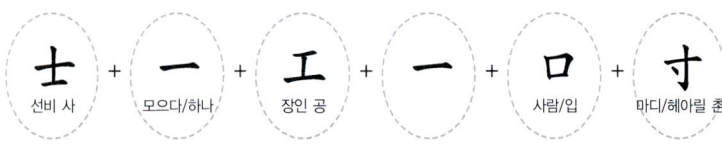
선비도 하나 장인도 하나만 갖고 있어
사람이 잘 헤아려 다뤄야 하는 것이니 = 목숨

(뉘앙스 콕 p176)

壽命　壽衣　長壽

(수명) (수의) (장수)

鑄

쇠불릴 **주**

金 22획 3급Ⅱ

金 鈩 鈩 鋳 鑄 鑄

= ⇔
◎ 鋳   日 鋳   中 铸

쇠가 수명을 다하면 다시 녹여
만드니 = 쇠 불리다 (쇠를 불 속에 넣어 단단하게 하다)

鑄造　鑄工　鑄錢　鑄鐵

(주조) (주공) (주전) (주철)

夕

저녁 **석**

夕 3획 7급

ノ ク 夕

=   ⇔ 朝
◎   日   中

저녁 석

달이 서산에
걸려있는 모양 = 저녁

夕陽　夕刊　朝變夕改

(석양) (석간) (조변석개)

多

많을 **다**

夕 6획 6급

ノ ク 夕 夕 多 多

=   ⇔ 少/寡
◎   日   中

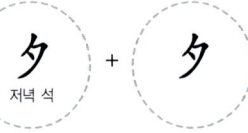
저녁이 여러 번 지나간 것은
세월이 많이 흘러간 것을 나타내니 = 많다

多少　多樣　多額　多濕　多寡　多收穫　多國籍

(다소) (다양) (다액) (다습) (다과) (다수확) (다국적)

移

옮길 **이**

禾 11획 4급Ⅱ

ノ 二 千 禾 移 移

= 運/遷/轉 ⇔
◎   日   中

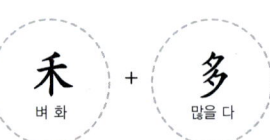
논에 벼가 많이
쌓이면 집으로 가져가니 = 옮기다

移替　移植　移籍　移轉　移越　移葬　移管　轉移

(이체) (이식) (이적) (이전) (이월) (이장) (이관) (전이)

夜 밤 야
夕 8획 6급

亠 亠 亣 夜 夜 夜

= / ⇔ 晝/午

지위가 높은 사람이
저녁에 천천히 다니면 어두워지니 = 밤

晝夜 夜勤 徹夜 夜盲症 前夜祭
(주야) (야근) (철야) (야맹증) (전야제)

液 진 액
水 11획 4급II

氵 氵 疒 沪 液 液 液

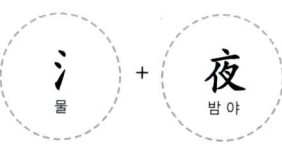

컴컴한 밤처럼 속이 잘 보이지 않는 끈끈한
물이니 = 진(풀이나 나무의 껍질 등에서 분비되는 끈끈한 물질)

液體 樹液 血液 湯液 不凍液
(액체) (수액) (혈액) (탕액) (부동액)

夢 꿈 몽
夕 14획 3급II

艹 艹 苗 夢 夢 夢

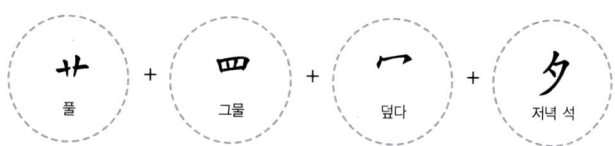

풀이나 그물 같은 것을
덮고 자는 저녁에 꾸는 것이니 = 꿈 (뉘앙스 콕 p176)

吉夢 解夢 惡夢 迷夢 非夢似夢
(길몽) (해몽) (악몽) (미몽) (비몽사몽)

蒙 어두울/어릴 몽
艸 14획 3급II

艹 艹 艹 萝 蒙 蒙 蒙

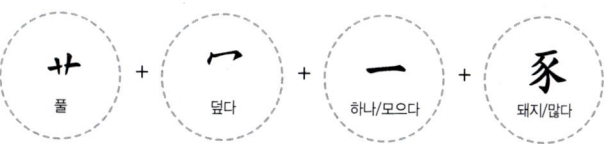

고작 풀을 덮어 한데 모인 많은
병사들을 감추려고 하니 = 어둡다/어리다 (뉘앙스 콕 p176)

蒙古 啓蒙
(몽고) (계몽)

大 큰 대
大 3획 8급

一 ナ 大

= 泰/巨/偉/弘 ⇔ 小/微

두 팔 벌린
사람의 모양이니 = 크다

大君 大監 大綱 大概 大略 寬大 大規模
(대군) (대감) (대강) (대개) (대략) (관대) (대규모)

太 클 태
大 4획 6급

一 ナ 大 太

=
⇔
日
中

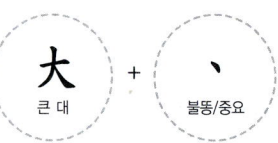

大 (큰 대) + 丶 (불똥/중요)

큰 것에 중요한
것을 더 했으니 = 크다

太極 太初 太祖 太半 豆太 太平洋
(태극) (태초) (태조) (태반) (두태) (태평양)

奈 어찌 내/나
大 8획 3급

大 太 本 夳 夵 奈

= 何/奚/豈/焉
⇔
日
中

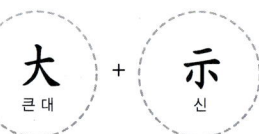

大 (큰 대) + 示 (신)

크게 신을 모시는 것이
어찌 옳지 않은가 = 어찌 (어떠한 이유로)

奈何 奈落 莫無可奈
(내하) (나락) (막무가내)

天 하늘 천
大 4획 7급

一 二 チ 天

= 乾
⇔ 地
日
中

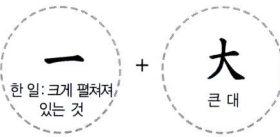

一 (한 일: 크게 펼쳐져 있는 것) + 大 (큰 대)

사람이 두 팔 벌려 서 있는
위로 크게 펼쳐져 있는 것이니 = 하늘

天干 天倫 天涯 天賦 衝天 炎天 天日鹽
(천간) (천륜) (천애) (천부) (충천) (염천) (천일염)

夫 남편 부
大 4획 7급

一 二 丰 夫

=
⇔ 妻/婦
日
中

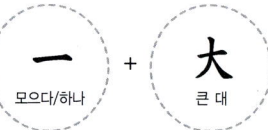

一 (모으다/하나) + 大 (큰 대)

재산을 크게
모은 남편이니 = 남편

夫婦 夫人 夫君 農夫 鑛夫
(부부) (부인) (부군) (농부) (광부)

扶 도울 부
手 7획 3급II

扌 扌 扌 扶 扶 扶

= 助/護/援/贊/佐
⇔
日
中

扌 (손) + 夫 (남편 부)

손으로 남편이
집안 일을 도우니 = 돕다

扶助 扶養 扶持(=扶支)
(부조) (부양) (부지)

替 바꿀 체
日 12획 3급

二 夫 扶 扶 替 替

- ≡ 換
- ⇔
- 🔊 日 中

두 사내가 서로
번갈아 가며 말하니 = 바꾸다

交替　代替　移替
(교체) (대체) (이체)

尖 뾰족할 첨
小 6획 3급

丿 小 小 小 尖 尖

- ≡ 銳/端
- ⇔ 鈍
- 🔊 日 中

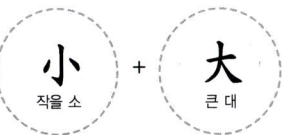

밑부분은 크지만
위로 갈수록 작아지니 = 뾰족하다

尖端　尖兵　尖銳
(첨단) (첨병) (첨예)

送 보낼 송
辶 10획 4급Ⅱ

八 䒑 쑛 쑛 送 送

- ≡ 輸
- ⇔ 受/迎
- 🔊 日 中

❶ 夭(젊을 요) : 크게(大) 될 때
까지 다스림(丿)을 받는
사람이니

공부를 마친 젊은
사람들을 세상으로 내보내니 = 보내다

郵送　歡送　傳送　輸送　送話器　葬送曲
(우송) (환송) (전송) (수송) (송화기) (장송곡)

笑 웃을 소
竹 10획 4급Ⅱ

⺊ 竹 竺 竺 笑 笑

- ≡
- ⇔ 鳴/泣/哭
- 🔊 日 中

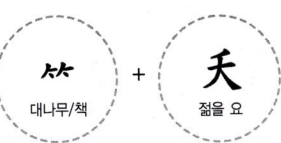

대나무가 부딪치는 소리처럼
젊은이들이 즐거워하며 내는 것이니 = 웃다

爆笑　微笑　苦笑　談笑　可笑　拍掌大笑
(폭소) (미소) (고소) (담소) (가소) (박장대소)

添 더할 첨
水 11획 3급

氵 氵 沃 添 添 添

- ≡ 加
- ⇔ 減/削
-  日 中

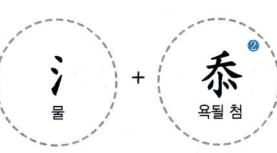

❷ 忝(욕될 첨) : 젊은(夭)이가 마음(㣺)대로
행동하면 부모를 욕되게 하니

물을 뿌리고
욕까지 하니 = 더하다

添加　添附　添削　別添　錦上添花
(첨가) (첨부) (첨삭) (별첨) (금상첨화)

17 일째

央 가운데 앙
大 5획 3급II

一 口 卩 央 央

≡ 中 ⇔
日 中

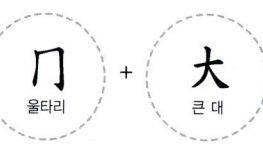

울타리에 둘러쌓인 커다란
관청은 마을의 중앙에 있으니 = 가운데

中央
(중앙)

英 꽃부리 영
艹 9획 6급

艹 芒 苎 英 英

≡ ⇔
日 中

풀잎의 가운데
핀 꽃이니 = 꽃부리(꽃잎 전체를 이르는 말)

英語 英才 英特 英雄 英靈 英傑
(영어) (영재) (영특) (영웅) (영령) (영걸)

映 비칠 영
日 9획 4급

日 旷 旷 映 映

≡ 照 ⇔
日 中

해가 하늘
가운데 떠 있으니 = 비치다

映畫 映像 反映 放映 上映 終映 映寫機
(영화) (영상) (반영) (방영) (상영) (종영) (영사기)

殃 재앙 앙
歹 9획 3급

歹 歹 妒 殃 殃

≡ 災/禍/厄 ⇔ 福
日 中

죽음의
가운데 있으니 = 재앙

災殃 殃禍(어떤 일로 인하여 생기는 재난)
(재앙) (앙화)

失 잃을 실
大 5획 6급

丿 一 二 失 失

≡ 忘 ⇔ 拾/獲/得
日 中

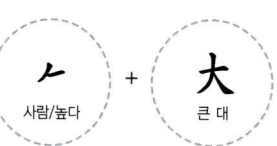

사람이 크게 성공하려면
많은 것을 희생해야 하니 = 잃다

失點 失期 失脚 得失 忘失 燒失 喪失
(실점) (실기) (실각) (득실) (망실) (소실) (상실)

차례 **질**
禾 10획 3급II

千 禾 和 秋 秩 秩

㊀ 第/序/番 ㊎
㊐ 日 ㊥

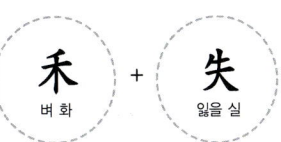

벼를 벤 후 이삭을
잃지 않으려면 차례대로 쌓아 두어야 하니 = **차례**

秩序
(질서)

어찌 **해**
大 10획 3급

一 八 公 父 爻 奚

㊀ 奈/何/豈/焉 ㊎
㊐ 日 ㊥

작은 다툼이 큰 다툼으로
이어지면 어찌하나 = **어찌**(어떠한 이유로)
(요점만 콕)

奚暇 奚奴 奚琴 奚必
(해가) (해노) (해금) (해필)

시내 **계**
水 13획 3급II

氵 氵 汃 浐 溪 溪

㊀ 川/河 ㊎
㊐ 溪 ㊥

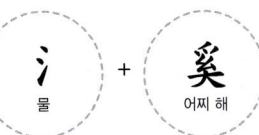

어찌 물이라 말 할 수 없을 정도로
적게 흐르는 곳이니 = **시내**(산골짜기나 평지에서 흐르는 자그마한 내)

溪谷 淸溪川 溪流 碧溪水(물빛이 맑아 푸르게 보이는 시냇물)
(계곡) (청계천) (계류) (벽계수)

닭 **계**
鳥 21획 4급

幺 奚 奚 鷄 鷄 鷄

㊀ 酉 ㊎ 雞 ㊐ 鷄 ㊥ 鸡

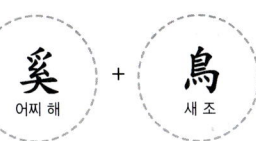

날지도 못하는 것이
어찌 새라 할 수 있으리 = **닭**
(요점만 콕)

鷄卵 鬪鷄 養鷄場 烏骨鷄 群鷄一鶴
(계란) (투계) (양계장) (오골계) (군계일학)

17
일째

 요점만 **콕!**

☑ 奚(어찌 해)가 들어간 생소한 단어의 뜻을 숙지해 두세요

- 奚暇(해가) : 어느 겨를
- 奚奴(해노) : 종
- 奚琴(해금) : 속이 빈 둥근 나무에 짐승의 가죽을 메우고 긴 나무를 꽂아 줄을 활의 모양으로 건 민속 악기
- 奚必(해필) : 다른 방도를 취(取)하지 아니하고 어찌 꼭

정말이지 쉬운 한자 **175**

夷 오랑캐 이
大 6획 3급

一 アョョ弓弗夷

=
⊖
⊗ 日
⊕ 中

大(큰 대) + 弓(활 궁: 활의 모양)

큰 활을
사용하는 사람들이니 = 오랑캐

東夷 洋夷 以夷制夷
(동이) (양이) (이이제이)

契 맺을 계
大 9획 3급Ⅱ

三 丰 圭刀 契 契 契

= 約/結
⊗ 日
⊕ 中

丰(예쁠/무성할 봉) + 刀(칼 도) + 大(큰 대)

많은 사람들이 칼로
상대를 위협하여 큰 일을 맺으니 = 맺다

① 丰(예쁠/무성할 봉): 예쁜 것이 많이(十) 모여 있으니

契約 假契約 契機 契員 默契
(계약) (가계약) (계기) (계원) (묵계)

潔 깨끗할 결
水 15획 4급Ⅱ

氵 浐 沣 渎 潔 潔

= 淨/淸   ⊗ 汚
⊗ 日   ⊕ 洁

氵(물) + 丰(예쁠/무성할 봉) + 刀(칼 도) + 糸(실 사)

물로 많은 양의
실을 씻고 칼로 다듬으니 = 깨끗하다

淸潔 淨潔 簡潔 高潔 純潔 不潔 潔白
(청결) (정결) (간결) (고결) (순결) (불결) (결백)

뉘앙스 콕!

☑ • 賃貸(임대): 돈을 받고 물건을 남에게 빌려 줌 ▶ 아파트를 임대(賃貸)하다.
• 賃借(임차): 돈을 내고 남의 물건을 빌려 씀 ▶ 사무실을 임차(賃借)하다.

☑ • 科程(과정): 학과과정(學科課程: 학교에서 학생들이 공부하는 과목의 내용과 체계)의 준말
• 課程(과정): 일정한 기간에 학습하여야 할 과목의 내용과 분량 ▶ 정규 과정(課程)을 마치다.
• 過程(과정): 일이 되어 가는 경로. ▶ 일의 진행 과정(過程)

☑ • 水石(수석): 물과 돌로 이루어진 자연의 경치 ▶ 수석(水石)은 언제 보아도 아름답다.
• 壽石(수석): 실내에 두고 감상하는 관상용의 자연석 ▶ 수석(壽石)을 모으는 취미가 있다.

☑ • 夢死(몽사): 헛되이 살다 죽음 ▶ 그는 벼슬도 하지 못하고 몽사(夢死)했다.
• 蒙死(몽사): 죽음을 무릅씀 ▶ 몽사(蒙死)할 각오로 싸우다.
• 蒙士(몽사): 어리석은 선비 ▶ 몽사(蒙士)와 현사(賢士)

17일째 복습하기

복습 1 다음 한자를 큰 소리로 읽어 보세요. (2번 이상)

壬	任	賃	淫	廷	庭	程	聖	壽	鑄
夕	多	移	夜	液	夢	蒙	大	太	奈
天	夫	扶	替	尖	送	笑	添	央	英
映	殃	失	秩	奚	溪	鷄	夷	契	潔

복습 2 다음 훈음에 해당되는 한자를 쓰세요. 물론 윗부분은 감추고…

천간 임	맡길 임	품삯 임	음란할 음	조정 정	뜰 정	한도 정	성인 성	목숨 수	쇠불릴 주
저녁 석	많을 다	옮길 이	밤 야	진 액	꿈 몽	어두울 몽	큰 대	클 태	어찌 내
하늘 천	남편 부	도울 부	바꿀 체	뽀족할 첨	보낼 송	웃을 소	더할 첨	가운데 앙	꽃부리 영
비칠 영	재앙 앙	잃을 실	차례 질	어찌 해	시내 계	닭 계	오랑캐 이	맺을 계	깨끗할 결

복습 3 단어로 복습하기. 다음 뜻에 맞는 한자어를 한자로 쓰세요.

순결 ( ) 잡된 것이 섞이지 않아 깨끗함	첨단 과학을 발달시키다.	( )
음란 ( ) 음탕하고 난잡함	이력서에 추천서를 첨부하다.	( )
조정 ( ) 임금이 정사를 집행하는 곳	자동차가 중앙 분리대를 들이받았다.	( )
수명 ( ) 생물이 살아 있는 기간	재앙이 닥쳐 많은 사람들이 죽다.	( )
주전 ( ) 돈을 주조함	공공질서를 어기다.	( )
해몽 ( ) 꿈을 풀어 좋고 나쁨을 판단함	자동 이체를 신청하다.	( )
계몽 ( ) 무식한 사람을 깨우쳐 가르침	올림픽을 계기로 경제가 발전하였다.	( )
나락 ( ) 지옥	상가의 임대료를 인상하다.	( )
해금 ( ) 활로 현을 켜서 소리를 내는 악기	다행히 목숨은 부지했다.	( )
양이 ( ) 서양 오랑캐	계곡 물이 넘쳐 피서객이 대피하였다.	( )
純潔/淫亂/朝廷/壽命/鑄錢/解夢/啓蒙/奈落/奚琴/洋夷	尖端/添附/中央/災殃/秩序/移替/契機/賃貸/扶持/溪谷	

현샘의 응원

십 년이면 강산이 변하 듯 [桑田碧海(상전벽해)]
47일 뒤엔 한자 실력이 부쩍부쩍!!
오늘도 힘냅시다^^

18 일째

女 여자 녀
女 3획 8급
ㄑ ㄥ 女

=
⇔ 男/郞

女 (여자 녀)

여자가 다소곳이
두 손 모아 앉아 있는 모양 = **여자**

淑女 侍女 姪女 醜女 烈女 女丈夫 女流作家
(숙녀) (시녀) (질녀) (추녀) (열녀) (여장부) (여류작가)

奴 종 노
女 5획 3급Ⅱ
ㄑ ㄥ 女 奴 奴

= 隷
⇔ 婢

女 (여자 녀) + **又** (다스리다/들어오다)

여자가 다스릴 수
있었던 비천한 남자니 = **종**(남자 종)

奴隷 奴婢 賣國奴 守錢奴(돈을 모을 줄만 아는 인색한 사람의 낮춤말)
(노예) (노비) (매국노) (수전노)

努 힘쓸 노
力 7획 4급Ⅱ
ㄑ ㄥ 女 奴 努 努

= 勉/務/勵

奴 (종 노) + **力** (힘 력)

종이 힘써
일을 하니 = **힘쓰다**

努力
(노력)

怒 성낼 노
心 9획 4급Ⅱ
ㄥ 女 奴 奴 怒 怒

= 憤

奴 (종 노) + **心** (마음 심)

종의 마음에
불만이 많으니 = **성내다**

憤怒 激怒 怒發大發 天人共怒
(분노) (격노) (노발대발) (천인공노)

好 좋을 호
女 6획 4급II

ㄥ ㄠ 女 女' 好 好

= 良

女 + 子
여자 녀   아들 자

어머니는 대(代)를
이을 수 있는 아들을 좋아하니 = 좋다

(뉴앙스 콕 p186)

好感 好機 好況 好喪 絶好 好戰的 相好
(호감) (호기) (호황) (호상) (절호) (호전적) (상호)

如 같을 여
女 6획 4급II

ㄥ ㄠ 女 女 如 如

= 若/肖   ↔ 他/差

女 + 口
여자 녀   사람/입

여자들이 모여 입으로
하는 얘기가 모두 같으니 = 같다

(요점만 콕)

如前 如干 缺如 如此 如何 如反掌 何如間
(여전) (여간) (결여) (여차) (여하) (여반장) (하여간)

恕 용서할 서
心 10획 3급II

女 如 如 恕 恕 恕

如 + 心
같을 여   마음 심

죄를 지은 상대와
같은 마음이 되니 = 용서하다

容恕 寬恕
(용서) (관서)

汝 너 여
水 6획 3급

丶 氵 氵 汈 汝 汝

↔ 我/吾/予

氵 + 女
물   여자 녀

(남자인 나의 입장에서)
냇물에서 빨래하는 여자니 = 너

汝等(너희들) 汝輩(너희들)
(여등) (여배)

 요점만 콕!

☑ 如(같을 여)는 여러 가지 역할을 해요.
- 비교형용사 : 마치 ~와 같다(=若) ▶ 夫財譬如井也 汲則滿廢則竭(부재비여정야 급즉만폐즉갈)
  무릇 재물이란 비유하자면 우물과 같다, 퍼내면 가득 차고 내버려두면 말라 버린다.
- 가정부사 : 만약(=若), 만약~라면 ▶ 如詩不成 罰依金谷酒數(여시불성 벌의금곡주수)
  만약 시를 짓지 못한다면 금곡원의 술잔 수에 따라 벌을 주겠다

妥 온당할 타

女 7획 3급

一 ㄱ ㄲ ㄸ 妥 妥

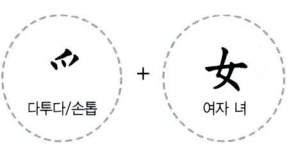

손톱을 가꾸는 것은 여자로서
당연하니 = 온당하다(사리에 어그러지지 않고 알맞다)

妥當 妥結 妥協
(타당) (타결) (타협)

爭 다툴 쟁

爪 8획 5급

一 ㄱ ㄲ ㄸ 爭 爭

= 戰/鬪/競 ↔ 和/協

힘써 무기를
들고 다투니 = 다투다

戰爭 鬪爭 抗爭 競爭 紛爭 爭點 爭奪戰
(전쟁) (투쟁) (항쟁) (경쟁) (분쟁) (쟁점) (쟁탈전)

淨 깨끗할 정

水 11획 3급II

氵 氵 浐 浐 淨 淨

= 潔/淸 ↔ 汚

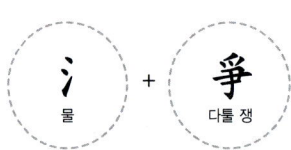

물이 다투 듯이
힘차게 쓸고 내려가니 = 깨끗하다

淸淨 淨潔 淨化 不淨
(청정) (정결) (정화) (부정)

採 캘 채

手 11획 4급

扌 扌 扌 扞 採 採

= 取/擇

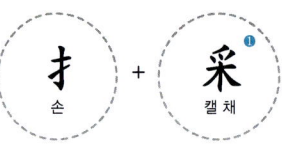

❶ 采(캘 채) : 손(扌)으로 나무(木)를 캐니

손으로
풀을 캐니 = 캐다

採用 採點 採鑛 採集 採擇 公採 特採
(채용) (채점) (채광) (채집) (채택) (공채) (특채)

彩 채색 채

彡 11획 3급II

一 ㄷ ㄸ 采 采 彩

= 色

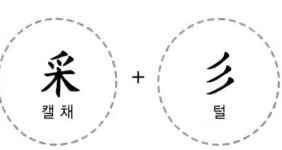

캔 나물이 염색된 머리털처럼
여러 가지 색을 띠니 = 채색(그림 등에 색을 칠함)

(뉘앙스 콕 p186)

彩色 色彩 光彩 異彩 水彩畵
(채색) (색채) (광채) (이채) (수채화)

菜 나물 채
艹 12획 3급II

艹 艾 芷 莖 菜 菜

- ≡ 蔬
- ⇔
- ◉
- 日
- ⊕

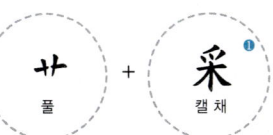

풀을 캐어 삶거나 볶으니
= 나물(먹을 수 있는 풀을 삶거나 볶아 양념하여 무친 음식)

❶ 采(캘 채) : 손(爫)으로 나무(木)를 캐니

菜蔬 菜食 野菜
(채소) (채식) (야채)

受 받을 수
又 8획 4급II

爫 爫 ㅉ 受 受 受

- ≡
- ⇔ 授/與/贈
- ◉
- 日
- ⊕

다툼이 덮여 해결되면
원하는 것이 들어오니 = 받다

授受 受與 受諾 受侮 受像機 接受
(수수) (수여) (수락) (수모) (수상기) (접수)

授 줄 수
手 11획 4급II

扌 扌 扌 护 拶 授

- ≡ 與/贈/賜
- ⇔ 受
- ◉
- 日
- ⊕

손으로
받은 것을 내어 주니 = 주다

授受 授業 授與 授賞 傳授 敎授
(수수) (수업) (수여) (수상) (전수) (교수)

愛 사랑 애
心 13획 6급

爫 ㅉ 恶 悉 㤅 愛

- ≡ 慈
- ⇔ 憎/惡
- ◉ 爱
- 日
- ⊕

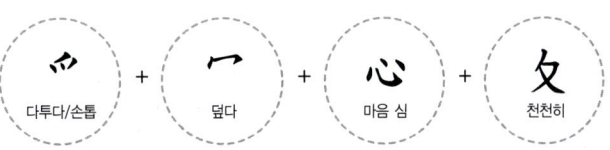

다툼이 덮여 해결되면
마음에서 천천히 우러나는 것이니 = 사랑

愛犬 愛稱 偏愛 愛誦 愛憎 戀愛 慈愛
(애견) (애칭) (편애) (애송) (애증) (연애) (자애)

爵 벼슬 작
爪 18획 3급

爫 罒 罓 閏 爵 爵

- ≡ 官/吏
- ⇔
- ◉
- 日
- ⊕

다툼을 법에 따라
잘 헤아려 그치게 하는 자리니 = 벼슬

❶ 艮(그칠 간) : 태양(日) 아래서 발(𧘇)걸음을 그치고 쉬니

爵位 封爵 公爵 侯爵 伯爵 子爵 男爵
(작위) (봉작) (공작) (후작) (백작) (자작) (남작)

暖 따뜻할 난
日 13획 4급II

旷 旷 呼 晖 暖 暖

= 溫 ⇔ 寒
日 中

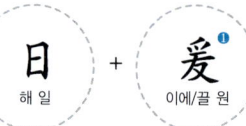

해를
끌어 당기니 = 따뜻하다

溫暖 暖房 暖冬 暖帶 暖流
(온난) (난방) (난동) (난대) (난류)

❶ 爰(이에/끌 원) : 다툴(爫) 때는 모여(一) 있는 친구(友)를 곧 자기 편으로 당기니

援 도울 원
手 12획 4급

扩 扩 挢 挢 援 援

= 助/護/贊/佐 ⇔
日 中

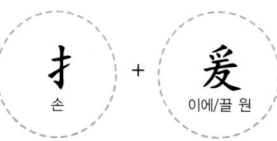

어려운 사람의
손을 끌어주니 = 돕다

援助 援軍 援護 救援 應援 增援 支援
(원조) (원군) (원호) (구원) (응원) (증원) (지원)

緩 느릴 완
糸 15획 3급II

糸 紆 紵 綏 綏 緩

= 徐 ⇔ 急
日 中 缓

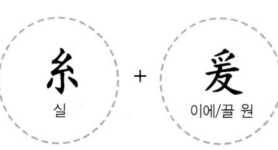

실을 끌어
당기면 늘어나니 = 느리다

緩急 緩慢 緩行 緩和 緩衝地帶
(완급) (완만) (완행) (완화) (완충지대)

隱 숨을 은
阜 17획 4급

阝 阝 阝 隱 隱 隱

= 祕 ⇔ 現/顯
日 隐 中 隐

❷ 㥯(숨을 은) : 손(爫)으로 만든(工) 물건에는 힘쓴(크) 마음(心)이 숨어 있으니

언덕 아래
숨어 있으니 = 숨다

隱身 隱密 隱居 隱語 隱然 隱退 隱忍自重
(은신) (은밀) (은거) (은어) (은연) (은퇴) (은인자중)

姉 손위누이 자
女 8획 4급

〈 夕 女 妒 妒 姉

= ⇔ 妹
日 中 姉

시장에 혼자 갈 수
있을 정도로 다 큰 여자니 = 손위 누이

姉妹 姉兄(손위 누이의 남편 = 妹兄)
(자매) (자형)

妹 누이 매
女 8획 4급

女 女 女 妺 妹 妹

= 姊 ↔ 姉

다 자라지 **아니한**
여자니 = **누이**(나이가 아래인 여자)

男妹 妹夫 妹兄(손위 누이의 남편) 妹弟(손아래 누이의 남편)
(남매) (매부) (매형) (매제)

始 비로소 시
女 8획 6급II

女 女 妒 妒 始 始

= 初/創 ↔ 終/罷/畢

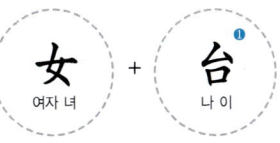

❶ 台(나 이, 클 태) : 개인(厶)적인 사람(口)인 나니

여자인 어머니로부터
나는 시작되니 = **비로소**(처음으로)

始初 始作 始動 創始 始務式
(시초) (시작) (시동) (창시) (시무식)

治 다스릴 치
水 8획 4급II

氵 氵 氵 治 治 治

= 理

물을 **내**가
원하는 대로 다루니 = **다스리다**
(뉘앙스 콕 p186)

政治 法治 治績 治安 治裝 治粧 治濕(병의 원인이 되는 습기를 다스림)
(정치) (법치) (치적) (치안) (치장) (치장) (치습)

殆 거의/위태로울 태
歹 9획 3급II

歹 歹 殆 殆 殆 殆

= 危 ↔ 安/康

죽음이 **내** 곁에
다가와 있으니 = **거의/위태롭다**
(뉘앙스 콕 p186)

危殆 殆半(거의 절반)
(위태) (태반)

怠 게으를 태
心 9획 3급

= 慢 ↔ 勤

내 마음 같아서는
항상 쉬고 싶으니 = **게으르다**

怠慢 怠業 勤怠 過怠料
(태만) (태업) (근태) (과태료)

掃 쓸 소
手 11획 4급II

才 扌 扫 挮 掃 掃

= 　　　↔
⊙ 　日 　中

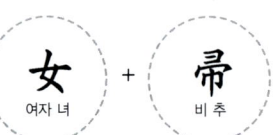

❶ 帚(비 추): 재물(巾)을 덮고(冖)있는 먼지를 힘써(彐) 깨끗이 쓰는 것이니

손에 빗자루를
들고 하는 것이니 = 쓸다

清掃　一掃　掃滅　掃地　掃除
(청소) (일소) (소멸) (소지) (소제)

婦 며느리 부
女 11획 4급II

女 女' 女⺕ 婦 婦 婦

= 妻　　↔ 夫, 姑
⊙ 　日 　中 妇

빗자루를 들고
있는 여자니 = 며느리

夫婦　婦人　新婦　姑婦　派出婦　慰安婦
(부부) (부인) (신부) (고부) (파출부) (위안부)

歸 돌아갈 귀
止 18획 4급

𠂤 㱕 㱕 㱕 歸 歸

= 回/還/復　↔
⊙ 帰　日 帰　中 归

흔들던 깃발을 멈추고 머문 자리를
빗자루로 깨끗이 한 뒤 돌아가니 = 돌아가다

歸家　歸結　歸省　歸還　歸依　復歸　不歸　回歸
(귀가) (귀결) (귀성) (귀환) (귀의) (복귀) (불귀) (회귀)

妻 아내 처
女 8획 3급II

一 ㄱ ㅋ 彐 㞢 妻 妻

= 婦　　↔ 夫
⊙ 　日 　中

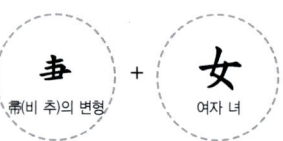

비를 들고
있는 여자니 = 아내

妻家　妻弟　喪妻　恐妻家　疑妻症　帶妻僧(아내와 자식을 거느린 승려)
(처가) (처제) (상처) (공처가) (의처증) (대처승)

姦 간음할 간
女 9획 3급

く 夕 女 姦 姦 姦

= 淫　　↔
⊙ 　日 　中 奸

내 여자인 부인을 두고 다른 여자들을
범하니 = 간음하다(부부가 아닌 남녀가 성관계를 맺다)

姦淫　姦通　姦婦　強姦　輪姦　姦淫罪
(간음) (간통) (간부) (강간) (윤간) (간음죄)

康 편안 강
广 11획 4급Ⅱ

广 户 庐 庐 庚 康

= 安/便/寧　⇔ 危/殆

어느 장소에 힘써
미리 재산을 모아두면 노후가 편안하니 = 편안

健康　康健　康寧　小康(소란이나 혼란 등이 그치고 조금 잠잠함)

(건강) (강건) (강녕) (소강)

逮 잡을 체
辶 12획 3급

フ ヨ ヨ 肀 隶 逮

= 捕/及

❶ 隶(미칠 이) : 힘써(ヨ) 모으면(氺) 목표에 도달하니

도둑이 있는 곳에
도달하여 잡으러 가니 = 잡다

逮捕

(체포)

隷 종 례/예
隶 16획 3급

ㅗ 圭 圭 肂 肂 隷

= 奴/婢　⊕ 隶

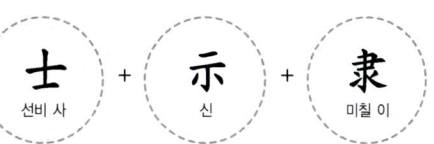

전쟁에서 포로를 잡아와 제단에
이르러 신께 고하고 선비들의 종으로 삼으니 = 종

奴隷　賤隷　隷書　隷屬

(노예) (천례) (예서) (예속)

子 아들/지지 자
子 3획 7급Ⅱ

 了 子

⇔ 父

아들이 두 팔을
벌린 모양 = 아들/첫째 지지(쥐)

(요점만 콕 - p481)

利子　卵子　君子　遺腹子　孟子　娘子　妻子　亭子

(이자) (난자) (군자) (유복자) (맹자) (낭자) (처자) (정자)

 요점만 콕!

☑ 子(아들 자)는 다양한 역할이나 뜻으로 쓰인답니다.
- 물건을 나타내는 접미어 ▶ 利子(이자) 卓子(탁자) 額子(액자) 帽子(모자) 亭子(정자)
- 십이지지 중 첫 번째 동물인 쥐를 상징 ▶ 甲子年(갑자년) 子時(자시) 子正(자정)　(요점만 콕 p481)
- 일가(一家)의 학설(學說)을 세운 사람의 높임말 ▶ 孔子(공자) 孟子(맹자) 老子(노자) 君子(군자)
- '열매/씨'라는 뜻 ▶ 種子(종자) 卵子(난자) 五味子(오미자) 決明子(결명자) 胞子(포자)

孔 구멍 공

子 4획 4급

丁 了 子 孔

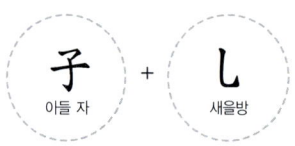

아들이 새를
구멍 사이로 관찰하니 = **구멍**

(뉘앙스 콕 p186)

孔子 氣孔 孔穴 九孔炭

(공자) (기공) (공혈) (구공탄)

字 글자 자

子 6획 7급

宀 宀 宁 字 字

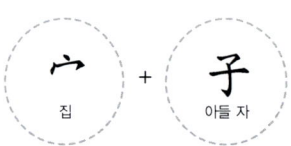

집에서 아들이 제일
먼저 익혀야 하는 것이니 = **글자**

漢字 誤字 略字 點字 字源 字幕 十字架

(한자) (오자) (약자) (점자) (자원) (자막) (십자가)

庚 별/천간 경

广 8획 3급

广 广 庐 庐 庚 庚

辰/星

어느 장소에서 힘써 사람이 늦게까지
일하면 하늘에 별이 뜨니 = **별/일곱째 천간**

(요점만 콕 p481)

庚辰年 庚戌國恥

(경진년) (경술국치)

뉘앙스 콕!

- **相好**(상호) : 서로 좋아함 ▶ 연인들은 서로 상호(相好)한다.
- **相互**(상호) : 상대가 되는 이쪽과 저쪽 모두 ▶ 회원 상호(相互)간에 정보를 교환하다.
- **尙好**(상호) : 매우 존경하고 좋아함 ▶ 아들이 부모를 상호(尙好)하며 잘 따르다.
- **色彩**(색채) : 물체가 빛을 받을 때 빛의 파장에 따라 그 겉에 나타나는 빛 ▶ 색채(色彩)가 곱다.
- **彩色**(채색) : 그림 등에 색을 칠함 ▶ 물감으로 곱게 채색(彩色)하였다.
- **治粧**(치장) : 잘 매만져 곱게 꾸밈 ▶ 여자들은 치장(治粧)하는데 많은 시간이 걸린다.
- **治裝**(치장) : 여행하는 데 필요한 물건을 챙김 ▶ 해외여행을 위해 치장(治裝)해야 할 것이 많다.
- **太半**(태반) : 절반이 지남. 보통 3분의 2 이상을 가리킴 ▶ 국민들 태반(太半)이 반대하였다.
- **殆半**(태반) : 거의 절반 ▶ 회원 태반(殆半)이 찬성하다.
- **氣孔**(기공) : 숨구멍 ▶ 식물은 기공(氣孔)을 통해 호흡을 한다
- **氣功**(기공) : '단전 호흡'을 달리 이르는 말 ▶ 기공(氣功) 수련을 하다

18일째 복습하기

복습 1 다음 한자를 큰 소리로 읽어 보세요. (2번 이상)

女	奴	努	怒	好	如	恕	汝	妥	爭
淨	採	彩	菜	受	授	愛	爵	暖	援
緩	隱	姉	妹	始	治	殆	怠	掃	婦
歸	妻	姦	康	逮	隷	子	孔	字	庚

복습 2 다음 훈음에 해당되는 한자를 쓰세요. 물론 윗부분은 감추고…

여자 녀	종 노	힘쓸 노	성낼 노	좋을 호	같을 여	용서할 서	너 여	온당할 타	다툴 쟁
깨끗할 정	캘 채	채색 채	나물 채	받을 수	줄 수	사랑 애	벼슬 작	따뜻할 난	도울 원
느릴 완	숨을 은	손위누이 자	누이 매	비로소 시	다스릴 치	거의 태	게으를 태	쓸 소	며느리 부
돌아갈 귀	아내 처	간음할 간	편안 강	잡을 체	종 례	아들 자	구멍 공	글자 자	천간 경

복습 3 단어로 복습하기. 다음 뜻에 맞는 한자어를 한자로 쓰세요.

근태 ( ) 출근과 결근을 아울러 이름   속도의 완급을 조절하다. ( )
격노 ( ) 격렬하게 노함   아무도 모르게 은밀히 움직이다. ( )
여차 ( ) 일이 뜻대로 되지 않음   산모의 생명이 위태하다. ( )
여등 ( ) '너희'를 이르는 말   노비들이 반란을 일으키다. ( )
귀의 ( ) 돌아가 몸을 의지함   그의 주장은 매우 타당하다. ( )
정결 ( ) 매우 깨끗하고 깔끔함   시험지를 채점하다. ( )
상처 ( ) 아내의 죽음을 당함   색채가 매우 강렬하다. ( )
간음 ( ) 부부가 아닌 남녀가 성관계를 맺음 잠복 끝에 용의자를 체포하다. ( )
기공 ( ) 식물이 숨을 쉬는 구멍   전쟁에 진 병사들이 노예로 팔리다. ( )
봉작 ( ) 제후로 봉하고 관직을 줌   싱싱한 야채를 볶아 요리하다. ( )

勤怠/激怒/如此/汝等/歸依/淨潔/喪妻/姦淫/氣孔/封爵   緩急/隱密/危殆/奴婢/妥當/採點/色彩/逮捕/奴隷/野菜

현쌤의 응원

날마다 달마다 성장하고 발전하 듯 [日就月將(일취월장)]
47일 뒤엔 어휘력이
엄청나게 발전하리^^

19 일째

孤 외로울 고
子 8획 4급

子 孑 孒 孤 孤 孤

= 獨

子(아들 자) + 瓜(오이 과)

❶ 瓜(오이 과) : 오이가 덩굴에 달려 있는 모양

자식이 부모를 잃은 모습이
덩굴에 매달린 오이와 비슷하니 = 외롭다

孤獨 孤高 孤立 孤兒 孤寂 孤軍奮鬪
(고독) (고고) (고립) (고아) (고적) (고군분투)

厚 두터울 후
厂 9획 4급

一 厂 戶 厚 厚 厚

= 敦/篤   ↔ 薄

厂(장소) + 日(해/날 일) + 子(아들 자)

대지를 뒤덮은 햇볕처럼
아들에 대한 부모의 정이 두터우니 = 두텁다

厚待 厚德 溫厚 厚賜 厚生事業 上厚下薄
(후대) (후덕) (온후) (후사) (후생사업) (상후하박)

承 이을 승
手 8획 4급Ⅱ

了 孑 手 承 承 承

= 繼/續/聯/承   ↔ 切/絶/斷

子(아들 자) + 二(두 이) + 八(양 옆에 서 있는 모습)

아들 두 명이 아버지
양 옆에서 가업을 이어 받으니 = 잇다

繼承 承繼 承服 承認 傳承 承諾
(계승) (승계) (승복) (승인) (전승) (승낙)

蒸 찔 증
艹 14획 3급Ⅱ

艹 艹 艿 莁 蒸 蒸

= 烝

艹(풀) + 丞(도울 승) + 灬(불)

❷ 丞(도울 승) : 학문을 마친(了) 아들들이 아버지의 옆(八)에 모여(一) 도우니

약초로 환자를
도우려면 불로 쪄야하니 = 찌다

蒸氣 汗蒸 蒸發 水蒸氣
(증기) (한증) (증발) (수증기)

孟 맏 맹
子 8획 3급II

子 子 孟 孟 孟 孟

㊂ 伯

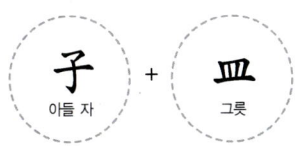

그릇에 음식을 많이
담아 줄 정도로 아끼는 아들이니 = 맏이

(요점만 콕)

孟子 孟浪 孟春(초봄) 孟母三遷

(맹자) (맹랑) (맹춘) (맹모삼천)

猛 사나울 맹
犬 11획 3급II

犭 犭 犳 猛 猛 猛

㊂ 勇/烈/暴

사납기로 첫째가는
짐승이니 = 사납다

猛獸 猛烈 猛暑 勇猛 猛活躍

(맹수) (맹렬) (맹서) (용맹) (맹활약)

宅 집 택/댁
宀 6획 5급II

丶 宀 宀 宅 宅 宅

㊂ 宮/館/閣/庫/軒

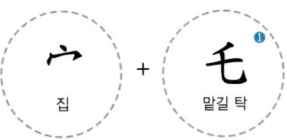

❶ 乇(맡길 탁) : 땅 위로 올라오는 새싹을 지지대에
묶은 모양

사람이 몸을
맡기고 사는 집이니 = 집

(요점만 콕)

社宅 私宅 住宅 幽宅 宅地 宅配 貴宅 宅內

(사택) (사택) (주택) (유택) (택지) (택배) (귀댁) (댁내)

托 맡길 탁
手 6획 3급

一 扌 扌 扩 托 托

㊂ 委

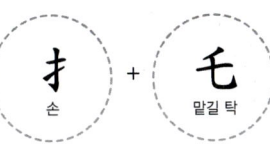

손에 든
물건을 맡기니 = 맡기다

依托 內托 托生(세상에 태어나서 살아감)

(의탁) (내탁) (탁생)

요점만 콕!

☑ 孟(맏 맹)은 중국의 사상가였던 '맹자(孟子)'를 나타내기도 해요.
- 맏이 ▶ 孟仲季(맹중계) 孟春(맹춘) 孟冬(맹동) 孟浪(맹랑)
- 맹자 ▶ 孟子(맹자) 孟母三遷(맹모삼천) 孟母斷機(맹모단기)

☑ 宅(집 택, 집 댁)
- 상대방의 집을 높여 부를 때 '댁'으로 발음 ▶ 貴宅(귀댁), 宅內(댁내), 할머니 댁(宅)

存 있을 존
子 6획 4급
ナ 才 才 存 存
≡ 在

모인 사람들 중에
아들도 있으니 = 있다

存在 存續 存廢 常存 殘存 賦存(천부적으로 존재하는 일)
(존재) (존속) (존폐) (상존) (잔존) (부존)

在 있을 재
土 6획 6급
一 ナ 才 才 存 在
≡ 有/存   ↔ 無

모인 사람들이
땅 위에 있으니 = 있다

在庫 在籍 散在 殘在 潛在 介在 駐在 偏在
(재고) (재적) (산재) (잔재) (잠재) (개재) (주재) (편재)

安 편안 안
宀 6획 7급II
丶 ᄼ 宀 宁 安 安
≡ 便/康/寧   ↔ 危/殆

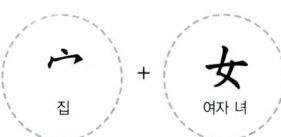

집에 여자인 엄마나
부인이 있어야 편하니 = 편안

安寧 安易 安逸 安靜 安否 安危 慰安
(안녕) (안이) (안일) (안정) (안부) (안위) (위안)

案 책상/생각 안
木 10획 5급
宀 宁 安 安 案 案

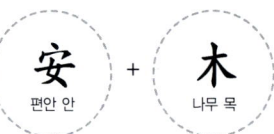

편안히 공부하고 생각하도록
나무로 만든 것이니 = 책상/생각

案件 議案 妙案 懸案 腹案 案內 妥協案 酒案床
(안건) (의안) (묘안) (현안) (복안) (안내) (타협안) (주안상)

宴 잔치 연
宀 10획 3급II
宀 宀 宴 宴 宴 宴

집에서 여자가
필요한 날이니 = 잔치

宴會 壽宴 回甲宴
(연회) (수연) (회갑연)

官 벼슬 관
宀 8획 4급II

宀 宁 宁 官 官

= 仕/爵/卿/吏 ↔ 民

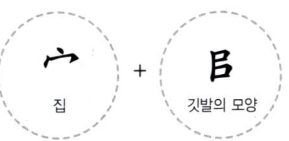

깃발이 걸려있는 집인
관청에 있는 사람들이니 = 벼슬

官廳 官僚 官吏 官公署 貪官汚吏
(관청) (관료) (관리) (관공서) (탐관오리)

管 대롱/주관할 관
竹 14획 4급

⺮ 笁 笁 筥 筥 管

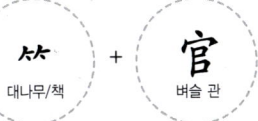

대나무로 만든 피리를 불며
벼슬아치들이 행사를 주관하니 = 대롱/주관하다

管理 主管 保管 雷管 管掌 管樂器 管制塔 眞空管
(관리) (주관) (보관) (뇌관) (관장) (관악기) (관제탑) (진공관)

館 집 관
食 17획 3급II

𠂉 𠂉 飣 飣 館 館

= 宮/軒/宅/院
日 舘 中 馆

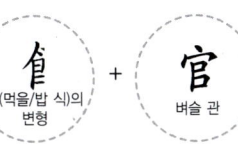

벼슬아치들이
먹고 자는 곳이니 = 집

公館 旅館 大使館 博物館
(공관) (여관) (대사관) (박물관)

追 쫓을/따를 추
辶 10획 3급II

𠂉 𠂉 𠂉 𠂉 追

= 逐/從/遵

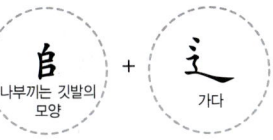

병사들이
나부끼는 깃발을 따라가니 = 쫓다/따르다
(뉘앙스 콕 p195)

追憶 追從 追慕 追伸 追擊 擊追
(추억) (추종) (추모) (추신) (추격) (격추)

遣 보낼 견
辶 14획 3급

虫 串 書 書 書 遣

= 送/輸 ↔ 迎

모인 사람들 중에서
대표를 뽑아 깃발을 들고 가게 하니 = 보내다

派遣 遣歸(본래 있던 곳으로 보냄)
(파견) (견귀)

帥 장수 수

巾 9획 3급II

户 自 自 自 帥 帥

= 　　　↔
⊕ 　日 　⊕

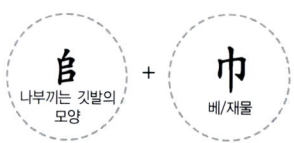

삼베로 만든 나부끼는 깃발 아래
많은 병사를 거느린 사람이니 = 장수(군사를 거느리는 우두머리)

將帥　元帥　總帥　統帥權
(장수)(원수)(총수)(통수권)

師 스승 사

巾 10획 4급II

户 自 自 自 師 師

= 　　　↔ 弟
⊕ 师　日　⊕ 师

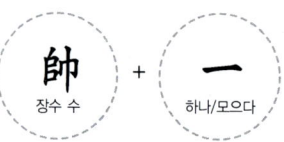

장수를 키워 낸
하나 뿐인 사람이니 = 스승
(요점만 콕)

醫師　師團　禪師　看護師　料理師　師範學校
(의사)(사단)(선사)(간호사)(요리사)(사범학교)

宮 집/궁궐 궁

宀 10획 4급II

宀 宀 宀 宮 宮 宮

= 宅/館/閣/軒　↔
⊕ 　日　⊕

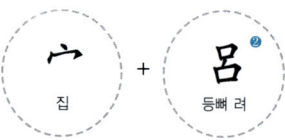

❷ 呂(등뼈 려) : 등뼈의 모양

여러 채의 집이
등뼈처럼 이어진 곳이니 = 집/궁궐

宮殿　龍宮　皇宮　尚宮　宮刑　景福宮
(궁전)(용궁)(황궁)(상궁)(궁형)(경복궁)

害 해할 해

宀 10획 5급II

宀 宀 宀 宇 害 害

= 損　↔ 利
⊕ 　日　⊕

집안에 쌓여 있는 가족 간의
불평불만은 서로에게 상처를 주니 = 해하다

損害　被害　妨害　傷害　弊害　迫害　旱害　殺害　害蟲
(손해)(피해)(방해)(상해)(폐해)(박해)(한해)(살해)(해충)

割 벨 할

刀 12획 3급II

宀 宀 宁 宝 害 割

= 分/別　↔
⊕ 　日　⊕

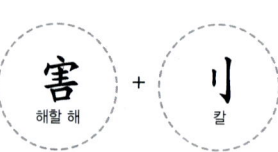

해로운 부분을
칼로 베어내니 = 베다

割腹　割賦　割當　割引　割增　分割　役割
(할복)(할부)(할당)(할인)(할증)(분할)(역할)

憲 법 헌
心 16획 4급

宀 宀 宪 寍 憲 憲

= 法/律/規/範 ↔
日 中 宪

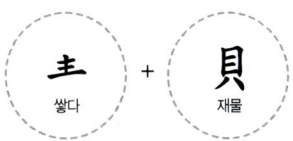

남을 해치지 못하게
법을 만들어 마음 편하게 살도록 하니 = 법

憲法 憲兵 制憲 違憲 黨憲 司憲府
(헌법) (헌병) (제헌) (위헌) (당헌) (사헌부)

責 꾸짖을 책
貝 11획 5급Ⅱ

十 主 丰 責 責

= 任 ↔ 讚/頌
日 中 责

쌓은 재물을
남을 위해 베풀지 않으면 = 꾸짖다
(뉘앙스 콕 p196)

責任 責務 總責 自責 問責 免責
(책임) (책무) (총책) (자책) (문책) (면책)

債 빚 채
人 13획 3급Ⅱ

亻 亻 亻 佳 債 債

= ↔
日 中 债

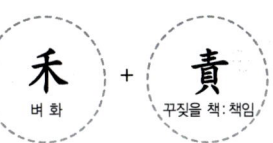

사람이 책임져야 하는
것이니 = 빚(남에게 갚아야 할 돈)
(뉘앙스 콕 p196)

負債 國債 債務 卜債 債券 債權 會社債
(부채) (국채) (채무) (복채) (채권) (채권) (회사채)

積 쌓을 적
禾 16획 4급

禾 衤 秼 秼 積 積

= 貯/蓄 ↔ 崩/壞
日 中 积

禾 벼 화 + 責 꾸짖을 책:책임

자기가 맡은
벼를 책임지고 쌓으니 = 쌓다

積金 積善 露積 積雪量
(적금) (적선) (노적) (적설량)

 요점만 콕!

☑ 직업 명칭에 사용되는 士, 師, 事는 각각 쓰임이 달라요
- **士**(선비 사) 주로 공인된 전문기능직에 사용
  ▶ 辯護士(변호사) 博士(박사) 公認仲介士(공인중개사) 會計士(회계사) 辨理士(변리사) 營養士(영양사)
- **師**(스승 사) 사람을 지도하는 역할의 직명, 의술 및 기타 전통적인 기술직에 사용
  ① 스승 ▶ 牧師(목사) 教師(교사) ② 의술 종사자 ▶ 醫師(의사) 看護師(간호사) 韓醫師(한의사)
  ③ 전통 기술직 ▶ 理髮師(이발사) 料理師(요리사) 寫眞師(사진사)
- **事**(일 사) 사건을 판단하고 조사하는 직업에 사용 ▶ 判事(판사) 檢事(검사) 道知事(도지사) 監事(감사)

績 길쌈 적

糸 17획 4급

糸 糹 絎 結 績 績

= 紡績 성적 실적 공적 업적 치적 행적
(방적) (성적) (실적) (공적) (업적) (치적) (행적)

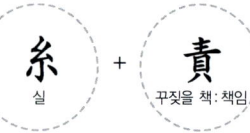

실 한올한올을 **책임져** 만드는
것이니 = **길쌈**(실을 내어 옷감을 짜는 모든 일을 통틀어 이르는 말)

紡績 成績 實績 功績 業績 治績 行績 *紡: 실뽑을 방
(방적) (성적) (실적) (공적) (업적) (치적) (행적)

家 집 가

宀 10획 7급II

宀 宂 宁 宇 家 家

= 宅/宮/館/閣

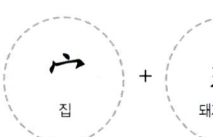

집에 **많은**
식구가 사니 = **집**

家計 家譜 家畜 廢家 家屬 國家 畵家
(가계) (가보) (가축) (폐가) (가속) (국가) (화가)

逐 쫓을 축

辶 11획 3급

一 丁 豕 豕 豖 逐

= 追/從/遵

많은 사람들이
이리저리 쫓아**가니** = **쫓다**

(요점만 콕/뉘앙스 콕 p195)

逐出 驅逐 角逐戰
(축출) (구축) (각축전)

豚 돼지 돈

豕 11획 3급

月 月 厂 肵 肵 豚

= 亥

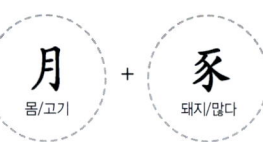

몸에 살이
많은 동물이니 = **돼지**

養豚 種豚 豚舍 豚肉
(양돈) (종돈) (돈사) (돈육)

隊 무리 대

阜 12획 4급II

阝 阝 阡 阼 隊 隊

= 衆/徒/群/黨 ↔ 獨
队

언덕 아래 **사람**들이
많이 무리 지어 있으니 = **무리**

隊商 部隊 編隊 縱隊 橫隊 探險隊
(대상) (부대) (편대) (종대) (횡대) (탐험대)

 드디어 **수**

辶 13획 3급

八 厶 爫 豖 豕 遂

 나누다/사람들 +  돼지/많다 +  가다

무리를 **나눈 많은** 사람들이
함께 **가서** 마침내 큰 일을 이루니 = **드디어**

遂行 未遂 完遂
(수행) (미수) (완수)

 코끼리/모양 **상**

豕 12획 4급

 코끼리/모양 상

코끼리의
모양 = **코끼리/모양**

(요점만 콕 – p345, 뉘앙스 콕 p196)

象牙 具象 抽象 氣象 印象 象徵 觀象臺
(상아) (구상) (추상) (기상) (인상) (상징) (관상대)

 모양 **상**

人 14획 3급Ⅱ

姿/樣/貌/態

 사람 + 코끼리/모양 상

사람이 **코끼리**
모양을 흉내내니 = **모양**

(요점만 콕 – p345, 뉘앙스 콕 p196)

映像 虛像 銅像 想像 群像 氣像
(영상) (허상) (동상) (상상) (군상) (기상)

 미리 **예**

豕 16획 4급

予 予 豫 豫 豫 豫

 나 여 + 코끼리/모양 상

자신이 죽을 때를 알고
코끼리가 미리 무덤을 찾아가니 = **미리**

豫感 豫告 豫防 豫報 豫審 豫選 猶豫(망설여 일을 결행하지 아니함)
(예감) (예고) (예방) (예보) (예심) (예선) (유예)

 요점만 콕!

☑ 逐(쫓을 축), 追(쫓을 추)와 從(좇을 종)의 뜻인 '좇다'와 '쫓다'의 구분에 유의하세요
- 좇다 : 남에게 복종하다. 목표 등을 추구하다 ▶ 主從(주종) 侍從(시종) 從屬(종속) 從軍(종군)
- 쫓다 : 잡기 위해 뒤를 급히 따르다. 어떤 자리에서 몰아내다 ▶ 追憶(추억) 追擊(추격) 逐出(축출) 驅逐(구축)

☑ 象(코끼리/모양 상)과 像(모양 상)은 각각 쓰임이 달라요
- 象 : 자연이나 추상적인 모습에 사용 ▶ 森羅萬象(삼라만상) 象形文字(상형문자) 氣象(기상)
- 像 : 사람과 관계되거나 인위적인 것에 사용 ▶ 銅像(동상) 偶像(우상) 氣像(기상) 現像(현상)

緣 인연 연
糸 15획 4급

紀 紀 紀 絎 絎 緣 緣

糸(실) + 彖(판단할 단)

❶ 彖(판단할 단) : 힘써(彑) 양이 많고(豕) 적음을 판단하니

끊어진 **실**을 잇 듯 잘 **판단하여**
서로를 이어주니 = **인연**(사람들 사이에 맺어지는 관계)

因緣 血緣 學緣 結緣 奇緣 緣故 緣由 緣木求魚
(인연) (혈연) (학연) (결연) (기연) (연고) (연유) (연목구어)

寒 찰 한
宀 12획 5급

宀 宀 宊 宲 寒 寒

≡ 冷   ⇔ 溫/暖/熱

寒(틈 하) + 冫(차다)

❷ 寒(틈 하) : 벽에 생긴 틈의 모양

틈 사이로
찬 기운이 들어오니 = **차다**

寒流 寒冷 耐寒 惡寒 嚴冬雪寒 凍氷寒雪
(한류) (한랭) (내한) (오한) (엄동설한) (동빙한설)

塞 막힐 색
    변방 새
土 13획 3급Ⅱ

宀 宀 宊 宲 寒 塞

≡ 滯

寒(틈 하) + 土(흙 토)

틈을 **흙**으로 메워
막으니 = **막히다/변방**(나라의 경계가 되는 변두리 땅)

窮塞 拔本塞源 要塞 塞翁之馬
(궁색) (발본색원) (요새) (새옹지마)

寫 베낄 사
宀 15획 5급

宀 宀 宮 寫 寫 寫

写   寫   写

宀(집) + 臼(절구 구) + 勹(싸다) + 灬(불)

집에 있는 **절구**와 화로에 **싸여있는 불**을
베껴 그리니 = **베끼다**(글이나 그림 등을 원본 그대로 옮겨 쓰다)

寫眞 寫生 複寫 模寫 映寫機 被寫體
(사진) (사생) (복사) (모사) (영사기) (피사체)

 뉘앙스 콕!

- **免責**(면책) : 책임이나 책망을 면함 ▶ 그의 잘못은 면책(免責)이 불가능하다.
- **面責**(면책) : 대면한 자리에서 책망함 ▶ 그는 상사의 면책(面責)이 두려웠다.
- **債券**(채권) : 회사 등이 자금을 차입하기 위해 발행하는 유가 증권 ▶ 발행된 채권(債券)을 매입하다.
- **債權**(채권) : 특정인이 다른 사람에게 어떤 행위를 청구할 수 있는 권리 ▶ 채권(債權)과 채무
- **氣象**(기상) : 비 눈 바람 등 대기 중에서 일어나는 물리적 현상 ▶ 올해는 유난히 기상(氣象) 변화가 심하다
- **氣像**(기상) : 사람의 타고난 기개나 마음씨 ▶ 우리 양궁 선수들은 활발한 기상(氣像)을 보인다

19일째 복습하기

복습 1 다음 한자를 큰 소리로 읽어 보세요. (2번 이상)

孤	厚	承	蒸	孟	猛	宅	托	存	在
安	案	宴	官	管	館	追	遣	帥	師
宮	害	割	憲	責	債	積	績	家	逐
豚	隊	遂	象	像	豫	緣	寒	塞	寫

복습 2 다음 훈음에 해당되는 한자를 쓰세요. 물론 윗부분은 감추고…

외로울 고	두터울 후	이을 승	찔 증	맏 맹	사나울 맹	집 택/댁	맡길 탁	있을 존	있을 재
편안 안	책상 안	잔치 연	벼슬 관	주관할 관	집 관	따를 추	보낼 견	장수 수	스승 사
집 궁	해할 해	벨 할	법 헌	꾸짖을 책	빚 채	쌓을 적	길쌈 적	집 가	쫓을 축
돼지 돈	무리 대	드디어 수	코끼리 상	모양 상	미리 예	인연 연	찰 한	막힐 색	베낄 사

복습 3 단어로 복습하기. 다음 뜻에 맞는 한자어를 한자로 쓰세요.

고적 (	) 외롭고 쓸쓸함	장수가 부하들에게 명령을 내리다. ( )
구축 (	) 어떤 세력을 몰아서 쫓아냄	아침에 할인된 가격으로 영화를 보다. ( )
증발 (	) 액체가 기체로 변함	사업에 실패하여 부채에 시달리다. ( )
맹랑 (	) 만만히 볼 수 없을 만큼 똑똑함	상대의 청혼을 승낙하다. ( )
맹렬 (	) 기세가 사납고 세참	부모님은 양돈 농장을 하신다. ( )
의탁 (	) 어떤 것에 몸이나 마음을 맡김	살인 미수로 재판을 받았다. ( )
연회 (	) 음식과 술을 먹으며 즐기는 모임	상상도 하지 못했다. ( )
공관 (	) 고위 관리가 공적으로 쓰는 건물	그들은 모두 예심을 통과하였다. ( )
추억 (	) 지난 일을 돌이켜 생각함	속세와의 인연을 끊다. ( )
파견 (	) 임무를 맡겨 사람을 보냄	요새를 포위하고 공격하다. ( )

孤寂/驅逐/蒸發/孟浪/猛烈/依托/宴會/公館/追憶/派遣　　將帥/割引/負債/承諾/養豚/未遂/想像/豫審/因緣/要塞

현쌤의 응원

상대의 학식이나 재주가 놀랄 만큼 늘어 눈을 비비고 다시 보듯 [刮目相對(괄목상대)]
한자선생님이 여러분의 실력에 놀라도록 딱 47일만 노력합시다^^
오늘도 열심히 아자아자!!

20일째

寅 범/동방/지지 인
宀 11획 3급
宀 宂 宦 审 宙 寅
= 虎

 +  +  + 八
집   모으다/하나   말미암을 유   나누다/사람들

집에 모아둔 고기가 바닥난 일로 말미암아
사람들이 범을 잡으러 가니 = 범/동방/셋째 지지(범)   (요점만 콕- p481)

寅時 甲寅年
(인시) (갑인년)

演 펼 연
水 14획 4급II
氵 氵 氵 氵 氵 演
= 展/伸/敍/述

氵 + 寅
물   범/동방/지지 인

물에 범이
빠지면 팔다리를 펴니 = 펴다

主演 助演 熱演 演劇 演出 演技 演說 演藝人
(주연) (조연) (열연) (연극) (연출) (연기) (연설) (연예인)

侵 침노할 침
人 9획 4급II
亻 亻 亻 侵 侵 侵
= 犯

亻 + 룻
사람   침범할 침

❶ 룻(침범할 침) : 힘써(⺕) 누르고 덮어(冖)
다스리기(又) 위해 침범하니

사람들이 침범하니
= 침노하다(남의 나라를 불법으로 쳐들어가다)   (뉘앙스 콕 p206)

侵犯 侵攻 侵略 侵掠 侵奪
(침범) (침공) (침략) (침략) (침탈)

寢 잘 침
宀 14획 4급
宀 宀 宀 宀 寢 寢
= 宿/眠

宀 + 爿 + 룻
집   장수/조각   침범할 침

집안에 침범한 장수들이
조각을 침대로 사용하니 = 자다

寢室 寢臺 寢具 起寢 就寢 不寢番
(침실) (침대) (침구) (기침) (취침) (불침번)

잠길 침

水 10획 3급II

氵氵氵沪浔浸浸

= 沈/潛　↔ 浮

❶ 曼(침범할 침) : 힘써(ヨ) 누르고 덮어(冖)
다스리기(又) 위해 침범하니

물이
침범하니 = 잠기다

(요점만 콕)

浸水　浸透　浸禮敎

(침수) (침투) (침례교)

마디/헤아릴 촌

寸 3획 8급

一十寸

= 節

손목에서 맥박이 뛰는 자리까지를 뜻하며,
한 마디는 길이를 재는 기준이 되므로 = 마디/헤아리다

三寸　寸數　寸刻　寸劇　寸評　寸鐵殺人

(삼촌) (촌수) (촌각) (촌극) (촌평) (촌철살인)

마을 촌

木 7획 7급

一十才木村村

= 里

나무를 잘 헤아려
질서있게 심어 둔 곳이니 = 마을

農村　漁村　村落　散村　鑛山村

(농촌) (어촌) (촌락) (산촌) (광산촌)

지킬 수

宀 6획 4급II

丶宀宀守守

= 衛　↔ 討/征/擊

집에서도 서로를
잘 헤아려 예의를 지켜야 하니 = 지키다

守備　看守　嚴守　遵守　攻守　郡守　守舊派　守錢奴

(수비) (간수) (엄수) (준수) (공수) (군수) (수구파) (수전노)

요점만 콕!

- ☑ 寅(범 인)은 십이지지 중 세 번째 동물인 호랑이를 상징해요 (요점만 콕 p481)
- ☑ 沈(잠길 침)과 浸(잠길 침)은 뜻이 조금 달라요
  - 沈 : 물 속에 담구거나 가라 앉아 헤어나지 못함 ▶ 沈沒(침몰) 浮沈(부침, 물위에 떠올랐다 잠겼다 함)
  - 浸 : 물이 스며들거나 적심 ▶ 浸透(침투) 浸禮敎(침례교) 浸水(침수)

尋 찾을 심
寸 12획 3급

ㅋ ㅋ 큐 큐 尋 尋

= 訪

힘써 물건을 잘 만들기 위하여
사람이 방법을 헤아리고 구하니 = 찾다

尋訪　推尋　尋常(대수롭지 않고 예사로움)
(심방) (추심) (심상)

寺 절 사 / 관청 시
寸 6획 4급II

一 十 土 士 寺 寺

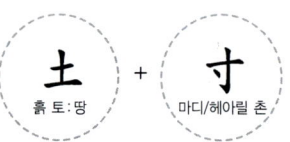

* 나라의 땅을 잘 헤아려 관리하던 곳이니 = 관청
* 관청에서 절을 관리했으니 = 절

寺院　佛國寺　小林寺
(사원) (불국사) (소림사)

待 기다릴 대
彳 9획 6급

彳 彳 彳 彳 待 待

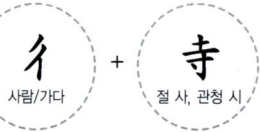

사람이 관청에서
일을 보기 위해 = 기다리다
(요점만 콕)

待期　待避　待遇　優待　招待　歡待　厚待　恭待　賤待
(대기) (대피) (대우) (우대) (초대) (환대) (후대) (공대) (천대)

特 특별할 특
牛 12획 6급

牜 牛 牜 牛 特 特

소는 관청에서
특별한 날에만 잡으니 = 특별하다

特別　特殊　特異　特採　特派　特徵　獨特　超特級
(특별) (특수) (특이) (특채) (특파) (특징) (독특) (초특급)

等 무리/등급 등
竹 12획 6급II

竹 竺 竺 笁 等 等

= 衆/徒/隊/黨, 級

여러 가지 책들이 관청에
등급별로 무리 지어 있으니 = 무리/등급
(요점만 콕)

等級　等差　吾等　差等　降等　均等　越等　劣等感
(등급) (등차) (오등) (차등) (강등) (균등) (월등) (열등감)

時 때 시
日 10획 7급II

日 日 旷 旷 時 時

时

日(해/날 일) + 寺(절 사, 관청 시)

날마다 관청에서
시간을 알려주니 = 때

時間 時刻 時點 隨時 臨時 暫時 卽時 時限附
(시간) (시각) (시점) (수시) (임시) (잠시) (즉시) (시한부)

詩 시 시
言 13획 4급II

言 計 訐 詩 詩 詩

诗

言(말씀 언) + 寺(절 사, 관청 시)

윗사람의 말씀을
관청에서 시로 남기니 = 시

童詩 敍情詩 敍事詩 詩篇 詩評 詩想
(동시) (서정시) (서사시) (시편) (시평) (시상)

持 가질 지
手 9획 4급

扌 扌 扩 拌 持 持

取

扌(손) + 寺(절 사, 관청 시)

관청에 제출할 서류를
손에 들고 있으니 = 가지다

持病 持參 維持 支持 所持 持久力 持續性
(지병) (지참) (유지) (지지) (소지) (지구력) (지속성)

侍 모실 시
人 8획 3급II

亻 亻 亻 侍 侍 侍

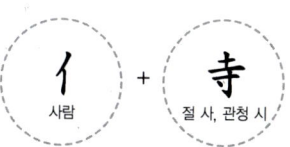
亻(사람) + 寺(절 사, 관청 시)

사람들이 관청의
벼슬아치를 = 모시다

侍女 侍從 內侍 尊侍(나이가 많은 웃어른과 나이가 적은 아랫사람)
(시녀) (시종) (내시) (존시)

 요점만 콕!

☑ **待(기다릴 대)는 '대접하다' 라는 뜻으로도 쓰여요**
- 기다리다 : 待合室(대합실) 待命(대명) 待望(대망) 待期(대기) 期待(기대) 待避(대피)
- 대접하다 : 待接(대접) 接待(접대) 待遇(대우) 優待(우대) 應待(응대) 恭待(공대) 賤待(천대)

☑ **等(무리/등급 등)은 '같다' 라는 뜻으로도 쓰여요**
- 무리 : 等等(등등) 吾等(오등, 우리들) 余等(여등, 우리들) 汝等(여등, 너희들)
- 등급 : 等級(등급) 等差(등차) 優等(우등) 降等(강등) 越等(월등) 劣等感(열등감)
- 같다 : 等號(등호) 比等(비등) 等比(등비) 對等(대등) 等高線(등고선) 等質(등질)

정말이지 쉬운 한자 **201**

射 쏠 사
寸 10획 4급

丿 丌 阜 身 射 射

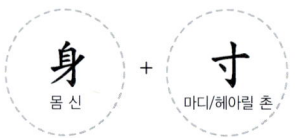

총이나 활을 몸에 붙이고
손마디로 방아쇠를 당기니 = 쏘다

射擊 射殺 亂射 應射
(사격) (사살) (난사) (응사)

謝 사례할 사
言 17획 4급Ⅱ

訂 訉 詢 謝 謝 謝

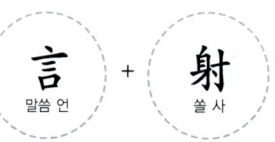

말을 활 쏘듯 많이 하여
고마움을 표시하니 = 사례하다

謝禮 謝絶 感謝 厚謝 謝肉祭 新陳代謝
(사례) (사절) (감사) (후사) (사육제) (신진대사)

討 칠 토
言 10획 4급

亠 丷 言 訁 討 討

伐/擊/拍/征   讨

말로 상대의 약점을
헤아려 공격하니 = 치다

討論 討伐 討議 檢討 聲討 討索(돈이나 물건 등을 억지로 달라고 함)
(토론) (토벌) (토의) (검토) (성토) (토색)

專 오로지 전
寸 11획 4급

旦 甫 重 叀 專 專

專   专

❶ 叀(삼갈 전) : 물레의 모양, 물레를 사용할 때는 조심해서 사용해야 하니

물레는 실을 잘 헤아려
한 방향으로만 돌려야 하니 = 오로지

專攻 專務 專屬 專橫 專有物
(전공) (전무) (전속) (전횡) (전유물)

傳 전할 전
人 13획 5급Ⅱ

个 伯 恃 傅 傳

伝   伝   传

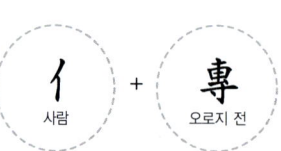

사람만이 오로지
할 수 있는 것이니 = 전하다

傳承 傳單 傳染 宣傳 遺傳 評傳 自敍傳
(전승) (전단) (전염) (선전) (유전) (평전) (자서전)

轉 구를 전
車 18획 4급

車 軒 軻 軻 轉 轉

= 転　日 転　中 转

 + 專
수레 차/거　　오로지 전

수레의 바퀴는
오로지 굴러가니 = 구르다

(뉘앙스 콕 p206)

轉勤 轉業 轉換 轉役 逆轉 輪轉機
(전근) (전업) (전환) (전역) (역전) (윤전기)

團 둥글 단
囗 14획 5급Ⅱ

同 周 圑 團 團 團

= 丸/圓
日 団　中 団

 +
싸다/둥글다　　오로지 전

사람들이 모이면
오로지 둥글게 앉으니 = 둥글다

集團 球團 團束 團體 團結 調査團 合唱團
(집단) (구단) (단속) (단체) (단결) (조사단) (합창단)

惠 은혜 혜
心 12획 4급Ⅱ

一 日 申 叀 惠 惠

= 恩
日 恵　中

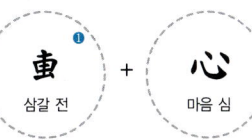
삼갈 전　　　마음 심

❶ 叀(삼갈 전) : 물레의 모양. 물레를 사용할 때는 조심해서 사용해야 하니

은혜를 입으면
삼가는 마음이 생기니 = 은혜

恩惠 施惠 互惠 慈惠 惠澤 惠存(저서 등을 드릴 때 상대의 이름 아래에 쓰는 말)
(은혜) (시혜) (호혜) (자혜) (혜택) (혜존)

對 대할 대
寸 14획 6급Ⅱ

业 业 业 丵 對

= 対　日 対　中 对

 +  + 一 + 寸
무성하다　무성하다　하나/모으다　마디/헤아릴 촌

사람들이 무성하고 무성하게 많이 모여 있으면
서로를 잘 헤아려 대해야 하니 = 대하다(어떤 태도로 상대하다)

對話 對象 對與 對偶 對稱 對照 對策 對替
(대화) (대상) (대여) (대우) (대칭) (대조) (대책) (대체)

業 일/업 업
木 13획 6급Ⅱ

业 业 业 丵 業 業

= 事
日　中

 + 羊 +
무성하다　무성하다　나무 목

무성하고 무성한 나뭇잎처럼
일이 많으니 = 일/업 (몸과 입과 마음으로 짓는 선악의 소행)

業績 職業 作業 鑛業 怠業 罷業 畜産業 業報
(업적) (직업) (작업) (광업) (태업) (파업) (축산업) (업보)

小 작을 소
小 3획 8급

丁 小 小

= 　　⇔ 大

곡식의 낱알이
작게 흩어져 있는 모양 = 작다

小腸　小麥　小食　微小
(소장) (소맥) (소식) (미소)

少 적을/젊을 소
小 4획 7급

丁 小 小 少

= 寡　　⇔ 多, 老

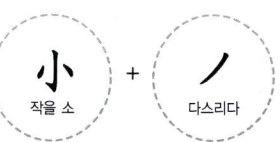

* 작은 것을 다스려도 그 수는 적으니 = 적다
* 나이가 적으니 = 젊다

少額　少領　稀少　寡少　少壯派　老少　青少年
(소액) (소령) (희소) (과소) (소장파) (노소) (청소년)

省 살필 성 / 덜 생
目 9획 6급Ⅱ

丁 小 少 少 省 省

= 審/察, 損/除　　⇔ 益/增/添

눈을 작게
뜨고 있으니 = 살피다/덜다

反省　省墓　歸省　省察　昏定晨省　省略
(반성) (성묘) (귀성) (성찰) (혼정신성) (생략)

妙 묘할 묘
女 7획 4급

女 女 女 如 妙 妙

= 巧　　⇔

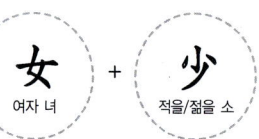

젊은 여자의 마음은
알 수가 없으니 = 묘하다

巧妙　微妙　絶妙　妙手　妙案　妙計　妙策
(교묘) (미묘) (절묘) (묘수) (묘안) (묘계) (묘책)

沙 모래 사
水 7획 3급Ⅱ

氵 氵 氵 沙 沙 沙

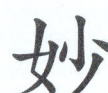

물이 빠져
적어지면 보이는 것이니 = 모래

沙漠　沙器　沙果　黃沙
(사막) (사기) (사과) (황사)

뽑을 초

手 7획 3급

一 才 扌 扒 抄 抄 抄

⊜ 抽/拔/募   ⇔
🔊   🇯   🇨

손으로
조금씩 뽑으니 = **뽑다**

抄本 抄錄

(초본) (초록)

분초 초

禾 9획 3급

二 千 禾 利 秒 秒

⊜   ⇔
🔊   🇯   🇨

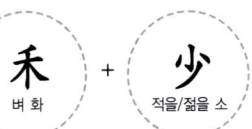

벼가 자라는데
걸린 시간의 가장 적은 단위니 = **분초**

分秒 秒速 秒針

(분초) (초속) (초침)

못할 렬

力 6획 3급

丨 亅 小 少 劣 劣

⊜ 拙   ⇔ 優/秀
🔊   🇯   🇨

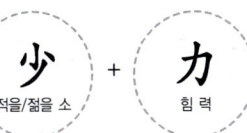

적은 힘이니
= **못하다**(못나다/미치지 못하다)

劣等 劣勢 劣惡 優劣 愚劣 卑劣 庸劣 拙劣

(열등) (열세) (열악) (우열) (우열) (비열) (용렬) (졸렬)

오히려/높을 상

小 8획 3급II

亅 亠 冋 冋 尙 尙

⊜ 高/崇, 猶   ⇔
🔊   🇯   🇨

작은 울타리도 사람이
만들다 보면 점점 높아지니 = **오히려/높다**

(뉘앙스 콕 p206)

尙存 崇尙 尙武 高尙 和尙('중'을 높여 이르는 말)

(상존) (숭상) (상무) (고상) (화상)

상줄 상

貝 15획 5급

尙 尙 尚 賞 賞 賞

⊜   ⇔ 罰
🔊   🇯   🇨 賞

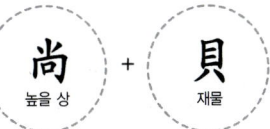

높은 공을 세운
사람에게 재물을 주니 = **상을 주다**

大賞 副賞 鑑賞 賞金 賞與金 賞春客 懸賞金

(대상) (부상) (감상) (상금) (상여금) (상춘객) (현상금)

償 갚을 상
人 17획 3급II

亻 伫 俨 偿 僧 償

 +
亻(사람) + 賞(상줄 상)

사람에게 상을
주어 그 사람의 공을 = 갚다

報償 辨償 償還 求償權
(보상) (변상) (상환) (구상권)

裳 치마 상
衣 14획 3급II

峃 堂 労 堂 裳 裳

尚(높을 상) + 衣(옷 의)

윗옷 아래에
입는 옷이니 = 치마

衣裳 同價紅裳
(의상) (동가홍상)

常 항상/떳떳할 상
巾 11획 4급II

⺍ 崙 峃 常 常 常

≡ 庸   ↔ 班

尚(높을 상) + 巾(베/재물)

높은 사람의 집에는 늘
재물이 있으니 = 항상/떳떳하다

(요점만 콕/뉘앙스 콕 p206)

恒常 凡常 班常 常存 常溫 常勤 常務 常識 沒常識
(항상) (범상) (반상) (상존) (상온) (상근) (상무) (상식) (몰상식)

요점만 콕!

✓ 班常(반상)에서 班(반)과 常(상)은 서로 반대의 뜻을 가져요 (班은 양반을, 常은 평민을 나타냄)
- 兩班(양반) : 고려와 조선 시대 지배층을 이루던 신분. 원래 관료 체제를 이루는 동반과 서반을 일렀으나 점차 그 가족이나 후손까지 포괄하여 이르게 되었다.
- 東班(동반) : 양반 가운데 문반(文班)을 달리 이르던 말
- 西班(서반) : 무반(武班)을 달리 이르는 말. = 호반(虎班)
- 궁중의 조회 때 문관은 동쪽에, 무관은 서쪽에 벌여 선 데서 유래

뉘앙스 콕!

✓ • 侵掠(침략) : 남의 나라를 불법으로 쳐들어가서 약탈함 ▶ 해안지역에 왜구의 침략(侵掠)이 심했다.
- 侵略(침략) : 정당한 이유 없이 남의 나라에 쳐들어감 ▶ 적들의 침략(侵略)에 대항하다.

✓ • 空轉(공전) : 바퀴 등이 헛돎. 일이나 행동이 헛되이 진행됨 ▶ 협상이 공전(空轉)하다가 결렬되었다.
- 公轉(공전) : 한 천체가 다른 천체의 둘레를 주기적으로 도는 일 ▶ 지구의 공전(公轉)과 자전

✓ • 尙存(상존) : 아직 그대로 있음 ▶ 아직도 여러 곳에서 일제의 잔재가 상존(尙存)하고 있다.
- 常存(상존) : 언제나 존재함 ▶ 건설 현장에는 사고 위험이 상존(常存)한다.

20일째 복습하기

복습 1 다음 한자를 큰 소리로 읽어 보세요. (2번 이상)

寅	演	侵	寢	浸	寸	村	守	尋	寺
待	特	等	時	詩	持	侍	射	謝	討
專	傳	轉	團	惠	對	業	小	少	省
妙	沙	抄	秒	劣	尙	賞	償	裳	常

복습 2 다음 훈음에 해당되는 한자를 쓰세요. 물론 윗부분은 감추고…

범 인	펼 연	침노할 침	잘 침	잠길 침	마디 촌	마을 촌	지킬 수	찾을 심	절 사
기다릴 대	특별할 특	무리 등	때 시	시 시	가질 지	모실 시	쏠 사	사례할 사	칠 토
오로지 전	전할 전	구를 전	둥글 단	은혜 혜	대할 대	일 업	작을 소	적을 소	살필 성
묘할 묘	모래 사	뽑을 초	분초 초	못할 렬	오히려 상	상줄 상	갚을 상	치마 상	항상 상

복습 3 단어로 복습하기. 다음 뜻에 맞는 한자어를 한자로 쓰세요.

연예 (	) 대중 앞에서 쇼나 음악 등을 공연함	경기가 순식간에 역전되었다. (	)
초본 (	) 원본 일부를 베낀 문서	문명의 혜택을 받다. (	)
침대 (	) 사람이 잘 수 있도록 만든 가구	둘 사이에 미묘한 감정이 생기다. (	)
침투 (	) 액체 등이 스며들어 뱀	사과나무를 길렀다. (	)
준수 (	) 규칙이나 명령 등을 그대로 지킴	외적에게 침범을 당하다. (	)
추심 (	) 찾아내서 가지거나 받아냄	시계의 초침 소리가 들렸다. (	)
내시 (	) 조선 시대 궁중의 남자 내관	근무 환경이 매우 열악하다. (	)
사격 (	) 대포나 총, 활 등을 쏨	그녀는 고상한 취미를 가졌다. (	)
토색 (	) 돈이나 물건 등을 억지로 달라고 함	깨뜨린 그릇을 변상하다. (	)
전횡 (	) 권세를 혼자 쥐고 제 마음대로 함	화려한 의상을 입고 무대에 서다. (	)

演藝/抄本/寢臺/浸透/遵守/推尋/內侍/射擊/討索/專橫　　逆轉/惠澤/微妙/沙果/侵犯/秒針/劣惡/高尙/辨償/衣裳

현쌤의 응원

밥 열 숟이 한 그릇이 되 듯 [十匙一飯(십시일반)]
매일 40자씩 익히다 보면
언젠가 1,817자가 내 것이 될꺼에요^^

21 일째

堂 집 당
土 11획 6급Ⅱ
丨 ツ 屶 㞢 堂 堂
≡ 舍/宮/屋/院 ↔
🔊 日 中

尚(높을 상) + 土(흙 토:땅)

땅 위에
높게 지은 것이니 = 집   (뉘앙스 콕 p216)

食堂 書堂 堂堂 講堂 聖堂 慈堂 堂叔 堂姪(사촌 형제의 아들)
(식당) (서당) (당당) (강당) (성당) (자당) (당숙) (당질)

當 마땅 당
田 13획 5급Ⅱ
卝 㟼 常 常 當 當
≡ 宜/該 ↔ 落
🔊 当 日 当 中 当

尚(높을 상) + 田(높을 상)

농부가 밭을 높게 여기는 것은
당연하니 = 마땅(행동 등이 일정한 조건에 어울리게 알맞다)

當然 當選 當落 當場 當局 當付 宜當 根抵當 當座預金
(당연) (당선) (당락) (당장) (당국) (당부) (의당) (근저당) (당좌예금)

黨 무리 당
黑 20획 4급Ⅱ
常 常 黨 黨 黨 黨
≡ 衆/徒/隊/群 ↔ 獨/孤
🔊 党 日 党 中 党

尚(높을 상) + 黑(검을 흑)

어두운 세상을 밝게 바꾸려는
높은 이상을 가지고 모인 사람들이니 = 무리   (뉘앙스 콕 p216)

黨略 黨籍 黨派 野黨 與黨 殘黨 朋黨 不偏不黨
(당략) (당적) (당파) (야당) (여당) (잔당) (붕당) (불편부당)

嘗 맛볼 상
口 14획 3급
卝 㟼 當 當 嘗 嘗
≡   ↔
🔊 甞 日 中 尝

尚(높을/오히려 상) + 旨(맛/뜻 지) ①

❶ 旨(맛/뜻 지) : 숟가락(匕)으로 태양(日)에 익은 김치를 맛보니

견문을 높이려면
여러 음식을 맛 보아야 하니 = 맛보다   (요점만 콕)

嘗味 未嘗不 嘗試 嘗敵
(상미) (미상불) (상시) (상적)

掌 손바닥 장
手 12획 3급II

丨 ㅗ 兴 尚 堂 掌

尚(높을 상) + 手(손 수)

높이 손을 들면
보이는 것이니 = 손바닥

掌風 合掌 管掌 如反掌 仙人掌
(장풍) (합장) (관장) (여반장) (선인장)

尤 더욱 우
尤 4획 3급

一 ナ 尢 尤

尤(절름발이 왕) + 丶(불똥/주)

❶ 尢(절름발이 왕): 사람이 발을 절뚝거리는 모양

절름발이에게
큰 점까지 있으니 = 더욱

尤物(가장 좋은 물건) 尤妙(더욱 묘함)
(우물) (우묘)

就 나아갈 취
尤 13획 4급

亠 古 京 京 尌 就 就

京(서울 경) + 尤(더욱 우)

서울로 가기 위해
더욱 열심히 공부하니 = 나아가다

≡ 進   ⇔ 退

就業 就職 就任 就寢 成就 就役
(취업) (취직) (취임) (취침) (성취) (취역)

尺 자 척
尸 4획 3급II

フ ㄱ 尸 尺

尸(죽음/지붕/몸) + 乀(다스리다: 몸을 구부린 모양)

몸을 구부려 길이를 재는 것이니
= 자(길이를 재는 데 쓰는 도구. 약 30.3cm)
(요점만 콕 p29)

≡ 度

尺度 越尺 縮尺 尺貫法
(척도) (월척) (축척) (척관법)

 요점만 콕!

☑ 嘗(맛볼 상)은 '시험하다' 라는 뜻으로도 쓰여요.
- 맛보다 : 嘗味(상미) 맛 보기 위해 조금 먹어봄
- 시험하다 : 嘗試(상시) 시험하여 봄
  嘗敵(상적) 적의 실력을 알기 위해 적을 건드려 싸워 봄

局 판 국
尸 7획 5급II

㇐ ㇆ 尸 局 局 局

≡ ⇔
◉ 日 中

자로 잰 듯 사람이
벌려 놓은 것이니 = 판(일이 벌어진 자리나 장면)

對局 當局 難局 局番 放送局 局地戰(한정된 지역에서 일어나는 전쟁)
(대국) (당국) (난국) (국번) (방송국) (국지전)

屋 집 옥
尸 9획 5급

尸 尸 屖 居 屋 屋

≡ 舍/宮/院/宅 ⇔
◉ 日 中

외출 후 집에
다시 이르니 = 집

家屋 洋屋 草屋 屋内 屋上
(가옥) (양옥) (초옥) (옥내) (옥상)

居 살 거
尸 8획 4급

尸 尸 尼 居 居 居

≡ 住 ⇔
◉ 日 中

지붕 아래에서
오랫동안 머무르니 = 살다

居住 居士 居喪 隱居 居留民
(거주) (거사) (거상) (은거) (거류민)

尾 꼬리 미
尸 7획 3급II

㇐ ㇆ 尸 尸 尾 尾

≡ 末 ⇔ 首/頭
◉ 日 中

몸에서 털이
나 있는 꼬리니 = 꼬리

後尾 交尾 語尾 燕尾服(남자용 서양 예복)
(후미) (교미) (어미) (연미복)

展 펼 전
尸 10획 5급II

尸 尸 尼 屈 展 展

≡ 伸 ⇔
◉ 日 中

지붕 아래 많은 사람들이
발과 다리를 펴고 쉬고 있으니 = 펴다

展示 展開 發展 進展 展覽會
(전시) (전개) (발전) (진전) (전람회)

殿

전각 전

殳 13획 3급II

丆 尸 屈 展 殿 殿

 + +

尸 죽음/지붕/몸 + 共 한가지 공 + 殳 창/치다

사람들이 함께 모여 창을 들고
지키는 집이니 = 전각(임금이 거처하는 궁전. 궁전과 누각)

宮殿 御殿 殿閣 殿堂 大雄殿 伏魔殿
(궁전) (어전) (전각) (전당) (대웅전) (복마전)

慰

위로할 위

心 15획 4급

尸 屖 尉 尉 尉 慰

尸 죽음/지붕/몸 + 示 신 + 寸 마디/헤아릴 촌 + 心 마음 심

사람이 죽으면 신 앞에 잘 헤아려
제사를 지내 가족의 마음을 달래니 = 위로하다

慰勞 慰問 慰安 慰靈祭 弔慰金
(위로) (위문) (위안) (위령제) (조위금)

漏

샐 루

水 14획 3급II

氵 沪 涓 浱 漏 漏

氵 물 + 尸 죽음/지붕/몸 + 雨 비 우

물이 지붕에서
비처럼 떨어지니 = 새다

漏水 漏出 漏電 漏落 脫漏
(누수) (누출) (누전) (누락) (탈루)

淚

눈물 루

水 11획 3급

氵 汀 沪 沪 淚 淚

日 涙 中 泪

氵 물 + 戾 허물 려

❷ 戾(허물 려) : 방(戶) 안에서 개(犬)를 키우니

눈물을 흘리며
허물을 뉘우치니 = 눈물

血淚 落淚
(혈루) (낙루)

泥

진흙 니

水 8획 3급II

氵 汀 沪 泥 泥 泥

氵 물 + 尼 여승/가까이할 니

❸ 尼(여승/가까이할 니) : 몸(尸)에 비수(匕)를 품고 욕망을 금하는 사람이니

물과 흙이
가깝게 붙어 된 것이니 = 진흙

泥田鬪狗 雲泥之差
(이전투구) (운니지차)

眉 눈썹 미
目 9획 3급

⼀ ⼁ ⼹ 尸 尸 眉 眉

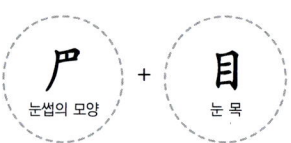

눈썹이
눈 위에 나 있는 모양 = 눈썹

眉間 白眉(여럿 가운데에서 가장 뛰어난 사람이나 훌륭한 물건을 이름)

(미간) (백미)

竝 나란히 병
立 10획 3급

⼀ ⼀ ⽴ ⽴ 竝 竝

立 + 立
설 립

두 사람이
나란히 서 있으니 = 나란히

竝行 竝立 竝列 竝用

(병행) (병립) (병렬) (병용)

屛 병풍 병
尸 11획 3급

尸 尸 尸 屛 屛 屛

❶ 幷(어울릴/아우를 병) : 방패(干) 두개를 어울리게 세워 놓으니

지붕 아래 주위와 잘
어울리게 세워 놓은 것이니 = 병풍

屛風 屛去(물리쳐 버림)

(병풍) (병거)

屢 여러 루
尸 14획 3급

⼀ 尸 屏 屖 屢 屢

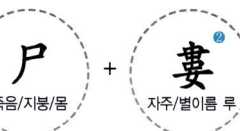

❷ 婁(자주/별이름 루) : 여자(女) 머리 위에 장식품이 많이 있는 모양

집에 사람이
자주 오니 = 여러

屢次 屢年 屢回

(누차) (누년) (누회)

= 累/庶

樓 다락 루
木 15획 3급Ⅱ

⼀ 木 桾 桾 桾 楻 樓

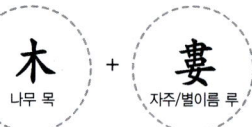

나무로 높게 만들어 자주 드나드는 곳이니
= 다락(주로 부엌 위에 이층처럼 만들어서 물건을 넣어 두는 곳)

樓閣 望樓 樓上

(누각) (망루) (누상)

= 閣

數 셀 수, 자주 삭 촘촘할 촉
攵 15획 7급

日 昌 婁 婁 數

- ≡ 算/計
- 🔊 数 🇯🇵 数 🇨🇳 数

 婁 + 攵 (힘쓰다)

하늘에 촘촘하게 떠 있는 수많은
별들을 힘써 헤아리니 = 세다/자주/촘촘하다

❶ 婁(자주/별이름 루) : 여자(女) 머리 위에 장식품이 많이 있는 모양

數量 數値 點數 複數 劃數 回數券 不知其數 頻數
(수량) (수치) (점수) (복수) (획수) (회수권) (부지기수) (빈삭)

山 메 산
山 3획 8급

丨 山 山

- ≡ 岳

 山 (메 산)

산의 모양 = 메(뫼, 산)

山岳 山莊 山賊 鑛山
(산악) (산장) (산적) (광산)

峯 봉우리 봉
山 10획 3급Ⅱ

山 ꜥ 峑 峑 峯 峯

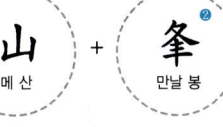 山 (메 산) + 夆 (만날 봉)

산이 서로 만나는 곳이니 = 봉우리 (峰과 同字)

❷ 夆(만날 봉) : 천천히(夂) 여행하며 사람들도 많이(丰) 만나니

主峯 最高峯
(주봉) (최고봉)

逢 만날 봉
辶 11획 3급Ⅱ

夂 夆 夆 峯 逢 逢

- ≡ 遇

 夆 (만날 봉) + 辶 (가다)

만나러 가니 = 만나다

相逢 逢着 逢辱
(상봉) (봉착) (봉욕)

 요점만 콕!

☑ 屢(여러 루)와 累(여러/자주 루)의 쓰임에 유의하세요.
- 屢(여러 루) : '여러 번 되풀이하다'라는 뜻 ▶ 屢次(누차) 屢回(누회) 屢年(누년, 여러 해)
- 累(여러/자주 루) : '묶다/포개다'라는 뜻 ▶ 累代(누대) 累次(누차) 累計(누계) 累積(누적) 連累(연루) ▶ P359 참조

蜂 벌 봉
虫 13획 3급

虫 蛇 蛇 蜂 蜂

 +
벌레 훼 + 만날 봉

❶ 夆(만날 봉) : 천천히(夂) 여행하며 사람들도 많이(丰) 만나니

꽃을 **만나러**
다니는 벌레니 = **벌**

養蜂 蜂蜜 蜂起
(양봉) (봉밀) (봉기)

屯 진칠 둔
屮 4획 3급

一 ㄷ 口 屯

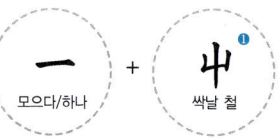
모으다/하나 + 싹날 철

❶ 屮(싹날 철) : 싹이 돋아 있는 모양

싹이 한데 **모여** 난 것처럼
병사들이 진을 치고 있으니 = **진치다**

屯兵 屯營 屯田
(둔병) (둔영) (둔전)

鈍 둔할 둔
金 12획 3급

𠂉 𠂉 金 鈍 鈍 鈍

≡ ⇔ 敏/銳
日 ⊕ 钝

쇠 금 + 진칠 둔

쇠가 **진치**듯 많이
뭉쳐 있으면 둔하니 = **둔하다**

鈍感 鈍角 鈍器 鈍才 愚鈍
(둔감) (둔각) (둔기) (둔재) (우둔)

純 순수할 순
糸 10획 4급II

幺 糸 糸 紅 紅 純

≡ 潔
日 ⊕ 纯

실 + 진칠 둔

실이 **진치**듯 한데
뭉쳐 있으면 희고 깨끗해 보이니 = **순수하다**

純潔 純種 純眞 純綿 清純
(순결) (순종) (순진) (순면) (청순)

川 내 천
巛 3획 7급

丿 丿 川

≡ 河 ⇔ 山

내 천

냇물이
흘러가는 모양 = **내**

河川 乾川 清溪川
(하천) (건천) (청계천)

州 고을 주
《《 6획 5급II

丶 丿 小 州 州 州

= 洞/邑/郡/縣
⇔
日
中

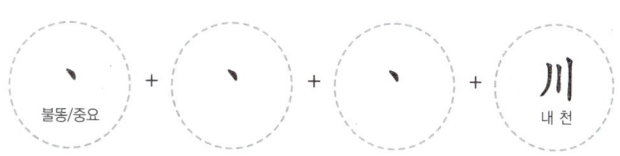

중요한 특산물을
강을 통해 모으는 곳이니 = 고을

州郡 慶州 尙州 全州 羅州 淸州 光州 忠州
(주군) (경주) (상주) (전주) (나주) (청주) (광주) (충주)

洲 물가 주
水 9획 3급II

氵 氵 氵 沙 洲 洲

= 涯
⇔
日
中

물에 둘러싸인
고을의 가장자리니 = 물가

亞洲 美洲 滿洲 三角洲 六大洲
(아주) (미주) (만주) (삼각주) (육대주)

訓 가르칠 훈
言 10획 6급

丶 言 言 訓 訓 訓

= 敎
⇔ 學
日
中 训

냇물이 위에서 아래로 흐르 듯
윗사람이 아랫사람에게 하는 말씀이니 = 가르치다

訓戒 訓練 訓示 訓長 家訓 校訓 敎訓 訓蒙字會
(훈계) (훈련) (훈시) (훈장) (가훈) (교훈) (교훈) (훈몽자회)

順 순할/차례 순
頁 12획 5급II

川 厂 順 順 順 順

= 序/番
⇔ 逆
日
中 顺

❶ 頁(머리 혈) : 코(自: 주름진 코의 모양)가 있는 곳이니

냇물이 머리처럼 높은 곳에서
아래로 순리대로 흐르니 = 순하다/차례

順序 順理 順從 歸順 劃順 溫順 耳順 順延
(순서) (순리) (순종) (귀순) (획순) (온순) (이순) (순연)

巡 돌 순
《《 7획 3급II

＜ 《 《《 巛 巡 巡

= 回/循
⇔
日
中

냇물이 이리저리
돌며 흘러가니 = 돌다

(요점만 콕 p386)

巡警 巡察 巡視 巡訪 巡航 巡禮
(순경) (순찰) (순시) (순방) (순항) (순례)

災 재앙 재

火 7획 5급

災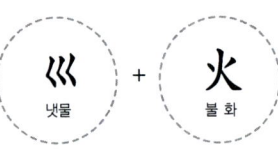

홍수나 화재가 일어나는 것이니 = 재앙(천재지변으로 말미암은 불행한 사고)

≡ 殃/禍/厄 ⇔ 福
ⓙ   ⊕ 灾

災殃 災難 災害 災厄 災禍 橫災 官災(관청에서 비롯되는 재앙)
(재앙) (재난) (재해) (재액) (재화) (횡재) (관재)

輕 가벼울 경

車 14획 5급

 車 +  巠
     수레 차   물줄기 경

❶ 巠(물줄기 경) : 巛(一) 냇물(巛)이 만드는(工) 것이니

수레가 물줄기처럼 잘 가니 = 가볍다
(뉘앙스 콕 p216)

≡   ⇔ 重
ⓙ   ⊕

輕傷 輕犯 輕視 輕快 輕妄 輕微 輕薄 輕率
(경상) (경범) (경시) (경쾌) (경망) (경미) (경박) (경솔)

經 글/지날 경

糸 13획 4급Ⅱ

幺 糸 糸

실로 베를 짤 때 물줄기처럼 늘어지는 날실은 글처럼 중요하며, 베틀 위를 지나가니 = 글/지나다
(요점만 콕/뉘앙스 콕 p216)

≡ 歷/過.書/詞 ⇔ 緯
ⓙ 経   ⊕ 经

經營 經濟 經歷 經緯 聖經 佛經 金剛經 經世濟民
(경영) (경제) (경력) (경위) (성경) (불경) (금강경) (경세제민)

 요점만 콕!

☑ 經(글/지날 경)에서 쓰인 날실과 씨실은 무엇일까요?
- 날실 : 베를 짤 때 세로 방향으로 놓인 실 ▶ 經(날/글/지날 경) : 經度(경도) 經線(경선)
- 씨실 : 베를 짤 때 가로 방향으로 놓인 실 ▶ 緯(씨 위) : 緯度(위도) 緯線(위선) 經緯(경위)

☑ 四書三經(사서삼경)에서 사서와 삼경은 각각 어떤 경전을 포함할까요?
- 四書(사서) ▶ 論語(논어) 孟子(맹자) 中庸(중용) 大學(대학)
- 三經(삼경) ▶ 詩經(시경) 書經(서경) 周易(주역)

 뉘앙스 콕!

☑ 政黨(정당) : 정치 권력의 참여를 목적으로 하는 단체 ▶ 정당(政黨)에 가입하다.
- 政堂(정당) : 옛날 시골의 관아 ▶ 정당(政堂)에 죄인을 데려오다.
☑ 經由(경유) : 거쳐 지나감 ▶ 대전을 경유(經由)하여 서울로 가다.
- 輕油(경유) : 중유보다 가볍고 등유보다 무거운 석유 ▶ 경유(輕油)를 사용하는 차

21일째 복습하기

복습 1 다음 한자를 큰 소리로 읽어 보세요. (2번 이상)

堂	當	黨	嘗	掌	尤	就	尺	局	屋
居	尾	展	殿	慰	漏	淚	泥	眉	竝
屛	屢	樓	數	山	峯	逢	蜂	屯	鈍
純	川	州	洲	訓	順	巡	災	輕	經

복습 2 다음 훈음에 해당되는 한자를 쓰세요. 물론 윗부분은 감추고...

집 당	마땅 당	무리 당	맛볼 상	손바닥 장	더욱 우	나아갈 취	자 척	판 국	집 옥
살 거	꼬리 미	펼 전	전각 전	위로할 위	샐 루	눈물 루	진흙 니	눈썹 미	나란히 병
병풍 병	여러 루	다락 루	셀 수	메 산	봉우리 봉	만날 봉	벌 봉	진칠 둔	둔할 둔
순수할 순	내 천	고을 주	물가 주	가르칠 훈	순할 순	돌 순	재앙 재	가벼울 경	지날 경

복습 3 단어로 복습하기. 다음 뜻에 맞는 한자어를 한자로 쓰세요.

상미 (	) 맛을 봄		건전지를 병렬로 연결하다.	( )
우물 (	) 가장 좋은 물건		누차에 걸쳐 당부하다.	( )
척도 (	) 자로 잰 길이		망루에 올라가 적의 동정을 살피다.	( )
교미 (	) 번식을 위해 동물의 암수가 교접함		북한산의 주봉인 백운대에 오르다.	( )
전각 (	) 임금이 거처하는 궁전		난관에 봉착하다.	( )
둔영 (	) 군사가 주둔하는 군영		농민들이 봉기를 일으키다.	( )
혈루 (	) 매우 슬프고 억울하여 나는 눈물		세금을 탈루한 혐의로 조사받다.	( )
백미 (	) 여럿 가운데 가장 뛰어난 것		둔기를 내리치다.	( )
아주 (	) 아시아 주		병풍을 둘러 장식하다.	( )
여반장 (	) 손바닥을 뒤집는 것처럼 쉬움		경비가 순찰을 돌다.	( )

嘗味/尤物/尺度/交尾/殿閣/屯營/血淚/白眉/亞洲/如反掌   竝列/屢次/望樓/主峯/逢着/蜂起/脫漏/鈍器/屛風/巡察

현쌤의 응원

우물 안 개구리[井底之蛙(정저지와)]가 되지 않도록
인생을 사는데 꼭 필요한 한자를
오늘도 열심히 공부합시다^^

22일째

徑 지름길 경
彳 10획 3급II

彳 彳 徑 徑 徑 徑

= 径 ↔ 径
🔵 径 🔶 径 🀄 径

 물줄기가 흐르 듯 빨리 **가는**
길이니 = **지름길**(멀리 돌지 않고 가깝게 질러 통하는 길)

❶ 巠(물줄기 경) : 모인(一) 냇물(巛)이 만드는(工) 것이니

口徑 半徑(반지름) 直徑(지름)
(구경) (반경) (직경)

腦 뇌 뇌
肉 13획 3급II

𦚵 𦚴 𦚶 腦 腦 腦

= 脳 ↔ 脳
🔵 脳 🔶 脳 🀄 脑

 몸에서 냇물 모양처럼 생긴,
정수리 아래에 있는 것이니 = **뇌**

❶ 囟(정수리 신) : 위에서 본 정수리의 모양

頭腦 洗腦 腦炎 腦裏 腦神經 腦卒中
(두뇌) (세뇌) (뇌염) (뇌리) (뇌신경) (뇌졸중)

惱 괴로워할 뇌
心 12획 3급

忄 忄 㥯 㥯 惱 惱

= 苦/煩 ↔
🔵 悩 🔶 悩 🀄 恼

 걱정하는 **마음**이 **냇물**처럼
정수리로 이어지니 = **괴로워하다**

苦惱 煩惱 惱殺
(고뇌) (번뇌) (뇌쇄)

工 장인 공
工 3획 7급II

一 丁 工

= ↔
🔵   🔶   🀄

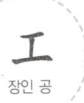 **장인**이 갖고
다니는 자의 모양 = **장인**

工事 工業 工場 施工 工巧 陶工 沙工 工産品
(공사) (공업) (공장) (시공) (공교) (도공) (사공) (공산품)

功 공 공

力 5획 6급II

一 丅 工 功 功

- ⊜
- ⊕ 日
- ⊖ 過
- ⊕ 中

만드는 일에 힘쓰면 이룰 수 있는 것이니 = 공(어떤 일에 애쓰고 이바지한 공적)

功勞 功臣 戰功 功過 恩功 螢雪之功
(공로) (공신) (전공) (공과) (은공) (형설지공)

攻 칠 공

攵 7획 4급

一 丅 工 工' 攻 攻 攻

- ⊜ 伐/討/擊/征
- ⊕ 日
- ⊖ 防/守
- ⊕ 中

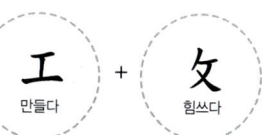

장인이 만든 무기로
적을 힘써 공격하니 = 치다

攻擊 攻略 攻襲 專攻 侵攻 特攻隊
(공격) (공략) (공습) (전공) (침공) (특공대)

江 강 강

水 6획 7급II

丶 丶 氵 汀 汀 江

- ⊜ 河
- ⊕ 日
- ⊖ 山
- ⊕ 中

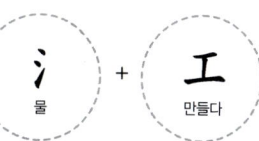

물이 모여
만들어지는 것이니 = 강

漢江 錦江 渡江 江陵 江邊 江幅 豆滿江
(한강) (금강) (도강) (강릉) (강변) (강폭) (두만강)

紅 붉을 홍

糸 9획 4급

ㄥ 幺 糹 糸 紅 紅

- ⊜ 丹/赤/朱
- ⊕ 日
- ⊖
- ⊕ 中 红

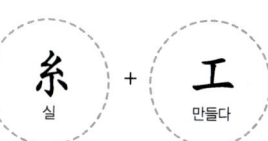

실을 붉게
물들여 만드니 = 붉다

朱紅 紅疫 紅茶 紅潮 紅一點 紅燈街(술집이나 기생집 등이 늘어선 거리를 이름)
(주홍) (홍역) (홍차) (홍조) (홍일점) (홍등가)

項 목/항목 항

頁 12획 3급II

一 丅 项 珨 項 項

- ⊜
- ⊕ 日
- ⊖
- ⊕ 中 项

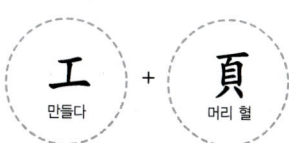

인형의 머리를 만들어 붙이는
곳이니 = 목/항목(하나의 일을 구성하고 있는 낱낱의 부분이나 갈래)

項目 事項 條項 項鎖(칼. 죄인의 목에 씌우던 형틀)
(항목) (사항) (조항) (항쇄)

貢 바칠 공
貝 10획 3급II

一 T 〒 〒 青 青 貢

= 　　⇔
◉ 　 日 　 中 贡

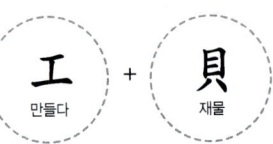

애써 만든
재물을 세금으로 바치니 = 바치다

貢物　貢獻　貢女　朝貢(종속국이 종주국에 때를 맞추어 예물을 바치던 일)
(공물) (공헌) (공녀) (조공)

恐 두려울 공
心 10획 3급II

一 ㄱ 巩 巩 恐 恐

= 懼/畏　⇔
◉ 　 日 　 中

뭔가를 새로 만들 때는
무릇 걱정하는 마음이 드니 = 두려워하다

恐龍　可恐　恐水病　恐妻家
(공룡) (가공) (공수병) (공처가)

巧 공교할 교
工 5획 3급II

一 T 工 圢 巧

= 妙　⇔
◉ 　 日 　 中

❶ 丂(공교할 교) : 工(장인공)과 같이 평범한 것이 아니고 교묘하게 만드니
* 공교하다 : 재치가 있고 교묘하다

공교롭게
만드니 = 공교하다(재치가 있고 교묘하다)

巧妙　技巧　精巧　計巧
(교묘) (기교) (정교) (계교)

誇 자랑할 과
言 13획 3급II

言 言 誇 誇 誇 誇

= 　　⇔
◉ 　 日 　 中 夸

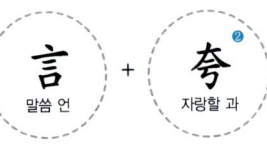

❷ 夸(자랑할 과) : 크게(大) 모은(一) 재산을 교묘하게(丂) 자랑하니

말로
자랑하니 = 자랑하다

誇大　誇示　誇張　誇言(자만하며 하는 말)
(과대) (과시) (과장) (과언)

汚 더러울 오
水 6획 3급

丶 氵 氵 汅 汙 汚

= 濁　⇔ 潔/淨
◉ 　 日 　 中

물이 공교롭게도 한 곳에
모여 빠지지 않아 썩으니 = 더럽다

汚名　汚物　汚染　汚點
(오명) (오물) (오염) (오점)

聘 부를 빙
耳 13획 3급

耳 耶 耶 聘 聘 聘

≡ 召/招/呼/徵

귀에 들리게
부르니 = 부르다

❶ 甹(부를 빙) : 개인적인 이유(由)로 일이 생기면 교묘하게(丂)도 친구를 부르니

招聘　聘母(다른 사람의 장모를 이름)　聘丈(다른 사람의 장인을 이름)

(초빙) (빙모) (빙장)

左 왼 좌
工 5획 7급II

一 ナ 左 左 左

⇔ 右

만들 때는 왼쪽
방향의 손도 사용해야 하니 = 왼(왼쪽)

左邊　左傾　左派　左遷　左翼手　左青龍

(좌변) (좌경) (좌파) (좌천) (좌익수) (좌청룡)

佐 도울 좌
人 7획 3급

亻 亻 仁 佐 佐 佐

≡ 護/贊/援/扶/助

거동이 불편한
사람의 좌우에서 도와주니 = 돕다

(뉘앙스 콕 p226)

補佐　保佐

(보좌) (보좌)

隨 따를 수
阜 16획 3급II

阝 阝㐌 隋 隋 隨 隨

≡ 沿/追
일 随　중 随

뒤떨어져
따라가니 = 따르다

❷ 隋(떨어질 타) : 언덕(阝)에서 왼쪽(左)으로 몸(月)이 기울어 떨어지니

(뉘앙스 콕 p226)

隨行　隨時　隨筆　隨伴　隨班　附隨的

(수행) (수시) (수필) (수반) (수반) (부수적)

墮 떨어질 타
土 15획 3급

阝 阝㐌 隋 隋 墮 墮

≡ 落
일 堕　중 堕

흙이 무너져
떨어지니 = 떨어지다

墮落　墮淚　墮獄(지옥에 떨어지는 일)

(타락) (타루) (타옥)

巨 클 거
工 5획 4급

一 厂 厂 巨 巨

≡ 大

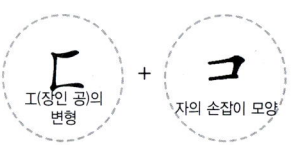

장인이 사용하는
손잡이가 달린 큰 자의 모양 = 크다

巨物 巨額 巨商 巨役 巨視的
(거물) (거액) (거상) (거역) (거시적)

拒 막을 거
手 8획 4급

扌 扌 扫 拒 拒 拒

≡ 防/障/抵/抗

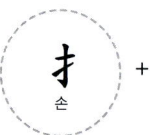

손을 크게
휘둘러 적을 물리치니 = 막다

拒否 拒逆 拒絶 拒却 抗拒 (거절하여 물리침)
(거부) (거역) (거절) (거각) (항거)

距 떨어질 거
足 12획 3급II

𧾷 𧾷 距 距 距 距

≡ 離/隔

발로 크게 걸어
멀리 갔으니 = 떨어지다

距離 相距 (서로 떨어져 있음)
(거리) (상거)

己 몸/천간 기
己 3획 5급II

フ 己 己

≡ 身/體

몸을 구부리고
있는 모양 = 몸/여섯째 천간

(요점만 콕 p481)

自己 克己 利己主義 己未運動 己巳年
(자기) (극기) (이기주의) (기미운동) (기사년)

記 기록할 기
言 10획 7급II

亠 言 言 記 記 記

≡ 錄/識/誌   ⊕ 記

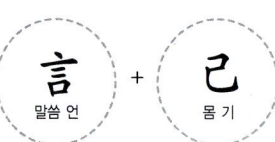

윗사람의 말씀을
몸을 구부려 기록하니 = 기록하다

記錄 記述 記憶 記載 暗記 附記 創世記
(기록) (기술) (기억) (기재) (암기) (부기) (창세기)

紀 벼리 기

糸 9획 4급

幺 糸 糸 紀 紀 紀

- 綱/維
- 纪

糸 + 己
실   몸 기

실을 꼬아 그물 몸에 달아 놓은 것이니
= 벼리(그물의 코를 꿰어 그물을 잡아 당길 수 있게 한 동아줄)   (요점만 콕)

紀綱 紀律 紀元 西紀 佛紀 檀紀 紀行文
(기강) (기율) (기원) (서기) (불기) (단기) (기행문)

忌 꺼릴 기

心 7획 3급

フ コ 己 己 忌 忌

- 避

己 + 心
몸 기   마음 심

자기 몸만 생각하는
마음은 상대방이 싫어하니 = 꺼리다

忌避 忌日 忌中 忌祭 禁忌
(기피) (기일) (기중) (기제) (금기)

妃 왕비 비

女 6획 3급II

ㄑ 夕 女 妃 妃 妃

- 王/帝/皇

女 + 己
여자 녀   몸 기

몸이 가장
귀한 여자니 = 왕비

王妃
(왕비)

改 고칠 개

攵 7획 5급

フ コ 己 辽 改 改

- 更

己 + 攵
몸 기   힘쓰다

몸에 배인
나쁜 습관을 힘써 고치니 = 고치다

改良 改善 改憲 改革 改造 改閣 悔改 改過遷善
(개량) (개선) (개헌) (개혁) (개조) (개각) (회개) (개과천선)

 요점만 콕!

☑ **紀(벼리 기)**는 '해'와 '적다'라는 뜻으로도 쓰여요
   벼리는 그물의 코를 꿰어 그물을 잡아 당길 수 있게 한 동아줄 또는 일이나 글의 뼈대가 되는 줄거리를 뜻해요
   - **벼리** : 紀綱(기강) 紀律(기율)
   - **해(연도)** : 紀元(기원) 西紀(서기) 檀紀(단기) 佛紀(불기) 世紀(세기)
   - **적다** : 紀行文(기행문) 紀念(기념)

已 이미 이
己 3획 3급Ⅱ

ㄱ ㄹ 已

- 既
- 蛇

已
이미 이

몸이 이미
다 자라 그친 모양 = **이미**　　　(요점만 콕)

已往　已往之事　不得已(마지못하여 하는 수 없이)
　　　　　　　　　　　　　(이왕) (이왕지사) (부득이)

巳 뱀/지지 사
己 3획 3급

ㄱ ㄹ 巳

- 蛇

巳
뱀/지지 사

뱀의 모양
= **뱀/여섯째 지지**(뱀)　　　(요점만 콕 - p481)

巳時　己巳年
　　　　　　　(사시) (기사년)

祀 제사 사
示 8획 3급Ⅱ

千 禾 禾 祀 祀 祀

- 祭

사시(巳時:09:00~11:00)에
동네 사람들이 모여 **신**에게 제사를 지내니 = **제사**

祭祀　告祀
　　　　　(제사) (고사)

色 빛 색
色 6획 7급

ノ ㄱ ㄱ ㄱ ㄱ 色

- 彩

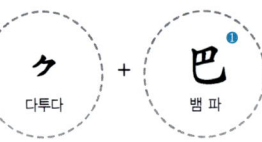

❶ 巴(뱀 파) : 큰 뱀(巳)이 먹이를 입에 물고
있는 모양

뱀과 **다툴** 때는
얼굴 빛이 달라지니 = **빛**

色盲　色彩　脚色　薄色　染色　色慾　各樣各色
(색맹) (색채) (각색) (박색) (염색) (색욕) (각양각색)

絶 끊을 절
糸 12획 4급Ⅱ

糸 糸 糸 絶 絶 絶

- 切/斷
- 繼/續/接
- 絶

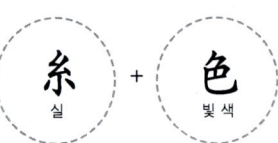

실이 낡아 **빛**이
바래면 잘 끊어지니 = **끊다**

絶斷　絶緣　拒絶　絶壁　絶妙　絶讚　絶頂　昏絶　絶叫
(절단) (절연) (거절) (절벽) (절묘) (절찬) (절정) (혼절) (절규)

邑 고을 읍

邑 7획 7급

丨 口 口 吕 吕 邑 邑

≡ 洞/郡/州/縣　⇔

사람들이
뱀처럼 모여 사는 곳이니 = 고을

❶ 巴(뱀 파) : 큰 뱀(巳)이 먹이를 입에 물고 있는 모양

邑長　邑內　都邑　食邑(왕족이나 공신들에게 공로에 대한 특별 보상으로 주는 영지)
(읍장) (읍내) (도읍) (식읍)

把 잡을 파

手 7획 3급

扌 扌 打 扣 把 把 把

≡ 操/持/拘/執　⇔

손으로
뱀을 잡으니 = 잡다

把守　把持　把握　*握:쥘 악
(파수) (파지) (파악)

肥 살찔 비

肉 8획 3급Ⅱ

丿 月 月' 月" 月" 肥

≡　⇔

몸이 먹이를 많이 삼킨
뱀처럼 뚱뚱하니 = 살찌다

肥滿　肥料　施肥　肥肉牛　天高馬肥
(비만) (비료) (시비) (비육우) (천고마비)

市 시장 시

巾 5획 7급Ⅱ

丶 亠 亠 市 市

≡　⇔

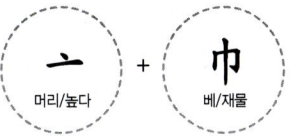

높은 곳에 재물을
걸어 놓고 파는 곳이니 = 시장

市場　市況　市販　證市　市長　市營　市廳
(시장) (시황) (시판) (증시) (시장) (시영) (시청)

요점만 콕!

☑ 비슷한 모양을 가진 己(몸 기), 已(이미 이), 巳(뱀 사), 巴(뱀 파)의 구분에 유의하세요.
- 己(몸 기) : 몸을 구부리고 있는 모양 ▶ 克己(극기) 己卯年(기묘년)
- 已(이미 이) : 몸이 이미 다 자라 그친 모양 ▶ 已往(이왕) 不得已(부득이)
- 巳(뱀 사) : 뱀의 모양 ▶ 巳時(사시) 己巳年(기사년)
- 巴(뱀 파) : 큰 뱀(巳)이 먹이를 입에 물고 있는 모양

☑ 巳(뱀/지지 사)는 십이지지 중 여섯 번째 동물인 뱀을 상징해요.　(요점만 콕 p481)

肺 허파 폐
肉 8획 3급II

月 肌 肝 肝 肺 肺

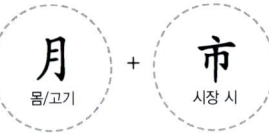
月 (몸/고기) + 市 (시장 시)

몸에서 시장처럼
항상 바쁜 곳이니 = 허파

肺臟 肺炎 肺病 肺結核
(폐장) (폐염) (폐병) (폐결핵)

布 베/펼 포, 보시 보
巾 5획 4급II

丿 ナ 才 右 布

≡ 宣, 施

ナ (방향) + 巾 (베/재물)

사방에 재물을 나눠주어
어려운 사람을 도우니 = 베/펴다/보시

布木 布帳 麻布 濕布 配布 宣布 布陣 布施(남에게 재물이나 불법을 베풂)
(포목) (포장) (마포) (습포) (배포) (선포) (포진) (보시)

希 바랄 희
巾 7획 4급II

丿 乂 爻 주 希 希

≡ 望/願

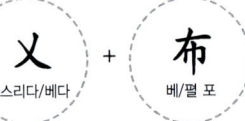
乂 (다스리다/베다) + 布 (베/펼 포)

찢어진(베어진) 삼베옷
대신 새 옷을 원하니 = 바라다

希望 希求 希願
(희망) (희구) (희원)

 뉴앙스 콕!

- ☑ 補佐(보좌) : 상관을 도와 일을 처리함 ▶ 그는 사장을 보좌(補佐)하는 비서실장이다.
- 保佐(보좌) : 보호하여 도움 ▶ 강자는 약자를 보좌(保佐)해야 한다.
- ☑ 遂行(수행) : 생각하거나 계획한 대로 일을 해냄 ▶ 업무를 수행(遂行)하다.
- 修行(수행) : 행실이나 학문, 기예 등을 닦음 ▶ 오랫동안 수행(修行)을 쌓다.
- 隨行(수행) : 일정한 임무를 띠는 사람을 따라감 ▶ 팀장을 수행(隨行)하는 팀원들
- ☑ 隨伴(수반) : 어떤 일과 함께 일어나거나 나타남 ▶ 쓰나미는 공포를 수반(隨伴)한다.
- 隨班(수반) : 신하들이 조회에 참석하여 반열(班列)의 차례에 따라 서던 일
- 首班(수반) : 행정부의 우두머리 ▶ 정부의 수반(首班)은 대통령이다.
- ☑ 受像(수상) : 텔레비전 등에서 신호로 받은 사물의 상을 재생함 ▶ TV 수상기(受像機)
- 隨想(수상) : 그 때 그때 떠오르는 생각이나 느낌 ▶ 수상록(隨想錄)
- 受賞(수상) : 상을 받음 ▶ 대상을 수상(受賞)하다.
- 愁傷(수상) : 근심하여 마음이 상함 ▶ 시험에 떨어져 마음이 수상(愁傷)하다.

22일째 복습하기

복습 1 다음 한자를 큰 소리로 읽어 보세요. (2번 이상)

徑	腦	惱	工	功	攻	江	紅	項	貢
恐	巧	誇	汚	聘	左	佐	隨	墮	巨
拒	距	己	記	紀	忌	妃	改	已	巳
祀	色	絶	邑	把	肥	市	肺	布	希

복습 2 다음 훈음에 해당되는 한자를 쓰세요. 풀론 윗부분은 감추고…

지름길 경	뇌 뇌	괴로워할 뇌	장인 공	공 공	칠 공	강 강	붉을 홍	항목 항	바칠 공
두려울 공	공교할 교	자랑할 과	더러울 오	부를 빙	왼 좌	도울 좌	따를 수	떨어질 타	클 거
막을 거	떨어질 거	몸 기	기록할 기	벼리 기	꺼릴 기	왕비 비	고칠 개	이미 이	뱀 사
제사 사	빛 색	끊을 절	고을 읍	잡을 파	살찔 비	시장 시	허파 폐	베포	바랄 희

복습 3 단어로 복습하기. 다음 뜻에 맞는 한자어를 한자로 쓰세요.

반경 (	) 반지름	신하들이 왕을 보좌하다.	(	)
세뇌 (	) 사람에게 사상 등을 주입하는 일.	수시로 순찰을 돌다.	(	)
고뇌 (	) 괴로워하고 번뇌함	타락한 사회를 바로잡다.	(	)
조항 (	) 법률이나 규정 등의 조목	앞차와의 거리를 충분히 두다.	(	)
공헌 (	) 힘을 써서 이바지함	왕이 두 번째 왕비를 맞이하다.	(	)
공룡 (	) 거대한 파충류의 총칭	이왕 끊은 담배 끝까지 참아보자.	(	)
교묘 (	) 솜씨나 재주가 재치 있고 묘함.	파수병들이 성을 지키고 있다.	(	)
과장 (	) 사실보다 지나치게 부풀림	비만 아동이 점점 늘어나고 있다.	(	)
오염 (	) 더럽게 물듦	할아버지께서는 폐렴으로 돌아가셨다.	(	)
기제사 (	) 해마다 죽은 날에 지내는 제사	멀리서 강사를 초빙해 오다.	(	)
半徑/洗腦/苦惱/條項/貢獻/恐龍/巧妙/誇張/汚染/忌祭祀		補佐/隨時/墮落/距離/王妃/已往/把守/肥滿/肺炎/招聘		

 현쌤의 응원

우물 속에 앉아 하늘을 쳐다보 듯 [坐井觀天(좌정관천)]
좁은 소견(所見)이나 견문(見聞)을 가진 사람이 되지 않기 위해서는
오늘도 열심히 한자를^^

정말이지 쉬운 한자 **227**

23 일째

稀 드물 희
禾 12획 3급II

二 千 千 千 秆 秆 稀 稀

= 薄/釋   ↔ 密

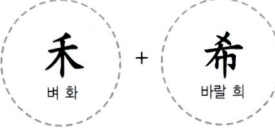

벼를 바라는 만큼
수확하는 것은 힘드니 = 드물다

(뉘앙스 콕 p236)

稀貴 稀代 稀微 稀薄 稀釋 稀姓 古稀 稀壽(나이 일흔 살을 이름)

(희귀) (희대) (희미) (희박) (희석) (희성) (고희) (희수)

帝 임금 제
巾 9획 4급

丶 亠 立 产 产 产 帝 帝

= 王/君/皇   ↔ 臣/民

높은 곳에 서서 왕관을
덮어쓴 재물을 많이 가진 분이니 = 임금

皇帝 黃帝 帝王 帝政 天帝 日帝

(황제) (황제) (제왕) (제정) (천제) (일제)

席 자리 석
巾 10획 6급

广 户 户 庐 庐 席 席

= 位/座

어느 장소에 많은 수건을
깔아 앉을 수 있게 한 곳이니 = 자리

座席 酒席 卽席 宴席 席卷(빠른 기세로 영토를 휩쓸거나 세력 범위를 넓힘)

(좌석) (주석) (즉석) (연석) (석권)

度 법도 도
헤아릴 탁
广 9획 6급

广 户 户 庐 庐 度 度

= 法/憲, 料/量

어느 장소에 많은 사람이 모여 있을 때는
질서와 법도에 맞게 잘 다스려야 하니 = 법도/헤아리다

溫度 速度 濕度 極度 頻度 緯度 難易度 度外視 度支部

(온도) (속도) (습도) (극도) (빈도) (위도) (난이도) (도외시) (탁지부)

渡 건널 도
水 12획 3급II

氵 氿 汋 沖 渡 渡

= 濟/涉

氵(물) + 度(법도 도, 헤아릴 탁)

물의 깊이를
잘 헤아려 강을 건너니 = 건너다

渡江 渡來 賣渡 不渡 過渡期
(도강) (도래) (매도) (부도) (과도기)

庶 여러 서
广 11획 3급

亠 广 庐 庐 庐 庶

= 屢/累

广(장소) + 廿(많다) + 灬(불)

어느 장소에 많은
사람들이 불 주위로 모이니 = 여러
(요점만 콕)

庶民 庶務 庶子 庶出(첩이 낳은 자식)
(서민) (서무) (서자) (서출)

弊 폐단 폐
廾 15획 3급II

小 内 肖 敝 弊

= 害

敝(해질 폐) + 廾(많다/바치다)

❶ 敝(해질 폐): 힘써(攵) 일을 하다보면 옷이
해어지니(㡀: 옷이 해어진 모양)

해진 곳이 많으니
= 폐단(어떤 일에 나타나는 옳지 못한 현상)/해지다(닳아서 떨어지다)
(요점만 콕/뉘앙스 콕 p236)

弊端 弊家 弊習 民弊 疲弊
(폐단) (폐가) (폐습) (민폐) (피폐)

幣 화폐 폐
巾 15획 3급

小 内 肖 敝 幣 幣

= 錢
中 币

敝(해질 폐) + 巾(베/재물)

자꾸 쓰다보면 닳고
해지는 재물이니 = 화폐

貨幣 紙幣 僞幣 造幣 幣物(존경이나 애정의 뜻으로 남에게 주는 물건)
(화폐) (지폐) (위폐) (조폐) (폐물)

 요점만 콕!

☑ 庶(여러 서)는 '첩의 아들'이라는 뜻으로도 쓰여요
- **여러**: 庶務(서무) 庶民(서민)
- **첩의 아들**: 庶子(서자) 庶出(서출) 庶生(서생)

☑ 弊(폐단 폐)는 다양한 뜻으로 쓰인답니다
- **弊端**(폐단): 어떤 일이나 행동에서 나타나는 옳지 못한 경향이나 귀찮고 해로운 현상.
- **弊習**(폐습): 나쁜 버릇   **民弊**(민폐): 민간에 끼치는 폐해
- **疲弊**(피폐): 지치고 쇠약해짐

蔽

덮을 폐

艹 16획 3급

艹 艹 茚 荋 蔽

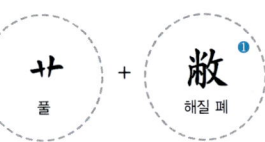

① 敝(해질 폐) : 힘써(攵) 일을 하다보면 옷이 해어지니(峕 : 옷이 해어진 모양)

풀로 해진
곳을 덮으니 = 덮다

隱蔽　建蔽率(대지 면적에 대한 건물의 바닥 면적의 비율)
(은폐) (건폐율)

綿

솜 면

糸 14획 3급Ⅱ

糸 糹 紆 紓 綿 綿

綿

 +

② 帛(비단/폐백 백) : 흰(白) 천(巾)이니

비단을
만들 수 있는 실이니 = 솜

(요점만 콕)

木綿　綿花　石綿　綿密　綿綿　脫脂綿
(목면) (면화) (석면) (면밀) (면면) (탈지면)

錦

비단 금

金 16획 3급Ⅱ

牟 金 釒 鈤 鋦 錦

絹　　　錦

 +

금 같이
귀한 비단이니 = 비단

錦上添花　錦衣還鄕
(금상첨화) (금의환향)

絹

비단 견

糸 13획 3급

幺 糸 糹 紆 絹 絹

錦　　　絹

 +

② 肙(작은 벌레/버릴 연) : 몸(月)이 너무 작아 입(口)만 보이는 벌레니

작은 애벌레에게서
뽑아낸 실로 만든 것이니 = 비단

絹絲　人造絹　絹織物
(견사) (인조견) (견직물)

帶

띠 대

巾 11획 4급Ⅱ

卅 丗 卅 带 帶 帶

 +  +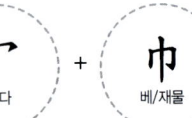

삼베옷 위 허리 부분에
띠로 둘러 덮은 것이니 = 띠

革帶　腰帶　暖帶　携帶　聲帶　附帶　帶妻僧
(혁대) (요대) (난대) (휴대) (성대) (부대) (대처승)

23일째

滯 막힐 체
水 14획 3급II

氵氵沪浩浩滯滯

- ≡ 停/塞
- ⇔
- 🔊
- 🇯🇵 滞
- 🇨🇳 滞

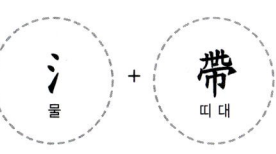

물이 막혀
허리띠까지 차니 = 막히다

遲滯 沈滯 停滯 積滯 滯納 滯念 滯留
(지체) (침체) (정체) (적체) (체납) (체념) (체류)

干 방패 간
干 3획 4급

一 二 干

- ≡ 盾
- ⇔ 矛, 滿
- 🔊
- 🇯🇵
- 🇨🇳

손잡이가 달린
방패의 모양 = 방패

(요점만 콕)

干城 干與 如干 干涉 若干 干滿 干拓地 欄干 天干
(간성) (간여) (여간) (간섭) (약간) (간만) (간척지) (난간) (천간)

刊 새길 간
刀 5획 3급II

一 二 干 刊 刊

- ≡ 刻/銘
- ⇔
- 🔊
- 🇯🇵
- 🇨🇳

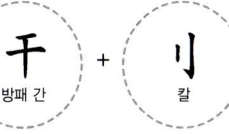

방패에 칼로
글을 새기니 = 새기다

出刊 創刊 廢刊 刊行
(출간) (창간) (폐간) (간행)

肝 간 간
肉 7획 3급II

月 月 月 肝 肝 肝

- ≡
- ⇔
- 🔊
- 🇯🇵
- 🇨🇳

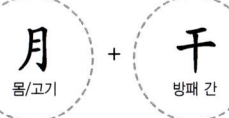

몸에서
방패 역할을 하는 곳이니 = 간

肝臟 肝炎 肝胃
(간장) (간염) (간위)

 요점만 콕!

- ☑ 綿(솜 면)은 '이어지다'라는 뜻으로도 쓰여요
  - 솜 : 木綿(목면) 綿花(면화) 石綿(석면) 脫脂綿(탈지면) 綿內衣(면내의)
  - 이어지다 : 綿密(면밀) 綿綿(면면) 綿代(면대) 周到綿密(주도면밀)
- ☑ 干(방패 간)은 '막다'와 '근본'이라는 뜻으로도 쓰여요
  - 방패/막다 : 干城(간성) 如干(여간) 干涉(간섭) 若干(약간) 干滿(간만) 干拓地(간척지) 欄干(난간)
  - 근본 : 天干(천간)

정말이지 쉬운 한자 **231**

岸

언덕 안

山 8획 3급II

山 屵 屵 岸 岸 岸

= 丘/阿/原/陵

산 아래
방패처럼 평평한 곳이니 = 언덕

海岸　對岸　沿岸　彼岸(사바세계 저쪽에 있는 깨달음의 세계)

(해안) (대안) (연안) (피안)

汗

땀 한

水 6획 3급II

丶 氵 氵 汗 汗 汗

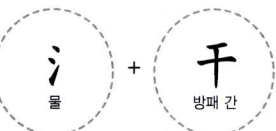

몸속의 불순물들을 배출해
방패 역할을 하는 물이니 = 땀

發汗　汗蒸　不汗黨

(발한) (한증) (불한당)

旱

가물 한

日 7획 3급

丶 口 日 日 旱 旱

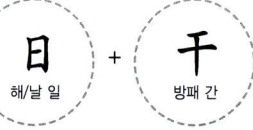

햇볕을 방패로 막아야 할 정도로 덥고 메마르니
= 가물다 (땅의 물기가 바싹 마를 정도로 오랫동안 비가 오지 않다)

旱害　旱災　枯旱

(한해) (한재) (고한)

幹

줄기 간

干 13획 3급II

十 古 卓 幹 幹 幹

= 脈
⟷ 枝
干

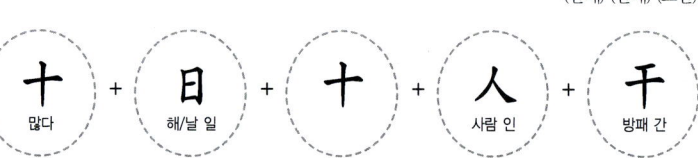

많은 햇볕과 사람의 정성으로
자라 방패처럼 나무를 지탱하는 것이니 = 줄기

(요점만 콕)

幹枝　幹線　語幹　根幹　主幹　幹部　幹事

(간지) (간선) (어간) (근간) (주간) (간부) (간사)

平

평평할 평

干 5획 7급II

一 ァ 厂 亚 平

= 準/均

물건을 올려놓고 중심을
잡아 평평하게 된 모양 = 평평하다

平平　平準　平凡　平均　平易　平靜　泰平

(평평) (평준) (평범) (평균) (평이) (평정) (태평)

評 평할 평
言 12획 4급

言 言 言 訂 訐 評

- 批
- 评

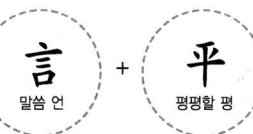

어느 쪽의 편도 들지 않고 **말**을
공평하게 해야 하는 것이니 = **평하다**

評價 評論 論評 講評 總評 好評 漫評(만화로 사회 등을 풍자적으로 비평함)
(평가) (평론) (논평) (강평) (총평) (호평) (만평)

年 해 년
干 6획 8급

ノ 一 ヒ 仁 年

- 歲

높은 경지를
넘어가려면 여러 해가 걸리니 = **해**

年歲 年輪 壯年 隔年 芳年 閏年 年輩 忘年會
(연세) (연륜) (장년) (격년) (방년) (윤년) (연배) (망년회)

幸 다행/행복 행
干 8획 6급II

一 十 土 + 圭 幸 幸

- 福

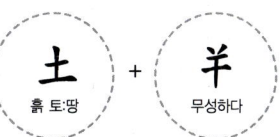

땅에서 곡식을
무성하게 수확하니 = **다행/행복**

多幸 幸福 幸運
(다행) (행복) (행운)

執 잡을 집
土 11획 3급II

土 去 幸 쵈 執 執

- 操/捕/拘
- 执

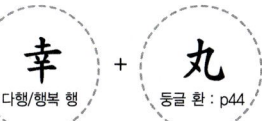

다행히도 병에 맞는
둥근 약을 구하니 = **잡다**

執行 執權 執念 執務 執着 執筆 固執 我執
(집행) (집권) (집념) (집무) (집착) (집필) (고집) (아집)

 요점만 콕!

☑ 幹(줄기 간)은 '간부(조직의 중심 자리에서 책임을 맡은 사람)'라는 뜻으로도 쓰여요
- 줄기 : 幹枝(간지) 幹線(간선) 語幹(어간) 根幹(근간)
- 간부 : 主幹(주간) 幹部(간부) 幹事(간사)

擇 가릴 택

手 16획 4급

扌 扩 挥 擇 擇 擇

= 選
⊕
⊙ 択   ㊐ 択   ㊥ 择

 +
(손)   (엿볼 역)

❶ 睪(엿볼 역) : 눈(罒: 目의 변형)으로 다행히(幸) 천막 안을 엿볼 수 있으니

손으로 만져보고 **엿보며**
골라내니 = **가리다** (여럿 가운데서 하나를 고르다)

擇一 擇日 選擇 採擇
(택일) (택일) (선택) (채택)

澤 못/윤 택

水 16획 3급Ⅱ

氵 氵 沢 沢 澤 澤

= 池, 潤
⊕
⊙ 沢   ㊐ 沢   ㊥ 泽

 +
(물)   (엿볼 역)

주위 지형을 잘 **엿보고 물**을 가두어
둔 곳이니 = **못/윤** (반질반질하고 매끄러운 기운)

平澤 潤澤 德澤 光澤 惠澤
(평택) (윤택) (덕택) (광택) (혜택)

譯 번역할 역

言 20획 3급Ⅱ

言 訊 評 譯 譯 譯

= 飜
⊙ 訳   ㊐ 訳   ㊥ 译

 +
(말씀 언) (엿볼 역)

말을 잘 **엿보고**
살펴서 하는 것이니 = **번역하다**

飜譯 通譯 譯者 誤譯 意譯 抄譯
(번역) (통역) (역자) (오역) (의역) (초역)

驛 역 역

馬 23획 3급Ⅱ

馬 馬 馹 驛 驛 驛

=
⊙ 駅   ㊐ 駅   ㊥ 驿

 +
(말 마)   (엿볼 역)

말의 상태를 잘 **엿보고** 살피는 곳이니
= **역** (①열차가 발착하는 곳. ②벼슬아치의 여행과 부임 시 말을 공급하던 곳)

驛馬 驛前 終着驛 簡易驛 大田驛
(역마) (역전) (종착역) (간이역) (대전역)

釋 풀 석

釆 20획 3급Ⅱ

釆 秤 釋 釋 釋 釋

= 解/放
⊙ 釈   ㊐ 釈   ㊥ 释

 +
(분별하다) (엿볼 역)

문제의 종류를 **분별**하고
잘 **엿본** 뒤에 풀어내니 = **풀다**

解釋 保釋 稀釋 釋放 釋然
(해석) (보석) (희석) (석방) (석연)

辛 매울/천간 신
辛 7획 3급

丶 亠 亡 立 卉 辛

≡ 烈

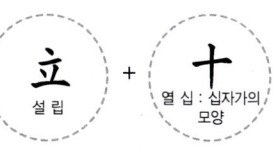

죄를 지어 **십자가**에 못 박혀 힘들고
어렵게 **서** 있으니 = **맵다/여덟째 천간**

(요점만 콕 p481)

辛苦 辛味 辛酸 香辛料
(신고) (신미) (신산) (향신료)

辯 말씀 변
辛 21획 4급

产 咅 音 咅 菩 辯

≡ 話/談/說/辭   辩

고생스러운 일 사이에
끼어들어 **말**로 해결하니 = **말씀**

辯論 答辯 雄辯 達辯 辯護士 代辯人
(변론) (답변) (웅변) (달변) (변호사) (대변인)

辨 분별할 변
辛 16획 3급

产 咅 훠 훠 훠 辨

여러 가지 **죄**를 **칼**로 나누 듯 낱낱이
분별하니 = **분별하다**(서로 다른 일이나 사물을 구별하여 가르다)

辨明 辨濟 辨理士 辨證法
(변명) (변제) (변리사) (변증법)

宰 재상 재
宀 10획 3급

宀 宂 宊 室 宰 宰

≡ 相

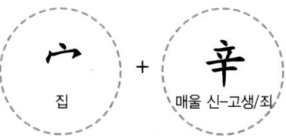

왕의 **집**인 대궐에서 **고생**하는 사람이니
= **재상**(왕을 도와 모든 관원을 지휘 감독하는 벼슬)

宰相 主宰
(재상) (주재)

避 피할 피
辶 17획 4급

尸 吊 랷 辟 避 避

≡ 逃

❷ 辟(물리칠 벽, 피할 피) : 집(尸)으로 사람(口)이 들어가 고생스러운(辛) 상황을 물리치니

적을 **피해**
멀리 도망**가**니 = **피하다**

避身 避難 避暑 待避 逃避 忌避 避雷針
(피신) (피난) (피서) (대피) (도피) (기피) (피뢰침)

壁 벽 벽
土 16획 4급II

尸 尸 居 辟 辟 壁 壁

= 墻

辟(물리칠 벽, 피할 피) + 土(흙 토)

❶ 辟(물리칠 벽, 피할 피) : 집(尸)으로 사람(口)이 들어가 고생스러운(辛) 상황을 물리치니

적의 공격을 **물리치기**
위해 **흙**을 쌓아 만든 것이니 = **벽**

壁畫 壁報 壁紙 絶壁 胃壁 巖壁 赤壁賦
(벽화) (벽보) (벽지) (절벽) (위벽) (암벽) (적벽부)

報 갚을/알릴 보
土 12획 4급II

土 幸 幸 幸 報 報 報

= 償, 告   报

幸(다행 행) + 卩(벼슬) + 又(다스리다/들어오다)

다행히 **벼슬**길에 **들어가게** 되어
그 동안 진 빚을 갚으려고 주위에 알리니 = **갚다/알리다**

日報 報恩 旬報 豫報 弘報 朗報 報復 報償
(일보) (보은) (순보) (예보) (홍보) (낭보) (보복) (보상)

服 옷/복종할 복
月 8획 6급

几 月 月 肝 服 服

= 衣, 伏/降

月(달 월) + 卩(벼슬) + 又(다스리다/들어오다)

세월이 지나 **벼슬**길에 **들어가면**
관복을 입고 왕에게 복종하니 = **옷/복종하다**

軍服 僧服 服裝 旣成服 征服 服從 屈服 服藥 降服
(군복) (승복) (복장) (기성복) (정복) (복종) (굴복) (복약) (항복)

幼 어릴 유
幺 5획 3급II

乚 幺 幺 幻 幼

= 稚   ↔ 長/丈

幺(작다) + 力(힘 력)

작은 힘을
가진 사람이니 = **어리다**

幼年 幼兒 幼稚園
(유년) (유아) (유치원)

 뉘앙스 콕!

- **稀壽**(희수) : 나이 일흔 살을 이름 = 古稀(고희)
- **喜壽**(희수) : 나이 일흔일곱 살을 이름
- **弊家**(폐가) : 자기 집을 겸손하게 이르는 말 ▶ 폐가(弊家)를 찾아 주셔서 감사합니다
- **廢家**(폐가) : 버려두어 낡아 빠진 집 ▶ 이 고을에는 폐가(廢家)가 많다
- **弊校**(폐교) : 말하는 이가 자기 학교를 낮추어 이르는 말 ▶ 저희 폐교(弊校)를 찾아 주셔 감사합니다
- **廢校**(폐교) : 학교의 운영을 폐지함 ▶ 재정상의 이유로 학교를 폐교(廢校)해야 했다

23일째 복습하기

복습 1 다음 한자를 큰 소리로 읽어 보세요. (2번 이상)

稀	帝	席	度	渡	庶	弊	幣	蔽	綿
錦	絹	帶	滯	干	刊	肝	岸	汗	旱
幹	平	評	年	幸	執	擇	澤	譯	驛
釋	辛	辯	辨	宰	避	壁	報	服	幼

복습 2 다음 훈음에 해당되는 한자를 쓰세요. 물론 윗부분은 감추고…

드물 희	임금 제	자리 석	법도 도	건널 도	여러 서	폐단 폐	화폐 폐	덮을 폐	솜 면
비단 금	비단 견	띠 대	막힐 체	방패 간	새길 간	간 간	언덕 안	땀 한	가물 한
줄기 간	평평할 평	평할 평	해 년	다행 행	잡을 집	가릴 택	못 택	번역할 역	역 역
풀 석	매울 신	말씀 변	분별할 변	재상 재	피할 피	벽 벽	갚을 보	옷 복	어릴 유

복습 3 단어로 복습하기. 다음 뜻에 맞는 한자어를 한자로 쓰세요.

변제 (	) 남에게 진 빚을 갚음	물가가 올라 서민들의 삶이 힘들다.	(	)
매도 (	) 물건을 팔아넘김	거센 파도가 해안을 덮쳤다.	(	)
간장 (	) 간	사건을 축소하고 은폐하다.	(	)
체념 (	) 풀지 못하고 오랫동안 쌓인 생각	사건을 면밀하게 조사하다.	(	)
폐단 (	) 행동 등에서 나타나는 해로운 현상	승리에 대한 집념으로 불타오르다.	(	)
오역 (	) 잘못 번역함	부모님 덕택으로 아이들이 잘 자랐다.	(	)
한해 (	) 가뭄으로 인하여 입은 재해	위조 화폐가 급증하다.	(	)
간사 (	) 일을 맡아 주선하고 처리함	술을 물에 희석시켜 팔다.	(	)
견사 (	) 비단을 짜는 명주실	그는 매일 아침 회의를 주재한다.	(	)
간행 (	) 인쇄하여 발행함	불한당을 만나 돈을 빼앗겼다.	(	)

辨濟/賣渡/肝臟/滯念/弊端/誤譯/旱害/幹事/絹絲/刊行　　庶民/海岸/隱蔽/綿密/執念/德澤/貨幣/稀釋/主宰/不汗黨

 현쌤의 응원

반환점(返還點)을 도는 23일째.
여기까지 오느라 수고 많았어요
조금만 더 힘냅시다^^

24 일째

幽 그윽할 유
幺 9획 3급II

丨 丨 幺 幽 幽 幽

빛이 **작게** 비치는 깊은
산속이니 = **그윽하다**(아늑하고 고요하다)

(요점만 콕/뉘앙스 콕 p246)

幽靈 幽宅 幽明 幽冥 幽閉(아주 깊숙이 가두어 둠)

(유령) (유택) (유명) (유명) (유폐)

幾 몇 기
幺 12획 3급

幺 幺 幺 幾 幾 幾

几

몇 되지 않은 **작은** 수의 **사람**들이 **창**을 들고
있으니 = **몇**(그리 많지 않은 얼마만큼의 수를 막연하게 이르는 말)

(요점만 콕)

幾百 幾何 幾微 幾何學

(기백) (기하) (기미) (기하학)

機 틀 기
木 16획 4급

桦 樵 樵 機 機 機

械 机

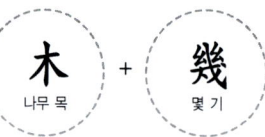

나무 몇 개를 합쳐 만든 것이니
= **틀**(판처럼 물건을 만드는 데 본이 되는 물건)

機械 機構 機能 機會 機智 機敏 危機 契機 好機

(기계) (기구) (기능) (기회) (기지) (기민) (위기) (계기) (호기)

畿 경기 기
田 15획 3급II

幺 幺 幺 㐀 畿 畿

서울에서 **얼마** 떨어져 있지 않는, 임금이 직접
살피는 **밭**이니 = **경기**(京畿:서울을 중심으로 한 주위의 가까운 지방)

京畿道

(경기도)

斷

끊을 단

斤 18획 4급II

丝 丝 絲 斷 斷 斷

- ≡ 切/絶
- ↔ 連/續/承
- 🔵 断
- 🔴 断
- 🟡 断

斷 + 斤
이을 계   작다/도끼

❶ 𢇍 (이을 계) : 감추어진(乚) 작은(幺) 것들을 모아(一) 이으니

이어진 것을
도끼로 자르니 = 끊다

(뉘앙스 콕 p246)

切斷 絶斷 斷髮 斷層 裁斷 橫斷 斷頭臺
(절단) (절단) (단발) (단층) (재단) (횡단) (단두대)

繼

이을 계

糸 20획 4급

絀 絲 絲 繼 繼 繼

- ≡ 連/續/聯/承
- ↔ 切/絶/斷
- 🔵 継
- 🔴 継
- 🟡 继

糸 + 𢇍
실   이을 계

실을 서로
이어주니 = 잇다

繼承 繼母 繼續 繼走 繼襲 後繼者
(계승) (계모) (계속) (계주) (계습) (후계자)

樂

노래 악, 즐길 락, 좋아할 요

木 15획 6급II

白 伯 綯 綝 樂 樂

- ≡ 謠, 娛
- ↔ 悲
- 🔵 楽
- 🔴 楽
- 🟡 乐

幺 + 白 + 幺 + 木
작다   흰 백-악기의 모양   작다   나무 목

나무로 만든 **작은 악기**의 모양, 노래를
연주할 때는 즐거우니 = **노래/즐기다/좋아하다**

樂器 樂譜 樂劇 娛樂 歡樂街 享樂 樂山樂水
(악기) (악보) (악극) (오락) (환락가) (향락) (요산요수)

藥

약 약

艹 19획 6급II

苩 茓 蕐 藥 藥 藥

- ≡ 薬
- ↔
- 🔵 薬
- 🔴 薬
- 🟡 药

艹 + 樂
풀   즐길 락

병을 고쳐
즐거움을 주는 풀이니 = 약

藥酒 彈藥 投藥 爆藥 賜藥 湯藥 補藥 靈藥
(약주) (탄약) (투약) (폭약) (사약) (탕약) (보약) (영약)

 요점만 콕!

☑ 幽(그윽할 유)는 '저승'이라는 뜻으로도 쓰여요
  • 그윽하다 : 幽閉(유폐) 幽寂(유적)
  • 저승 : 幽靈(유령) 幽宅(유택) 幽明(유명) 幽冥(유명)

☑ 幾(몇 기)는 '살피다'라는 뜻으로도 쓰여요
  • 몇 : 幾百(기백) 幾何(기하)
  • 살피다 : 幾微(기미) 幾死(기사) 거의 다 죽게 됨

정말이지 쉬운 한자 239

關 관계할 관
門 19획 5급II

尸 門 門 閂 關 關

= 　　⇔ 失
👁　　🈷　　中 关

門 +
문 문　　실꿸 관

❶ 鈴(실꿸 관) : 실이 바늘 귀에 꿰어져 있는 모양

바늘에 **실**을 꿰 듯 **문**을 빗장(문을 잠그는 막대기)으로
잠그면 양쪽 문이 관계 되어지니 = **관계하다**

關係 關心 關與 關節 關聯 玄關 關稅 通關 大關嶺
(관계) (관심) (관여) (관절) (관련) (현관) (관세) (통관) (대관령)

聯 연이을 련
耳 17획 3급II

耳 耳 聯 聯 聯 聯

= 連/續/承/絡　⇔ 切/絶/斷
👁 联　　🈷　　中 联

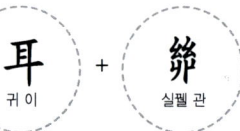

바늘 **귀**에 **실**을 꿰면 서로 연결되니
= **연잇다** (어떤 일이나 상태가 끊이지 않고 계속되다)

聯盟 聯想 聯邦 關聯 蘇聯
(연맹) (연상) (연방) (관련) (소련)

顯 나타날 현
頁 23획 4급

昂 㬎 㬎 㬎 顯 顯

= 現　　⇔ 消/隱
👁　　🈷 顕　中 显

 + 頁
드러날 현　　머리 혈

❷ 㬎(드러날 현) : 해(日)와 불(灬)이 비쳐 작은(幺幺) 것들이 드러나니

머리가
드러나니 = **나타나다**

顯著 顯考 顯微鏡 顯忠日
(현저) (현고) (현미경) (현충일)

濕 젖을 습
水 17획 3급II

氵 氵 氵 淠 濕 濕

= 潤　　⇔ 燥/乾
👁 湿　🈷 湿　中 湿

氵 + 㬎
물　　드러날 현

물이
드러나 있으니 = **젖다**
(뉘앙스 콕 p246)

濕氣 濕度 乾濕 陰濕
(습기) (습도) (건습) (음습)

建 세울 건
廴 9획 5급

フ ㄱ 聿 聿 建 建

= 立　　⇔ 崩/壞
👁　　🈷　　中

❸ 聿(붓 율) : 붓을 손에 들고 있는 모양

글을 쓸 때는 **붓**을 세워
붓 끝이 잘 **가도록** 해야 하니 = **세우다**

建物 建築 建國 封建 建碑 建築物
(건물) (건축) (건국) (봉건) (건비) (건축물)

健 굳셀 건

人 11획 5급

彳 亻 亻 俜 健 健

= 康/剛/壯 ↔ 弱

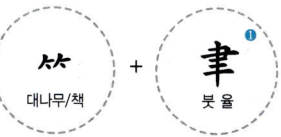

사람이 오랫동안
버티고 서 있으니 = 굳세다

健康 健壯 健鬪 健脚 健忘症
(건강) (건장) (건투) (건각) (건망증)

筆 붓/글씨 필

竹 12획 5급Ⅱ

竹 竻 竺 笁 笙 筆

⊕ 笔

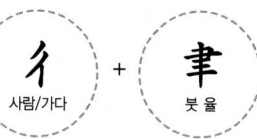

❶ 聿(붓 율): 붓을 손에 들고 있는 모양

대나무로 만든
붓으로 글씨를 쓰니 = 붓/글씨

鉛筆 粉筆 萬年筆 筆體 筆記 筆舌 筆蹟 紙筆墨
(연필) (분필) (만년필) (필체) (필기) (필설) (필적) (지필묵)

律 법칙 률

彳 9획 4급Ⅱ

彳 彳 彳 律 律 律

= 法/則/規/憲

사람이 지켜야 할
것들을 붓으로 쓴 것이니 = 법칙

法律 戒律 他律 自律 律法 紀律 旋律 韻律
(법률) (계율) (타율) (자율) (율법) (기율) (선율) (운율)

書 글/책 서

日 10획 6급Ⅱ

二 聿 書 書 書 書

= 文/書/章/詞 ⊕ 书

聿(붓 율)의 변형 + 日 가로 왈·말하다

말한 것을 붓으로
적어 만든 것이니 = 글/책

書店 書類 書籍 書架 願書 覺書 著書 司書
(서점) (서류) (서적) (서가) (원서) (각서) (저서) (사서)

晝 낮 주

日 11획 6급

二 聿 聿 書 晝 晝

= 午 ↔ 夜

해가 떠 선비는 붓으로 공부하고,
농부는 곡식을 모으는 때니 = 낮

白晝 晝夜 晝耕夜讀
(백주) (주야) (주경야독)

畫 그림 화 / 그을 획
田 12획 6급

一 ^二 聿 聿 書 畫 畫

= 圖 ↔
⊙   日   ⊕

붓으로 밭에서 모은
곡식을 그리니 = 그림/긋다 (속자 : 画) (요점만 콕)

畫家 畫廊 圖畫 映畫 漫畫 靜物畫 墨畫 肖像畫
(화가) (화랑) (도화) (영화) (만화) (정물화) (묵화) (초상화)

劃 그을 획
刀 14획 3급II

一 ^二 聿 書 畫 畫 劃

= 畫 ↔
日 画 ⊕ 划

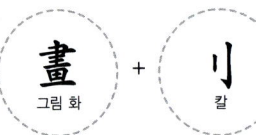

나무판에 그림을
그리려고 칼로 새기니 = 긋다

企劃 劃順 劃數 劃策 劃期的 劃一的
(기획) (획순) (획수) (획책) (획기적) (획일적)

盡 다할 진
皿 14획 4급

聿 聿 肃 書 盡 盡

= 極/窮 ↔
⊙ 尽 日 尽 ⊕ 尽

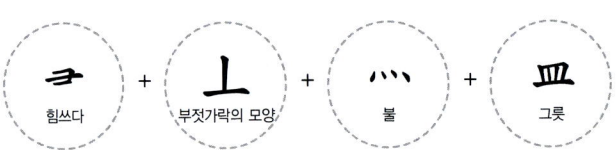

힘써 부젓가락을 뒤적거려
화로 그릇의 불을 끄니 = 다하다 (요점만 콕)

盡力 極盡 賣盡 消盡 脫盡 盡終日 無盡藏
(진력) (극진) (매진) (소진) (탈진) (진종일) (무진장)

肅 엄숙할 숙
聿 13획 4급

⺕ 肀 肀 肅 肅 肅

= 嚴 ↔
日 粛 ⊕ 肃

❶ 淵(못 연) : 물(氵)위를
나무 조각(開)으로 연결해
거닐 수 있게 한 곳이니

연못 가에서 힘써 뚫는 일을 할 때는
도구가 빠질 수 있어 조심해야 하니 = 엄숙하다

嚴肅 靜肅 肅淸 肅然
(엄숙) (정숙) (숙청) (숙연)

弄 희롱할 롱
廾 7획 3급II

一 ^二 于 王 王 弄

= 戲 ↔
⊙   日   ⊕

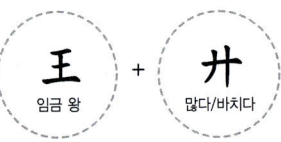

왕은 많은 궁녀들을 희롱하니
= 희롱하다 (말이나 행동으로 실없이 놀리다)

戲弄 愚弄 才弄 弄談 弄月
(희롱) (우롱) (재롱) (농담) (농월)

算 셈할 산

竹 14획 7급

䇷 䇹 笴 笡 箟 算

≡ 數/計

⺮ (대나무/책) + 目 (눈 목) + 廾 (많다/바치다)

대나무를 눈으로 잘 살펴
많은 마디를 세니 = 셈하다

算數 算式 豫算 採算 推算 換算 珠算
(산수) (산식) (예산) (채산) (추산) (환산) (주산)

式 법 식

弋 6획 6급

一 二 〒 デ 式 式

≡ 格/法/則/規/律

工 (만들다) + 弋 (줄화살/가지다)

줄 화살 같은 새로운 무기를
만들 때 따라야 하는 것이니 = 법

式順 格式 軟式 硬式 禮式場 開幕式
(식순) (격식) (연식) (경식) (예식장) (개막식)

試 시험 시

言 13획 4급Ⅱ

言 言 訂 訌 試 試

≡ 驗
⊕ 试

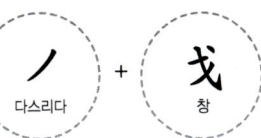
言 (말씀 언) + 式 (법 식)

재능이나 말솜씨를
그 단체의 법에 따라 평가하니 = 시험

試驗 試食 試圖 試鍊 應試 試運轉 試寫會
(시험) (시식) (시도) (시련) (응시) (시운전) (시사회)

戊 천간 무

戈 5획 3급

ノ 厂 戊 戊 戊

ノ (다스리다) + 戈 (창)

장수가 다스려야 할 창을 든 병사들이
많으니 = 다섯째 천간 ['무성하다' 라는 뜻이 있음]
(요점만 콕 p481)

戊戌年
(무술년)

 요점만 콕!

☑ 비슷한 모양을 가진 書(글 서) 晝(낮 주) 畵(그림 화) 와 盡(다할 진)의 구분에 유의하세요
- 書, 晝, 畵 의 윗부분 : 聿(붓 율)의 변형
- 盡의 윗부분 : ⺕(돼지머리 계:힘쓰다) + ㅣ(부젓가락 모양)
  부젓가락 : 화로에 꽂아 두고 쓰는 쇠 젓가락

茂

무성할 **무**

艹 9획 3급II

艹 艹 芦 芳 茂 茂

= 盛

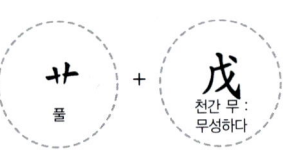

풀이 무성하게
자라 있으니 = 무성하다

茂盛 茂林(나무가 울창하게 우거진 숲)

(무성) (무림)

戌

개/지지 **술**

戈 6획 3급

丿 厂 戌 戌 戌 戌

= 犬/狗

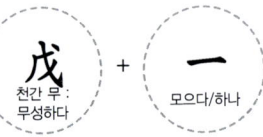

무성한 수의 개들이
모여 있으니 = 개/열한째 지지(개)

(요점만 콕 – p481)

戌時　丙戌年

(술시) (병술년)

咸

다 **함**

口 9획 3급

丿 厂 后 咸 咸 咸

= 皆/總　↔ 個

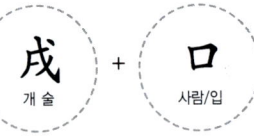

한마리의 개가 짖기 시작하면
다 같이 입으로 짖어대니 = 다(남거나 빠진 것이 없이 모두)

咸池　咸鏡道　咸興差使

(함지) (함경도) (함흥차사)

感

느낄 **감**

心 13획 6급

厂 后 咸 咸 咸 感

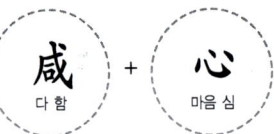

정성을 다하는
상대의 마음을 느끼니 = 느끼다

感謝　感覺　感激　感動　感泣　鈍感　敏感　讀後感

(감사) (감각) (감격) (감동) (감읍) (둔감) (민감) (독후감)

減

덜 **감**

水 12획 4급II

氵 氵 沪 減 減 減

= 省/損/除　↔ 加/增/添/減

물을 다 빼려고 조금씩 덜어내니
= 덜다(일정한 수량이나 정도에서 얼마를 떼어 줄이거나 적게 하다)

減少　減點　減縮　減價償却　減刑　減免　削減

(감소) (감점) (감축) (감가상각) (감형) (감면) (삭감)

위엄 위
女 9획 4급

厂 反 反 威 威 威

≡ 嚴　　⇔
🔊　　日　　中

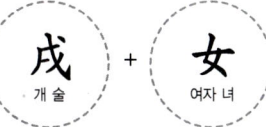

개도 암컷 앞에서는 위엄을 부리니
= 위엄(존경할 만한 위세가 있어 점잖고 엄숙함)

威嚴　威脅　威勢　威壓　威風　權威　示威　猛威
(위엄) (위협) (위세) (위압) (위풍) (권위) (시위) (맹위)

친척 척
戈 11획 3급II

厂 厂 厅 床 戚 戚

≡　　⇔
🔊　　日　　中

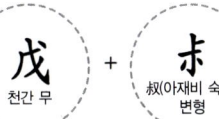

무성하게 많은
아재비의 식구들이니 = 친척

親戚　外戚　姻戚　戚臣(임금과 성이 다르나 일가인 신하)
(친척) (외척) (인척) (척신)

멸할 멸
水 13획 3급II

氵氵氵㳂 㴸 滅 滅

≡ 亡/消　　⇔ 興/盛
🔊　　日　　中 灭

물을 뿌려 개에게 붙은
불을 끄니 = 멸하다(망하여 전부 없어지다)

滅亡　滅族　滅種　滅共　滅菌　消滅　破滅　磨滅
(멸망) (멸족) (멸종) (멸공) (멸균) (소멸) (파멸) (마멸)

경계할 계
戈 7획 4급

一 二 开 戎 戒 戒

≡ 警　　⇔
🔊　　日　　中

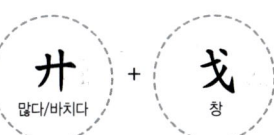

많은 사람들이
창을 들고 지키고 있으니 = 경계하다

警戒　懲戒　戒律　戒嚴
(경계) (징계) (계율) (계엄)

 요점만 콕!

☑ 戌(개 술)은 십이지지 중 열한 번째 동물인 개를 상징해요　　(요점만 콕 p481)

械 기계 계
木 11획 3급II

朼 杁 栌 械 械 械

= 機
⊕
⊖
日
中

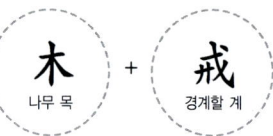

나무로 만들어 죄인을 벌주고
경계하기 위한 형틀 같은 것이니 = 기계

(뉘앙스 콕 p246)

機械　器械
(기계) (기계)

賊 도둑 적
貝 13획 4급

貝 貯 賊 賊 賊 賊

= 盜
⊕
⊖
日
中 賊

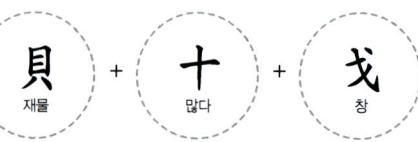

재물을 훔치는
많은 창을 든 사람들이니 = 도둑

盜賊　山賊　海賊　馬賊　義賊　逆賊
(도적) (산적) (해적) (마적) (의적) (역적)

成 이룰 성
戈 7획 6급II

厂 厂 厏 成 成 成

=
⊕ 敗
⊖
日
中

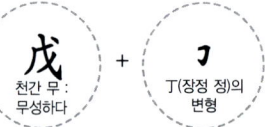

무성하게 많은 장정들이
힘을 합치면 뜻을 이룰 수 있으니 = 이루다

成功　成果　成績　成就　成熟　贊成　構成員　成均館
(성공) (성과) (성적) (성취) (성숙) (찬성) (구성원) (성균관)

城 재 성
土 10획 4급II

圴 圹 坊 城 城 城

=
⊕
⊖
日
中

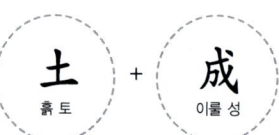

흙을 높이 쌓아 이루어진 것이니
= 재(높은 산의 고개. 여기서는 적을 막기 위해 높이 쌓은 성을 나타냄)

城主　城郭　都城　孤城　華城　築城　牙城　不夜城
(성주) (성곽) (도성) (고성) (화성) (축성) (아성) (불야성)

 뉘앙스 콕!

- ☑ **幽明**(유명) : 어둠과 밝음. 저승과 이승을 아울러 이르는 말 ▶ 유명(幽明)을 달리했다.
- **幽冥**(유명) : 깊숙하고 어두움. 저승 ▶ 도둑들은 그를 유명(幽冥)한 곳에 가두었다.
- ☑ **斷切**(단절) : 자르거나 베어서 끊음 = 切斷(절단) ▶ 손가락을 단절(斷切)했다.
- **斷絕**(단절) : 유대나 연관 관계를 중단함 ▶ 서로간의 대화가 단절(斷絕)되다.
- ☑ **陰濕**(음습) : 그늘지고 축축함 ▶ 양지바른 산의 뒷편은 음습(陰濕)하고 추웠다.
- **陰襲**(음습) : 남몰래 습격함 ▶ 적들이 밤에 음습(陰襲)해 왔다.

24일째 복습하기

복습 1 다음 한자를 큰 소리로 읽어 보세요. (2번 이상)

幽	幾	機	畿	斷	繼	樂	藥	關	聯
顯	濕	建	健	筆	律	書	晝	畵	劃
盡	肅	弄	算	式	試	戊	茂	戌	咸
感	減	威	戚	滅	戒	械	賊	成	城

복습 2 다음 훈음에 해당되는 한자를 쓰세요. 물론 윗부분은 감추고…

그윽할 유	몇 기	틀 기	경기 기	끊을 단	이을 계	즐길 락	약 약	관계할 관	연이을 련
나타날 현	젖을 습	세울 건	굳셀 건	붓 필	법칙 률	글 서	낮 주	그림 화	그을 획
다할 진	엄숙할 숙	희롱할 롱	셈할 산	법 식	시험 시	천간 무	무성할 무	개 술	다 함
느낄 감	덜 감	위엄 위	친척 척	멸할 멸	경계할 계	기계 계	도둑 적	이룰 성	재 성

복습 3 단어로 복습하기. 다음 뜻에 맞는 한자어를 한자로 쓰세요.

유폐 (	) 아주 깊숙이 가두어 둠	친일파들을 숙청하다.	(	)
기미 (	) 어떤 일을 알아차릴 수 있는 눈치	지나친 농담은 화를 자초한다.	(	)
계기 (	) 일이 일어나는 결정적인 원인	나무에 잎이 무성하다.	(	)
경기 (	) 서울을 중심으로 한 주위의 지방	탈진으로 쓰러지다.	(	)
계승 (	) 선임자의 뒤를 이어받음	시련을 이겨내고 성공하다.	(	)
관련 (	) 둘 이상의 사물 등이 관계가 있음	왕이 위엄있는 목소리로 말했다.	(	)
건습 (	) 마름과 젖음을 아울러 이름	명절에는 친척들이 한자리에 모인다.	(	)
선율 (	) 소리의 길이와 높낮이의 어울림	우유를 멸균하여 포장하다.	(	)
획책 (	) 어떤 일을 꾸미거나 꾀함	대통령이 계엄령을 선포하다.	(	)
함지 (	) 해가 진다고 하는 서쪽의 큰 못	기계를 조작하다.	(	)

幽閉/幾微/契機/京畿/繼承/關聯/乾濕/旋律/劃策/咸池　　肅淸/弄談/茂盛/脫盡/試鍊/威嚴/親戚/滅菌/戒嚴/機械

 현쌤의 응원

하나를 들으면 열을 알 듯[聞一知十(문일지십)]
이제는 부수 몇 개만 알아도
여러 자를 이해할 수 있지요^^?

25 일째

성할 성
皿 12획 4급II

厂 厃 成 成 盛 盛

= 豊/昌/繁/興/茂 ↔ 亡/衰

成 (이룰 성) + 皿 (그릇)

만들어진 음식을 그릇에 풍성하게 담으니
= 성하다 (①풍성하다, ②기운이나 세력이 한창 왕성하다) (뉘앙스 콕 p256)

豊盛 繁盛 隆盛 盛況 盛衰 盛裝 盛粧 盛需期
(풍성) (번성) (융성) (성황) (성쇠) (성장) (성장) (성수기)

정성 성
言 14획 4급II

訂 訐 訦 誠 誠 誠

↔ 誠

言 (말씀 언) + 成 (이룰 성)

말한 것을
이루기 위해 필요한 것이니 = 정성

精誠 至誠 熱誠 誠金 誠意 誠實
(정성) (지성) (열성) (성금) (성의) (성실)

혹시 혹
戈 8획 4급

一 口 口 戓 或 或

 +

口 (사람/입) + 一 (모으다/하나) + 戈 (창)

사람들이 모여 창을 들고
혹시나 있을 적의 침입에 대비하니 = 혹시 (만일에)

或是 或者
(혹시) (혹자)

나라 국
口 11획 8급

冂 同 國 國 國 國

= 邦
国 国 国

口 (싸다/둥글다) + 或 (혹시 혹)

성벽을 둥글게 쌓아
혹시나 있을 적의 침입에 대비하는 곳이니 = 나라

國籍 國難 國是 國葬 國策 殉國 賣國奴
(국적) (국난) (국시) (국장) (국책) (순국) (매국노)

域

지경 역

土 11획 4급

十 圤 坷 域 域 域

- 界/區/境
- 中

혹시나 있을 분쟁을 막기 위해
땅을 미리 나누어 놓으니 = **지경**(땅의 경계)

區域 地域 墓域 領域 異域 廣域市
(구역) (지역) (묘역) (영역) (이역) (광역시)

惑

미혹할 혹

心 12획 3급Ⅱ

一 丆 或 或 或 惑

- 迷
- 日
- 中

혹시나 하는 마음 때문에 남에게 쉽게
속으니 = **미혹하다**(무엇에 홀려 정신을 차리지 못하다)

迷惑 困惑 當惑 誘惑 疑惑 惑星
(미혹) (곤혹) (당혹) (유혹) (의혹) (혹성)

哉

어조사/비로소 재

口 9획 3급

土 吉 吉 甚 哉 哉

- 戎
- 日
- 中

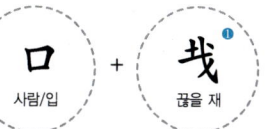

❶ 戈(끊을 재): 여러(十) 번 창(戈)으로 치면 끊어지니

사람이 말을 끊을 때
사용하는 것이니 = **어조사/비로소**(처음으로)
(요점만 콕)

快哉(일 등이 마음먹은 대로 잘되어 만족스럽게 여김) 嗚呼痛哉
(쾌재) (오호통재)

鐵

쇠 철

金 21획 5급

鈝 鋅 鋅 鐵 鐵 鐵

- 金
- 鉄
- 日 鉄
- 中 铁

금속 중에서
비로소 왕이 된 것이니 = **쇠**

鐵工 鐵鋼 鐵鑛 鐵筋 鐵絲 鐵甲 鐵拳 鐵面皮
(철공) (철강) (철광) (철근) (철사) (철갑) (철권) (철면피)

 요점만 콕!

☑ 哉(어조사 재)는 감탄문을 만드는 종결사로도 쓰여요 (~로다, ~구나)
- 嗚呼 痛哉(오호 통재) 아! 애통하구나
- 賢哉 回也(현재 회야) 현명하구나. 안회(顔回:공자의 제자)여

栽 심을 재
木 10획 3급II

十 丰 耒 栽 栽 栽

= 植 ⇔

 +
木 나무 목 + 戈 끊을 재

❶ 戈(끊을 재) : 여러(十) 번 창(戈)으로 치면 끊어지니

나무 가지를
끊고 다른 곳에 옮겨 심으니 = **심다**

栽培 植栽
(재배) (식재)

載 실을/해 재
車 13획 3급II

十 車 車 載 載 載

= 年/歲 ⇔

車 수레 차 + 戈 끊을 재

車에 많은 짐을 여러 차례로
끊어 실으면 시간이 오래 걸리니 = **싣다/해**

記載 連載 積載 滿載 千載一遇
(기재) (연재) (적재) (만재) (천재일우)

裁 마를 재
衣 12획 3급II

十 丰 表 裁 裁 裁

衣 옷 의 + 戈 끊을 재

옷을 만들기 위해 삼베를 **끊는**
것이니 = **마르다**(옷감을 치수에 맞게 자르다)
(요점만 콕/뉘앙스 콕 p256)

裁斷 裁判 裁量 決裁 裁可 獨裁 總裁 仲裁
(재단) (재판) (재량) (결재) (재가) (독재) (총재) (중재)

錢 돈 전
金 16획 4급

金 金 金 錢 錢 錢

= 弊 ⇔
錢 日 錢 ⊕ 钱

金 쇠 금 + 戔 쌓일/나머지 전

❷ 戔(쌓일/나머지 전) : 여러개의 창(戈)이 쌓여 있으니

쇠로 만들어
쌓아 둔 것이니 = **돈**

急錢 銅錢 葉錢 紙錢 換錢 守錢奴
(급전) (동전) (엽전) (지전) (환전) (수전노)

殘 잔인할/남을 잔
歹 12획 4급

歹 歹 歼 殘 殘 殘

= 餘 ⇔
残 日 残 ⊕ 残

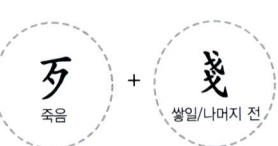
歹 죽음 + 戔 쌓일/나머지 전

죽은 시체가
쌓여 있으니 = **잔인하다/남다**

殘忍 殘額 殘黨 殘存 殘飯 衰殘 敗殘兵
(잔인) (잔액) (잔당) (잔존) (잔반) (쇠잔) (패잔병)

淺 얕을 천
水 12획 3급II

氵 汣 浅 浅 淺

- ≡ 薄
- ⇔ 深
- 👁 浅
- 日 浅
- 中 浅

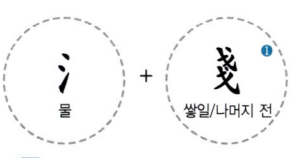 ❶ 戔(쌓일/나머지 전) : 여러개의 창(戈)이 쌓여 있으니

물속에 흙이나
돌이 **쌓여** 있어 수심이 = **얕다**

淺薄 日淺 (천박) (일천)

踐 밟을 천
足 15획 3급II

足 趴 趺 践 踐 踐

- ≡ 踏
- ⇔
- 👁 践
- 日 践
- 中 践

발로 눈 **쌓인**
길을 밟고 가니 = **밟다**

實踐 踐約(약속을 지켜 실천함) (실천) (천약)

賤 천할 천
貝 15획 3급II

貝 貝 貶 賤 賤 賤

- ≡ 卑
- ⇔ 貴
- 👁 賎
- 日
- 中 贱

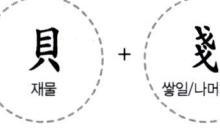

재물을 많이 **쌓아**
부자가 되면 남을 천하게 여기니 = **천하다**

賤民 賤職 賤待 微賤 卑賤 貴賤
(천민) (천직) (천대) (미천) (비천) (귀천)

弓 활 궁
弓 3획 3급II

一 ㄱ 弓

- ≡
- ⇔
- 👁
- 日
- 中

활 궁

활의 모양 = **활**

洋弓 國弓 弓矢 弓術
(양궁) (국궁) (궁시) (궁술)

요점만 콕!

✔ **裁(마를 재)는 다양한 뜻으로 쓰인답니다.**   ※ 마르다 : 옷감 등의 재료를 치수에 맞게 자르다.

- **裁斷**(재단) : ① 마름질 ② 옳고 그름을 가려 결정(決定)함 = 裁決(재결)
- **裁判**(재판) : 소송 사건을 해결하기 위해 법관이 공권적 판단(判斷)을 내리는 일
- **總裁**(총재) : 단체에서 모든 사무를 관리하고 감독하여 결재(決裁)하는 사람
- **制裁**(제재) : 법이나 규율을 위반하는 행위에 대하여 가하는 처벌.
- **裁量**(재량) : 자기의 생각과 판단에 따라 일을 처리함
- **決裁**(결재) : 결정할 권한이 있는 상관이 부하가 제출한 안건을 검토하여 승인함

引 끌 인

弓 4획 4급II

ㄱ 弓 引

= 牽

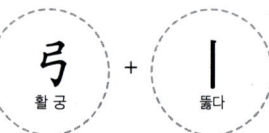

과녁을 **뚫기** 위해
활 시위를 당기니 = **끌다**

(뉘앙스 콕 p256)

引導 引渡 引率 引責 引揚 牽引 誘引
(인도) (인도) (인솔) (인책) (인양) (견인) (유인)

弘 클 홍

弓 5획 3급

ㄱ 弓 弘 弘

= 大/太/泰/巨   ↔ 小/微

활을
크게 당기니 = **크다**

弘報 弘益
(홍보) (홍익)

強 강할 강

弓 11획 6급

弓 弘 弘 強 強 強

= 健/剛   ↔ 弱
强   强

 +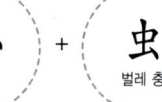

큰 벌레는
힘이 세니 = **강하다** (속자: 强)

強弱 強國 強盜 強烈 強姦 強奪 補強
(강약) (강국) (강도) (강렬) (강간) (강탈) (보강)

弱 약할 약

弓 10획 6급II

ㄱ 弓 弓 弱 弱

↔ 強/剛

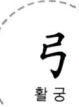 +  +  +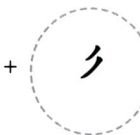

활 두 개에 **화살 네 개**를
동시에 쏘면 화살의 힘이 약해지니 = **약하다**

弱骨 弱點 貧弱 弱冠 微弱 薄弱 衰弱 軟弱
(약골) (약점) (빈약) (약관) (미약) (박약) (쇠약) (연약)

弔 조상할 조

弓 4획 3급

ㄱ 弓 弔

= 喪   ↔ 慶/賀
吊   吊

죽은 전우를 위해 **활을 꽂고** 애도하니
= **조상하다** (남의 죽음에 대해 슬퍼하는 뜻으로 위문하다)

弔喪 弔旗 弔哭 謹弔 慶弔事 弔問客 弔慰金
(조상) (조기) (조곡) (근조) (경조사) (조문객) (조위금)

弟

아우 제

弓 7획 8급

丶 丷 严 肖 弟 弟

=
⇔ 兄/師
🔊
🇯
🇨

丷(높다)의 변형 + 弔 조상할 조 + 丿 다스리다

서열이 **높은** 형을 대신해 **조상**하러
온 사람들을 **다스려** 안내하는 사람이니 = **아우**

兄弟 師弟 妻弟 弟子
(형제) (사제) (처제) (제자)

第

차례 제

竹 11획 6급Ⅱ

𥫗 𥫗 𥫗 笁 第 第

= 序/番/秩
⇔
🔊
🇯
🇨

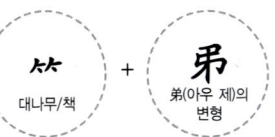

⺮ 대나무/책 + 弟(아우 제)의 변형

대나무의 마디처럼
아우들에게도 순서가 있으니 = **차례**

第一 及第 謁聖及第 落第 第五列(내부에 있으면서 적군에 호응하는 집단)
(제일) (급제) (알성급제) (낙제) (제오열)

費

쓸 비

貝 12획 5급

一 一 弓 弗 费 費

= 用/需
⇔
🔊
🇯 費
🇨

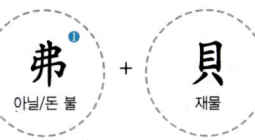

弗 아닐/돈 불 + 貝 재물

❷ 弗(아닐/돈 불) : 활(弓)로 화살 두 개(川)를 동시에 쏘는 것은 정상이 아니니, $의 모양과 비슷하니

돈과 **재물**은
사용하는 것이니 = **쓰다**

費用 旅費 浪費 維持費 豫備費 機密費
(비용) (여비) (낭비) (유지비) (예비비) (기밀비)

佛

부처 불

人 7획 4급Ⅱ

亻 亻 伊 伊 佛 佛

=
⇔
🔊 仏
🇯 仏
🇨

亻 사람 + 弗 아닐/돈 불

진리를 깨달은
보통 **사람**이 **아니니** = **부처**

佛教 佛堂 佛徒 佛供 佛像 成佛 排佛 佛蘭西
(불교) (불당) (불도) (불공) (불상) (성불) (배불) (불란서)

拂

떨칠 불

手 8획 3급Ⅱ

扌 扌 扩 扫 拂 拂

= 振/奮
⇔
🔊 払
🇯 払
🇨

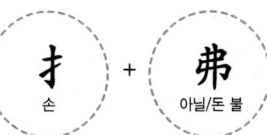

扌 손 + 弗 아닐/돈 불

손을 저으며 **아니**라는 생각을
떨쳐내니 = **떨치다**(세게 흔들어서 떨어지게 하다)

支拂 完拂 換拂 假拂 拂下(국가나 공공 단체의 재산을 개인에게 파는 일)
(지불) (완불) (환불) (가불) (불하)

役 부릴 역

彳 7획 3급II

ㄅ 彳 彳 彷 役 役

사람들을 창으로
치며 일을 시키니 = **부리다**

賦役 荷役 免役 懲役 役軍

(부역) (하역) (면역) (징역) (역군)

投 던질 투

手 7획 4급

一 扌 扌 扩 扨 投

손에 든 창을
적에게 던지니 = **던지다**

投手 投降 投宿 投獄 投射 投稿 投影 投機

(투수) (투항) (투숙) (투옥) (투사) (투고) (투영) (투기)

設 베풀 설

言 11획 4급II

訁 言 言 訁 設 設

⊜ 施/張/陳/宣   ⇔
         中 设

윗 사람의 말에 따라 창 등의
무기를 벌여 놓으니 = **베풀다** (일이나 물건을 벌여 놓다)

施設 設置 設計 設問 設或 竝設 附設

(시설) (설치) (설계) (설문) (설혹) (병설) (부설)

殺 죽일 살 / 감할 쇄

殳 11획 4급II

半 杀 杀 新 殺 殺

⊜ 死, 滅   ⇔ 生/活
           中 杀

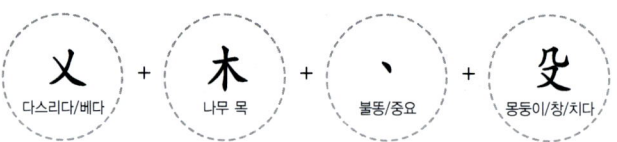

벤 나무로 몽둥이를 만들어
불똥이 튈 정도로 치니 = **죽이다/감하다**   (요점만 콕)

自殺 射殺 沒殺 被殺 殺菌 殺風景 相殺 殺到 惱殺

(자살) (사살) (몰살) (피살) (살균) (살풍경) (상쇄) (쇄도) (뇌쇄)

段 층계 단

殳 9획 4급

厂 F 手 郞 段 段

⊜ 階

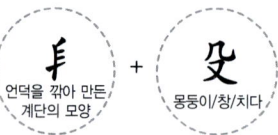

언덕을 치고 깎아
계단을 만드니 = **층계**

階段 段階 段落 五段 昇段 高段數

(계단) (단계) (단락) (오단) (승단) (고단수)

穀 곡식 곡
禾 14획 4급

吉 壹 幸 彙 黧 穀

- 흡 糧
- 훈
- 음
- 반 谷

 + 禾 (벼 화)
殼(껍질 각의 변형)

❶ 殼(껍질 각) : 많이(十) 모인(一) 것을 덮어둔(冖) 방석(几)처럼 외부에서 치는(殳) 충격을 보호하는 것이니

껍질이 있는 벼니 = 곡식

穀食 穀氣 穀倉 糧穀 雜穀 脫穀機
(곡식)(곡기)(곡창)(양곡)(잡곡)(탈곡기)

毁 헐 훼
殳 13획 3급

亻 臼 臼 皀 舁 毁

- 훈
- 음
- 반

白 (절구 구) + 工 (만들다) + 殳 (몽둥이/창/치다)

흙으로 만든 절구를 절굿공이로 계속 치니 = 헐다(물건이 오래되거나 많이 써서 낡아지다)

毁傷 毁損
(훼상)(훼손)

擊 칠 격
手 17획 4급

車 軎 軎 軎 轂 擊

- 흡 打/伐/討
- 훈
- 음 擊
- 반 击

車 (수레 차) + 凵 (그릇) + 殳 (몽둥이/창/치다) + 手 (손 수)

수레바퀴 밑의 그릇이 부서지듯 손에 창을 들고 적을 때려 부수니 = 치다

攻擊 銃擊 爆擊 排擊 襲擊 追擊 衝擊 擊破
(공격)(총격)(폭격)(배격)(습격)(추격)(충격)(격파)

繫 맬 계
糸 19획 3급

串 車 軎 轂 擊 繫

- 흡
- 훈 解
- 음
- 반 系

擊(칠 격의 변형) + 糸 (실)

부딪친 실끼리 한데 묶으니 = 매다(끈 등의 두 끝을 풀리지 않게 묶다)

繫留(일정한 곳을 벗어나지 못하도록 밧줄 같은 것으로 붙잡아 매어 놓음) 連繫
(계류)(연계)

 요점만 콕!

✓ 殺(죽일 살, 감할 쇄)는 '빠르다'라는 뜻으로도 쓰여요
- **죽이다**: 自殺(자살) 射殺(사살) 毒殺(독살) 沒殺(몰살) 被殺(피살) 殺菌(살균)
- **감하다**: 相殺(상쇄)
- **빠르다**: 殺到(쇄도) 惱殺(뇌쇄)

後 뒤 후
彳 9획 7급II

' 彳 紒 衿 後 後

≡　　　⇔ 前
🔊　　日　　中

彳 (사람/가다) + 幺 (작다) + 夂 (천천히)

사람들이 높은 사람의 뒤를
작은 걸음으로 천천히 따라가니 = 뒤

前後　午後　後援　後輪　後尾　後悔　後輩　後遺症
(전후) (오후) (후원) (후륜) (후미) (후회) (후배) (후유증)

冬 겨울 동
冫 5획 7급

' 勹 夂 冬 冬

≡　　　⇔ 夏
🔊　　日　　中

夂 (천천히) + 冫 (차다)

물이 천천히
차가워지는 때니 = 겨울

立冬　冬至　冬眠　嚴冬　暖冬　越冬
(입동) (동지) (동면) (엄동) (난동) (월동)

終 마칠 종
糸 11획 5급

糸 紒 紣 終 終

≡ 卒/罷/了/畢　⇔ 始/初
🔊　　日　　中 终

糸 (실) + 冬 (겨울 동)

누에로부터 실을 뽑는 일은
겨울이 오기 전에 끝내야 하니 = 마치다

終了　終盤　終焉　終乃　最終　終點　終講　臨終
(종료) (종반) (종언) (종내) (최종) (종점) (종강) (임종)

夏 여름 하
夂 10획 7급

一 丆 百 頁 夏 夏

≡　　　⇔ 冬
🔊　　日　　中

一 (모으다/하나) + 自 (스스로 자) + 夂 (천천히)

너무 더워서 곡식 등을 모으는
일을 스스로 천천히 할 때니 = 여름

立夏　夏服　夏至　夏季　夏穀
(입하) (하복) (하지) (하계) (하곡)

 뉘앙스 콕!

- ☑ **盛裝**(성장) : 잘 차려 입음. ▶ 그녀의 옷차림은 성장(盛裝)한 모습이다.
- **盛粧**(성장) : 얼굴과 몸의 꾸밈을 화려하게 함. ▶ 그녀의 화장은 성장(盛粧)한 모습이다.
- ☑ **決裁**(결재) : 상관이 부하가 제출한 안건을 검토하여 승인함 ▶ 서류를 결재(決裁)하다.
- **決濟**(결제) : 대금을 주고받아 매매 당사자 사이의 거래 관계를 끝맺는 일 ▶ 어음을 결제(決濟)하다.
- ☑ **引導**(인도) : 이끌어 지도함. ▶ 학생을 바른길로 인도(引導)하다.
- **引渡**(인도) : 사물이나 권리 등을 넘겨줌. ▶ 물건을 주인에게 인도(引渡)하다.

25일째 복습하기

복습 1 다음 한자를 큰 소리로 읽어 보세요. (2번 이상)

盛	誠	或	國	域	惑	哉	鐵	栽	載
裁	錢	殘	淺	踐	賤	弓	引	弘	强
弱	弔	弟	第	費	佛	拂	役	投	設
殺	段	穀	毁	擊	繫	後	冬	終	夏

복습 2 다음 훈음에 해당되는 한자를 쓰세요. 물론 윗부분은 감추고…

성할 성	정성 성	혹시 혹	나라 국	지경 역	미혹할 혹	어조사 재	쇠 철	심을 재	실을 재
마를 재	돈 전	남을 잔	얕을 천	밟을 천	천할 천	활 궁	끌 인	클 홍	강할 강
약할 약	조상할 조	아우 제	차례 제	쓸 비	부처 불	떨칠 불	부릴 역	던질 투	베풀 설
죽일 살	층계 단	곡식 곡	헐 훼	칠 격	맬 계	뒤 후	겨울 동	마칠 종	여름 하

복습 3 단어로 복습하기. 다음 뜻에 맞는 한자어를 한자로 쓰세요.

근조 (	) 죽음에 대해 슬픈 마음을 나타냄	미천한 가문에서 태어나다. ( )
계류 (	) 일정한 곳에 붙잡아 매어 놓음	양궁 선수들이 금메달을 휩쓸었다. ( )
묘역 (	) 묘소로 정한 구역	새로 나온 신제품을 홍보하다. ( )
미혹 (	) 무엇에 홀려 정신을 못 차림	사업이 날로 번성하였다. ( )
재배 (	) 식물을 심어서 기름	음식값을 지불하였다. ( )
기재 (	) 문서 등에 기록하여 올림	화물차에서 물건을 하역하다. ( )
결재 (	) 상관이 안건을 검토하여 승인함	부동산 투기로 재산을 모두 잃었다. ( )
잔인 (	) 인정이 없고 모짊	계획을 실천에 옮기다. ( )
천박 (	) 학문이 얕고 언행이 상스러움	무분별한 개발로 자연이 훼손되다. ( )
뇌쇄 (	) 애가 타도록 몹시 괴로워함	부모를 정성스럽게 섬기다. ( )

謹弔/繫留/墓域/迷惑/栽培/記載/決裁/殘忍/淺薄/惱殺   微賤/洋弓/弘報/繁盛/支拂/荷役/投機/實踐/毁損/精誠

> **현샘의 응원**
>
> 날로 새롭고 또 새로워지 듯 [日新又日新(일신우일신)]
> 날마다 새로운 한자를 익히는
> 즐거운 한자 공부^^

정말이지 쉬운 한자 **257**

26 일째

憂 근심 우
心 15획 3급II

一 百 盲 恿 憂 憂

= 患/愁
⊕ 忧

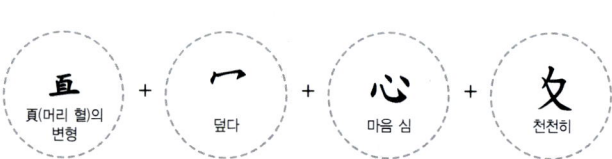

머리속의 근심을 아무리 덮으려 해도
다시 마음에서 천천히 올라오니 = 근심

憂患　憂慮　憂愁　內憂外患
(우환) (우려) (우수) (내우외환)

優 넉넉할 우
人 17획 4급

亻 俨 俨 優 優 優

= 裕
⊕ 优

사람이 근심을 극복하면
여유가 생기니 = 넉넉하다
(요점만 콕/뉘앙스 콕 p266)

優秀　優等　優劣　優待　優越　優雅　最優秀　俳優　*俳: 광대 배
(우수) (우등) (우열) (우대) (우월) (우아) (최우수) (배우)

復 회복할 복 / 다시 부
彳 12획 4급II

彳 彳 袹 袹 復 復

⊕ 复

❶ 复(돌아올/거듭 복): 사람(𠂉)이 갔던 길을 하루(日)만에 천천히(夂) 돌아오니

사람의 건강이
다시 돌아오니 = 회복하다/다시

回復　報復　復歸　復舊　反復　復職　復唱　復活　復興
(회복) (보복) (복귀) (복구) (반복) (복직) (복창) (부활) (부흥)

複 겹칠 복
衣 14획 4급

衤 衤 袹 袹 複 複

↔ 單
⊕ 复

옷을 거듭
껴입으니 = 겹치다
(뉘앙스 콕 p266)

複式　複雜　複製　複道　複利　複線　單複
(복식) (복잡) (복제) (복도) (복리) (복선) (단복)

腹

배 복

肉 13획 3급II

月 ⺼ 胪 胪 胪 腹

= 　 ⇔ 背

몸에서 거듭하여
음식이 들어가는 곳이니 = 배

❶ (돌아올/거듭 복) : 사람(夂)이 갔던 길을
하루(日)만에 천천히(夂) 돌아오니

腹部　腹痛　腹式呼吸　腹案　割腹

(복부) (복통) (복식호흡) (복안) (할복)

履

밟을/신 리

尸 15획 3급II

尸 尸 屚 屚 屚 履

= 踐/踏 　 ⇔

집으로 다시 돌아올 때
신을 신고 땅을 밟고 오니 = 밟다/신(신발)

履行　履修　履歷書　廢履(헌 신)

(이행) (이수) (이력서) (폐리)

覆

**뒤집힐/다시 복
덮을 부**

襾 18획 3급II

一 西 覀 覆 覆 覆

= 蓋 　 ⇔

덮어 둔 것이 다시
뒤집히니 = 뒤집히다/다시/덮다

覆蓋　覆面　飜覆　覆盆子　*盆:동이 분

(복개) (복면) (번복) (복분자)

育

기를 육

肉 8획 7급

亠 亠 云 产 育 育

= 養 　 ⇔

정신적으로는 높게, 육체적으로는
크게 몸을 만드는 것이니 = 기르다

敎育　體育　訓育　育成　育兒

(교육) (체육) (훈육) (육성) (육아)

 요점만 콕!

☑ 優(넉넉할 우)는 '배우'라는 뜻으로도 쓰여요
- 넉넉하다 : 優秀(우수) 優等(우등) 優劣(우열) 優待(우대) 優越(우월) 優雅(우아)
- 배우 : 俳優(배우) 男優(남우) 女優(여우)　※俳:광대 배

徹 통할 철
彳 15획 3급II

彳 彳 彳 徫 徫 徹

= 通/貫

사람을 어릴 때부터 기르는 일에
힘쓰면 서로가 잘 통하니 = 통하다

通徹 貫徹 透徹 徹夜 冷徹
(통철) (관철) (투철) (철야) (냉철)

微 작을 미
彳 13획 3급II

彳 彳 彳 微 微 微

= 小　↔ 泰/偉/弘

彳(사람/가다) + 山(메 산) + 一(모으다/하나) + 儿(사람/어질다) + 攵(힘쓰다)

사람이 산에 가서 먹을 것을
모아도 사람이 먹고 힘쓰기엔 작으니 = 작다

微笑 微動 顯微鏡 機微 稀微 微賤 微服
(미소) (미동) (현미경) (기미) (희미) (미천) (미복)

徵 부를 징 / 음계 치
彳 15획 3급II

彳 彳 彳 徨 徵 徵

= 召/招　徵　中 征

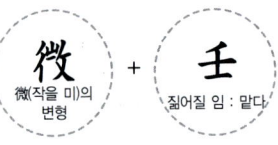

작은 일이라도 맡기기 위해
부하를 부르니 = 부르다/음계(音階)

徵兵 徵收 徵兆 徵集 徵候 象徵 特徵 宮商角徵羽
(징병) (징수) (징조) (징집) (징후) (상징) (특징) (궁상각치우)

懲 징계할 징
心 19획 3급

彳 彳 徨 徵 徵 懲

= 戒　↔　中 懲

불러서 마음에
호되게 맺히도록 하는 것이니 = 징계하다

懲戒 懲罰 懲役
(징계) (징벌) (징역)

心 마음 심
心 4획 7급

丶 心 心 心

↔ 身/體

심장의 모양 = 마음

心身 心臟 心筋 心證 心琴 核心 腐心
(심신) (심장) (심근) (심증) (심금) (핵심) (부심)

思 생각 사
心 9획 5급

`丶 冂 罒 田 思 思`

= 想/慮/憶/惟

田(밭 전) + 心(마음 심)

농부는 항상 **밭**을
마음에 두고 있으니 = **생각**

思考 思想 思念 思索 思慮 思惟 思慕
(사고) (사상) (사념) (사색) (사려) (사유) (사모)

急 급할 급
心 9획 6급II

`刍 刍 刍 刍 急 急`

= 速   ↔ 緩/遲

ク(다투다) + 彐(힘쓰다) + 心(마음 심)

다툴 때는 **힘써**
빨리 이기려는 **마음**이 드니 = **급하다**

急行 急增 急激 急錢 急迫 急襲 危急 緩急
(급행) (급증) (급격) (급전) (급박) (급습) (위급) (완급)

恥 부끄러울 치
心 10획 3급II

`一 丁 F 耳 耳 恥`

= 慙/愧/辱
日 耻   中 耻

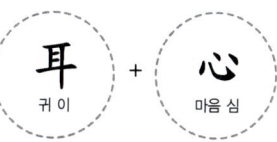
耳(귀 이) + 心(마음 심)

마음의 **귀**로 자신을
돌이켜보면 부끄러워지니 = **부끄럽다**

恥辱 廉恥 破廉恥
(치욕) (염치) (파렴치)

慧 슬기로울 혜
心 15획 3급II

`丰 圭 刲 彗 慧 慧`

= 智

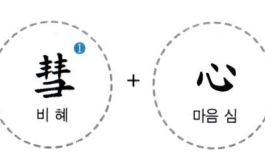
彗(비 혜) + 心(마음 심)

❶ 彗(비 혜) : 싸릿대(丰)를 힘써(ヨ) 묶어 만든 빗자루니

마음의 **비**로
잡념을 쓸어내니 = **슬기롭다**

智慧 慧眼
(지혜) (혜안)

必 반드시 필
心 5획 5급II

`丶 丷 必 必 必`

= 須

心(마음 심) + 丿(다스리다)

큰일을 이루려면 **마음**을
다스리는 것이 꼭 필요하니 = **반드시**

必勝 必須 必需品 必要惡 期必
(필승) (필수) (필수품) (필요악) (기필)

密 빽빽할 밀
宀 11획 4급II

宀 宀 宓 宓 密

= 祕/緊 ⇔
🔊 日 中

① 宓(몰래 복) : 집(宀)안의 일은 반드시(必) 집 밖에서는 몰라야 하니

몰래 산으로 숨어도
모를 만큼 나무가 빽빽하니 = **빽빽하다**
(뉘앙스 콕 p266)

祕密 密林 密告 密閉 密封 緊密 密度 密航 密酒
(비밀) (밀림) (밀고) (밀폐) (밀봉) (긴밀) (밀도) (밀항) (밀주)

蜜 꿀 밀
虫 14획 3급

宀 宓 宓 密 密 蜜

= ⇔
🔊 日 中

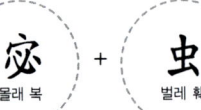

아무도 모르게
벌들이 모으는 것이니 = **꿀**
(뉘앙스 콕 p266)

蜜月(결혼 직후의 즐겁고 달콤한 시기) 蜂蜜(꿀)
(밀월) (봉밀)

祕 숨길 비
示 10획 4급

示 示 祕 祕 祕

= 密 ⇔
🔊 日 中

示(신) + 必(반드시 필)

신은 반드시
숨어 있어 보이지 않으니 = **숨기다** (秘과 同字)

祕密 祕境 祕策 極祕 神祕 便祕 默祕權
(비밀) (비경) (비책) (극비) (신비) (변비) (묵비권)

決 결단할 결
水 7획 5급II

氵 氵 汀 沪 決

= ⇔
🔊 日 中 诀

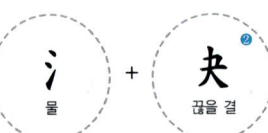

② 夬(끊을 결) : 사람(人)이 수 많은 화살을 쏘아 과녁(⊐)을 점령하면 그 과녁이 끊어지니

물이 제방을 무너뜨리(끊다) 듯 빠르게 하는
것이니 = **결단하다**(딱 잘라 결정하거나 단정을 내리다)
(뉘앙스 콕 p266)

決斷 決勝 決選 決鬪 決濟 決裁 決裂 判決 卽決
(결단) (결승) (결선) (결투) (결제) (결재) (결렬) (판결) (즉결)

缺 이지러질 결
缶 10획 4급II

缶 缶 缶 缺 缺 缺

= ⇔ 出
🔊 欠 日 欠 中 欠

그릇의 귀퉁이가 끊어지 듯
깨지니 = **이지러지다**(한쪽 귀퉁이가 떨어져 없어지다)

缺席 缺講 缺禮 缺如 缺勤 缺點 缺陷
(결석) (결강) (결례) (결여) (결근) (결점) (결함)

快 쾌할 쾌
心 7획 4급II

` ｀ 忄 忄 快 快

= 　　　 ⇔
≒ 　　 日 　 中

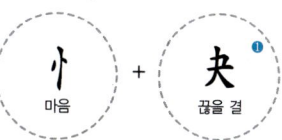

❶ 夬(끊을 결) : 사람(人)이 수 많은 화살을 쏘아 과녁(コ)을 점령하면 그 과녁이 끊어지니

걱정스런 마음을 단숨에
끊어버리니 = 쾌하다 (하는 짓이 시원스럽다)

輕快　豪快　快適　快差　快擧　快哉　快晴　快刀亂麻
(경쾌) (호쾌) (쾌적) (쾌차) (쾌거) (쾌재) (쾌청) (쾌도난마)

訣 이별할 결
言 11획 3급II

丶 宀 言 訂 訣 訣

= 別/離　 ⇔ 遇/逢
≒ 　 日 　 中 诀

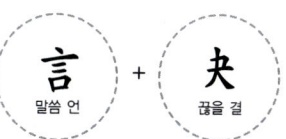

말로 인연을
끊으니 = 이별하다

訣別　永訣(죽은 사람과 산 사람이 서로 영원히 헤어짐)
(결별) (영결)

悅 기쁠 열
心 10획 3급II

丶 忄 忄 悙 悅 悅

= 歡/喜　 ⇔ 悲
≒ 　 日 　 中 悦

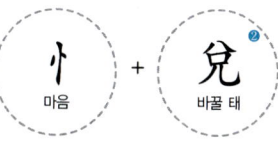

❷ 兌(바꿀 태) : 형(兄)이 동생에게 재산을 나누어(八:나누다/사람들) 주면 주인이 바뀌니

우울한 마음을
바꿔 먹으니 = 기쁘다

喜悅　法悅　悅樂
(희열) (법열) (열락)

脫 벗을 탈
肉 11획 4급

月 月' 胪 脫 脫 脫

= 　　　 ⇔
≒ 　 日 　 中 脱

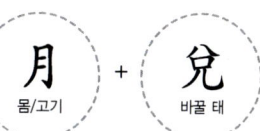

몸에 입은 옷을
바꿔 입기 위해 = 벗다

脫出　脫穀　脫稿　脫獄　脫皮　離脫　虛脫　疏脫
(탈출) (탈곡) (탈고) (탈옥) (탈피) (이탈) (허탈) (소탈)

說 말씀 설, 달랠 세, 기쁠 열
言 14획 5급II

言 言 訁 訝 訝 說

= 語/談/辭/辯　 ⇔
≒ 　 日 説 　 中 说

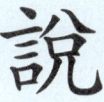
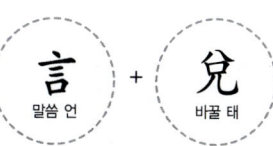

말을 바꿔 가며 상대를
달래주니 = 말씀/달래다/기쁘다

(뉘앙스 콕 p266)

說明　說敎　說得　辭說　社說　浪說　辱說　却說　遊說
(설명) (설교) (설득) (사설) (사설) (낭설) (욕설) (각설) (유세)

정말이지 쉬운 한자　263

稅 세금 세
禾 12획 4급II

二 千 禾 秆 秆 稅

= 租　⇔　
⊙　日　⊕

禾(벼 화) + 兌(바꿀 태)

벼를 돈으로
바꿔 세금을 내니 = 세금

❶ 兌(바꿀 태) : 형(兄)이 동생에게 재산을
나누어(八:나누다/사람들) 주면 주인이 바뀌니

(뉘앙스 콕 p266)

稅金　稅率　租稅　課稅　納稅　稅務署　贈與稅
(세금) (세율) (조세) (과세) (납세) (세무서) (증여세)

銳 날카로울 예
金 15획 3급

𠂉 𠂉 金 釒 鈶 銳

= 利/尖　⇔ 鈍
⊙　日 銳　⊕ 锐

金(쇠 금) + 兌(바꿀 태)

대장장이가 쇠를
앞뒤로 바꿔가며 때리니 = 날카롭다

銳角　銳利　銳敏　精銳　尖銳
(예각) (예리) (예민) (정예) (첨예)

閱 볼 열
門 15획 3급

丨 冂 門 閂 閅 閱

= 檢/査/覽　⇔
⊙　日 閲　⊕ 阅

門(문 문) + 兌(바꿀 태)

문앞에서 짐을
바꾸어 가며 살피니 = 보다

檢閱　査閱　閱覽　閱兵
(검열) (사열) (열람) (열병)

愈 나을 유
心 13획 3급

入 ハ 兪 兪 愈 愈

=　⇔
⊙　日　⊕

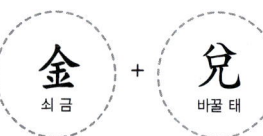

兪(점점/대답할 유) + 心(마음 심)

사람들과 점점
마음이 통하니 = 낫다

❶ 兪(점점/대답할 유) : 사람이 들어와(入) 모아둔(一)
고기(月)를 칼(刂)로 잘라 먹어 점점 배가 불러오니

愈盛(더욱 성함)　愈甚(더욱 심함)
(유성) (유심)

輸 보낼 수
車 16획 3급II

亘 車 車 輪 輪 輸

= 送　⇔ 受
⊙　日　⊕ 输

車(수레 차) + 兪(점점/대답할 유)

수레로 요구에 응답한
짐을 실어 보내니 = 보내다

輸出入　輸送　密輸　運輸　空輸
(수출입) (수송) (밀수) (운수) (공수)

憐 불쌍히여길 련

心 15획 3급

忄 忄 忄 憐 憐 憐

= 憫 ↔
🔊 日 中 怜

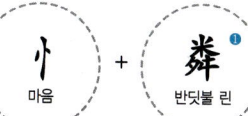

어려운 사람을 보면 **마음**이
반딧불이 반짝이 듯 아프니 = **불쌍히 여기다**

憐憫 可憐 哀憐
(연민) (가련) (애련)

❶ 粦(반딧불 린) : 쌀(米)처럼 작은 불이 서로 어그러지며(舛) 빛나는 것이니

隣 이웃 린

阜 15획 3급

阝 阝 阡 阡 隣 隣

= 近 ↔
🔊 日 中 邻

언덕에서 **반딧불**처럼
서로 어울리는 사람들이니 = **이웃**

(本字: 鄰)

隣近 隣接 善隣
(인근) (인접) (선린)

瞬 눈 깜짝일 순

目 17획 3급II

目 目' 瞬 瞬 瞬 瞬

=   ↔
🔊 日 中

눈 깜짝할 사이에
무궁화가 피었다 지니 = **눈 깜짝이다**

瞬間 瞬息間
(순간) (순식간)

❷ 舜(무궁화/순임금 순) : 손톱(爫) 같은 꽃잎이 서로 어그러지게(舛) 덮여(冖) 있는 꽃이니

降 내릴 강 / 항복할 항

阜 9획 4급

阝 阝 阡 隆 降 降

= 伏/服 ↔ 登/昇
🔊 日 中

언덕을 **천천히** 넘어
내려와 항복하니 = **내리다/항복하다**

降等 降臨 降水量 昇降機 下降 沈降 降伏 降將
(강등) (강림) (강수량) (승강기) (하강) (침강) (항복) (항장)

恨 원한 한

心 9획 4급

忄 忄 忄 恨 恨 恨

= 怨 ↔
🔊 日 中

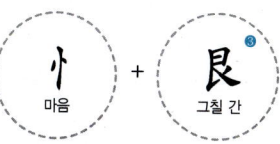

마음속에 **그쳐** 있어 잊혀지지 않는
것이니 = **원한**(억울하고 원통한 일을 당하여 응어리진 마음)

怨恨 餘恨 痛恨 悔恨 恨歎
(원한) (여한) (통한) (회한) (한탄)

❸ 艮(그칠 간) : 태양(日) 아래서 발(氏)걸음을 그치고 쉬니

限 한할 한
阜 9획 4급Ⅱ

阝㇀ 阝㇁ 阝㇂ 阴 阴 限

㊂ 界 ⇔
🔊 ㊐ ㊥

阝(언덕) + 艮(그칠 간)

❶ 艮(그칠 간): 태양(日) 아래서 발(匕)걸음을 그치고 쉬니

언덕에 막혀 가던 걸음을 그치니 = 한하다 (어떤 조건이나 범위에 제한되거나 국한되다)

限定 限界 限度 權限 制限
(한정) (한계) (한도) (권한) (제한)

眼 눈 안
目 11획 4급Ⅱ

目 目㇀ 目㇁ 眼 眼 眼

㊂ 目 ⇔
🔊 ㊐ ㊥

目(눈 목) + 艮[그칠 간]

눈으로 사물을 볼 때는 시선이 한곳에 그쳐 있으니 = 눈

眼科 眼鏡 眼疾 眼球 着眼 審美眼 白眼視(남을 업신여기는 태도로 흘겨봄)
(안과) (안경) (안질) (안구) (착안) (심미안) (백안시)

 뉘앙스 콕!

- ☑ • **優先**(우선) : 딴 것에 앞서 특별하게 대우함 ▶ 학연보다 실력을 우선(優先)하는 사회
  - • **于先**(우선) : 어떤 일에 앞서서 = 먼저 ▶ 우선(于先) 식사부터 하자
- ☑ • **複線**(복선) : 겹으로 된 줄 ⇔ 單線(단선) 외줄 ▶ 전철 복선(複線) 공사
  - • **伏線**(복선) : 만일의 경우에 대비하여 남모르게 미리 꾸며 놓은 일 ▶ 복선(伏線)을 깔아 놓았다.
- ☑ • **密語**(밀어) : 남이 알아듣지 못하게 넌지시 하는 말 ▶ 아무도 못 듣게 밀어(密語)를 나누다.
  - • **蜜語**(밀어) : 달콤한 말. 남녀간의 정담 ▶ 연인들이 밀어(蜜語)를 속삭이고 있다.
- ☑ • **票決**(표결) : 투표로써 결정함 ▶ 개정안을 표결(票決)에 부쳤다.
  - • **表決**(표결) : 의안에 대하여 가부의 의사를 표시하여 결정함 ▶ 표결(表決)의 결과가 발표 되었다.
- ☑ • **社説**(사설) : 신문이나 잡지 등에서 그 회사의 주장으로 게재하는 논설 ▶ 신문 사설(社説)
  - • **辭説**(사설) : 잔소리로 늘어 놓는 말 ▶ 사설(辭説)을 늘어놓다.
  - • **私説**(사설) : 개인의 학설이나 의견 ▶ 그 이야기는 사설(私説)에 불과하다.
  - • **邪説**(사설) : 이단적인 설. 올바르지 않은 논설 ▶ 이단의 사설(邪説)에 빠져 패가망신하다.
- ☑ • **稅入**(세입) : 조세(租稅)의 수입(收入) ▶ 세입(稅入)의 많은 부분을 착복했다.
  - • **歲入**(세입) : 한 회계 연도 안의 총 수입 ▶ 세출이 세입(歲入)을 초과했다.

26일째 복습하기

복습 1 다음 한자를 큰 소리로 읽어 보세요. (2번 이상)

憂	優	復	複	腹	履	覆	育	徹	微
徵	懲	心	思	急	恥	慧	必	密	蜜
祕	決	缺	快	訣	悅	脫	說	稅	銳
閱	愈	輸	憐	隣	瞬	降	恨	限	眼

복습 2 다음 훈음에 해당되는 한자를 쓰세요. 물론 윗부분은 감추고...

근심 우	넉넉할 우	회복할 복	겹칠 복	배 복	밟을 리	뒤집힐 복	기를 육	통할 철	작을 미
부를 징	징계할 징	마음 심	생각 사	급할 급	부끄러울 치	슬기로울 혜	반드시 필	빽빽할 밀	꿀 밀
숨길 비	결단할 결	이지러질 결	쾌할 쾌	이별할 결	기쁠 열	벗을 탈	말씀 설	세금 세	날카로울 예
볼 열	나을 유	보낼 수	불쌍히여길 련	이웃 린	눈깜짝일 순	내릴 강	원한 한	한할 한	눈 안

복습 3 단어로 복습하기. 다음 뜻에 맞는 한자어를 한자로 쓰세요.

우환 (	) 집안일로 나는 걱정이나 근심	걸음걸이가 우아하다.	( )
혜안 (	) 사물의 본질을 꿰뚫어 보는 안목	음식을 잘못 먹어 복통이 일어났다.	( )
밀월 (	) 결혼 직후의 즐겁고 달콤한 시기	친구와 심하게 다투어 결별하였다.	( )
이수 (	) 차례를 밟아 학과를 공부하여 마침	타인을 괴롭히며 희열을 느끼다.	( )
첨예 (	) 날카롭고 뾰족함	강도가 복면으로 얼굴을 가리다.	( )
철야 (	) 잠을 자지 않고 밤을 샘	도서관에서 서적을 열람했다.	( )
운수 (	) 여객이나 화물을 실어 나르는 일	희미한 불빛이 보인다.	( )
가련 (	) 신세가 딱하고 가엾음	불길한 징조를 보이다.	( )
징벌 (	) 옳지 않은 일에 대하여 벌을 줌	염치도 없이 남의 집에 머무르다.	( )
선린 (	) 이웃과 사이좋게 지냄	그녀를 본 순간 첫눈에 반해버렸다.	( )

憂患/慧眼/蜜月/履修/尖銳/徹夜/運輸/可憐/懲罰/善隣   優雅/腹痛/訣別/喜悅/覆面/閱覽/稀微/徵兆/廉恥/瞬間

현쌤의 응원

하루라도 글을 읽지 않으면 입안에 가시가 돋 듯
[一日不讀書 口中生荊棘(일일부독서 구중생형극)]
하루라도 한자 공부를 하지 않으면 온몸이 근질근질하죠^^?

27 일째

根 뿌리 근
木 10획 6급

木 杧 杧 柯 根 根

= 本
⇔
日
中

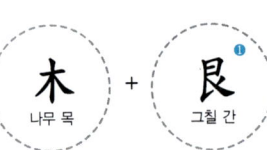

❶ 艮(그칠 간) : 태양(日) 아래서 발(匕)걸음을 그치고 쉬니

나무에서
그치는 부분이니 = **뿌리**

根本 根氣 根幹 根源 根據 根治 禍根 根抵當
(근본) (근기) (근간) (근원) (근거) (근치) (화근) (근저당)

銀 은 은
金 14획 6급

金 釤 釤 鈕 鈅 銀

=
日
中 银

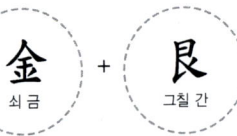

금이 그치고
그 다음에 나오는 것이니 = **은**

銀行 銀貨 銀鑛 銀髮 銀幕 銀塊 銀粧刀
(은행) (은화) (은광) (은발) (은막) (은괴) (은장도)

退 물러날 퇴
辶 12획 4급Ⅱ

ㄱ ㄱ 艮 艮 艮 退

=
⇔ 進/就
日
中

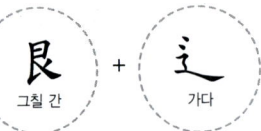

하던 일을
그치고 돌아가니 = **물러나다**

退勤 退役 退廷 退酒 擊退 辭退 隱退 衰退
(퇴근) (퇴역) (퇴정) (퇴주) (격퇴) (사퇴) (은퇴) (쇠퇴)

懇 간절할 간
心 17획 3급Ⅱ

豸 豸 豸 貇 貇 懇 懇

= 切
⇔
日
中 恳

❷ 豸(발없는 벌레 치, 해태 태) : 짐승이 몸을 웅크리고 벌레를 덮쳐들려고 노리는 모양

짐승이 먹이를 잡으려고 발걸음을
그치고 숨어 있는 마음이니 = **간절하다**

懇切 懇曲 懇求 懇請 懇談會(정답게 서로 이야기를 나누는 모임)
(간절) (간곡) (간구) (간청) (간담회)

268 47일만에 끝내는

良

어질 량

艮 7획 5급II

`丶 フ ヨ 白 自 良 良`

= 仁/賢, 好

❶ 艮(그칠 간) : 태양(日) 아래서 발(𣥂)걸음을 그치고 쉬니

중요한 일을 그쳐 깊게 생각하여 슬기롭게
행하니 = 어질다(마음이 너그럽고 슬기로우며 덕행이 높다)   (요점만 콕)

良心 良民 良書 良妻 改良 優良 閑良(돈 잘 쓰고 잘 노는 사람)
(양심) (양민) (양서) (양처) (개량) (우량) (한량)

朗

밝을 랑

月 11획 5급II

`ㅡ フ ヨ 良 朗 朗`

= 明/昭/哲/洞   ↔ 暗/昏/冥

良(어질 량:좋다) + 月(달 월)

보름달처럼
보기 좋은 달은 = 밝다

明朗 朗朗 朗誦 朗讀 朗報
(명랑) (낭랑) (낭송) (낭독) (낭보)

浪

물결 랑

水 10획 3급II

`丶 冫 冫 汩 浪 浪`

= 波

氵(물) + 良(어질 량:좋다)

물이 보기
좋게 찰랑거리니 = 물결   (요점만 콕)

激浪 波浪 放浪 浪漫 浪費 浮浪者 流浪 浪說(터무니없는 헛소문)
(격랑) (파랑) (방랑) (낭만) (낭비) (부랑자) (유랑) (낭설)

娘

계집 낭

女 10획 3급II

`ㄥ 女 奵 如 娘 娘`

= 女   ↔ 男/郎

女(여자 녀) + 良(어질 량:좋다)

여자의 인생에서
가장 좋은 때이니 = 계집

娘子 娘娘(왕비나 귀족의 아내를 높여 이르는 말)
(낭자) (낭낭)

 요점만 콕!

☑ 良(어질 량)은 '좋다' 라는 뜻으로도 쓰여요
  • 어질다 : 良心(양심) 良家(양가) 良民(양민) 善良(선량) 良妻(양처)
  • 좋다 : 良書(양서) 改良(개량) 優良(우량) 良藥苦口(양약고구)

☑ 浪(물결 랑)은 '방랑하다'와 '함부로 하다' 라는 뜻으로도 쓰여요
  • 물결 : 激浪(격랑) 波浪(파랑)
  • 방랑하다 : 放浪(방랑) 流浪(유랑) 浮浪者(부랑자) 浪漫(낭만)
  • 함부로 하다 : 浪費(낭비) 浪說(낭설) 孟浪(맹랑)

郎 사내 랑

邑 10획 3급II

丆 彐 ⺕ 良 良⻏ 郎

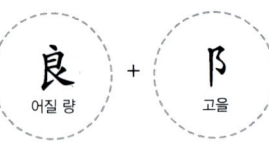

고을의 어진
사람이니 = 사내(남자나 남편을 이름)

郎君　新郎　花郎
(낭군) (신랑) (화랑)

廊 행랑 랑

广 13획 3급II

广 庐 庐 庐 廊 廊

사내가 거처하는
곳이니 = 행랑(대문안에 지어 주로 하인이 거처하던 방)

行廊　舍廊　畫廊　回廊[정당(正堂)의 좌우에 있는 긴 집채]
(행랑) (사랑) (화랑) (회랑)

食 밥/먹을 식, 밥 사

食 9획 7급II

人 𠆢 今 今 㑒 食

≡ 飯

사람은 먹는 것을
좋아하니 = 밥/먹다

食券　食糧　食困症　食鹽水　飮食　偏食　飽食　簞食瓢飮　＊簞：소쿠리 단
＊瓢：바가지 표
(식권) (식량) (식곤증) (식염수) (음식) (편식) (포식) (단사표음)

飮 마실 음

食 13획 6급II

今 今 㑒 𩙿 飮 飮

日 飲　中 饮

밥을 먹은 뒤에
입 벌려 물을 마시니 = 마시다

飮料　飮酒　試飮　過飮　暴飮
(음료) (음주) (시음) (과음) (폭음)

吹 불 취

口 7획 3급II

口 口 吵 吹 吹

⇔ 吸

입을
벌려 부니 = 불다

吹入(레코드나 녹음기의 녹음판에 소리를 넣음)
(취입)

誤

그르칠 오

言 14획 4급II

言 訁 訮 誤 誤 誤

- 同 過
- 日
- 中 误

분수도 모르고 **말**로
큰 소리 치니 = 그르치다 (잘못하여 일을 그릇되게 하다)

① 吳(큰소리칠/오나라 오) : 목을 젖혀 입(口)으로 크게(大) 말하니

誤答　誤判　誤差　誤導　誤審　過誤　錯誤　正誤表
(오답) (오판) (오차) (오도) (오심) (과오) (착오) (정오표)

娛

즐거워할 오

女 10획 3급

女 奵 妒 娛 娛 娛

- 同 樂
- 日 娯
- 中

여자가 **큰 소리**로
이야기하니 = **즐거워하다**

娛樂室
(오락실)

飢

주릴 기

食 11획 3급

亻 亽 今 會 會 飢

- 同 餓
- 反 飽
- 日
- 中 饥

밥 먹는 것에만 **기대고**
있으니 = **주리다** (먹을 것을 양껏 먹지 못해 배곯다)

飢餓　虛飢　飢渴
(기아) (허기) (기갈)

飾

꾸밀 식

食 14획 3급II

飠 飠 飭 飭 飾

- 同 裝
- 日
- 中 饰

밥 먹기 전에 **사람**이
식탁 위를 **베**로 덮어 정리하니 = **꾸미다**

裝飾　修飾　假飾　虛禮虛飾
(장식) (수식) (가식) (허례허식)

我

나 아

戈 7획 3급II

一 二 千 手 扗 我 我

- 同 余/吾/予
- 反 汝/彼
- 日
- 中

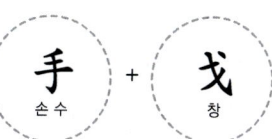

손에 **창**을 들고
서 있는 사람이니 = **나**

我軍　我執　我相　沒我　唯我獨尊
(아군) (아집) (아상) (몰아) (유아독존)

餓 주릴 아
食 16획 3급

飠 飣 䬳 餓 餓 餓

- ㊀ 飢
- ⊖ 飽
- ㊥

食(먹을/밥 식)의 변형 + 我 나 아

밥만 생각하는 나는 배가 고프니
= 주리다(먹을 것을 양껏 먹지 못해 배곯다)

飢餓 餓死 餓鬼(염치없이 먹을 것이나 탐하는 사람)
(기아) (아사) (아귀)

義 옳을 의
羊 13획 4급II

羊 䒶 羛 義 義 義

- ㊀ 可/是, 意
- ⊖
- ㊥ 义

羊(양양)의 변형 + 我 나 아

양처럼 착하고 순한 나는 = 옳다
(요점만 콕)

義理 義擧 義憤 義賊 義足 義眼 講義 共産主義
(의리) (의거) (의분) (의적) (의족) (의안) (강의) (공산주의)

議 의논할 의
言 20획 4급II

訐 誩 譣 譣 議 議

- ㊀ 論
- ⊖
- ㊥ 议

言 말씀 언 + 義 옳을 의

말을 나누어 이야기를
옳게 풀어 나가니 = 의논하다

議論 議員 議院 會議 討議 抗議 謀議 審議
(의논) (의원) (의원) (회의) (토의) (항의) (모의) (심의)

儀 거동 의
人 15획 4급

仁 伴 俤 儀 儀 儀

- ㊀
- ⊖
- ㊥ 仪

亻 사람 + 義 옳을 의

사람이 옳게 행동해야 하는
것이니 = 거동(몸의 움직임이나 태도)

儀式 儀禮 葬儀 祭天儀式
(의식) (의례) (장의) (제천의식)

戶 집 호
戶 4획 4급II

一 𠃜 戶 戶

- ㊀ 宮/屋/院/軒
- ⊖
- ㊦ 戶
- ㊥

戶 집 호

지게문(옛날식 가옥에서 마루와 방 사이의 문)의
모양 = 집

戶主 戶籍 窓戶紙 家家戶戶
(호주) (호적) (창호지) (가가호호)

肩 어깨 견

肉 8획 3급

丨 尸 戶 肩 肩 肩

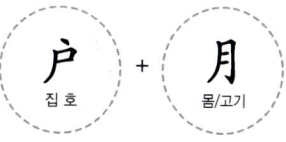

집처럼 몸에서 넓은 부분이니 = 어깨

肩骨 肩章 路肩 比肩(낫고 못할 것이 없이 정도가 서로 비슷함)
(견골) (견장) (노견) (비견)

所 바/곳 소

戶 8획 7급

丶 丨 尸 所 所 所

⊜ 處

* '~할 바는' = 바(일의 방법이나 방도)
* 집에 도끼를 놓아 두는 곳이니 = 곳

(요점만 콕)

場所 要所 印刷所 所願 所感 所持 搜所聞 所屬
(장소) (요소) (인쇄소) (소원) (소감) (소지) (수소문) (소속)

啓 열 계

口 11획 3급Ⅱ

丨 尸 尸 尸 所 啓

启

집의 대문을 힘써 열 듯
사람의 마음을 여니 = 열다

(뉘앙스 콕 p276)

啓發 啓蒙 啓導 啓示 狀啓(신하가 자기 관하의 중요한 일을 왕에게 보고하던 일)
(계발) (계몽) (계도) (계시) (장계)

篇 책 편

竹 15획 4급

竹 竹 竹 竺 筥 篇

⊜ 冊/卷/書

❶ 扁(작을 편) : 집(戶)안에 있는 책(冊)이니

대나무를 작게
잘라 엮어 만든 것이니 = 책

(뉘앙스 콕 p276)

短篇 玉篇 長篇小說
(단편) (옥편) (장편소설)

요점만 콕!

✓ 義(옳을 의)는 '뜻'과 '인공적인 것'이라는 뜻으로도 쓰여요
- 옳다 : 正義(정의) 義理(의리) 義務(의무) 義擧(의거) 義憤(의분)
- 뜻 : 意義(의의) 定義(정의) 講義(강의)
- 인공적인 것 : 義足(의족) 義眼(의안) 義齒(의치) 義兄弟(의형제)

✓ 所(바/곳 소)가 의존 명사 '바'로 쓰이는 경우 주로 앞에 위치해요(~이라는 것, ~하는 것)
 ▶ 所期(소기) 所願(소원) 所持(소지) 所望(소망) 所以(소이) 까닭 所謂(소위, 이른바)

- '곳 소'로 쓰일 경우 뒤에 위치 ▶ 刑務所(형무소) 測候所(측후소) 拘置所(구치소) 理髮所(이발소)

偏 치우칠 편
人 11획 3급Ⅱ

亻 亻 伊 偏 偏 偏

亻(사람) + 扁(작을 편)

❶ 扁(작을 편) : 집(戶)안에 있는 책(冊)이니

사람은 작은 일에도
마음이 잘 기울어지니 = 치우치다

偏食 偏見 偏愛 偏頗 偏頭痛 偏執症
(편식) (편견) (편애) (편파) (편두통) (편집증)

編 엮을 편
糸 15획 3급Ⅱ

糸 紀 紵 絹 絹 編

糸(실) + 扁(작을 편)

실로 작은
것들을 묶으니 = 엮다

編曲 編成 改編 編著 編隊 編年體
(편곡) (편성) (개편) (편저) (편대) (편년체)

⊕ 編

遍 두루 편
辶 13획 3급

厂 戶 肩 扁 扁 遍

扁(작을 편) + 辶(가다)

작은 것 하나까지도
살피며 가니 = 두루(빠짐없이 골고루)

遍歷 遍踏 普遍妥當
(편력) (편답) (보편타당)

= 普/周   ⇔ 特

手 손 수
手 4획 7급Ⅱ

一 二 三 手

手(손 수)

손의
모양 = 손

(요점만 콕)

⇔ 足

手段 歌手 拍手 射手 投手 手票 手標
(수단) (가수) (박수) (사수) (투수) (수표) (수표)

看 볼 간
目 9획 4급

二 三 手 禾 看 看

手(손 수) + 目(눈 목)

멀리 보기 위해
손을 눈 위에 올리니 = 보다

看病 看守 看過 看破 看板 看護 看役(토목이나 건축의 공사를 돌봄)
(간병) (간수) (간과) (간파) (간판) (간호) (간역)

= 視/監/覽/顧

拜 절 배
手 9획 4급II

三 手 扌 扌 扌三 拜

 日 拜 中

손과 손을 모아서 하는 것이니
= 절(남에게 공경하는 뜻으로 몸을 굽혀 하는 인사)

歲拜 參拜 禮拜 崇拜 拜伏 拜謁
(세배) (참배) (예배) (숭배) (배복) (배알)

才 재주 재
手 3획 6급II

一 十 才

≡ 術/技/藝 ↔
◉ 日 中

곡식을 모으기 위해
농기구를 잘 다스리는 것이니 = 재주

才致 才談 才弄 才幹 天才 秀才 鬼才 鈍才
(재치) (재담) (재롱) (재간) (천재) (수재) (귀재) (둔재)

材 재목 재
木 7획 5급II

一 十 木 木 村 材

≡ ↔
◉ 日 中

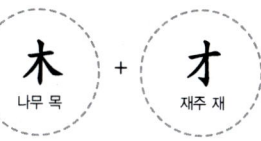

만들거나 짓는 등 재주를 부릴 때
사용하는 나무니 = 재목(건축, 기구 제작의 재료가 되는 나무)

材木 材料 資材 骨材 原資材 機資材
(재목) (재료) (자재) (골재) (원자재) (기자재)

財 재물 재
貝 10획 5급II

冂 目 貝 貝一 財 財

≡ 貨/資
◉ 日  財

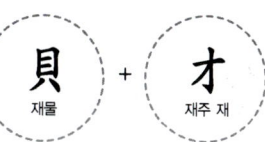

사람이 재주를
부려 모은 재물이니 = 재물

財物 財産 財貨 私財 損財 財源 橫財(뜻밖에 얻은 재물)
(재물) (재산) (재화) (사재) (손재) (재원) (횡재)

 요점만 콕!

☑ 手(손 수)는 다양한 뜻으로 쓰여요
- 재주나 솜씨 : 手術(수술) 失手(실수)
- 수단이나 방법 : 手法(수법) 手段(수단)
- 사람 : 歌手(가수) 旗手(기수) 選手(선수) 敵手(적수) 射手(사수) 投手(투수)
- 바둑이나 장기 등에서 두는 기술 : 訓手(훈수) 妙手(묘수) 高手(고수, 바둑이나 장기 등에서 수가 높음)

抗 겨룰 항

手 7획 4급

一 亅 扌 扩 扩 抗

=
日
⇔
◎
中

才(손) + 亢(높을/목 항) ①

손을 높이 들어
상대방과 겨루니 = 겨루다

抗爭 抗體 抗命 抗拒 抗辯 抗議 抗訴 抵抗
(항쟁) (항체) (항명) (항거) (항변) (항의) (항소) (저항)

① 亢(높을/목 항) : 머리(亠)가 기대는(几) 것이니

航 배 항

舟 10획 4급Ⅱ

丿 几 月 舟 舟 舮 舮 航

= 舟/船
⇔
◎
中

舟(배 주) + 亢(높을/목 항)

배 위에 높은
돛대를 세운 것이니 = 배

航海 航空機 歸航 就航 巡航 渡航
(항해) (항공기) (귀항) (취항) (순항) (도항)

拔 뽑을 발

手 8획 3급Ⅱ

扌 扌 扩 扩 抜 拔

= 擇/選
◎
日 拔
中

扌(손) + 犮(뽑을/달릴 발) ②

손으로
뽑으니 = 뽑다

拔群 拔取 選拔 海拔 奇拔
(발군) (발취) (선발) (해발) (기발)

② 犮(뽑을/달릴 발) : 개(犬)가 발을 쭉 뻗어(丿) 달리니

髟 터럭 발

髟 15획 4급

長 髟 髟 髟 髮 髮

= 毛/毫
⇔
日 髪
中 发

髟(머리늘어질 표) ③ + 犮(뽑을/달릴 발)

달릴 때 바람에 휘날리는
긴 털이니 = 터럭(사람이나 짐승의 몸에 난 길고 굵은 털)

假髮 散髮 削髮 理髮所
(가발) (산발) (삭발) (이발소)

③ 髟(머리늘어질 표) : 머리털(彡)이 길게(長) 늘어져 있으니

 뉘앙스 콕!

- ☑ **開發**(개발) : ① 토지나 천연자원 등을 개척하여 유용하게 만듦. ▶ 수자원 개발(開發)
   ② 지식이나 재능, 생각등을 발달하게 함 ▶ 능력 개발(開發)
- **啓發**(계발) : 슬기나 재능, 사상 등을 일깨워 줌. ▶ 소질이 계발(啓發)되었다.
- ☑ **長篇**(장편) : 내용이 길고 복잡한 시가나 소설 등 ▶ 장편(長篇) 소설
- **掌篇**(장편) : 손바닥만 한 크기의 작품이라는 뜻으로, 매우 짧은 산문을 이르는 말 = 콩트기나 재능, 사상 등을 일깨워 줌.
   ▶ 소질이 계발(啓發)되었다.

27일째 복습하기

복습 1 다음 한자를 큰 소리로 읽어 보세요. (2번 이상)

根	銀	退	懇	良	朗	浪	娘	郎	廊
食	飮	吹	誤	娛	飢	飾	我	餓	義
議	儀	戶	肩	所	啓	篇	偏	編	遍
手	看	拜	才	材	財	抗	航	拔	髮

복습 2 다음 훈음에 해당되는 한자를 쓰세요. 물론 윗부분은 감추고…

뿌리 근	은 은	물러날 퇴	간절할 간	어질 량	밝을 랑	물결 랑	계집 낭	사내 랑	행랑 랑
먹을 식	마실 음	불 취	그르칠 오	즐거워할 오	주릴 기	꾸밀 식	나 아	주릴 아	옳을 의
의논할 의	거동 의	집 호	어깨 견	바 소	열 계	책 편	치우칠 편	엮을 편	두루 편
손 수	볼 간	절 배	재주 재	재목 재	재물 재	겨룰 항	배 항	뽑을 발	터럭 발

복습 3 단어로 복습하기. 다음 뜻에 맞는 한자어를 한자로 쓰세요.

퇴역 ( )	종사하던 일에서 물러남	쓸데없는 자존심과 아집을 부리다. ( )
발군 ( )	여럿 가운데에서 특별히 뛰어남	오랫동안 밥을 굶어 아사하다. ( )
계도 ( )	남을 깨우쳐 이끌어 줌	그 영화는 심의를 통과하지 못했다. ( )
화랑 ( )	그림 등 미술품을 전시하는 곳	왕의 장의 행렬이 길게 이어졌다. ( )
비견 ( )	낫고 못날 것 없이 비슷하게 함	전국을 돌며 방랑 생활을 하다. ( )
낭자 ( )	'처녀'를 높여 이르던 말	신랑과 신부가 입장하다. ( )
취입 ( )	레코드의 녹음판에 소리를 넣음	심판의 편파 판정에 불만을 품다. ( )
착오 ( )	착각하여 잘못함	축구 프로그램을 편성하다. ( )
보편 ( )	모든 것에 두루 널리 미침	컴퓨터 오락에 빠져 시험을 망치다. ( )
수식 ( )	겉모양을 꾸밈	돌아가신 부모 생각이 간절하다. ( )

退役/拔群/啓導/畵廊/比肩/娘子/吹入/錯誤/普遍/修飾   我執/餓死/審議/葬儀/放浪/新郞/偏頗/編成/娛樂/懇切

현쌤의 응원

도끼를 갈아 바늘을 만들 듯 [磨斧作針(마부작침)]
하루에 40자씩 익히면
47일 뒤엔 3급 완성^^

28 일째

指 가리킬 지
手 9획 4급Ⅱ
扌 扩 扩 指 指 指
≡ ↔
◐ 日 中

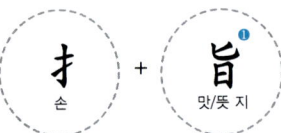

❶ 旨(맛/뜻 지) : 숟가락(匕)으로 태양(日)에 익은 음식을 맛보니

손으로 음식을
맛보라고 가리키니 = **가리키다**

藥指 屈指 指針 指彈 指標 指摘 指向 指鹿爲馬
(약지) (굴지) (지침) (지탄) (지표) (지적) (지향) (지록위마)

捕 잡을 포
手 10획 3급Ⅱ
扌 扌 扌 捎 捕 捕
≡ 操/拘/獲 ↔
◐ 日 中

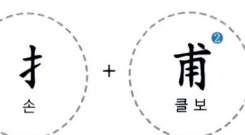

❷ 甫(클 보) : 중요(丶)한 많은(十) 것들을 후에 사용(用)하려고 크게 갖추어 놓으니

손을 크게 벌려
물건을 잡으니 = **잡다**

捕手 捕卒 捕盜 捕盜大將 捕獲 生捕 逮捕
(포수) (포졸) (포도) (포도대장) (포획) (생포) (체포)

浦 개 포
水 10획 3급Ⅱ
氵 氵 沪 浦 浦 浦
≡ 溪 ↔
◐ 日 中

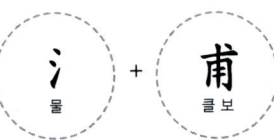

물이 크고 넓은 바다로
나가는 곳이니 = **개**(강이나 내에 바닷물이 드나드는 곳)

浦口 浦港 浦邊(갯가, 바닷물이 드나드는 곳의 물가)
(포구) (포항) (포변)

補 기울 보
衣 12획 3급Ⅱ
衤 衤 衤 衤 補 補
≡ 助/護/扶/協/贊 ↔
◐ 日 中 补

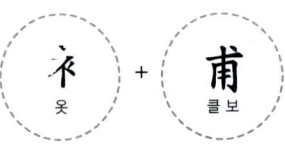

옷에 구멍이 나 큰 천으로
기우니 = **깁다**(해진 데에 조각을 대고 꿰매다)

(뉘앙스 콕 p286)

補修 補充 補講 補缺 補給 補償 候補
(보수) (보충) (보강) (보결) (보급) (보상) (후보)

博 넓을 박
十 12획 4급II

十 恒 博 博 博 博

= 普/洪/浩

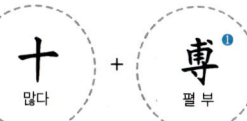

❶ 博(넓을 부) : 큰(甫) 뜻을 잘 헤아려(寸) 펼치니

많은 것이
두루 퍼져 있으니 = 넓다

(뉘앙스 콕 p286)

博士　博識　博愛　該博　博物館　博覽會
(박사) (박식) (박애) (해박) (박물관) (박람회)

薄 엷을 박
艹 17획 3급II

艹 萡 蒲 蒲 薄 薄

= 稀, 淺　⇔ 厚

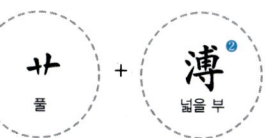

❷ 薄(넓을 부) : 물(氵)이 넓게 퍼져(溥) 있으니

풀잎이 넓을수록
두께가 얇으니 = 엷다 (두께가 두껍지 않다)

(뉘앙스 콕 p286)

薄福　薄氷　薄色　淺薄　稀薄　刻薄　輕薄　野薄
(박복) (박빙) (박색) (천박) (희박) (각박) (경박) (야박)

簿 문서 부
竹 19획 3급II

竹 筥 簿 簿 簿 簿

= 狀/籍

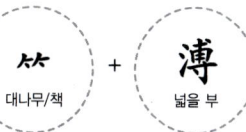

대나무를 넓게
펴서 글을 적은 것이니 = 문서

帳簿　簿記　家計簿　出席簿　學籍簿
(장부) (부기) (가계부) (출석부) (학적부)

換 바꿀 환
手 12획 3급II

扌 扩 抅 挴 挴 換

= 替　⇔ 換

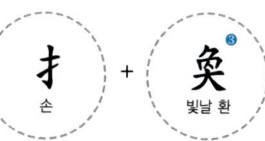

❸ 奐(빛날 환) : 다툼(夗)을 덮어(冖) 해결해 주는
사람(儿)은 크고(大) 빛나니

손으로 빛나는
것과 바꾸니 = 바꾸다

交換　互換　變換　換氣　換拂　換錢　換乘
(교환) (호환) (변환) (환기) (환불) (환전) (환승)

謠 노래 요
言 17획 4급II

言 謠 謠 謠 謠 謠

= 樂/歌/曲

❹ 䍃(질그릇 요) : 고기(月) 등을 담는 그릇(缶)이니

즐겁게 말하며 질그릇을
두드리고 장단을 맞추니 = 노래

歌謠　童謠　民謠　俗謠(민간에서 널리 떠도는 속된 노래)
(가요) (동요) (민요) (속요)

搖 흔들 요
手 13획 3급

扌 扌 扩 抖 捽 搖

=
↔
🔊 日 中

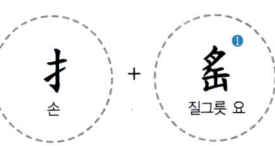

① 䍃(질그릇 요) : 고기(月) 등을 담는 그릇(缶)이니

손으로
질그릇을 흔드니 = 흔들다

搖亂 動搖 搖動
(요란) (동요) (요동)

遙 멀 요
辶 14획 3급

⺈ 夕 夗 夗 䍃 遙

= 遠/悠
↔ 近
🔊 日 遥 中 遥

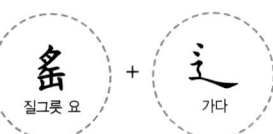

질그릇을
사러 가는 길이 머니 = 멀다

遙遠(아득히 멂) 遙望(멀리 바라봄)
(요원) (요망)

寶 보배 보
宀 20획 4급Ⅱ

宀 宇 窀 寍 寳 寶

= 珍
↔
🔊 宝 日 宝 中 宝

집안 대대로 내려온
옥 그릇은 중요한 재물이니 = 보배

家寶 國寶 寶物 寶石 寶劍 寶鑑(후세에 본보기가 될 만한 귀중한 사물)
(가보) (국보) (보물) (보석) (보검) (보감)

陶 질그릇 도
阜 11획 3급Ⅱ

⻖ 阝 阡 陶 陶 陶

=
↔
🔊 日 中

언덕 아래 가마로 싸인 곳에서 만드는
그릇이니 = 질그릇(진흙만으로 구워 잿물을 입히지 않은 그릇)

陶工 陶器 陶藝 陶醉(어떠한 것에 마음이 쏠려 취하다시피 됨)
(도공) (도기) (도예) (도취)

擔 멜 담
手 16획 4급Ⅱ

扌 扩 扩 护 护 擔

= 任/荷
↔
🔊 担 日 担 中 担

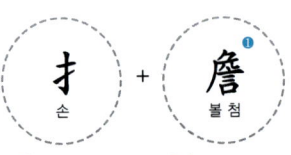

① 詹(볼 첨) : 어느 장소(厂)에 사람(儿)들이 다투는(⺈) 말(言)소리가 들려 살펴보니

손으로 짐을 살펴본 후에
어깨에 메니 = 메다(물건을 어깨에 지다)

擔當 擔任 負擔 專擔
(담당) (담임) (부담) (전담)

支 지탱할 지
支 4획 4급II

一 十 士 支

㊀　　　⇔ 收
　㊐　㊥

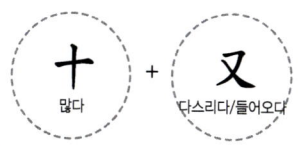

많은 것을 다룰 때는 나누어서
다스려야 오래 버틸 수 있으니 = 지탱하다
(요점만 콕)

支出 收支 支店 支署 支援 氣管支 依支 支持 支柱
(지출)(수지)(지점)(지서)(지원)(기관지)(의지)(지지)(지주)

技 재주 기
手 7획 5급

扌 才 扌 圹 抟 技

㊀ 才/術/藝　⇔
　㊐　㊥

손으로 많은 것을
다스리는 능력이니 = 재주

技術 技能 技藝 技巧 演技 妙技 雜技 實技
(기술)(기능)(기예)(기교)(연기)(묘기)(잡기)(실기)

枝 가지 지
木 8획 3급II

十 十 木 木 杙 枝

㊀　　　⇔ 幹
　㊐　㊥

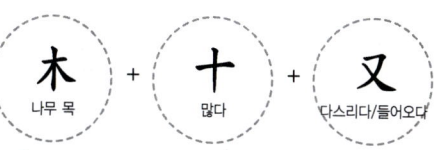

나무에 너무 많이 뻗쳐 있어
다스려 잘라주는 것이니 = 가지

幹枝 枝葉
(간지)(지엽)

搜 찾을 수
手 13획 3급

扌 才 扩 挣 押 搜

㊀ 訪/索　⇔
　㊐ 捜　㊥

❶ 叟(늙은이 수) : 절구(臼)에 구멍이 뚫릴(丨)만큼
오랫동안 사람들을 다스려온(又) 분이니

손에 지팡이를 든
노인이 길을 찾으니 = 찾다

搜査 搜索 搜檢 搜所聞(세상에 떠도는 소문을 두루 찾아 살핌)
(수사)(수색)(수검)(수소문)

 요점만 콕!

☑ 支(지탱할 지)는 '가르다' 라는 뜻으로도 쓰여요
- **지탱하다** : 支持(지지) 依支(의지) 支援(지원) 支障(지장) 支援(지원) 支柱(지주)
- **가르다** : 支給(지급) 支店(지점) 收支(수지) 支出(지출) 支署(지서) 氣管支(기관지)

收 거둘 수
攵 6획 4급 II

丨 丨 丩 㐅 㐅 收

⊟ ⇔ 支
◉ ⊟ ⊞

> ⓘ 丩 (얽힐 규) : 넝쿨식물이 얽힌 모양

이삭이 달린
넝쿨을 **힘써** 수확하니 = **거두다**

(뉘앙스 콕 p286)

收穫 收納 收縮 收監 收錄 沒收 徵收 還收
(수확) (수납) (수축) (수감) (수록) (몰수) (징수) (환수)

叫 부르짖을 규
口 5획 3급

丨 冂 口 叫 叫

⊟ ⇔
◉ ⊟ ⊞

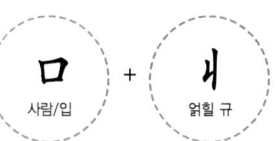

마음속에 **얽혀** 있는 고민을
입으로 소리치니 = **부르짖다**

絶叫 叫喚(큰 소리로 부르짖음) 叫聲(부르짖는 소리) *喚: 부를 환
(절규) (규환) (규성)

糾 얽힐 규
糸 8획 3급

𠃉 乡 幺 糸 糾 糾

⊟ 紛 ⇔
◉ ⊟ ⊞ 纠

실이 한데 모여 **얽혀**
있으니 = **얽히다**(이리저리 얽혀 복잡해지다)

紛糾 糾合 糾明 糾彈
(분규) (규합) (규명) (규탄)

敢 감히 감
攵 12획 4급

一 丁 千 耳 耳 耳 敢

⊟ ⇔
◉ ⊟ ⊞

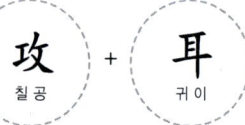

적을 **쳐서 귀**를 잘라 올 정도로
용감하니 = **감히**(두려움이나 송구함을 무릅쓰고)

勇敢 敢鬪 敢行 果敢
(용감) (감투) (감행) (과감)

嚴 엄할 엄
口 20획 4급

𡕥 𡕥 𡕦 𡕧 嚴 嚴

⊟ 肅 ⇔
◉ ⊟ 厳 ⊞ 严

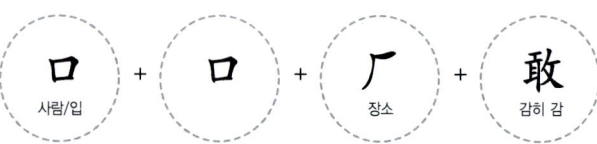

사람이 **입** 벌려 **언덕** 위에서 **용감**하게
호령하니 = **엄하다**(성격이나 행동이 철저하고 까다롭다)

嚴格 嚴禁 嚴守 威嚴 至嚴 森嚴 莊嚴 謹嚴
(엄격) (엄금) (엄수) (위엄) (지엄) (삼엄) (장엄) (근엄)

巖 바위 암
山 23획 3급II

屵 屵 岸 岸 巖 巖

🔈 岩 📅 岩/巖 ⊕ 岩

山 (메 산) + 嚴 (엄할 엄)

산에 엄한 기세로
있는 것이니 = 바위

巖石 巖壁 巖盤 奇巖怪石
(암석) (암벽) (암반) (기암괴석)

散 흩을 산
攵 12획 4급

一 卄 丗 肯 散 散

🔈 漫 ⊕ 集/會/蓄

卄(많다) + 月(몸/고기) + 攵(힘쓰다)

많은 양의 고기를
힘껏 치면 살이 흩어지니 = 흩다

散漫 散策 散發 散髮 散華 霧散 擴散 奔散(달아나 뿔뿔이 흩어짐)
(산만) (산책) (산발) (산화) (무산) (확산) (분산)

斗 말/별이름 두
斗 4획 4급II

` 一 二 斗

斗 (말 두)

곡식이 말에 담겨져 있는 모양
= 말(분량을 헤아리는 단위. 되의 열 배)/별 이름
(요점만 콕)

斗量 斗酒不辭 泰斗 北斗七星
(두량) (두주불사) (태두) (북두칠성)

科 과목 과
禾 9획 6급II

二 千 禾 禾 科 科

禾(벼 화) + 斗(말 두)

벼를 말로 나누 듯
학문을 여러 분야로 나눈 것이니 = 과목

科目 科學 科擧 科落 罪科 兵科 敎科書
(과목) (과학) (과거) (과락) (죄과) (병과) (교과서)

 요점만 콕!

☑ 옛날에는 부피의 단위를 이렇게 나타냈어요

- **勺**(구기 작) : 한 홉(合)의 10분의 1
- **合**(홉 홉) : 한 되의 10분의 1 (약 180ml)
- **升**(되 승) : 한 말의 10분의 1 (1.8L)
- **斗**(말 두) : 18L
- **石**(섬 석) : 말의 10배, 2가마니 (180리터)

※구기:자루가 달린 술 등을 푸는 용기

(길이의 단위: 요점만 콕 p29, 무게의 단위:요점만 콕 p443)

祈 빌 기
示 9획 3급Ⅱ

千 禾 衤 祈 祈 祈

🟰 祝   ⇔

示(신) + 斤(작다/도끼)

신에게 작은 소원을 바라니 = 빌다

祈願 祈求 祈雨祭
(기원)(기구)(기우제)

質 바탕 질
貝 15획 5급Ⅱ

𠂇 𠂇𠂇 𠂇𠂇 质 质 質

🟰 素/本   ⇔
🈁 貭   🈶 质

斤(작다/도끼) + 斤(작다/도끼) + 貝(재물)

작은 것들이 모여 재물의 바탕이 되니 = 바탕

素質 均質 異質 資質 硬質 質問 質疑
(소질)(균질)(이질)(자질)(경질)(질문)(질의)

析 쪼갤 석
木 8획 3급

一 十 才 𣎳 析 析

🟰 分   ⇔ 合

木(나무 목) + 斤(작다/도끼)

나무를 도끼로 쪼개니 = 쪼개다

分析 解析
(분석)(해석)

뉘앙스 쿡!

- ☑ **報償**(보상) : 어떤 것에 대한 대가나 진 빚 등을 갚음 ▶ 고생에 대한 보상(報償)을 받다.
- **補償**(보상) : 남에게 끼친 손해를 갚음 ▶ 피해를 보상(補償)하다.
- ☑ **補修**(보수) : 낡은 것을 보충하여 수선함 ▶ 도로 보수(補修) 공사
- **保守**(보수) : 보전하여 지킴 ▶ 보수주의(保守主義)
- **保手**(보수) : '保證手票(보증수표)'의 준말
- ☑ **博學**(박학) : 학식이 넓고 배운 것이 많음 ▶ 그는 박학다식(博學多識)한 사람이다.
- **薄學**(박학) : 학식이 얕고 좁음 ▶ 그의 학문은 박학(薄學)하다.
- ☑ **未收**(미수) : 아직 다 거두지 못함 ▶ 미수금(未收金)을 걷으러 다녔다.
- **未遂**(미수) : 계획한 일의 목적을 이루지 못함 ▶ 암살 계획이 미수(未遂)에 그쳤다.
- ☑ **地文**(지문) : 주어진 내용의 글 ▶ 아래 지문(地文)을 읽고 물음에 답하시오
- **至文**(지문) : 아주 빼어난 글 ▶ 그의 글은 지문(至文)이다.
- ☑ **文章**(문장) : 한 줄거리의 생각이나 느낌을 글자로 기록해 나타낸 것 ▶ 문장(文章)을 다듬기 위해 노력하다.
- **紋章**(문장) : 단체나 집안 등을 나타내기 위해 사용하는 상징적인 표지 ▶ 이것이 우리 가문의 문장(紋章)이다.

28일째 복습하기

복습 1 다음 한자를 큰 소리로 읽어 보세요. (2번 이상)

指	捕	浦	補	博	薄	簿	換	謠	搖
遙	寶	陶	擔	支	技	枝	搜	收	叫
糾	敢	嚴	巖	散	斗	科	料	文	紋
斤	近	新	折	哲	誓	逝	祈	質	析

복습 2 다음 훈음에 해당되는 한자를 쓰세요. 풀론 윗부분은 감추고…

가리킬 지	잡을 포	개 포	기울 보	넓을 박	엷을 박	문서 부	바꿀 환	노래 요	흔들 요
멀 요	보배 보	질그릇 도	멜 담	지탱할 지	재주 기	가지 지	찾을 수	거둘 수	부르짖을 규
얽힐 규	감히 감	엄할 엄	바위 암	흩을 산	말 두	과목 과	헤아릴 료	글월 문	무늬 문
도끼 근	가까울 근	새 신	꺾을 절	밝을 철	맹세할 서	갈 서	빌 기	바탕 질	쪼갤 석

복습 3 단어로 복습하기. 다음 뜻에 맞는 한자어를 한자로 쓰세요.

포도 (	) 도둑을 잡음	실종자를 수색하다.	(	)
포변 (	) 바닷물이 드나드는 물가	살려 달라고 절규하다.	(	)
철학 (	) 궁극의 원리를 추구하는 학문	사고의 원인을 규명하다.	(	)
각박 (	) 삭막하고 인정이 없음	암석으로 된 산을 등반하다.	(	)
장부 (	) 금품의 수입과 지출을 적는 책	지문으로 범인을 밝혀내다.	(	)
호환 (	) 서로 교환함	낡은 건물을 보수하다.	(	)
선서 (	) 성실할 것을 맹세함	코를 요란하게 골다.	(	)
요원 (	) 아득히 멂	취미로 도예를 배우다.	(	)
서거 (	) 죽어서 세상을 떠남	통일을 기원하다.	(	)
간지 (	) 식물의 줄기와 가지	내용물의 성분을 분석하다.	(	)

捕盜/浦邊/哲學/刻薄/帳簿/互換/宣誓/遙遠/逝去/幹枝   搜索/絕叫/糾明/巖石/指紋/補修/搖亂/陶藝/祈願/分析

현샘의 응원

한 방울 한 방울의 물이 쌓여 연못이 되 듯[積水成淵(적수성연)]
한자한자가 모여 1,817자를 이루네
여기까지 온 여러분들 조금만 더 힘내요^^

29일째

斯 이 사
斤 12획 3급

甘 甚 其 斯 斯 斯

= 是/玆

 + 斤
그 기   작다/도끼

그 도끼로
이것을 자르니 = 이(이것)

斯界   斯學(그 방면의 학문. 유학을 이름)   斯文亂賊
(사계) (사학) (사문난적)

漸 점점 점
水 14획 3급 II

氵 沂 浉 浉 漸 漸

= 漸

氵 + 斬
물   벨 참

❶ 斬(벨 참) : 수레(車)에 실려온 죄인의 목을 도끼(斤)로 베니

물은 아무리 베어도 점점 다시
모이니 = 점점(조금씩 더하거나 덜해지는 모양)

漸進   漸次   漸增   漸減   漸染   漸入佳境
(점진) (점차) (점증) (점감) (점염) (점입가경)

暫 잠깐 잠
日 15획 3급 II

亘 車 斬 斬 暫 暫

= 暫

斬 + 日
벨 참   해/날 일

목을 베이는 순간 살아온 날들이
잠깐 동안 머리를 스쳐 지나가니 = 잠깐

暫間   暫時   暫定的(임시로 정하는)
(잠간) (잠시) (잠정적)

慙 부끄러울 참
心 15획 3급

亘 車 斬 斬 慙 慙

= 愧
= 慚

斬 + 心
벨 참   마음 심

베인 듯
괴로운 마음이니 = 부끄럽다

慙愧   慙伏   慙悔
(참괴) (참복) (참회)

斥 물리칠 척
斤 5획 3급

一 厂 F 斥 斥

≡ 排

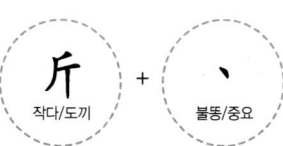

斤 (작다/도끼) + 丶 (불똥/중요)

도끼로 불똥이
튈 만큼 세게 치니 = **물리치다**

排斥 斥和 斥候(적의 형편이나 지형 등을 정찰하고 탐색함)
(배척) (척화) (척후)

訴 호소할 소
言 12획 3급II

言 訂 訂 訢 訴 訴

≡ 訟
⊕ 诉

言 (말씀 언) + 斥 (물리칠 척)

말로 적을 물리쳐
달라고 호소하니 = **호소하다**

呼訴 上訴 訴訟 告訴 起訴 被訴 免訴 訴願
(호소) (상소) (소송) (고소) (기소) (피소) (면소) (소원)

方 모/방위 방
方 4획 7급II

丶 亠 亠 方

↔ 圓

方 (모/방위 방)

뱃머리의 모양으로 뱃머리는 모가 나고,
어느 방향을 가리키니 = **모**(구석이나 모퉁이)/**방위**
(뉘앙스 콕 p296)

方位 方向 方途 方策 方針 方圓 妙方 秘方
(방위) (방향) (방도) (방책) (방침) (방원) (묘방) (비방)

放 놓을 방
攵 8획 6급II

丶 亠 方 方 劤 放

≡ 解/釋
↔ 執/捉/捕

方 (모/방위 방) + 攵 (힘쓰다)

어느 방향으로
가도록 힘써 놓아주니 = **놓다**

放心 放學 放映 放浪 放射能 放縱 放漫 放恣
(방심) (방학) (방영) (방랑) (방사능) (방종) (방만) (방자)

房 방 방
戶 8획 4급II

丶 亠 戶 戶 戶 房 房

戶 (집 호) + 方 (모/방위 방)

집안에
각 방향으로 있는 것이니 = **방**

房門 冊房 茶房 乳房 舍廊房
(방문) (책방) (다방) (유방) (사랑방)

防 막을 방
阜 7획 4급 II

丁 3 阝 阡 阞 防 防

≡ 拒/抵/障
⇔
▶
日
中

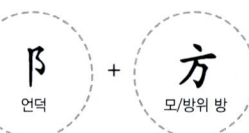

언덕이 그 방향으로
가는 길을 막고 있으니 = 막다

防犯 防彈 防疫 攻防 堤防 防波堤
(방범) (방탄) (방역) (공방) (제방) (방파제)

訪 찾을 방
言 11획 4급 II

亠 言 言 訁 訪 訪

≡ 探/尋/搜
⇔
▶
日
中 访

이름을 말하며
사방으로 찾아 다니니 = 찾다

訪問 訪韓 巡訪 尋訪 禮訪 探訪
(방문) (방한) (순방) (심방) (예방) (탐방)

妨 방해할 방
女 7획 4급

く 女 女 妁 妨 妨

≡ 害
⇔
▶
日
中

여자의 유혹이 남자가
나아가려는 방향을 방해하니 = 방해하다

妨害 無妨
(방해) (무방)

芳 꽃다울 방
艸 8획 3급 II

艹 艹 芏 芐 芳 芳

≡
⇔
▶
日
中

풀 향기가 사방으로
퍼지니 = 꽃답다 (꽃과 같이 아름답다)

芳年 芳香 芳名錄
(방년) (방향) (방명록)

倣 본뜰 방
人 10획 3급

亻 仿 仿 佑 倣 倣

≡ 模
⇔
▶
日
中 仿

사람이 자신의 주체성을 놓고
남을 따라하니 = 본뜨다 (모범으로 삼아 그대로 좇아 하다)

模倣 倣似 (매우 비슷함)
(모방) (방사)

傲 거만할 오
人 13획 3급

伊 伊 佯 傲 傲 傲

= 慢 ⇔

傲 + 敖
사람   놀 오

❶ 敖(놀 오) : 흙(土) 위에 놓여진(放) 아이들이 놀고 있으니

사람이 자기 마음대로
놀기만 하니 = 거만하다

傲慢 傲氣 傲視(오만하게 봄)
(오만) (오기) (오시)

激 격할 격
水 16획 4급

泊 泊 泊 激 激 激

= 憤 ⇔

氵 + 白 + 放
물   흰 백   놓을 방

파도가 바위에 부딪쳐 물이 하얀 거품을 내며 사방으로
흩어져 놓일 정도니 = 격하다(기세나 감정 등이 급하고 거세다)

激怒 激烈 激突 激憤 感激 急激 自激之心
(격노) (격렬) (격돌) (격분) (감격) (급격) (자격지심)

傍 곁 방
人 12획 3급

亻 伊 伊 伊 傍 傍

= 側 ⇔

亻 + 旁
사람   곁/두루 방

❷ 旁(곁/두루 방) : 줄줄이 늘어선(丷) 천막으로 덮인(一) 집에 사는 사방(方)의 어려운 사람들을 두루 살피니

여러 사람들을
곁에 두고 사귀니 = 곁

(뉘앙스 콕 p296)

傍觀 傍聽客 傍證 傍白 傍若無人
(방관) (방청객) (방증) (방백) (방약무인)

族 겨레 족
方 11획 6급

亠 方 方 扩 族 族

= 戚 ⇔

方 + 丷 + 矢
모/방위 방   높다/사람   화살 시:
                        화살의 모양

화살처럼 같은 방향으로
가는 사람들이니 = 겨레(한 조상의 핏줄을 이어받은 자손들)

民族 核家族 氏族 滅族 豪族 皇族 族譜 族屬
(민족) (핵가족) (씨족) (멸족) (호족) (황족) (족보) (족속)

旅 나그네 려
方 10획 5급Ⅱ

方 方 方 扩 旅 旅

= 客/賓 ⇔ 主

方 + 丷 + 民
모/방위 방   높다/사람   氏(성 씨)의 변형

❸ 氏(성 씨) : 나무의 뿌리 모양 p333 참조

뿌리처럼 정해진
방향 없이 가는 사람이니 = 나그네

旅行 旅客 旅券 旅裝 旅館 旅愁
(여행) (여객) (여권) (여장) (여관) (여수)

施 베풀 시
方 9획 4급Ⅱ

亠 方 方 方 施 施

≡ 設/布

사방에 있는 어려운
사람을 또한 도와주니 = 베풀다 (일이나 물건을 벌여 놓다)

施行 施賞 施設 施術 施肥 施策 實施 布施
(시행) (시상) (시설) (시술) (시비) (시책) (실시) (보시)

遊 놀 유
辶 13획 4급

方 方 方 斿 斿 遊 遊

≡ 戲 　⇔ 游

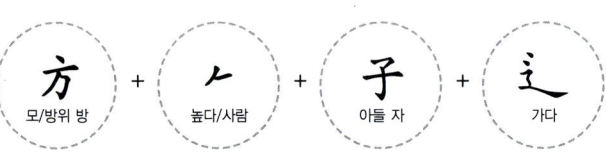

어느 방향으로 사람들이
아들을 데리고 놀러 가니 = 놀다

遊覽 遊說 遊戲 遊泳 遊園地 夢遊病 遊擊隊
(유람) (유세) (유희) (유영) (유원지) (몽유병) (유격대)

旋 돌 선
方 11획 3급Ⅱ

方 方 方 旅 旋 旋

≡ 回/循/巡

사방으로 사람이
발을 움직이니 = 돌다

旋律 旋風 旋回 周旋 旋盤
(선율) (선풍) (선회) (주선) (선반)

於 어조사 어 / 탄식할 오
方 8획 3급

丶 亠 方 方 於 於

어느 방향으로 사람이
찬 한숨을 쉬니 = 어조사/탄식하다
(요점만 콕)

於中間 於此彼 甚至於
(어중간) (어차피) (심지어)

日 해/날 일
日 4획 8급

丨 冂 日 日

⇔ 月

* 해의 모양 = 해
* 해가 뜨고 지면 하루가 지나니 = 날

日刊 日帝 日較差 日沒 日辰 日射病
(일간) (일제) (일교차) (일몰) (일진) (일사병)

旦 아침 단
日 5획 3급II

丶 丆 斤 日 旦

≡ 朝 ⇔ 夕

日(해/날 일) + 一(수평선의 모양)

해가 수평선에서 올라오는 때니 = 아침

元旦 一旦 旦暮(아침과 저녁)

(원단) (일단) (단모)

但 다만 단
人 7획 3급II

亻 亻' 亻冂 但 但

≡ 只

亻(사람) + 旦(아침 단)

사람은 아침에 오직 그날 할 일만을 생각하니 = 다만(다른 것이 아니라 오로지)

但書 但只

(단서) (단지)

得 얻을 득
彳 11획 4급II

彳 彳日 彳日 彳日 得 得

≡ 獲/拾 ⇔ 失/喪

彳(사람/가다) + 旦(아침 단) + 寸(마디/헤아릴 촌)

사람이 아침부터 잘 헤아려 행하면 얻는 것이 있으니 = 얻다

得失 得點 得達 所得 納得 拾得 獲得 旣得權

(득실) (득점) (득달) (소득) (납득) (습득) (획득) (기득권)

量 헤아릴 량
里 12획 5급

冂 日 旦 景 量 量

≡ 料/測/度

旦(아침 단) + 里(마을/거리 리)

아침에 그 날 가야할 거리를 헤아리니 = 헤아리다

料量 雅量 酒量 降雪量 肺活量 度量衡

(요량) (아량) (주량) (강설량) (폐활량) (도량형)

요점만 콕!

☑ 於(어조사 어)는 여러 가지 역할을 해요

- 장소/시간 : ~에서(於+장소/시간) ▶ 讀書於三角山(독서어삼각산) 삼각산에서 독서를 하다
- 대상/목적 : ~에게 ▶ 己所不欲 勿施於人(기소불욕 물시어인) 자기가 하고 싶지 않은 것은 남에게도 시키지 말라
- 시발, 유래 : ~에서, ~로 부터 ▶ 出於爾者 反於爾(출어이자 반어이) 너에게서 나온 것이 너에게로 돌아간다
- 비교 : ~보다 ▶ 霜葉 紅於二月花(상엽 홍어이월화) 서리 맞은 잎이 2월의 꽃보다 붉다

糧 양식 량

米 18획 4급

米 籵 籵 糧 糧 糧

= 穀

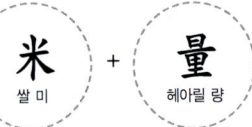

쌀의 양을 잘 헤아려 먹는
것이니 = 양식(생존을 위하여 필요한 사람의 먹을거리)

食糧 糧食 糧穀(양식으로 쓰는 곡식)

(식량) (양식) (양곡)

宣 베풀 선

宀 9획 4급

宀 宀 宁 宇 官 宣 宣

= 施/設/張/陳

❶ 亘(펼 선, 뻗칠 긍) : 하늘과 땅(二) 사이에 햇볕(日)이 비치니

집안의 재물을 널리 펼치니
= 베풀다(일이나 물건을 벌여 놓다)

(뉘앙스 콕 p296)

宣傳 宣布 宣誓 宣敎師

(선전) (선포) (선서) (선교사)

恒 항상 항

心 9획 3급 II

忄 忄 忄 忄 恒 恒 恒

= 常

마음을 넓게 펼치면
사람들이 항상 따르니 = 항상

恒常 恒久的

(항상) (항구적)

冥 어두울 명

冖 10획 3급

冖 冖 冖 冝 冥 冥

= 暗/昏   ↔ 明/昭/哲

어둠이 덮이고 해가 지는
여섯 시가 지나는 때니 = 어둡다

(요점만 콕/뉘앙스 콕 p296)

冥想 冥福 冥界 冥府 冥王星

(명상) (명복) (명계) (명부) (명왕성)

早 이를 조

日 6획 4급 II

口 口 日 旦 早

↔ 晚

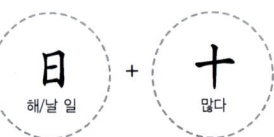

해가 떠 많은 사람들이 일을
시작하는 시간이니 = 이르다(더디지 않고 빠르다)

早退 早朝 早産 早漏 早熟 早婚 早晚間

(조퇴) (조조) (조산) (조루) (조숙) (조혼) (조만간)

草

풀 초

++ 10획 7급

艹 艻 芍 苎 芎 草 草

풀은 해가 많이
비치는 곳에서 잘 자라니 = 풀 (요점만 콕)

花草 甘草 蘭草 勿忘草 草稿 草略 草創期

(화초) (감초) (난초) (물망초) (초고) (초략) (초창기)

朝

아침 조

月 12획 6급

十 古 吉 車 朝 朝

 旦   夕

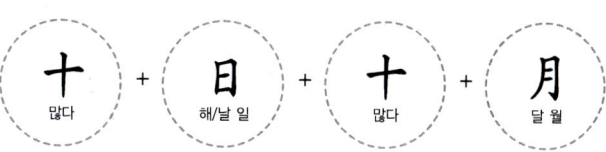

날이 많이 밝아져
하늘에 달이 사라질 때니 = 아침

朝鮮 朝貢 朝廷 朝飯

(조선) (조공) (조정) (조반)

潮

조수/밀물 조

水 15획 4급

氵 氵 泊 泸 潮 潮

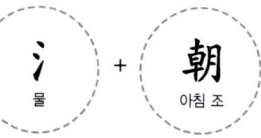

물이 아침 저녁으로 들어오고 나가는
것이니 = 조수(아침에 밀려들었다가 오후에 나가는 바닷물)/밀물

潮水 潮流 干潮 高潮 思潮 赤潮 防潮堤

(조수) (조류) (간조) (고조) (사조) (적조) (방조제)

廟

사당 묘

广 15획 3급

亠 广 广 庐 庫 廟

 廟 庙

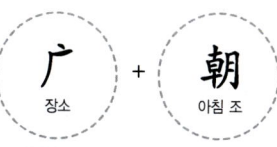

아침마다 제사를 지내는
곳이니 = 사당[신주(죽은 사람의 위패)를 모셔 놓은 집]

宗廟 廟堂 文廟(공자를 모신 사당)

(종묘) (묘당) (문묘)

 요점만 콕!

✓ 冥(어두울 명)은 '저승'이라는 뜻으로도 쓰여요
  - 어둡다 : 冥想(명상) 冥王星(명왕성)
  - 저승 : 冥福(명복) 冥界(명계) 冥府(명부)

✓ 草 (풀 초)는 '거칠다/시작'이라는 뜻으로도 쓰여요
  - 풀 : 甘草(감초) 伐草(벌초) 牧草 (목초)
  - 거칠다/시작 : 礎稿(초고) 草案(초안) 草略(초략) 草創期(초창기)

旬 열흘 순
日 6획 3급II

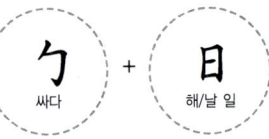

10일씩 싸서 한달을
상순, 중순, 하순으로 나누니 = **열흘**(열 날, 10일)

上旬 中旬 下旬 七旬 旬刊 旬報 四旬節
(상순) (중순) (하순) (칠순) (순간) (순보) (사순절)

殉 따라죽을 순
歹 10획 3급

= 死

왕이나 귀족이 죽으면
열흘 뒤에 종들도 따라 죽으니 = **따라 죽다**

殉葬 殉敎 殉國 殉職
(순장) (순교) (순국) (순직)

昌 창성할 창
日 8획 3급II

= 繁/盛

해처럼 밝고 크게 말하니
= **창성하다**(기운이나 세력이 한창 왕성하여 잘되어 가다)

昌盛 繁昌 隆昌 碧昌牛 (평안북도의 벽동과 창성 지방에서 나는 크고 억센 소)
(창성) (번창) (융창) (벽창우)

뉘앙스 콕!

- ☑ **方伯**(방백): 조선 시대 각 도의 으뜸 벼슬 = 관찰사(觀察使) ▶ 방백(方伯)이 도읍을 다스리다.
- **傍白**(방백): 연극에서 관객에게는 들리지만 무대의 상대에게는 들리지 않는 대사 ▶ 방백(傍白)과 독백
- ☑ **宣傳**(선전): 주의나 주장, 효능 등을 많은 사람에게 널리 알리는 일 ▶ 상품을 선전(宣傳)하다.
- **宣戰**(선전): 한 나라가 다른 나라에 대해 싸움의 시작을 알림 ▶ 선전 포고(宣戰 布告)
- ☑ **明明**(명명): 매우 밝음. 분명하여 의심할 여지가 없음 ▶ 명명백백(明明白白)
- **冥冥**(명명): 겉으로 나타나지 않아 아득하고 그윽함 ▶ 그 별장은 명명(冥冥)한 곳에 위치하다.

29일째 복습하기

복습 1 다음 한자를 큰 소리로 읽어 보세요. (2번 이상)

斯	漸	暫	慙	斥	訴	方	放	房	防
訪	妨	芳	倣	傲	激	傍	族	旅	施
遊	旋	於	日	旦	但	得	量	糧	宣
恒	冥	早	草	朝	潮	廟	旬	殉	昌

복습 2 다음 훈음에 해당되는 한자를 쓰세요. 물론 윗부분은 감추고...

이 사	점점 점	잠깐 잠	부끄러울 참	물리칠 척	호소할 소	방위 방	놓을 방	방 방	막을 방
찾을 방	방해할 방	꽃다울 방	본뜰 방	거만할 오	격할 격	곁 방	겨레 족	나그네 려	베풀 시
놀 유	돌 선	어조사 어	해 일	아침 단	다만 단	얻을 득	헤아릴 량	양식 량	베풀 선
항상 항	어두울 명	이를 조	풀 초	아침 조	조수 조	사당 묘	열흘 순	따라죽을 순	창성할 창

복습 3 단어로 복습하기. 다음 뜻에 맞는 한자어를 한자로 쓰세요.

사학(	) 그 방면의 학문. 유학을 이름	맞선을 주선하다.	(	)
원단(	) 설날 아침	경기가 점차 회복되고 있다.	(	)
잠정(	) 임시로 정함	그는 오만하고 고집이 세다.	(	)
참괴(	) 매우 부끄러워함	그는 항상 모든 일에 최선을 다한다.	(	)
척후(	) 적의 형편이나 지형 등을 정찰함	고인의 명복을 빌다.	(	)
문묘(	) 공자를 모신 사당	소송을 하려고 변호사를 선임하다.	(	)
방향(	) 꽃다운 향기	모방 범죄가 자주 일어난다.	(	)
순보(	) 열흘마다 한 번씩 내는 보고	순직한 경찰에게 훈장을 추서했다.	(	)
단서(	) 조건이나 예외 등을 나타내는 글	아이들의 배고픔을 방관하다.	(	)
창성(	) 기세가 커져 잘 뻗어 나감	어차피 맞는 매인데 먼저 맞는게 낫다.	(	)

斯學 / 元旦 / 暫定 / 慙愧 / 斥候 / 文廟 / 芳香 / 旬報 / 但書 / 昌盛　　周旋 / 漸次 / 傲慢 / 恒常 / 冥福 / 訴訟 / 模倣 / 殉職 / 傍觀 / 於此彼

현쌤의 응원

작은 것이 쌓여 크게 되듯[積小成大](적소성대),
하루에 40자씩 익히다보면
언젠가는 1817자가 내것으로^^

30 일째

唱 부를 창
口 11획 5급

ㅁ ㅁ ㅁ ㅁ 唱 唱

㈁ 歌

입으로 창성하게
소리 치는 것이니 = **부르다**

合唱 獨唱 唱法 唱劇 夫唱婦隨

(합창) (독창) (창법) (창극) (부창부수)

冒 무릅쓸 모
冂 9획 3급

丨 冂 冂 曰 冒 冒

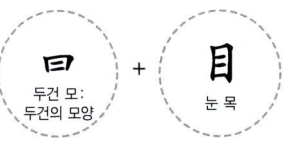

두건을 눈 위에 쓰고 어려운 일을
행하니 = **무릅쓰다** (힘들고 어려운 일을 참고 견디다)

冒險 冒頭(말이나 글의 첫머리)

(모험) (모두)

慢 거만할 만
心 14획 3급

忄 忄 忄 忄 忄 慢 慢

㈁ 怠/傲

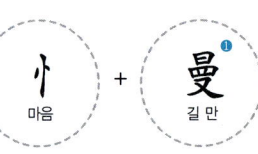

❶ 曼(길 만): 말(曰)과 법(㸚)만으로 백성을
다스리려면(又) 긴 시간 노력해야 하니

마음속에 잘난 체 하는
생각이 길게 뻗어 있으니 = **거만하다**

慢性 自慢 怠慢 傲慢 緩慢

(만성) (자만) (태만) (오만) (완만)

漫 흩어질 만
水 14획 3급

氵 氵 沪 涃 渭 漫 漫

㈁ 散   ⇔ 集/會/募

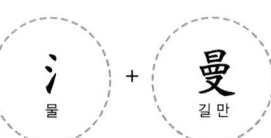

물이 길게 뻗어
흩어져 있으니 = **흩어지다**

散漫 放漫 浪漫 漫然 漫畵 漫評 漫談

(산만) (방만) (낭만) (만연) (만화) (만평) (만담)

昇 오를 승

日 8획 3급II

ㅁ 日 旦 昇 昇 昇

= 登/騰 ↔ 降
         ⊕ 升

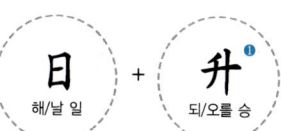

❶ 升(되/오를 승) : 곡식을 되 위에 올린 모양

해가
떠오르니 = 오르다

昇進 昇格 昇級 昇段 昇華 昇降機

(승진) (승격) (승급) (승단) (승화) (승강기)

飛 날 비

飛 9획 4급II

飞 飞 飞 飛 飛 飛

= ↔
   ⊕ 飞

새가 날개를 치며
하늘로 날아 오르니 = 날다

飛行 飛行機 飛躍 飛散 雄飛 烏飛梨落

(비행) (비행기) (비약) (비산) (웅비) (오비이락)

明 밝을 명

日 8획 6급II

丨 冂 日 明 明 明

= 朗/哲/昭 ↔ 暗/昏/冥

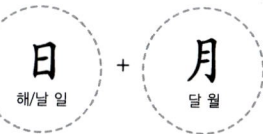

해와 달이
함께 떠 있으니 = 밝다

明朗 明哲 明卵 辨明 聰明 透明 明鏡止水

(명랑) (명철) (명란) (변명) (총명) (투명) (명경지수)

盟 맹세 맹

皿 13획 3급II

明 明 明 明 盟 盟

= 誓 ↔

해나 달 앞에서 그릇에 담겨 있는 피를 마시며
맹세하니 = 맹세(일정한 약속이나 목표를 꼭 실천하겠다고 다짐함)

盟誓 盟約 盟邦 同盟 聯盟

(맹서) (맹약) (맹방) (동맹) (연맹)

昔 예 석

日 8획 3급

一 十 卄 芒 昔 昔

= 古/故/舊 ↔ 今

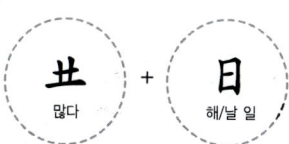

많은 날이
지났으니 = 옛날

今昔 今昔之感

(금석) (금석지감)

惜 아낄 석
心 11획 3급II

ㅏ 忄 忰 惜 惜 惜

☰ ⇔
◉ 日 ㊥

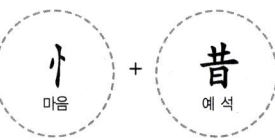

마음속에
오랫동안 간직하니 = 아끼다

(뉘앙스 콕 p306)

惜別 惜敗 哀惜 愛惜
(석별) (석패) (애석) (애석)

借 빌릴 차
人 10획 3급II

亻 亻 借 借 借 借

☰ 貸 ⇔
◉ 日 ㊥

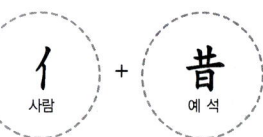

사람들이
옛부터 자주 하던 것이니 = 빌리다

借名 借邊 賃借 貸借 賃貸借 租借(삯을 물기로 하고 집이나 땅 등을 빌림)
(차명) (차변) (임차) (대차) (임대차) (조차)

錯 어긋날 착
金 16획 3급II

金 金一 金止 釟 錯 錯

☰ 違 ⇔
◉ 日 ㊥ 错

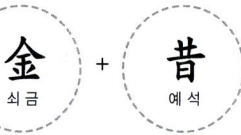

쇠로 만든 기계가 오래되어 서로 어긋나니
= 어긋나다(잘 맞물려 있는 물체가 틀어져서 맞지 않다)

錯誤 錯覺 錯視 錯雜(갈피를 잡을 수 없이 뒤섞여 어수선함)
(착오) (착각) (착시) (착잡)

籍 문서 적
竹 20획 4급

籆 籍 籍 籍 籍 籍

☰ 券, 書/冊 ⇔
◉ 日 ㊥

쟁기로 밭을 갈 듯 책에
글을 새긴, 옛부터 전해 내려온 것이니 = 문서

書籍 本籍 國籍 除籍 符籍 學籍簿 戶籍抄本
(서적) (본적) (국적) (제적) (부적) (학적부) (호적초본)

是 옳을/이 시
日 9획 4급II

日 旦 旱 昰 昰 是

☰ 此/斯/玆,可 ⇔ 非,彼
◉ 日 ㊥

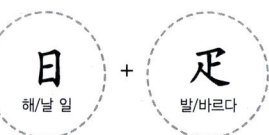

해는 모든 만물을
골고루 바르게 비춰주니 = 옳다/이(이것)

是非 是認 或是 國是 必是 亦是
(시비) (시인) (혹시) (국시) (필시) (역시)

題 제목 제
頁 18획 6급II

旦 是 是 題 題 題

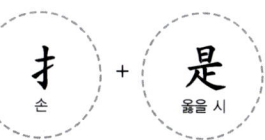

글을 **옳게** 이해하도록
책의 **머리** 부분에 적어 놓은 것이니 = **제목**

❶ 頁(머리 혈) : 코(自: 주름진 코의 모양)가 있는 곳이니

題目　問題　例題　豫題　宿題　難題
(제목) (문제) (예제) (예제) (숙제) (난제)

提 끌 제
手 12획 4급II

扌 押 押 捍 捍 提

引/携　　推

손을 잡아
옳은 방향으로 이끌어 주니 = **끌다**

提出　提案　提議　前提　提供　提訴　提携　提督(해군 함대의 사령관)
(제출) (제안) (제의) (전제) (제공) (제소) (제휴) (제독)

堤 둑 제
土 12획 3급

土 坦 坦 堤 堤 堤

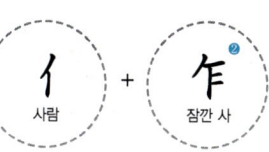

흙을 **옳게** 쌓아서 만든 것이니
= **둑**(홍수의 예방이나 저수를 목적으로 둘레를 돌,흙 등으로 높이 쌓은 언덕)

堤防　防潮堤　防波堤
(제방) (방조제) (방파제)

作 지을 작
人 7획 6급II

丿 亻 亻 亻 作 作

造/製

❷ 乍(잠깐 사) : 사람이(丿) 여러(二) 개의 구멍을 잠깐 사이에 뚫으니(｜)

사람은 **잠깐** 사이에
도구나 물건을 잘 만드니 = **짓다**

作品　作曲　作詞　作況　作黨　輪作　振作　拙作
(작품) (작곡) (작사) (작황) (작당) (윤작) (진작) (졸작)

昨 어제 작
日 9획 6급II

日 日' 日仁 昨 昨 昨

날이 **잠깐** 사이에
지나가 버리니 = **어제**

昨今　昨年　昨日
(작금) (작년) (작일)

정말이지 쉬운 한자 **301**

詐 속일 사
言 12획 3급

言 言 許 詐 詐 詐

= 欺

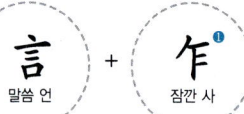

말을 잠깐
사이에 바꾸니 = **속이다**

❶ 乍(잠깐 사) : 사람이(ᄼ) 여러(二) 개의 구멍을 잠깐 사이에 뚫으니(ǀ)

(뉘앙스 콕 p306)

詐欺 詐稱 變詐
(사기) (사칭) (변사)

春 봄 춘
日 9획 7급

一 二 夫 夫 春 春 春

⇔ 秋

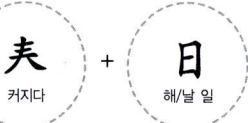

꽃봉오리가 커지고
날이 점점 따뜻해지는 때니 = **봄**

立春 春秋 春季 春困 春耕 春窮期 春府丈
(입춘) (춘추) (춘계) (춘곤) (춘경) (춘궁기) (춘부장)

奉 받들 봉
大 8획 5급II

一 二 三 夫 夫 奉 奉 奉

= 仕

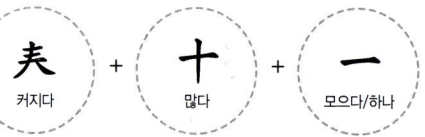

지위가 커지고 재물을
많이 모으면 사람들이 떠 받드니 = **받들다**

奉仕 奉唱 奉祝 信奉 奉獻
(봉사) (봉창) (봉축) (신봉) (봉헌)

泰 클 태
水 10획 3급II

三 夫 夫 夫 泰 泰 泰

= 大/巨/太   ⇔ 小/微

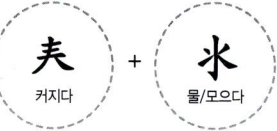

모은 재산이
더 커지니 = **크다**

(요점만 콕)

泰山 泰斗 泰山北斗 泰然 泰平
(태산) (태두) (태산북두) (태연) (태평)

奏 아뢸 주
大 9획 3급II

一 二 夫 夫 夫 奏 奏

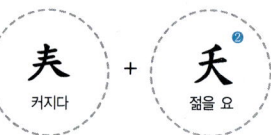

❷ 夭(젊을 요) : 크게(大) 될 때까지 다스림(ノ)을 받는 사람이니

일이 커져 젊은이가
부모에게 알리니 = **아뢰다**(윗사람에게 말씀드려 알리다)

獨奏 合奏 演奏 伴奏 奏請 二重奏
(독주) (합주) (연주) (반주) (주청) (이중주)

普 넓을 보
日 12획 4급

一 艹 † 並 普

≡ 博/洪/浩

해가 만물을
나란히 두루 비춰주니 = 넓다

普通　普及　普遍性　普遍安當
(보통) (보급) (보편성) (보편타당)

譜 족보 보
言 19획 3급Ⅱ

言 計 計 諮 諮 譜

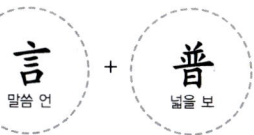

말과 글로 넓은 혈연 관계를 기록한
것이니 = 족보(한 가문의 계통과 혈통 관계를 기록한 책)

族譜　樂譜　系譜(조상 때부터 내려오는 혈통과 집안의 역사를 적은 책)
(족보) (악보) (계보)

暴 사나울 폭 / 모질 포
日 15획 4급Ⅱ

曰 昱 昪 暴 暴 暴

≡ 猛

가뭄과 함께
홍수가 오니 = 사납다/모질다

暴力　暴言　暴暑　暴徒　亂暴　暴炎　暴露　橫暴　暴惡
(폭력) (폭언) (폭서) (폭도) (난폭) (폭염) (폭로) (횡포) (포악)

爆 터질 폭
火 19획 4급

炉 煜 煟 爆 爆 爆

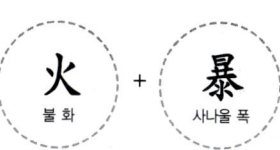

불이
사납게 터지니 = 터지다

爆發　爆笑　爆竹　爆擊　原爆　猛爆　戰爆機
(폭발) (폭소) (폭죽) (폭격) (원폭) (맹폭) (전폭기)

 요점만 콕!

☑ 太(클 태)와 泰(클 태)의 뜻이 서로 다름에 유의하세요.
- 太(클 태)　크다 또는 처음을 의미 ▶ 太極(태극) 太半(태반) 太平洋(태평양) 太祖(태조) 太初(태초)
- 泰(클 태)　크고 너그럽다를 의미 ▶ 泰然(태연) 泰平(태평) 泰斗(태두, 태산과 북두칠성을 아울러 이르는 말)

☑ 暴(사나울 폭, 모질 포)는 '드러나다' 라는 뜻으로도 쓰여요.
- 사납다 : 暴力(폭력) 暴行(폭행) 暴炎(폭염) 亂暴(난폭) 暴酒(폭주)
- 모질다 : 行暴(행포) 橫暴(횡포) 暴惡(포악)
- 드러나다 : 暴露(폭로)

假 거짓 가
人 11획 4급II

亻 伊 俨 伊 伊 假

= 仮 ↔ 仮 ⊕ 仮

亻(사람) + 叚(빌릴/허물 가)

❶ 叚(빌릴/허물 가) : 다른 나라에서 화살(⻌)과 창(⻌)을 빌리니

다른 **사람**에게
빌린 것을 자기 것이라 하니 = **거짓**

(뉘앙스 콕 p306)

假面 假髮 假裝 假令 假飾 假葬 假睡 假說 假設
(가면) (가발) (가장) (가령) (가식) (가장) (가수) (가설) (가설)

暇 틈 가
日 12획 4급

旧 旷 昒 昒 昒 暇

= 閑

日(해/날 일) + 叚(빌릴/허물 가)

날을 잡아 장소를 **빌려**
휴가를 가니 = **틈**(일을 하다가 쉬게 되는 시간적인 여유)

休暇 餘暇 病暇 閑暇
(휴가) (여가) (병가) (한가)

異 다를 이
田 11획 4급

口 田 昍 畀 畀 異

= 他/差 ↔ 如/若/肖 ⊕ 异

田(밭 전) + 共(한가지/함께 공)

밭에서 **함께** 일을 하더라도
맡은 일이 각각 다르니 = **다르다**

異變 異常 異端 異蹟 異議 異彩 怪異
(이변) (이상) (이단) (이적) (이의) (이채) (괴이)

翼 날개 익
羽 17획 3급II

羽 羿 翼 翼 翼 翼

= 羽

羽(깃 우: p403) + 異(다를 이)

❷

깃털이 각각
다른 방향으로 나 있는 것이니 = **날개**

(뉘앙스 콕 p306)

羽翼 右翼 右翼手 左翼 左翼分子
(우익) (우익) (우익수) (좌익) (좌익분자)

曆 책력 력
日 16획 3급II

厂 厂 厈 厤 厤 曆 曆

⊟ 暦 ⊕ 历

厂(장소) + 禾(벼 화) + 禾(벼 화) + 日(해/날 일)

어느 **장소**에서 **벼**농사를 지을 때 필요한 **날**의 변화인
절기 등을 적은 책이니 = **책력**(기상 변동 등을 날의 순서에 따라 적은 책)

陽曆 陰曆 冊曆 萬歲曆
(양력) (음력) (책력) (만세력)

歷 지날 력
止 16획 5급II

厂 厂 厅 厤 厯 歷

≡ 經
↔
♢ 歷 ⊕ 历

厂 (장소) + 禾 (벼 화) + 禾 (벼 화) + 止 (그칠 지)

한 장소에서 벼가 자라고 그치는(추수) 것이 많이 되풀이되었으니 = 지나다 (시간이 흐르다, 어떤 곳을 통과하다)

歷史 經歷 病歷 略歷 遍歷
(역사) (경력) (병력) (약력) (편력)

日 가로 왈
日 4획 3급

丨 冂 日 日

≡
↔
♢ 日 ⊕

口 (사람/입) + 一 (움직이는 혀의 모양)

입 안의 혀를 움직이며 말하는 모양 = 가로되 ('말하다'를 예스럽게 이르는 말)

曰可曰否
(왈가왈부)

曲 굽을 곡
日 6획 5급

丨 冂 巾 曲 曲 曲

≡ 屈, 歌/謠 ↔ 直/貞
♢ ⊕

曲 굽을 곡

대바구니가 굽어 있는 모양 = 굽다
(요점만 콕)

曲折 屈曲 曲射砲 雙曲線 懇曲 戲曲 作曲 編曲
(곡절) (굴곡) (곡사포) (쌍곡선) (간곡) (희곡) (작곡) (편곡)

更 고칠 경 / 다시 갱
日 7획 4급

一 亓 亓 百 更 更

≡ 改, 復 ↔
♢ ⊕

一 (모으다/하나) + 曰 (말하다) + 攴 (다스리다/베다)

한마디라도 말을 잘못하면 고쳐 다시 다스려야 하니 = 고치다/다시
(요점만 콕)

變更 更新 三更 更紙 更新 更蘇 更年期
(변경) (경신) (삼경) (갱지) (갱신) (갱소) (갱년기)

🔵 요점만 콕!

☑ 曲(굽을 곡)은 '가락(곡조)'이라는 뜻으로도 쓰여요.
- 굽다 : 曲折(곡절) 屈曲(굴곡) 曲射砲(곡사포) 雙曲線(쌍곡선) 懇曲(간곡) 戲曲(희곡)
- 가락 : 作曲(작곡) 選曲(선곡) 名曲(명곡) 曲名(곡명) 編曲(편곡)

☑ 更(고칠 경, 다시 갱)은 하룻밤(저녁 7시~새벽 5시)을 다섯으로 나누는 단위로 쓰여요.
- 初更(초경) 저녁 7시 ~ 9시
- 二更(이경) 밤 9시 ~ 11시
- 三更(삼경) 밤 11시 ~ 새벽 1시
- 四更(사경) 새벽 1시 ~ 3시
- 二更(오경) 새벽 3시 ~ 5시

便 편할 편 / 똥오줌 변

人 9획 7급

亻 亻 仁 佰 伊 便

= 安
⇔
🔊 日 ⊕

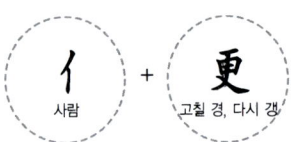

* 사람이 단점을 고치면 편해지니 = 편하다
* 화장실에 가면 편안하니 = 똥오줌

便利 便紙 便易 便宜 簡便 相對便 郵便 便秘

(편리) (편지) (편이) (편의) (간편) (상대편) (우편) (변비)

硬 굳을 경

石 12획 3급II

一 丁 石 石 砭 硬 硬

= 固/堅/確   ⇔ 軟
🔊 日 ⊕

돌은 다시
만져 보아도 딱딱하니 = 굳다

硬直 硬化 硬貨 硬度 强硬

(경직) (경화) (경화) (경도) (강경)

曾 일찍/거듭 증

日 12획 3급II

八 分 肏 俞 帘 曾

=   ⇔
🔊 曾 日 ⊕

둘로 나눠진 굴뚝에서 연기가 나 듯
말을 할 때 입김이 거듭 나오니 = 일찍/거듭

曾祖父 曾孫 未曾有(지금까지 한 번도 있어 본 적이 없음)

(증조부) (증손) (미증유)

 뉘앙스 콕!

- ☑ **哀惜**(애석) : 슬프고 아까움 ▶ 애석(哀惜)한 일이다.
- **愛惜**(애석) : 사랑하고 아낌 ▶ 손자를 애석(愛惜)하게 여기다.
- ☑ **變詐**(변사) : 변덕스럽게 이랬다저랬다 함 ▶ 그의 변사(變詐)에 의해 약속 시간이 변경 되었다.
- **變死**(변사) : 뜻밖의 재난으로 죽음 ▶ 변사체(變死體)가 발견되었다.
- **變事**(변사) : 예사롭지 않고 이상한 일 또는 이변 ▶ 뜻밖의 변사(變事)가 일어나다.
- **變辭**(변사) : 먼저 한 말을 이리저리 바꾸는 것 ▶ 변사(變辭)를 자주하면 신용을 잃는다.
- ☑ **假說**(가설) : 어떤 사실이나 이론 체계를 설명하기 위하여 설정한 가정 ▶ 가설(假說)을 세우다.
- **假設**(가설) : 임시로 설치함 ▶ 마당에 건물을 가설(假設)하였다.
- ☑ **羽翼**(우익) : ① 새의 날개 ② 보좌하는 일 ▶ 새가 우익(羽翼)을 펼치고 날아간다.
- **右翼**(우익) : ① 오른쪽 날개 ② 보수파/국수주의/파시즘 등의 입장 ③ 우익수의 준말 ▶ 비행기의 우익(右翼)과 좌익(左翼)

30일째 복습하기

복습 1 다음 한자를 큰 소리로 읽어 보세요. (2번 이상)

唱	冒	慢	漫	昇	飛	明	盟	昔	惜
借	錯	籍	是	題	提	堤	作	昨	詐
春	奉	泰	奏	普	譜	暴	爆	假	暇
異	翼	曆	歷	曰	曲	更	便	硬	曾

복습 2 다음 훈음에 해당되는 한자를 쓰세요. 물론 윗부분은 감추고…

부를 창	무릅쓸 모	거만할 만	흩어질 만	오를 승	날 비	밝을 명	맹세 맹	예 석	아낄 석
빌릴 차	어긋날 착	문서 적	옳을 시	제목 제	끌 제	둑 제	지을 작	어제 작	속일 사
봄 춘	받들 봉	클 태	아뢸 주	넓을 보	족보 보	사나울 폭	터질 폭	거짓 가	틈 가
다를 이	날개 익	책력 력	지날 력	가로 왈	굽을 곡	고칠 경	편할 편	굳을 경	일찍 증

복습 3 단어로 복습하기. 다음 뜻에 맞는 한자어를 한자로 쓰세요.

우익 (	) 새의 날개	홍수로 물이 넘쳐 제방이 무너졌다. ( )
태만 (	) 게으르고 느림	그는 사기죄로 구속되었다. ( )
만화 (	) 이야기를 간결하게 그린 그림	나라의 태평을 기원하다. ( )
승진 (	) 직위가 오름	악기를 연주하다. ( )
비약 (	) 급격히 발전하거나 향상됨	북한 주민에게 쌀이 보급되었다. ( )
맹서 (	) 굳게 약속하거나 다짐함	족보에 이름을 새겨 넣다. ( )
금석 (	) 지금과 옛적을 아울러 이름	실패를 무릅쓰고 모험을 시도하다. ( )
책력 (	) 천체를 관측하여 날씨 등을 적은 책	애석하게도 그는 결국 해고되었다. ( )
임차 (	) 돈을 내고 남의 물건을 빌려 씀	날씨가 추워 몸이 경직되었다. ( )
착각 (	) 실제와 다르게 느끼거나 생각함	증조부께서는 아직도 건강하시다. ( )

羽翼/怠慢/漫畵/昇進/飛躍/盟誓/今昔/册曆/賃借/錯覺　　堤防/詐欺/泰平/演奏/補給/族譜/冒險/哀惜/硬直/曾祖父

현쌤의 응원

30일째가 끝났어요
다시 힘을 내서
열심히 해 보자구요^^

31 일째

增 더할 증
土 15획 4급Ⅱ

ナ 圹 坮 培 増 增

- 益/加/添
- 增
- 日 増
- ⇔
- 中

 +
흙 토   일찍/거듭 증

흙을
거듭하여 쌓으니 = 더하다

增加 增産 增額 增資 增幅 漸增 割增 累增(거듭하여 더함)
(증가) (증산) (증액) (증자) (증폭) (점증) (할증) (누증)

憎 미워할 증
心 15획 3급Ⅱ

忄 忄 忄 憎 憎 憎

- 惡
- ⇔ 愛
- 日
- 中

 +
마음   일찍/거듭 증

마음속에
거듭 쌓인 감정이니 = 미워하다

憎惡 可憎 愛憎
(증오) (가증) (애증)

贈 줄 증
貝 19획 3급

月 目 貝 貝' 贈 贈

- 給/授/與
- 贈
- ⇔
- 中

 +
재물   일찍/거듭 증

재물을
거듭하여 주니 = 주다

贈與 贈呈 寄贈   *呈 : 드릴 정
(증여) (증정) (기증)

僧 중 승
人 14획 3급Ⅱ

亻 亻 俨 俨 僧 僧

- ⇔
- 日
- 中

 +
사람   일찍/거듭 증

일찍 일어나
불공을 드리는 사람이니 = 중

高僧 女僧 帶妻僧 破戒僧 僧家 僧舞
(고승) (여승) (대처승) (파계승) (승가) (승무)

層

층 층

尸 15획 4급

尸 尸 尸 尸 層 層

- ⊜ 段
- ⊕
- ⓘ
- ⓙ 层
- ⓒ 层

尸 (죽음/지붕/몸) + 曾 (일찍/거듭 증)

지붕 아래 천장이
거듭 되는 것이니 = 층

層階 十層 階層 富裕層 中産層 庶民層
(층계) (십층) (계층) (부유층) (중산층) (서민층)

會

모일 회

日 13획 6급II

人 슴 슴 슴 슴 會

- ⊜ 社/集
- ⊕ 散/離
- ⓘ 会
- ⓙ 会
- ⓒ 会

人(사람 인) + 一(모으다/하나) + 四(굴뚝 모양) + 日(가로 왈: 말하다)

사람들이 **모여 굴뚝**이 있는
집에서 **말**을 나누고 있으니 = 모이다

會食 會議 會館 司會 宴會 照會 懇談會
(회식) (회의) (회관) (사회) (연회) (조회) (간담회)

月

달 월

月 4획 8급

丿 几 月 月

- ⊜
- ⊕ 日
- ⓘ
- ⓙ
- ⓒ

月 (달 월)

* 달의 모양 = 달
* 달이 같은 모양으로 되돌아오면 한 달이 지나니 = 달

月曆 月報 月桂冠 滿月
(월력) (월보) (월계관) (만월)

木

나무 목

木 4획 8급

一 十 才 木

- ⊜ 樹
- ⊕
- ⓘ
- ⓙ
- ⓒ

木 (나무 목)

뿌리를 땅에 박고
서 있는 나무의 모양 = 나무

木管 木蓮 樹木 巨木 雜木 枯木 苗木
(목관) (목련) (수목) (거목) (잡목) (고목) (묘목)

有

있을 유

月 6획 7급

丿 ナ オ 有 有

- ⊜ 在/存
- ⊕ 無
- ⓘ
- ⓙ
- ⓒ

ナ (방향) + 月 (달 월)

여러 **방향**으로
달빛이 비치고 있으니 = 있다

(뉘앙스 콕 p316)

有識 有料 有償 有機物 占有 含有 享有
(유식) (유료) (유상) (유기물) (점유) (함유) (향유)

朋 벗 붕
月 8획 3급

月 刖 刖 朋 朋

= 友 ↔
🔊 🇯🇵 🇨🇳

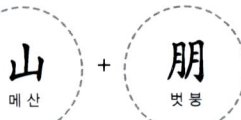

여러 달 동안
사귄 사람이니 = 벗

朋黨(이념과 이해에 따라 이루어진 사람의 집단) 朋友有信
(붕당) (붕우유신)

崩 무너질 붕
山 11획 3급

山 岸 岸 岸 崩 崩

= 壞 ↔ 建
🔊 🇯🇵 🇨🇳

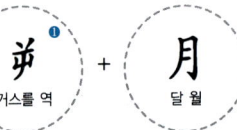

산사태로
벗의 집이 무너지니 = 무너지다
(요점만 콕)

崩壞 崩御(임금이 세상을 떠남)
(붕괴) (붕어)

朔 초하루 삭
月 10획 3급

丷 亠 苎 並 朔 朔

= ↔ 望
🔊 🇯🇵 🇨🇳

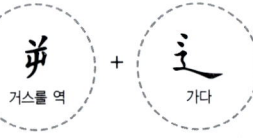

❶ 屰(거스를 역) : 높은(屮) 사람의 그릇(니)을 베어(/) 깨뜨리니

달의 모양이
거꾸로 설 때니 = 초하루(매달 첫일째)

朔望(음력 초하룻날과 보름날) 朔風 滿朔(아이 낳을 달이 다 참)
(삭망) (삭풍) (만삭)

逆 거스를 역
辶 10획 4급II

丷 亠 苎 屰 逆

= ↔ 順
🔊 🇯🇵 🇨🇳

부모의 말을 거스르고
가니 = 거스르다(순종하지 않고 거역하다)
(뉘앙스 콕 p316)

逆謀 逆賊 逆黨 逆襲 叛逆 莫逆 莫逆之友
(역모) (역적) (역당) (역습) (반역) (막역) (막역지우)

厥 그 궐
厂 12획 3급

厂 厂 厥 厥 厥 厥

= 其 ↔
🔊 🇯🇵 🇨🇳

❷ 欮(숨찰 궐) : 오르막을 거슬러(屰) 올라 입 벌려(欠) 힘들어하니

그 곳까지
숨차게 뛰어가니 = 그

厥女 厥者 厥後(그 뒤)
(궐녀) (궐자) (궐후)

本 근본 본

木 5획 6급

一 十 才 木 本

㊀ 根

木(나무 목) + 一(나무의 뿌리 부분)

나무의 근본은 뿌리이니 = 근본

根本 本來 本源 本能 本論 本館 本貫 本妻
(근본) (본래) (본원) (본능) (본론) (본관) (본관) (본처)

末 끝 말

木 5획 5급

一 二 三 才 末

㊀ 終/端, 尾 ㊦ 始/初

一(나뭇가지의 끝 부분) + 木(나무 목)

나뭇가지의 끝 부분이니 = 끝

末端 末世 末葉 末伏 末尾 卷末 粉末 端末機
(말단) (말세) (말엽) (말복) (말미) (권말) (분말) (단말기)

未 아닐/지지 미

木 5획 4급II

一 二 三 才 未

㊀ 不/否/非

一(모으다/하나) + 木(나무 목)

단 한 그루의 나무도 함부로 베면 안되니 = 아니다/여덟째 지지(양)

(요점만 콕 - p31/p481)

未收 未遂 未詳 未久 未滿 未決囚 未開拓
(미수) (미수) (미상) (미구) (미만) (미결수) (미개척)

味 맛 미

口 8획 4급II

口 마 吽 咊 味

口(사람/입) + 未(아닐 미)

입으로 음식이 맛있는지 아닌지 알아보니 = 맛

味覺 意味 氣味 珍味 吟味 甘味料 調味料
(미각) (의미) (기미) (진미) (음미) (감미료) (조미료)

 요점만 콕!

☑ 죽음을 나타내는 여러 글자들을 알아두세요.(『예기의 곡례편』)
- 崩(무너질 붕) : 천자(天子)의 죽음
- 薨(죽을 훙) : 제후(諸侯)의 죽음
- 卒(마칠 졸) : 대부(大夫)의 죽음
- 不祿(불록, 녹을 타지 않고 죽음) : 선비의 죽음
- 死(죽을 사) : 서인(庶人)의 죽음

☑ 未(아닐 미)는 십이지지 중 여덟 번째 동물인 양을 상징해요.   (요점만 콕 p481)

李

오얏/성 **리**

木 7획 6급

一 十 十 木 本 李 李

나무에 열린, 아들처럼
탐스러운 열매니 = 오얏(자두)/성

李氏 桃李
(이씨) (도리)

林

수풀 **림**

木 8획 7급

一 十 才 村 材 林

木 + 木
나무 목   나무 목

나무가 많이 모여 있으니
= 수풀(나무들이 무성하게 우거지거나 꽉 들어찬 것)

林業 松林 造林 森林 儒林
(임업) (송림) (조림) (삼림) (유림)

床

상 **상**

广 7획 4급II

一 广 广 庁 床 床 床

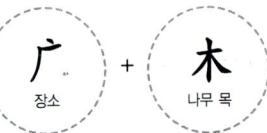

어떤 장소에서 나무로 만들어
사용하는 것이니 = 상(밥상/책상/평상 등의 총칭)

冊床 起床 病床 兼床 酒案床 飯床器(밥상 하나를 차리도록 만든 한 벌의 그릇)
(책상) (기상) (병상) (겸상) (주안상) (반상기)

漆

옻/검을 **칠**

水 14획 3급II

氵 沐 沐 漆 漆 漆

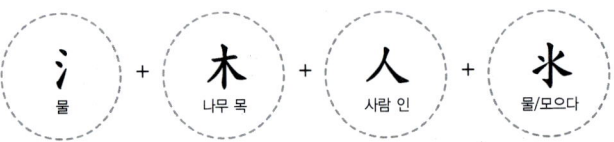

끈적한 물이 나무에서 나와
사람이 모으는 것이니 = 옻(옻나무에서 나는 진)/검다
(요점만 콕)

漆夜 漆黑 漆器 漆板 漆工藝
(칠야) (칠흑) (칠기) (칠판) (칠공예)

禁

금할 **금**

示 13획 4급II

十 木 林 埜 埜 禁

林 + 示
수풀 림   신

신을 모시는 숲은
사람의 출입을 금지하니 = 금하다

禁止 禁煙 禁酒 禁婚 禁慾 禁忌 拘禁 嚴禁
(금지) (금연) (금주) (금혼) (금욕) (금기) (구금) (엄금)

森 수풀 삼
木 12획 3급II

一 十 木 木 森 森 森

≡ 林

 + 木(나무 목) + 木

나무들이 많이 있으니
= 수풀(나무들이 무성하게 우거지거나 꽉 들어찬 것)

森林 森嚴 森羅萬象
(삼림) (삼엄) (삼라만상)

桑 뽕나무 상
木 10획 3급II

又 双 叒 叒 桑 桑

⑪ 栾

又(다스리다) + 又 + 又 + 木(나무 목)

여러 번 정성을 들이고 다스려서
누에의 먹이로 키우는 나무니 = 뽕나무

桑葉 桑田碧海 桑碧 桑海
(상엽) (상전벽해) (상벽) (상해)

東 동녘 동
木 8획 8급

一 ㅜ 百 百 申 東 東

⇔ 西 / 东

木(나무 목) + 日(해/날 일)

나뭇가지 사이로
해가 비치는 쪽이니 = 동녘

東海 關東 極東 嶺東 東南亞
(동해) (관동) (극동) (영동) (동남아)

陳 베풀/묵을 진
阜 11획 3급II

阝 阝 阱 陳 陳

≡ 施/設/張/宣 ⇔ 陈

阝(언덕) + 東(동녘 동)

언덕의 동쪽에서 뜨는 햇살처럼 따뜻한 마음을
베푸니 = 베풀다/묵다(일정한 때를 지나서 상태가 오래되다)

陳列 陳述 陳設 開陳 新陳代謝
(진열) (진술) (진설) (개진) (신진대사)

 요점만 콕!

✓ **漆**(옻/검을 칠)이 들어가는 단어를 알아두세요. ※ 옻 : 옻나무에서 나는 진.
- **漆器**(칠기) : 옻칠을 하여 만든 그릇
- **漆夜**(칠야) : 아주 캄캄한 밤
- **漆黑**(칠흑) : 옻칠처럼 검고 광택이 있음
- **漆板**(칠판) : 검정이나 초록색 칠을 하여 그 위에 분필로 글씨를 쓰도록 만든 판
- **漆工藝**(칠공예) : 옻을 입혀 여러 가지 장식물을 만드는 공예

陣 진칠 진
阜 10획 4급
⺝ 阝 阡 阡 陣 陣

≡ 　 ⇔
🔊 　 日 　 中 阵

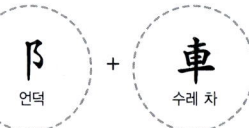

언덕 위에 수레를 탄
군사들이 모여 있으니 = 진치다

對陣 布陣 敵陣 陣營 陣痛 長蛇陣 鶴翼陣
(대진) (포진) (적진) (진영) (진통) (장사진) (학익진)

凍 얼 동
冫 10획 3급II
冫 冫 冫 冱 冲 凍

≡ 　 ⇔
🔊 　 日 　 中 冻

해가 잠깐 머무는
동쪽은 물이 차서 잘 어니 = 얼다

凍傷 凍結 冷凍 不凍液
(동상) (동결) (냉동) (부동액)

果 실과/결과 과
木 8획 6급II
丨 冂 日 旦 甲 果

≡ 實 　 ⇔ 因
🔊 　 日 　 中

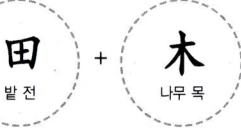

밭의 나무에서 열리는
열매는 하나의 결실이니 = 실과(과일이나 열매)/결과

果實 實果 沙果 藥果 果菜類 果糖 結果 果敢 果斷性
(과실) (실과) (사과) (약과) (과채류) (과당) (결과) (과감) (과단성)

課 공부할/과정 과
言 15획 5급II
言 訂 訂 課 課 課

≡ 　 ⇔
🔊 　 日 　 中 课

공부한 결과를 말로
듣고 과정을 평가하니 = 공부하다/과정

課題 課業 課程 課役 賦課 租課 考課
(과제) (과업) (과정) (과역) (부과) (조과) (고과)

甘 달 감
甘 5획 4급
一 十 廿 甘 甘

≡ 　 ⇔ 苦
🔊 　 日 　 中

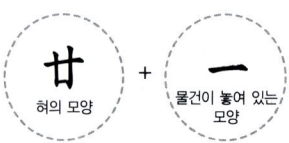

혀에 사탕 같은
단 물건이 놓여 있는 모양 = 달다

甘草 甘酒 甘受 甘湯 苦盡甘來
(감초) (감주) (감수) (감탕) (고진감래)

某 아무 모
木 9획 3급

一 十 卄 甘 苷 某

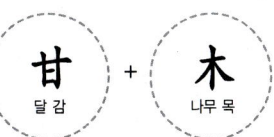

단 열매가 열리는 나무는 누구나 좋아하니
= 아무(어떤 사람을 특별히 정하지 않고 이르는 인칭 대명사)

某氏 某處 某種
(모씨) (모처) (모종)

謀 꾀 모
言 16획 3급II

言 言 計 訨 謀 謀

≡ 策/圖 ⇔ ⊕ 谋

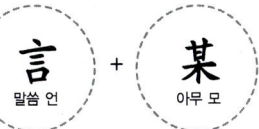

말을 아무도
모르게 하여 뭔가를 꾸미니 = 꾀
(뉘앙스 콕 p316)

謀議 謀略 謀陷 謀叛 圖謀 無謀 參謀 謀利輩
(모의) (모략) (모함) (모반) (도모) (무모) (참모) (모리배)

媒 중매 매
女 12획 3급II

女 妁 妌 娸 媒 媒

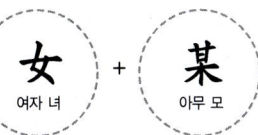

여자를 아무 남자와 맺어주는
것이니 = 중매(혼인을 위해 중간에서 소개하는 일)

仲媒 觸媒 媒介 媒體
(중매) (촉매) (매개) (매체)

朱 붉을 주
木 6획 4급

丿 ㅗ 二 牛 朱 朱

≡ 丹/赤/紅

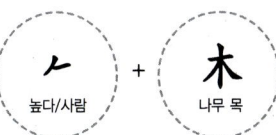

높은 나무 위에
열린 열매가 붉으니 = 붉다

朱紅 朱黃 朱木 印朱
(주홍) (주황) (주목) (인주)

株 그루/주식 주
木 10획 3급II

木 朼 朾 柈 株 株

≡ 根

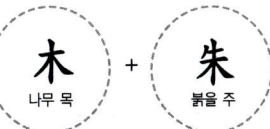

* 나무의 붉은 아랫부분이니 = 그루(풀이나 나무의 아랫부분)
* 나무를 세는 단위(그루)처럼 자본을 구성하는 단위 = 주식

株式 株主 株價 株總 有望株
(주식) (주주) (주가) (주총) (유망주)

珠 구슬/진주 주
玉 10획 3급II

王 王 王 王 珠 珠 珠

- 玉
- ⟷
- 栄
- 日
- 中

붉은 색을 띠는 옥이니 = 구슬/진주

珍珠 念珠 珠玉
(진주) (염주) (주옥)

殊 다를 수
歹 10획 3급II

歹 歹 歹 殊 殊 殊

- 他/異/差
- ⟷ 若/如/肖
- 日
- 中

歹(죽음) + 朱(붉을 주)

죽으면 붉은 피가 나는 것이 살아 있을 때와 다르니 = 다르다
(뉘앙스 콕 p316)

特殊 殊常 殊狀
(특수) (수상) (수상)

榮 영화 영
木 14획 4급II

丶 ⺀ ⺀⺀ 炏 炏 榮 榮

- 繁
- ⟷ 辱
- 栄
- 日 栄
- 中 荣

 + 木(나무 목)

❶ 熒(등불 형): 불(火)을 덮고(冖) 있는 것이니

등불처럼 나무가 활활 타오르 듯 이름이 세상에 빛나는 것이니 = 영화(榮華:몸이 귀하게 되어 이름이 세상에 빛남)

榮華 榮光 榮達 榮轉 榮譽 榮辱 繁榮
(영화) (영광) (영달) (영전) (영예) (영욕) (번영)

뉘앙스 콕!

- **有史**(유사) : 인류 문명의 역사가 시작됨 ▶ 유사(有史) 이래
- **有事**(유사) : 큰 일이나 사변(事變)이 있음 ▶ 여기가 유사시(有事時) 대피하는 장소다.
- **有司**(유사) : 단체의 사무나 교회의 사무를 맡아보는 직무 ▶ 교회의 유사(有司)
- **逆轉**(역전) : 형세가 뒤집혀짐, 거꾸로 회전함 ▶ 싸움이 역전(逆戰) 되다.
- **力戰**(역전) : 힘을 다하여 싸움 ▶ 역전(力戰)의 용사
- **逆戰**(역전) : 역습하여 나아가 싸움 ▶ 기습적으로 역전(逆戰)하다.
- **謀事**(모사) : 일을 꾀함 ▶ 모사(謀事)를 꾸미다.
- **謀士**(모사) : 계책을 세우는 사람 ▶ 모사(謀士)들이 음모를 꾸몄다.
- **殊常**(수상) : 보통과 달리 이상하여 의심스러움 ▶ 저 사람은 수상(殊常)한 데가 있다.
- **殊狀**(수상) : 기이하여 여느 것과 다른 모양 ▶ 이 인형은 그 모양이 수상(殊狀)하다.
- **殊祥**(수상) : 상서롭거나 좋은 조짐 ▶ 까치는 수상(殊祥)을 나타낸다.

31일째 복습하기

복습 1 다음 한자를 큰 소리로 읽어 보세요. (2번 이상)

增	憎	贈	僧	層	會	月	木	有	朋
崩	朔	逆	厥	本	末	未	味	李	林
床	漆	禁	森	桑	東	陳	陣	凍	果
課	甘	某	謀	媒	朱	株	珠	殊	榮

복습 2 다음 훈음에 해당되는 한자를 쓰세요. 물론 윗부분은 감추고…

더할 증	미워할 증	줄 증	중 승	층 층	모일 회	달 월	나무 목	있을 유	벗 붕
무너질 붕	초하루 삭	거스를 역	그 궐	근본 본	끝 말	아닐 미	맛 미	오얏 리	수풀 림
상 상	옻 칠	금할 금	수풀 삼	뽕나무 상	동녘 동	베풀 진	진칠 진	얼 동	실과 과
공부할 과	달 감	아무 모	꾀 모	중매 매	붉을 주	그루 주	구슬 주	다를 수	영화 영

복습 3 단어로 복습하기. 다음 뜻에 맞는 한자어를 한자로 쓰세요.

점증 ( ) 점점 증가함	군사들의 경비가 삼엄하다. ( )
계층 ( ) 사회를 형성하는 여러 층	증오에 가득 찬 눈으로 바라보다. ( )
상해 ( ) 상전벽해(桑田碧海)	피해자가 사건을 진술하다. ( )
특수 ( ) 특별히 다름	동상에 걸려 감각이 없다. ( )
붕당 ( ) 뜻이 같은 사람들끼리 모인 단체	지진으로 건물이 붕괴되었다. ( )
모처 ( ) 아무 곳	나는 그의 모함으로 해고당했다. ( )
매체 ( ) 어떤 작용을 전달하는 물체나 수단	그녀는 만삭이라 몸을 가누기가 힘들다. ( )
궐후 ( ) 그 이후	주가의 폭락으로 많은 돈을 잃었다. ( )
칠흑 ( ) 옻 칠처럼 검고 광택이 있음	스님의 손에는 염주가 들려 있었다. ( )
대처승 ( ) 아내와 자식을 거느린 승려	안 입는 옷을 기증하다. ( )
漸增/階層/桑海/特殊/朋黨/某處/媒體/厥後/漆黑/帶妻僧	森嚴/憎惡/陳述/凍傷/崩壞/謀陷/滿朔/株價/念珠/寄贈

 현쌤의 응원

차윤도 반딧불이를 모아 그 빛으로 글을 읽었는데
[車胤聚螢(차윤취형) = 螢雪之功(형설지공)]
밝은 전등 밑에서 공부하는 우리는 너무나 행복합니다^^

32 일째

營 경영할 영
火 17획 4급
` * 灬 ⺮ 營 營 營
= 営 ⇔ 营
🔊 営 日 営 中 营

 +
熒(등불 형)의 변형 + 呂 등뼈 려

① 熒(등불 형) : 불(火)을 덮고(冖) 있는 것이니
② 呂(등뼈 려) : 등뼈의 모양

회사를 **등불**처럼 빛나고
등뼈처럼 튼튼하게 하는 것이니 = **경영하다**
(요점만 콕)

經營 營利 營養 營爲 監營 營倉(법을 어긴 군인을 가두는 부대 안의 감옥)
(경영) (영리) (영양) (영위) (감영) (영창)

勞 일할 로
力 12획 5급Ⅱ
` * 灬 ⺮ 勞 勞 勞
= 労 ⇔ 使
🔊 労 日 労 中 劳

 + 力 힘 력
熒(등불 형)의 변형 + 力

밤늦도록 **등불**을 켜 놓고
힘껏 일하고 있으니 = **일하다**
(요점만 콕)

勞動 勞務 勞困 勞賃 勞使 勤勞 功勞 慰勞 疲勞
(노동) (노무) (노곤) (노임) (노사) (근로) (공로) (위로) (피로)

螢 반딧불 형
虫 16획 3급
` * 灬 ⺮ 螢 螢 螢
= 蛍 ⇔
🔊 螢 日 蛍 中 萤

 + 虫 벌레 훼
熒(등불 형)의 변형 + 虫

꽁무니가 **등불**처럼
빛나는 **벌레**니 = **반딧불**

螢光燈 螢光板 螢雪之功 車胤聚螢 *胤:자손 윤
(형광등) (형광판) (형설지공) (차윤취형)

檢 검사할 검
木 17획 4급Ⅱ
木 朴 杦 检 檢 檢
= 検 ⇔
🔊 検 日 検 中 检

木 나무 목 +
나무 목 + 僉 다 첨

③ 僉(다 첨) : 사람이(人) 모두(口/口/人/人) 다 모여(一) 있으니

나무를 꼼꼼히
다 살펴 보는 것이니 = **검사하다**

檢査 檢事 檢察 檢警 檢討 檢擧 點檢 臨檢
(검사) (검사) (검찰) (검경) (검토) (검거) (점검) (임검)

儉 검소할 검

人 15획 4급

亻 亻 伶 俭 儉 儉

- ≡ 倹
- ⇔
- ⓘ 倹
- ⓙ 倹
- ⓒ 俭

 +

사람이라면 모두가 다
갖추어야 하는 것이니 = **검소하다**

❶ 僉(다 첨) : 사람이(人) 모두(口/口/人/人) 다 모여(一) 있으니

儉素 儉約 勤儉
(검소) (검약) (근검)

險 험할 험

阜 16획 4급

阝 阝 险 険 險 險

- ≡ 危
- ⇔
- ⓘ 険
- ⓙ 険
- ⓒ 险

언덕으로
다 둘러싸여 있으니 = **험하다**

(뉘앙스 콕 p326)

險難 險談 保險 危險 探險 險狀 險惡 冒險
(험난) (험담) (보험) (위험) (탐험) (험상) (험악) (모험)

驗 시험 험

馬 23획 4급Ⅱ

馬 馬 馬 駘 驗 驗

- ≡ 試
- ⇔
- ⓘ 驗
- ⓙ 験
- ⓒ 验

 +

말을 다 타보게
하며 시험하니 = **시험**

試驗 受驗 實驗 經驗 效驗 靈驗
(시험) (수험) (실험) (경험) (효험) (영험)

劍 칼 검

刀 13획 3급Ⅱ

人 合 슶 僉 僉 劍

- ≡ 刀
- ⇔
- ⓘ 劍
- ⓙ 剣
- ⓒ 剑

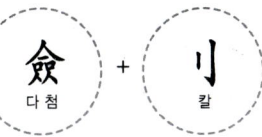 +

양쪽 모두 다
칼날이 있는 것이니 = **칼**

劍道 劍客 劍舞 劍術 寶劍 銃劍術
(검도) (검객) (검무) (검술) (보검) (총검술)

 요점만 콕!

- ☑ 營(경영할 영)은 '진영/집'이라는 뜻으로도 쓰여요.
  - 경영하다 : 經營(경영) 直營(직영) 營利(영리) 營爲(영위) 運營(운영) 營養(영양)
  - 진영/집 : 陣營(진영) 監營(감영) 脫營(탈영) 營倉(영창)

- ☑ 勞使(노사)에서 勞와 使는 서로 반대되는 뜻을 가져요
  - 勞(일할 로) : 노동자(勞動者)를 의미
  - 使(부릴 사) : 사용자(使用者)를 의미

정말이지 쉬운 한자 **319**

論 논할 론
言 15획 4급II

言 訡 訡 訡 論 論

= 議

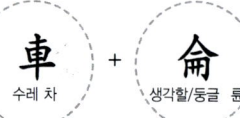

① 侖(생각할/둥글 륜) : 사람이(人) 모은(一) 책(冊)을 읽고 생각하니

어떤 일에 대해 깊이 **생각하여 말**을 나누는 것이니 = **논하다**

論議 論評 論述 論據 討論 槪論 莫論 唯物論
(논의) (논평) (논술) (논거) (토론) (개론) (막론) (유물론)

輪 바퀴 륜
車 15획 4급

亘 車 軩 幹 輪 輪

中 轮

수레에서 **둥근** 것이니 = **바퀴**

輪番 輪作 輪禍 五輪旗 年輪(여러 해 동안 쌓은 경험에 의해 이루어진 숙련의 정도)
(윤번) (윤작) (윤화) (오륜기) (연륜)

倫 인륜 륜
人 10획 3급II

伦 伶 伶 伶 倫 倫

中 伦

사람들이 잘 **생각하여** 지켜야 하는 것이니 = **인륜**(사람으로서 마땅히 지켜야 할 도리) (요점만 콕 p103)

人倫 倫理 三綱五倫
(인륜) (윤리) (삼강오륜)

極 다할/극진할 극
木 13획 4급II

杆 朽 柯 栖 極 極

= 盡/端

中 极

② 丂 p220 참조

나무로 물건을 **교묘**하게 만들기 위해 **사람**이 그 나무를 잘 **다스리고** 정성을 끝까지 **모아야** 하니 = **다하다/극진하다**

南極 兩極 極秘 極烈 極盡 極甚 窮極 罔極
(남극) (양극) (극비) (극렬) (극진) (극심) (궁극) (망극)

欄 난간 란
木 21획 3급II

木 杆 柙 棡 欄 欄

中 栏

③ 闌(가로막을 란) : 문(門)밖에서 집안의 상황을 분간하지(柬) 못하도록 막으니

나무로 위험한 곳을 **가로막은** 것이니 = **난간**

欄干 空欄
(난간) (공란)

蘭

난초 **란**

⺾ 21획 3급Ⅱ

艹 艹 茼 門 蕑 蘭

- ≡
- ⇔
- ◉
- ㊐
- ㊥ 兰

⺾ + 門 + 柬
풀   문 문   가릴 간

❶ 柬(가릴 간) : 나무(木)를
눈(罒 : 目의 변형)으로
잘 분별하여 가리니

문 안에서 잘
가려서 키우는 풀이니 = 난초

蘭草 春蘭 和蘭 佛蘭西 梅蘭菊竹

(난초) (춘란) (화란) (불란서) (매난국죽)

練

익힐 **련**

糸 15획 5급Ⅱ

糸 糽 紳 紳 練 練

- ≡ 習/鍊
- ⇔
- ◉
- ㊐
- ㊥ 练

糸 + 柬
실   가릴 간

좋은 실을
가려내려면 연습을 해야 하니 = 익히다

練習 訓練 修練 熟練 調練師 練兵場

(연습) (훈련) (수련) (숙련) (조련사) (연병장)

鍊

쇠불릴/단련할 **련**

金 17획 3급Ⅱ

钅 金 釒 鋼 鉀 鍊

- ≡ 練
- ⇔
- ◉
- ㊐ 錬
- ㊥ 炼

金 + 柬
쇠 금   가릴 간

쇠의 불순물을 잘 가려내어
단련시키니 = 쇠 불리다(쇠를 불로 단련하다)/단련하다

(뉘앙스 콕 p326)

調鍊 操鍊 鍛鍊 修鍊 試鍊 製鍊 敎鍊 老鍊 鍊金術 *鍛:쇠불릴 단

(조련) (조련) (단련) (수련) (시련) (제련) (교련) (노련) (연금술)

權

권세 **권**

木 22획 4급Ⅱ

木 栌 栌 榨 榨 權

- ≡
- ⇔
- ◉ 权
- ㊐ 権
- ㊥ 权

木 + 雚
나무 목   황새 관

❷ 雚(황새 관) : 풀(⺾)밭에서 눈을
두리번거리며 (口口) 먹이를 찾는 새니 (隹)

권세를 가진 왕의 모습이
나무 위에 앉은 황새처럼 의젓하니 = 권세

權勢 權力 權威 執權 投票權 越權 債權 著作權

(권세) (권력) (권위) (집권) (투표권) (월권) (채권) (저작권)

勸

권할 **권**

力 20획 4급

苜 萡 雚 雚 勸 勸

- ≡ 奬
- ⇔
- ◉ 劝
- ㊐ 勧
- ㊥ 劝

雚 + 力
황새 관   힘 력

황새처럼 의젓해지도록
힘쓰기를 바라니 = 권하다

勸告 勸奬 勸誘 勸酒歌 强勸

(권고) (권장) (권유) (권주가) (강권)

觀 볼 관

見 25획 5급II

艹 吅 吅 蒦 雚 觀 觀

= 見/覽/察
⇔
略 观
日 観
中 观

雚 황새 관 + 見 볼 견

황새가
보니 = 보다

❶ 雚(황새 관) : 풀(艹)밭에서 눈을 두리번 거리며(吅/吅) 먹이를 찾는 새니(隹)

(요점만 콕)

觀光 觀客 觀覽 觀點 客觀 壯觀 觀照 概觀(전체를 대강 살펴봄)
(관광) (관객) (관람) (관점) (객관) (장관) (관조) (개관)

歡 기쁠 환

欠 22획 4급

艹 吅 吅 蒦 雚 歡

= 悅/喜
⇔ 哀/憤/怒
略 歓
日 歓
中 欢

雚 황새 관 + 欠 입 벌리다

황새가
입 벌려 소리치니 = 기쁘다

(요점만 콕)

歡心 歡迎 歡聲 歡呼 歡送 歡喜 歡樂街 哀歡
(환심) (환영) (환성) (환호) (환송) (환희) (환락가) (애환)

漢 한나라/한수 한

水 14획 7급II

氵 汁 汁 漌 漢 漢

⇔
中 汉

 +
氵 물 + 堇 堇(진흙 근)의 변형

중국 양자강 유역의 물과 진흙이 많은 곳에
세운 나라니 = 한나라/한수 [중국 양쯔 강(揚子江)의 지류]

❷ 堇(진흙 근) : 많은(廿) 사람(口)들이 농사를 지어 곡식을 많이 쌓을(土) 수 있는 곳이니

(요점만 콕)

漢族 漢水 漢四郡 漢陽 惡漢 巨漢 怪漢 無賴漢
(한족) (한수) (한사군) (한양) (악한) (거한) (괴한) (무뢰한)

難 어려울 난

隹 19획 4급II

堇 堇 靪 靪 靪 難

=
⇔ 易
日
中 难

堇 堇(진흙 근)의 변형 + 隹 새 추

진흙 속에 빠진
새는 날기가 힘드니 = 어렵다

(요점만 콕)

難聽 難關 難破 難易度 避難 險難
(난청) (난관) (난파) (난이도) (피난) (험난)

歎 탄식할 탄

欠 15획 4급

苷 堇 堇 蓳 歎 歎

=
⇔
日
中 叹

 +
堇 堇(진흙 근)의 변형 + 欠 입 벌리다

진흙탕처럼 힘든 상황에서
입 벌려 힘들어 하니 = 탄식하다

(요점만 콕)

歎息 歎服 歎願書 感歎 敬歎 痛歎 恨歎
(탄식) (탄복) (탄원서) (감탄) (경탄) (통탄) (한탄)

勤 부지런할 근

力 13획 4급

⺾ 昔 菫 菫 勤 勤

= 勉　　↔ 怠

 + 力 (힘 력)

❶ 菫(진흙 근): 많은(廿) 사람(口)들이 농사를 지어 곡식을 많이 쌓을(土) 수 있는 곳이니

진흙밭에서 온 힘을
다해 일하니 = 부지런하다

勤勉 勤儉 勤勞 勤務 勤怠 退勤 缺勤 轉勤 皆勤
(근면) (근검) (근로) (근무) (근태) (퇴근) (결근) (전근) (개근)

僅 겨우 근

人 13획 3급

亻 伊 伊 僅 僅 僅

⊕ 仅

亻(사람) + (진흙 근)

사람이 진흙밭에서 일하면
힘들어 일한 양이 적으니 = 겨우(기껏해야 고작)

僅少 僅僅
(근소) (근근)

謹 삼갈 근

言 18획 3급

言 謹 謹 謹 謹 謹

= 慎　　⊕ 谨

言(말씀 언) + (진흙 근)

진흙탕을 건널 때는 말을 삼가야 하니
= 삼가다 (몸가짐을 조심하고 지나치지 않도록 하다) (뉘앙스 콕 p326)

謹身 謹愼 謹嚴 謹弔
(근신) (근신) (근엄) (근조)

止 그칠 지

止 4획 5급

丨 ├ ╞ 止

= 停

발걸음을 그친
발의 모양 = 그치다

停止 靜止 閉止 解止 抑止 廢止 止揚
(정지) (정지) (폐지) (해지) (억지) (폐지) (지양)

 요점만 콕!

☑ 모양이 비슷하여 헷갈리기 쉬운 雚(황새 관)과 堇/菫(진흙 근)에 유의하세요.
  - 雚 : 權(권세 권) 勸(권할 권) 觀(볼 관) 歡(기쁠 환)
  - 堇/菫 : 難(어려울 난) 歎(탄식할 탄) 勤(부지런할 근)

☑ 韓(한국 한)은 한국을 나타내며 漢(한나라 한)은 중국을 나타내요.
  - 韓 : 韓國(한국) 南韓(남한) 韓民族(한민족) • 漢 : 漢族(한족) 漢字(한자) * 예외 : 漢江(한강) 漢陽(한양)

☑ 漢(한나라 한)이 접미사로 사용될 경우 '사람'이라는 뜻으로 쓰여요 ▶ 惡漢(악한) 巨漢(거한) 好色漢(호색한)

☑ 困難(곤란):難의 본음은 '난'이나 困難'의 경우 속음인 '란'이 사람들에게 익숙하여 '곤란'으로 적어요

企 꾀할 기
人 6획 3급II

丿 亻 仆 企 企 企

사람이 하던 일을
그치고 다음을 생각하니 = **꾀하다**

(뉘앙스 콕 p326)

企業　企劃　企待(=期待)　企圖　企望
(기업) (기획) (기대) (기도) (기망)

肯 즐길 긍
肉 8획 3급

丨 ト 止 止 肯 肯

하던 일을 **그치고**
몸을 쉬게 하니 = **즐기다**

肯定　首肯
(긍정) (수긍)

武 호반 무
止 8획 4급II

一 二 𠃓 𠃓 武 武 武

한데 **모여** 적의 침입을 **그치게** 하는
창을 **가진** 사람들이니 = **호반**(무사의 신분을 가진 사람)

武士　武藝　武班　尚武　非武裝　威武　玄武　武陵桃源
(무사) (무예) (무반) (상무) (비무장) (위무) (현무) (무릉도원)

賦 부세 부
貝 14획 3급II

貝 貝' 貯 賦 賦 賦

무사들을 키우기 위해 백성들의
재물을 거두니 = **부세**(세금을 부과함)

(뉘앙스 콕 p326)

賦稅　賦課　賦與　割賦　天賦的
(부세) (부과) (부여) (할부) (천부적)

步 걸음 보
止 7획 4급II

丨 ト 止 ⺝ 步 步 步

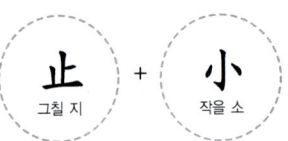

걸음을 그쳤다 **작게**
걸어가는 것을 반복하니 = **걸음**

步行　步幅　驅步　散步　巨步　徒步　踏步　讓步
(보행) (보폭) (구보) (산보) (거보) (도보) (답보) (양보)

歲 해 세
止 13획 5급II

步 庐 庐 歳 歳 歳

- 類: 年
- 反:
- 日:
- 中:

止+小 (步 걸음 보) + 戌 [개 술 ⇒ 10월]

10월이 가고
12월이 오면 한 해가 끝나니 = 해(년)

歲月 歲拜 年歲 萬歲 萬歲曆
(세월) (세배) (연세) (만세) (만세력)

涉 건널 섭
水 10획 3급

氵 汁 汁 涉 涉 涉

- 類: 渡
- 日: 涉
- 中:

氵(물) + 步(걸음 보)

시냇물을
걸어서 건너니 = 건너다

涉外 涉水 干涉 交涉 (어떤 일을 이루기 위하여 서로 의논하고 절충함)
(섭외) (섭수) (간섭) (교섭)

頻 자주 빈
頁 16획 3급

止 𣥂 步 步' 頻 頻

- 類: 屢/繁
- 中: 频

步(걸음 보) + 頁(머리 혈)

걸을 때마다
머리가 흔들리니 = 자주

頻繁 頻度 頻發
(빈번) (빈도) (빈발)

延 늘일 연
廴 7획 4급

彳 千 正 征 延 延

- 類: 遲
- 反: 縮, 速/急

丿(다스리다) + 止(그칠 지) + 廴(가다)

다스리는 일을 잘 끝내고
휴가를 길게 가니 = 늘이다(본디보다 더 길게 하다)

延期 延長 延命 延着 遲延 遷延 延人員
(연기) (연장) (연명) (연착) (지연) (천연) (연인원)

誕 낳을/거짓 탄
言 14획 3급

言 訂 訂 誔 誕 誕

- 類: 生, 假/欺
- 中: 诞

言(말씀 언) + 延(늘일 연)

말을 길게 늘려
아들을 낳았다고 거짓말하니 = 낳다/거짓

誕生 誕辰 誕妄 誕欺 聖誕節
(탄생) (탄신) (탄망) (탄기) (성탄절)

齒 이 치

齒 15획 4급II

卜 止 歩 쏭 齒 齒

= 牙 ⇔
日 歯 中 齿

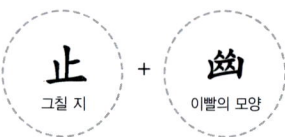

윗부분은 **그쳐** 있고
아랫부분만 움직이는 **이빨의 모양**이니 = **이**

齒科 齒牙 齒列 齒痛 義齒 脣亡齒寒
(치과) (치아) (치열) (치통) (의치) (순망치한)

御 거느릴 어

彳 11획 3급II

彳 徉 徉 徉 御 御

= 統/率 ⇔
日 中

사람들이 **모여** 하던 일을 **그치고**
벼슬아치의 명령을 따르니 = **거느리다**

(뉘앙스 콕 p326)

御命 御使 暗行御史 御用 制御
(어명) (어사) (암행어사) (어용) (제어)

正 바를 정

止 5획 7급II

一 丁 下 正 正

= ⇔ 誤/反
日 中

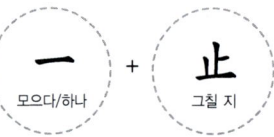

발을 **모아**
바르게 서 있으니 = **바르다**

正直 正確 正刻 正裝 正坐 訂正
(정직) (정확) (정각) (정장) (정좌) (정정)

  뉘앙스 콕!

- ☑ • 險相(험상) : 거칠고 험하게 보이는 인상 ▶ 험상(險相) 궂은 얼굴로 쳐다보았다.
- • 險狀(험상) : 거칠고 험하게 생긴 모양이나 상태 ▶ 날씨가 험상(險狀)하다.
- • 險像(험상) : 얼굴을 거칠고 험하게 새긴 조각상 ▶ 그가 만든 조각상은 대부분 험상(險像)이다.
- ☑ • 調練(조련) : 군인으로서 전투에 필요한 여러 가지 동작 등을 훈련함 ▶ 병사들을 조련(調練)하다.
- • 操練(조련) : 교련. 전투에 필요한 지식이나 기술 등을 가르치는 훈련 ▶ 대학에서 조련(操練)과목이 있었다.
- ☑ • 謹愼(근신) : 말이나 행동을 삼가고 조심함 ▶ 그는 상중이라 근신(謹愼)하고 있다.
- • 謹身(근신) : 몸가짐이나 행동을 삼감 ▶ 그 학생은 학교에서 잘못하여 3일간 집에서 근신(謹身)하라는 통보를 받았다.
- ☑ • 企待(기대) : 어떤 일이 이루어지기를 바라고 기다림 = 期待(기대) ▶ 기대(企待)에 못 미치다.
- • 待機(대기) : 때나 기회를 기다림 = 待期(대기) ▶ 부하들이 대기(待機)하고 있다.
- ☑ • 賦與(부여) : 나누어 줌 ▶ 선천적으로 부여(賦與)된 재능
- • 附與(부여) : 사람에게 권리나 명예, 임무 등을 줌 ▶ 임무를 부여(附與)하다.
- ☑ • 御史(어사) : 왕명으로 특별한 사명을 띠고 지방에 파견되던 임시 벼슬 ▶ 암행어사(暗行御史)
- • 御使(어사) : 임금의 심부름을 하는 관리를 이르던 말. 주로 당상관 이상의 벼슬에서 임명

32일째 복습하기

복습 1 다음 한자를 큰 소리로 읽어 보세요. (2번 이상)

營	勞	螢	檢	儉	險	驗	劍	論	輪
倫	極	欄	蘭	練	鍊	權	勸	觀	歡
漢	難	歎	勤	僅	謹	止	企	肯	武
賦	步	歲	涉	頻	延	誕	齒	御	正

복습 2 다음 훈음에 해당되는 한자를 쓰세요. 물론 윗부분은 감추고...

경영할 영	일할 로	반딧불 형	검사할 검	검소할 검	험할 험	시험 험	칼 검	논할 론	바퀴 륜
인륜 륜	다할 극	난간 란	난초 란	익힐 련	단련할 련	권세 권	권할 권	볼 관	기쁠 환
한나라 한	어려울 난	탄식할 탄	부지런할 근	겨우 근	삼갈 근	그칠 지	꾀할 기	즐길 긍	호반 무
부세 부	걸음 보	해 세	건널 섭	자주 빈	늘일 연	낳을 탄	이 치	거느릴 어	바를 정

복습 3 단어로 복습하기. 다음 뜻에 맞는 한자어를 한자로 쓰세요.

영리 (	) 재산상의 이익을 꾀함	그녀의 아름다움에 탄복하다.	(	)
형광 (	) 반딧불이의 꽁무니에서 나오는 빛	개근상을 받다.	(	)
검소 (	) 사치하지 않고 수수함	근소한 표차로 선거에서 승리하다.	(	)
보검 (	) 보배로운 칼	작은 잘못으로 근신 처분을 받다.	(	)
윤화 (	) 교통 기관에 의하여 입는 재해	중소기업을 운영하다.	(	)
인륜 (	) 사람이 마땅히 지켜야 할 도리	상대방의 의견에 수긍하다.	(	)
난간 (	) 다리의 가장자리를 막은 구조물	무이자 할부로 물건을 구입했다.	(	)
어사 (	) 암행어사	영화감독이 배우들을 섭외했다.	(	)
노련 (	) 익숙하고 능란함	출근길에는 교통사고가 빈번하다.	(	)
권유 (	) 어떤 일을 하도록 권함	취미로 난초를 키우다.	(	)

營利/螢光/儉素/寶劍/輪禍/人倫/欄干/御史/老鍊/勸誘   歎服/皆勤/僅少/勤愼/企業/首肯/割賦/涉外/頻繁/蘭草

 현샘의 응원

손강이 책을 눈 빛에 비쳐 읽으며 공부하 듯
[孫康映雪(손강영설) = 螢雪之功(형설지공)]
밝은 전등 밑에서 열심히 익힌 한자
내일 한자 박사의 기초가 될 꺼에요^^

33 일째

政 정사 정
攵 9획 4급II
一 丁 下 正 正 政 政

政事 國政 政府 政敵 政策 暴政 政略 政綱
(정사) (국정) (정부) (정적) (정책) (폭정) (정략) (정강)

正(바를 정) + 攵(힘쓰다)

나라가 바르게 되도록
힘쓰는 것이니 = 정사(政事, 정치상의 일) (뉘앙스 콕 p336)

征 칠 정
彳 8획 3급II
彳 彳 彳 行 行 征 征

伐/攻/討/擊/拍

彳(사람/가다) + 正(바를 정)

사람이 바르게
되도록 때리니 = 치다

征伐 征服 征途 長征 遠征隊
(정벌) (정복) (정도) (장정) (원정대)

整 가지런할 정
攵 16획 4급
口 束 敕 敕 敕 整 整

齊

束(묶을 속) + 攵(힘쓰다) + 正(바를 정)

한데 묶고 힘써
바르게 정리하니 = 가지런하다 (뉘앙스 콕 p336)

整理 整列 整備 整地
(정리) (정렬) (정비) (정지)

定 정할 정
宀 8획 6급
宀 宀 宀 宇 定 定

之

宀(집) + 疋(발/바르다)

물건들을 집안의
바른 자리에 두니 = 정하다 (뉘앙스 콕 p336)

決定 定額 定婚 定礎 暫定的 肯定 鑑定 策定
(결정) (정액) (정혼) (정초) (잠정적) (긍정) (감정) (책정)

此 이 차

止 6획 3급II

丨 ト 止 止 此

= 是/斯/玆　↔ 彼

걸음을 그친 상태에서 칼을
찌를 수 있을 정도로 가까운 거리니 = 이(이것)

彼此　此後　此際　如此　於此彼(이렇게 하든지 저렇게 하든지)
(피차) (차후) (차제) (여차) (어차피)

紫 자줏빛 자

糸 11획 3급II

此 紫 紫 紫 紫 紫

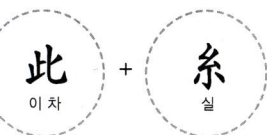

이런 색의 실은 흔하지
않으니 = 자줏빛(짙은 남빛을 띤 붉은빛)

紫色　紫煙(보랏빛 연기, 담배 연기)　紫外線　紫水晶　*晶:맑을 정
(자색) (자연) (자외선) (자수정)

死 죽을 사

歹 6획 6급

一 ア 歹 歹 死 死

= 殺　↔ 生/活

칼로
죽이니 = 죽다

死亡　死刑　死傷者　枯死　凍死　殉死　慘死　橫死
(사망) (사형) (사상자) (고사) (동사) (순사) (참사) (횡사)

葬 장사지낼 장

++ 13획 3급II

茻 茻 茻 菀 葬 葬

= 喪

풀밭에 죽은 사람을 묻기 위해 많은 사람들이
모이니 = 장사(葬事)지내다(죽은 사람을 땅에 묻거나 화장하는 일)

葬事　葬禮　葬儀　葬地　高麗葬　移葬　埋葬　旬葬
(장사) (장례) (장의) (장지) (고려장) (이장) (매장) (순장)

母 어머니 모

毋 5획 8급

乚 口 口 母 母

↔ 父

여자가 아기에게
젖을 먹이는 모습 = 어머니

父母　母系　繼母　姑母　丈母　聘母(다른 사람의 장모)
(부모) (모계) (계모) (고모) (장모) (빙모)

每 매양 매
母 7획 7급II

丿 𠂉 匚 每 每 每

= 洋 ⇔ 陸

사람은 항상
어머니를 생각하니 = **매양**(번번이)

每樣 每日 每年 每番
(매양) (매일) (매년) (매번)

海 바다 해
水 10획 7급II

氵 汙 汙 海 海 海

= 洋 ⇔ 陸

물이 항상
있는 곳이니 = **바다**

海洋 海圖 海底 海賊 海拔 海岸
(해양) (해도) (해저) (해적) (해발) (해안)

梅 매화 매
木 11획 3급II

木 栌 栌 梅 梅 梅

항상 봄을
알리는 **나무**니 = **매화**

梅花 梅實 梅毒 梅蘭菊竹
(매화) (매실) (매독) (매난국죽)

悔 뉘우칠 회
心 10획 3급II

忄 忄 悔 悔 悔 悔

= 恨

다툰 뒤에 **마음**속으로
항상 하는 것이니 = **뉘우치다**

後悔 悔改 悔恨
(후회) (회개) (회한)

侮 업신여길 모
人 9획 3급

亻 伫 伫 侮 侮 侮

⇔ 敬/恭

사람은 항상
남을 업신여기니 = **업신여기다**

侮辱 受侮
(모욕) (수모)

敏 민첩할 민

攵 11획 3급

亡 与 每 每 敏 敏

= 急/速   ⇔ 鈍

 + 攵
每 매양 매   힘쓰다

항상 힘써 운동하면
행동이 재빨라지니 = **민첩하다**(재빠르고 날쌔다)

敏感 敏活 過敏 機敏

(민감) (민활) (과민) (기민)

繁 번성할 번

糸 17획 3급Ⅱ

每 每' 敏 繁 繁 繁

= 盛/昌   ⇔ 衰

敏 + 糸
민첩할 민   실

민첩하게 **실**을 뽑으면 재물을 많이
모을 수 있으니 = **번성하다**(한창 성하게 일어나 퍼지다)

繁盛 繁榮 頻繁 繁華街

(번성) (번영) (빈번) (번화가)

毒 독 독

母 8획 4급Ⅱ

十 キ 丰 青 毒 毒

主 + 母
쌓다   말 무

❶ 毋(말 무) : 여자의 몸은 함부로 만지면 안되니

하지 **말아야** 된다는 부정적인
생각이 **쌓이면** 자신에게 독이 되니 = **독**

(뉘앙스 콕 p336)

毒舌 毒酒 毒蛇 毒劇物 毒舌家 解毒 猛毒

(독설) (독주) (독사) (독극물) (독설가) (해독) (맹독)

比 견줄 비

比 4획 5급

一 ト ヒ 比

= 較

七 + 七
칼/숟가락

칼 두개를 놓고
날카로움을 비교하니 = **견주다**

比較 比例 比率 比肩 對比

(비교) (비례) (비율) (비견) (대비)

批 비평할 비

手 7획 4급

十 才 扌 批 批 批

= 評

扌 + 比
손   견줄 비

물건을 나란히 늘어 놓고
손으로 가리키며 **견주니** = **비평하다**

批評 批判

(비평) (비판)

混 섞을 혼
水 11획 4급

氵 氵 氵 混 混 混

= 雜

물과 햇볕이 적당하여
여러 동식물이 서로 견주며 섞여 살아가니 = 섞다

混亂 混同 混雜 混濁 混泳
(혼란) (혼동) (혼잡) (혼탁) (혼영)

皆 다 개
白 9획 3급

一 匕 比 比 皆 皆

= 總/咸 ↔ 個

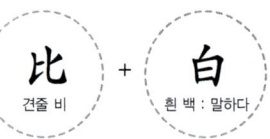

서로를 견주며 사람들이 모두 다
의견을 말하니 = 다(남거나 빠진 것이 없이 모두)

皆勤 皆兵 擧皆(거의 모두. 대체로 모두)
(개근) (개병) (거개)

階 섬돌 계
阜 12획 4급

阝 阝 阶 阶 階 階

= 段/層 中 阶

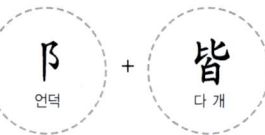

언덕을 쉽게 오를 수 있도록 다 같은
간격으로 만든 것이니 = 섬돌(오르내릴 수 있게 놓은 돌 층계)

階段 階級 階層 音階
(계단) (계급) (계층) (음계)

毛 털 모
毛 4획 4급Ⅱ

一 二 三 毛

= 髮/毫

털의 모양 = 털

毛皮 毛髮 毛織 羊毛 不毛地
(모피) (모발) (모직) (양모) (불모지)

毫 터럭 호
毛 11획 3급

一 古 亭 毫 毫 毫

= 毛/髮

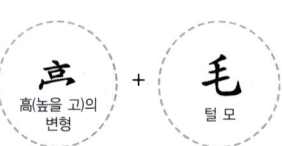

높이 자란 털이니
= 터럭(사람이나 길짐승의 몸에 난 길고 굵은 털)

秋毫 揮毫 毫端(붓끝. 글을 써 내려가는 기세를 비유적으로 이름)
(추호) (휘호) (호단)

豪 호걸 호

豕 14획 3급II

二 亠 言 高 亭 豪 豪

= 傑   ↔   ⊕   ⊙   日   ⊕

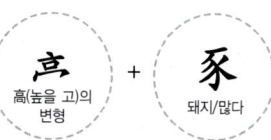

기개가 높고 지혜가 많은 사람이니
= 호걸(지혜와 용기가 뛰어나고 기개와 풍모가 있는 사람)

豪傑 豪放 豪雨 豪華 文豪(뛰어난 문학 작품을 많이 써서 알려진 사람) 富豪
(호걸) (호방) (호우) (호화) (문호) (부호)

氏 성 씨, 나라이름 지

氏 4획 4급

一 𠂋 F 氏

= 姓   ⊙   日   ⊕

나무의 뿌리 모양, 성(姓)이
같은 사람은 조상의 뿌리가 같으니 = 성/나라이름

姓氏 諸氏 無名氏(이름을 알 수 없는 사람)
(성씨) (제씨) (무명씨)

紙 종이 지

糸 10획 7급

幺 糸 紀 紅 紙 紙

=   ⊙   日   ⊕ 纸

 +
실   성 씨 : 뿌리

실을 뿌리처럼
얼기설기 엮어서 만든 것이니 = 종이

紙幣 紙錢 便紙 更紙 封紙 化粧紙 壯版紙(방바닥을 바르는 마감용 종이)
(지폐) (지전) (편지) (갱지) (봉지) (화장지) (장판지)

低 낮을 저

人 7획 4급II

亻 亻 仠 仟 任 低 低

=   ↔ 高/卓/尊 ⊙   日   ⊕

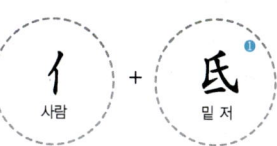

❶ 氐(밑 저) : 뿌리(氏)의 밑(一) 부분이니

윗사람의
밑에 있으니 = 낮다

低質 低溫 低俗 低調 低率 低廉 低姿勢 低賃金
(저질) (저온) (저속) (저조) (저율) (저렴) (저자세) (저임금)

底 밑 저

广 8획 4급

广 广 庀 庄 底 底

=   ⊙   日   ⊕

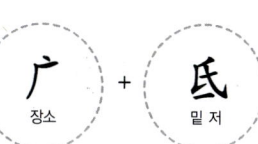

어떤
장소의 밑이니 = 밑

底力 底邊 底意 海底 徹底
(저력) (저변) (저의) (해저) (철저)

抵 막을 저
手 8획 3급Ⅱ

扌 扌 扩 払 抵 抵

= 拒/防/障

扌(손) + 氏(밑 저)①

손을 밑으로 뻗어
적의 공격을 막으니 = 막다

① 氏(밑 저) : 뿌리(氏)의 밑(一) 부분이니

抵抗 抵觸 根抵當
(저항) (저촉) (근저당)

昏 어두울 혼
日 8획 3급

一 丆 𠂉 氏 昏 昏

= 暗   ↔ 明/朗

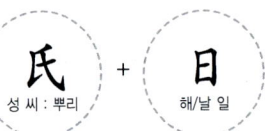

氏(성 씨 : 뿌리) + 日(해/날 일)

뿌리 밑으로
해가 내려가니 = 어둡다

昏迷 昏睡 昏絶 黃昏
(혼미) (혼수) (혼절) (황혼)

婚 혼인할 혼
女 11획 4급

女 女 妒 妒 婚 婚

= 姻

女(여자 녀) + 昏(어두울 혼)

여자와 남자가 어두운 저녁에 하는
것이니(옛날에는 결혼을 저물녘에 했으니) = 혼인하다

婚姻 婚需 結婚 華婚 請婚 未婚 旣婚 晩婚
(혼인) (혼수) (결혼) (화혼) (청혼) (미혼) (기혼) (만혼)

民 백성 민
氏 5획 8급

𠃍 𠃌 𠄌 氏 民

= 庶   ↔ 官/吏/皇

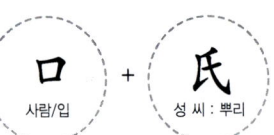

口(사람/입) + 氏(성 씨 : 뿌리)

뿌리를
같이하는 사람들이니 = 백성

民願 民怨 民泊 民亂 庶民 賤民 零細民
(민원) (민원) (민박) (민란) (서민) (천민) (영세민)

眠 잘 면
目 10획 3급Ⅱ

目 眕 眐 眠 眠

= 宿/寢

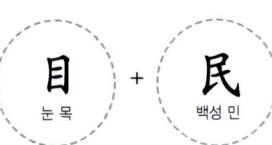

目(눈 목) + 民(백성 민)

백성들이
힘들어 눈을 감으니 = 자다

冬眠 熟眠 不眠症
(동면) (숙면) (불면증)

氣 기운 기
气 10획 7급II

ᅩ ᅩ 气 气 氣 氣 氣

- ≡ 気 日 気 ⊕ 气

 +
구름기운 기 + 쌀 미

❶ 气(구름기운 기) : 구름이 하늘로 오르는 모양

쌀밥을 먹은 뒤 몸에서
구름 기운처럼 올라오는 것이니 = 기운

(뉘앙스 콕 p336)

氣體 氣候 日氣 感氣 濕氣 傲氣 水蒸氣 氣管支
(기체) (기후) (일기) (감기) (습기) (오기) (수증기) (기관지)

汽 물끓는김 기
水 7획 5급

ᅩ ᅩ ᅩ 氵 氵 汽 汽

- ≡ 日 ⊕

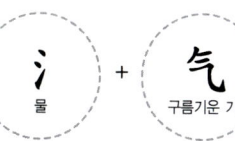
氵 + 气
물 + 구름기운 기

물이 끓을 때 구름 기운처럼
올라오는 것이니 = 물 끓는 김

汽車 汽船 汽管 汽笛
(기차) (기선) (기관) (기적)

水 물 수
水 4획 8급

ᅵ ᅧ 水 水

- ≡ 河 ⊕ 火
- 日

물 수

물이
출렁거리는 모양 = 물

水溫 水壓 水素 漏水 汚水 水墨畵 井華水(이른 새벽에 길은 우물물)
(수온) (수압) (수소) (누수) (오수) (수묵화) (정화수)

氷 얼음 빙
水 5획 5급

ᅵ ᅧ 氵 氷 氷

- ≡ ⊕ 炭
- 日 ⊕ 冰

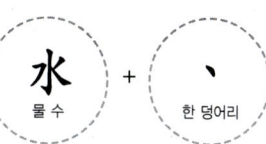
水 + 丶
물 수 + 한 덩어리

물이 한 덩어리로
얼어 붙은 것이니 = 얼음

氷河 氷雪 氷點 氷庫 氷壁 凍氷寒雪
(빙하) (빙설) (빙점) (빙고) (빙벽) (동빙한설)

永 길 영
水 5획 6급

ᅵ ᅧ ᅮ 永 永

- ≡ 長/久/遠 ⊕ 短
- 日
- ⊕

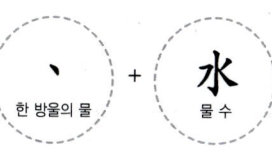
丶 + 水
한 방울의 물 + 물 수

한 방울의 물이 흘러
강을 이루는 과정이 오래고 기니 = 길다

永遠 永久 永眠 永續 永訣 永住權 青丘永言
(영원) (영구) (영면) (영속) (영결) (영주권) (청구영언)

泳 헤엄칠 영

水 8획 3급

氵 氵 氵 泳 泳 泳

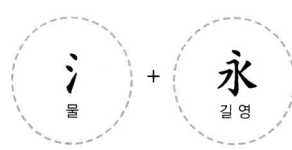

氵(물) + 永(길 영)

물 속에서 **긴** 시간 동안 있으려면 헤엄을 쳐야 하니 = **헤엄치다**

泳法　遊泳　背泳　蝶泳　混泳
(영법) (유영) (배영) (접영) (혼영)

뉘앙스 콕!

- ☑ **政黨**(정당) : 정치 참여를 목적으로 하는 단체 ▶ 정당(政黨)에 가입하다.
- **政堂**(정당) : 옛날 시골의 관아 ▶ 정당(政堂)에 죄인을 데려오다.
- ☑ **整理**(정리) : 흐트러져 있는 것을 치워서 질서 있는 상태가 되게 함 ▶ 방을 정리(整理)하다.
- **定理**(정리) : 이미 진리라고 증명된 일반 명제 ▶ 피타고라스 정리(定理)
- **情理**(정리) : 인정과 도리 ▶ 이웃 간에는 정리(情理)가 있어야 한다.
- ☑ **調停**(조정) : 분쟁을 중간에서 화해시킴 ▶ 이견을 조정(調停)하다.
- **調整**(조정) : 어떤 기준이나 실정에 맞게 정돈함 ▶ 회사의 구조 조정(調整)
- ☑ **解毒**(해독) : 독기를 없앰 ▶ 해독(解毒)시키다.
- **害毒**(해독) : 좋고 바른 것을 망치거나 손해를 끼침 ▶ 해독(害毒)을 끼치다
- ☑ **呼氣**(호기) : 내쉬는 숨 ▶ 호기(呼氣)와 흡기(吸氣)
- **浩氣**(호기) : 호연한 기운. 호연지기(浩然之氣) ▶ 바다를 보며 호기(浩氣)를 키우다.
- **豪氣**(호기) : 씩씩한 기상. 거만스럽게 잘난 체하는 기운 ▶ 호기(豪氣)를 부렸다.

고사성어 콕!

- **孟母三遷之敎**(맹모삼천지교) : 맹자의 어머니가 맹자의 교육을 위해 세 번 이사를 했다는 뜻으로 아이의 성장에 있어서 그 환경이 중요함을 가리키는 말이다.

　맹자(孟子)는 아버지가 일찍 돌아가신 뒤 홀어머니 손에서 자라났다. 맹자의 집은 처음에는 공동묘지 근처에 있었다. 어린 맹자는 묘지에서 장례를 치르는 모습을 보고, 곡을 하거나 관을 묻는 흉내를 내며 놀았다.
　아들의 노는 모습을 지켜본 맹자의 어머니는 이곳은 아이를 키울 곳이 못 된다고 생각하고 시장 근처로 이사를 갔다. 어린 맹자는 이내 장사치들이 물건을 사고파는 흉내를 내면서 놀았다. 이곳도 아이를 기를 곳이 못 된다고 생각한 맹자의 어머니는 다시 서당(書堂) 근처로 이사를 갔다. 맹자는 서당에서 학생들이 공부하는 모습을 보고 그 흉내를 내면서 놀았다. 맹자의 어머니는 이곳이야말로 아이를 가르칠만한 곳이다라고 생각해 그곳에서 살았다.
　맹자는 공자의 손자인 자사(子思)의 문하에 들어가 마침내 천하의 명유(名儒)가 되었다.
출전은 한나라 유향(劉向)의 열녀전(列女傳)

33일째 복습하기

복습 1 다음 한자를 큰 소리로 읽어 보세요. (2번 이상)

政	征	整	定	此	紫	死	葬	母	每
海	梅	悔	侮	敏	繁	毒	比	批	混
皆	階	毛	毫	豪	氏	紙	低	底	抵
昏	婚	民	眠	氣	汽	水	氷	永	泳

복습 2 다음 훈음에 해당되는 한자를 쓰세요. 물론 윗부분은 감추고…

정사 정	칠 정	가지런할 정	정할 정	이 차	자주빛 자	죽을 사	장사지낼 장	어머니 모	매양 매
바다 해	매화 매	뉘우칠 회	업신여길 모	민첩할 민	번성할 번	독 독	견줄 비	비평할 비	섞을 혼
다 개	섬돌 계	털 모	터럭 호	호걸 호	성 씨	종이 지	낮을 저	밑 저	막을 저
어두울 혼	혼인할 혼	백성 민	잘 면	기운 기	물끓는김 기	물 수	얼음 빙	길 영	헤엄칠 영

복습 3 단어로 복습하기. 다음 뜻에 맞는 한자어를 한자로 쓰세요.

정강( )	정당이 공약하는 정책의 큰 줄기	기업이 날로 번영하다. ( )
휘호( )	붓을 휘둘러 글씨나 그림을 그림	그는 신랄한 비판을 하기로 유명하다. ( )
거개( )	거의 모두. 대부분	홍수를 대비하여 댐을 정비하다. ( )
피차( )	저것과 이것을 아울러 이름	오랑캐를 정벌하다. ( )
자연( )	보랏빛 연기. 담배 연기	온갖 수모와 고난을 이겨내다. ( )
장사( )	죽은 사람을 땅에 묻는 일	공항의 경비가 철저하다. ( )
매실( )	매실나무의 열매	강도에게 저항하다가 크게 다쳤다. ( )
유영( )	물속에서 헤엄치며 놂	계속되는 고문으로 혼절하다. ( )
호걸( )	지혜와 용기가 뛰어난 사람	숙면으로 피로를 모두 풀었다. ( )
기민( )	동작이 날쌔고 눈치가 빠름	지난 일을 후회해도 소용없다. ( )

政綱/揮毫/擧皆/彼此/紫煙/葬事/梅實/遊泳/豪傑/機敏　　繁榮/批判/整備/征伐/受侮/徹底/抵抗/昏絶/熟眠/後悔

현쌤의 응원

낮에는 농사 짓고 밤에는 공부하며 [晝耕夜讀(주경야독)]
열심히 익힌 한자,
언젠가 내 인생의 큰 동반자가 될 꺼에요^^

34일째

읊을 영
言 12획 3급

言 訁 訶 訶 詠 詠

= 吟
↔
일 咏

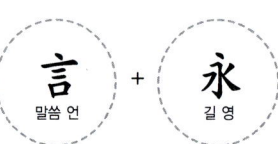

시를 읽을 때 **말**을 **길고** 멋스럽게
하는 것이니 = **읊다**(소리를 내어 운에 맞춰 시를 읽거나 외다)

詠歌(시가를 읊음)
(영가)

구할 구
水 7획 4급Ⅱ

一 十 寸 寸 求 求

중요한 것을 **모으고**
또 **모으려고** 하는 것이니 = **구하다**

求職 求乞 求婚 求刑 探求 求心點 懇求 促求
(구직) (구걸) (구혼) (구형) (탐구) (구심점) (간구) (촉구)

공 구
玉 11획 6급Ⅱ

丁 王 玏 玽 球 球

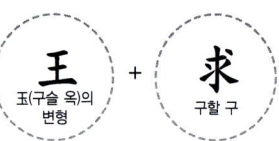

물건을 **구해서**
구슬처럼 둥글게 만드니 = **공**

球技 球審 球菌 地球 電球 野球 卓球 排球
(구기) (구심) (구균) (지구) (전구) (야구) (탁구) (배구)

구원할 구
攵 11획 5급

求 求 求 求 救 救

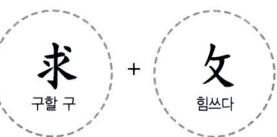

사람들을 **구하기** 위하여
힘쓰는 것이니 = **구원하다**

= 濟/護

救出 救急 救援 救助 救護 救濟 救世主 救急藥
(구출) (구급) (구원) (구조) (구호) (구제) (구세주) (구급약)

沒 빠질 몰

水 7획 3급II

丶 氵 氵 沪 汐 沒

= 陷　⇔ 浮
日 没　中 没

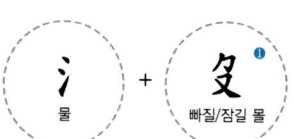

물에
빠지니 = 빠지다

沒頭 沒入 沈沒 日沒 埋沒 沒常識 沒廉恥(염치가 없음)
(몰두) (몰입) (침몰) (일몰) (매몰) (몰상식) (몰염치)

❶ 殳 (빠질/잠길 몰) : 다툼(殳) 속으로 들어가니(又)

陷 빠질 함

阜 11획 3급II

阝 阝 阝 阝 陷 陷

= 沒
日 陷

언덕 아래
구덩이에 빠지니 = 빠지다

陷落 陷沒 缺陷 謀陷
(함락) (함몰) (결함) (모함)

❷ 臽 (구덩이 함) : 다툼(⺈) 때를 대비해 절구(臼)처럼 파 놓은 함정이니

沿 물따라갈/따를 연

水 8획 3급II

氵 氵 汀 汎 沿 沿

= 追

물이 늪으로 흘러
들어가니 = 물 따라가다/따르다

沿岸 沿邊 沿海 沿革(변천하여 온 과정)
(연안) (연변) (연해) (연혁)

❸ 㕣 (늪 연): 물이 들어오는(八) 부분은 있으나 나가는 부분은 막혀(口) 있으니

鉛 납 연

金 13획 4급

亼 牟 余 金 釒 鉛

中 铅

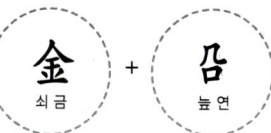

쇠 중에서 늪처럼
검푸른 빛이 나는 것이니 = 납

黑鉛 亞鉛 鉛筆 鉛版
(흑연) (아연) (연필) (연판)

船 배 선

舟 11획 5급

丿 月 舟 舡 船 船

= 舟/航

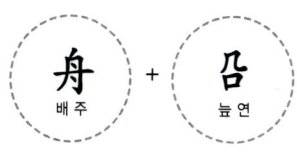

배가 늪에
떠 있으니 = 배

船長 船積 商船 乘船 貨物船 宇宙船 蒸氣船
(선장) (선적) (상선) (승선) (화물선) (우주선) (증기선)

정말이지 쉬운 한자 **339**

派 갈래 파
水 9획 4급

氵 氵 汀 汀 沪 派 派

물이 어느 장소에서 뿌리처럼 여러 갈래로
나눠져 흐르니 = 갈래(한 군데로부터 갈라져 나간 부분이나 가닥)

派兵 派遣 派出婦 敎派 黨派 密派
(파병) (파견) (파출부) (교파) (당파) (밀파)

脈 줄기 맥
肉 10획 4급II

月 肌 肌 肌 脈 脈

⊜ 幹
일 脉   중 脉

식물의 몸을 지탱하고
뿌리와 연결되어 있는 곳이니 = 줄기
(요점만 콕)

血脈 山脈 鑛脈 亂脈 動脈 靜脈 脈絡 氣盡脈盡
(혈맥) (산맥) (광맥) (난맥) (동맥) (정맥) (맥락) (기진맥진)

流 흐를 류
水 10획 5급II

氵 氵 汁 汁 浐 浐 流

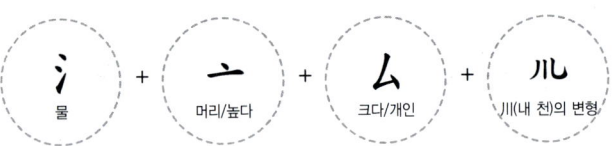

물이 높은 곳에서
큰 냇물을 이루며 흐르니 = 흐르다

流行 流通 流浪 流用 流彈 流域 濁流 漂流 激流
(유행) (유통) (유랑) (유용) (유탄) (유역) (탁류) (표류) (격류)

疏 소통할/드물 소
疋 11획 3급II

一 マ 疋 疋' 萨 疏

⊜ 遠/忽   ⊗ 親/密

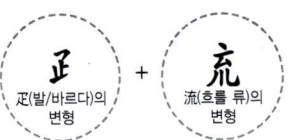

발이 흐르는 물처럼
상대방을 자주 찾아가니 = 소통하다/드물다

疏遠 疏脫 疏忽 疏密 生疏 親疏(친함과 친하지 아니함)
(소원) (소탈) (소홀) (소밀) (생소) (친소)

蔬 나물 소
艹 15획 3급

艹 艹 荋 荋 蔬 蔬

⊜ 菜

널리 소통되어
많은 사람들이 먹는 풀이니 = 나물
(뉘앙스 콕 p346)

菜蔬 蔬飯(변변하지 아니한 음식)
(채소) (소반)

火 불 화
火 4획 8급

丶 丷 少 火

= 炎　↔ 水/河

火 불 화

불이 타고 있는 모양 = **불**

火傷　火刑　火葬　點火　採火　烈火　火爐
(화상) (화형) (화장) (점화) (채화) (열화) (화로)

炎 불꽃 염
火 8획 3급Ⅱ

丶 丷 少 火 炎 炎

炎 불꽃 염

불이 위로 타오르는 모양 = **불꽃**

(요점만 쏙)

炎天　炎凉　炎症　胃炎　肝炎　腦炎　中耳炎
(염천) (염량) (염증) (위염) (간염) (뇌염) (중이염)

談 말씀 담
言 15획 5급

言 言 言 訁 訃 談 談

= 語/話/說/辭/辯　　中 谈

言(말씀 언) + **炎**(불꽃 염)

불을 피워 놓고 정답게 말을 나누니 = **말씀**

談判　談話　德談　雜談　座談　怪談　弄談　懇談會
(담판) (담화) (덕담) (잡담) (좌담) (괴담) (농담) (간담회)

淡 맑을 담
水 11획 3급Ⅱ

丶 丶 氵 氵 淡 淡 淡

= 淸/淑/雅/淨　↔ 濁

氵(물) + **炎**(불꽃 염)

물을 불에 끓이면 불순물이 없어지니 = **맑다**

淡水　淡淡　淡白　淡泊　冷淡
(담수) (담담) (담백) (담박) (냉담)

 요점만 쏙!

☑ **脈**(줄기 맥)은 '혈관'이라는 뜻으로도 쓰여요.
- 줄기 : 山脈(산맥) 文脈(문맥) 鑛脈(광맥) 亂脈(난맥) 一脈相通(일맥상통)
- 혈관 : 血脈(혈맥) 動脈(동맥) 靜脈(정맥) 脈絡(맥락) 氣盡脈盡(기진맥진)

☑ **炎**(불꽃 염)은 '염증'이라는 뜻으로도 쓰여요.
- 불꽃 : 炎天(염천) 炎凉(염량) 炎凉世態(염량세태)
- 염증 : 炎症(염증) 胃炎(위염) 肝炎(간염) 腦炎(뇌염) 中耳炎(중이염)

灰 재 회
火 6획 4급

一 ナ 方 厅 灰 灰

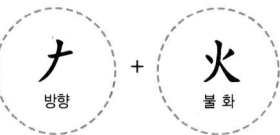

불탄 뒤에 사방으로 날리는
것이니 = 재(불에 타고 남는 가루 모양의 물질)

灰色 石灰 洋灰(시멘트, 토목이나 건축의 재료로 쓰는 접합제)
(회색) (석회) (양회)

炭 숯 탄
火 9획 5급

山 屵 屵 岸 炭 炭

氷

산 밑의 어느 장소에서
불을 지펴 만드는 것이니 = 숯

炭鑛 炭層 採炭 九孔炭 貯藏炭
(탄광) (탄층) (채탄) (구공탄) (저장탄)

然 그럴 연
火 12획 7급

夕 夕 妖 妖 然 然

개 고기를 불에
익혀 먹는 것은 당연하니 = 그러하다

然則 依然 漫然 肅然 偶然 忽然 突然 蓋然(대개 그럴 것이라고 생각되는 상태)
(연칙) (의연) (만연) (숙연) (우연) (홀연) (돌연) (개연)

燃 탈 연
火 16획 4급

丷 火 炒 炒 燃 燃 燃

燒

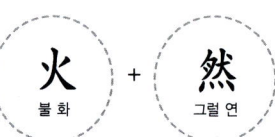

불이 붙으면
당연히 타니 = 타다

燃料 燃燈 燃燒 可燃性
(연료) (연등) (연소) (가연성)

燕 제비 연
火 16획 3급Ⅱ

廿 甘 苗 苴 燕 燕

제비 연

제비의
모양 = 제비

燕京(중국 베이징의 옛 이름) 燕尾服(남자용 서양 예복)
(연경) (연미복)

없을 무

火 12획 5급

丿 ㅗ ㄷ 無 無 無

⊜ ⇔ 有/在/存
🔊 无 🇯 无 🇨 无

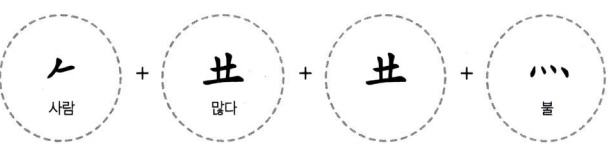

사람이 재물을 많이 모아도
불이 나면 다 타버리니 = 없다

(요점만 콕 p31)

無料 無識 無償 無酌定 無盡藏 無蓋車 無賴漢
(무료) (무식) (무상) (무작정) (무진장) (무개차) (무뢰한)

舞

춤출 무

舛 14획 4급

ㄴ 無 無 舞 舞 舞

⊜ ⇔
🔊 🇯 🇨

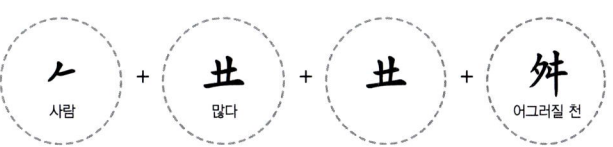

사람들이 많이 모여
발을 어그러뜨리며 춤추니 = 춤추다

舞臺 舞曲 僧舞 歌舞 劍舞 亂舞 圓舞 鼓舞
(무대) (무곡) (승무) (가무) (검무) (난무) (원무) (고무)

爲

할 위

爪 12획 4급II

丿 ⌐ ⌐ 广 爲 爲

⊜ ⇔
🔊 為 🇯 為 🇨 为

할 위

원숭이가 손톱으로
뭔가를 하는 모습 = 하다

爲政者 行爲 營爲 轉禍爲福 無爲徒食
(위정자) (행위) (영위) (전화위복) (무위도식)

僞

거짓 위

人 14획 3급II

イ イ´ イ゛ 伊 僞 僞

⊜ 假 ⇔ 眞
🔊 偽 🇯 偽 🇨 伪

사람이 하는
말에는 거짓이 많으니 = 거짓

僞善 僞造 僞裝 虛僞 眞僞
(위선) (위조) (위장) (허위) (진위)

아버지 부

父 4획 8급

丿 ハ ク 父

⊜ ⇔ 母/子
🔊 🇯 🇨

아버지 부

도끼를 어깨에 메고
사냥을 가는 어른의 모양 = 아버지

父親 父系 祖父 叔父 伯父 嚴父
(부친) (부계) (조부) (숙부) (백부) (엄부)

片 조각 편

片 4획 3급II

丿 丨' 广 片

- ≡
- ↔
- ◐
- 日
- 中

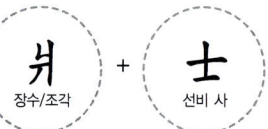

나무가 갈라진
조각의 모양 = 조각

斷片　破片　阿片　一葉片舟
(단편) (파편) (아편) (일엽편주)

壯 장할 장

士 7획 4급

丨 丬 丬 爿 牀 壯

- ≡ 健
- ↔
- ◐ 壯
- 日 壮
- 中 壮

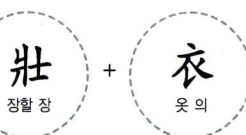

열심히 공부하여 장수와
선비가 되니 = 장하다 (하는 일이 매우 훌륭하다)

壯丁　壯觀　壯烈　老益壯　健壯　雄壯　豪言壯談
(장정) (장관) (장렬) (노익장) (건장) (웅장) (호언장담)

裝 꾸밀 장

衣 13획 4급

丬 牀 壯 裝 裝 裝

- ≡ 飾
- ↔
- ◐ 裝
- 日 装
- 中 装

장하게도
옷을 잘 입으니 = 꾸미다

裝飾　裝置　裝備　武裝　變裝　裝身具
(장식) (장치) (장비) (무장) (변장) (장신구)

莊 씩씩할 장

艸 11획 3급II

艹 广 疒 疒 莊 莊

- ≡
- ↔
- ◐ 莊
- 日 荘
- 中 庄

풀 + 장할 장

풀이 장하게
잘 자라니 = 씩씩하다

莊嚴　莊重　別莊　山莊　莊子
(장엄) (장중) (별장) (산장) (장자)

將 장수/장차 장

寸 11획 4급II

丨 丬 爿 爿ᄀ 將 將

- ≡ 帥
- ↔ 兵/卒
- ◐ 將
- 日 将
- 中 将

장수가 몸을 잘 헤아려 장차 있을
전쟁에 대비하니 = 장수(군사를 거느리는 우두머리)/장차(앞으로)

將帥　智將　猛將　將校　將次　將來
(장수) (지장) (맹장) (장교) (장차) (장래)

獎 장려할 장
大 14획 4급

ㅓ ㅓ 將 將 獎 獎

= 勸/勵　↔
🔊 獎　🇯🇵 奨　🇨🇳 奖

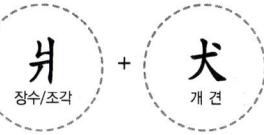
將(장수/장차 장) + 大(큰 대)

장수처럼 크게 되라고 북돋아
주니 = 장려하다(좋은 일에 힘쓰도록 북돋아 주다)

獎勵　勸獎　獎學金
(장려) (권장) (장학금)

狀 형상 상 / 문서 장
犬 8획 4급II

丨 ㅓ ㅓ ㅓ 狀 狀

= 樣/況/貌, 籍/券　↔
🔊 狀　🇯🇵 状　🇨🇳 状

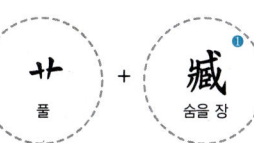
ㅓ(장수/조각) + 犬(개 견)

부하가 장수에게 개처럼 복종하는 모양,
장수가 왕에게 받는 것이니 = 형상/문서

(요점만 콕/뉘앙스 콕 p346)

狀況　狀態　窮狀　現狀　實狀　狀啓　賞狀　告訴狀
(상황) (상태) (궁상) (현상) (실상) (장계) (상장) (고소장)

藏 감출 장
艹 18획 3급II

广 疒 菲 藏 藏 藏

=　↔
🔊　🇯🇵 蔵　🇨🇳

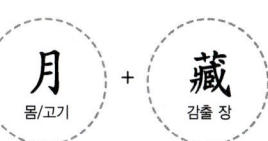
艹(풀) + 臧(숨을 장)

❶ 臧(숨을 장): 장수(ㅓ)가 창(戈)을 들고 설치면
신하(臣)들이 숨으니

풀을 덮어
숨기니 = 감추다

貯藏　所藏　收藏　藏書　冷藏庫　愛藏品
(저장) (소장) (수장) (장서) (냉장고) (애장품)

臟 오장 장
肉 22획 3급II

月 胪 臆 臓 臟 臟

=　↔
🔊　🇯🇵 臓　🇨🇳 脏

月(몸/고기) + 藏(감출 장)

몸 속에
감추어져 있는 것이니 = 오장

(요점만 콕)

臟器　內臟　心臟　肺臟　肝臟
(장기) (내장) (심장) (폐장) (간장)

 요점만 콕!

☑ 狀(형상 상), 象(코끼리/모양 상), 像(모양 상)의 구분에 유의하세요.
- 狀 : 현재의 상태나 형편을 나타냄 ▶ 形狀(형상) 狀況(상황) 狀態(상태) 現狀(현상) 實狀(실상)
- 象 : 자연이나 추상적인 모습에 사용 ▶ 森羅萬象(삼라만상) 象形文字(상형문자) 氣象(기상)
- 像 : 사람과 관계되거나 인위적인 것에 사용 ▶ 銅像(동상) 偶像(우상) 氣像(기상) 現像(현상)

☑ 오장(五臟)은 무엇일까요?
- 肝臟(간장), 心臟(심장), 脾臟(비장), 肺臟(폐장), 腎臟(신장)　*脾:지라 비　*腎:콩팥 신

牙 어금니 아
牙 4획 3급II

一 二 牙 牙

어금니 아

코끼리의
어금니 모양 = 어금니

(뉘앙스 콕 p346)

象牙 齒牙 牙城 象牙塔(속세를 떠나 오로지 학문이나 예술에만 잠기는 경지)
(상아) (치아) (아성) (상아탑)

雅 맑을 아
佳 12획 3급II

一 牙 牙 邪 邪 雅

≡ 淸/淡/淑/靜 ⇔ 濁

牙(어금니 아) + 佳(새 추)

하얀 어금니나
작은 새의 깃털은 맑으니 = 맑다

雅淡 端雅 優雅 淸雅 雅量 雅樂 雅號
(아담) (단아) (우아) (청아) (아량) (아악) (아호)

芽 싹 아
艹 8획 3급II

丶 艹 艹 芒 芽 芽

≡ 苗

艹(풀) + 牙(어금니 아)

풀이
어금니처럼 돋아 있으니 = 싹

發芽
(발아)

뉘앙스 콕!

- ☑ • 蔬飯(소반) : 변변하지 아니한 음식 ▶ 소반(蔬飯)이라도 정성껏 차렸으니 많이 드십시오.
- • 素飯(소반) : 고기반찬이 없는 밥 ▶ 아이들은 대부분 소반(素飯)을 싫어한다.
- ☑ • 現狀(현상) : 현재의 상태 또는 지금의 형편 ▶ 현상(現狀)을 파악하다.
- • 現象(현상) : 눈으로 관찰할 수 있는 사물의 모양과 상태 ▶ 양극화 현상(現象)
- • 現像(현상) : 노출된 필름이나 인화지를 약물에 넣어 상이 나타나게 함 ▶ 필름을 현상(現像)하다.
- ☑ • 形象(형상)/ 形像(형상) : ① 사물의 생긴 모양이나 상태 ▶ 인간의 형상(形象)
  ② 마음과 감각에 의하여 떠오르는 대상의 모습을 떠올리거나 표현함
- • 形狀(형상) : ① 형상(形象) ② 어떤 일의 형편이나 정황 ▶ 전쟁이 장기전으로 바뀔 형상(形狀)이다.
- • 形相(형상) : ① 형상(形象) ② 에이도스(형상을 인식론적 관점에서 표현하는 플라톤의 용어)
- ☑ • 牙城(아성) : 예전에 주장(主將)이 거처하던 성. 아주 중요한 근거지를 비유적으로 이름
  ▶ 아성(牙城)을 무너뜨리다.
- • 亞城(아성) : 기본 성이 아닌 보조적인 성 ▶ 성 주위에 아성(亞城)을 쌓았다.

34일째 복습하기

복습 1 다음 한자를 큰 소리로 읽어 보세요. (2번 이상)

詠	求	球	救	沒	陷	沿	鉛	船	派
脈	流	疏	蔬	火	炎	談	淡	灰	炭
然	燃	燕	無	舞	爲	僞	父	片	壯
裝	莊	將	奬	狀	藏	臟	牙	雅	芽

복습 2 다음 훈음에 해당되는 한자를 쓰세요. 물론 윗부분은 감추고…

읊을 영	구할 구	공 구	구원할 구	빠질 몰	빠질 함	물따라갈 연	납 연	배 선	갈래 파
줄기 맥	흐를 류	소통할 소	나물 소	불 화	불꽃 염	말씀 담	맑을 담	재 회	숯 탄
그럴 연	탈 연	제비 연	없을 무	춤출 무	할 위	거짓 위	아버지 부	조각 편	장할 장
꾸밀 장	씩씩할 장	장수 장	장려할 장	형상 상	감출 장	오장 장	어금니 아	맑을 아	싹 아

복습 3 단어로 복습하기. 다음 뜻에 맞는 한자어를 한자로 쓰세요.

영가 ( )	곡조에 맞춰 노래를 부름	이 물질은 연소되며 가스를 배출한다. ( )
발아 ( )	씨앗에서 싹이 틈	그는 겉과 속이 다른 위선자였다. ( )
결함 ( )	불완전하여 흠이 되는 부분	유리 파편에 찔렸다. ( )
연혁 ( )	변천하여 온 과정	궁궐의 장엄함에 놀라다. ( )
당파 ( )	주장이 같은 사람들이 이룬 단체	아이들에게 독서를 권장하다. ( )
맥락 ( )	서로 이어져 있는 관계나 연관	된장을 항아리에 저장해두다. ( )
소원 ( )	거리가 있어 서먹서먹함	교통사고로 장기가 파손되었다. ( )
채소 ( )	밭에서 가꾸는 온갖 농작물	치과에서 치아를 바르게 교정했다. ( )
뇌염 ( )	뇌에 염증이 생겨 일어나는 병	상대를 넓은 아량으로 용서하다. ( )
냉담 ( )	동정심이 없고 쌀쌀함	빙산에 부딪쳐 배가 침몰했다. ( )

詠歌/發芽/缺陷/沿革/黨派/脈絡/疏遠/菜蔬/腦炎/冷淡   燃燒/僞善/破片/莊嚴/勸奬/貯藏/臟器/齒牙/雅量/沈沒

현쌤의 응원

해가 뜬 날에는 농사일을, 비오는 날에는 책을 읽 듯 [晴耕雨讀(청경우독)]
쉬지 않고 열심히 공부하는
여러분이 짱입니다^^

35 일째

邪 간사할 사
邑 7획 3급II

一 ㄣ 于 牙 邪 邪

= 姦
⇔
日 中

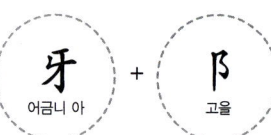

牙 (어금니 아) + 阝(고을)

입안 깊숙이 있는 **어금니**처럼 **고을**에
숨어 있으니 = **간사하다**(간교하고 행실이 바르지 못하다)

奸邪 邪惡 邪敎 酒邪(술 마신 뒤에 버릇으로 하는 못된 언행)   * 奸 : 범할/간사할 간
(간사) (사악) (사교) (주사)

犬 개 견
犬 4획 4급

一 ナ 大 犬

= 狗/戌
⇔
日 中

犬 (개 견)

개가 앞
발을 든 모양 = **개**

猛犬 鬪犬 狂犬病 犬馬之勞 犬兎之爭
(맹견) (투견) (광견병) (견마지로) (견토지쟁)

伏 엎드릴 복
人 6획 4급

ノ 亻 仁 仕 伏 伏

= 屈/服   ⇔ 起
日 中

亻(사람) + 犬(개 견)

사람 앞에 **개**가
엎드려 있으니 = **엎드리다**

伏兵 伏線 伏地 降伏 屈伏 埋伏 初伏 末伏 潛伏期
(복병) (복선) (복지) (항복) (굴복) (매복) (초복) (말복) (잠복기)

器 그릇 기
口 16획 4급II

吅 𠀎 哭 哭 器 器

= 陶
⇔
日 中

口(밥그릇 모양) + 口 + 犬(개 견) + 口 + 口

개 주위의
밥 **그릇**이니 = **그릇**

器具 器械 容器 凶器 聽診器 沙器 漆器 核武器   *診:진찰할 진
(기구) (기계) (용기) (흉기) (청진기) (사기) (칠기) (핵무기)

348 47일만에 끝내는

哭 울 곡
口 10획 3급II

ㅁ 叩 吅 罒 哭 哭

- 鳴/泣
- ⟷ 笑

사람들이
개처럼 울부짖으니 = 울다

哭聲 哭泣 痛哭 弔哭[조문(弔問)하는 뜻으로 곡함]
(곡성) (곡읍) (통곡) (조곡)

壓 누를 압
土 17획 4급II

厂 厈 盾 厭 厭 壓

- 押/抑
- ⟷ 解
- 压 日 圧 中 压

❶ 厭(싫을 염) : 해(日)도 달(月)도 비치지 않는 곳(厂)에서 개(犬) 취급을 받으니

싫어하는 장소에 가면
마음이 답답해지니 = 누르다

壓力 壓卷 壓縮 壓迫 壓倒 抑壓 鎭壓 威壓 彈壓
(압력) (압권) (압축) (압박) (압도) (억압) (진압) (위압) (탄압)

獸 짐승 수
犬 19획 3급II

㗊 嘼 嘼 嘼 獸 獸

- 禽/畜
- 獣 日 獣 中 兽

입을 벌려 짖으며 밭에
모여있는 개 같은 짐승들이니 = 짐승

獸醫師 禽獸 猛獸 野獸 怪獸
(수의사) (금수) (맹수) (야수) (괴수)

獄 감옥 옥
犬 14획 3급II

犭 犭 犭 狺 狺 獄 獄

- 中 狱

사람들이 짐승과 개처럼 다투면
말로 재판하여 사람을 가두니 = 감옥

監獄 地獄 脫獄 獄苦 獄舍 獄事 獄死
(감옥) (지옥) (탈옥) (옥고) (옥사) (옥사) (옥사)

獵 사냥 렵
犬 18획 3급

犭 犭 犭 狎 獵 獵 獵

- 猟 日 猟 中 猎

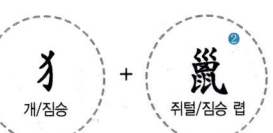

❷ 巤(쥐털/짐승 렵) : 털이 난 짐승의 모양

개가 짐승을
잡는 것이니 = 사냥

獵銃 獵奇 禁獵 密獵 涉獵(많은 책을 널리 읽거나 여기저기 찾아다니며 경험함)
(엽총) (엽기) (금렵) (밀렵) (섭렵)

獨 홀로 독
犬 16획 5급II

犭 犭 狎 獨 獨 獨

= 　　↔
📢 独　🇯 独　🇨 独

犭 개/짐승 + 蜀 애벌레 촉

❶ 蜀(애벌레 촉) : 그물(罒) 같은 집에 싸여(勹) 있는 벌레(虫)니

짐승이
애벌레를 혼자 먹으니 = **홀로**

獨身　獨唱　獨斷　獨善　獨裁　獨逸　孤獨　唯獨
(독신) (독창) (독단) (독선) (독재) (독일) (고독) (유독)

觸 닿을 촉
角 20획 3급II

角 角 觓 觸 觸 觸

= 接　　↔
📢 触　🇯 触　🇨 触

角 뿔 각 + 蜀 애벌레 촉

뿔처럼 생긴 애벌레의
더듬이가 물체에 닿으니 = **닿다**

(뉘앙스 콕 p356)

觸角　觸覺　觸感　抵觸　接觸　觸媒
(촉각) (촉각) (촉감) (저촉) (접촉) (촉매)

燭 촛불 촉
火 17획 3급

火 炉 炉 炉 燭 燭

= 　　↔
📢 　🇯 　🇨 烛

火 불 화 + 蜀 애벌레 촉

불이 애벌레처럼
꿈틀대며 움직이는 것이니 = **촛불**

燭臺　燭光　華燭　洞燭
(촉대) (촉광) (화촉) (통촉)

濁 흐릴 탁
水 16획 3급

氵 氵 沪 渭 濁 濁

= 　　↔ 清/淨
📢 　🇯 　🇨 浊

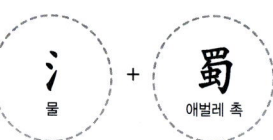
氵 물 + 蜀 애벌레 촉

물속이 꿈틀대는
애벌레 때문에 흐려지니 = **흐리다**

濁流　濁酒　濁音　混濁
(탁류) (탁주) (탁음) (혼탁)

屬 붙일 속
尸 21획 4급

尸 屌 属 属 属 屬

= 着/附　　↔
📢 属　🇯 属　🇨 属

尸 죽음/지붕/몸 + 뼈의 모양 + 蜀 애벌레 촉

죽은 시체의 뼈에
구더기 같은 벌레가 붙어 있으니 = **붙이다**

屬國　屬性　從屬　卑屬　附屬　重金屬
(속국) (속성) (종속) (비속) (부속) (중금속)

遲 늦을/더딜 지

辶 16획 3급

尸 尸 屋 屋 犀 遲

- ⊜ 晚/緩/延
- ⊕ 急
- ⊖
- ⊕ 遲
- ⊕ 迟

무소(코뿔소) 서 + 辶 가다

❶ 犀[무소(코뿔소) 서] : 몸이 집(尸)채만 하고 뼈(ㆍ)처럼 단단한 뿔을 가진 소(牛)니

코뿔소처럼 느릿느릿 걸어 가니
= 늦다/더디다(어떤 움직임이나 일에 걸리는 시간이 오래다)

遲刻 遲延 遲滯 遲進兒

(지각) (지연) (지체) (지진아)

玄 검을 현

玄 5획 3급Ⅱ

丶 亠 亠 玄 玄

- ⊜ 黑
- ⊕ 白

亠 높다/머리 + 幺 작다

높이 올라가
작고 가물가물하게 보이니 = 검다

(요점만 콕)

玄關 玄妙 玄孫 玄武(북쪽 방위를 지키는 신령을 상징하는 짐승)

(현관) (현묘) (현손) (현무)

絃 줄 현

糸 11획 3급

幺 糸 糽 紵 絃 絃

- ⊜ 線
- ⊕ 弦

糸 실 + 玄 검을 현:오묘하다

❷ 玄[검을 현] : 높이(亠) 올라가 작고(幺) 가물가물하게 보이는 것에서, '오묘하다' 라는 뜻으로도 사용

오묘한 소리를
내는 실이니 = (악기)줄

絃樂器 絶絃 管絃樂器

(현악기) (절현) (관현악기)

畜 짐승 축

田 10획 3급Ⅱ

亠 玄 斉 畜 畜 畜

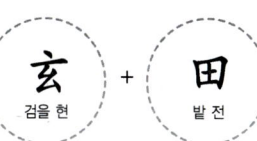
玄 검을 현 + 田 밭 전

밭의 흙을 검게
만드는 동물이니 = 짐승

家畜 畜舍 畜産 牧畜

(가축) (축사) (축산) (목축)

요점만 콕!

☑ 玄(검을 현)은 '오묘하다' 라는 뜻으로도 쓰여요.
  • **검다** : 玄關(현관) 玄髮(현발) 玄武巖(현무암)
  • **오묘하다** : 玄妙(현묘) 玄武(현무) 玄祖(현조) 玄孫(현손)

蓄

모을 축

艹 14획 4급II

一 艹 艹 荄 荄 蓄

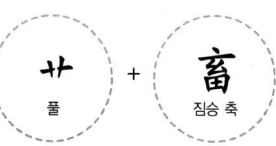

풀을 가축을
기르기 위해 모으니 = **모으다**

貯蓄 備蓄 含蓄 蓄財 蓄音機 蓄電池
(저축) (비축) (함축) (축재) (축음기) (축전지)

率

비율 **률**
거느릴 **솔**

玄 11획 3급II

亠 玄 玄 玄 玄 率

≡ 比, 統/領/御

높은 사람이 많은 부하를
직책의 비율대로 거느리니 = **비율/거느리다**

比率 能率 倍率 稅率 率先 輕率 引率 統率 家率(한 집안에 딸린 구성원)
(비율) (능률) (배율) (세율) (솔선) (경솔) (인솔) (통솔) (가솔)

牽

끌 견

牛 11획 3급

亠 玄 玄 牽 牽 牽

≡ 引 ⇔ 推
牟

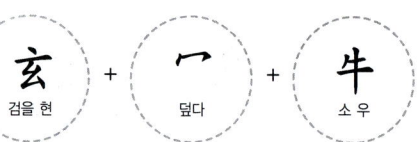

검은 지붕으로 덮여 있는
외양간의 소를 끌고 나오니 = **끌다**

牽引 牽制 牽牛織女
(견인) (견제) (견우직녀)

玆

이/검을 자

玄 10획 3급

亠 亠 玄 玄 玆 玆

≡ 此/是/斯 ⇔ 彼

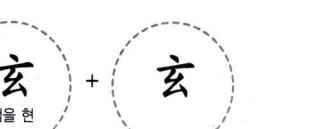

검고 검은
이 것이니 = **이/검다**

今玆
(금자)

慈

사랑 자

心 13획 3급II

丶 兰 玄 玆 慈 慈

≡ 愛/仁 ⇔ 惡/憎

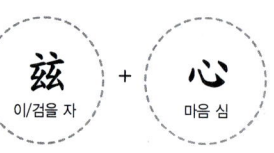

자식 걱정에 속이
검게 탄 어머니의 마음이니 = **사랑**

(요점만 쏙)

慈愛 慈悲 慈惠 慈堂 仁慈
(자애) (자비) (자혜) (자당) (인자)

玉 구슬 옥
玉 5획 4급II

一 丁 于 王 玉

- 珠
- (비어있음)
- 日
- 中

임금이 갖고 있는
중요한 것이니 = 구슬 (요점만 콕)

紅玉 玉座 玉稿 玉樓 玉指環(옥으로 만든 가락지)
(홍옥) (옥좌) (옥고) (옥루) (옥지환)

班 나눌 반
玉 10획 6급II

一 二 丰 尹 尹 尹 尹 班 班 班

- 分/別/配/辨
- 常

구슬을 칼로
내리치니 = 나누다 (요점만 콕 – p206)

班長 班常 文班 兩班 武班 首班 越班
(반장) (반상) (문반) (양반) (무반) (수반) (월반)

王 임금 왕
玉 4획 8급

一 丁 于 王

- 帝/皇/君
- 民/臣

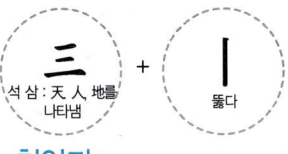

천인지를
꿰뚫은 사람이니 = 임금

王座 王冠 王陵 王妃 帝王
(왕좌) (왕관) (왕릉) (왕비) (제왕)

皇 임금 황
白 9획 3급II

' 丆 白 白 皁 皇

- 王/帝/君
- 民/臣

왕의 잘못을
말할 수 있는 더 높은 왕이니 = 임금

皇帝 皇宮 皇室 敎皇
(황제) (황궁) (황실) (교황)

요점만 콕!

☑ 慈(사랑 자)는 '어머니' 라는 뜻으로도 쓰여요.
- 사랑 : 慈愛(자애) 慈惠(자혜) 仁慈(인자) 慈悲(자비) 無慈悲(무자비)
- 어머니 : 慈堂(자당, 남의 어머니에 대한 존칭) 家慈(가자, 자신의 어머니를 남에게 이르는 말)

☑ 玉(구슬 옥)이 글자의 왼쪽(변)에 사용될 때는 점(ヽ)이 빠져요. ▶ 班(나눌 반) 珠(구슬 주) 環(고리 환)

☑ 兩班(양반)에 대해 좀 더 자세히 알아볼까요?
- 東班(동반) : 양반 가운데 문반(文班)을 달리 이르는 말.
- 西班(서반) : 무반(武班)을 달리 이르는 말. (궁중의 조회 때 문관은 동쪽에, 무관은 서쪽에 선 데서 유래)

狂 미칠 광
犬 7획 3급II

丿 犭 犭 狂 狂 狂

狂氣 狂亂 狂奔 熱狂 狂犬病
(광기) (광란) (광분) (열광) (광견병)

犭(개/짐승) + 王(임금 왕)

짐승처럼
날뛰는 왕이니 = 미치다

瓦 기와 와
瓦 5획 3급II

一 厂 瓦 瓦 瓦

瓦器 瓦解 靑瓦臺 弄瓦 弄瓦之慶(딸을 낳은 기쁨을 말함)
(와기) (와해) (청와대) (농와) (농와지경)

瓦(기와 와)

기와들이 서로 엇갈려
겹쳐져 있는 모양이니 = 기와

生 날/살 생
生 5획 8급

丿 ㄴ 屮 生 生

≡ 生/活/産   ⇔ 死/殺

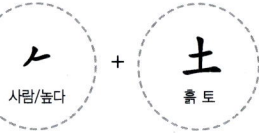

초목이 흙에서 나서
높이 자라니 = 태어나다/살다

生産 生涯 生捕 生色 誕生 派生
(생산) (생애) (생포) (생색) (탄생) (파생)

姓 성 성
女 8획 7급II

ㄥ 女 女 奵 姎 姓 姓

≡ 氏

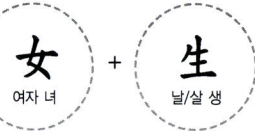

여자가 아이를
낳으면 붙이는 것이니 = 성

姓氏 稀姓 同姓同本
(성씨) (희성) (동성동본)

性 성품 성
心 8획 5급II

忄 忄 忄 忄 性 性

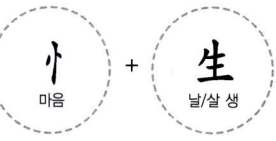

태어나면서부터 마음속에
지니고 있는 것이니 = 성품(사람의 성질과 됨됨이)

性格 性味 性質 男性 性敎育 慢性 劣性 蓋然性
(성격) (성미) (성질) (남성) (성교육) (만성) (열성) (개연성)

星 별 성
日 9획 4급Ⅱ

日 尸 旦 甼 星 星

= 辰
⇔ 日

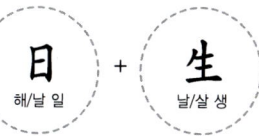

해가 진 뒤에
나오는 것이니 = 별

星座 星霜 金星 恒星 惑星 占星術 星條旗(미국의 국기)
(성좌) (성상) (금성) (항성) (혹성) (점성술) (성조기)

隆 높을 륭
阜 12획 3급Ⅱ

阝 阝 阾 隆 隆 隆

= 卓/崇/尊
⇔ 低/卑

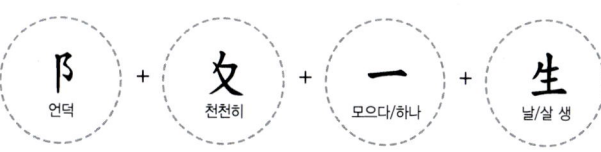

언덕이 천천히 솟아 올라
하나의 높은 산이 생기니 = 높다

隆起 隆盛 隆崇
(융기) (융성) (융숭)

産 낳을 산
生 11획 5급Ⅱ

亠 立 产 产 産 産

= 生
⊕ 产

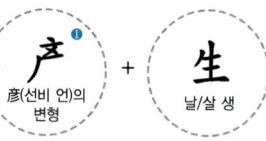

❶ 彥(선비 언) : 어느 장소(厂)에서 글(文)공부만 하느라 털(彡)이 길게 자란 사람이니

아이가 선비처럼
되기를 바라며 낳으니 = 낳다

産苦 産母 産物 産卵 生産 資産 倒産 畜産
(산고) (산모) (산물) (산란) (생산) (자산) (도산) (축산)

顔 낯 안
頁 18획 3급Ⅱ

亠 产 彦 彥 顔 顔

= 面/容

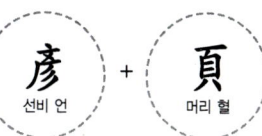

선비의
머리 부분이니 = 낯(얼굴)

(뉘앙스 콕 p356)

顔面 顔色 童顔 容顔 龍顔 無顔
(안면) (안색) (동안) (용안) (용안) (무안)

用 쓸 용
用 5획 6급Ⅱ

丿 冂 月 月 用

= 費
⇔ 捨

울타리 안에 많이
모아둔 것을 사용하니 = 쓰다

用件 用量 用務 使用 貸用 濫用 竝用 遵用(그대로 좇아서 씀)
(용건) (용량) (용무) (사용) (대용) (남용) (병용) (준용)

備 갖출 비

人 12획 4급II

亻 𠆢 俌 偌 備 備

⊜ ⊝ ⇔ 备

亻(사람) + 廾(많다) + 厂(장소) + 用(쓸 용)

사람이 많은 물건들을
어느 장소에 사용하려고 갖다 놓으니 = 갖추다

備蓄 具備 防備 豫備 裝備 整備 兼備 備考
(비축)(구비)(방비)(예비)(장비)(정비)(겸비)(비고)

庸 떳떳할/쓸 용

广 11획 3급

广 庀 庐 庐 庸 庸

⊜ 劣/拙 ⇔

广(장소) + ⺕(힘쓰다) + 用(쓸 용) + ㅣ(뚫다)

어느 장소에서 힘써 물건을
뚫어 사용하니 = 떳떳하다/쓰다

(요점만 콕)

中庸 登庸 庸劣 庸拙
(중용)(등용)(용렬)(용졸)

通 통할 통

辶 11획 6급

⺈ 甬 甬 涌 通

⊜ 徹 ⇔

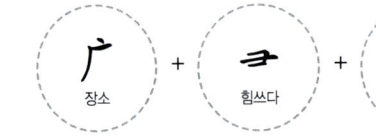

甬(솟을 용) + 辶(가다)

❶ 甬(솟을 용) : 적을 막는 데 쓰려고(用) 성벽을 크고(マ) 높게 만드니

높이 솟아 있는 곳으로
가면 어느 쪽으로도 잘 통하니 = 통하다

通勤 通關 通達 通譯 貫通 亨通 疏通 姦通
(통근)(통관)(통달)(통역)(관통)(형통)(소통)(간통)

요점만 콕!

☑ 庸(쓸/떳떳할 용)은 '어리석다' 라는 뜻으로도 쓰여요.
- 쓰다 : 登庸(등용, 인재를 뽑아서 쓰다)
- 떳떳하다 : 中庸(중용, 지나치거나 모자라지 않고 떳떳하며 변함이 없는 상태)
- 어리석다 : 庸劣(용렬) 庸拙(용졸)

☑ 用(쓸 용)과 庸(쓸/떳떳할 용)이 어떤 단어에 쓰이는지 알아두세요.
- 用 : 登用(등용) 用件(용건) 用量(용량) 用務(용무) 貸用(대용) 濫用(남용) 竝用(병용) 遵用(준용)
- 庸 : 中庸(중용) 登庸(등용) 庸劣(용렬) 庸拙(용졸)

뉘앙스 콕!

☑ • 觸覺(촉각) : 물건이 피부에 닿아서 느껴지는 감각 ▶ 손끝에 느끼는 촉각(觸覺)
- 觸角(촉각) : 절지동물의 머리 부분에 있는 감각 기관. 더듬이 ▶ 거미의 머리에 있는 촉각(觸角)

☑ • 容顔(용안) : 얼굴 ▶ 준수한 용안(容顔)
- 龍顔(용안) : 임금의 얼굴 ▶ 임금의 용안(龍顔)을 쳐다볼 수 없었다.

35일째 복습하기

복습 1 다음 한자를 큰 소리로 읽어 보세요. (2번 이상)

邪	犬	伏	器	哭	壓	獸	獄	獵	獨
觸	燭	濁	屬	遲	玄	絃	畜	蓄	率
牽	玆	慈	玉	班	王	皇	狂	瓦	生
姓	性	星	隆	産	顔	用	備	庸	通

복습 2 다음 훈음에 해당되는 한자를 쓰세요. 물론 윗부분은 감추고…

간사할 사	개 견	엎드릴 복	그릇 기	울 곡	누를 압	짐승 수	감옥 옥	사냥 렵	홀로 독
닿을 촉	촛불 촉	흐릴 탁	붙일 속	늦을 지	검을 현	줄 현	짐승 축	모을 축	비율 률
끌 견	이 자	사랑 자	구슬 옥	나눌 반	임금 왕	임금 황	미칠 광	기와 와	살 생
성 성	성품 성	별 성	높을 륭	낳을 산	낯 안	쓸 용	갖출 비	떳떳할 용	통할 통

복습 3 단어로 복습하기. 다음 뜻에 맞는 한자어를 한자로 쓰세요.

주사 (	) 술 마신 뒤의 못된 버릇	이곳 사람들은 목축과 농업에 종사한다. ( )
통곡 (	) 소리를 높여 슬피 욺	우리 반은 남자와 여자의 비율이 같다. ( )
야수 (	) 야생의 짐승	경기 도중 다른 팀을 견제하다. ( )
감옥 (	) 죄인을 가두어 두는 곳	부모님의 자애에 보답할 방법이 없다. ( )
엽기 (	) 괴이한 것에 흥미를 느껴 찾아다님	황제에게 충성을 다하다. ( )
접촉 (	) 서로 맞닿음	십 대 청소년들은 가수에게 열광한다. ( )
통촉 (	) 아랫사람의 사정을 헤아려 살핌	그의 배신으로 조직이 와해되었다. ( )
탁주 (	) 막걸리	상대에게 융숭한 대접을 받았다. ( )
중용 (	) 어느 쪽으로도 치우침이 없음	무안스럽게 한참을 쳐다보았다. ( )
현악기 (	) 줄을 켜서 소리를 내는 악기	지각을 하면 벌금을 내야 한다. ( )

酒邪/痛哭/野獸/監獄/獵奇/接觸/洞燭/濁酒/中庸/絃樂器

牧畜/比率/牽制/慈愛/皇帝/熱狂/瓦解/隆崇/無顔/遲刻

현샘의 응원

손에서 책을 놓지 않고 늘 학문을 열심히 하며[手不釋卷(수불석권)]
열심히 익힌 한자
내 인생의 동반자^^ ♪♪♪♪♪

36 일째

痛 아플 통
疒 12획 4급
疒 疒 疒 痌 痛 痛

❶ 甬(솟을 용) : 적을 막는 데 쓰려고(用) 성벽을 크고(マ) 높게 만드니

병의 증세가
솟아 올라 오니 = 아프다

痛症 苦痛 腰痛 憤痛 陣痛 腹痛 哀痛 沈痛
(통증) (고통) (요통) (분통) (진통) (복통) (애통) (침통)

勇 날랠 용
力 9획 6급Ⅱ
甬 而 甬 面 勇 勇

 猛

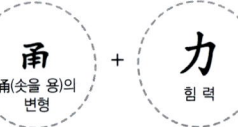

힘이 솟으면 행동이 빨라지니
= 날래다 (사람이나 동물의 움직임이 나는 듯이 빠르다)

勇士 勇敢 勇猛 武勇談
(용사) (용감) (용맹) (무용담)

誦 욀 송
言 14획 3급
言 訁 訟 誦 誦 誦

講/讀 诵

마음속에서 솟아나는
것을 입으로 말하니 = 외다

誦讀 朗誦 暗誦 愛誦
(송독) (낭송) (암송) (애송)

田 밭 전
田 5획 4급Ⅱ
丨 冂 田 田 田

畓

나누어진
밭의 모양 = 밭

田園 田畓 鹽田 丹田
(전원) (전답) (염전) (단전)

男 사내 남

田 7획 7급II

丨 口 田 田 男 男

㊀ 郞 ㊌ 女/娘
◉   ㊐   ㊥

밭에서 힘쓰는
사람이니 = 사내(남자나 남편을 이름)

男性 男便 男妹 男裝 男爵
(남성) (남편) (남매) (남장) (남작)

細 가늘 세

糹 11획 4급II

幺 糸 紅 細 細 細

㊀ 微 ㊌
◉   ㊐   ㊥ 细

밭에서 난 목화로
만든 실은 가느니 = 가늘다

細胞 細菌 細密 細則 微細 詳細 明細書
(세포) (세균) (세밀) (세칙) (미세) (상세) (명세서)

累 여러/자주 루

糹 11획 3급II

口 田 田 罗 罗 累

㊀ 屢/庶, 頻 ㊌ 稀
◉   ㊐   ㊥

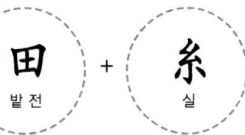
밭에서 난 목화로 실을
여러 번 자주 만드니 = 여러/자주

(요점만 콕 p213)

累代 累次 累計 累積 連累
(누대) (누차) (누계) (누적) (연루)

苗 모 묘

艹 9획 3급

艹 艹 苗 苗 苗 苗

㊀ 芽 ㊌
◉   ㊐   ㊥

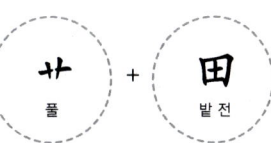
밭이나 논에 자라 있는 풀이니
= 모(옮겨 심기 위하여 가꾸어 기른 어린 벼. 모종)

苗木 苗板 種苗 育苗
(묘목) (묘판) (종묘) (육묘)

畓 논 답

田 9획 3급

丨 刂 氵 水 沓 畓

㊀   ㊌ 田
◉   ㊐ -   ㊥ -

물이 있는
밭이니 = 논

田畓 乾畓 天水畓(빗물에 의하여서만 벼를 심어 재배할 수 있는 논)
(전답) (건답) (천수답)

踏

밟을 **답**

足 15획 3급II

口 ⇒ 昆 ⇒ 趴 ⇒ 跂 ⇒ 踏

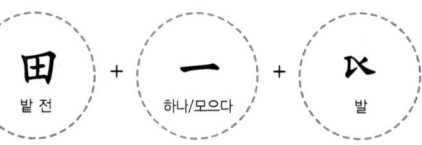

足(발 족)의 변형 + 水 물 수 + 曰 가로 왈 : 말하다

물이 흐르고 말을
계속 하 듯 발을 거듭 밟으니 = **밟다**

踏査 踏襲 高踏的(현실과 동떨어진 것을 고상하게 여기는 것)

(답사) (답습) (고답적)

畏

두려워할 **외**

田 9획 3급

口 ⇒ 四 ⇒ 田 ⇒ 串 ⇒ 畏 ⇒ 畏

≡ 恐/懼

田 밭 전 + 一 하나/모으다 + 𠂇 발

밭에서 곡식을 모을 때
발로 밟을까 걱정하니 = **두려워하다**

敬畏 畏敬(공경하면서 두려워함)

(경외) (외경)

番

차례 **번**

田 12획 6급

⇒ 平 ⇒ 采 ⇒ 番 ⇒ 番 ⇒ 番

≡ 第/序/秩

采 분별하다 + 田 밭 전

잘 분별하여
밭일을 차례대로 하니 = **차례**

番號 番地 當番 順番 不寢番 輪番制(돌아가며 차례로 하는 방식이나 제도)

(번호) (번지) (당번) (순번) (불침번) (윤번제)

審

살필 **심**

宀 15획 3급II

宀 ⇒ 宀 ⇒ 宑 ⇒ 寀 ⇒ 寀 ⇒ 審

≡ 省/察

审

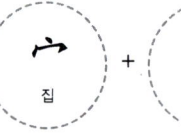

宀 집 + 番 차례 번

집안 일도 차례를
잘 살펴서 해야 하니 = **살피다**

審問 審判 審査 審理 審議 審美眼 誤審

(심문) (심판) (심사) (심리) (심의) (심미안) (오심)

播

뿌릴 **파**

手 15획 3급

扌 ⇒ 扩 ⇒ 押 ⇒ 採 ⇒ 播 ⇒ 播

扌 손 + 番 차례 번

손으로 씨앗을
차례대로 뿌리니 = **뿌리다**

(뉘앙스 콕 p366)

播種 播多 播遷 傳播

(파종) (파다) (파천) (전파)

飜 번역할 번

飛 21획 3급

番 番 飜 飜 飜

≡ 譯
↔ 翻

 +
番 차례 번 + 飛 날 비

언어와 언어 사이를 **차례**대로
날아다니며 하는 것이니 = **번역하다**

飜譯 飜案 飜覆

(번역) (번안) (번복)

雷 우레 뢰

雨 13획 3급II

宀 戸 雷 雷 雷 雷

≡ 震

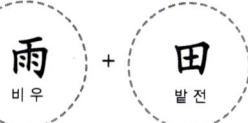
雨 비 우 + 田 밭 전

비가 올 때 **밭**에서
들리는 큰 소리니 = **우레**(천둥)

落雷 避雷 避雷針 地雷 魚雷 雷管 雷同 附和雷同

(낙뢰) (피뢰) (피뢰침) (지뢰) (어뢰) (뇌관) (뇌동) (부화뇌동)

由 말미암을 유

田 5획 6급

丨 口 巾 由 由

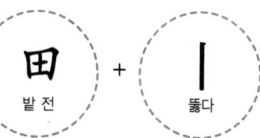
田 밭 전 + 丨 뚫다

밭을 **뚫고** 나와 새싹이 자라니
= **말미암다**(어떤현상이나 사물이 원인이 되다)

理由 自由 緣由 經由 由緒(예로부터 전하여 내려오는 까닭과 내력)

(이유) (자유) (연유) (경유) (유서)

油 기름 유

水 8획 6급

氵 氵 氵 油 油 油

氵 물 + 由 말미암을 유

물 같은 액체로
말미암아 생긴 것이니 = **기름**

油田 注油所 揮發油 肝油 油印物 送油管

(유전) (주유소) (휘발유) (간유) (유인물) (송유관)

宙 집/하늘 주

宀 8획 3급II

宀 宀 宙 宙 宙

≡ 宇

宀 집 + 由 말미암을 유

지붕으로
말미암아 생긴 것이니 = **집/하늘**

宇宙 宇宙人 宇宙船

(우주) (우주인) (우주선)

笛 피리 적
竹 11획 3급Ⅱ

ᄊ 笁 笁 笛 笛 笛

대나무로
말미암아 소리 나는 것이니 = **피리**

警笛　汽笛　鼓笛隊
(경적) (기적) (고적대)

抽 뽑을 추
手 8획 3급

扌 扌 扣 抽 抽 抽

募/拔/抄

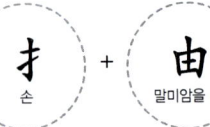

손으로 말미암아
필요한 것을 뽑으니 = **뽑다**

抽出　抽象化　抽象畫
(추출) (추상화) (추상화)

甲 갑옷/천간 갑
田 5획 4급

一 冂 冂 日 甲

갑옷/천간 갑

갑옷의 모양
= **갑옷/첫째 천간**　　　　　　　　(요점만 콕 p481)

還甲　回甲宴　進甲　六十甲子　甲衣
(환갑) (회갑연) (진갑) (육십갑자) (갑의)

押 누를 압

手 8획 3급

一 扌 扌 扣 扣 押

壓/抑

단단한지 알아보려고
손으로 갑옷을 눌러보니 = **누르다**　　　　(요점만 콕)

押留　押送　押收　押韻(시의 일정한 자리에 같은 운을 규칙적으로 다는 일)　差押
(압류) (압송) (압수) (압운) (차압)

申 펼/납 신

田 5획 4급Ⅱ

一 冂 冂 日 申

告

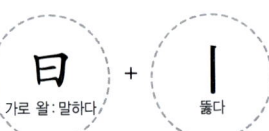

윗사람에게 요점을 뚫어 말한 후 숙인 허리를
펴니 = **펴다/납**(원숭이의 옛말)**/아홉째 지지**(원숭이)　(요점만 콕 p481)

申告　申請　申聞鼓　內申　上申　申申當付
(신고) (신청) (신문고) (내신) (상신) (신신당부)

번개/전기 전

雨 13획 7급II

一 厂 币 币 雨 雷 雷 電

- 电

비가 올 때 하늘에서 땅으로
번쩍이며 펼쳐지는 것이니 = 번개/전기

(뉘앙스 콕 p366)

電氣 電柱 電池 電源 電擊 電離 漏電
(전기) (전주) (전지) (전원) (전격) (전리) (누전)

귀신 신

示 10획 6급II

示 示 利 祁 神 神

- 鬼/靈

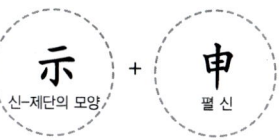

제단에 제물을 펼쳐 놓고
제사를 지내는 대상이니 = 귀신

鬼神 神靈 神奇 降神 神秘 神通 唯一神
(귀신) (신령) (신기) (강신) (신비) (신통) (유일신)

펼 신

人 7획 3급

亻 亻 伊 伊 伸 伸

- 施/設/張/陳/述   - 縮

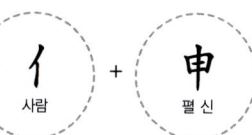

사람이
몸을 펴니 = 펴다

(뉘앙스 콕 p366)

伸長 伸張 伸縮 追伸(편지의 끝에 더 쓰고 싶은 것이 있을 때에 그 앞에 쓰는 말)
(신장) (신장) (신축) (추신)

땅 곤

土 8획 3급

土 圡 圠 坰 坤 坤

- 地   - 天/乾

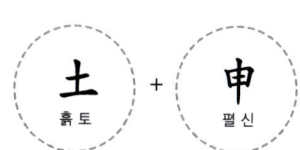

흙이 넓게
펴져 있는 곳이니 = 땅

乾坤
(건곤)

 요점만 콕!

☑ 申(펼/납 신)은 십이지지 중 아홉 번째 동물인 원숭이를 상징해요. (요점만 콕 p481)

☑ 壓(누를 압)과 押(누를 압)의 쓰임에 유의하세요.
- 壓 : 수직 압력을 의미하며 통상적인 글자 ▶ 抑壓(억압) 鎭壓(진압) 威壓(위압) 彈壓(탄압) 壓縮(압축)
- 押 : 손을 이용한 압력, 손을 묶는다는 의미 ▶ 押留(압류) 押送(압송) 押收(압수) 差押(차압)

疑 의심할 의
疋 14획 4급

匕 칼/숟가락 + 矢 화살 시 + マ 크다 + 疋 발/바르다

칼과 화살을 들고 크게 움직이면
행동이 바른지 의심받으니 = 의심하다

疑心 疑惑 質疑 懷疑 容疑者 被疑者 疑懼心
(의심) (의혹) (질의) (회의) (용의자) (피의자) (의구심)

凝 엉길 응
冫 16획 3급

冫 차다 + 疑 의심할 의

의심을 받으면 얼굴이 차갑게
굳으니 = 엉기다(액체 등이 한데 뭉쳐 굳어지다)

凝固 凝結 凝視 凝縮 凝集力
(응고) (응결) (응시) (응축) (응집력)

≡ 結

礎 주춧돌 초
石 18획 3급Ⅱ

石 돌 석 + 楚 회초리/높을/초나라 초

① 楚(회초리/높을/초나라 초) : 숲(林)에서 자식을 바로(疋)잡기 위해 꺾어 온 나무니

돌을 높은 기둥 아래
받쳐 놓은 것이니 = 주춧돌(기둥 밑에 괴는 돌)

礎石 基礎 定礎(사물의 기초를 잡아 정함)
(초석) (기초) (정초)

≡ 基
⊕ 础

癸 북방/천간 계
癶 9획 3급

癶 가다 + 天 하늘 천

길을 찾아 가려고 밤하늘의
북두칠성을 보니 = 북방/열째 천간

癸丑
(계축)

(요점만 콕 p481)

登 오를 등
癶 12획 7급

癶 가다 + 豆 콩 두 : 제기의 모양을 본뜬 자

제기를 들고 높은
제단으로 가니 = 오르다

登山 登校 登壇 登錄 登載 登頂 登龍門
(등산) (등교) (등단) (등록) (등재) (등정) (등용문)

≡ 騰/昇

燈 등 등
火 16획 4급II

丷 火 灯 灶 烂 燈 燈

- ㊀ 灯
- ㊐ 灯
- ㊥ 灯

火(불 화) + 登(오를 등)

불을 켜서 높은 곳에 올려놓은 것이니 = 등 (불을 켜서 밝게 하는 기구)

燈臺 燃燈 點燈 螢光燈 照明燈 標識燈
(등대) (연등) (점등) (형광등) (조명등) (표지등)

證 증거 증
言 19획 4급

言 言 言 訃 諮 證

- ㊀ 証
- ㊐ 証
- ㊥ 证

言(말씀 언) + 登(오를 등)

높은 곳에 올라 자신있게 말할 수 있는 것이니 = 증거 (증명할 수 있는 근거)

證據 證明 檢證 公證 認證 確證 僞證 證券
(증거) (증명) (검증) (공증) (인증) (확증) (위증) (증권)

發 필 발
癶 12획 6급II

癶 癶 孓 孒 發 發

- ㊀ 発
- ㊐ 発
- ㊥ 发

癶(가다) + 弓(활 궁) + 殳(창/치다)

전쟁을 이기고 돌아가는 활과 창을 든 병사들의 얼굴이 활짝 피었으니 = 피다 (형편이 나아지다) (뉘앙스 콕 p366)

發券 發芽 發明 發見 挑發 濫發 頻發 奮發 誘發 觸發
(발권) (발아) (발명) (발견) (도발) (남발) (빈발) (분발) (유발) (촉발)

廢 폐할/버릴 폐
广 15획 3급II

广 庀 庐 廃 廃 廢

- ㊀ 棄
- ㊐ 廃
- ㊥ 废
- ↔ 廃

广(장소) + 發(필 발 : 일어나다)

모두가 일어나 떠나 버린 장소니 = 폐하다/버리다 (뉘앙스 콕 p366)

廢家 廢品 廢棄 廢鑛 存廢 荒廢 老廢物
(폐가) (폐품) (폐기) (폐광) (존폐) (황폐) (노폐물)

 요점만 콕!

✓ 白(흰 백)은 '말하다'라는 뜻으로도 쓰여요.
- 희다 : 白飯(백반) 白眉(백미) 白蛇(백사) 淡白(담백) 蒼白(창백) 潔白(결백)
- 말하다 : 自白(자백) 主人白(주인백) 告白(고백) 獨白(독백) 傍白(방백)

白 흰 백
白 5획 8급

丶 亻 白 白 白

≡ 　 ⇔ 　
🔊 　 日 　 中

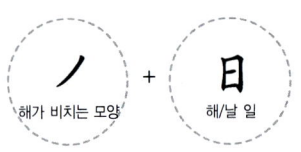

밝게 비치는 햇빛에 세상이 밝아지니 = **희다**

(요점만 콕 p365)

白飯　白眉　白蛇　淡白　蒼白　潔白　告白　傍白
(백반) (백미) (백사) (담백) (창백) (결백) (고백) (방백)

伯 맏 백
人 7획 3급Ⅱ

亻 亻' 亻 伯 伯

≡ 兄/孟 　 ⇔ 季
🔊 　 日 　 中

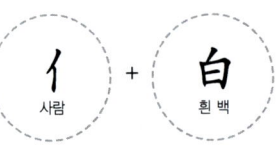

흰 머리가 가장 많은 **사람**이니 = **맏이**

伯父　伯爵　畵伯　方伯(관찰사. 조선 시대 각 도의 으뜸 벼슬)
(백부) (백작) (화백) (방백)

拍 칠 박
手 8획 4급

扌 扌' 扌 扌 拍 拍

≡ 擊/打/伐/征/討 　 ⇔ 守/防
🔊 　 日 　 中

손바닥이 하얗게 될 정도로 = **치다**

拍手　拍子　拍車　拍掌大笑
(박수) (박자) (박차) (박장대소)

 뉘앙스 콕!

- ☑ **播多(파다)** : 소문 등이 널리 퍼짐　▶ 소문이 파다(播多)하다.
- **頗多(파다)** : 아주 많음　▶ 밭에 콩이 파다(頗多)하다.

- ☑ **祝電(축전)** : 축하하는 뜻으로 보내는 전보(電報)　▶ 합격 축하를 위한 축전(祝電)
- **祝典(축전)** : 축하하는 뜻으로 행하는 의식이나 행사　▶ 개막 축전(祝典)에 참석하다.

- ☑ **伸長(신장)** : 길이 등을 길게 늘림　▶ 철근의 길이를 신장(伸長)시키다.
- **伸張(신장)** : 권리나 세력 등을 늘려 넓게 펴거나 뻗침　▶ 한국은 국력이 많이 신장(伸張) 되었다.

- ☑ **擊發(격발)** : 방아쇠를 당겨 탄환을 발사함　▶ 총을 격발(擊發)하였다.
- **激發(격발)** : 격동하여 일어남. 화약류 등이 격렬하게 폭발함　▶ 시위대의 증오심이 격발(激發)하였다.

- ☑ **廢校(폐교)** : 학교의 운영을 폐지함　▶ 재정상의 이유로 학교를 폐교(廢校)시켰다.
- **閉校(폐교)** : 학교 문을 닫고 쉼　▶ 하루 동안 폐교(閉校)되었다.
- **弊校(폐교)** : 말하는 이가 자기 학교를 낮춰 이르는 말　▶ 저희 폐교(弊校)를 찾아 주셔 감사합니다.

36일째 복습하기

복습 1 다음 한자를 큰 소리로 읽어 보세요. (2번 이상)

痛	勇	誦	田	男	細	累	苗	畓	踏
畏	番	審	播	飜	雷	由	油	宙	笛
抽	甲	押	申	電	神	伸	坤	疑	凝
礎	癸	登	燈	證	發	廢	白	伯	拍

복습 2 다음 훈음에 해당되는 한자를 쓰세요. 물론 윗부분은 감추고…

아플 통	날랠 용	욀 송	밭 전	사내 남	가늘 세	여러 루	모 묘	논 답	밟을 답
두려워할 외	차례 번	살필 심	뿌릴 파	번역할 번	우레 뢰	말미암을 유	기름 유	집 주	피리 적
뽑을 추	갑옷 갑	누를 압	펼/납 신	번개 전	귀신 신	펼 신	땅 곤	의심할 의	엉길 응
주춧돌 초	천간 계	오를 등	등 등	증거 증	필 발	폐할 폐	흰 백	맏 백	칠 박

복습 3 단어로 복습하기. 다음 뜻에 맞는 한자어를 한자로 쓰세요.

추출 (	) 사물에서 특정한 속성을 빼냄	우주선이 달 표면에 도착하다. ( )
연루 (	) 남의 범죄에 관련됨	기적을 울리며 기차가 출발했다. ( )
묘판 (	) 씨를 뿌려 모를 기르는 곳	조용한 목소리로 시를 낭송하다. ( )
전답 (	) 논과 밭	학생에게서 담배를 압수하다. ( )
신장 (	) 세력 등을 늘려 넓게 폄	유적지를 답사하였다. ( )
경외 (	) 공경하며 두려워함	지뢰의 폭발로 두 다리를 잃었다. ( )
심판 (	) 사건을 심의하여 판결함	나를 응시하는 타인의 시선을 느꼈다. ( )
전파 (	) 전하여 널리 퍼뜨려짐	기초 공사를 튼튼히 하다. ( )
방백 (	) 조선 시대에 각 도의 으뜸 벼슬	전쟁으로 마을이 황폐해졌다. ( )
건곤 (	) 하늘과 땅을 아울러 이름	외국 소설을 번역하였다. ( )

抽出/連累/苗板/田畓/伸張/敬畏/審判/傳播/方伯/乾坤   宇宙船/汽笛/朗誦/押收/踏査/地雷/凝視/基礎/荒廢/飜譯

현샘의 응원

남자는 모름지기 다섯수레에 실을 만큼의 책을 읽어야 하 듯 [남아수독오거서(男兒須讀五車書)]
1,817자 정도의 한자는
익혀야 하겠지요^^

37 일째

迫 핍박할 박
辶 9획 3급II

亻 白 白 泊 迫

= 脅 ⊕ 日 ⊕ 中

 +
白 흰 백 + 辶 가다

얼굴이 **하얗게** 되어 달려**갈**
정도니 = **핍박하다**(바싹 죄어서 몹시 괴롭게 굴다. 형세가 절박하다) (뉘앙스 콕 p376)

迫力　迫切　切迫　壓迫　急迫　臨迫　脅迫　驅迫　迫擊砲
(박력) (박절) (절박) (압박) (급박) (임박) (협박) (구박) (박격포)

泊 머무를/배댈 박
水 8획 3급

氵 汁 汩 泊 泊 泊

= 停 ⊕ 日 ⊕ 中

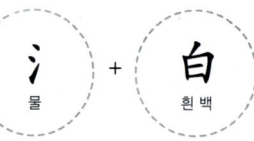
氵 물 + 白 흰 백

배 주위의 **물**에서 **하얗게** 거품이
날 정도로 배를 대고 머무르니 = **머무르다/배 대다**

民泊　宿泊　一泊二日　漂泊(풍랑을 만난 배가 물 위에 정처 없이 떠돎)
(민박) (숙박) (일박이일) (표박)

貌 모양 모
豸 14획 3급II

⺁ ⺁ 豸 豸 貊 貌

= 形/像/姿/樣/況 ⊕
⊙ 兒 ⊕ 中

豸 발 없는 벌레 치, 해태 태 + 白 흰 백 + 儿 사람/어질다

❶ 豸(발없는벌레 치, 해태 태) :
짐승이 몸을 웅크리고 벌레
를 덮쳐들려고 노리는 모양

해태나 머리가 **하얀**
사람의 모양이니 = **모양**

(요점만 콕)

面貌　美貌　容貌
(면모) (미모) (용모)

百 일백 백
白 6획 7급

一 ㄕ 丆 丙 百 百

= ⊕ 日 ⊕ 中

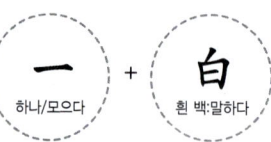
一 하나/모으다 + 白 흰 백:말하다

하나부터 세어
백이 되면 크게 **외치니** = **일백**

百姓　百濟　百貨店　百穀　百日紅　文武百官
(백성) (백제) (백화점) (백곡) (백일홍) (문무백관)

宿 잘 숙, 별자리 수
宀 11획 5급II

宀 宁 宇 疘 宿 宿

寢/眠 ⇔

예전에 세력 있는 **집**에서는 식객으로
사람 수백 명이 묵으니 = **자다**(묵다)/**별자리**　　(요점만 콕)

宿泊 宿醉 投宿 寄宿舍 宿願 宿怨 宿敵 宿命 辰宿列張
(숙박) (숙취) (투숙) (기숙사) (숙원) (숙원) (숙적) (숙명) (진수열장)

縮 줄일 축
糸 17획 4급

糹 紓 紓 紓 縮 縮

⇔ 擴/伸
缩

실을 오랫동안
놓아두면 부피가 줄어드니 = **줄이다**

縮尺 縮圖 短縮 壓縮 減縮 軍縮 收縮 緊縮
(축척) (축도) (단축) (압축) (감축) (군축) (수축) (긴축)

的 과녁 적
白 8획 5급II

 白 白 的 的 的

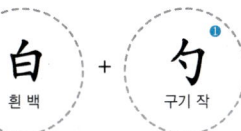

❶ 勺(구기 작): 중요한(丶) 물을 싸고 (勹)있는 작은 그릇이니 = 勺(구기 작)
* 구기: 술이나 기름 등을 풀 때에 쓰는 작은 기구

흰 판에 **구기**처럼
작은 원을 그려 만든 것이니 = **과녁**

的中 目的 標的 劇的 橫的 天賦的 可及的
(적중) (목적) (표적) (극적) (횡적) (천부적) (가급적)

約 맺을 약
糸 9획 5급II

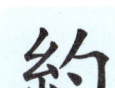 糸 糸 約 約

結/契/束 ⇔ 解
约

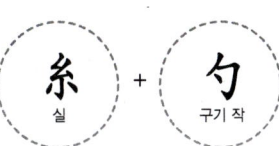

구기처럼 작고
짧은 **실**을 서로 이으니 = **맺다**

約束 約婚 約數 節約 契約 豫約 條約 違約金
(약속) (약혼) (약수) (절약) (계약) (예약) (조약) (위약금)

 요점만 콕!

☑ 貌(모양 모)와 模(본뜰 모)의 구분에 유의하세요.
- 模: 법/모범/본보기를 뜻함 ▶ 模樣(모양) 模倣(모방) 模唱(모창) 規模(규모) 模範(모범)
- 貌: 모양/꼴 등을 뜻함 ▶ 貌樣(모양) 面貌(면모) 美貌(미모) 容貌(용모)

☑ 宿(잘 숙, 별자리 수)는 '오래되다' 라는 뜻으로도 쓰여요.
- 자다: 宿泊(숙박) 宿醉(숙취) 投宿(투숙) 宿主(숙주) 寄宿舍(기숙사)
- 별자리: 星宿(성수) 辰宿列張(진수열장)
- 오래되다: 宿題(숙제) 宿願(숙원) 宿怨(숙원) 宿敵(숙적) 宿命(숙명)

皮 가죽 피
皮 5획 3급II

丿 厂 广 皮 皮

≡ 革

짐승의 몸을 **덮고있는**
가죽을 **뚫고 다스려** 벗기니 = **가죽**

皮下 毛皮 桂皮 羊皮 脫皮 草根木皮
(피하) (모피) (계피) (양피) (탈피) (초근목피)

疲 피곤할 피
疒 10획 4급

疒 疒 疒 疒 疲 疲

≡ 困

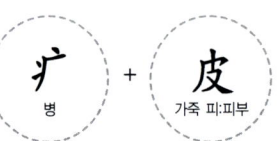

병색이 **피부**에
나타날 정도니 = **피곤하다**

疲困 疲勞 疲弊 (지치고 쇠약하여짐)
(피곤) (피로) (피폐)

破 깨뜨릴 파
石 10획 4급II

石 矽 矿 砂 破 破

≡ 裂/壞

돌의 **피부**인
겉 표면을 깨뜨리니 = **깨뜨리다**

破損 破滅 破裂 破壞 破棄 破鏡 破戒 突破
(파손) (파멸) (파열) (파괴) (파기) (파경) (파계) (돌파)

波 물결 파
水 8획 4급II

氵 氵 沪 汧 波 波

≡ 浪

물의 **피부**인
표면에서 일어나는 것이니 = **물결**

波紋 波動 波長 餘波 腦波 寒波 周波數 秋波 波及
(파문) (파동) (파장) (여파) (뇌파) (한파) (주파수) (추파) (파급)

彼 저 피
彳 8획 3급II

彳 彳 彳 犭 彼 彼

⇔ 是/此/我

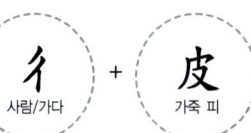

가죽 옷을 입고
있는 저 **사람**이니 = **저**

彼我 彼此 彼岸 於此彼
(피아) (피차) (피안) (어차피)

被 입을 피
衣 10획 3급II

ネ ネ ネ 衤 衤 袙 袙 被

= 被 ↔
(비슷) (반대)

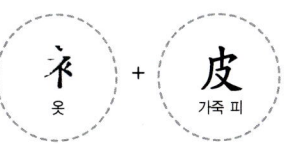

옷으로
피부를 감싸니 = 입다 (옷을 몸에 두르다, 받거나 당하다)

被害 被殺 被擊 被侵 被疑者 被寫體
(피해) (피살) (피격) (피침) (피의자) (피사체)

頗 자못 파
頁 14획 3급

广 皮 皮 皰 頗 頗 頗

= 偏 ↔
頗

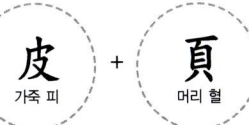

살가죽만 있는 대머리는
자못 늙어 보이니 = 자못 (생각보다 매우)

頗多 偏頗
(파다) (편파)

益 더할 익
皿 10획 4급II

八 公 公 斧 谷 益 益

= 增/添/加 ↔ 除/損

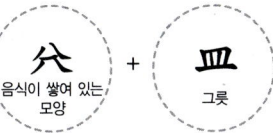

그릇 위에
음식을 계속 쌓으니 = 더하다

利益 收益 損益 差益 弘益 益甚 老益壯
(이익) (수익) (손익) (차익) (홍익) (익심) (노익장)

目 눈 목
目 5획 6급

丨 冂 冃 目 目

= 眼 ↔

눈의 모양 = 눈

目標 目的 目擊 眼目 條目 綱目 項目 盲目的
(목표) (목적) (목격) (안목) (조목) (강목) (항목) (맹목적)

直 곧을 직
目 8획 7급II

一 十 古 直 直 直

= 正/貞 ↔ 曲/屈

많은 눈이 감춰져 있어
언행을 바르게 해야 하니 = 곧다

直營 直徑 直系 直屬 直譯 剛直 率直 愚直
(직영) (직경) (직계) (직속) (직역) (강직) (솔직) (우직)

植 심을 식
木 12획 7급

木 朾 枯 柎 植 植

나무를
곧게 심으니 = **심다**

植物 植樹 植字 植民地 移植 腐植(흙 속에서 식물이 썩으면서 유기물을 만드는 일)
(식물) (식수) (식자) (식민지) (이식) (부식)

置 둘 치
四 13획 4급II

四 罒 罟 罝 眞 置

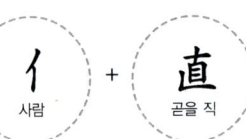

그물을
곧게 펼쳐 두니 = **두다**

置中 處置 置簿冊 備置 裝置 留置場 倒置 拘置
(치중) (처치) (치부책) (비치) (장치) (유치장) (도치) (구치)

値 값 치
人 10획 3급II

亻 仁 仵 佔 値 値

⊜ 價   ⊛ 値

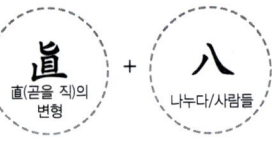

사람은 곧은 행동을
할 때 그 가치가 있으니 = **값**

價値 近似値 加重値
(가치) (근사치) (가중치)

眞 참 진
目 10획 4급II

一 匕 旨 眞 眞

⊛ 僞/假
⊚ 真   ⊜ 真   ⊛ 真

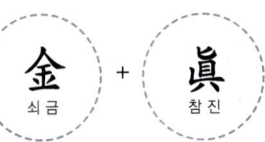

마음이 곧은 사람이
재물을 나누어 주니 = **참**

眞實 眞理 眞僞 眞犯 眞否 眞率 迫眞 眞紅色
(진실) (진리) (진위) (진범) (진부) (진솔) (박진) (진홍색)

鎭 진압할 진
金 18획 3급II

金 釒 釦 鎭 鎭 鎭

⊜ 壓   ⊛
     ⊚ 鎭   ⊛ 镇

쇠덩어리 같이 **참**으로 무거운 것으로 눌러
진압하니 = **진압하다**(강압적인 힘으로 억눌러 진정시키다)
(뉘앙스 콕 p376)

鎭壓 鎭痛 鎭靜 重鎭 書鎭 文鎭(종이 등이 날리지 않도록 누르는 물건)
(진압) (진통) (진정) (중진) (서진) (문진)

愼 삼갈 신
心 13획 3급Ⅱ

丶 忄 忄 忄 愼 愼 愼

= 謹
🔊 愼 ㊥ 慎

忄(마음) + 眞(참 진)

마음이 참된 사람은 욕심을
삼가니 = 삼가다 (몸가짐과 언행을 조심하다)

愼重 愼獨 謹愼 勤愼
(신중) (신독) (근신) (근신)

循 돌 순
彳 12획 3급

彳 彳 彳 循 循 循

= 回/巡
🔊 循 ㊥ 循

彳(사람/가다) + 盾(방패 순)

사람이 방패를 들고
주위를 경계하며 = 돌다

❶ 盾(방패 순): 많은(十) 무기로 부터 눈(目)을 덮어(厂)
보호해 주는 것이니
(요점만 콕)

循行 循環
(순행) (순환)

德 큰 덕
彳 15획 5급Ⅱ

彳 彳 徝 徝 德 德

=
🔊 德 ㊥ 德

彳(사람/가다) + 直(곧을 직)의 변형 + 心(마음 심)

사람이 곧은
마음으로 큰 덕을 베푸니 = 크다

德望 德澤 德談 德分 厚德 婦德 變德 背恩忘德
(덕망) (덕택) (덕담) (덕분) (후덕) (부덕) (변덕) (배은망덕)

聽 들을 청
耳 22획 4급

耳 耵 耳 聽 聽 聽

= 聞
🔊 聽 ㊥ 听

耳(귀 이) + 壬(짊어질 임) + 悳(큰 덕)의 변형

귀가 맡은 역할은
덕스러운 소리를 듣는 것이니 = 듣다

聽覺 聽衆 聽取 傾聽 盜聽 傍聽 補聽器
(청각) (청중) (청취) (경청) (도청) (방청) (보청기)

 요점만 콕!

☑ 循(돌 순)과 巡(돌 순)의 구분에 유의하세요.
- 循(돌 순): 질서와 차례를 지키며 돈다는 뜻 ▶ 循行(순행) 循環(순환)
- 巡(돌 순): 상황을 경계하기위해 여러 곳을 돈다는 뜻 ▶ 巡訪(순방) 巡視(순시) 巡察(순찰) 巡警(순경) 巡禮(순례)

☑ 순행은 여러 가지 뜻으로 쓰여요.
- 巡行(순행): 여행이나 공부를 하기 위해 여러 곳으로 돌아다님
- 循行(순행): 여러 곳으로 돌아다니며 명령을 따라 행함
- 順行(순행): 거스르지 않고 행함. 차례대로 나아감

정말이지 쉬운 한자 373

廳 관청 청
广 25획 4급

广 厈 庐 廳 廳 廳

= 厅 ↔ 厅 中 庁

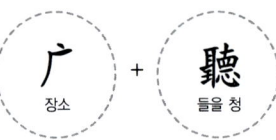

广(장소) + 聽(들을 청)

백성의 소리를
듣는 곳이니 = 관청

道廳 市廳 官廳 區廳 廳舍 中央廳 特許廳 調達廳
(도청)(시청)(관청)(구청)(청사)(중앙청)(특허청)(조달청)

相 서로 상
目 9획 5급Ⅱ

一 十 木 村 机 相

= 互

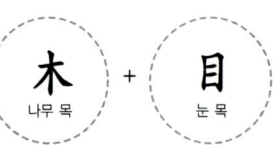

木(나무 목) + 目(눈 목)

나무에 올라
눈으로 서로를 살피니 = 서로   (요점만 콕)

相互 相逢 相異 相續 皮相 觀相 手相 首相
(상호)(상봉)(상이)(상속)(피상)(관상)(수상)(수상)

想 생각 상
心 13획 4급Ⅱ

木 村 相 想 想

= 思/念/慮/憶/惟

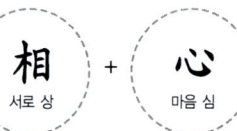

相(서로 상) + 心(마음 심)

서로의 모습을
마음속에 떠올리는 것이니 = 생각

想像 思想 夢想 聯想 冥想 構想 豫想 追想(추억) 推想(미루어서 생각함)
(상상)(사상)(몽상)(연상)(명상)(구상)(예상)(추상)(추상)

霜 서리 상
雨 17획 3급Ⅱ

宀 帘 雷 雫 霏 霜

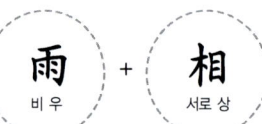

雨(비 우) + 相(서로 상)

비가 서로 얼어 붙어
내리는 것이니 = 서리

霜害 霜降 風霜 秋霜 星霜 雪上加霜
(상해)(상강)(풍상)(추상)(성상)(설상가상)

務 힘쓸 무
力 11획 4급Ⅱ

矛 矛 矜 矜 務 務

= 勞   中 务

矛(창 모) + 攵(힘쓰다) + 力(힘 력)

❶ 矛(창 모): 내(予)가 창을 들고 있는 모양

창을 들고, 있는 힘을 다해
적을 무찌르는데 힘쓰니 = 힘쓰다

業務 職務 勞務 激務 執務 敎務室 庶務課 債務者
(업무)(직무)(노무)(격무)(집무)(교무실)(서무과)(채무자)

霧 안개 무
雨 19획 3급

云 雫 雰 雰 霧 霧

雨(비 우) + 務(힘쓸 무)

비가 내리 듯 물방울들이
사방에 힘써 퍼져있으니 = 안개

雲霧 煙霧 霧散 五里霧中
(운무) (연무) (무산) (오리무중)

柔 부드러울 유
木 9획 3급Ⅱ

マ 予 矛 柔 柔

= 軟   ⇔ 固/堅/硬

矛(창 모) + 木(나무 목)

❶ 矛(창 모) : 내(厶)가 창을 들고 있는 모양

창은 잘 휘어지는
나무로 만드니 = 부드럽다

柔道 柔軟 柔弱 溫柔 懷柔(어루만지고 잘 달래어 시키는 말을 듣도록 함)
(유도) (유연) (유약) (온유) (회유)

矢 화살 시
矢 5획 3급

ノ 亠 厶 午 矢

矢(화살 시)

화살의 모양 = 화살

弓矢 矢言(맹세하여 언약한 말)
(궁시) (시언)

知 알 지
矢 8획 5급Ⅱ

ノ 亠 矢 知 知 知

= 識/認

矢(화살 시) + 口(사람/입)

화살을 쏜 후
사람이 점수를 알아 보니 = 알다

知識 知覺 認知 豫知 感知 周知 道知事
(지식) (지각) (인지) (예지) (감지) (주지) (도지사)

요점만 콕!

☑ 相(서로 상)은 '상을 보다'와 '정승' 그리고 '모양'이라는 뜻으로도 쓰여요.
- 서로 : 相異(상이) 相續(상속) 相好(상호) 相互(상호) 相達(상봉) 相殺(상쇄) 相議(상의)
- 상을 보다(앞날의 길흉화복을 알기 위하여 관상을 보다) : 手相(수상) 觀相(관상) 人相(인상)
- 정승(조선 시대 영의정, 좌의정 등) : 首相(수상) 領相(영상) 左相(좌상) 右相(우상) 王侯將相(왕후장상)
- 모양 : 樣相(양상) 眞相(진상) 皮相(피상)

智 지혜/슬기 **지**
日 12획 4급

ㄣ 矢 知 智 智 智

慧

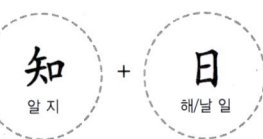

아는 것이 날이
갈수록 많아지니 = 지혜/슬기

智慧 智略 智德體 奇智 衆智 智謀 銳智
(지혜) (지략) (지덕체) (기지) (중지) (지모) (예지)

短 짧을 **단**
矢 12획 6급Ⅱ

ㅗ 矢 知 短 短

長

화살이 콩 만큼
날아 갔으니 = 짧다

長短 短篇 短點 短身 短縮 短劍 短距離
(장단) (단편) (단점) (단신) (단축) (단검) (단거리)

어조사 **의**
矢 7획 3급

亠 厶 台 乕 矣 矣

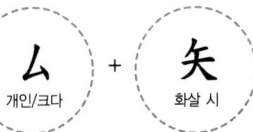

크게 날아간 화살이 떨어지 듯
말을 맺을 때 사용하는 것이니 = 어조사

汝矣島 萬事休矣(모든 것이 헛수고로 돌아감을 이르는 말)
(여의도) (만사휴의)

石 돌 **석**
石 5획 6급

一 厂 ㄣ 石 石

어느 장소
아래에 있는 돌의 모양 = 돌

石塔 石刻 石灰 石綿 巖石 鑛石 金剛石
(석탑) (석각) (석회) (석면) (암석) (광석) (금강석)

 뉘앙스 콕!

- ☑ 切迫(절박) : 마감이나 시기(時期), 기일(期日) 등이 매우 급함 ▶ 상황이 매우 절박(切迫)하다.
  - 迫切(박절) : ① 인정(人情)이 없고 쌀쌀함 ② 일이 닥쳐서 몹시 급함 ▶ 박절(迫切)하게 굴다.
- ☑ 鎭痛(진통) : 아픈 것을 가라앉혀 멎게 함 ▶ 환자에게 진통(鎭痛) 효과가 있는 약을 투약하다.
  - 陣痛(진통) : 해산할 때 짧은 간격을 두고 주기적으로 반복되는 복부의 통증 ▶ 진통(陣痛)이 오다.

37일째 복습하기

복습 1 다음 한자를 큰 소리로 읽어 보세요. (2번 이상)

迫	泊	貌	百	宿	縮	的	約	皮	疲
破	波	彼	被	頗	益	目	直	植	置
値	眞	鎭	愼	循	德	聽	廳	相	想
霜	務	霧	柔	矢	知	智	短	矣	石

복습 2 다음 훈음에 해당되는 한자를 쓰세요. 물론 윗부분은 감추고...

핍박할 박	머무를 박	모양 모	일백 백	잘 숙	줄일 축	과녁 적	맺을 약	가죽 피	피곤할 피
깨뜨릴 파	물결 파	저 피	입을 피	자못 파	더할 익	눈 목	곧을 직	심을 식	둘 치
값 치	참 진	진압할 진	삼갈 신	돌 순	큰 덕	들을 청	관청 청	서로 상	생각 상
서리 상	힘쓸 무	안개 무	부드러울 유	화살 시	알 지	지혜 지	짧을 단	어조사 의	돌 석

복습 3 단어로 복습하기. 다음 뜻에 맞는 한자어를 한자로 쓰세요.

관청 (	) 국가기관을 통틀어 일컫는 말	시위대를 무력으로 진압하다. (	)
풍상 (	) 많이 겪은 세상의 어려움과 고난	일을 신중하게 검토하다. (	)
모양 (	) 꼴이나 모습	범인들의 경찰의 무전을 도청하였다. (	)
긴축 (	) 지출을 크게 줄임	상황이 매우 절박하다. (	)
탈피 (	) 일정한 상태에서 완전히 벗어남	약간의 음주는 혈액의 순환을 돕는다. (	)
피폐 (	) 지치고 쇠약해짐	숙박료를 지불하다. (	)
피아 (	) 그와 나 또는 저편과 이편을 이름	대통령이 집무실로 출근하다. (	)
피해 (	) 재산이나 신체상의 손해를 입음	체조 선수들은 몸이 유연해야 한다. (	)
파다 (	) 아주 많음	그의 배신으로 계획이 무산되었다. (	)
시언 (	) 굳게 맹세한 말	돈을 가치의 척도로 삼다. (	)

官廳/風霜/貌樣/緊縮/脫皮/疲弊/彼我/被害/頗多/矢言　　鎭壓/愼重/盜聽/切迫/循環/宿泊/執務/柔軟/霧散/價値

현쌤의 응원

37일째가 끝났군요!!
진짜 얼마 남지 않았어요
다시 힘을 내서 화이팅^^

38일째

拓 넓힐 척 / 박을 탁
手 8획 3급II

才 才 打 打 拓 拓

= 擴

才(손) + 石(돌 석)

* 손으로 돌을 치워 땅을 넓히니 = 넓히다
* 손으로 돌에 새겨진 글을 눌러서 박아 내니 = 박다

開拓　干拓　拓本
(개척) (간척) (탁본)

研 갈 연
石 11획 4급II

石 石 研 研 研 研

= 究/磨

石(돌 석) + 开(평평할 견) ❶

❶ 开(평평할 견) : 방패(干)를 나란히 놓으면 평평하게 되니

돌을 평평하게
만드는 것이니 = 갈다

研究　研磨　研修
(연구) (연마) (연수)

確 굳을 확
石 15획 4급II

石 石 石 碓 碓 確 確

= 固/堅/硬　↔ 柔/軟

石(돌 석) + 冖(덮다) + 隹(새 추)

새를 잡아 돌로
덮어 놓으니 = 굳다

確實　確固　確立　確率　確證　精確
(확실) (확고) (확립) (확률) (확증) (정확)

碧 푸를 벽
石 14획 3급II

丁 王 珀 珀 碧 碧

= 青/綠/蒼

王(玉(구슬 옥)의 변형) + 白(흰 백) + 石(돌 석)

옥돌이 희다
못해 푸르니 = 푸르다

碧眼　碧空　碧溪水　桑田碧海
(벽안) (벽공) (벽계수) (상전벽해)

示 보일 시

示 5획 5급

一 二 亍 示 示

= 觀/視/監/看/覽 ⇔

신: 제단의 모양

신에게 제사를 지내는 제단의 모양,
제사를 지내 신에게 정성을 보여 주니 = **보이다**

示範　示威　啓示　誇示　默示　展示
(시범) (시위) (계시) (과시) (묵시) (전시)

視 볼 시

見 12획 4급Ⅱ

一 亍 禾 初 祝 視

= 觀/示/監/看/覽 ⇔ 視

示(신) + 見(볼 견)

신에게 제사를
지내기 전 주위를 살펴 **보니** = **보다**

視覺　視聽　亂視　巡視　疾視　賤視　透視　錯視
(시각) (시청) (난시) (순시) (질시) (천시) (투시) (착시)

社 모일 사

示 8획 6급Ⅱ

一 亍 禾 示 社 社

= 會/集/蓄/募 ⇔ 散

示(신) + 土(흙 토)

토지 **신**에게 제사를
지내려고 사람들이 모이니 = **모이다**

會社　社長　社規　社債　支社　社交
(회사) (사장) (사규) (사채) (지사) (사교)

宗 마루 종

宀 8획 4급Ⅱ

宀 宁 宇 宇 宗 宗

= ⇔

宀(집) + 示(신)

신에게 제사를 지내는 종갓**집**은 그 집안에서
가장 으뜸이니 = **마루**(어떤 사물의 첫째. 또는 어떤 일의 기준이나 근본)

宗家　宗敎　宗派　宗廟　改宗　禪宗　宗主國
(종가) (종교) (종파) (종묘) (개종) (선종) (종주국)

崇 높을 숭

山 11획 4급

山 屮 峃 峃 崇 崇

= 高/卓/尊 ⇔ 低

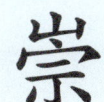
山(메 산) + 宗(마루 종)

산의
마루(산등성이의 가장 높은 곳)는 = **높다**

崇高　崇拜　崇慕　崇尙　崇仰　崇禮門
(숭고) (숭배) (숭모) (숭상) (숭앙) (숭례문)

祭 제사 제
示 11획 4급II

夕 奴 奴 怒 祭 祭

月 (몸/고기) + 又 (다스리다/들어오다) + 示 (신)

고기를 가지고 들어와
신에게 바치는 것이니 = 제사

(요점만 콕)

祭祀 祭器 祭物 祭酒 祭需 司祭 忌祭 慰靈祭
(제사) (제기) (제물) (제주) (제수) (사제) (기제) (위령제)

際 즈음/가 제
阜 14획 4급II

阝 阝 阞 陛 陛 際

交, 邊 / 际

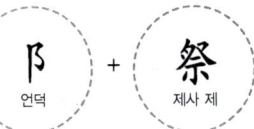

阝 (언덕) + 祭 (제사 제)

언덕에서 제사를 모시는
때니 = 즈음(일이 어찌 될 무렵)/가[邊, 가장자리]

交際 實際 國際 此際 際涯(끝닿는 곳)
(교제) (실제) (국제) (차제) (제애)

察 살필 찰
宀 14획 4급II

宀 宀 宀 寀 寀 察

省/監

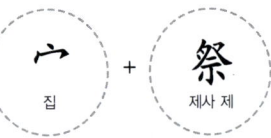

宀 (집) + 祭 (제사 제)

집에서 제사를 지내기 전에
음식을 정성껏 살피니 = 살피다

觀察 警察 監察 檢察 省察 巡察 洞察
(관찰) (경찰) (감찰) (검찰) (성찰) (순찰) (통찰)

票 표 표
示 11획 4급II

一 西 西 覀 票 票

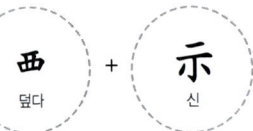

西 (덮다) + 示 (신)

신에게 받은 계시를
보이지 않게 덮어 표시해 두니 = 표

(뉘앙스 콕 p386)

手票 郵票 投票 換票 浮動票 賣票
(수표) (우표) (투표) (환표) (부동표) (매표)

標 표할 표
木 15획 4급

栖 標 標 標 標

标

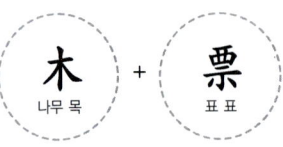

木 (나무 목) + 票 (표 표)

나무를 구분하기
위해 표를 붙이니 = 표하다

(뉘앙스 콕 p386)

商標 標記 標示 標語 標的 標準 座標 指標
(상표) (표기) (표시) (표어) (표적) (표준) (좌표) (지표)

漂

떠다닐 표

水 14획 3급

氵沪沪沪漂漂

- ≡ 浮
- ⇔ 停/留

氵(물) + 票(표 표)

물 위에 부표가
떠 있으니 = 떠다니다

(뉴앙스 콕 p386)

浮漂 漂流 漂白(종이나 피륙 등을 바래거나 화학 약품으로 탈색하여 희게 함)

(부표) (표류) (표백)

價

값 가

人 15획 5급II

亻仃價價價

- ≡ 値
- ⇔
- 価   価   价

亻(사람) + 襾(덮다) + 貝(재물)

상인이 재물을 안 보이게
덮은 후 손님 몰래 정하는 것이니 = 값

價格 價値 價額 物價 營養價 株價 評價 同價紅裳

(가격) (가치) (가액) (물가) (영양가) (주가) (평가) (동가홍상)

西

서녘 서

襾 6획 8급

一 一 兀 丙 西 西

- ≡
- ⇔ 東

襾(덮다)

물건을 덮어
보관하는 쪽이니 = 서녘

西便 西紀 關西 湖西 嶺西 佛蘭西

(서편) (서기) (관서) (호서) (영서) (불란서)

要

요긴할 요

襾 9획 5급II

一 一 兀 丙 要 要

- ≡ 緊
- ⇔

襾(덮다) + 女(여자 녀)

몸을 덮어 따뜻하게 하는 것은
여자에게 있어 중요하니 = 요긴하다 (매우 중요하다)

要緊 要點 要綱 概要 需要 要塞 摘要 重要

(요긴) (요점) (요강) (개요) (수요) (요새) (적요) (중요)

 요점만 콕!

☑ 매번 헷갈렸던 제사상 차림법[진설법(陳設法)]에 대해 알아두세요.

- 紅東白西(홍동백서) : 붉은색 과일을 동쪽부터, 흰색과일은 서쪽에 위치.
- 魚東肉西(어동육서) : 생선은 동쪽에 놓고 육류는 서쪽에 위치.
- 頭東尾西(두동미서) : 생선의 머리는 동쪽을 향하게 하고 꼬리는 서쪽을 향하게 위치.
- 生東熟西(생동숙서) : 날 것은 동쪽에 차리고 익힌 것은 서쪽에 위치.
- 棗栗梨柿(조율이시) : 좌측부터 대추, 밤, 곶감, 배, 사과의 순서로 위치. ※ 棗(대추 조), 柿(감 시)

腰 허리 요
肉 13획 3급

月 肝 肥 胛 腰 腰

月 (몸/고기) + 要 (요긴할 요)

몸에서
요긴한 곳이니 = 허리

腰帶 腰痛
(요대) (요통)

栗 밤 률
木 10획 3급Ⅱ

一 冖 兀 西 覀 栗

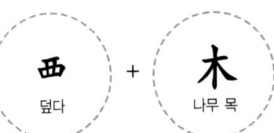

西 (덮다) + 木 (나무 목)

밤송이로 덮여 있는
나무의 열매니 = 밤

生栗 黃栗 栗谷(이이의 호)
(생률) (황률) (율곡)

粟 조 속
米 12획 3급

一 冖 西 覀 覀 粟

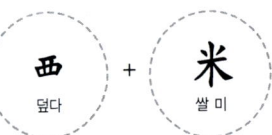

西 (덮다) + 米 (쌀 미)

쌀을 덮어 놓고 대신 먹는
것이니 = 조(오곡의 하나로 볏과의 한해살이 풀)

粟米(좁쌀)
(속미)

煙 연기 연
火 13획 4급Ⅱ

丷 火 炬 炬 煙 煙

烟

火 (불 화) + 西 (덮다) + 土 (흙 토)

불을 덮은
흙에서 연기가 나니 = 연기

煙氣 煙草 煙幕 煙霧 吸煙 禁煙 砲煙 無煙炭
(연기) (연초) (연막) (연무) (흡연) (금연) (포연) (무연탄)

遷 옮길 천
辶 16획 3급Ⅱ

西 覀 要 粟 䙴 遷

運/移 迁 迁

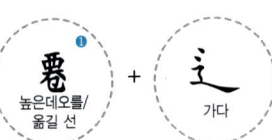

䙴 (높은데오를/옮길 선) + 辶 (가다)

❶ 䙴 (높은데오를/옮길 선): 벼리를 덮으면(襾) 더 큰(大) 벼슬(日)에 오를 수 있으니

다른 곳으로
옮겨 가니 = 옮기다

遷都 變遷 左遷 播遷 孟母三遷
(천도) (변천) (좌천) (파천) (맹모삼천)

祿 녹 록

示 13획 3급Ⅱ

千 示 利 秆 祢 祿

≡ 俸 ⇔
⊙ ㊐ 祿 ㊥ 禄

示 + 彔
신 + 나무깎을 록

❶ 彔(나무깎을 록) : 힘써(ヨ) 모으려면(氺) 나무 껍질도 깎아야 하니

신 앞에 **나무를 깎아** 만든 위패를
놓고 급여를 많이 받게 해달라고 비니 = **녹**(녹봉)

(뉘앙스 콕 p386)

貫祿 官祿 國祿 福祿(타고난 복과 벼슬아치의 녹봉)

(관록)(관록)(국록)(복록)

綠 푸를 록

糸 14획 6급

紂 紎 紀 紵 綵 綠

≡ 靑/蒼/碧 ⇔
⊙ ㊐ 緑 ㊥ 绿

糸 + 彔
실 + 나무 깎을 록

실을 **나무를 깎아**
담아 둔 물로 염색하니 = **푸르다**

綠色 綠茶 綠豆 綠內障 葉綠素

(녹색)(녹차)(녹두)(녹내장)(엽록소)

錄 기록할 록

金 16획 4급Ⅱ

金 鈩 釒 鈩 鉁 錄

≡ 記/誌/識 ⇔
⊙ ㊐ 録 ㊥ 录

金 + 彔
쇠 금 + 나무 깎을 록

금속 판이나 **나무를 깎은**
조각에 글을 새기니 = **기록하다**

記錄 抄錄 附錄 錄音 錄取 芳名錄 備忘錄 默示錄

(기록)(초록)(부록)(녹음)(녹취)(방명록)(비망록)(묵시록)

禾 벼 화

禾 5획 3급

一 二 千 千 禾

≡ 稻 ⇔
⊙ ㊐ ㊥

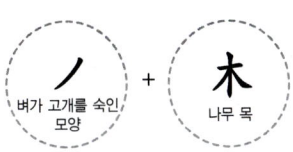

ノ + 木
벼가 고개를 숙인 모양 + 나무 목

고개 숙인
나무니 = **벼**

禾苗 晩禾(제철보다 늦게 여무는 벼)

(화묘)(만화)

私 사사로울 사

禾 7획 4급

一 二 千 禾 禾 私 私

≡ ⇔ 公
⊙ ㊐ ㊥

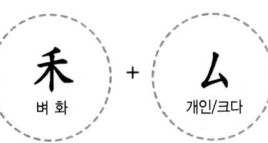

禾 + 厶
벼 화 + 개인/크다

벼를 **개인**이 소유하니
= **사사롭다**(공적이지 않고 개인적인 성질이 있다)

私服 私兵 私債 私淑 私生活 公私

(사복)(사병)(사채)(사숙)(사생활)(공사)

정말이지 쉬운 한자 **383**

利 이할 리
刀 7획 6급II

一 二 千 禾 利 利

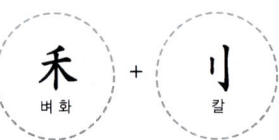

벼를 칼로 수확하면
이로우니 = 이하다 (이익이나 이득이 되다)

利子 利益 利潤 利點 利率 複利 營利 銳利
(이자) (이익) (이윤) (이점) (이율) (복리) (영리) (예리)

梨 배 리
木 11획 3급

二 千 禾 利 犁 梨

이로운 열매가
열리는 나무니 = 배 (배나무)

梨花 梨園 烏飛梨落
(이화) (이원) (오비이락)

和 화할 화
口 8획 6급II

一 二 千 禾 和 和

⊜ 協/睦   ⟺ 戰/競/爭

벼를 사람들이 사이좋게 나눠
가지니 = 화하다 (서로 뜻이 맞아 사이 좋은 상태가 되다)

和睦 和解 斥和 緩和 平和 違和感 雙和湯
(화목) (화해) (척화) (완화) (평화) (위화감) (쌍화탕)

種 씨 종
禾 14획 5급II

禾 秆 秆 稙 種 種

⊜ 核   ⊕ 种

벼 중에서 무거운 것을 골라
다음 해에 뿌릴 씨앗으로 사용하니 = 씨

種子 種類 種豚 播種 雜種 甲種 別種
(종자) (종류) (종돈) (파종) (잡종) (갑종) (별종)

秋 가을 추
禾 9획 7급

二 千 禾 禾 秋 秋

⟺ 春

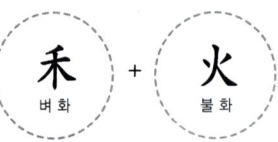

벼가 불에 타 듯
누렇게 익을 때니 = 가을

秋夕 秋穀 秋季 秋毫 秋霜 春秋
(추석) (추곡) (추계) (추호) (추상) (춘추)

愁

근심 **수**

心 13획 3급II

千 禾 禾' 秋 愁 愁

- 憂/患/哀
- 歡

 +
가을 추   마음 심

가을에 추운 겨울을
걱정하는 마음이니 = 근심

愁心 憂愁 鄕愁 哀愁

(수심) (우수) (향수) (애수)

委

맡길 **위**

女 8획 4급

二 千 禾 乔 委 委

- 任/司/托

禾 + 女
벼 화   여자 녀

수확한 벼를
여자인 부인에게 맡기니 = 맡기다

委任 委任狀 委員會

(위임) (위임장) (위원회)

季

계절 **계**

子 8획 4급

二 千 禾 季 季 季

- 伯

禾 + 子
벼 화   아들 자

가을은 벼를 아들과
함께 추수하는 계절이니 = 계절

季節 季氏 季刊 冬季 四季

(계절) (계씨) (계간) (동계) (사계)

香

향기 **향**

香 9획 4급II

二 千 禾 乔 香 香

禾 + 日
벼 화   해/날 일

벼가 햇빛에 잘 익어
고소한 향기가 나니 = 향기

香氣 香水 香料 香爐 墨香 香辛料(음식에 맵거나 향기로운 맛을 더하는 조미료)

(향기) (향수) (향료) (향로) (묵향) (향신료)

요점만 콕!

☑ **伯仲叔季(백중숙계)**란 각각 어떤 뜻일까요?

- 伯(맏 백) : 맏이 ▶ 畫伯(화백) 伯父(백부, 아버지의 형제 중 맏이, 큰아버지)
- 仲(버금 중) : 둘째 ▶ 仲裁(중재) 仲父(중부, 아버지의 형제 중 둘째)
- 叔(아재비 숙) : 셋째 ▶ 叔父(숙부) 叔母(숙모) 叔姪(숙질) 堂叔(당숙)
- 季(계절/끝 계) : 막내 ▶ 季父(계부, 아버지의 막내아우)

稻 벼 도
禾 15획 3급

二 禾 秆 秆 稻 稻

- 禾

禾 + 爫(다투다/손톱) + 臼(절구 구)

벼를 절구에 넣고
손으로 찧으니 = 벼

稻作 陸稻 早稻 稻熱病
(도작) (육도) (조도) (도열병)

稚 어릴 치
禾 13획 3급Ⅱ

千 禾 利 秆 秆 稚

- 幼
- 老/長/丈

禾 + 隹(새 추)

벼가
작은 새만 하니 = 어리다

幼稚 幼稚園 稚魚 稚氣 稚拙
(유치) (유치원) (치어) (치기) (치졸)

稿 볏짚/원고 고
禾 15획 3급Ⅱ

二 禾 秆 稍 稿 稿

禾 + 高(높을 고)

* 벼를 높이 쌓아 올린 것이니 = 볏짚(벼의 이삭을 떨어낸 줄기)
* 볏짚처럼 높이 쌓이는 것이니 = 원고

原稿 草稿 稿料 寄稿 脫稿
(원고) (초고) (고료) (기고) (탈고)

뉘앙스 콕!

- ☑ **手票(수표)** : 예금을 가진 사람이 소지인에게 일정한 금액을 줄 것을 은행에 위탁하는 유가 증권 ▶ 수표(手票)를 발행하다.
- **手標(수표)** : 돈을 빌릴 때 주고받는 증서 ▶ 돈을 빌리고 수표(手標)를 주고받았다.
- ☑ **浮標(부표)** : 물 위에 띄워 표적으로 삼는 물건 ▶ 해수욕장에 부표(浮標)를 띄워 위험을 표시하였다.
- **浮漂(부표)** : 물 위에 떠서 이리저리 떠돌아다님 ▶ 홍수로 인해 쓰레기가 부표(浮漂)하고 있다.
- ☑ **貫祿(관록)** : 몸에 갖추어진 위엄이나 권위 ▶ 시장으로서의 관록(貫祿)이 몸에 배었다.
- **官祿(관록)** : 관원에게 주던 봉급. 관직과 봉록 ▶ 관원들이 관록(官祿)을 받았다.

38일째 복습하기

복습 1 다음 한자를 큰 소리로 읽어 보세요. (2번 이상)

拓	研	確	碧	示	視	社	宗	崇	祭
際	察	票	標	漂	價	西	要	腰	栗
粟	煙	遷	祿	綠	錄	禾	私	利	梨
和	種	秋	愁	委	季	香	稻	稚	稿

복습 2 다음 훈음에 해당되는 한자를 쓰세요. 풀은 윗부분은 감추고…

넓힐 척	갈 연	굳을 확	푸를 벽	보일 시	볼 시	모일 사	마루 종	높을 숭	제사 제
가 제	살필 찰	표 표	표할 표	떠다닐 표	값 가	서녘 서	요긴할 요	허리 요	밤 률
조 속	연기 연	옮길 천	녹 록	푸를 록	기록할 록	벼 화	사사로울 사	이할 리	배 리
화할 화	씨 종	가을 추	근심 수	맡길 위	계절 계	향기 향	벼 도	어릴 치	원고 고

복습 3 단어로 복습하기. 다음 뜻에 맞는 한자어를 한자로 쓰세요.

속미 (	) 좁쌀	황무지를 개척하여 농지로 만들다.	(	)
천도 (	) 도읍을 옮김	비가 올 확률은 아주 적다.	(	)
벽안 (	) 눈동자가 파란 눈, 서양 사람	사건 발생 지역의 순찰을 강화하다.	(	)
이화 (	) 배나무의 꽃	배가 태풍을 만나 바다를 표류하다.	(	)
도작 (	) 벼농사	동료의 출세를 질시하다.	(	)
관록 (	) 몸에 갖추어진 위엄이나 권위	먼산을 바라보며 우수에 잠겼다.	(	)
표준 (	) 사물의 정도 등을 알기 위한 기준	공장을 관리하도록 위임을 받았다.	(	)
화묘 (	) 옮겨 심기 위하여 기른 벼의 싹	선비들은 학문을 숭상하였다.	(	)
요대 (	) 허리 띠	유치한 장난을 치다.	(	)
생률 (	) 익히거나 말리지 않은 밤	원고를 출판사에 넘겼다.	(	)

粟米/遷都/碧眼/梨花/稻作/貫祿/標準/禾苗/腰帶/生栗 　　 開拓/確率/巡察/漂流/疾視/憂愁/委任/崇尙/幼稚/原稿

현샘의 응원

공자(孔子)가 책을 하도 많이 읽어 책을 묶은 끈이 세 번이나 끊어졌 듯 [韋編三絕(위편삼절)]
우리도 3급 책이 너덜너덜 해질 때까지
열공 합시다^^!!

39 일째

高 높을 고
高 10획 6급Ⅱ
亠 亠 产 盲 高 高
≡ 卓/崇/尊/隆 ↔ 低/卑

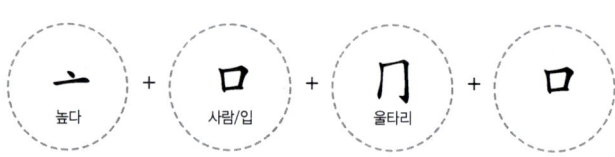

높은 사람들이 사는
곳은 울타리도 높으니 = 높다

高等 高級 高貴 高潔 高尚 崇高 等高線
(고등) (고급) (고귀) (고결) (고상) (숭고) (등고선)

橋 다리 교
木 16획 5급
木 木 杯 杯 榨 橋 橋
≡ 梁 ⊕ 桥

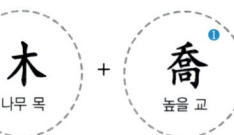

나무를 하천 위에
높이 걸쳐 놓은 것이니 = 다리

❶ 喬(높을 교) : 젊은(夭:젊을 요) 사람이 높은(高)
　자리에 오르니
　＊夭(젊을 요) : 크게(大) 될 때까지 다스림(丿)을 받는
　　사람이니

橋梁 橋脚 陸橋 鐵橋 浮橋 架橋
(교량) (교각) (육교) (철교) (부교) (가교)

矯 바로잡을 교
矢 17획 3급
矢 矢 矫 矫 矯 矯
≡ 訂 ⊕ 矫

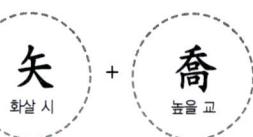

화살을 높이 쏘기 위해
자세를 바로잡으니 = 바로잡다

矯正 矯僞 矯導 矯導所
(교정) (교위) (교도) (교도소)

乘 탈 승
丿 10획 3급Ⅱ
一 千 壬 乖 乖 乘
≡ 乘 日 乗 ⊕ 乘

❷ 乖(어그러질 괴) : 천(千)명이나 되는 사람들이
　달아나고(北) 있으니

발을 어그러뜨리며
사람이 수레를 타니 = 타다

乘車 乘馬 乘客 乘船 換乘 便乘 乘用車
(승차) (승마) (승객) (승선) (환승) (편승) (승용차)

穴 구멍/굴 혈

穴 5획 3급II

丶 丶 宀 宀 穴

≡ 孔

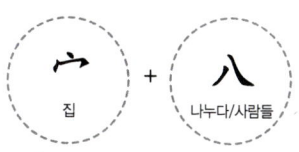

집이 오래되어 벽이 갈라져
나눠지면 생기는 것이니 = **구멍/굴**

穴居 洞穴 三姓穴(제주도 동문 밖의 땅에 난 세 개의 큰 구멍)

(혈거) (동혈) (삼성혈)

空 빌 공

穴 8획 7급II

丶 宀 宀 空 空 空

≡ 虛   ↔ 在/存/滿

구멍이 만들어지면
그 안은 텅 비니 = **비다**

空虛 虛空 空腹 空襲 空輸 空閑地 架空人物

(뉘앙스 콕 p396)

(공허) (허공) (공복) (공습) (공수) (공한지) (가공인물)

究 연구할 구

穴 7획 4급II

丶 宀 宀 宀 穴 究 究

≡ 硏

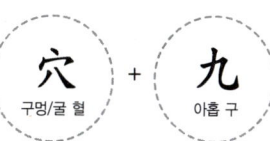

어둡고 습한 동굴 속을
아홉 번이나 들어가 연구하니 = **연구하다**

硏究 窮究 究竟 究明 講究 學究熱

(연구) (궁구) (구경) (구명) (강구) (학구열)

窓 창 창

穴 11획 6급II

宀 宀 空 宓 窓 窓

中 窻

벽에 구멍을 크게 내어
마음을 상쾌하게 하는 것이니 = **창**(창문)

窓門 鐵窓 封窓 窓戶紙

(창문) (철창) (봉창) (창호지)

窮 다할/궁할 궁

穴 15획 4급

宀 宀 穴 窌 窮 窮

≡ 極/盡/困   ↔ 富/裕
中 穷

굴에서 몸을 활처럼 구부리는 곳은 점점
좁아지는 굴의 끝 부분이니 = **다하다/궁하다**

(뉘앙스 콕 p396)

困窮 追窮 窮色 窮塞 窮地 窮理 窮極 窮狀

(곤궁) (추궁) (궁색) (궁색) (궁지) (궁리) (궁극) (궁상)

突

갑자기 돌

穴 9획 3급II

宀 宂 宊 空 突 突

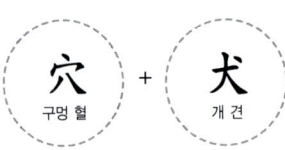

구멍에서 갑자기
개가 튀어 나오니 = 갑자기

衝突 追突 激突 溫突 突擊 突發 突變 突破
(충돌) (추돌) (격돌) (온돌) (돌격) (돌발) (돌변) (돌파)

竊

훔칠 절

穴 22획 3급

宀 穽 窃 窃 竊 竊

= 盜/賊 ↔ 日 窃 中 窃

구멍을 뚫고 들어와 분별하여
갈무리해 놓은 곡식을 벌레가 훔쳐가니 = 훔치다

竊盜 竊取
(절도) (절취)

立

설 립

立 5획 7급II

丶 亠 亣 立 立

머리를 위로 하고
두 발로 땅에 서 있으니 = 서다

立春 立秋 立證 立憲 亂立 聯立 竝立 市立
(입춘) (입추) (입증) (입헌) (난립) (연립) (병립) (시립)

位

자리 위

人 7획 5급

ノ 亻 亻 仁 位 位

= 席/座

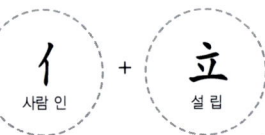

사람이 서
있는 곳이니 = 자리

位置 方位 職位 帝位 優位 卽位 諸位 爵位
(위치) (방위) (직위) (제위) (우위) (즉위) (제위) (작위)

泣

울 읍

水 8획 3급

氵 氵 汁 汁 泣 泣

= 哭 ↔ 笑

서서
눈물을 흘리니 = 울다

泣哭 泣訴 感泣
(읍곡) (읍소) (감읍)

部

떼 **부**

邑 11획 6급Ⅱ

一 〒 立 咅 咅阝 部

= 隊/等　⇔ 單/獨/孤

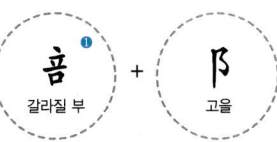 ❶ 咅(갈라질 부) : 서 있는(立) 사람(口)이 도끼로 장작을 쪼개니

여러 무리로 **갈라져 고을**을
이루니 = **떼**(목적이나 행동을 같이하는 무리) (요점만 콕)

部長 部署 部落 部隊 部類 總務部
(부장) (부서) (부락) (부대) (부류) (총무부)

倍

곱 **배**

人 10획 5급

仁 仆 倍 倍 倍 倍

사람이 물건을 반으로
가르면 그 수가 곱이 되니 = **곱**(곱절)

倍數 倍加 倍率 倍額 公倍數
(배수) (배가) (배율) (배액) (공배수)

培

북돋울 **배**

土 11획 3급Ⅱ

十 土 圹 圩 垃 培

흙을 잘게 **갈라** 부드럽게 만들어 풀이
잘 자라게 도우니 = **북돋우다**(기운,정신을 더욱 높여 주다)

培養 栽培
(배양) (재배)

音

소리 **음**

音 9획 6급Ⅱ

亠 亠 立 产 音 音

= 聲

서서 말을 하면
나오는 것이니 = **소리** (요점만 콕)

音響 音階 音域 音標 音韻 音盤 雜音 濁音
(음향) (음계) (음역) (음표) (음운) (음반) (잡음) (탁음)

 요점만 콕!

☑ 모양이 비슷하여 헷갈리기 쉬운 咅(갈라질 부)와 音(소리 음)에 유의하세요.
  • 咅 : 部(떼 부) 倍(곱 배) 培(북돋울 배)
  • 音 : 意(뜻 의) 章(글 장) 識(알 식) 竟(마침내 경) 暗(어두울 암)

☑ 部(떼 부)는 '나누다' 라는 뜻으로도 쓰여요.
  • 떼 : 部族(부족) 部下(부하) 部長(부장) 部隊(부대)
  • 나누다 : 部分(부분) 部類(부류) 部品(부품) 部屬(부속)

意 뜻 의
心 13획 6급II

立 咅 音 音 意 意

= / ⇔ / 🔊 / 日 / 中

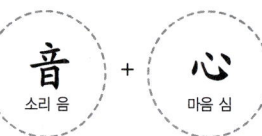

소리 내지 않고
마음속으로 품는 것이니 = 뜻

意義 意味 意識 意圖 故意 意譯 意慾 隨意契約
(의의) (의미) (의식) (의도) (고의) (의역) (의욕) (수의계약)

億 억 억
人 15획 5급

亻 亻 俨 倍 億 億

= / ⇔ / 🔊 / 日 / 中 亿

너무 큰 수(數)라 사람이
뜻을 한 번 더 생각해 보는 것이니 = 억(만의 만 배)

億萬長者 億兆蒼生
(억만장자) (억조창생)

憶 생각할 억
心 16획 3급II

忄 忄 忄 憶 憶 憶

= 思/想/考/慮/惟 ⇔
🔊 日 中 忆

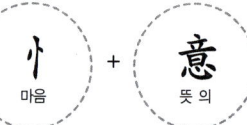

마음속에 뜻을
품는 것이니 = 생각하다

記憶 追憶
(기억) (추억)

識 알 식 / 기록할 지
言 19획 5급II

言 言 語 識 識 識

= 知/認, 記/錄 ⇔
🔊 日 中 识

윗사람의 말을 소리로 듣고
창 같은 것으로 기록해 놓으니 = 알다/기록하다

知識 常識 沒常識 認識 鑑識 面識犯 標識
(지식) (상식) (몰상식) (인식) (감식) (면식범) (표지)

職 직분 직
耳 18획 4급II

耳 耶 聒 職 職 職

= 官 ⇔
🔊 日 中 职

귀로 백성의 소리를 듣거나
창을 들고 나라를 지키는 것이니 = 직분(직무상의 본분)

職場 職員 職分 辭職 離職 兼職 免職 殉職
(직장) (직원) (직분) (사직) (이직) (겸직) (면직) (순직)

織

짤 직

糸 18획 4급

糸 紀 綽 織 織 織

- 組/績
- ⇔
- 织

 +

糸(실) + 音(소리 음) + 戈(창)

베틀이 창 부딪치는
소리를 내며 실을 짜내니 = 짜다

織造 毛織 染織 絹織 組織
(직조) (모직) (염직) (견직) (조직)

暗

어두울 암

日 13획 4급II

旷 昨 暄 暗 暗

- 昏/冥
- ⇔ 明/晳

日(해/날 일) + 音(소리 음)

해가 지고
소리만 들리니 = 어둡다

暗黑 暗室 暗標 暗號 暗鬪 暗記 暗誦 暗埋葬
(암흑) (암실) (암표) (암호) (암투) (암기) (암송) (암매장)

竟

마침내 경

立 11획 3급

- 畢

音(소리 음) + 儿(사람/어질다)

사람들이 소리치며
마침내 끝난 일에 대해 기뻐하니 = 마침내

畢竟 究竟(가장 지극한 깨달음)
(필경) (구경)

境

지경 경

土 14획 4급II

土 圹 坪 培 境 境

- 界/區/域

土(흙 토:땅) + 竟(마침내 경)

땅의 구역이 마침내 끝나는
곳이니 = 지경(땅과 땅 사이를 구분해 놓은 경계)

境界 境遇 環境 逆境 無我境 困境 秘境 越境
(경계) (경우) (환경) (역경) (무아경) (곤경) (비경) (월경)

鏡

거울 경

金 19획 4급

- 鑑
- ⇔
- 镜

金(쇠 금) + 竟(마침내 경)

쇠를 닦아 마침내
얼굴이 비치니 = 거울

鏡臺 鏡架 眼鏡 破鏡 望遠鏡 雙眼鏡
(경대) (경가) (안경) (파경) (망원경) (쌍안경)

章 글 장
立 11획 6급

亠 产 音 音 章 章

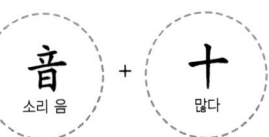

소리를
많이 내서 익히는 것이니 = 글

文章 紋章 樂章 憲章 肩章 喪章 體力章
(문장) (문장) (악장) (헌장) (견장) (상장) (체력장)

障 막을 장
阜 14획 4급II

阝 阡 阵 陪 隌 障

≡ 防/抵/拒

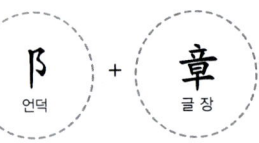

가파른 언덕에
글을 붙여 출입을 막으니 = 막다

障壁 障害 故障 支障
(장벽) (장해) (고장) (지장)

妾 첩 첩
女 8획 3급

亠 产 立 辛 妾 妾

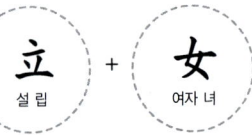

편히 앉지 못하고 항상
서 있는 여자니 = 첩(본처 외에 데리고 사는 여자)

愛妾 妻妾 妾室
(애첩) (처첩) (첩실)

接 이을 접
手 11획 4급II

扌 扩 护 护 接 接

≡ 繼/續/聯/承/絡

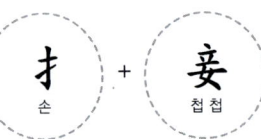

남편의 손이
첩에게 향하니 = 잇다

接近 接着 接續 接觸 待接 面接 接頭辭
(접근) (접착) (접속) (접촉) (대접) (면접) (접두사)

童 아이 동
立 12획 6급II

亠 立 音 音 竜 童

≡ 兒   ⇔ 長/丈

어른들이 들에 서서 일을 하는
동안 마을에서 뛰어 노는 사람이니 = 아이

童心 童謠 童話冊 童顔 神童 兒童 牧童 八朔童
(동심) (동요) (동화책) (동안) (신동) (아동) (목동) (팔삭동)

竹 대 죽

竹 6획 4급II

ノ ト ト ト ト 竹 竹

竹 (대 죽)

대나무의
모양 = 대(대나무)

(요점만 콕)

竹刀 竹夫人 松竹 爆竹 竹馬故友

(죽도) (죽부인) (송죽) (폭죽) (죽마고우)

筋 힘줄 근

竹 12획 4급

⺮ 笠 笒 筋 筋 筋

⺮ (대나무/책) + 月 (몸/고기) + 力 (힘 력)

대나무처럼 길고 튼튼해
몸에서 힘을 낼 수 있게 하는 것이니 = 힘줄

筋力 鐵筋 筋肉質

(근력) (철근) (근육질)

米 쌀 미

米 6획 6급

丶 丷 一 半 米 米

丶 (쌀알의 모양) + 丶 + 十 (많다) + 丶 + 丶

사방으로 많이
흩어진 쌀알의 모양 = 쌀

米作 米飮 米穀 米壽 祿米 軍糧米 供養米

(미작) (미음) (미곡) (미수) (녹미) (군량미) (공양미)

粧 단장할 장

米 12획 3급II

丷 半 米 米 粧 粧

米 (쌀 미) + 庄 (전장 장)

❶ 庄(전장 장) : 흙(土)을 일구는 곳(广)이니

전장에서 가져온 쌀 같은 하얀 흙으로 집을 꾸미니
= 단장하다(얼굴, 머리, 옷차림 등을 곱게 꾸미다)

(요점만 콕/뉘앙스 콕 p396)

≡ 飾   ↔
⊕ 妝

丹粧 化粧 化粧室 粧飾 美粧院 銀粧刀

(단장) (화장) (화장실) (장식) (미장원) (은장도)

 요점만 콕!

☑ 四君子(사군자)란 무엇일까요?
- 동양화에서 매화, 난초, 국화, 대나무를 그린 그림으로 고결함을 상징하는 문인화의 대표적 소재
- 梅(매화 매) 蘭(난초 란) 菊(국화 국) 竹(대 죽)

☑ 裝(꾸밀 장)과 粧(단장할 장)의 구분에 유의하세요.
- 裝 : 겉을 꾸미다 ▶ 裝飾(장식) 裝置(장치) 裝備(장비) 武裝(무장) 變裝(변장) 裝身具(장신구)
- 粧 : 가루를 이용해 매만져 꾸미다 ▶ 丹粧(단장) 化粧(화장) 粧飾(장식) 美粧院(미장원)

迷 미혹할 미
辶 10획 3급

丶 丷 米 䒑 迷 迷

🔊 惑 　 ↔

▶ 日 　 ⊕

쌀 + 辶
쌀 미　가다

쌀처럼 하얀 분을 바르고 남자를 유혹하러
가니 = **미혹하다**(무엇에 홀려 정신을 차리지 못하다)

迷惑　迷兒　迷宮　昏迷

(미혹) (미아) (미궁) (혼미)

菊 국화 국
艹 12획 3급Ⅱ

艹 艿 芍 苟 菊 菊

🔊 　 ↔

▶ 日 　 ⊕

艹 + 勹 + 米
풀　싸다　쌀 미

쌀처럼 생긴 하얀
꽃잎에 **싸여** 있는 **풀**이니 = **국화**

菊花　黃菊　菊版　梅蘭菊竹

(국화) (황국) (국판) (매난국죽)

絲 실 사
糸 12획 4급

幺 幺 糸 絲 絲 絲

🔊 　 ↔

▶ 糸 　 糸 　 ⊕ 丝

絲
실 사

실타래(실을 쉽게 풀어 쓸 수
있도록 한데 감아 놓은 것)의 모양 = **실**

原絲　鐵絲　綿絲　絹絲　一絲不亂

(원사) (철사) (면사) (견사) (일사불란)

 뉘앙스 콕!

- ☑ • **虛空**(허공) : 텅 빈 공중　▶ 허공(虛空)을 날다.
- • **空虛**(공허) : 아무것도 없이 텅 비어 있음　▶ 마음이 공허(空虛)하다.
- • **窮色**(궁색) : 곤궁한 기색　▶ 그의 얼굴 빛이 궁색(窮色)하다.
- • **窮塞**(궁색) : ① 아주 가난함　▶ 궁색(窮塞)한 살림　② 말이나 태도, 행동의 이유나 근거 등이 부족함　▶ 궁색(窮塞)한 변명
- ☑ • **裝飾**(장식) : 옷이나 액세서리 등으로 치장함　▶ 장식이 화려(裝飾)하다.
- • **粧飾**(장식) : 얼굴 등을 매만져 꾸밈　▶ 여자들은 장식(粧飾)하는데 많은 시간이 걸린다.

39일째 복습하기

복습 1 다음 한자를 큰 소리로 읽어 보세요. (2번 이상)

高	橋	矯	乘	穴	空	究	窓	窮	突
竊	立	位	泣	部	倍	培	音	意	億
憶	識	職	織	暗	竟	境	鏡	章	障
妾	接	童	竹	筋	米	粧	迷	菊	絲

복습 2 다음 훈음에 해당되는 한자를 쓰세요. 물론 윗부분은 감추고…

높을 고	다리 교	바로잡을 교	탈 승	구멍 혈	빌 공	연구할 구	창 창	다할 궁	갑자기 돌
훔칠 절	설 립	자리 위	울 읍	떼 부	곱 배	북돋울 배	소리 음	뜻 의	억 억
생각할 억	알 식	직분 직	짤 직	어두울 암	마침내 경	지경 경	거울 경	글 장	막을 장
첩 첩	이을 접	아이 동	대 죽	힘줄 근	쌀 미	단장할 장	미혹할 미	국화 국	실 사

복습 3 단어로 복습하기. 다음 뜻에 맞는 한자어를 한자로 쓰세요.

교도 (	) 잘못을 바로잡아 인도함	공무원이 과로로 순직하였다. (	)
편승 (	) 남이 타고 가는 차를 얻어 탐	조직폭력배를 일망타진하다. (	)
동혈 (	) 깊고 넓은 굴의 구멍	시를 암송하다. (	)
구경 (	) 불교에서의 가장 지극한 깨달음	학창 시절을 추억하다. (	)
격돌 (	) 격렬하게 부딪침	경우에 어긋나는 행동을 하다. (	)
황국 (	) 빛이 누런 국화	지나친 오락은 학업에 지장을 준다. (	)
읍소 (	) 눈물을 흘리면서 간절히 호소함	철근과 콘크리트로 건축물을 만들다. (	)
배양 (	) 식물을 북돋아 기름	아름다운 여인에게 미혹되었다. (	)
첩실 (	) '첩'을 점잖게 이르는 말	거실을 꽃으로 장식하다. (	)
필경 (	) 마침내	그는 절도죄로 구속되었다. (	)

矯導/便乘/洞穴/究竟/激突/黃菊/泣訴/培養/妾室/畢竟

殉職/組織/暗誦/追憶/境遇/支障/鐵筋/迷惑/裝飾/竊盜

현샘의 응원

어(魚)자와 노(魯)자도 구별하지 못하는[어로불변(魚魯不辨)]
사람이 되지 않도록 오늘도
열심히 공부했나요^^?

40일째

흴/본디 **소**

糸 10획 4급II

㊀ 朴, 質 ㊧ 玄/黑

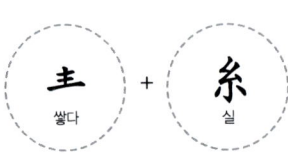

쌓여있는 **실**은 하얗고, 하얀색은 모든 색의
바탕이니 = **희다/본디**(사물이 전하여 내려온 그 처음)

素服 素質 素材 素望 平素 要素 儉素 素服丹粧
(소복) (소질) (소재) (소망) (평소) (요소) (검소) (소복단장)

이어맬 **계**

糸 7획 4급

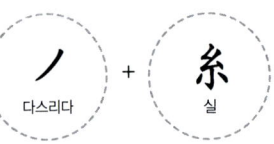

실을 잘 **다스려**
연결하니 = **이어매다**
(요점만 콕)

系列 系列社 系統 系譜 家系 體系 傍系 生態系
(계열) (계열사) (계통) (계보) (가계) (체계) (방계) (생태계)

맬 **계**

人 9획 4급II

㊥ 系

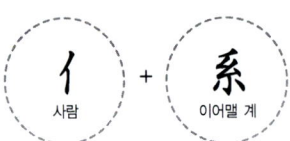

사람을
서로 **이어** 주니 = **매다**
(요점만 콕)

關係 係長 係員 係累
(관계) (계장) (계원) (계루)

손자 **손**

子 10획 6급

㊧ 祖
㊥ 孙

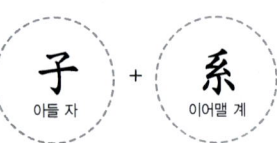

아들의 대를
이어 주는 사람이니 = **손자**

孫子 孫女 子孫 後孫 宗孫 曾孫 高孫 玄孫
(손자) (손녀) (자손) (후손) (종손) (증손) (고손) (현손)

縣 고을 현

糸 16획 3급

目 申 県 県 県系 縣

- 洞/邑/郡/州
- 県
- 県
- 県
- 県

 + 系
고을 현 + 이어맬 계

고을을 서로 이어
더 큰 고을이 되니 = 고을

縣監(조선 시대 작은 현의 수령) 縣令(조선 시대 현의 으뜸 벼슬)
(현감) (현령)

❶ 県(고을 현) : 고을 입구에 죄인의 목을 매단 모양
県은 縣의 약자임

懸 매달 현

心 20획 3급Ⅱ

県 県 県系 県系 縣 懸

- (없음)
- (없음)
- 悬
- 懸

縣 + 心
고을 현 + 마음 심

고을의 죄인을 마음으로
뉘우치게 하려고 형틀에 매다니 = 매달다

懸板 懸案 懸垂幕 懸賞金 懸賞手配
(현판) (현안) (현수막) (현상금) (현상수배)

變 변할 변

言 23획 5급Ⅱ

言 統 統系 統系 變 變

- 化
- 変
- 変
- 变

 + 攵
이어질 련 + 힘쓰다

말을 길게 이어 설득하는데
힘쓰면 상대방의 마음이 바뀌니 = 변하다

變化 變裝 變更 變貌 變遷 逢變 突變 慘變
(변화) (변장) (변경) (변모) (변천) (봉변) (돌변) (참변)

❷ 䜌(이어질 련) : 말(言)이 실(糸)처럼 길게 이어지니

戀 그리워할 련

心 23획 3급Ⅱ

言 統 統 統系 戀

- 慕
- 恋
- 恋
- 恋

䜌 + 心
이어질 련 + 마음 심

보고 싶은 생각이
마음속으로 이어지니 = 그리워하다

戀愛 戀人 戀歌 戀慕 失戀 悲戀
(연애) (연인) (연가) (연모) (실연) (비련)

요점만 콕!

☑ 系(이어맬 계) 係(맬 계) 繼(이을 계)의 뜻에 유의하세요.
- 系 : 계보, 계열, 계통과 같이 이어져 있는 상태를 나타냄 ▶ 系列(계열) 系統(계통) 家系(가계) 系譜(계보)
- 係 : 사람 사이의 관계 또는 잇는다는 동작, 행위를 나타냄 ▶ 關係(관계) 係長(계장) 係累(계루)
- 繼 : 시간적인 연속/계속/지속의 의미 ▶ 繼母(계모) 繼續(계속) 繼承(계승)

總 다 총
糸 17획 4급II

糸 紗 紗 總 總 總

糸 + 恖
실   바쁠 총

❶ 恖(바쁠 총) : 식량이 떨어져 연기가 나지 않는 굴뚝(囪)을 보는 아버지의 마음(心)이니

실 짜는 작업을 **바쁘게** 하여
일을 모두 마치니 = **다**(남거나 빠진 것이 없이 모두)

總額 總評 總點 總角 總務 總裁 總帥 總販
(총액) (총평) (총점) (총각) (총무) (총재) (총수) (총판)

聰 귀밝을 총
耳 17획 3급

耳 耶 聊 聰 聰 聰

耳 + 恖
귀 이   바쁠 총

바쁜 와중에도
귀에 잘 들리니 = **귀 밝다**

聰明 聰氣 聰敏
(총명) (총기) (총민)

罪 허물 죄
网 13획 5급

罒 罒 罗 罪 罪 罪

罒 + 非
그물/법   아닐 비

법에 걸리는, 하면
안되는 일이니 = **허물**(잘못 저지른 실수)

罪人 罪囚 罪責感 謝罪 輕犯罪 雙罰罪 免罪符
(죄인) (죄수) (죄책감) (사죄) (경범죄) (쌍벌죄) (면죄부)

罰 벌할 벌
网 14획 4급II

罒 罒 罒 罰 罰 罰

賞
罰

罒 + 言 + 刂
그물/법   말씀 언   칼

법을 어긴 사람을
말로 꾸짖고 **칼**로 치니 = **벌하다**

罰點 罰則 罰酒 刑罰 處罰 嚴罰 賞罰 懲罰
(벌점) (벌칙) (벌주) (형벌) (처벌) (엄벌) (상벌) (징벌)

羊 양 양
羊 6획 4급II

冫 冫 兰 兰 羊

羊
양 양

양의 모양 = **양**

羊毛 羊皮 綿羊 九折羊腸
(양모) (양피) (면양) (구절양장)

洋

큰바다 양

水 9획 6급

氵氵汁汁洋洋

≡ 海 ⇔
🔊 🇯 🇨

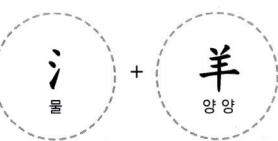

물이 양떼처럼
많이 있으니 = 큰 바다

太平洋 洋食 洋服 洋屋 洋酒 洋弓 洋裝 洋灰
(태평양) (양식) (양복) (양옥) (양주) (양궁) (양장) (양회)

美

아름다울 미

羊 9획 6급

⺷⺷⺸⺷羊美美

≡ 佳/麗 ⇔ 醜
🔊 🇯 🇨

양이 살쪄 커지면
아름답게 보이니 = 아름답다

美人 美男 美國 美貌 審美眼 美辭麗句
(미인) (미남) (미국) (미모) (심미안) (미사여구)

養

기를 양

食 15획 5급II

⺷美恙恙養養

≡ 育 ⇔
🔊 🇯 🇨 养

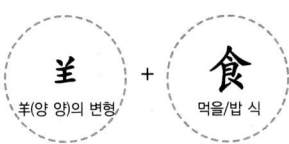

양고기를 먹여
아이를 기르니 = 기르다

養鷄 養豚 養蜂 營養 敎養 供養 培養 扶養
(양계) (양돈) (양봉) (영양) (교양) (공양) (배양) (부양)

樣

모양 양

木 15획 4급

木栏样様様様

≡ 形/姿/態/貌 ⇔
🔊 🇯 様 🇨 样

나무 아래 양들이
길게 늘어선 모양이니 = 모양

模樣 多樣 外樣 文樣 樣相 樣式
(모양) (다양) (외양) (문양) (양상) (양식)

着

붙을 착

目 12획 5급II

⺷⺷羊羊着着

≡ 到/附 ⇔ 發
🔊 🇯 🇨

양 털이
눈 옆에 붙어 있으니 = 붙다

着陸 着實 着服 倒着 執着 歸着 逢着 沈着
(착륙) (착실) (착복) (도착) (집착) (귀착) (봉착) (침착)

다를 차
工 10획 4급

ソ ソ ゞ 至 差 差

양을 다스려 만든
털과 고기는 쓰임이 다르니 = 다르다

差異 差別 差額 差減 差度 落差 偏差 咸興差使
(차이) (차별) (차액) (차감) (차도) (낙차) (편차) (함흥차사)

 착할 선
口 12획 5급

ソ ソ ゞ 至 羊 善

⇔ 惡

양은 짐승을 죽이지 않고
높이 자란 풀만 입으로 먹으니 = 착하다

善惡 善隣 善導 僞善 獨善 慈善 次善策 眞善美
(선악) (선린) (선도) (위선) (독선) (자선) (차선책) (진선미)

 통달할 달
辶 13획 4급Ⅱ

土 + 幸 + 達

= 通/到
中 达

풀이 난 땅을
양이 잘 찾아가니 = 통달하다

達成 達辯 達觀 到達 乾達 通達 洞達 調達廳
(달성) (달변) (달관) (도달) (건달) (통달) (통달) (조달청)

 자세할 상
言 13획 3급Ⅱ

言 言' 言' 言' 詳 詳

= 細
中 详

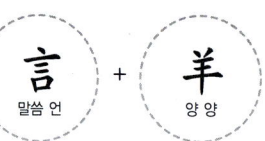

말을 양떼처럼 많이하여
자세히 설명하니 = 자세하다

詳細 詳述 詳報 昭詳 未詳
(상세) (상술) (상보) (소상) (미상)

 상서로울 상
示 11획 3급

示 祁 祁 祁 祥 祥

= 瑞

신에게 양을 바쳐 제사를 지내니
= 상서롭다 (복되고 길한 일이 일어날 조짐이 있다)

祥瑞 祥雲 吉祥 不祥事 發祥地   *瑞 : 상서로울 서
(상서) (상운) (길상) (불상사) (발상지)

羽 깃 우

羽 6획 3급Ⅱ

丨 丨 丨 羽 羽 羽

≡ 翼   ⇔
◉   ⊕ 中

羽
깃 우

날개에 나 있는
털의 모양 = 깃(깃털. 새의 날개)

羽翼 羽毛

(우익) (우모)

習 익힐 습

羽 11획 6급

丨 丨 丨 羽 羽 習

≡ 練/慣   ⇔
◉   ⊕ 习

깃털이 흰 어린 새는
어미 새로부터 나는 법을 익히니 = 익히다

習慣 慣習 惡習 弊習 鍊習 豫習 復習 常習犯

(습관) (관습) (악습) (폐습) (연습) (예습) (복습) (상습범)

翁 늙은이 옹

羽 10획 3급

八 公 兮 兮 翁 翁

≡ 老   ⇔ 幼/稚/少
◉   ⊕ 中

公 공평할 공 + 羽 깃 우

새의 깃털처럼 흰 털이 머리에
공평하게 분포되어 있는 사람이니 = 늙은이

老翁 翁主 塞翁之馬

(노옹) (옹주) (새옹지마)

考 생각할 고

老 6획 5급

一 十 土 耂 耂 考

≡ 思/想/慮/憶/惟   ⇔
◉   ⊕ 中

耂 늙다 + 丂 공교할 교

❶ 丂(공교할 교) : 工(장인 공)과 같이 평범한 것이
아니고 교묘하게 만드니
* 공교하다 : 재치가 있고 교묘하다

늙은 노인은 경험이 많아
깊고 교묘하게 생각하니 = 생각하다

(요점만 콕)

思考 考慮 考證 顯考 考察 考訂 參考 再考 考古學

(사고) (고려) (고증) (현고) (고찰) (고정) (참고) (재고) (고고학)

40 일째

 요점만 콕!

☑ 考(생각할 고)는 '돌아가신 아버지' 라는 뜻으로도 쓰여요.
- 생각하다 : 思考(사고) 考慮(고려) 考證(고증) 參考(참고) 再考(재고) 考古學(고고학)
- 돌아가신 아버지 : 先考(선고) 顯考(현고) 祖考(조고) 先考丈(선고장, 돌아가신 남의 아버지를 높여 부르는 말)

정말이지 쉬운 한자 403

老 늙을 로
老 6획 7급
十 土 耂 耂 老 老

허리가 **굽은**
늙은이니 = **늙다**

老鍊 老妄 老松 老衰 敬老 老益壯 老廢物
(노련) (노망) (노송) (노쇠) (경로) (노익장) (노폐물)

孝 효도 효
子 7획 7급II
十 土 耂 耂 孝 孝

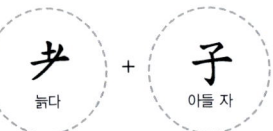

늙은 부모를
아들이 잘 모시니 = **효도**

孝道 孝子 孝誠 孝婦 忠孝
(효도) (효자) (효성) (효부) (충효)

者 놈 자
老 9획 6급
土 耂 耂 者 者 者

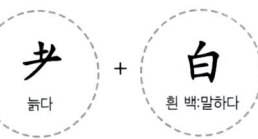

늙은이는 젊은 사람에게
이 놈 저 놈이라고 **말하니** = **놈**(남자를 낮잡아 이르는 말)

著者 或者 勤勞者 配偶者 被疑者 先驅者
(저자) (혹자) (근로자) (배우자) (피의자) (선구자)

敎 가르칠 교
攵 11획 8급
乂 耂 耂 孝 孝 敎

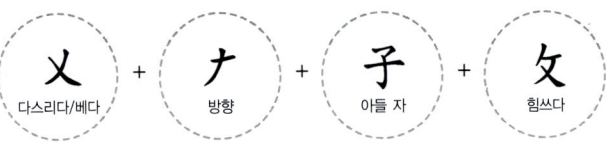

잘 **다스려** 좋은 **방향**으로 가도록
아들에게 **힘쓰는** 것이니 = **가르치다**

宗敎 殉敎 敎派 敎壇 敎鍊 敎皇 敎授 敎師
(종교) (순교) (교과) (교단) (교련) (교황) (교수) (교사)

都 도읍 도
阝 12획 5급
土 耂 耂 者 者 都

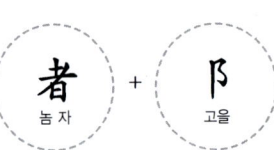

사람들이 많이
모여 있는 **고을**이니 = **도읍**(서울)   (요점만 콕)

都邑 都農 首都 港都 還都 遷都 都賣商 都散賣
(도읍) (도농) (수도) (항도) (환도) (천도) (도매상) (도산매)

著

나타날 저

艹 13획 3급II

艹 莱 莱 莱 著

= 現/顯

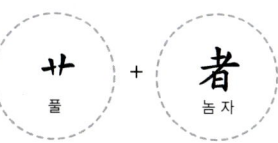

풀숲에 숨어있던
사람이 튀어 나오니 = 나타나다

(요점만 콕)

著者 著書 著作 著述 共著 編著 顯著
(저자) (저서) (저작) (저술) (공저) (편저) (현저)

緒

실마리 서

糸 15획 3급II

糸 紅 紗 紗 緒 緒

= 端

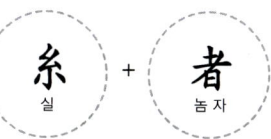

사람이 실의 끝을 찾아 잡으니
= 실마리(일이나 사건을 풀어 나갈 수 있는 첫머리)

(뉘앙스 콕 p406)

端緒 頭緒 情緒 緒論 由緒 遺緒
(단서) (두서) (정서) (서론) (유서) (유서)

諸

모두 제

言 16획 3급II

言 計 許 詩 諸 諸

= 皆/咸/總

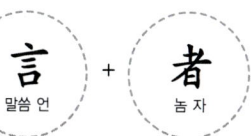

사람들이 모두
한마디씩 말하니 = 모두

諸國 諸君 諸侯 諸賢
(제국) (제군) (제후) (제현)

署

마을/관청 서

网 14획 3급II

四 罒 罗 罗 署 署

= 官/廳

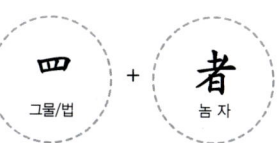

법으로 사람을 다스리는 곳이니
= 마을(예전에, 벼슬아치들이 모여 나랏일을 처리하던 곳)/관청

官署 部署 警察署 消防署 署理 署長 署名
(관서) (부서) (경찰서) (소방서) (서리) (서장) (서명)

 요점만 콕!

☑ 都(도읍 도)는 '모두'라는 뜻으로도 쓰여요.
- 도읍 : 都市(도시) 都邑(도읍) 首都(수도) 都會地(도회지) 港都(항도) 還都(환도) 遷都(천도)
- 모두 : 都賣(도매) 都賣商(도매상) 都大體(도대체) 都散賣(도산매, 도매와 산매를 아울러 이르는 말)

☑ 著(나타날 저)는 '글 짓다'라는 뜻으로도 쓰여요.
- 나타나다 : 顯著(현저) 著名(저명) 著名人士(저명인사) 著明(저명)
- 글 짓다 : 著者(저자) 著書(저서) 著作(저작) 著述(저술) 共著(공저) 編著(편저)

暑 더울 서
日 13획 3급

日 + 者
해/날 일 놈 자

日 冒 昱 暑 暑 暑

해가 사람 위에
떠 있으니 = 덥다

暴暑 避暑 處暑
(폭서) (피서) (처서)

而 말이을 이
而 6획 3급

而
말이을 이

一 ー ア 不 而 而

수염이 난 모양, 수염 사이로
말이 이어지니 = 말을 잇다 (어조사)

似而非 形而上學
(사이비) (형이상학)

耐 견딜 내
而 9획 3급II

而 + 寸
말이을 이 마디/헤아릴 촌

ー 不 而 而 耐 耐

이어지는 시련을
잘 헤아려 견디니 = 견디다

⊜ 忍

忍耐 耐熱 耐久性
(인내) (내열) (내구성)

端 끝 단
立 14획 4급II

立 + 山 + 而
설 립 메 산 말이을 이

立 圹 峃 峂 端 端

⊜ 末, 緖   ⇔ 始

내가 서 있는 곳이 산이
이어지다 끝나는 부분이니 = 끝
(뉘앙스 콕 p406)

端末 端午 端雅 尖端 異端 弊端 端緖 端正
(단말) (단오) (단아) (첨단) (이단) (폐단) (단서) (단정)

뉘앙스 콕!

- ☑ • 由緖(유서) : 예로부터 전해 내려오는 까닭과 내력 ▶ 유서(由緖) 깊은 집안에 태어났다.
- • 遺緖(유서) : 선대(先代)부터 이어온 사업 = 유업(遺業) ▶ 유서(遺緖)를 이어 받다.
- ☑ • 端正(단정) : 옷차림새나 몸가짐 등이 얌전하고 바름 ▶ 단정(端正)한 용모
- • 端整(단정) : 깨끗이 정리되어 가지런함 ▶ 주위를 단정(端整)하게 정리하다.

40일째 복습하기

복습 1 다음 한자를 큰 소리로 읽어 보세요. (2번 이상)

素	系	係	孫	縣	懸	變	戀	總	聰
罪	罰	羊	洋	美	養	樣	着	差	善
達	詳	祥	羽	習	翁	考	老	孝	者
敎	都	著	緖	諸	署	暑	而	耐	端

복습 2 다음 훈음에 해당되는 한자를 쓰세요. 물론 윗부분은 감추고…

본디 소	이어맬 계	맬 계	손자 손	고을 현	매달 현	변할 변	그리워할 련	다 총	귀밝을 총
허물 죄	벌할 벌	양 양	큰바다 양	아름다울 미	기를 양	모양 양	붙을 착	다를 차	착할 선
통달할 달	자세할 상	상서로울 상	깃 우	익힐 습	늙은이 옹	생각할 고	늙을 로	효도 효	놈 자
가르칠 교	도읍 도	나타낼 저	실마리 서	모두 제	마을 서	더울 서	말이을 이	견딜 내	끝 단

복습 3 단어로 복습하기. 다음 뜻에 맞는 한자어를 한자로 쓰세요.

계보 (	) 조상의 혈통과 역사를 적은 책	그녀와 오랜 연애 후에 결혼하였다. (	)
현감 (	) 조선 시대, 작은 현의 수령	그는 한 번도 연애를 못한 총각이다. (	)
현안 (	) 해결되지 않은 채 남아 있는 문제	내 아들은 머리가 총명하다. (	)
소상 (	) 분명하고 자세함	그의 저서는 베스트셀러가 되었다. (	)
우모 (	) 깃털	사건의 단서를 찾다. (	)
옹주 (	) 임금의 후궁에게서 태어난 딸	진시황은 제국을 통일했다. (	)
처벌 (	) 형벌에 처함	담당 부서를 옮기다. (	)
양식 (	) 일정한 모양이나 형식	고난을 인내하여 극복하다. (	)
차이 (	) 서로 같지 않고 다름	단오를 맞아 여러 행사가 열렸다. (	)
불상사 (	) 상서롭지 못한 일	사이비 종교에 빠져 가정을 버리다. (	)

系譜/縣監/懸案/昭詳/羽毛/翁主/處罰/樣式/差異/不祥事   戀愛/總角/聰明/著書/端緒/諸國/部署/忍耐/端午/似而非

현쌤의 응원

콩인지 보리인지도 구별하지 못하는 [菽麥不辨(숙맥불변)]
어리석고 못난 사람이 되지 않게
오늘도 열심히 공부합시다^^

41 일째

需 쓸 수
雨 14획 3급II

亠 雫 雫 零 雷 需

≡ 要, 用   ⇔ 給

雨(비 우) + 而(말이을 이)

비가 이어져 내린
물은 농사에 쓰이니 = 쓰이다

需要 需給 祭需 婚需 必需品 盛需期
(수요) (수급) (제수) (혼수) (필수품) (성수기)

儒 선비 유
人 16획 4급

亻 伊 伊 儒 儒 儒

≡ 士

亻(사람) + 需(구할/쓸 수)

벼슬아치로 쓰일 수 있는
사람이니 = 선비 (예전에 학식은 있지만 벼슬하지 않은 사람)

儒敎 儒林 儒生 儒學 儒佛仙
(유교) (유림) (유생) (유학) (유불선)

耳 귀 이
耳 6획 5급

一 丅 下 F 耳 耳

耳(귀 이)

귀의 모양 = 귀

耳目口鼻 耳順 中耳炎 牛耳讀經
(이목구비) (이순) (중이염) (우이독경)

聲 소리 성
耳 17획 4급II

声 声 殸 殸 聲 聲

≡ 音
日 声 中 声

殸(경쇠 경의 변형) + 耳(귀 이)

❶ 磬(경쇠 경) : 선비(士)의 귀(耳)에 들리게 치는(殳) 돌(石)이나 옥으로 만든 악기니

경쇠 소리가
귀에 들려 오니 = 소리

音聲 肉聲 聲量 聲優 聲援 怨聲 哭聲 聲東擊西
(음성) (육성) (성량) (성우) (성원) (원성) (곡성) (성동격서)

耶 어조사/아버지 야
耳 9획 3급

厂 FF 耳 耶 耶

耳(귀 이) + 阝(고을)

귀에 고을 사람들이 하는
아버지에 대한 이야기가 들리니 = **어조사/아버지** (요점만 콕)

耶蘇教(예수교-기독교) 有耶無耶
(야소교) (유야무야)

攝 잡을/다스릴 섭
手 21획 3급

扌 扩 护 押 揖 攝

理 / 摂 / 摄

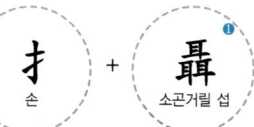

❶ 聶(소곤거릴 섭) : 귀(耳)에 대고 이야기하는 것이니

扌(손) + 聶(소곤거릴 섭)

손으로 소곤거리는
사람을 잡아내니 = **잡다/다스리다**

攝理 攝政 攝取 包攝
(섭리) (섭정) (섭취) (포섭)

肉 고기 육
肉 6획 4급II

冂 冂 内 内 肉

骨

肉(고기 육)

고기
덩어리의 모양 = **고기**

肉體 肉彈 靈肉 筋肉質 肉薄戰 精肉店 糖水肉
(육체) (육탄) (영육) (근육질) (육박전) (정육점) (탕수육)

肖 닮을/작을 초
肉 7획 3급II

丨 丬 小 肖 肖 肖

似/如/若 他/異/殊

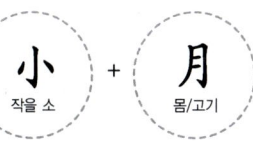

小(작을 소) + 月(몸/고기)

이 작은 몸은
부모를 닮았으니 = **닮다/작다**

不肖 肖像 肖像畵 肖像權
(불초) (초상) (초상화) (초상권)

 요점만 콕!

☑ 耶(어조사 야)는 의문 종결사로 쓰여요 (~냐?, ~가?)
• 夫差 而忘越人之殺而父耶(부차 이망월인지살이부야) : 부차야, 너는 월나라 사람이 너의 아버지를 죽인 것을 잊었느냐?

消 사라질 소
水 10획 6급II

氵 氵 氵 氵 消 消

물이 증발하면
작아져 없어지니 = **사라지다**

消費 消風 消滅 消盡 消印 消火 消化 解消 消極的
(소비) (소풍) (소멸) (소진) (소인) (소화) (소화) (해소) (소극적)

削 깎을 삭
刀 9획 3급II

亅 𠂆 肖 肖 削 削

≡ 減/除 ↔ 加/添

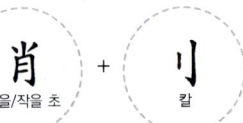

작아지도록
칼로 깎으니 = **깎다**

削髮 削除 削減 添削 削奪官職
(삭발) (삭제) (삭감) (첨삭) (삭탈관직)

胃 밥통 위
肉 9획 3급II

𠃌 四 田 胃 胃 胃

밭에서 나는 곡식을
몸에서 소화 시키는 곳이니 = **밥통**

胃臟 胃腸 胃痛 胃壁 胃炎 胃酸 健胃
(위장) (위장) (위통) (위벽) (위염) (위산) (건위)

謂 이를 위
言 16획 3급II

言 訂 evening 謂 謂 謂

≡ 云 中 谓

위에서 음식물이 소화되듯
생각한 것을 새겨 말하니 = **이르다**(무엇이라고 말하다)

所謂(이른바) 可謂(한마디의 말로 이르자면)
(소위) (가위)

能 능할 능
肉 10획 5급II

厶 育 育 育 能 能

곰의 모양으로, 곰은 재주가
많으니 = **능하다**(서투르지 않고 익숙하다)

能力 能通 能熟 能率 機能 技能 放射能
(능력) (능통) (능숙) (능률) (기능) (기능) (방사능)

態 모습 태
心 14획 4급Ⅱ

肻 肻 能 能 態 態

- ⊜ 形/像/姿/樣/貌
- ⊕ 態
- ㊐ 態
- ㊥ 态

能(능할 능) + 心(마음 심)

능히 할 수 있다는
마음이 모습으로 나타나니 = 모습

態度 態勢 姿態 狀態 醜態
(태도) (태세) (자태) (상태) (추태)

罷 마칠 파
网 15획 3급

四 罒 罘 胃 罷 罷

- ⊜ 終/了
- ⇔ 初/始
- ㊐ 罢
- ㊥ 罢

四(그물/법) + 能(능할 능)

법을 어기면 유능한
사람도 인생이 끝나니 = 마치다

罷免 罷業 罷場 罷職
(파면) (파업) (파장) (파직)

臣 신하 신
臣 6획 5급Ⅱ

一 T 丆 丆 臣 臣

- ⇔ 君/帝/皇

臣(신하 신)

왕의 눈치를 보며
눈을 좌우로 굴리는 신하의 모습 = 신하

臣下 使臣 君臣 姦臣
(신하) (사신) (군신) (간신)

堅 굳을 견
土 11획 4급

一 丆 臣 臤 臤 堅

- ⊜ 固/硬/確
- ⇔ 軟
- ⊕ 堅
- ㊐ 堅
- ㊥ 坚

臣(신하 신) + 又(다스리다/들어오다) + 土(흙 토:땅)

신하가 다스리는 땅이
성벽으로 굳게 둘러싸여 있으니 = 굳다

堅固 堅果 堅持 堅忍 堅剛 中堅
(견고) (견과) (견지) (견인) (견강) (중견)

賢 어질 현
貝 15획 4급Ⅱ

丆 臣 臤 臤 臤 賢

- ⊜ 仁/良
- ⇔ 惡
- ⊕ 賢
- ㊐ 賢
- ㊥ 贤

臣(신하 신) + 又(다스리다/들어오다) + 貝(재물)

신하가 자신이 다스리는 어려운 백성에게 재물을
나누어 주니 = 어질다(마음이 너그럽고 슬기로우며 덕행이 높다)

賢人 賢明 先賢 聖賢 賢淑
(현인) (현명) (선현) (성현) (현숙)

緊 긴할 긴
糸 14획 3급II

一 急/要

신하가 백성을 요령있게 잘 다스리 듯
실로서 중요한 물건을 단단히 죄니 = 긴하다 (꼭 필요하다)

緊張 緊密 緊迫 緊急 緊要 緊縮 要緊
(긴장) (긴밀) (긴박) (긴급) (긴요) (긴축) (요긴)

臥 누울 와
臣 8획 3급

⇔ 起
中 卧

신하인 사람은
집에 와서 누우니 = 눕다

臥龍 臥病 臥佛
(와룡) (와병) (와불)

臨 임할 림
臣 17획 3급II

日 临 中 临

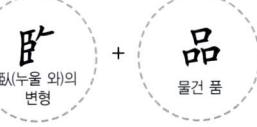

물건을 자세히 보려고 엎드린
자세로 임하니 = 임하다 (어떤 사태나 일에 직면하다)

臨終 臨時 臨政 臨床 降臨 君臨
(임종) (임시) (임정) (임상) (강림) (군림)

監 볼 감
皿 14획 4급II

一 視/觀/看/覽/顧
日 監 中 监

바짝 엎드려
중요한 그릇을 살피니 = 보다
(뉘앙스 콕 p416)

監視 監督 監査 監禁 監房 校監
(감시) (감독) (감사) (감금) (감방) (교감)

鑑 거울 감
金 22획 3급II

一 鏡
日 鑑 中 鉴

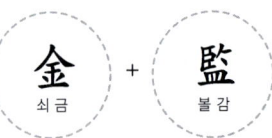

쇠로 만들어
얼굴을 비춰 보는 것이니 = 거울
(뉘앙스 콕 p416)

鑑賞 鑑定 鑑別 鑑識 圖鑑 年鑑 印鑑 龜鑑
(감상) (감정) (감별) (감식) (도감) (연감) (인감) (귀감)

濫 넘칠 람
水 17획 3급

氵 沪 沪 濫 濫 濫

- ⊜ 濫
- ⊝
- ⊕ 滥

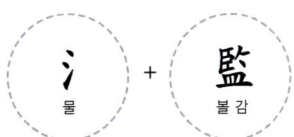

그릇을 넘친
물이 보이니 = 넘치다

濫發 濫伐 濫獲
(남발) (남벌) (남획)

覽 볼 람
見 21획 4급

臣 臣ﾞ 臨 臨 臨 覽 覽

- ⊜ 視/觀/監/看/顧
- ⊝ 覽
- ⊕ 览

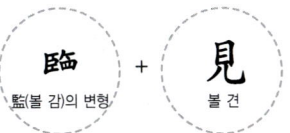

보고 또
보는 것이니 = 보다

觀覽 回覽 便覽 遊覽 展覽會 博覽會
(관람) (회람) (편람) (유람) (전람회) (박람회)

鹽 소금 염
鹵 24획 3급Ⅱ

臣 臣ﾞ 臨 臨 臨 鹽

- ⊜ 塩
- ⊝ 塩
- ⊕ 盐

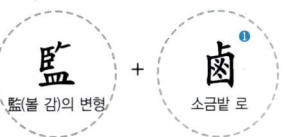

❶ 鹵(소금밭 로) : 소금의 모양

잘 살펴서
소금밭에서 생산한 것이니 = 소금

鹽田 鹽分 鹽素 鹽酸 食鹽 巖鹽 鹽基性   *酸:실산
(염전) (염분) (염소) (염산) (식염) (암염) (염기성)

自 스스로 자
自 6획 7급Ⅱ

丶 丨 亻 自 自 自

- ⊜ 己
- ⊕ 他
- ⊝

주름진 코의 모양, 자신을
가리킬 때 얼굴의 코를 가리키니 = 스스로

(요점만 콕)

自己 自身 自信 自覺 自負 自酌 自愧 自慢心
(자기) (자신) (자신) (자각) (자부) (자작) (자괴) (자만심)

 요점만 콕!

☑ 自(스스로 자)는 여러 가지 역할을 해요.
- 명사, 대명사 : 自己(자기) 自身(자신)
- 부사 : 스스로, 저절로 ▶ 自動(자동, 스스로 움직임)
- 전치사 : ~로부터 ▶ 有朋自遠方來(유붕자원방래, 벗이 먼 곳에서부터 오다)
- 숙어 : 自A 至B (A부터 B까지) ▶ 自初至終(자초지종, 처음부터 끝까지의 과정)

息 쉴 식

心 10획 4급II

冂 白 自 自 息 息

= 休 ⇔
🔊 🇯 日 🇨 中

自 (스스로 자) + 心 (마음 심)

고된 일을 끝낸 후
스스로 떠오르는 마음이니 = 쉬다

(요점만 콕)

休息 歎息 消息 蘇息 子息 女息 瞬息間 姑息的
(휴식) (탄식) (소식) (소식) (자식) (여식) (순식간) (고식적)

鼻 코 비

鼻 14획 5급

自 鳥 鳥 畠 鼻 鼻

= ⇔
🔊 日 中

自 (스스로 자) + 畀 (줄 비)

❶ 畀(줄 비): 밭(田)에서 생산된 농작물을 바치니(丌)

스스로 공기를
주고 받는 곳이니 = 코

鼻笑 鼻祖 鼻炎 耳目口鼻
(비소) (비조) (비염) (이목구비)

邊 가 변

辶 19획 4급II

自 臯 臱 臱 臱 邊

= 際 ⇔
🔊 边 日 边 中 边

自 (스스로 자 -코의 모양) + 穴 (구멍 혈) + 方 (모/방위 방) + 辶 (가다)

콧구멍 안 쪽 방향은 잘 보이지 않 듯
중심에서 멀리 가서 잘 보이지 않는 곳이니 = 가 (가장자리)

邊方 海邊 周邊 沿邊 貸邊 借邊 一邊倒
(변방) (해변) (주변) (연변) (대변) (차변) (일변도)

身 몸 신

身 7획 6급II

´ ⺈ 冂 自 身 身

= 體/己 ⇔ 心
🔊 日 中

身 (몸 신)

코(自)가 있는 얼굴, 불룩한 배,
팔 다리가 있는 몸의 모양 = 몸

身體 自身 隱身 避身 獻身 謹身
(신체) (자신) (은신) (피신) (헌신) (근신)

面 낯 면

面 9획 7급

一 丆 丏 而 面 面

= 容/顔 ⇔
🔊 日 中

面 (낯 면)

코(自)가
있는 얼굴의 모양 = 낯 (얼굴)

面識 面接 面貌 假面 覆面 鐵面皮 面事務所
(면식) (면접) (면모) (가면) (복면) (철면피) (면사무소)

首 머리 수
首 9획 5급Ⅱ

丷 一 一 一 首 首

= 頭

사람의 몸에서
코가 있는 높은 부분이니 = 머리

首級 首都 首肯 首領 首席 首腦 首相 黨首
(수급) (수도) (수긍) (수령) (수석) (수뇌) (수상) (당수)

道 길 도
辶 13획 7급Ⅱ

丷 一 首 首 道 道

= 路/程/徑/途

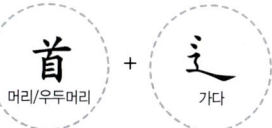

우두머리를
따라 가는 길이니 = 길
(요점만 콕)

道路 茶道 片道 軌道 劍道 柔道 騎士道 京畿道
(도로) (다도) (편도) (궤도) (검도) (유도) (기사도) (경기도)

導 인도할 도
寸 16획 4급Ⅱ

首 首 首 道 導 導

= 引
导

갈 길을 잘 헤아려
사람들을 이끄니 = 인도하다

引導 指導 啓導 誘導彈 矯導所
(인도) (지도) (계도) (유도탄) (교도소)

臭 냄새 취
自 10획 3급

自 自 自 臭 臭 臭

코를 통해
개가 맡는 것이니 = 냄새

惡臭 體臭
(악취) (체취)

 요점만 콕!

☑ 息(쉴 식)은 '자식'이라는 뜻으로도 쓰여요.
- 쉬다 : 休息(휴식) 歎息(탄식) 消息(소식) 安息處(안식처)
- 자식 : 子息(자식) 女息(여식)

☑ 道(길 도)는 여러 가지 뜻으로 쓰여요.
- 사람의 '도리'를 나타냄 : 孝道(효도) 道理(도리)   • '방도'라는 뜻 : 方道(방도) 道具(도구)
- '기예'라는 뜻 : 道術(도술) 道士(도사) 力道(역도) 茶道(다도) 劍道(검도) 柔道(유도)
- 행정 구역 중의 하나인 '도'로 쓰임 : 慶尙道(경상도) 全羅道(전라도) 京畿道(경기도) 忠淸道(충청도) 江原道(강원도)

至 이를 지
至 6획 4급II

一 丆 互 至 至 至

= 致/到

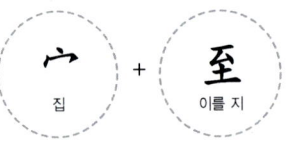

화살이 날아와 땅에 꽂힌
모양 = 이르다(어떤 장소나 시간에 닿다)

至極 至誠 至尊 乃至 甚至於
(지극) (지성) (지존) (내지) (심지어)

室 집/방 실
宀 9획 8급

宀 宇 宏 宓 宰 室

= 院/屋/宅/宮/館/閣

宀 집 + 至 이를 지

외출 후 집에
들어가 방에 이르니 = 집/방

室內 室長 居室 密室 企劃室 娛樂室
(실내) (실장) (거실) (밀실) (기획실) (오락실)

致 이를 치
至 10획 5급

一 ㄓ 至 至 致 致

= 至/到

至 이를 지 + 攵 힘쓰다

목표에 이르는데
힘쓰니 = 이르다(어떤 장소나 시간에 닿다)

致賀 致詞 致辭 致富 景致 理致 韻致 功致辭
(치하) (치사) (치사) (치부) (경치) (이치) (운치) (공치사)

到 이를 도
刀 8획 5급II

一 互 至 至 到

= 至/致

至 이를 지 + 刂 칼

칼을 품고 목적지에
이르니 = 이르다(어떤 장소나 시간에 닿다)

到着 到達 到處 殺到 周到綿密
(도착) (도달) (도처) (쇄도) (주도면밀)

 뉘앙스 콕!

- ✓ **監査**(감사) : 감독하고 검사함 ▶ 기업을 감사(監査)하다.
- **監事**(감사) : 단체의 사무에 관한 일을 맡아보는 사람 ▶ 저분은 이 회사의 감사(監事)다.
- **鑑査**(감사) : 작품의 우열이나 옳고 그름을 감별하여 조사함 ▶ 작품을 감사(鑑査)하다.
- ✓ **鑑賞**(감상) : 예술작품을 이해하여 즐기고 평가함 ▶ 나의 취미는 영화 감상(鑑賞)이다.
- **感傷**(감상) : 하찮은 일에도 쓸쓸하고 슬퍼져서 마음이 상함 ▶ 감상(感傷)에 빠지다.
- **感想**(감상) : 마음속에서 일어나는 느낌이나 생각 ▶ 책을 읽은 감상(感想)을 적다.

41일째 복습하기

복습 1 다음 한자를 큰 소리로 읽어 보세요. (2번 이상)

需	儒	耳	聲	耶	攝	肉	肖	消	削
胃	謂	能	態	罷	臣	堅	賢	緊	臥
臨	監	鑑	濫	覽	鹽	自	息	鼻	邊
身	面	首	道	導	臭	至	室	致	到

복습 2 다음 훈음에 해당되는 한자를 쓰세요. 풀론 윗부분은 감추고…

쓰일 수	선비 유	귀 이	소리 성	어조사 야	잡을 섭	고기 육	닮을 초	사라질 소	깎을 삭
밥통 위	이를 위	능할 능	모습 태	마칠 파	신하 신	굳을 견	어질 현	긴할 긴	누울 와
임할 림	볼 감	거울 감	넘칠 람	볼 람	소금 염	스스로 자	쉴 식	코 비	가 변
몸 신	낯 면	머리 수	길 도	인도할 도	냄새 취	이를 지	집 실	이를 치	이를 도

복습 3 단어로 복습하기. 다음 뜻에 맞는 한자어를 한자로 쓰세요.

견지 ( )	견해나 입장 등을 굳게 지킴	수요와 공급에 의해 가격이 결정된다. ( )
유생 ( )	유학을 공부하는 선비	국민들의 성원에 보답하다. ( )
현숙 ( )	여자의 마음이 어질고 정숙함	군사적 긴장상태가 계속되다. ( )
포섭 ( )	상대를 자기편으로 감싸 끌어들임	사람들의 초상화를 그리다. ( )
와병 ( )	병으로 자리에 누움	부모님의 임종을 지키지 못하다. ( )
남벌 ( )	나무를 함부로 베어 냄	음악을 감상하다. ( )
소위 ( )	이른바	중이 되려고 머리를 삭발하다. ( )
자태 ( )	몸가짐과 맵시	팔도강산을 유람하다. ( )
파장 ( )	사람들이 벌이던 판이 거의 끝남	땀을 흘리면 염분을 섭취해야 한다. ( )
야소교 ( )	예수교	쓰레기 더미의 악취가 코를 찌른다. ( )

堅持/儒生/賢淑/包攝/臥病/濫伐/所謂/姿態/罷場/耶蘇敎   需要/聲援/緊張/肖像/臨終/鑑賞/削髮/遊覽/鹽分/惡臭

 현샘의 응원

지극한 정성은 하늘도 감동하듯 [至誠感天(지성감천)]
지극하게 초지일관(初志一貫)으로 공부한 덕에
어느덧 3급이 끝날 때가 되었네요^^

정말이지 쉬운 한자 **417**

42 일째

倒 넘어질 도
人 10획 3급II

亻 仁 佂 侄 倒

=
⊕ 立
🔊 日 ⊕ 中

 亻(사람) + 到(이를 도)

사람이 목적지에 이르려면
도중에 넘어지기도 하니 = 넘어지다

(뉘앙스 콕 p426)

倒産 倒置 卒倒 打倒 壓倒
(도산) (도치) (졸도) (타도) (압도)

臺 대 대
至 14획 3급II

土 吉 吉 喜 臺 臺

=
🔊 台 日 台 ⊕ 台

吉(길할 길) + 冖(덮다) + 至(이를 지)

좋은 날, 지붕을 덮어 사람들이 이르러
놀다 갈 수 있게 만든 것이니 = 대(높고 평평하게 만든 건축물)

燈臺 舞臺 鏡臺 寢臺 臺詞 臺帳 觀象臺
(등대) (무대) (경대) (침대) (대사) (대장) (관상대)

姪 조카 질
女 9획 3급

女 女 妳 妳 姪 姪

= ⊕ 叔
🔊 日 ⊕ 侄

 女(여자 녀) + 至(이를 지)

숙모인 여자의 품에
이른 어린 조카니 = 조카

姪女 姪婦 叔姪
(질녀) (질부) (숙질)

與 줄/더불 여
臼 14획 4급

F 皀 皀 睍 與 與

= 授/給/贈/賜 ⊕ 野
🔊 与 日 与 ⊕ 与

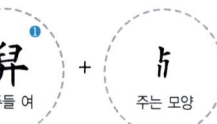 +
舁(마주들 여) + (주는 모양)

❶ 舁(마주들 여): 절구(臼)를 많은(廾) 사람들이
마주 들고 있으니

물건을 함께 마주 들어
주니 = 주다/더불다(무엇과 같이하다)

(요점만 콕)

給與 寄與 參與 讓與 貸與 賦與 與黨 與否
(급여) (기여) (참여) (양여) (대여) (부여) (여당) (여부)

擧 들 거

手 18획 5급

阝 阝 阹 與 與 擧

- ≡ 擧
- 日 挙
- ⊕ 举

 +
與(줄/더불 여) + 手(손 수)

서로 더불어
손을 모아 물건을 드니 = 들다

擧手 擧事 擧動 擧論 擧皆(거의 모두) 檢擧 選擧 薦擧
(거수) (거사) (거동) (거론) (거개) (검거) (선거) (천거)

譽 기릴/명예 예

言 21획 3급Ⅱ

F 阝 阹 與 與 譽

- ≡ 讚/頌
- 日 誉
- ⊕ 誉

 + 言(말씀 언)
與(줄/더불 여)

상을 주며 칭찬하는 말을 하니
= 기리다/명예(훌륭하다고 일컬어지는 이름이나 자랑)

名譽 榮譽
(명예) (영예)

興 일 흥

臼 16획 4급Ⅱ

F 臼 胴 鼠 興 興

- ≡ 盛
- ⊕ 亡/衰
- 日 興
- ⊕ 兴

 +
舁(마주들 여) + 同(한가지/같을 동)

❶ 舁(마주들 여): 절구(臼)를 많은(廾) 사람들이 마주 들고 있으니

마주 들어 같이 일하면
흥하게 되니 = 일다(약하거나 희미한 것이 성해지다)

興奮 興味 復興 振興 卽興 醉興 遊興 興信所
(흥분) (흥미) (부흥) (진흥) (즉흥) (취흥) (유흥) (흥신소)

輿 수레 여

車 17획 3급

F 臼 陣 輿 輿 輿

- ≡ 車
- ⊕
- 日
- ⊕ 舆

 + 車(수레 차)
舁(마주들 여)

하인들이
마주 들고 가는 수레니 = 수레

輿論 喪輿 輿地圖(종합적인 내용을 담은 일반 지도)
(여론) (상여) (여지도)

 요점만 콕!

☑ 與(줄/더불 여)는 여러 가지 역할을 해요.

- 동사: ~을 주다 ▶ 給與(급여), 寄與(기여), 讓與(양여), 貸與(대여), 授與(수여), 賦與(부여)
- 접속사: ~와 ▶ 富與貴 是人之所欲也(부여귀 시인지소욕야) 부와 귀는 사람이 바라는 바이다
- 전치사: ~와 더불어, ~와 함께 ▶ 與人同處(여인동처, 남과 더불어 살다)
  ▶ 與黨(여당, 정당 정치에서 정부와 더불어 현재 정권을 담당하는 정당) ⇔ 野黨(야당)

學 배울 학
子 16획 8급

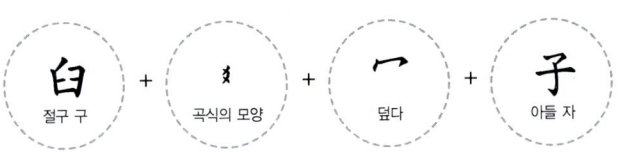

절구로 곡식의 껍질을 벗기 듯
아들을 덮고 있는 무식을 벗기는 것이니 = 배우다

學問 學校 學群 學緣 學歷 放學 文學
(학문) (학교) (학군) (학연) (학력) (방학) (문학)

覺 깨달을 각
見 20획 4급

배우고 보면서
세상의 이치를 알게 되니 = 깨닫다

覺悟 覺書 感覺 發覺 聽覺 觸覺 視覺 錯覺
(각오) (각서) (감각) (발각) (청각) (촉각) (시각) (착각)

舌 혀 설
舌 6획 4급

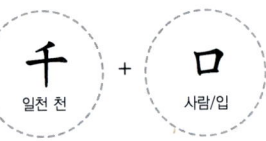

천 번이나
입안에서 움직이는 것이니 = 혀

舌戰 舌禍 牛舌 毒舌 口舌數 長廣舌
(설전) (설화) (우설) (독설) (구설수) (장광설)

活 살 활
水 9획 7급II

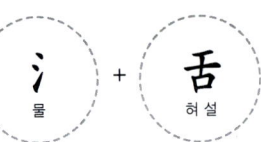

물이 있어야
혀가 살 수 있으니 = 살다

活動 活況 活劇 活躍 死活 敏活
(활동) (활황) (활극) (활약) (사활) (민활)

話 말씀 화
言 13획 7급II

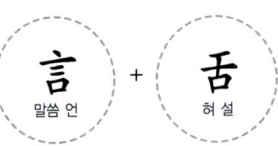

혀를 굴리며
재미있게 하는 말이니 = 말씀

話題 話術 童話 神話 對話 秘話 逸話 送話機
(화제) (화술) (동화) (신화) (대화) (비화) (일화) (송화기)

舍 집 사

舌 8획 4급II

ハ 八 今 全 舍 舍 舍

= 宮/宇/宙/軒/倉 ↔
  日 舍 中

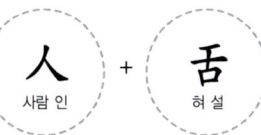

혀가 입 안에 살 듯
사람이 사는 곳이니 = 집

舍宅 廳舍 館舍 畜舍 幕舍 寄宿舍 舍廊房
(사택) (청사) (관사) (축사) (막사) (기숙사) (사랑방)

捨 버릴 사

手 11획 3급

扌 扌 扌 扲 捨 捨

= 廢/棄   ↔ 拾/取
  日   中 舍

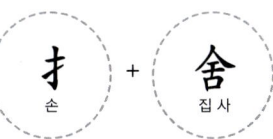

손으로 집에서
불필요한 것들을 내다 버리니 = 버리다

取捨 喜捨 四捨五入
(취사) (희사) (사사오입)

舟 배 주

舟 6획 3급

丿 丫 力 月 舟 舟

= 船/航   ↔
  日   中

작은 배의 모양 = 배

舟車 片舟 一葉片舟
(주거) (편주) (일엽편주)

般 일반/가지 반

舟 10획 3급II

丿 月 舟 舟 舟 般 般

=   ↔
 日 中

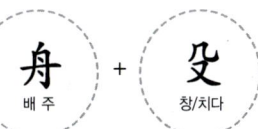

배는 일반적으로 창 같은 긴 노로 저으니
= 일반(전체에 두루 해당되는 것)/가지(사물을 종류별로 헤아리는 말)

一般 全般 諸般 般若心經
(일반) (전반) (제반) (반야심경)

盤 소반 반

皿 15획 3급II

丿 月 舟 舟 般 盤

=   ↔
 日 中 盘

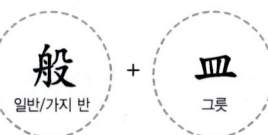

일반적으로 가정에서 사용하는
그릇이나 밥상이니 = 소반(자그마한 밥상)

小盤 音盤 旋盤 基盤 盤石 羅針盤
(소반) (음반) (선반) (기반) (반석) (나침반)

茶 차 다/차

艹 10획 3급II

十 艹 艾 苂 苶 茶

사람이 나무의
풀잎을 끓여 먹으니 = 차

(뉴앙스 콕 p426)

茶禮 茶禮 茶道 茶器 茶飯事 茶房 綠茶 紅茶
(차례) (다례) (다도) (다기) (다반사) (다방) (녹차) (홍차)

莫 없을/말 막

艹 11획 3급II

十 艹 艿 苩 莒 莫

= 罔/無/勿　↔ 有/在/存

풀이 자라는데 해보다 큰 영향을 끼치는 것은
없으니 = 없다/말다 (어떤 일이나 행동을 하지 않거나 그만두다)

莫重 莫强 莫論 莫甚 莫逆 索莫 莫上莫下 莫無可奈
(막중) (막강) (막론) (막심) (막역) (삭막) (막상막하) (막무가내)

墓 무덤 묘

土 14획 4급

十 艹 艿 苩 莫 墓

= 墳

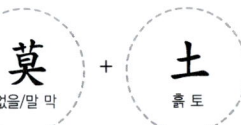

몸이 없어져 흙으로
돌아가는 곳이니 = 무덤

墓地 墓所 墓碑 省墓 墳墓 墓穴
(묘지) (묘소) (묘비) (성묘) (분묘) (묘혈)

模 본뜰 모

木 15획 4급

十 木 栌 栲 模 模

= 倣/範

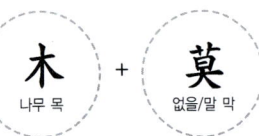

나무를 깎아 물건을 본떠
하나 밖에 없는 것을 만드니 = 본뜨다

模倣 模唱 模範 規模 模造品
(모방) (모창) (모범) (규모) (모조품)

幕 장막 막

巾 14획 3급II

十 艹 苩 莫 幕 幕

= 帳

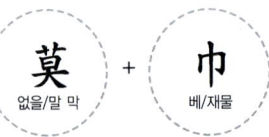

삼베로 덮어 보이지 않게 만든 것이니
= 장막 (한데에서 비바람 등을 피할 수 있도록 둘러치는 막)

帳幕 酒幕 煙幕 幕舍 幕府 開幕式 園頭幕
(장막) (주막) (연막) (막사) (막부) (개막식) (원두막)

漠 넓을/사막 막
水 14획 3급Ⅱ

氵 氵 氵 浐 浐 漠 漠

= 博/普/洪/浩

 + 莫 없을/말 막

물이 없는
넓은 곳이니 = 넓다/사막

沙漠 漠漠 漠然 茫漠
(사막) (막막) (막연) (망막)

慕 그릴 모
心 15획 3급Ⅱ

艹 苩 莫 莫 慕 慕

= 戀/愛

莫 없을/말 막 + 마음

곁에 없는 사람을 마음에 떠올리니
= 그리다(그리워하다, 사랑하는 마음으로 간절히 생각하다)

思慕 愛慕 戀慕 追慕 崇慕
(사모) (애모) (연모) (추모) (숭모)

暮 저물 모
日 15획 3급

艹 苩 莫 莫 暮

莫 없을/말 막 + 해/날 일

해가
없어지니 = 저물다

歲暮 暮秋 朝三暮四
(세모) (모추) (조삼모사)

募 모을/뽑을 모
力 13획 3급

艹 苩 莫 募 募

= 拔/集

莫 없을/말 막 + 힘 력

없어진 힘을
보충하려고 사람을 모으니 = 모으다/뽑다

募集 募金 公募 應募
(모집) (모금) (공모) (응모)

虎 범 호
虍 8획 3급Ⅱ

⺊ ⺊ 广 虍 虎

= 寅

 범가죽무늬 호 + 사람/어질다

범은 사나워
어질기를 바라니 = 범(호랑이)

虎皮 虎口 虎穴 猛虎 龍爭虎鬪
(호피) (호구) (호혈) (맹호) (용쟁호투)

정말이지 쉬운 한자 423

號

이름/부르짖을 호

虍 13획 6급

口 号 号 号¹ 號 號 號

- ≡
- ↔
- ▶
- 日
- 中

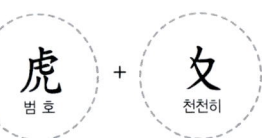

❶ 丂(공교할 교) : 工과 같이 평범한 것이 아니고 교묘하게 만드니
*공교하다 : 재치가 있고 교묘하다

口(사람/입) + 丂(공교할 교) + 虎(범 호)

입을 교묘하게 벌려 호랑이가 부르짖 듯 크게 부르는 것이니 = **이름/부르짖다**

口號 稱號 略號 番號 商號 雅號 符號 創刊號
(구호) (칭호) (약호) (번호) (상호) (아호) (부호) (창간호)

處

곳 처

虍 11획 4급II

⼧ ⼧ 广 虍 虗 處

- ≡ 所
- ↔
- ▶ 処
- 日 処
- 中 处

虎(범 호) + 夂(천천히)

호랑이가 천천히 걸어가 앉는 자리니 = **곳**(일정한 자리나 지역)

處所 居處 傷處 某處 處暑 處遇 處刑
(처소) (거처) (상처) (모처) (처서) (처우) (처형)

據

근거 거

手 16획 4급

扌 扩 扩 拧 據 據

- ≡
- ↔
- ▶ 拠
- 日 拠
- 中 据

扌(손) + 虍(범가죽무늬 호) + 豕(돼지/많다)

손에 든 가죽이 호랑이와 멧돼지를 잡았다는 증거가 되니 = **근거**(의논,의견 등에 그 근본이 되는 사실)

根據 根據地 依據 證據 割據 準據
(근거) (근거지) (의거) (증거) (할거) (준거)

劇

심할 극

刀 15획 4급

广 虍 虎 虜 豦 劇

- ≡ 甚
- ↔
- ▶
- 日
- 中 剧

虍(범가죽무늬 호) + 豕(돼지/많다) + 刂(칼)

겨우 칼 한자루로 호랑이와 멧돼지를 사냥하니 = **심하다**

(요점만 콕/뉘앙스 콕 p426)

劇甚 劇場 劇的 演劇 戲劇 新派劇 連續劇
(극심) (극장) (극적) (연극) (희극) (신파극) (연속극)

虛

빌 허

虍 12획 4급II

广 虍 虎 虚 虛 虛

- ≡ 空
- ↔ 實
- ▶
- 日 虚
- 中 虚

虍(범가죽무늬 호) + 业(풀이 나 있는 언덕 모양)

호랑이가 사는 언덕에 다른 동물들이 모두 도망가고 없으니 = **비다**

虛空 空虛 虛構 虛榮 虛飢 虛僞 虛荒
(허공) (공허) (허구) (허영) (허기) (허위) (허황)

戲

놀이 희

戈 16획 3급II

丨 卢 虎 虙 戲 戲

- ≡ 遊
- ⇔
- 🔊 戲
- 🇯🇵 戯
- 🇨🇳 戏

호랑이 흉내를 내며, 제기로
제사 지내는 놀이를, 창으로 전쟁놀이를 하니 = 놀이

戲弄 戲曲 遊戲

(희롱) (희곡) (유희)

遞

갈릴 체

辶 14획 3급

厂 广 庐 虎 虙 遞

- ≡ 郵/驛
- ⇔
- 🔊 逓
- 🇨🇳 递

어느 장소에 호랑이가
가면 그곳의 주인이 바뀌니 = 갈리다

交遞 遞減 遞增 遞信 郵遞局

(교체) (체감) (체증) (체신) (우체국)

慮

생각할 려

心 15획 4급

广 卢 虍 虐 膚 慮

- ≡ 思/念/考/憶/惟
- ⇔
- 🔊
- 🇯🇵
- 🇨🇳 虑

호랑이를
생각하면 염려되니 = 생각하다

念慮 考慮 配慮 思慮 憂慮

(염려) (고려) (배려) (사려) (우려)

爐

화로 로

火 20획 3급II

火 炉 炉 炉 爐 爐

- ≡
- ⇔
- 🔊 炉
- 🇯🇵 炉
- 🇨🇳 炉

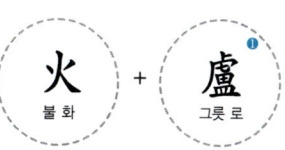

❶ 盧(그릇 로): 호랑이(虍)가 밭(田)에 있는
그림이 그려진 그릇(皿)이니

불이
담겨 있는 그릇이니 = 화로

火爐 香爐 原子爐

(화로) (향로) (원자로)

 요점만 콕!

✓ 劇(심할 극)은 '연극'이라는 뜻으로도 쓰여요.
- 심하다: 劇甚(극심)
- 연극: 劇場(극장) 劇的(극적) 演劇(연극) 戲劇(희극) 新派劇(신파극) 連續劇(연속극)

獻 드릴 헌
犬 20획 3급II

广 卢 唐 虐 獻 獻

 +  +
범가죽무늬 호 · 솥 력 · 개 견

❶ 鬲 (솥 력) : 다리가 세개인 솥의 모양

호랑이와 개를
솥에 삶아 바치니 = 드리다

獻血 獻金 獻納 貢獻 文獻
(헌혈) (헌금) (헌납) (공헌) (문헌)

隔 사이뜰 격
阜 13획 3급II

3 阝 阝 隔 隔 隔

 +
언덕 · 솥 력

언덕에서 솥을 끓일 때는
숲과 거리를 두어야 하니 = 사이 뜨다

(뉘앙스 콕 p426)

隔日 隔年 隔離 隔差 間隔 懸隔(차이가 매우 심함)
(격일) (격년) (격리) (격차) (간격) (현격)

蟲 벌레 충
虫 18획 4급II

口 中 虫 虫 蟲 蟲

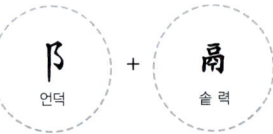
벌레 충

벌레들이
모여 있는 모양 = 벌레

蟲齒 寄生蟲 殺蟲 驅蟲
(충치) (기생충) (살충) (구충)

 뉘앙스 콕!

- **卒倒**(졸도) : 갑자기 정신을 잃고 쓰러짐 ▶ 과로로 졸도(卒倒)하였다.
- **卒徒**(졸도) : 남의 부하로 있는 변변하지 못한 사람 ▶ 산적 두목과 졸도(卒徒) 몇 명을 사로잡았다.
- **次例**(차례) : 둘 이상의 것을 순서 있게 구분하여 벌여 나가는 관계 ▶ 차례(次例)를 지키다.
- **茶禮**(차례) : 설날이나 추석 등 명절날에 지내는 제사 = 다례(茶禮) ▶ 차례(茶禮)를 모시다.
- **劇團**(극단) : 연극 공연을 전문으로 하는 단체 ▶ 극단(劇團)을 운영하다.
- **劇壇**(극단) : 연극의 무대 ▶ 극단(劇壇)에 등단했다.
- **隔差**(격차) : 빈부나 임금, 기술 수준 등이 서로 다른 정도 ▶ 빈부 격차(隔差)
- **格差**(격차) : 가격이나 자격, 품질 등의 서로 다른 정도 ▶ 가격의 격차(格差)가 크다.

42일째 복습하기

복습 1 다음 한자를 큰 소리로 읽어 보세요. (2번 이상)

倒	臺	姪	與	擧	譽	興	輿	學	覺
舌	活	話	舍	捨	舟	般	盤	茶	莫
墓	模	幕	漠	慕	暮	募	虎	號	處
據	劇	虛	戱	遞	慮	爐	獻	隔	蟲

복습 2 다음 훈음에 해당되는 한자를 쓰세요. 물론 윗부분은 감추고…

넘어질 도	대 대	조카 질	줄 여	들 거	기릴 예	일 흥	수레 여	배울 학	깨달을 각
혀 설	살 활	말씀 화	집 사	버릴 사	배 주	일반 반	소반 반	차 차	없을 막
무덤 묘	본뜰 모	장막 막	넓을 막	그릴 모	저물 모	모을 모	범 호	이름 호	곳 처
근거 거	심할 극	빌 허	놀이 희	갈릴 체	생각할 려	화로 로	드릴 헌	사이뜰 격	벌레 충

복습 3 단어로 복습하기. 다음 뜻에 맞는 한자어를 한자로 쓰세요.

도산 (	) 재산을 모두 잃고 망해버림	옛날 사람들은 주막에서 술을 마셨다. ( )
대장 (	) 상업상의 계산을 기록한 장부	낙타는 사막에서의 교통수단이다. ( )
숙질 (	) 아저씨와 조카를 아울러 이름	남녀가 서로에게 연모의 정을 품다. ( )
세모 (	) 한 해가 끝날 무렵	우승의 영예를 누렸다. ( )
여론 (	) 사회 대중의 공통된 의견	경품 추첨에 응모하다. ( )
희사 (	) 기꺼이 돈이나 물건을 내놓음	희곡은 연극을 위하여 쓴 극본이다. ( )
제반 (	) 어떤 것과 관련된 모든 것	교통 체증이 매우 심하다. ( )
음반 (	) 음악 등을 녹음한 둥근 판	향로에 향을 피우다. ( )
차례 (	) 명절 등의 낮에 지내는 제사	나라의 발전에 공헌하다. ( )
막중 (	) 매우 중요함	전염병 환자들을 격리 수용하다. ( )

倒産/臺帳/叔姪/歲暮/輿論/喜捨/諸般/音盤/茶禮/莫重　　酒幕/沙漠/戀慕/榮譽/應募/戱曲/遞增/香爐/貢獻/隔離

 현쌤의 응원

처음 출발은 용의 머리인데
끝은 뱀의 꼬리[龍頭蛇尾(용두사미)]가 되지 않도록,
처음의 열정이 흐지부지되지 않도록 끝까지 노력합시다^^

43 일째

蛇 뱀 사
虫 11획 3급II
虫 虫 虯 虵 蛇
= 巳

虫(벌레 훼) + 它(뱀 사, 다를 타)

❶ 它(뱀 사, 다를 타) : 뱀이 혀를 날름거리는 모양

일반 **벌레**와
다르게 생긴 것이니 = **뱀**

毒蛇 蛇足 畫蛇添足 長蛇陣
(독사) (사족) (화사첨족) (장사진)

血 피 혈
血 6획 4급II
丿 丨 宀 血 血

丿(칼을 내리치는 모양) + 皿(그릇 명)

내리친 칼에 베여
그릇에 피가 떨어지니 = **피**

血液 血管 血緣 血鬪 輸血 吸血鬼 腦出血
(혈액) (혈관) (혈연) (혈투) (수혈) (흡혈귀) (뇌출혈)

衆 무리 중
血 12획 4급II
白 血 血 乑 乑 衆
= 等/群/徒/類
众

血(피 혈) + 乑(사람(亻)이 많이 모여 있는 모양)

같은 **핏줄**을 가진
사람이 많이 모여 있으니 = **무리**

(뉘앙스 콕 p436)

衆論 衆智 群衆 聽衆 衆寡不敵
(중론) (중지) (군중) (청중) (중과부적)

行 다닐 행 / 항렬 항
行 6획 6급
丿 ㇀ 彳 行 行 行

彳(사람/가다) + 一(하나/모으다) + 丁(장정 정)

장정들이 곡식을 **모으려고** 들로 산으로 **가니**
= **다니다/항렬**(같은 혈족에서 갈라져 나간 계통 사이의 대수 관계를 나타내는 말)

行爲 行蹟 尾行 緩行 醜行 潛行 執行 行列
(행위) (행적) (미행) (완행) (추행) (잠행) (집행) (항렬)

街 거리 가
行 12획 4급II

彳 彳 待 往 街 街

㊀ 道/路/巷/程/徑

行(다닐 행) + 土(흙 토) + 土

사람들이 **다닐 수** 있도록
많은 **흙**을 다져놓은 곳이니 = **거리**

街路樹 街販 商街 繁華街 鍾路三街
(가로수) (가판) (상가) (번화가) (종로삼가)

衛 지킬 위
行 16획 4급II

彳 彳 徨 徨 徨 衛

㊀ 守/防 ㊥ 卫

行(다닐 행) + 韋(다룬가죽 위)

❶ 韋(다룬가죽 위): 사람이 가죽을 다루어 옷을 만들고 있는 모양

이리저리 **다니며 가죽**옷을
입은 높은 사람을 호위하니 = **지키다**

衛生 衛星 護衛 防衛 侍衛(임금이나 우두머리를 모시어 호위함)
(위생) (위성) (호위) (방위) (시위)

述 펼 술
辶 9획 3급II

十 朮 朮 朮 沭 述

㊀ 展/伸/演

十(많다) + 儿(사람/어질다) + 丶(중요) + 辶(가다)

많은 사람들이 하나뿐인 **중요**한
인생을 살아**가**며 자신의 뜻을 펼치니 = **펴다**

記述 論述 詳述 略述 著述 陳述 敍述 述語
(기술) (논술) (상술) (약술) (저술) (진술) (서술) (술어)

術 재주 술
行 11획 6급II

彳 彳 徉 徉 術 術

㊀ 才/藝/技 ㊥ 术

行(다닐 행) + 十(많다) + 儿(사람/어질다) + 丶(중요)

사람이 살아 **가**면서 **많은** 재물과
중요한 것을 가지기 위해서 필요한 것이니 = **재주**

術數 術策 仁術 劍術 藝術 技術 占星術 鍊金術
(술수) (술책) (인술) (검술) (예술) (기술) (점성술) (연금술)

衝 찌를 충
行 15획 3급II

彳 彳 徸 衝 衝 衝

㊀ 突

行(다닐 행) + 重(무거울/거듭 중)

무거운 것을 들고 **다니면**
힘들어 여러 곳에 부딪히니 = **찌르다**

衝天 衝突 衝動 衝擊 緩衝 要衝地 左衝右突
(충천) (충돌) (충동) (충격) (완충) (요충지) (좌충우돌)

衡 저울대 형
行 16획 3급 II

彳 彳 循 循 衡

장보러 다닐 때 고기의 크기를 재기 위한
것이니 = 저울대(추가 있는 저울에서 눈금이 새겨져 있는 몸 부분)   (뉘앙스 콕 p436)

衡平 平衡 均衡 度量衡
(형평) (평형) (균형) (도량형)

衣 옷 의
衣 6획 6급

丶 一 ㅗ 亠 卞 衣

= 服

머리를 위로 하고
옷고름을 날리며 발로 서있는 모양 = 옷

衣服 衣類 衣裳 衣冠 衣食住 脫衣 麻衣
(의복) (의류) (의상) (의관) (의식주) (탈의) (마의)

依 의지할 의
人 8획 4급

亻 亻 亻 伕 依 依

= 據/賴

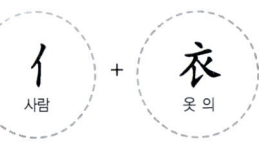

사람은 옷에
의지하니 = 의지하다

依支 依據 依然 依賴 歸依 依願免職
(의지) (의거) (의연) (의뢰) (귀의) (의원면직)

遠 멀 원
辶 14획 6급

土 土 吉 幸 袁 遠

= 悠/遙   ↔ 近
         中 远

❶ 袁(옷 챙길 원) : 사람(口)이 옷(衣)을 모으니(一)

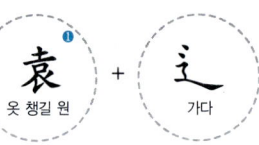

옷을 챙겨서
갈 정도의 거리니 = 멀다

遠近 遠洋 永遠 疏遠 遠距離 望遠鏡
(원근) (원양) (영원) (소원) (원거리) (망원경)

園 동산 원
口 13획 6급

門 周 周 周 園 園

中 园

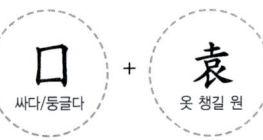

울타리로 싸여 있는, 옷을 챙겨
놀러 가는 곳이니 = 동산(마을 부근에 있는 작은 산이나 언덕)

園頭幕 湖水公園 遊園地 幼稚園
(원두막) (호수공원) (유원지) (유치원)

表 겉 표
衣 8획 6급II

ㅗ キ 主 圭 表 表

=
⊕ 裏

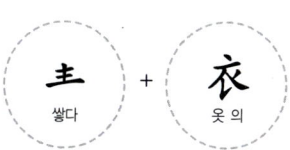
主 쌓다 + 衣 옷 의

옷을 계속 쌓아
입은 후 보이는 부분이니 = 겉

表紙 表面 表情 表裏 表象 地表 發表 亂數表
(표지) (표면) (표정) (표리) (표상) (지표) (발표) (난수표)

哀 슬플 애
口 9획 3급II

亠 宀 咅 듯 듯 哀

= 悲/鳴
⊕ 歡/喜

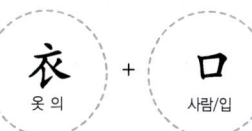
衣 옷 의 + 口 사람/입

옷으로 입을
막고 슬피 우니 = 슬프다

哀痛 哀惜 哀愁 哀憐 悲哀 喜怒哀樂
(애통) (애석) (애수) (애련) (비애) (희로애락)

衰 쇠할 쇠
衣 10획 3급II

亠 宀 亠 亩 声 衰

= 亡
⊕ 興/盛

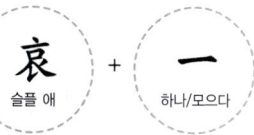
哀 슬플 애 + 一 하나/모으다

슬픈 일이
모이면 몸이 쇠약해지니 = 쇠하다

衰退 衰弱 衰落 衰亡 衰殘 老衰
(쇠퇴) (쇠약) (쇠락) (쇠망) (쇠잔) (노쇠)

環 고리 환
玉 17획 4급

王" 瑌 瑌 瑌 瑌 環

⊕ 环

王 玉(구슬 옥)의 변형 + 睘 눈 휘둥그래질 경

옥으로 휘둥그래진 눈처럼 둥글게
만든 것이니 = 고리(무엇에 끼우기 위하여 만든 둥근 물건)

● 睘(눈 휘둥그래질 경) : 그물(罒) 속에 모인(一) 옷(衣)을 보고 사람(口)이 놀라니

環境 指環 金環 花環 惡循環
(환경) (지환) (금환) (화환) (악순환)

還 돌아올 환
辶 17획 3급II

罒 罒 睘 睘 景 還

= 回/歸
⊕ 还

睘 눈 휘둥그래질 경 + 辶 가다

물건을 빠트려 휘둥그래진
눈으로 가던 길을 돌아오니 = 돌아오다

還甲 還拂 還元 歸還 送還 返還 償還 奪還
(환갑) (환불) (환원) (귀환) (송환) (반환) (상환) (탈환)

裏 속 리
衣 13획 3급II

一 亠 宣 重 裏 裏

= 裡
⇔ 表
日 裏
中

衣 (옷 의) + 里 (마을/거리 리)

마을의 경계선 같은
솔기는 옷의 안쪽에 있으니 = 속

裏面 裏書 腦裏 表裏 表裏不同
(이면) (이서) (뇌리) (표리) (표리부동)

壤 흙덩이 양
土 20획 3급II

圹 圹 坪 壇 壤 壤

= 地
⇔ 天
日 壤
中

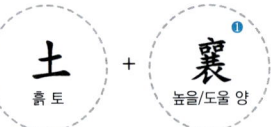

土 (흙 토) + 襄 (높을/도울 양)

흙이 높이
쌓여 있으니 = 흙덩이

❶ 襄(높을/도울 양) : 옷(衣)을 많이 모아(圭) 도와
주는 사람(口)은 의식이 높으니

土壤 平壤 擊壤歌 天壤之差
(토양) (평양) (격양가) (천양지차)

讓 사양할 양
言 24획 3급II

訁 訁 讓 讓 讓 讓

= 謙
日 譲
中 让

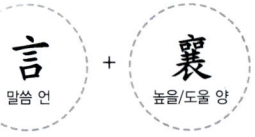

言 (말씀 언) + 襄 (높을/도울 양)

도움 받기를 말로 정중히 사양하니
= 사양하다 (상대방의 도움을 정중하게 거절함)

讓步 讓渡 讓位 辭讓 謙讓 分讓
(양보) (양도) (양위) (사양) (겸양) (분양)

壞 무너질 괴
土 19획 3급II

圹 圹 坪 壇 壞 壞

= 崩/滅
日 壊
中 坏

土 (흙 토) + 褱 (품을/가릴 회)

흙이 눈 앞을
가리니 = 무너지다

❷ 褱(품을/가릴 회) : 그물(罒)로 물건을 덮듯
옷(衣)으로 뼈와 살을 품어 가리니

破壞 崩壞 損壞 壞滅 壞血病
(파괴) (붕괴) (손괴) (괴멸) (괴혈병)

懷 품을 회
心 19획 3급II

忄 忄 忄 懷 懷 懷

= 抱/擁
日 懐
中 怀

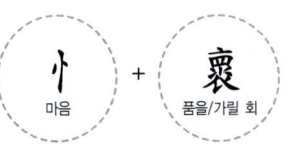

忄 (마음) + 褱 (품을/가릴 회)

마음에
품고 있으니 = 품다

懷古 懷疑 懷抱 懷柔 述懷
(회고) (회의) (회포) (회유) (술회)

喪 잃을 상
口 12획 3급II

一 𠀁 𠩺 喪 喪 喪

≡ 失 ↔ 喪
🔊 📅 ⊕ 喪

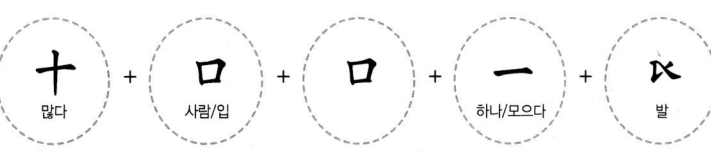

많은 사람이 모여 발을
멈추고 죽은 사람을 애도하고 있으니 = 잃다

喪失 喪家 喪服 喪妻 喪輿 初喪 冠婚喪祭
(상실) (상가) (상복) (상처) (상여) (초상) (관혼상제)

見 볼 견 / 뵈올 현
見 7획 5급II

冂 冃 目 貝 見

≡ 視/觀/覽/顧 ↔
🔊 📅 ⊕ 见

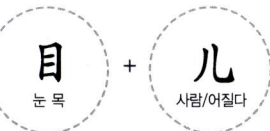

눈으로 사람이 하는
일이니 = 보다/뵙다 (웃어른을 대하여 보다)

見學 見識 見積 發見 豫見 偏見 謁見
(견학) (견식) (견적) (발견) (예견) (편견) (알현)

親 친할 친
見 16획 6급

亠 辛 亲 新 親 親

≡ ↔
🔊 📅 ⊕ 亲

아버지가 서서 나무 위에
올라 간 아들을 바라보고 있으니 = 친하다

(요점만 콕)

親舊 親權 親密 親切 親睦 親戚 兩親
(친구) (친권) (친밀) (친절) (친목) (친척) (양친)

現 나타날 현
玉 11획 6급II

一 丁 王 玔 玥 現

≡ 顯/著, 今 ↔ 消/隱
🔊 📅 ⊕ 现

구슬에서 영롱한
빛이 보이니 = 나타나다

(요점만 콕)

現金 現在 現役 現況 現象 現夢 現行犯 出現
(현금) (현재) (현역) (현황) (현상) (현몽) (현행범) (출현)

 요점만 콕!

✓ **親**(친할 친)은 '어버이'라는 뜻으로도 쓰여요.
- 친하다 : 親近(친근) 親分(친분) 和親(화친) 親舊(친구) 親切(친절) 親密(친밀)
- 어버이 : 親權(친권) 兩親(양친) 先親(선친) 親庭(친정) 親族(친족)

✓ **現**(나타날 현)은 '지금'이라는 뜻으로도 쓰여요.
- 나타나다 : 現夢(현몽) 出現(출현) 具現(구현)
- 지금 : 現在(현재) 現金(현금) 現役(현역) 現況(현황) 現象(현상) 現狀(현상) 現行犯(현행범)

43 일째

정말이지 쉬운 한자

規 법 규
見 11획 5급

二 丰 知 狆 狆 規

≡ 法/則/範/憲 ⇔ 規

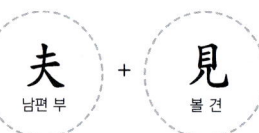

夫 (남편 부) + 見 (볼 견)

집에서는 남편이
보고 말하는 것이 곧 법이니 = 법

規則 規範 規約 規模 法規 社規 內規
(규칙) (규범) (규약) (규모) (법규) (사규) (내규)

寬 너그러울 관
宀 15획 3급II

宀 宁 宵 寶 寬 寬

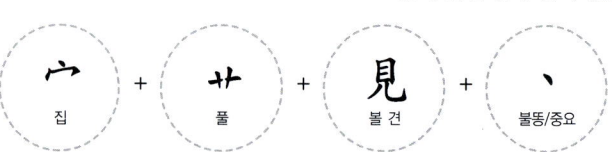

宀(집) + 卝(풀) + 見(볼 견) + 丶(불똥/중요)

집에서 화초를 돌보다 보면
불같은 성격이 너그러워 지니 = 너그럽다

寬大 寬待 寬容
(관대) (관대) (관용)

角 뿔 각
角 7획 6급II

′ ′ 产 角 角 角

뿔 각

뿔의 모양 = 뿔
(요점만 콕)

角逐 角度器 鹿角 觸角 直角 銳角 鈍角
(각축) (각도기) (녹각) (촉각) (직각) (예각) (둔각)

解 풀 해
角 13획 4급II

勹 角 角 角刀 解 解

≡ 放/釋 ⇔ 結

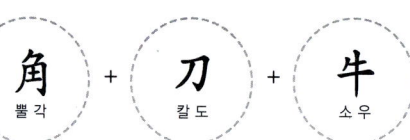

角(뿔 각) + 刀(칼 도) + 牛(소 우)

뿔 사이를 칼로 치면
소를 죽이는 문제가 해결되니 = 풀다

解釋 解夢 解渴 解散 解産 解脫 理解 難解
(해석) (해몽) (해갈) (해산) (해산) (해탈) (이해) (난해)

谷 골 곡
谷 7획 3급II

′ 八 公 父 谷 谷

골 곡

골짜기의 모양 = 골

溪谷 谷氷河 栗谷
(계곡) (곡빙하) (율곡)

俗 풍속 속
人 9획 4급II

`丿 亻 亻 伀 俗 俗`

 +
사람 / 골 곡

사람들이 골짜기에 모여 살며 생긴 풍습이니
= 풍속(예로부터 전해 오는 의,식,주 그 밖의 모든 생활에 관한 습관) (요점만 콕)

俗談 俗言 俗稱 民俗 風俗 脫俗 卑俗 還俗
(속담)(속언)(속칭)(민속)(풍속)(탈속)(비속)(환속)

浴 목욕할 욕
水 10획 5급

`氵 氵 氵 浐 浂 浴`

물 + 골 곡

물이 흐르는 계곡에서
목욕을 하니 = 목욕하다

浴室 浴湯 海水浴 日光浴 森林浴
(욕실)(욕탕)(해수욕)(일광욕)(삼림욕)

容 얼굴 용
宀 10획 4급II

`宀 宀 宀 㝉 突 容 容`

面/顔/貌

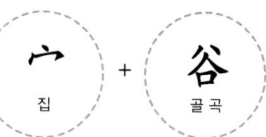
집 + 골 곡

집안 일로
골짜기처럼 주름진 곳이니 = 얼굴 (요점만 콕)

容貌 容納 容器 許容 容恕 容易 容疑者 形容詞
(용모)(용납)(용기)(허용)(용서)(용이)(용의자)(형용사)

 요점만 콕!

☑ 角(뿔 각)은 '각도' 라는 뜻으로도 쓰여요.
- 뿔 : 頭角(두각) 牛角(우각)
- 각도 : 角度(각도) 直角(직각) 一角(일각) 四角(사각) 角木(각목)

☑ 俗(풍속 속)은 '저속하다' 라는 뜻으로도 쓰여요.
- 풍속 : 風俗(풍속) 世俗(세속) 民俗(민속) 俗談(속담) 脫俗(탈속) 俗稱(속칭)
- 저속하다 : 低俗(저속) 野俗(야속) 卑俗(비속) 卑俗語(비속어)

☑ 容(얼굴 용)은 '넣다' 와 '쉽다' 그리고 '용서하다' 라는 뜻으로도 쓰여요.
- 얼굴 : 容貌(용모) 偉容(위용) 花容月態(화용월태, 아름다운 여인의 얼굴과 맵시를 이르는 말)
- 넣다 : 內容(내용) 受容(수용) 容器(용기) 包容(포용) 容共(용공) 容積(용적, 물건을 담을 수 있는 부피)
- 쉽다 : 容易(용이)
- 용서하다 : 容恕(용서) 許容(허용) 容納(용납)

欲 하고자할 욕
欠 11획 3급II

欠 谷 谷 谷 欲 欲

골짜기에서 입 벌려 소리쳐
하고자 하는 것을 바라니 = 하고자 하다

欲情 欲求不滿
(욕정) (욕구불만)

慾 욕심 욕
心 15획 3급II

谷 欲 欲 欲 慾 慾

≡ 貪

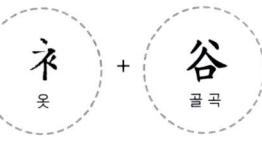

뭔가를
하고자 하는 마음이니 = 욕심

慾心 慾求 慾望 貪慾 禁慾 虛慾
(욕심) (욕구) (욕망) (탐욕) (금욕) (허욕)

裕 넉넉할 유
衣 12획 3급II

衤 衤 衤 衹 裕 裕

≡ 富/餘   ↔ 貧/窮

옷의 폭이
골짜기처럼 넓으니 = 넉넉하다

富裕 餘裕 裕福
(부유) (여유) (유복)

言 말씀 언
言 7획 6급

丶 亠 言 言 言 言

≡ 語/談/說/辭/辯

지위가 높은 사람이
두 번 생각해서 입으로 말하는 것이니 = 말씀

言語 言辯 言及 宣言 妄言 附言
(언어) (언변) (언급) (선언) (망언) (부언)

 뉘앙스 콕!

- ☑ • 衆智(중지) : 여러 사람의 지혜 ▶ 이 문제는 중지(衆智)를 모아 해결하자
- • 中智(중지) : 평범한 지혜 ▶ 이 대책은 중지(中智)에 불과하다.
- ☑ • 衡平(형평) : 균형이 맞음 ▶ 그 일은 형평(衡平)을 잃었다.
- • 平衡(평형) : 사물이 어느 한쪽으로 기울지 않고 안정됨 ▶ 이 저울대는 평형(平衡)을 유지한다.

43일째 복습하기

복습 1 다음 한자를 큰 소리로 읽어 보세요. (2번 이상)

蛇	血	衆	行	街	衛	述	術	衝	衡
衣	依	遠	園	表	哀	衰	環	還	裏
壤	讓	壞	懷	喪	見	親	現	規	寬
角	解	谷	俗	浴	容	欲	慾	裕	言

복습 2 다음 훈음에 해당되는 한자를 쓰세요. 물론 윗부분은 감추고…

뱀 사	피 혈	무리 중	다닐 행	거리 가	지킬 위	펼 술	재주 술	찌를 충	저울대 형
옷 의	의지할 의	멀 원	동산 원	겉 표	슬플 애	쇠할 쇠	고리 환	돌아올 환	속 리
흙덩이 양	사양할 양	무너질 괴	품을 회	잃을 상	볼 견	친할 친	나타날 현	법 규	너그러울 관
뿔 각	풀 해	골 곡	풍속 속	목욕할 욕	얼굴 용	하고자할 욕	욕심 욕	넉넉할 유	말씀 언

복습 3 단어로 복습하기. 다음 뜻에 맞는 한자어를 한자로 쓰세요.

상처 ( ) 아내의 죽음을 당함	평양은 북한의 수도이다. ( )
욕정 ( ) 충동적으로 일어나는 욕심	책의 저작권을 출판사에 양도하다. ( )
논술 ( ) 자신의 의견을 논리적으로 서술함	무분별한 개발로 자연이 파괴되었다. ( )
충격 ( ) 사물에 급격히 가하여지는 힘	적군을 회유하여 아군으로 만들다. ( )
형평 ( ) 균형이 맞음	독사에게 물려 목숨을 잃다. ( )
애통 ( ) 몹시 슬퍼함	죄인에게 관용을 베풀다. ( )
쇠퇴 ( ) 기세가 쇠하여 전보다 못하게 됨	날이 더워 계곡으로 놀러가다. ( )
환경 ( ) 생물에게 영향을 주는 자연적 조건	위생 상태가 엉망인 식당이 적발되다. ( )
귀환 ( ) 원래 있던 곳으로 다시 돌아옴	사람의 욕망은 끝이 없다. ( )
뇌리 ( ) 사람의 의식이나 기억	유복한 집안에서 태어나다. ( )

喪妻/欲(慾)情/論述/衝擊/衡平/哀痛/衰退/環境/歸還/腦裏   平壤/讓渡/破壞/懷柔/毒蛇/寬容/溪谷/衛生/慾望/裕福

 현쌤의 응원

책을 백 번 읽으면 그 뜻이 저절로 드러나 듯 [讀書百遍義自見(독서백편의자현)]
열심히 익히다 보니
어느새 한자의 뜻이 저절로 이해되죠^^?

정말이지 쉬운 한자

44일째

豆 콩 두
豆 7획 4급Ⅱ
一 丆 丆 豆 豆 豆

豆 (콩 두)

제기(祭器:제사 지낼 때 사용하는 그릇)의 모양을
본뜬 글자로 제기와 콩은 모양이 비슷하니 = 콩

豆腐　豆乳　綠豆　小豆(팥)
(두부) (두유) (녹두) (소두)

頭 머리 두
頁 16획 6급
豆 丽 頭 頭 頭 頭
= 首   ⇔ 尾
日   ⊕ 头

豆(콩 두) + 頁(머리 혈)

콩처럼
둥글게 생긴 머리니 = 머리

頭目　頭髮　頭緖　沒頭　冒頭　頭蓋骨　接頭辭
(두목) (두발) (두서) (몰두) (모두) (두개골) (접두사)

樹 나무 수
木 16획 6급
村 梏 梏 梏 樹 樹
= 木
日   ⊕ 树

木(나무 목) + 十(많다) + 豆(콩 두) + 寸(마디/헤아릴 촌)

많은 콩 같은 열매가
마디마디 자라 있는 나무니 = 나무

樹木園　樹液　植樹　果樹　桂樹　針葉樹　街路樹
(수목원) (수액) (식수) (과수) (계수) (침엽수) (가로수)

鬪 싸움 투
鬥 20획 4급
 丨 𠃉 鬥 鬥 鬪 鬪
= 戰/競/爭   ⇔ 和/協
日 闘   ⊕ 斗

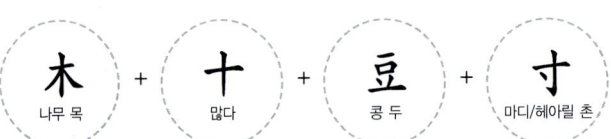

鬥(싸울 투) + 豆(콩 두) + 寸(마디/헤아릴 촌)

❶ 鬥(싸울 투) : 왕들이 편을
나눠(丨+王+王+丨) 싸우니

마음이 콩알 만해서
서로를 헤아리지 못하고 싸우니 = 싸움

鬪爭　鬪鷄　鬪魂　激鬪　決鬪　亂鬪　拳鬪　奮鬪
(투쟁) (투계) (투혼) (격투) (결투) (난투) (권투) (분투)

豈 어찌 기
豆 10획 3급

丨 山 屮 岂 岂 豈

= 何/奚/奈/那/焉 ↔
🔊 　　　 🇯🇵 　　　 🇨🇳 岂

 山 (메 산) + 豆 (콩 두)

산에서 어찌
콩을 찾으랴 = **어찌**(어떠한 이유로)

豈敢(어찌 감히)　豈不(어찌 ~않으랴)

(기감) (기불)

豐 풍년 풍
豆 13획 4급II

冂 曲 曲 曹 豊 豐

= 盛 ↔
🔊 　　　 🇯🇵 　　　 🇨🇳 丰

 曲 (굽을 곡) + 豆 (콩 두)

굽어 있는 논밭에
콩이 풍성하게 자라 있으니 = **풍년**

豐盛　豐年　豐滿　豐富

(풍성) (풍년) (풍만) (풍부)

體 몸 체
骨 23획 6급II

骨 骨 骨 體 體 體

= 身　　　↔ 心
🔊 体　　🇯🇵 体　　🇨🇳 体

 骨 (뼈 골) + 豐 (풍년 풍: 풍성하다)

뼈에 살이
풍성하게 붙어 된 것이니 = **몸**

身體　體格　體系　體罰　染色體　媒介體　被寫體

(신체) (체격) (체계) (체벌) (염색체) (매개체) (피사체)

禮 예도 례
示 18획 6급

示 禮 禮 禮 禮 禮

=　　　↔
🔊 礼　　🇯🇵 礼　　🇨🇳 礼

 示 (신) + 豐 (풍년 풍: 풍성하다)

제사를 모실 때는 신(조상) 앞에
풍성하게 차리는 것이 예절이니 = **예도**(예의와 법도)

禮儀　禮遇　冠禮　默禮　巡禮　葬禮　茶禮　賀禮

(예의) (예우) (관례) (묵례) (순례) (장례) (차례) (하례)

鼓 북 고
鼓 13획 3급II

士 吉 壴 鼓 鼓 鼓

=　　　↔
🔊 　　　 🇯🇵 　　　 🇨🇳

 十 (많다) + 豆 (콩 두) + 十 (많다) + 又 (또 우)

많은 콩을 통에 넣고 많이 두드리고
또 두드리듯 큰 소리를 내는 것이니 = **북**

鼓手　鼓膜　鼓舞　鼓吹　法鼓　勝戰鼓　申聞鼓　*膜:막 막

(고수) (고막) (고무) (고취) (법고) (승전고) (신문고)

喜 기쁠 희
口 12획 4급

一 十 士 吉 吉 壴 喜

- 歡/悅
- 悲/哀

많은 콩을
수확한 사람의 마음이니 = 기쁘다

喜悅 喜悲 喜色 喜劇 喜壽(나이 일흔일곱 살) 歡喜 喜怒哀樂
(희열) (희비) (희색) (희극) (희수) (환희) (희로애락)

貝 조개 패
貝 7획 3급

丨 冂 冂 冃 目 貝

- 贝

조개의 모양 = 조개

貝物(산호나 수정 등으로 만든 값진 물건) 貝類
(패물) (패류)

敗 패할 패
攵 11획 5급

目 貝 貝' 貯 敗 敗

- 負/北
- 勝
- 败

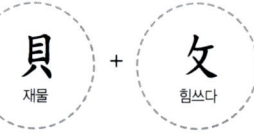

상대방을 무시하여 자신의
재물만 믿고 힘쓰면 지게 되니 = 패하다

敗北 憤敗 腐敗 惜敗 慘敗 敗殘兵 敗血症
(패배) (분패) (부패) (석패) (참패) (패잔병) (패혈증)

貞 곧을 정
貝 9획 3급II

卜 占 卢 肖 貞 貞

- 直
- 曲
- 贞

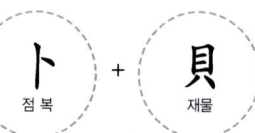

점을 치고 그 대가를
재물로 지불하니 = 곧다

(뉘앙스 콕 p446)

貞淑 貞潔 貞節 貞操 童貞 不貞
(정숙) (정결) (정절) (정조) (동정) (부정)

貴 귀할 귀
貝 12획 5급

中 虫 串 壹 青 貴 貴

- 稀
- 賤
- 贵

어느 장소 가운데
모아 놓은 재물이니 = 귀하다

(뉘앙스 콕 p446)

貴族 貴賤 稀貴 貴重 貴中 貴賓 品貴 貴金屬
(귀족) (귀천) (희귀) (귀중) (귀중) (귀빈) (품귀) (귀금속)

遺 남길 유
辶 16획 4급

书 肀 貴 貴 潰 遺

- ㊂
- ㊉
- ㊐
- ㊥ 遗

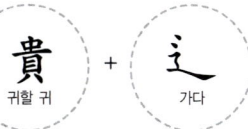

귀한 것을
놓고 가니 = 남기다

遺言 遺産 遺傳 遺腹子(태어나기 전에 아버지를 여읜 자식) 遺蹟 遺物 後遺症
(유언) (유산) (유전) (유복자) (유적) (유물) (후유증)

買 살 매
貝 12획 5급

丨 罒 罒 罥 買 買

- ㊂ 購
- ㊉ 賣/販
- ㊐
- ㊥ 买

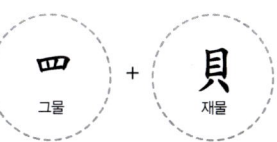

그물로 된 바구니에
재물을 담으니 = 사다

買入 買收 買票 買氣 購買 *購:살 구
(매입) (매수) (매표) (매기) (구매)

賣 팔 매
貝 15획 5급

士 声 击 壽 賣 賣

- ㊂ 販
- ㊉ 買/購
- ㊉ 売
- ㊐ 売
- ㊥ 卖

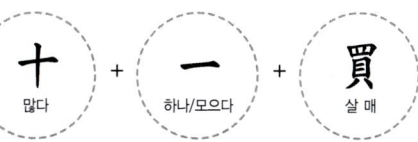

많이 사서 모아둔 것을
다시 시장에 내 놓으니 = 팔다

賣出 賣盡 販賣 投賣 賣國奴 專賣 豫賣 賣却
(매출) (매진) (판매) (투매) (매국노) (전매) (예매) (매각)

讀 읽을 독 / 구절 두
言 22획 6급II

言 訁 請 請 讀 讀

- ㊂
- ㊉
- ㊉ 読
- ㊐ 読
- ㊥ 读

물건을 팔 때처럼
소리 내어 말하니 = 읽다/구절

讀書 速讀 精讀 熟讀 判讀 吏讀 句讀點
(독서) (속독) (정독) (숙독) (판독) (이두) (구두점)

續 이을 속
糸 21획 4급II

約 綪 綪 綪 續

- ㊂ 繼/接/承
- ㊉ 絶/切/斷
- ㊉ 続
- ㊐ 続
- ㊥ 续

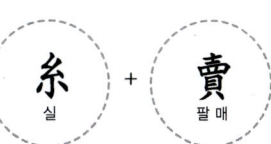

실을 팔아
생계를 이어 나가니 = 잇다

(뉘앙스 콕 p446)

繼續 連續 勤續 續篇 續編 續刊
(계속) (연속) (근속) (속편) (속편) (속간)

貫 꿸 관
貝 11획 3급II

ㄴ ㅁ ㅃ 毌 冎 貫

- 通/徹
- 習
- 日
- 中

 +
꿰뚫을 관   재물

❶ 毌(꿰뚫을 관) : 엽전을 꿰어 둔 모양

엽전처럼 구멍이
뚫린 재물을 꿰니 = 꿰다   (요점만 콕)

貫通 貫徹 貫祿 貫革(과녁의 원말) 本貫 尺貫法
(관통) (관철) (관록) (관혁) (본관) (척관법)

慣 익숙할 관
心 14획 3급II

忄 忄 忄 忄 忄 慣 慣

- 習
- 日
- 中 慣

 +
마음   꿸 관

마음에 일이
꿰어져 익숙해지니 = 익숙하다   (뉘앙스 콕 p446)

習慣 慣習 慣性 慣例 慣行
(습관) (관습) (관성) (관례) (관행)

實 열매 실
宀 14획 5급II

宀 宁 宙 宲 實 實

- 果
- 実
- 日 実
- 虛
- 中 突

 + 貫
집   꿸 관

수확하여 집에
꿰어 두는 것이니 = 열매   (뉘앙스 콕 p446)

實果 果實 實像 實踐 實權 實錄 實吐 篤實 實際 實在
(실과) (과실) (실상) (실천) (실권) (실록) (실토) (독실) (실제) (실재)

負 질 부
貝 9획 4급

ノ ク 夕 角 旨 負

- 擔, 敗
- 勝
- 日
- 中 负

 + 貝
다투다   재물

다투면 재물에
손실이 생기니 = 지다(짐지다/빚지다/패하다)   (요점만 콕)

勝負 負傷 負債 抱負 自負心
(승부) (부상) (부채) (포부) (자부심)

賓 손 빈
貝 14획 3급

宀 宀 宁 宲 寍 賓

- 客
- 日
- 中 宾
- 主

집   하나/모으다   작을 소   재물

집에 손님을 불러모아 작은
재물이라도 차려 대접하니 = 손(다른 곳에서 찾아온 사람)   (뉘앙스 콕 p446)

賓客 貴賓 來賓 內賓 國賓 迎賓館
(빈객) (귀빈) (내빈) (내빈) (국빈) (영빈관)

走 달릴 주

走 7획 4급II

十 土 キ キ 走 走

≡ 奔

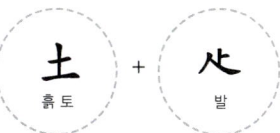

흙이 발 위에 튈
정도로 빨리 가니 = 달리다

走行 疾走 逃走 脫走 奔走 東奔西走
(주행) (질주) (도주) (탈주) (분주) (동분서주)

起 일어날 기

走 10획 4급II

土 キ 走 起 起 起

≡ ↔ 伏/臥/寢

달릴 때는 몸을
일으켜 세우니 = 일어나다

起床 起寢 起訴 蜂起 突起 起重機 起承轉結
(기상) (기침) (기소) (봉기) (돌기) (기중기) (기승전결)

超 뛰어넘을 초

走 12획 3급II

土 キ 走 起 超 超

≡ 越/過

달아나는 사람을 부르면
도망가려고 담을 넘으니 = 뛰어넘다

超人 超過 超越 超然 超滿員 超短波
(초인) (초과) (초월) (초연) (초만원) (초단파)

越 넘을 월

走 12획 3급II

走 走 走 越 越 越

≡ 超

❶ 戉(도끼 월) : 창(戈)과 비슷한 큰 도끼의 모양

적을 공격하려고 도끼를
들고 달려가 장애물을 뛰어 넘으니 = 넘다

越冬 越班 越境 越權 越尺 優越 追越 卓越
(월동) (월반) (월경) (월권) (월척) (우월) (추월) (탁월)

 요점만 콕!

- ☑ 옛날에는 무게의 단위를 이렇게 나타냈어요.
  - 兩(두 량) 37.5g • 斤(근 근) 600g • 貫(꿸 관) 3.75Kg   (길이 단위:요점만 콕 p29, 부피 단위:요점만 콕 p283)
- ☑ 負(질 부)는 '빚지다'와 '패하다'라는 뜻으로도 쓰여요.
  - 짐지다 : 負擔(부담) 負傷(부상) 抱負(포부) 自負心(자부심) 負荷(부하) 過負荷(과부하)
  - 빚지다 : 負債(부채)
  - 패하다 : 勝負(승부) 一勝一負(일승일부)

徒 무리 도
彳 10획 4급

彳 𢎘 徉 徒 徒 徒

= 黨/衆/輩

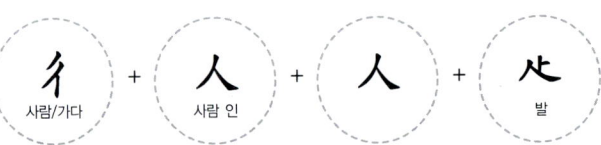

무리 지어
달리는 사람들이니 = 무리

徒黨 徒輩 徒勞 徒步 生徒 信徒 暴徒 叛徒
(도당) (도배) (도로) (도보) (생도) (신도) (폭도) (반도)

從 좇을 종
彳 11획 4급

彳 从 伀 伀 從 從

= 遵/追
日 従 中 从

사람/가다 + 사람 인 + 사람 + 발

사람들이 앞 사람의
발을 보며 따라가니 = 좇다
(요점만 콕 p195)

從軍 從來 主從 侍從 從屬 順從 追從 從兄弟(사촌 관계인 형과 아우)
(종군) (종래) (주종) (시종) (종속) (순종) (추종) (종형제)

縱 세로 종
糸 17획 3급II

糸 糿 紛 縱 縱 縱

= 放   ↔ 橫
日 縦 中 纵

실을 짤 때 앞 실을
좇아 세로로 이어지니 = 세로
(요점만 콕)

縱橫 縱走 縱斷 縱隊 放縱 操縱
(종횡) (종주) (종단) (종대) (방종) (조종)

足 발 족
足 7획 7급II

口 口 甲 𠯮 足

↔ 手

사람의
발이니 = 발
(요점만 콕)

手足 滿足 蛇足 定足數(회의를 열 수 있는 최소의 정원)
(수족) (만족) (사족) (정족수)

蹟 자취 적
足 18획 3급II

𧾷 𧾷⁺ 跱 蹟 蹟 蹟

= 跡
中 迹

한 발자국 한 발자국 책임있게 일을
한 행적이니 = 자취(어떤 것이 남기고 간 흔적)

奇蹟 遺蹟 古蹟 史蹟(역사적으로 중요한 사건이나 시설의 자취)
(기적) (유적) (고적) (사적)

跡

발자취 **적**

足 13획 3급II

丌 円 尸 距 跡 跡

- 蹟
- 迹

足(발 족)의 변형 + 亦 또 역

발이 가고 또 가면서 생긴 것이니 = **발자취**(발로 밟은 흔적)

人跡 潛跡 追跡 筆跡
(인적) (잠적) (추적) (필적)

促

재촉할 **촉**

人 9획 3급II

亻 亻 伊 伊 促 促

- 催

亻 사람 + 足 발 족

사람이 발을 구르며 재촉하니 = **재촉하다**

促求 促迫 促進 督促 販促
(촉구) (촉박) (촉진) (독촉) (판촉)

捉

잡을 **착**

手 10획 3급

扌 扌 扌 押 捉 捉

- 操/執/拘/捕

扌 손 + 足 발 족

손으로 발을 잡으니 = **잡다**

捕捉
(포착)

車

수레 **차/거**

車 7획 7급II

一 冂 冂 冃 盲 車

- 輿
- 车

車 수레 차/거

수레의 모양 = **수레**

車庫 馬車 乘用車 自轉車 人力車
(차고) (마차) (승용차) (자전거) (인력거)

 요점만 콕!

- ✓ 縱(세로 종)은 '놓다' 라는 뜻으로도 쓰여요.
  - 세로 : 縱橫(종횡) 縱走(종주) 縱斷(종단) 縱隊(종대) 縱列(종렬)
  - 놓다 : 放縱(방종) 操縱(조종) 操縱士(조종사)

- ✓ 足(발 족)은 '만족하다' 라는 뜻으로도 쓰여요.
  - 발 : 手足(수족) 發足(발족) 長足(장족) 失足(실족) 定足數(정족수) 義足(의족)
  - 만족하다 : 滿足(만족) 豐足(풍족) 不足(부족) 自足(자족) 手不足(수부족)

連 이을 련

辶 11획 4급II

百 亘 車 軋 連 連

≡ 續/結   ↔
🔊   日   ⊕ 连

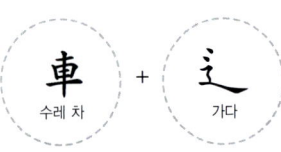

車(수레 차) + 辶(가다)

수레가 지나간 자리에
바퀴 자국이 이어지니 = 잇다

連結 連續 連載 連坐 連敗 連繫 連累 連鎖
(연결)(연속)(연재)(연좌)(연패)(연계)(연루)(연쇄)

蓮 연꽃 련

艹 15획 3급II

艹 艹 苴 苗 蓮 蓮

≡ 荷   ↔
🔊   日   ⊕ 莲

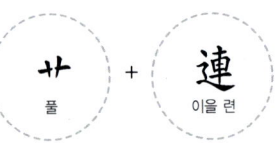

艹(풀) + 連(이을 련)

아름다운 풀이 연못 위에
끝없이 이어지니 = 연꽃

蓮根 蓮葉 木蓮
(연근)(연엽)(목련)

庫 창고 고

广 10획 4급

广 广 庐 庐 庫 庫

≡ 倉/堂/舍/屋   ↔
🔊   日   ⊕ 库

广(장소) + 車(수레 차)

지붕을 덮어
수레를 보관하는 곳이니 = 창고(곳집)

倉庫 文庫 書庫 金庫 冷藏庫 彈藥庫
(창고)(문고)(서고)(금고)(냉장고)(탄약고)

 뉘앙스 콕!

- ☑ **不貞**(부정) : 부부가 서로의 정조(貞操)를 지키지 않는 일 ▶ 행실이 부정(不貞)하다.
- **不正**(부정) : 올바르지 않거나 바르지 못함 ▶ 부정(不正) 입학을 하다.
- **不淨**(부정) : 깨끗하지 못한 것 또는 불길한 일 ▶ 부정(不淨)이 들다.
- ☑ **貴重**(귀중) : 매우 귀하고 소중함 ▶ 귀중(貴重)한 존재
- **貴中**(귀중) : 편지 등을 받을 단체의 이름 아래에 쓰는 높임말 ▶ 국립 의료원 귀중(貴中)
- ☑ **續篇**(속편) : 이미 만들어진 책이나 영화 등의 뒷이야기로 만들어진 것 ▶ 전편에 이은 속편(續篇)
- **續編**(속편) : 이미 편찬한 책에 잇대어 편찬한 책 ▶ 전편에 이은 속편(續編)
- ☑ **習慣**(습관) : 오랫동안 자꾸 반복하여 몸에 익어 버린 행동. 버릇 ▶ 나쁜 습관(習慣)을 고치다.
- **慣習**(관습) : 습관화되어 온 규범이나 생활 방식 ▶ 오랜 관습(慣習)과 전통
- ☑ **實際**(실제) : 사실의 경우나 형편 ▶ 실제(實際) 생활, 실제(實際)와 이론
- **實在**(실재) : 현실에 실제로 존재함 ▶ 실재(實在)하는 인물
- ☑ **來賓**(내빈) : 모임에 공식적으로 초대를 받고 온 사람 ▶ 자리를 빛내 주신 내빈(來賓) 여러분 감사합니다.
- **內賓**(내빈) : 여자 손님을 이름. 대궐 잔치에 참석하는 봉작(封爵)을 받은 부인들

44일째 복습하기

복습 1 다음 한자를 큰 소리로 읽어 보세요. (2번 이상)

豆	頭	樹	鬪	豈	豊	體	禮	鼓	喜
貝	敗	貞	貴	遺	買	賣	讀	續	貫
慣	實	負	賓	走	起	超	越	徒	從
縱	足	蹟	跡	促	捉	車	連	蓮	庫

복습 2 다음 훈음에 해당되는 한자를 쓰세요. 풀론 윗부분은 감추고…

콩 두	머리 두	나무 수	싸움 투	어찌 기	풍년 풍	몸 체	예도 례	북 고	기쁠 희
조개 패	패할 패	곧을 정	귀할 귀	남길 유	살 매	팔 매	읽을 독	이을 속	꿸 관
익숙할 관	열매 실	질 부	손 빈	달릴 주	일어날 기	뛰어넘을 초	넘을 월	무리 도	좇을 종
세로 종	발 족	자취 적	발자취 적	재촉할 촉	잡을 착	수레 차	이을 련	연꽃 련	창고 고

복습 3 단어로 복습하기. 다음 뜻에 맞는 한자어를 한자로 쓰세요.

기감 (	) 어찌 감히	국경을 초월한 사랑.	(	)
월권 (	) 자기 권한 밖의 일에 관여함	선수들은 관중의 응원에 고무되었다.	(	)
도로 (	) 헛되이 수고함	희열로 가슴이 벅차오르다.	(	)
패물 (	) 수정 등으로 만든 값진 물건	대머리는 아들에게 유전된다.	(	)
정숙 (	) 여자의 행실이 곧고 마음씨가 맑음	친구들과 지리산 종주를 계획하다.	(	)
추종 (	) 남의 뒤를 따라서 좇음	환자가 기적적으로 살아났다.	(	)
관철 (	) 어려움을 뚫고 나아가 목적을 이룸	날이 저물자 거리에는 인적이 끊겼다.	(	)
연근 (	) 연꽃의 뿌리	빚쟁이들의 독촉에 시달리다.	(	)
포부 (	) 마음속에 있는 미래에 대한 계획	범행의 증거를 포착하다.	(	)
귀빈 (	) 귀한 손님	일찍 일어나는 습관이 몸에 배이다.	(	)

豈敢/越權/徒勞/貝物/貞淑/追從/貫徹/蓮根/抱負/貴賓 　　 超越/鼓舞/喜悅/遺傳/縱走/奇蹟/人跡/督促/捕捉/習慣

현샘의 응원

44일째가 끝났네요!
마지막까지 열심히 하여
좋은 결실을 맺길 바랍니다^^

45 일째

軟 연할 연
車 11획 3급Ⅱ

一 亘 車 軋 軟 軟

≡ 柔   ↔ 確/硬/堅
日   中 软

 +
車 수레 차 + 欠 입벌리다

바람 빠진 **수레**바퀴에 **입 벌려**
바람을 넣으면 부드러워지니 = **연하다**(무르고 부드럽다)

軟弱　軟骨　軟體　柔軟
(연약) (연골) (연체) (유연)

軒 집 헌
車 10획 3급

一 亘 車 軒 軒

≡ 宅/宇/宙/戶/院
日   中 轩

 +
車 수레 차 + 干 방패 간

수레에서 비를 막아주는
방패 같은 처마가 있는 집이니 = **집**

東軒　烏竹軒　軒軒丈夫(외모가 준수하고 풍채가 당당한 남자)
(동헌) (오죽헌) (헌헌장부)

軍 군사 군
車 9획 8급

冖 冖 写 写 宣 軍

≡ 兵/卒/士   ↔
日   中 军

 +
冖 덮다 + 車 수레 차

풀을 **덮어** 수레를
위장하는 사람들이니 = **군사**

軍士　軍師　軍紀　軍納　軍糧　軍縮　我軍　叛軍
(군사) (군사) (군기) (군납) (군량) (군축) (아군) (반군)

運 옮길 운
辶 13획 6급Ⅱ

冖 宣 軍 軍 運 運

≡ 移/遷
日   中 运

 +
軍 군사 군 + 辶 가다

군사들이 싸우러 **갈** 때
무기와 식량을 함께 옮기니 = **옮기다**

(요점만 콕)

運動　運轉　運數　運輸　運賃　吉運　厄運　武運
(운동) (운전) (운수) (운수) (운임) (길운) (액운) (무운)

揮 휘두를 휘
手 12획 4급

丬 扌 扩 拒 揰 揮

손에 든 칼을 휘두르며
군사들을 지휘하니 = 휘두르다

指揮 發揮 揮毫(붓을 휘두른다는 뜻으로, 글씨를 쓰거나 그림을 그림)

(지휘) (발휘) (휘호)

輝 빛날 휘
車 15획 3급

光 + 軍
빛 광   군사 군

햇빛에 군사들의
무기와 계급장이 반짝이니 = 빛나다

光輝 星輝 輝光 輝綠巖

(광휘) (성휘) (휘광) (휘록암)

辰 별/지지 진, 때 신
辰 7획 3급Ⅱ

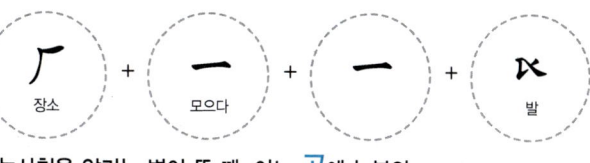

농사철을 알리는 별이 뜰 때, 어느 곳에 농부의
발이 모여 농사를 시작하니 = 별/때/다섯째 지지(용)   (요점만 콕 – p481)

辰時 戊辰年 辰宿列張 星辰 生辰

(진시) (무진년) (진수열장) (성신) (생신)

振 떨칠 진
手 10획 3급Ⅱ

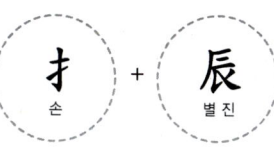

손으로 이뤄 낸 업적이 별처럼
빛나니 = 떨치다(위세나 명성 등이 널리 알려지다)

振動 振幅 振興 振作 不振

(진동) (진폭) (진흥) (진작) (부진)

 요점만 콕!

☑ 運(옮길 운)은 '운수(運數)'라는 뜻으로도 쓰여요.
  • 옮기다 : 運轉(운전) 運航(운항) 運送(운송) 運營(운영) 運輸(운수) 運賃(운임)
  • 운수 : 運數(운수) 幸運(행운) 悲運(비운) 運勢(운세) 厄運(액운) 武運(무운)

☑ 辰(별/용 진)은 십이지지 중 다섯 번째 동물인 용을 상징해요. (요점만 콕 p481)

震 우레 진
雨 15획 3급Ⅱ

厂 天 雨 雰 震 震 震

雨(비 우) + 辰(별 진)

비가 올 때 별처럼 번쩍이며
큰 소리로 울려 퍼지는 것이니 = 우레(천둥)

地震 耐震 震度 震怒 震央 震源地
(지진) (내진) (진도) (진노) (진앙) (진원지)

農 농사 농
辰 13획 7급Ⅱ

冂 曲 曲 農 農 農

農 农

曲(굽을 곡) + 辰(별 진)

농부가 굽어 있는 논과 밭에서
농사철을 알리는 별이 뜰 때 하는 일이니 = 농사

農事 農夫 農民 農耕 營農 勸農 歸農 農繁期
(농사) (농부) (농민) (농경) (영농) (권농) (귀농) (농번기)

晨 새벽 신
日 11획 3급

旦 尸 辰 晨 晨 晨

曉 暮/昏

日(해/날 일) + 辰(별 진)

해가 뜨고
별이 사라질 때니 = 새벽

晨鍾 昏定晨省
(신종) (혼정신성)

辱 욕될 욕
辰 10획 3급Ⅱ

厂 尸 辰 辰 辱 辱

恥 榮

辰(별 진) + 寸(마디/헤아릴 촌)

별처럼 빛나는 사람을
헤아리지 못해 푸대접하니 = 욕되다(부끄럽고 치욕적이다)

辱說 榮辱 困辱 屈辱 苦辱 雪辱 恥辱
(욕설) (영욕) (곤욕) (굴욕) (고욕) (설욕) (치욕)

脣 입술 순
肉 11획 3급

尸 尸 辰 辰 脣 脣

唇 唇

辰(별 진) + 月(몸/고기)

별처럼 몸에서
빛나는 곳이니 = 입술

脣音 脣亡齒寒
(순음) (순망치한)

那 어찌 나
邑 7획 3급

丁 丆 圼 丮 邪 那

≡ 何/奚/奈/豈/焉 ⇔

刀(칼 도) + 二(두 이) + 阝(고을)

겨우 칼 두개로
고을을 지키려 하니 = 어찌(어떠한 이유로)

那邊(어느 곳) 印度支那(인도차이나의 음역어)
(나변) (인도지나)

邦 나라 방
邑 7획 3급

一 二 三 丰 邦 邦

≡ 國 ⇔

丰(예쁠/무성할 봉) + 阝(고을)

❶ 丰(예쁠/무성할 봉) : 예쁜 것이 많이(十) 모여 있으니

무성하게 많은 고을이
모여 이루어진 것이니 = 나라

邦畵 友邦 聯邦 合邦 異邦人
(방화) (우방) (연방) (합방) (이방인)

酉 닭/지지 유
酉 7획 3급

一 丆 丌 酉 酉 酉

≡ 鷄 ⇔

酉(술)

술을 마시다 보면 닭이
우는 새벽이 오니 = 닭/열째 지지(닭)   (요점만 콕 - p481)

酉時 癸酉年
(유시) (계유년)

酒 술 주
酉 10획 4급

氵 沪 沔 沔 酒 酒

≡ ⇔

氵(물) + 酉(술)

액체로
된 술이니 = 술

酒量 酒類 酒幕 酒邪 燒酒 麥酒 濁酒 飯酒
(주량) (주류) (주막) (주사) (소주) (맥주) (탁주) (반주)

 요점만 콕!

☑ 酉(닭 유)는 십이지지 중 열 번째 동물인 닭을 상징해요 (요점만 콕 p481)

配 나눌/짝 배
酉 10획 4급II

丙 酉 酉 酉' 酉" 配

≡ 分, 偶/匹

술을 자기와 나누어
마시는 짝이니 = 나누다/짝

(뉘앙스 콕 p456)

配匹　配偶者　配付　配管　配慮　配當　配置　宅配
(배필) (배우자) (배부) (배관) (배려) (배당) (배치) (택배)

醫 의원 의
酉 18획 6급

医 医" 殹 殹 醫 醫

🔊 医　🇯🇵 医　🇨🇳 医

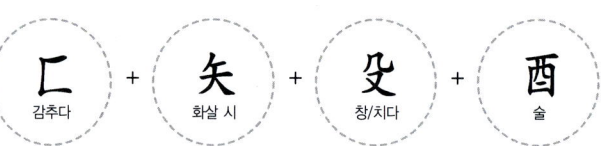

화살과 창에 맞은 감춰진 상처를
술인 알코올로 치료하는 사람이니 = 의원(의사와 의생의 총칭)

醫員　醫院　醫師　專門醫　獸醫師　東醫寶鑑
(의원) (의원) (의사) (전문의) (수의사) (동의보감)

酌 술따를 작
酉 10획 3급

冂 西 酉 酉 酌 酌

❶ 勺(구기 작) : 쌓인(ㄱ) 물을 싸고(ㄱ) 있는 작은 그릇이니
* 구기 : 술이나 기름 등을 풀 때 쓰는 작은 기구

술을 작은 국자로
잔에 따르니 = 술 따르다

酌婦　參酌　無酌定
(작부) (참작) (무작정)

醜 추할 추
酉 17획 3급

冂 西 酉 酉' 酉" 醜

⇔ 美
⇔ 丑

술에 취해 귀신 같이 날뛰니
= 추하다(옷차림이나 언행 등이 지저분하고 더럽다)

醜男　醜行　醜態　醜惡　醜雜
(추남) (추행) (추태) (추악) (추잡)

尊 높을 존
寸 12획 4급II

亻 酋 酋 酋 尊 尊

≡ 高/卓/崇/隆　⇔ 卑

❷ 酋(우두머리 추) : 여덟(八) 가지의 많은 종류의 술(酉)을 마시는 사람이니

우두머리는 남을
헤아리는 마음이 높으니 = 높다

尊重　尊敬　尊稱　至尊　自尊心　唯我獨尊
(존중) (존경) (존칭) (지존) (자존심) (유아독존)

猶 오히려 유
犬 12획 3급II

犭 犷 狁 猶 猶 猶

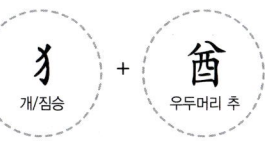

오히려 우두머리가
짐승 같으니 = 오히려

猶豫　猶不足　過猶不及
(유예) (유부족) (과유불급)

遵 좇을 준
辶 16획 3급

酋 酋 酋 尊 遵

≡ 追/從

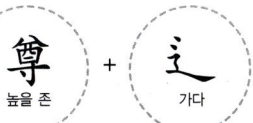

높은 분을
따라가니 = 좇다

(뉘앙스 콕 p456)

遵法　遵守　遵行　遵用
(준법) (준수) (준행) (준용)

里 마을/거리 리
里 7획 7급

丨 口 曰 甲 里 里

≡ 村

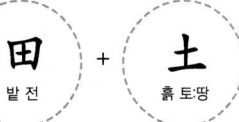

밭 옆에 있는
땅이니 = 마을/거리 (거리를 재는 단위)

洞里　里長　里程標　五里霧中　萬里長城
(동리) (이장) (이정표) (오리무중) (만리장성)

理 다스릴/이치 리
玉 11획 6급II

王 珇 玾 理 理 理

≡ 治

왕이 마을을 이치에 맞게
다스리니 = 다스리다/이치 (사물의 정당한 도리)

理致　理髮　眞理　管理　窮理　倫理　署理　審理
(이치) (이발) (진리) (관리) (궁리) (윤리) (서리) (심리)

埋 묻을 매
土 10획 3급

土 圢 坦 埋 埋 埋

≡ 沒

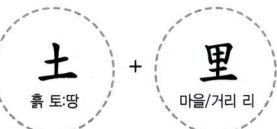

마을 옆에 있는
땅에 시체를 묻으니 = 묻다

埋葬　埋沒　埋伏　暗埋葬
(매장) (매몰) (매복) (암매장)

重 무거울/거듭 중
里 9획 7급

一 二 千 千 千 重 重 重 重

⊜ 二/再/複   ⟺ 輕

千 (일천 천) + 里 (마을/거리 리)

천리 길을 가려면 마음이 무겁고,
걸음을 거듭해야 하니 = 무겁다/거듭

重傷 重役 重鎭 莫重 愼重 荷重 二重 重奏 重複
(중상) (중역) (중진) (막중) (신중) (하중) (이중) (중주) (중복)

動 움직일 동
力 11획 7급II

一 一 亘 亘 重 重 動 動

⊜ 二   ⟺ 靜
       动

重 (무거울/거듭 중) + 力 (힘 력)

거듭 힘을
가하면 움직이니 = 움직이다

動詞 動機 動亂 動靜 激動 微動 騷動 躍動
(동사) (동기) (동란) (동정) (격동) (미동) (소동) (약동)

金 쇠 금 / 성 김
金 8획 8급

人 合 全 全 余 金

⊜ 鐵

人 (사람 인) + 一 (하나/모으다) + 土 (흙 토:땅) + 丶 (불똥/중요) + 丶

사람들이 모여 땅에서
캐는 중요한 것이니 = 쇠/성(姓)

金額 金鑛 金庫 金塊 現金 獻金 金剛石 金氏
(금액) (금광) (금고) (금괴) (현금) (헌금) (금강석) (김씨)

鍾 쇠북/술병 종
金 17획 4급

人 合 全 金 鉅 鍾

⟺ 钟

金 (쇠 금) + 重 (무거울/거듭 중)

쇠로 만든 무거운
것이니 = 쇠북(종)/술병 (鐘과 동자)

鍾路 鍾閣 警鍾 打鍾 掛鍾 自鳴鍾 招人鍾
(종로) (종각) (경종) (타종) (괘종) (자명종) (초인종)

針 바늘 침
金 10획 4급

人 合 全 金 金 針

⟺ 针

金 (쇠 금) + 十 (많다)

쇠를 여러 번 많이 갈아
뾰족하게 만든 것이니 = 바늘

針線 毒針 時針 分針 秒針
(침선) (독침) (시침) (분침) (초침)

鎖

쇠사슬 쇄

金 18획 3급Ⅱ

牟 金 金' 釒" 鎖 鎖

- ㈜
- ㈑ ㈒ ㊥ 锁

 +  +

金(쇠 금) + 小(작을 소) + 貝(재물)

쇠를 작게 만들어
재물을 묶어 두는 것이니 = **쇠사슬**

鎖國 閉鎖 封鎖 連鎖 連鎖店
(쇄국) (폐쇄) (봉쇄) (연쇄) (연쇄점)

長

긴/어른 장

長 8획 8급

一 ㄏ F 트 長 長

- ㈜ 丈
- ㈝ 短, 少
- ㈑ 镸 ㈒ ㊥ 长

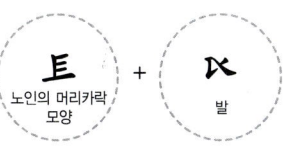

틘(노인의 머리카락 모양) + 氏(발)

긴 머리카락을 가진
노인이 발로 서 있는 모양 = **길다/어른**

長短 長髮 長壽 長距離 長老 市長 班長
(장단) (장발) (장수) (장거리) (장로) (시장) (반장)

帳

장막 장

巾 11획 4급

冂 巾 忄 忄 帳 帳

- ㈜ 幕
- ㈑ ㈒ ㊥ 帐

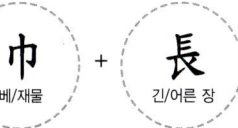

巾(베/재물) + 長(긴/어른 장)

베를 길게 둘러 가린 것이니
= **장막**(야외에서 햇볕이나 비바람을 피할 수 있게 둘러놓은 막)   (요점만 콕)

帳幕 帳簿 通帳 臺帳 日記帳 布帳馬車
(장막) (장부) (통장) (대장) (일기장) (포장마차)

張

베풀 장

弓 11획 4급

弓 弖 弖 張 張 張

- ㈜ 施/設/陳/宣
- ㈑ ㈒ ㊥ 张

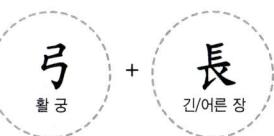

弓(활 궁) + 長(긴/어른 장)

활을 당겨 길게 늘어난 줄처럼
마음을 크게 쓰는 것이니 = **베풀다**(일이나 물건을 벌여 놓다)

主張 誇張 伸張 擴張 緊張
(주장) (과장) (신장) (확장) (긴장)

 요점만 콕!

- ☑ 帳(장막 장)은 '장부'라는 뜻으로도 쓰여요.
  - 장막 : 帳幕(장막) 布帳(포장) 布帳馬車(포장마차)
  - 장부 : 帳簿(장부) 通帳(통장) 臺帳(대장) 日記帳(일기장)

門 문 문

門 8획 8급

丨 冂 冂 冃 門 門

문 문

대문의 모양 = 문

校門　登龍門　專門　專門家　門前成市
(교문) (등용문) (전문) (전문가) (문전성시)

問 물을 문

口 11획 7급

冂 冃 門 門 問 問

= 答/聞/聽
中 问

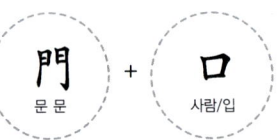
문 문 + 口 사람/입

문 앞에서 사람이
길을 묻고 있으니 = 묻다

問答　問喪　問招　訪問　疑問　顧問
(문답) (문상) (문초) (방문) (의문) (고문)

聞 들을 문

耳 14획 6급Ⅱ

冂 門 門 閂 聞 聞

= 聽
↔ 問
中 闻

門 문 문 + 耳 귀 이

문에 귀를 대고
듣고 있으니 = 듣다

新聞　所聞　探聞　醜聞　聽聞會　申聞鼓
(신문) (소문) (탐문) (추문) (청문회) (신문고)

開 열 개

門 12획 6급

丨 冂 冂 門 閂 開

= 啓
↔ 閉
中 开

門 문 문 + 一 빗장의 모양 + 廾 많다/바치다

문에 있는 빗장을
손으로 받쳐 벗기고 있으니 = 열다

開業　開校　開放　開發　開拓　疏開　開式辭
(개업) (개교) (개방) (개발) (개척) (소개) (개식사)

 뉴앙스 콕!

☑ • **配偶者**(배우자) : 부부의 한쪽, 남편 쪽에서는 아내를, 아내 쪽에서는 남편을 이름
　　　　▶ 배우자(配偶者)의 선택은 매우 중요하다.
　• **配偶子**(배우자) : 다른 세포와 접합하여 새로운 개체를 형성하는 세포로 정자와 난자를 이름

☑ • **遵行**(준행) : 관례나 명령을 그대로 좇아서 행함　▶ 옛날의 관례가 그대로 준행(遵行)되다.
　• **準行**(준행) : 어떤 사물을 표준으로 하여 그대로 행함　▶ 근로기준법을 준행(準行)하다.

45일째 복습하기

복습 1 다음 한자를 큰 소리로 읽어 보세요.(2번 이상)

軟	軒	軍	運	揮	輝	辰	振	震	農
晨	辱	脣	那	邦	酉	酒	配	醫	酌
醜	尊	猶	遵	里	理	埋	重	動	金
鍾	針	鎖	長	帳	張	門	問	聞	開

복습 2 다음 훈음에 해당되는 한자를 쓰세요. 물론 윗부분은 감추고…

연할 연	집 헌	군사 군	옮길 운	휘두를 휘	빛날 휘	별 진	떨칠 진	우레 진	농사 농
새벽 신	욕될 욕	입술 순	어찌 나	나라 방	닭 유	술 주	나눌 배	의원 의	술따를 작
추할 추	높을 존	오히려 유	좇을 준	마을 리	다스릴 리	묻을 매	무거울 중	움직일 동	쇠 금
쇠북 종	바늘 침	쇠사슬 쇄	긴 장	장막 장	베풀 장	문 문	물을 문	들을 문	열 개

복습 3 단어로 복습하기. 다음 뜻에 맞는 한자어를 한자로 쓰세요.

나변( ) 어느 곳. 어디	마음이 너무나 연약하다. ( )
동헌( ) 고을 수령들이 공무를 보던 건물	한국전쟁에 많은 우방국들이 참전했다. ( )
반주( ) 끼니때 밥에 곁들여서 마시는 술	사령관의 지휘에 따라 행동하다. ( )
성휘( ) 별의 반짝이는 빛	담배를 끊기로 단단히 작정하다. ( )
생신( ) '생일'을 높여 이르는 말	추잡스러운 말을 늘어놓다. ( )
진흥( ) 떨쳐 일어남	공장의 철거가 유예되었다. ( )
지진( ) 지면이 진동하는 현상	준법정신이 투철하여 항상 법을 지킨다. ( )
신종( ) 새벽에 치는 종	할아버지는 공동묘지에 매장되셨다. ( )
침선( ) 바느질	남에게 욕설을 퍼붓다. ( )
순음( ) 두 입술 사이에서 나는 소리	외부인의 출입을 봉쇄하다. ( )

那邊/東軒/飯酒/星輝/生辰/振興/地震/晨鍾/針線/脣音   軟弱/友邦/指揮/酌定/醜雜/猶豫/遵法/埋葬/辱說/封鎖

 현쌤의 응원

드디어 얼마 남지 남았네요
굳게 참고 견뎌 마음이 흔들리지 않게[堅忍不拔(견인불발)]
끝까지 잘해봅시다^^

46 일째

閉 닫을 폐
門 11획 4급

丨 丨 門 門 閉 閉

= 廢
⇔ 開
日 閉

門(문 문) + 才(재주 재 ⇒빗장의 모양)

문에 빗장을 거니 = 닫다

開閉 閉業 閉店 閉幕 閉講 閉鎖 幽閉
(개폐) (폐업) (폐점) (폐막) (폐강) (폐쇄) (유폐)

間 사이 간
門 12획 7급Ⅱ

丨 丨 門 門 間 間

= 隔
日 间

門(문 문) + 日(해/날 일)

문틈 사이로 해가 비치니 = 사이

間隔 間或 眉間 巷間 瞬間 瞬息間 時間 空間
(간격) (간혹) (미간) (항간) (순간) (순식간) (시간) (공간)

簡 대쪽/간략할 간
竹 18획 4급

竹 竹 简 简 簡 簡

= 略
日 简

⺮(대나무/책) + 間(사이 간)

대나무 조각을 연결하여 그 사이에 간략하게 적으니 = 대쪽/간략하다

簡略 簡單 簡潔 簡素 簡易 簡便 書簡
(간략) (간단) (간결) (간소) (간이) (간편) (서간)

閑 한가할 한
門 12획 4급

丨 丨 門 門 閑 閑

= 暇
⇔ 忙
日 闲

門(문 문) + 木(나무 목)

대문 안에서 나무를 가꿀 정도로 시간이 많으니 = 한가하다

閑暇 閑寂 閑職 閑良 等閑視 忙中閑 閑麗水道
(한가) (한적) (한직) (한량) (등한시) (망중한) (한려수도)

閏 윤달 윤

門 12획 3급

｜ ｒ ｐ 門 閂 閏

= 〇
日 〇
中 闰

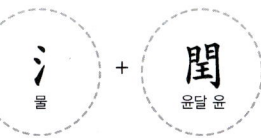
門 문 문 + 王 임금 왕

임금이 외출하지 않고
대궐 문안에만 머무를 때이니 = 윤달
(요점만 콕)

閏年 閏月
(윤년) (윤월)

潤 불을 윤

水 15획 3급Ⅱ

氵 氵 泪 洞 潤 潤

= 澤
日 〇
中 润

氵 물 + 閏 윤달 윤

윤달 때는 집 밖으로 잘 나가지 않 듯 논에 물이 오랫동안 고여
있으니 = 불다 (물에 젖어서 부피가 커지다. 양이나 수가 많아지다.)

潤氣 潤澤 利潤
(윤기) (윤택) (이윤)

 민망할 민

心 15획 3급

忄 忄 忄 憫 憫 憫

= 憐
日 〇
中 悯

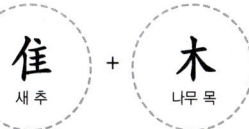
忄 마음 + 閔 민망할/성 민

❶ 閔(민망할/성 민) : 문(門)에 낙서(文)가
되어 있으면 민망하니

마음속으로 민망하게
생각하니 = 민망하다 (답답하고 딱해 안타깝다)

憐憫
(연민)

集 모을 집

隹 12획 6급Ⅱ

亻 亻 亻 侓 隼 集

= 社/會/募/蓄
反 散
日 〇
中 〇

隹 새 추 + 木 나무 목

새들이 나무
위로 모이니 = 모으다

集中 集計 集積 募集 召集 採集 徵集 集散地
(집중) (집계) (집적) (모집) (소집) (채집) (징집) (집산지)

 요점만 콕!

☑ **윤달과 윤년이란 무엇일까요?**
- **윤달** : 윤년에 드는 달. 달력의 계절과 실제 계절과의 차이를 조절하기 위하여, 1년 중의 달수가 다른 해보다 많은 달을 이른다. 즉, 태양력(太陽曆)에서는 4년마다 한 번 2월을 29일로 한다.
- **윤년** : 윤달이나 윤일이 든 해. 지구가 태양을 한 번 공전(公轉)하는 데 365일 5시간 48분이 걸리므로 태양력(太陽曆)에서는 그 나머지 시간을 모아 4년마다 한 번 2월을 하루 늘린다.

進 나아갈 진
辶 12획 4급II

亻 广 彳 住 隹 進

⊜ ⇔ 退

住(새 추) + 辶(가다)

새는 날아 갈 때
앞으로만 가니 = 나아가다

進退 進擊 進甲 突進 累進 躍進 精進 遲進兒
(진퇴) (진격) (진갑) (돌진) (누진) (약진) (정진) (지진아)

準 준할 준
水 13획 4급II

氵 沪 汼 淮 準 準

⊜ ⇔ 准

氵(물) + 隹(새 추) + 十(많다)

물 위를 날아가는 많은 새들이
우두머리를 따르니 = 준하다 (어떤 본보기를 기준으로 따르다)

準備 準則 準優勝 準租稅 水準 平準 標準 照準
(준비) (준칙) (준우승) (준조세) (수준) (평준) (표준) (조준)

雜 섞일 잡
隹 18획 4급

衣 衣 剎 新 新 雜

⊜ 混 雜 ⇔ 杂

亠(머리/높다) + 人(사람 인) + 人 + 木(나무 목) + 隹(새 추)

높은 나무 위에
사람들과 새가 섞여 있으니 = 섞이다

雜穀 雜念 雜誌 雜貨 複雜 煩雜 錯雜 醜雜
(잡곡) (잡념) (잡지) (잡화) (복잡) (번잡) (착잡) (추잡)

推 밀 추 / 밀 퇴
手 11획 4급

扌 才 打 扩 扌 推

⊜ ⇔ 携/引/導

扌(손) + 隹(새 추)

손에 잡힌 새가
빠져 나가려고 밀치니 = 밀다
(뉘앙스 콕 p466)

推進 推理 推測 推移 推仰 推尋 推薦 類推 推敲 *敲: 두드릴 고
(추진) (추리) (추측) (추이) (추앙) (추심) (추천) (유추) (퇴고)

雄 수컷 웅
隹 12획 5급

ナ 左 太 太 太 雄

ナ(방향) + 厶(개인/크다) + 隹(새 추)

먹이를 찾으려고
사방으로 날아다니는 큰 새니 = 수컷

雄大 雄辯 雄飛 雄壯 英雄 大雄殿 群雄割據
(웅대) (웅변) (웅비) (웅장) (영웅) (대웅전) (군웅할거)

舊 예/오랠 구

日 18획 5급II

艹 芢 雈 舊 舊 舊

= 古/久　↔ 新
일 旧　일 旧　중 旧

풀을 물어와 새가 절구 모양의 둥지를
만드는 것은 옛부터 오래된 일이니 = **옛날/오래다**

舊面　舊式　新舊　親舊　守舊派　復舊　依舊(옛날 그대로 변함이 없음)
(구면)(구식)(신구)(친구)(수구파)(복구)(의구)

維 벼리 유

糸 14획 3급II

糸 紀 紆 紆 維 維

= 紀/綱　↔
일　　일　　중 维

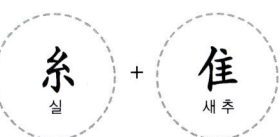

실로 만든 줄로, 새를 잡을 때 그물을 조절하는
부분이니 = **벼리**(그물의 코를 꿰어 그물을 잡아 당길 수 있게 한 동아줄)　(뉘앙스 콕 p466)

維持　維新　維歲次(제문 첫머리에 관용적으로 쓰는 말)
(유지)(유신)(유세차)

羅 벌릴 라

网 19획 4급II

罒 罕 罙 罨 羅 羅

= 列　↔
일　　일　　중 罗

새를 잡으려고 실로 짠
그물을 공중에 펼치니 = **벌리다**

羅列　羅針盤　新羅　徐羅伐
(나열)(나침반)(신라)(서라벌)

催 재촉할 최

人 13획 3급II

亻 伫 俨 伴 俐 催

= 促/迫　↔
일　　일　　중

❶ 崔(높을 최) : 산(山) 위에서 새(隹)가 날고 있으니

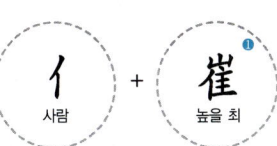

사람들이 더 높이
올라가라고 재촉하니 = **재촉하다**　(뉘앙스 콕 p466)

催促　催告　催眠　催淚彈　開催　主催
(최촉)(최고)(최면)(최루탄)(개최)(주최)

雙 둘 쌍

隹 18획 3급II

亻 隹 隹 雔 雙 雙

= 二/再　↔
일 双　일 双　중 双

새 두마리를 손으로
다스리고 있으니 = **둘**(쌍)

雙墳　雙璧　雙眼鏡　雙曲線　雙和湯　＊璧 : 옥 벽
(쌍분)(쌍벽)(쌍안경)(쌍곡선)(쌍화탕)

唯 오직 유
口 11획 3급

口 叶 吀 吀 唯

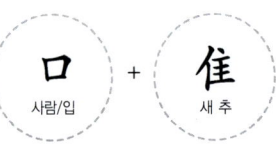

새는 오직
입으로만 지저귀니 = **오직**

唯一　唯物論　一切唯心造

(유일) (유물론) (일체유심조)

惟 생각할 유
心 11획 3급

忄 忄 忄 忄 忄 惟

㊂ 思/想/考

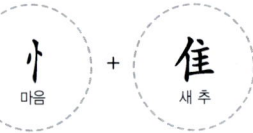

마음속으로 새를
잡을 일을 생각하니 = **생각하다**

惟獨　思惟

(유독) (사유)

雖 비록 수
隹 17획 3급

吕 虽 虽 虽 虽 雖

㊥ 虽

입에 벌레를 문 새는
비록 작더라도 새끼를 기를 수 있으니 = **비록**

雖然(비록 ~라 하더라도)

(수연)

誰 누구 수
言 15획 3급

言 訁 訁 訁 誰 誰

㊂ 孰　㊥ 谁

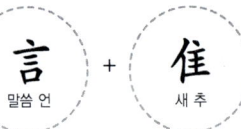

새가 하는 말은
그 누구도 알아 듣지 못하니 = **누구**

誰何(① 누구 ② 어두워서 상대를 식별하기 어려울 때 경계하는 자세로 아군끼리 약속한 암호를 확인하는 일)

(수하)

奮 떨칠 분
大 16획 3급Ⅱ

六 木 布 奞 奞 奮

㊂ 振/拂　㊥ 奋

커다란 새가 밭 위를 날아가 듯
이름을 널리 떨치니 = **떨치다** (위세나 명성 등이 널리 알려지다)

奮發　奮然　奮戰　奮鬪　激奮　興奮

(분발) (분연) (분전) (분투) (격분) (흥분)

奪 빼앗을 탈
大 14획 3급II

六 夲 夲 夲 奪 奪

- 掠
- 掠

大 (큰 대) + 隹 (새 추) + 寸 (마디/헤아릴 촌)

큰 새가 상황을 잘 헤아려
다른 새의 먹이를 빼앗으니 = 빼앗다

奪取 奪還 强奪 掠奪 收奪 爭奪 侵奪
(탈취) (탈환) (강탈) (약탈) (수탈) (쟁탈) (침탈)

離 떠날 리
隹 19획 4급

卤 离 离 离 離 離

- 散/別
- 离

 (짐승/떠날 리) + 隹 (새 추)

● 离(짐승/떠날 리) : 짐승의 머리(亠)/몸통(凶)/다리(内)의 모양

겨울이 되면
새가 떠나니 = 떠나다

離別 離陸 離散 離脫 離婚 亂離 距離 隔離
(이별) (이륙) (이산) (이탈) (이혼) (난리) (거리) (격리)

禽 새 금
内 13획 3급II

亼 今 含 禽 禽 禽

- 鳥/乙/鳳
- 獸

人 (사람 인) + (짐승/떠날 리)

사람을 피해
날아가는 짐승이니 = 새(날짐승)

禽獸 家禽 猛禽
(금수) (가금) (맹금)

護 도울 호
言 21획 4급II

諱 諱 諱 諱 護 護

- 助/援/扶/補
- 护

言 (말씀 언) +  (헤아릴 약)

❷ 蒦 (헤아릴 약) : 풀(艹) 속에 숨어 새(隹)가 덮에 들어오는(又) 순간을 잘 헤아렸다가 잡으니

말을 잘 헤아려서 해야만
상대를 도울 수 있으니 = 돕다

保護 看護 辯護 援護 護憲 護衛
(보호) (간호) (변호) (원호) (호헌) (호위)

獲 얻을 획
犬 17획 3급II

犭 犭 犭 犭 獲 獲

- 得
- 失
- 获

犭 (개/짐승) + 蒦 (헤아릴 약)

짐승의 습성을
잘 헤아려 포획하니 = 얻다

獲得 漁獲 濫獲 捕獲
(획득) (어획) (남획) (포획)

穫 거둘 확
禾 19획 3급
禾 秄 秳 稚 穫 穫
= 收

벼의 이삭이 떨어지지 않도록
잘 헤아리며 거두니 = 거두다

❶ 蒦(헤아릴 약) : 풀(艹) 속에 숨어 새(隹)가 덮에
들어오는(又) 순간을 잘 헤아렸다가 잡으니

收穫 秋穫 耕穫
(수확) (추확) (경확)

應 응할 응
心 17획 4급 II
府 府 府 雁 應 應
= 諾
應 応 应

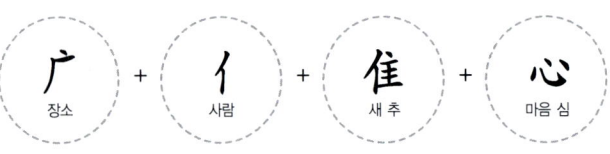

한 장소에서 오랫동안 사람이 새를
키우면 새가 주인의 마음을 알고 잘 따르니 = 응하다

應試 應諾 應募 應援 應射 對應 適應 呼應
(응시) (응낙) (응모) (응원) (응사) (대응) (적응) (호응)

雁 기러기 안
隹 12획 3급
厂 厂 厃 厈 厍 雁
= 鴻

한 장소에서 가족을 이루는
사람처럼 평생을 짝과 함께하는 새니 = 기러기

(뉘앙스 콕 p466)

雁行 木雁 鴻雁
(안행) (목안) (홍안)

曜 빛날 요
日 18획 5급
冂 日 日ヨ 昨 曜 曜
= 華/輝

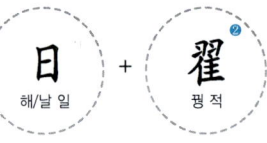

햇빛에 꿩의 깃이
반사되어 빛나니 = 빛나다

❷ 翟(꿩 적) : 새(隹) 중에서 깃(羽)이 아름다운 새니

曜日 金曜日
(요일) (금요일)

濯 씻을 탁
水 17획 3급
氵 氵 汩 渭 渭 濯
= 洗

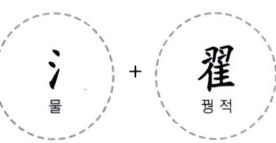

꿩이 깃털을
물에 적셔 씻으니 = 씻다

洗濯 濯足
(세탁) (탁족)

躍 뛸 약
足 21획 3급

乊 呈 趵 趯 躍 躍

= 跳
⇔ 跃

足(발 족)의 변형 + 翟 꿩 적

❶ 翟(꿩 적) : 새(隹) 중에서 깃(羽)이 아름다운 새니

꿩이 두 발로
빠르게 걸어가니 = **뛰다**

躍進 躍動 跳躍 活躍 飛躍 暗躍
(약진) (약동) (도약) (활약) (비약) (암약)

擁 낄/안을 옹
手 16획 3급

扌 扩 抔 挢 擠 擁

= 抱/懷
⇔ 拥

扌 손 + 雍 화목할 옹

❶ 雍(화목할 옹) : 높은(亠) 둥지의 작은(幺) 새(隹)들이 화목해 보이니

손을 상대의 옆구리에 끼며
화목하게 안으니 = **끼다/안다**

抱擁 擁立 擁護
(포옹) (옹립) (옹호)

懼 두려워할 구
心 21획 3급

忄 怛 悍 愕 懼 懼

= 畏
⇔ 惧

忄 마음 + 瞿 놀랄/노려볼 구

❷ 瞿(놀랄/노려볼 구) : 두 눈(目)으로 새(隹)가 먹이를 노려보니

마음속으로
놀라는 것이니 = **두려워하다**

畏懼 疑懼心(믿지 못하고 두려워하는 마음)
(외구) (의구심)

鳥 새 조
鳥 11획 4급II

丨 亻 白 自 鳥 鳥

= 禽/乙/鳳
⇔ 鸟

鳥 새 조

새의 모양 = **새**

鳥類 鳥獸 候鳥 七面鳥
(조류) (조수) (후조) (칠면조)

島 섬 도
山 10획 5급

丨 亻 白 自 鳥 島

⇔ 岛

鳥(새 조)의 변형 + 山 메 산

새가 멀리 날 듯
육지와 멀리 떨어진 산이니 = **섬**
(뉘앙스 콕 p466)

獨島 落島 列島 群島 黑山島 巨濟島 濟州島
(독도) (낙도) (열도) (군도) (흑산도) (거제도) (제주도)

 울 명

鳥 14획 4급

口 丏 叮 咱 鳴 鳴

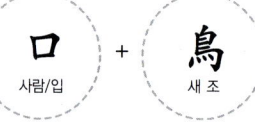

입으로 새가 우니 = 울다

共鳴 鷄鳴 自鳴鐘

(공명) (계명) (자명종)

 어찌 언

火 11획 3급

丁 正 正 포 焉 焉

何/奚/奈/豈/那

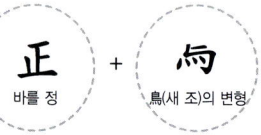

어찌 새는 하늘을 바르게 잘 날까 궁금해 하니 = 어찌(어떠한 이유로)

(요점만 콕)

於焉間 終焉 焉敢生心

(어언간) (종언) (언감생심)

요점만 콕!

- ☑ 焉(어찌 언)의 역할에 대해 알아두세요.
  - 단정 종결사 : 三人行 必有我師焉(삼인행 필유아사이, 세 사람이 가는 곳에는 반드시 나의 스승이 있다)
  - 의문 부사(어찌~) : 焉敢生心(언감생심, 어찌 감히 그런 마음을 먹을 수 있으랴)

뉘앙스 콕!

- ☑ • 追想(추상) : 지나간 일을 돌이켜 생각함 = 추억(追憶) ▶ 지난 날을 추상(追想)하다.
  - 推想(추상) : 앞으로 올 일을 미루어 생각함 ▶ 사회의 변화를 추상(推想)하다.
- ☑ • 維持(유지) : 지탱해 나감 ▶ 현 상황을 유지(維持)하다.
  - 有志(유지) : 마을이나 지역에서 명망 있고 영향력을 가진 사람 ▶ 그는 이 마을 유지(有志)이다.
- ☑ • 最高(최고) : 가장 높음. 으뜸인 것. ▶ 그는 우리 마을 최고(最高)의 부자다.
  - 催告(최고) : 상대를 재촉하여 일정한 행위를 하도록 독촉하는 일 ▶ 보험료 납입 최고(催告)
- ☑ • 雁書(안서) : 먼 곳에서 소식을 전하는 편지. ▶ 먼 곳의 친구로부터 온 안서(雁書)
  - 雁序(안서) : 기러기가 날아가는 차례라는 뜻으로 형제를 비유함 ▶ 안서(雁序)간의 우애
- ☑ • 濟州島(제주도) : 우리나라 서남해 쪽에 있는 가장 큰 화산섬
  - 濟州道(제주도) : 1946년 제주도(濟州島)가 도(道)로 승격됨

46일째 복습하기

복습 1 다음 한자를 큰 소리로 읽어 보세요. (2번 이상)

閉	間	簡	閑	閏	潤	憫	集	進	準
雜	推	雄	舊	維	羅	催	雙	唯	惟
雖	誰	奮	奪	離	禽	護	獲	穫	應
雁	曜	濯	躍	擁	懼	鳥	島	鳴	焉

복습 2 다음 훈음에 해당되는 한자를 쓰세요. 물론 윗부분은 감추고…

닫을 폐	사이 간	대쪽 간	한가할 한	윤달 윤	불을 윤	민망할 민	모을 집	나아갈 진	준할 준
섞일 잡	밀 추	수컷 웅	예 구	벼리 유	벌릴 라	재촉할 최	둘 쌍	오직 유	생각할 유
비록 수	누구 수	떨칠 분	빼앗을 탈	떠날 리	새 금	도울 호	얻을 획	거둘 확	응할 응
기러기 안	빛날 요	씻을 탁	뛸 약	낄 옹	두려워할 구	새 조	섬 도	울 명	어찌 언

복습 3 단어로 복습하기. 다음 뜻에 맞는 한자어를 한자로 쓰세요.

윤년 (	) 윤달이나 윤일이 든 해	마을을 약탈하고 불을 지르다.	(	)
가금 (	) 집에서 기르는 날짐승	윤택한 가정에서 자라다.	(	)
외구 (	) 무서워하고 두려워함	미국 시민권을 획득하다.	(	)
유신 (	) 묵은 제도를 새롭게 고침	농촌에서 벼를 수확하다.	(	)
안행 (	) 남의 형제를 높여 이르는 말	최면을 걸다.	(	)
쌍분 (	) 나란히 쓴 부부의 두 무덤	세탁소에 옷을 맡기다.	(	)
유일 (	) 오직 하나밖에 없음	실패를 도약의 기회로 삼아 성장하다.	(	)
사유 (	) 대상을 두루 생각하는 일	남녀가 서로 포옹하다.	(	)
수연 (	) 비록 ~라 하더라도	불쌍한 사람에게 연민의 정을 느끼다.	(	)
종언 (	) 계속하던 일이 끝장이 남	선수들의 분투에 박수를 보내다.	(	)

閏年/家禽/畏懼/維新/雁行/雙墳/唯一/思惟/雖然/終焉　　掠奪/潤澤/獲得/收穫/催眠/洗濯/跳躍/抱擁/憐憫/奮鬪

 현쌤의 응원

대나무를 쪼개는 기세로 [破竹之勢(파죽지세)]
여기까지 온 여러분 수고하셨습니다
끝까지 와주셔서 정말 감사합니다^^

47일째

봉황새 봉
鳥 14획 3급II

几 凡 凤 凤 鳳 鳳

≡ 鳥/乙/禽　⇔
◉　日　中 凤

 +
凡 무릇 범 + 鳥 새 조

무릇 가장
으뜸인 새니 = 봉황새

鳳凰　鳳仙花　＊凰: 봉황새 황
(봉황) (봉선화)

두루미 학
鳥 21획 3급II

鹤 鹤 鹤 鶴 鶴

≡　⇔
◉　日　中 鹤

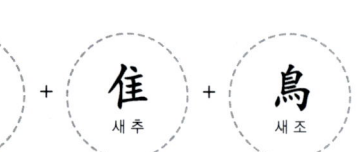
冖 덮다 + 隹 새 추 + 鳥 새 조

작은 새를 덮을
정도로 큰 새니 = 두루미

丹頂鶴　鶴髮　鶴首苦待
(단정학) (학발) (학수고대)

기러기 홍
鳥 17획 3급

氵 江 汀 洹 鴻 鴻

≡ 雁　⇔
◉　日　中 鸿

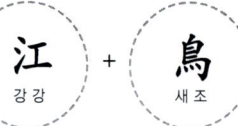
江 강 강 + 鳥 새 조

강가에
사는 새니 = 기러기

鴻雁　鴻毛　鴻恩(넓고 큰 은혜)　鴻儒(뭇사람의 존경을 받는 이름난 유학자)
(홍안) (홍모) (홍은) (홍유)

까마귀 오
火 10획 3급II

厂 广 户 户 烏 烏

≡　⇔
◉　日　中 乌

烏 까마귀 오

검은 깃털로 눈이 잘 구별되지 않아
鳥(새 조)에서 눈이 빠진 모습 = 까마귀

烏骨鷄　烏竹軒　烏合之卒　烏飛梨落
(오골계) (오죽헌) (오합지졸) (오비이락)

嗚 슬플 오
口 13획 3급

㎜ ㎜ ㎜ ㎜ 嗚 嗚

- 悲/哀/歎
- ⇔ 歡/喜
- 呜

口(사람/입) + 烏(까마귀 오)

입을 벌린
까마귀가 슬피 우니 = 슬프다

嗚呼(슬플 때나 탄식할 때 내는 소리) 嗚呼痛哉
(오호) (오호통재)

雨 비 우
雨 8획 5급Ⅱ

一 ㄏ 冂 帀 雨 雨

- ⇔ 晴

雨(비 우)

비가
내리는 모양 = 비

雨天 雨量 暴雨 豪雨 降雨量 祈雨祭 測雨器
(우천) (우량) (폭우) (호우) (강우량) (기우제) (측우기)

雪 눈 설
雨 11획 6급Ⅱ

宀 冂 雪 雪 雪 雪

雨(비 우) + 彐(힘쓰다)

비 같은 것이 온 후
힘써 치우는 것이니 = 눈
(요점만 콕)

雪景 雪糖 雪中梅 積雪 殘雪 螢雪 孫康映雪 雪辱
(설경) (설탕) (설중매) (적설) (잔설) (형설) (손강영설) (설욕)

靈 신령 령
雨 24획 3급Ⅱ

宀 霏 霏 霏 靈 靈

- 魂/神
- 灵
- 靈
- 灵

雨(비 우) + 口(사람/입) + 口 + 口 + 巫(무당 무)

비가 오게 해 달라고 많은 사람들을 모아놓고
무당이 비는 대상이니 = 신령(풍습으로 섬기는 모든 신)

靈魂 靈感 靈物 神靈 幽靈 靈安室 慰靈祭
(영혼) (영감) (영물) (신령) (유령) (영안실) (위령제)

❶ 巫(무당 무) : 하늘과 땅(二)의 신들을
사람(人)과 연결(丨)해 주는 사람(人)이니

요점만 콕!

☑ 雪(눈 설)은 '씻다' 라는 뜻으로도 쓰여요.
- 눈 : 雪景(설경) 雪糖(설탕) 雪中梅(설중매) 積雪(적설) 殘雪(잔설) 螢雪(형설)
- 씻다 : 雪辱(설욕)

☑ 孫康映雪(손강영설)의 뜻은 무엇일까요?
- 중국 진(晉)나라 때 손강(孫康)이 몹시 가난하여 겨울밤에는 눈빛으로 공부하였다는 데서 유래한 말로 어려운 가운데 열심히 공부하는 것을 뜻함 = 螢雪之功(형설지공)

非 아닐 비
非 8획 4급II

ノ ナ ナ ヺ 非 非

= / ⇔ 是

새의 날개 모양,
날개는 같은 방향이 아니니 = **아니다**

(요점만 콕 p31)

非凡 非違 非難 是非 非武裝 非能率 似而非
(비범) (비위) (비난) (시비) (비무장) (비능률) (사이비)

悲 슬플 비
心 12획 4급II

ノ ナ ヺ 非 悲 悲

= 哀/鳴/歎 ⇔ 歡/悅/喜

바라던 결과가
아니라 마음이 슬프니 = **슬프다**

悲觀 悲報 悲劇 悲壯 悲痛 悲哀 悲歎 喜悲 慈悲
(비관) (비보) (비극) (비장) (비통) (비애) (비탄) (희비) (자비)

排 밀칠 배
手 11획 3급II

扌 扌 扩 扌 掛 排

= 斥

손으로 **아닌** 것을
밀쳐내니 = **밀치다**

排擊 排球 排氣 排卵 排便 排除 排出 排斥
(배격) (배구) (배기) (배란) (배변) (배제) (배출) (배척)

輩 무리 배
車 15획 3급II

ノ ナ ヺ 非 韮 輩

= 等/衆/群/徒/類 ⇔ 輩

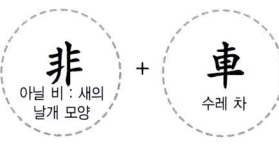

날개 깃털처럼 많은 사람이
수레에 타고 있으니 = **무리**

先輩 同年輩 謀利輩 浮浪輩 不良輩
(선배) (동년배) (모리배) (부랑배) (불량배)

革 가죽 혁
革 9획 4급

一 廿 廿 甘 苗 革

= 皮, 改

많은 사람들이
많이 원하는 것이니 = **가죽**

(요점만 콕)

皮革 革帶 革命 變革 改革 沿革(변천하여 온 과정)
(피혁) (혁대) (혁명) (변혁) (개혁) (연혁)

韓 한국/나라 한

韋 17획 8급

古 卓 朝 朝 韓 韓

= 　　　⇔
🔊　　日　　中 韩

卓(해가 뜨는 모양) + 韋(가죽 위)

해가 뜨는 동방의
가죽옷을 많이 입는 나라니 = **한국/나라**

❶ 韋(가죽/어길 위) : 사람이 가죽을 다루어 옷을 만들고 있는 모양, 옷을 만들기 위해 가죽을 어긋나게 붙이니

(요점만 콕 p323)

韓國　韓服　韓食　南北韓　訪韓　英韓辭典
(한국) (한복) (한식) (남북한) (방한) (영한사전)

偉 클 위

人 11획 5급Ⅱ

亻 亻' 伫 俨 偉 偉

= 大/太/泰/弘　　⇔
🔊　　日　　中 伟

亻(사람) + 韋(가죽 위)

아랫사람들과 달리
가죽옷을 입고 있는 두목이니 = **크다**

偉人　偉人傳　偉大　偉業　偉容
(위인) (위인전) (위대) (위업) (위용)

圍 에워쌀 위

囗 12획 4급

冂 冃 居 居 圍 圍

= 包　　⇔
🔊 囲　 日 囲　 中 围

韋(가죽 위) + 囗(싸다/둥글다)

가죽옷이 몸을
싸고 있으니 = **에워싸다**

包圍　周圍　範圍　廣範圍
(포위) (주위) (범위) (광범위)

違 어길 위

辶 13획 3급

咅 咅 查 查 韋 違

= 　　　⇔
🔊　　日　　中 违

韋(가죽 위) + 辶(가다)

법에 어긋나게
가니 = **어기다**

違反　違背　違法　違憲　違和感　非違(법에 어긋남)
(위반) (위배) (위법) (위헌) (위화감) (비위)

 요점만 콕!

☑ 革(가죽 혁)은 '고치다'라는 뜻으로도 쓰여요.
• 가죽 : 皮革(피혁)　革帶(혁대)
• 고치다 : 革新(혁신)　革命(혁명)　革罷(혁파)　變革(변혁)　改革(개혁)　沿革(연혁)

緯 씨 위
糸 15획 3급

糸 紆 紆 結 緯 緯

= 經
⇔ 經

실을 짤 때 날실(베를 짤 때 세로로 놓인 실)과
어긋나게 놓인 실이니 = 씨(베를 짤 때 가로로 놓인 실)

(요점만 콕 p216)

緯度 緯線 經緯(직물의 날과 씨를 아울러 이르는 말)

(위도) (위선) (경위)

頃 이랑/잠깐 경
頁 11획 3급II

' 匕 匕 ワ 頃 頃

= 暫
⇔ 顷

머리에 칼을 들이대면 기울이 듯 밭에서
기울어진 것이니 = 이랑(밭의 나오고 들어간 부분)/잠깐

頃刻 萬頃蒼波(한없이 넓고 넓은 바다를 이름)

(경각) (만경창파)

傾 기울 경
人 13획 4급

亻 个 化 化 倾 傾

= 斜
⇔ 倾

사람에게 칼을
들이대면 머리를 숙이니 = 기울다

傾斜 傾向 傾度 傾倒 傾聽 傾注 左傾 傾國之色

(경사) (경향) (경도) (경도) (경청) (경주) (좌경) (경국지색)

類 무리 류
頁 19획 5급II

米 类 类 籾 類 類

= 等/衆/群/徒/輩 ⇔ 獨/孤
⇔ 类

쌀알처럼 많은 개들이
머리를 맞대고 모여 있으니 = 무리

(요점만 콕)

類似 類推 酒類 種類 類類相從

(유사) (유추) (주류) (종류) (유유상종)

須 모름지기 수
頁 12획 3급

彡 疒 须 须 須 須

= 必
⇔ 须

머리털은 마땅히 머리에 나 있어야
하니 = 모름지기(이치를 따져 보아 마땅히. 반드시)

必須

(필수)

顧 돌아볼 고
頁 21획 3급

尸 尸 雇 雇 顧 顧

顾

雇(품팔 고) + 頁(머리 혈)

품을 파는 사람은 일할 곳을 정할 때 두루 살피고
머리로 생각하니 = 돌아보다(고개를 돌려 보다. 돌아다니며 두루 살피다)

顧客　顧問　回顧　三顧草廬　*廬:오두막집 려
(고객) (고문) (회고) (삼고초려)

煩 번거로울 번
火 13획 3급

ソ 火 灯 煩 煩 煩

煩

火(불 화) + 頁(머리 혈)

불이 머리에 붙은 것처럼 괴로우니
= 번거롭다(일의 갈피가 어수선하고 복잡한 데가 있다)

煩惱　煩雜　頻煩(=頻繁)
(번뇌) (번잡) (빈번)

馬 말 마
馬 10획 5급

丨 厂 厅 乕 馬 馬

马

馬(말 마)

네발로 달리고 있는 말의 모양 = 말

馬車　馬券　馬賊　乘馬　騎馬隊　曲馬團　車馬費(교통비를 이름)
(마차) (마권) (마적) (승마) (기마대) (곡마단) (거마비)

篤 도타울 독
竹 16획 3급

⺮ 筐 筐 筐 篤 篤

敦　笃

竹(대나무/책) + 馬(말 마)

어린 시절부터 함께 대나무를 말처럼 타던
친구에 대한 마음이니 = 도탑다(인정이나 사랑이 많고 깊다)

敦篤　篤實　危篤
(돈독) (독실) (위독)

 요점만 콕!

☑ 類(무리 류)는 '비슷하다'라는 뜻으로도 쓰여요.
- 무리 : 種類(종류) 酒類(주류) 部類(부류)
- 비슷하다 : 類似(유사) 類推(유추) 類類相從(유유상종) 類萬不同(유만부동)

騷 떠들 소
馬 20획 3급

馬 馬 駿 駛 騷 騷

=
⇔
● 日 中

 馬 말 마 + 蚤 벼룩 조 ❶

❶ 蚤(벼룩 조) : 옷 속에 들어와(又) 중요한(ᆞ) 피를 빨아 먹는 벌레(虫)니

말이 벼룩에 물려
이리저리 날뛰니 = 떠들다

(뉘앙스 콕 p480)

騷音 騷動 騷亂
(소음) (소동) (소란)

骨 뼈 골
骨 10획 4급

骨 骨 骨 骨 骨 骨

=
⇔ 肉
● 日 中

 骨 뼈 골

몸(月)에서
살을 발라낸 뼈 모양 = 뼈

骨格 骨折 骨材 露骨 遺骨 頭蓋骨 皆骨山
(골격) (골절) (골재) (노골) (유골) (두개골) (개골산)

禍 재앙 화
示 14획 3급II

禾 秎 秎 祸 禍 禍

= 災/厄/凶   ⇔ 吉/福
● 日 中 禍

 示 신 + 咼 입삐뚤어질 괘 ❷

❷ 咼(입삐뚤어질 괘) : 입(口)에 있는 뼈(冎의 변형)가 삐뚤어지니

신이 사람에게
입이 삐뚤어지게 하는 병을 주니 = 재앙

禍根 災禍 士禍 輪禍 筆禍 吉凶禍福
(화근) (재화) (사화) (윤화) (필화) (길흉화복)

過 지날 과
辶 13획 5급II

冂 冋 咼 咼 過 過

= 去/歷, 誤   ⇔ 功
● 日 中 过

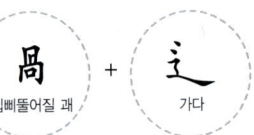 咼 입삐뚤어질 괘 + 辶 가다

입을 삐뚤대며
불평하면서 가니 = 지나다

(요점만 콕)

過去 過激 過飮 過敏 過慾 超過 默過 過誤
(과거) (과격) (과음) (과민) (과욕) (초과) (묵과) (과오)

鬼 귀신 귀
鬼 10획 3급II

丿 匕 白 甶 鬼 鬼

= 神   ⇔
● 日 中

 鬼 귀신 귀

귀신의 모양 = 귀신

鬼神 鬼才 惡鬼 雜鬼 餓鬼 吸血鬼
(귀신) (귀재) (악귀) (잡귀) (아귀) (흡혈귀)

魂 넋 혼
鬼 14획 3급Ⅱ

云 动 动 动 魂 魂

= 靈 ⇔
🔊 日 中

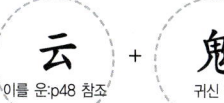

귀신이라 말할 수 있는 것이니
= 넋(사람의 몸에 있으면서 몸을 거느리고 정신을 다스리는 비물질적인 것)

魂靈 靈魂 鎭魂 招魂 鬪魂 商魂 忠魂塔
(혼령) (영혼) (진혼) (초혼) (투혼) (상혼) (충혼탑)

愧 부끄러울 괴
心 13획 3급

忄 忄 忄 忄 愧 愧

= 恥/慙 ⇔
🔊 日 中

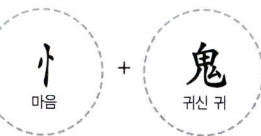

마음이 귀신처럼
악하고 혼란스러우니 = 부끄럽다

自愧 慙愧
(자괴) (참괴)

塊 흙덩이 괴
土 13획 3급

丨 土 圴 坰 塊 塊

= 壤 ⇔
🔊 日 中 块

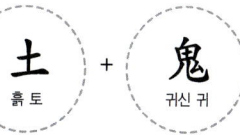

흙이 귀신 같은
모습으로 뭉쳐져 있으니 = 흙덩이

金塊 銀塊 土塊 塊石
(금괴) (은괴) (토괴) (괴석)

魚 물고기 어
魚 11획 5급

丿 ク 各 魚 魚 魚

= ⇔
🔊 日 中 鱼

 물고기 어

물고기의
모양 = 물고기

魚類 魚種 乾魚物 緣木求魚
(어류) (어종) (건어물) (연목구어)

 요점만 콕!

☑ 過(지날 과)는 '지나치다'와 '허물'이라는 뜻으로도 쓰여요.
- **지나다** : 過去(과거) 過程(과정) 過歲(과세) 過半數(과반수)
- **지나치다** : 過食(과식) 過飮(과음) 過重(과중) 過信(과신) 過當(과당) 過速(과속)
- **허물** : 過誤(과오) 謝過(사과)

漁 고기잡을 어
水　14획　5급

氵 氵 汽 渔 渔 漁

=
日
中 渔

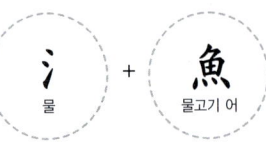

물 속에 있는
물고기를 잡으니 = 고기 잡다

漁夫　漁父　漁村　漁船　漁場　漁港　漁獲
(어부) (어부) (어촌) (어선) (어장) (어항) (어획)

鮮 고울 선
魚　17획　5급Ⅱ

夕 刍 𩵋 魚 鮃 鮮 鮮

= 美/麗
日
中 鲜

물고기가
양털처럼 고우니 = 곱다

鮮明　鮮度　鮮血　生鮮　朝鮮
(선명) (선도) (선혈) (생선) (조선)

蘇 소생할 소
艹　20획　3급Ⅱ

艹 苎 莽 蘇 蘇 蘇 蘇

=
日
中 苏

기력이 없는 사람에게 약초와
물고기, 벼를 먹이면 힘이 솟으니 = 소생하다

蘇生　蘇復　蘇聯
(소생) (소복) (소련)

鹿 사슴 록
鹿　11획　3급

广 戸 庐 庐 鹿 鹿

=
日
中

사슴의 모양 = 사슴

鹿角　鹿茸　鹿皮　鹿血　*茸: 무성할 용
(녹각) (녹용) (녹피) (녹혈)

麗 고울 려
鹿　19획　4급Ⅱ

严 严 麗 麗 麗 麗

= 美/鮮
麗　日
中 丽

다정하게 짝을 지어
다니는 사슴의 모습이니 = 곱다

華麗　秀麗　美麗　麗水　高句麗　高麗葬　美辭麗句
(화려) (수려) (미려) (여수) (고구려) (고려장) (미사여구)

慶 경사 경

心 15획 4급Ⅱ

户 庐 庐 唐 慶 慶

- 弔
- 庆

사슴도 잡고, 사람들도 **모이는**, **마음**이
천천히 즐거워지는 일이니 = **경사**(축하할 만한 기쁜 일) (요점만 콕)

慶事 慶祝 慶賀 慶弔 慶州 慶尙道
(경사) (경축) (경하) (경조) (경주) (경상도)

薦 천거할 천

艸 17획 3급

芦 芦 芦 荐 薦 薦

- 擧
- 荐

약초와 **사슴**, **새**를 바치면서
사람을 추천하니 = **천거하다**(인재를 추천하다)

推薦 薦擧 公薦 落薦
(추천) (천거) (공천) (낙천)

麻 삼 마

麻 11획 3급Ⅱ

一 广 广 庐 庐 麻

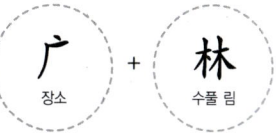

어느 **장소**에 **수풀**이 우거지도록 기르는
것이니 = **삼**(뽕나무과에 속하는 식물을 이르는 말 = 대마초)

麻衣 麻布 亂麻 大麻草
(마의) (마포) (난마) (대마초)

磨 갈 마

石 16획 3급Ⅱ

广 广 庐 麻 磨 磨

- 研

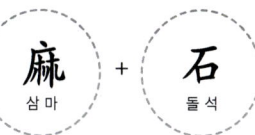

삼을 **돌**에
갈아 즙을 내니 = **갈다**

磨滅 硏磨 達磨 磨製石器
(마멸) (연마) (달마) (마제석기)

 요점만 콕!

☑ **우리나라 팔도(八道) 명칭의 유래(由來)는 각각 어디일까요?**

- 慶尙道(경상도) : 경주(慶州)와 상주(尙州)
- 忠淸道(충청도) : 충주(忠州)와 청주(淸州)
- 黃海道(황해도) : 황주(黃州)와 해주(海州)
- 咸鏡道(함경도) : 함흥(咸興)과 경성(鏡城)
- 全羅道(전라도) : 전주(全州)와 나주(羅州)
- 江原道(강원도) : 강릉(江陵)과 원주(原州)
- 平安道(평안도) : 평양(平壤)과 안주(安州)
- 京畿道(경기도) : 서울을 중심으로 한 가까운 주위의 지방

黃 누를 황
黃 12획 6급

艹 艹 芇 苗 黃 黃

⊜ ⇔
🔊 🇯🇵 日 🇨🇳 中

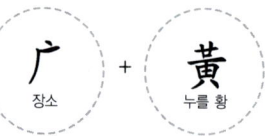

廿(많다) + 一(모으다/하나) + 由(말미암을 유) + 八(나누다/사람들)

사람들이 많이 모여 일한 것으로
말미암아 곡식이 누렇게 익었으니 = 누렇다

黃土 黃金 黃泉 黃昏 黃桃 黃狗 黃帝 朱黃
(황토) (황금) (황천) (황혼) (황도) (황구) (황제) (주황)

廣 넓을 광
广 15획 5급Ⅱ

广 庐 席 庸 廇 廣

⊜ 洪/博/普/浩/漠 ⇔
🔊 広 日 広 中 广

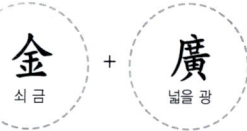

广(장소) + 黃(누를 황)

잘 익은 벼로 덮인
누런 들판이 넓으니 = 넓다

廣場 廣告 廣域 廣範圍 長廣舌 高臺廣室
(광장) (광고) (광역) (광범위) (장광설) (고대광실)

鑛 쇳돌 광
金 23획 4급

鈩 鉌 鑛 鑛 鑛 鑛

⊜ ⇔
🔊 鉱 日 鉱 中 矿

金(쇠 금) + 廣(넓을 광)

쇠 같은 금속이 넓은 땅 속에
묻혀 있으니 = 쇳돌 (쇠붙이의 성분이 든 광석)

鑛山 鑛物 鑛脈 炭鑛 廢鑛 採鑛
(광산) (광물) (광맥) (탄광) (폐광) (채광)

擴 넓힐 확
手 18획 3급

扌 扩 护 擔 擴 擴

⊜ 拓 ⇔
🔊 拡 日 拡 中 扩

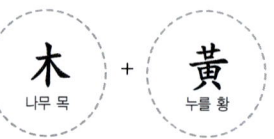

扌(손) + 廣(넓을 광)

손으로
넓히니 = 넓히다

擴大 擴張 擴散 擴充 擴聲器
(확대) (확장) (확산) (확충) (확성기)

橫 가로 횡
木 16획 3급Ⅱ

十 木 枯 桜 橫 橫

⊜ ⇔ 縱
🔊 日 橫 中

木(나무 목) + 黃(누를 황)

나무가 죽어 누렇게 변하면
베어서 가로로 눕혀 놓으니 = 가로

(요점만 콕)

橫斷 橫列 橫領 橫災 橫財 橫暴 縱橫 專橫 橫厄
(횡단) (횡렬) (횡령) (횡재) (횡재) (횡포) (종횡) (전횡) (횡액)

黑 검을 흑
黑 12획 5급

口 ㅁ 四 甲 里 黑

= 暗/漆/昏　↔ 白
　　　　　日 黒　中

囗(굴뚝모양) + 土(흙 토) + 灬(불)

흙으로 만든 굴뚝이
불을 지펴 나는 연기에 까매지니 = 검다

黑白　黑板　黑髮　黑鉛　黑點　黑幕　漆黑
(흑백) (흑판) (흑발) (흑연) (흑점) (흑막) (칠흑)

默 잠잠할 묵
黑 16획 3급II

四 甲 里 黑 默 默

=　　　↔ 騷
　日 黙　中

黑(검을 흑) + 犬(개 견)

깜깜한 밤에
개조차 짖지 않으니 = 잠잠하다

默言　默念　默契　沈默　寡默　默秘權　默默不答
(묵언) (묵념) (묵계) (침묵) (과묵) (묵비권) (묵묵부답)

墨 먹 묵
土 15획 3급II

口 四 甲 里 黑 墨

=　　　↔
　日　中

黑(검을 흑) + 土(흙 토)

검은 흙으로 만든 것이니
= 먹(벼루에 물을 붓고 갈아 글씨를 쓰거나 그림을 그리는 데 쓰는 검은 물감)

白墨　墨香　墨畵　水墨畵　近墨者黑
(백묵) (묵향) (묵화) (수묵화) (근묵자흑)

齊 가지런할 제
齊 14획 3급II

亠 产 斉 斉 齊 齊

= 整　　↔
 齐　日 斉　中 齐

齊(가지런할 제)

곡식의 이삭이
가지런한 모양 = 가지런하다

(뉘앙스 콕 p480)

齊家　齊唱　整齊　一齊射擊
(제가) (제창) (정제) (일제사격)

 요점만 콕!

☑ 横(가로 횡)은 '제멋대로 하다'와 '뜻밖의'라는 뜻으로도 쓰여요.
- 가로 : 橫斷(횡단) 橫列(횡렬) 縱橫(종횡)
- 제멋대로 하다 : 橫領(횡령) 橫暴(횡포) 專橫(전횡)
- 뜻밖의 : 橫災(횡재) 橫財(횡재) 橫厄(횡액)

濟 건널 제
水 17획 4급Ⅱ

汀 泲 泲 泲 濟 濟

㊂ 救 ㊉
㊐   ㊐ ㊥

氵(물) + 齊(가지런할 제)

물 위에 가지런히 놓인
돌다리를 건너니 = 건너다

濟度 救濟 經濟 決濟 辨濟 弘濟(사람들을 널리 구제함)
(제도) (구제) (경제) (결제) (변제) (홍제)

龍 용 룡
龍 16획 4급

育 育 肯 背 龍 龍

㊂   ㊉
㊐ 竜 ㊐ 竜 ㊥ 龙

龍(용 룡)

몸을 세워 하늘로
올라가는 용의 모양 = 용

龍顔 龍宮 龍床 土龍 恐龍 臥龍 登龍門
(용안) (용궁) (용상) (토룡) (공룡) (와룡) (등용문)

襲 엄습할 습
衣 22획 3급Ⅱ

育 龍 龍 龍 襲 襲

㊂   ㊉
㊐   ㊥ 袭

龍(용 룡) + 衣(옷 의)

용처럼 날 수 있는 가벼운 옷을 입고
갑자기 기습하니 = 엄습하다 (갑자기 습격하다)   (뉘앙스 콕 p480)

襲擊 空襲 奇襲 逆襲 被襲 踏襲 世襲
(습격) (공습) (기습) (역습) (피습) (답습) (세습)

龜 땅이름 구
거북 귀, 터질 균
龜 16획 3급

宀 亇 亇 龟 龜 龜

㊂ 裂 ㊉
㊐ 亀 ㊐ 亀 ㊥ 龟

龜(땅이름 구)

등이 갈라진
거북의 모양 = 땅이름/거북/터지다

龜船 龜鑑 龜裂 龜旨歌(구지봉 주위에 살던 백성들이 수로왕을 맞기 위해 부른 가요) *旨:뜻 지
(귀선) (귀감) (균열) (구지가)

 뉘앙스 콕!

- ☑ • 騷音(소음) : 불규칙하게 뒤섞여 불쾌하고 시끄러운 소리 ▶ 소음(騷音)이 아주 심하다.
- • 消音(소음) : 소리를 작게 하여 밖으로 새 나가지 않게 함 ▶ 소음(騷音)을 소음(消音)하다.
- ☑ • 齊唱(제창) : 여러 사람이 다 같이 큰 소리로 외침 ▶ 애국가 제창(齊唱)
- • 提唱(제창) : 어떤 일을 처음 내놓아 주장함 ▶ 이 안은 내가 제창(提唱)한 것이다.
- ☑ • 因習(인습) : 이전부터 전해 내려오는 습관 ▶ 과거의 낡은 인습(因習)을 타파하다.
- • 因襲(인습) : 예전의 풍습이나 습관, 예절 등을 그대로 따름 ▶ 옛날의 풍습을 인습(因襲)하다.

 요점만 쏙!

✓ 10천간(天干)은 60갑자(甲子)의 윗 단위를 이루는 요소에요.

甲	乙	丙	丁	戊	己	庚	辛	壬	癸
갑옷 갑	새 을	남녘 병	장정 정	천간 무	몸 기	별 경	매울 신	천간 임	천간 계

✓ 12지지(地支)는 열두 마리의 동물과 그에 따른 시간을 나타내요.

子	丑	寅	卯	辰	巳	午	未	申	酉	戌	亥
아들 자	소 축	범 인	토끼 묘	용 진	뱀 사	말 오	아닐 미	납 신	닭 유	개 술	돼지 해
23~1시	1~3	3~5	5~7	7~9	9~11	11~13	13~15	15~17	17~19	19~21	21~23
쥐	소	범	토끼	용	뱀	말	양	원숭이	닭	개	돼지

✓ 나이에 따라 다양하게 쓰이는 한자어를 알아두세요.

한자어	나이	설명
志學(지학)	15살	나이 열 다섯에 학문에 뜻을 둠 (孔子)
破瓜之年(파과지년)	16살(女)	男:64세, 보통 혼기에 이른 여자의 나이 * 瓜:오이 과
芳年(방년) 妙齡(묘령)	약 20살(女)	여자의 스물 살 안팎의 꽃다운 나이. * 齡:나이 령
弱冠(약관)	20살(男)	남성의 경우 갓[冠]을 쓰는 나이
而立(이립)	30살	서른에 뜻을 확고(確固)하게 세움(三十而立) (孔子)
不惑(불혹) 强仕(강사)	40살	마흔에는 미혹되지 않음(四十而不惑) (孔子) 나이 마흔에 처음으로 벼슬을 하게 된다는 뜻
桑壽(상수) 桑年(상년)	48살	桑의 속자 桒은 十이 넷이고 八이 하나임
知天命(지천명)	50살	나이 쉰에 천명(天命)을 앎 (孔子)
耳順(이순)	60살	예순에는 남의 말을 듣기만 하면 곧 그 이치를 깨달아 이해하게 됨(六十而耳順) (孔子)
回甲(회갑) 華甲(화갑) 還甲(환갑) 周甲(주갑)	61살	60甲子가 태어난 간지(干支)의 해로 다시 돌아 옴
進甲(진갑)	62살	환갑에서 1년을 더 나아간다[進]는 뜻
從心(종심) 古稀(고희)	70살	從心 : 七十而從心所欲 不踰矩 (孔子) 古稀 : 두보(杜甫)의 시 人生七十古來稀에서 나온 말
喜壽(희수)	77살	喜를 초서체로 쓰면 그 모양이 七十七
傘壽(산수)	80살	傘(우산 산)을 파자하면 八과 十이 됨
米壽(미수)	88살	파자하면 八, 十, 八이 됨
卒壽(졸수) 九秩(구질) 九旬(구순) 凍梨(동리)	90살	졸(卒)의 속자가 卆(위 九, 아래 十)
望百(망백)	91살	백세(百歲)를 바라본다는 뜻으로, 91세의 별칭
白壽(백수)	99살	百에서 一을 빼면 白, 100-1=99
期頤之壽(기이지수)	100살	사람수명은 100년을 1期, 頤(턱 이)는 養과 같은 뜻. 몸이 늙어 다른 사람에게 의탁한다는 뜻.

☑ 이십사절기(二十四節氣)는 어떻게 나눠질까요? (양력)

春	立春(입춘) 봄의 기운이 일어서는 때 雨水(우수) 겨우내 얼었던 땅이 녹아 물이 많아 지는 때 驚蟄(경칩) 겨울잠 자던 벌레들이 놀라 깨는 때 *蟄:숨을 칩 春分(춘분) 낮과 밤의 길이가 같아지는 때 淸明(청명) 모든 사물이 맑고 밝아지는 때 穀雨(곡우) 곡식에 필요한 비가 내리는 때	2월 4일경 2월 19일경 3월 6일경 3월 21일경 4월 5일경 4월 20일경
夏	立夏(입하) 여름의 기운이 일어서는 때 小滿(소만) 만물이 성장하여 조금씩 차오르는 때 芒種(망종) 벼/보리처럼 수염이 있는 곡식의 씨앗을 뿌리기 적당한 때 *芒:까끄라기 망 夏至(하지) 여름에 이르렀다는 뜻. 낮의 길이가 가장 긴 날 小暑(소서) 작은 더위가 오는 때 大暑(대서) 큰 더위가 오는 때	5월 6일경 5월 21일경 6월 6일경 6월 22일경 7월 7일경 7월 23일경
秋	立秋(입추) 가을 기운이 일어서는 때 處暑(처서) 더위가 가시는 때 白露(백로) 하얀 이슬이 맺히는 때 秋分(추분) 낮과 밤의 길이가 같아지는 때 寒露(한로) 쌀쌀한 밤 기운에 찬 이슬이 맺히는 때 霜降(상강) 서리가 내리는 때	8월 8일경 8월 23일경 9월 8일경 9월 23일경 10월 9일경 10월 23일경
冬	立冬(입동) 겨울 기운이 일어서는 때 小雪(소설) 작은 눈이 내리는 때 大雪(대설) 큰 눈이 내리는 때 冬至(동지) 겨울에 이르렀다는 뜻. 밤의 길이가 가장 긴 날 小寒(소한) 작은 추위가 오는 때 大寒(대한) 큰 추위가 오는 때	11월 8일경 11월 23일경 12월 7일경 12월 22일경 1월 6일경 1월 21일경

47일째 복습하기

복습 1 다음 한자를 큰 소리로 읽어 보세요. (2번 이상)

鳳	鶴	鴻	烏	鳴	雨	雪	靈	非	悲
排	輩	革	韓	偉	圍	違	緯	頃	傾
類	須	顧	煩	馬	篤	騷	骨	禍	過
鬼	魂	愧	塊	魚	漁	鮮	蘇	鹿	麗
慶	薦	麻	磨	黃	廣	鑛	擴	橫	黑
默	墨	齊	濟	龍	襲	龜			

복습 2 다음 훈음에 해당되는 한자를 쓰세요. 풀론 윗부분은 감추고…

봉황새 봉	두루미 학	기러기 홍	까마귀 오	슬플 오	비 우	눈 설	신령 령	아닐 비	슬플 비
밀칠 배	무리 배	가죽 혁	한국 한	클 위	에워쌀 위	어길 위	씨 위	이랑 경	기울 경
무리 류	모름지기 수	돌아볼 고	번거로울 번	말 마	도타울 독	떠들 소	뼈 골	재앙 화	지날 과
귀신 귀	넋 혼	부끄러울 괴	흙덩이 괴	물고기 어	고기잡을 어	고울 선	소생할 소	사슴 록	고울 려
경사 경	천거할 천	삼 마	갈 마	누를 황	넓을 광	쇳돌 광	넓힐 확	가로 횡	검을 흑
잠잠할 묵	먹 묵	가지런할 제	건널 제	용 룡	엄습할 습	거북 귀			

복습 3 단어로 복습하기. 다음 뜻에 맞는 한자어를 한자로 쓰세요.

봉선화 (	) 봉선화과의 한해살이풀	제사를 지내 죽은 영혼을 위로하다.	(	)
학발 (	) 두루미의 깃처럼 하얀 머리털	신사임당은 한국 여성들의 귀감이다.	(	)
홍은 (	) 넓고 큰 은혜	선배의 충고를 듣지 않다.	(	)
오골계 (	) 살이나 뼈가 모두 검은색인 닭	금괴를 밀수한 일당이 검거되었다.	(	)
오호 (	) 슬플 때나 탄식할 때 내는 소리	봄은 만물이 소생하는 계절이다.	(	)
아귀 (	) 지독히 탐욕스러운 사람의 비유	신호를 위반하여 벌금을 내다.	(	)
배격 (	) 남의 의견이나 사상 등을 물리침	왕에게 인재를 천거하다.	(	)
참괴 (	) 부끄럽게 여김	대마초를 피운 혐의로 붙잡혔다.	(	)
녹혈 (	) 사슴의 피	무술을 연마하다.	(	)
경위 (	) 일이 진행되어 온 과정	회사의 공금을 횡령하다.	(	)
경각 (	) 극히 짧은 시간	수출 영역이 크게 확장되었다.	(	)
필수 (	) 꼭 필요로 함	그는 과묵하여 어른스럽게 보인다.	(	)
묵화 (	) 먹으로 그린 동양화	고객의 만족도를 조사하다.	(	)
번뇌 (	) 마음이 시달려서 괴로움	애국가를 제창하다.	(	)
독실 (	) 믿음이 두텁고 성실함	한밤중에 강도의 습격을 받았다.	(	)
소란 (	) 어수선하고 시끄러움	선수들의 투혼으로 경기를 이기다.	(	)
화근 (	) 재앙의 근원	지진으로 건물에 균열이 생겼다.	(	)

鳳仙花/鶴髮/鴻恩/烏骨鷄/嗚呼/餓鬼/排擊/慙愧
鹿血/經緯/頃刻/必須/墨畵/煩惱/篤實/騷亂/禍根

靈魂/龜鑑/先輩/金塊/蘇生/違反/薦擧/大麻草
研磨/橫領/擴張/寡默/顧客/齊唱/襲擊/鬪魂/龜裂

현쌤의 응원

쪽 풀에서 뽑아낸 푸른 물감이 쪽빛보다 더 푸르 듯[靑出於藍(청출어람)]
이 책을 넘어서는 학생이 되기를 바라며
추카추카 !!!!!!!!!!!

부록1
3급을 공부하며 꼭 알아야 할 것들

약자。
유의자/유의어。
반의자/반의어。
사자성어。
부수해석(214자)。
총 복습1 - 3급 배정한자 읽기(본문 나열순)。
총 복습2 - 3급 배정한자 쓰기(본문 나열순)。

정말이지
쉬운 한자

1. 약자(略字)

⟨8~4급⟩

假-仮 거짓 가	價-価 값 가	覺-覚 깨달을 각	監-监 볼 감	強-强 강할 강	據-拠 근거 거	擧-挙 들 거	傑-杰 뛰어날 걸
儉-倹 검소할 검	檢-検 검사할 검	堅-坚 굳을 견	缺-欠 이지러질 결	經-経 지날 경	輕-軽 가벼울 경	鷄-雞 닭 계	繼-継 이을 계
觀-观 볼 관	關-関 관계할 관	廣-広 넓을 광	鑛-鉱 쇳돌 광	敎-教 가르칠 교	區-区 구분할 구	舊-旧 예 구	國-国 나라 국
勸-劝 권할 권	權-权 권세 권	歸-帰 돌아갈 귀	氣-気 기운 기	單-単 홑 단	團-団 둥글 단	斷-断 끊을 단	擔-担 멜 담
黨-党 무리 당	當-当 마땅 당	對-対 대할 대	圖-図 그림 도	獨-独 홀로 독	讀-読 읽을 독	同-仝 한가지 동	燈-灯 등 등
樂-楽 즐길 락	亂-乱 어지러울 란	覽-覧 볼 람	來-来 올 래	兩-両 두 량	麗-麗 고울 려	禮-礼 예도 례	勞-労 일할 로
龍-竜 용 룡	萬-万 일만 만	滿-満 찰 만	賣-売 팔 매	脈-脉 줄기 맥	無-无 없을 무	發-発 필 발	變-変 변할 변
邊-辺 가 변	寶-宝 보배 보	佛-仏 부처 불	絲-糸 실 사	寫-写 베낄 사	師-师 스승 사	辭-辞 말씀 사	聲-声 소리 성
世-卋 인간 세	屬-属 붙일 속	續-続 이을 속	收-収 거둘 수	數-数 셀 수	實-実 열매 실	兒-児 아이 아	惡-悪 악할 악
壓-圧 누를 압	藥-薬 약 약	餘-余 남을 여	與-与 줄 여	營-営 경영할 영	榮-栄 영화 영	豫-予 미리 예	藝-芸 재주 예
溫-温 따뜻할 온	員-負 인원 원	圍-囲 에워쌀 위	爲-為 할 위	隱-隐 숨을 은	陰-陰 그늘 음	應-応 응할 응	醫-医 의원 의
殘-残 남을 잔	雜-雑 섞일 잡	壯-壮 장할 장	裝-装 꾸밀 장	將-将 장수 장	奬-奨 장려할 장	狀-状 형상 상	長-镸 긴 장
爭-争 다툴 쟁	傳-伝 전할 전	戰-战 싸울 전	轉-転 구를 전	錢-銭 돈 전	點-点/奌 점 점	定-㝎 정할 정	濟-済 건널 제
條-条 가지 조	卒-卆 군사 졸	晝-昼 낮 주	證-証 증거 증	增-増 더할 증	盡-尽 다할 진	珍-珎 보배 진	眞-真 참 진
質-质 바탕 질	參-参 참여할 참	册-冊 책 책	處-処 곳 처	鐵-鉄 쇠 철	體-体 몸 체	寢-寝 잘 침	稱-称 일컬을 칭
擇-択 가릴 택	學-学 배울 학	險-険 험할 험	驗-験 시험 험	號-号 이름 호	畫-画 그림 화	會-会 모일 회	興-兴 일 흥

〈3급〉

劍-剑 칼 검	徑-径 지름길 경	館-舘 집 관	腦-脑 뇌 뇌	臺-台 대 대	勵-励 힘쓸 려	戀-恋 그리워할 련	聯-联 연이을 련
靈-灵 신령 령	爐-炉 화로 로	臨-临 임할 림	貌-皃 모양 모	夢-梦 꿈 몽	釋-釈 풀 석	燒-烧 사를 소	壽-寿 목숨 수
獸-獣 짐승 수	隨-随 따를 수	乘-乗 탈 승	雙-双 둘 쌍	亞-亜 버금 아	譯-訳 번역할 역	驛-駅 역 역	譽-誉 기릴 예
莊-荘 씩씩할 장	齊-斉 가지런할 제	淨-浄 깨끗할 정	鑄-鋳 쇠불릴 주	曾-曽 일찍 증	蒸-蒸 찔 증	淺-浅 얕을 천	賤-賎 천할 천
踐-践 밟을 천	觸-触 닿을 촉	醉-酔 취할 취	恥-耻 부끄러울 치	漆-柒 옻 칠	沈-沉 잠길 침	澤-沢 못/윤 택	兎-兎 토끼 토
獻-献 드릴 헌	戱-戯 놀이 희	蓋-盖 덮을 개	驅-駆 몰 구	龜-亀 거북 귀	棄-弃 버릴 기	緊-紧 긴할 긴	惱-悩 괴로워할 뇌
濫-滥 넘칠 람	獵-猟 사냥 렵	麥-麦 보리 맥	廟-庿 사당 묘	竝-並 나란히 병	拂-払 떨칠 불	嘗-甞 맛볼 상	桑-桒 뽕나무 상
濕-湿 젖을 습	鴈-雁 기러기 안	鹽-塩 소금 염	僞-偽 거짓 위	哉-㦲 어조사 재	慘-惨 참혹할 참	遷-迁 옮길 천	廢-廃 폐할 폐
縣-県 고을 현	螢-萤 반딧불 형	擴-拡 넓힐 확	曉-暁 새벽 효				

2. 유의자(類義字) : 한 단어 안에서 뜻이 서로 비슷한 경우

〈8~4급〉

歌曲 가곡	街路 가로	家屋 가옥	歌謠 가요	家宅 가택	簡略 간략	感覺 감각	監視 감시	降下 강하	巨大 거대
擧動 거동	居住 거주	健康 건강	建立 건립	檢査 검사	激烈 격렬	格式 격식	堅固 견고	潔白 결백	決判 결판
境界 경계	警戒 경계	經過 경과	競爭 경쟁	慶祝 경축	階段 계단	計算 계산	繼續 계속	季節 계절	階層 계층
苦難 고난	孤獨 고독	考慮 고려	困窮 곤궁	攻擊 공격	共同 공동	空虛 공허	過去 과거	果實 과실	過失* 과실
過誤* 과오	觀覽 관람	管理* 관리	光明 광명	敎訓 교훈	區別 구별	具備 구비	救濟 구제	構造 구조	構築 구축
軍士 군사	君王 군왕	郡邑 군읍	軍卒 군졸	群衆 군중	屈曲 굴곡	貴重 귀중	規格 규격	規則 규칙	均等 균등
極端 극단	極盡 극진	勤勉 근면	根本 근본	給與 급여	記錄 기록	起立 기립	技術 기술	技藝 기예	羅列 나열
納入 납입	努力 노력	勞務 노무	論議 논의	段階 단계	單獨 단독	斷絶 단절	達成 달성	擔任 담임	談話 담화
到達 도달	徒黨 도당	道路 도로	逃亡 도망	都市 도시	盜賊 도적	逃避 도피	圖畵 도화	同等 동등	洞里 동리
末端 말단	每常 매상	明朗 명랑	命令 명령	毛髮 모발	模範 모범	文章 문장	物件 물건	物品 물품	美麗 미려
發射 발사	發展 발전	方道* 방도	妨害 방해	配分 배분	法度 법도	法式 법식	法典 법전	法則 법칙	變更 변경
邊際 변제	變化 변화	兵士 병사	兵卒 병졸	病患 병환	報告 보고	保守 보수	保衛 보위	本源 본원	奉仕 봉사
部隊 부대	副次 부차	分別 분별	費用 비용	批評 비평	貧困 빈곤	貧窮 빈궁	思考 사고	思念 사념	思慮 사려
思想 사상	辭說 사설	事業 사업	舍屋 사옥	舍宅 사택	社會 사회	想念 상념	狀態 상태	省略 생략	生産 생산
生活 생활	書籍 서적	善良 선량	選別 선별	選擇 선택	世界 세계	素朴 소박	素質 소질	受領 수령	樹木 수목

 요점만 콕!

- **過失(과실) 過誤(과오)** : 過(지날 과)는 '허물'이라는 뜻으로도 쓰이므로 過와 失, 過와 誤는 유의자임
- **管理(관리)** : 管은 주관하다는 뜻으로, 理는 다스리다는 쓰이므로 管과 理는 유의자임
- **方道(방도)** : 어떤 일이나 문제를 풀기 위한 방법(方法)과 도리(道理)를 나타내므로 方과 道는 유의자임

授與 수여	守衛 수위	純潔 순결	崇高 숭고	承繼 승계	施設 시설	始初 시초	試驗 시험	申告 신고	身體 신체
失敗 실패	心情 심정	兒童 아동	眼目 안목	糧穀 양곡	養育 양육	樣態 양태	言語 언어	嚴肅 엄숙	餘暇 여가
旅客 여객	域境 역경	硏究 연구	年歲 연세	連續 연속	練習 연습	念慮 염려	永遠 영원	英特 영특	榮華 영화
藝術 예술	溫暖 온난	完全 완전	要求 요구	料量 요량	勇敢 용감	優秀 우수	願望 원망	怨恨 원한	偉大 위대
委任 위임	肉身 육신	陸地 육지	肉體 육체	律法 율법	恩惠 은혜	音聲 음성	依據 의거	議論 의논	意思 의사
意志 의지	離別 이별	利益 이익	引導 인도	認識 인식	因緣 인연	自己 자기	資財 자재	姿態 자태	殘餘 잔여
財貨 재화	貯蓄 저축	轉移 전이	戰爭 전쟁	戰鬪 전투	切斷 절단	接續 접속	停留 정류	精誠 정성	停止 정지
正直 정직	政治 정치	製作 제작	製造 제조	組織 조직	調和 조화	存在 존재	尊重 존중	座席 좌석	周圍 주위
朱紅 주홍	重複* 중복	增加 증가	至極 지극	知識 지식	珍貴 진귀	眞實 진실	進出 진출	進就 진취	質朴* 질박
集團 집단	差別 차별	參與 참여	唱歌 창가	創始 창시	責任 책임	處所 처소	淸潔 청결	靑綠 청록	聽聞 청문
蓄積 축적	出生 출생	充滿 충만	層階 층계	侵犯 침범	稱頌 칭송	稱讚 칭찬	打擊 타격	討伐 토벌	土地 토지
通達 통달	退去 퇴거	鬪爭 투쟁	判決 판결	敗北 패배	平均 평균	平安 평안	平和 평화	包容* 포용	豊足* 풍족
疲困 피곤	下降 하강	河川 하천	寒冷 한랭	恨歎 한탄	抗拒 항거	解放 해방	海洋 해양	行動 행동	幸福 행복
許可 허가	虛空 허공	憲法 헌법	賢良 현량	刑罰 형벌	混雜 혼잡	和協 화협	確固 확고	歡喜 환희	回轉 회전
休息 휴식	凶惡 흉악	興起 흥기	希望 희망	希願 희원					

요점만 콕!

- **重複**(중복): 重은 거듭이라는 뜻으로, 複은 겹치다는 뜻으로 쓰이므로 重과 複은 유의자임
- **質朴**(질박): 質은 소박하다는 뜻으로, 朴은 순박하다는 뜻으로 쓰이므로 質과 朴은 유의자임
- **包容**(포용): 包는 싸다는 뜻으로, 容은 넣다는 뜻으로 쓰이므로 包와 容은 유의자임
- **豊足**(풍족): 豊은 풍부하다는 뜻으로, 足은 만족하다는 뜻으로 쓰이므로 豊과 足은 유의자임

〈3급〉

價值 가치	覺悟 각오	間隔 간격	懇切 간절	剛健 강건	康寧 강녕	講釋 강석	蓋覆 개복	開啓 개계	距離 거리
乾燥 건조	鏡鑑 경감	傾斜 경사	謙讓 겸양	契約 계약	溪川 계천	供給 공급	貢獻 공헌	慣習 관습	管掌* 관장
貫徹 관철	貫通 관통	怪奇 괴기	巧妙 교묘	丘陵 구릉	久遠 구원	鬼神 귀신	歸還 귀환	克勝 극승	謹愼 근신
急迫 급박	企望 기망	機械 기계	祈祝 기축	紀綱 기강	緊要 긴요	累積 누적	刀劍 도검	突忽 돌홀	絡脈 낙맥
戀慕 연모	靈魂 영혼	雷震 뇌진	樓閣 누각	流浪 유랑	隆盛 융성	末尾 말미	勉勵 면려	滅亡 멸망	貿易 무역
謀策 모책	模樣 모양	茂盛 무성	微細 미세	排斥 배척	繁茂 번무	碧綠 벽록	逢遇 봉우	扶助 부조	附屬 부속
負荷 부하	賦與 부여	奔走 분주	卑賤 비천	悲哀 비애	斜傾 사경	削減 삭감	山陵 산릉	森林 삼림	上昇 상승
色彩 색채	釋放 석방	旋回 선회	選拔 선발	消滅 소멸	喪失 상실	訴訟 소송	衰弱 쇠약	壽命 수명	殊異 수이
獸畜 수축	輸送 수송	淑淸 숙청	熟練 숙련	巡廻 순회	濕潤 습윤	習慣 습관	植栽 식재	審査 심사	阿丘 아구
安寧 안녕	愛慕 애모	御領 어령	抑壓 억압	役使 역사	研磨 연마	燃燒 연소	戀愛 연애	悅樂 열락	映照 영조
譽讚 예찬	緩徐 완서	勇猛 용맹	容貌 용모	宇宙 우주	憂愁 우수	羽翼 우익	憂患 우환	危殆 위태	幼稚 유치
悠久 유구	裕足* 유족	遊戲 유희	忍耐 인내	仁慈 인자	賃貸 임대	刺衝 자충	姿貌 자모	慈愛 자애	丈夫 장부
將帥 장수	帳幕 장막	粧飾 장식	長久 장구	抵抗 저항	著作 저작	征伐 정벌	整齊 정제	淨潔 정결	貞直 정직
祭祀 제사	照映 조영	租稅 조세	珠玉 주옥	中央 중앙	憎惡 증오	智慧 지혜	枝條 지조	辰宿* 진수	陳列 진열
震雷 진뢰	疾病 질병	秩序 질서	錯誤 착오	倉庫 창고	彩色 채색	策謀 책모	淺薄 천박	踐踏 천답	鐵鋼 철강

🔹 요점만 콕!

- 管掌(관장): 管은 주관하다라는 뜻으로, 掌은 주관하다는 뜻으로 쓰이므로 管과 掌은 유의자임
- 裕足(유족): 裕는 넉넉하다라는 뜻으로, 足은 만족하다는 뜻으로 쓰이므로 裕와 足은 유의자임
- 辰宿(진수): 辰은 별이라는 뜻으로, 宿(별자리 수)는 별자리라는 뜻으로 쓰이므로 辰과 宿는 유의자임

超過 초과	促急 촉급	催促 최촉	追隨 추수	衝激 충격	沈沒 침몰	浸透 침투	卓越 탁월	探索 탐색	透徹 투철
波浪* 파랑	廢亡 폐망	弊害 폐해	捕獲 포획	暴露* 폭로	表皮 표피	賀慶 하경	陷沒 함몰	解釋 해석	許諾 허락
獻納 헌납	玄妙* 현묘	脅迫 협박	魂靈 혼령	和睦 화목	禍災 화재	還歸 환귀	皇帝 황제	荒廢 황폐	回還 회환
獲得 획득	喜悅 희열	稀貴 희귀	乾枯 건고	牽引 견인	訣別 결별	古昔 고석	枯渴 고갈	哭泣 곡읍	官爵 관작
矯正 교정	郊野 교야	姦淫 간음	求乞 구걸	苟且 구차	龜裂 균열	飢餓 기아	旣已 기이	奴隷 노예	但只 단지
代替 대체	渡涉 도섭	跳躍 도약	敦篤 돈독	動搖 동요	屯陣 둔진	浪漫 낭만	掠奪 약탈	諒知 양지	憐憫 연민
零落 영락	老翁 노옹	忘失 망실	盟誓 맹서	募集 모집	模倣 모방	敏速 민속	返還 반환	邦國 방국	煩數* 번삭
飜譯 번역	墳墓 분묘	憤慨 분개	崩壞 붕괴	朋友 붕우	賓客 빈객	招聘 초빙	詐欺 사기	賜給 사급	散漫 산만
相互 상호	暑熱 서열	逝去 서거	攝理 섭리	洗濯 세탁	收穫 수확	睡眠 수면	孰誰 숙수	伸張 신장	辛苦 신고
尋訪 심방	殃禍 앙화	厄禍 액화	楊柳 양류	銳利* 예리	傲慢 오만	娛樂 오락	汚濁 오탁	畏懼 외구	遙遠 요원
庸常 용상	云謂 운위	違錯 위착	宜當 의당	災殃 재앙	錢幣 전폐	拙劣 졸렬	舟船 주선	遵守 준수	徵聘 징빙
懲戒 징계	慙愧 참괴	菜蔬 채소	尖端 첨단	添加 첨가	滯塞 체색	聰明 총명	抽拔 추발	墮落 타락	貪慾 탐욕
怠慢 태만	土壤 토양	退却 퇴각	販賣 판매	畢竟 필경	該當 해당	懸掛 현괘	絃線 현선	忌嫌 기혐	嫌惡 혐오
婚姻 혼인	昏冥 혼명	鴻雁 홍안	懷抱 회포	曉晨 효신	毀壞 훼괴	輝光 휘광	携帶 휴대		

 요점만 콕!

- 波浪(파랑) : 波는 작은 물결이라는 뜻으로, 浪은 큰 물결이라는 뜻으로 쓰이므로 波와 浪은 유의자임
- 暴露(폭로) : 暴은 드러내다라는 뜻으로, 露는 드러내다라는 뜻으로 쓰이므로 暴과 露는 유의자임
- 玄妙(현묘) : 玄은 오묘하다라는 뜻으로, 妙는 묘하다라는 뜻으로 쓰이므로 玄과 妙는 유의자임
- 煩數(번삭) : 煩은 번거롭다라는 뜻으로, 數(자주 삭)은 자주라는 뜻으로 쓰이므로 煩과 數은 유의자임
- 銳利(예리) : 銳는 날카롭다라는 뜻으로, 利는 날카롭다라는 뜻으로 쓰이므로 銳와 利는 유의자임

유의어(類義語) : 단어의 뜻이 서로 비슷한 경우

〈8~4급〉

各別=特別 (각별) (특별)	看病=看護 (간병) (간호)	改良=改善 (개량) (개선)	拒否=拒絶 (거부) (거절)	巨星*=大家 (거성) (대가)	儉約=節約 (검약) (절약)
缺點=短點 (결점) (단점)	傾國*=傾城 (경국) (경성)	經驗=體驗 (경험) (체험)	骨肉*=血肉 (골육) (혈육)	功績=業績 (공적) (업적)	過激=急進 (과격) (급진)
九泉*=黃泉 (구천) (황천)	歸省=歸鄕 (귀성) (귀향)	器量=才能 (기량) (재능)	氣品=品格 (기품) (품격)	能辯=達辯 (능변) (달변)	達成=成就 (달성) (성취)
獨占=專有 (독점) (전유)	無事=安全 (무사) (안전)	未開=原始 (미개) (원시)	未然=事前 (미연) (사전)	半百*=知命 (반백) (지명)	發達=進步 (발달) (진보)
方法=手段 (방법) (수단)	負約*=食言 (부약) (식언)	分別=思慮 (분별) (사려)	不運=悲運 (불운) (비운)	鼻祖=始祖 (비조) (시조)	氷人*=月老 (빙인) (월로)
使命=任務 (사명) (임무)	相思病*=花風病 (상사병) (화풍병)	狀況=情勢 (상황) (정세)	說明=解說 (설명) (해설)	素行=品行 (소행) (품행)	宿命=天命 (숙명) (천명)
視界*=視野 (시계) (시야)	實施=施行 (실시) (시행)	失意=失望 (실의) (실망)	眼界=視野 (안계) (시야)	外見=外觀 (외견) (외관)	外國=異國 (외국) (이국)
運命=運勢 (운명) (운세)	運營=運用 (운영) (운용)	願望=希望 (원망) (희망)	威信=威嚴 (위신) (위엄)	應待=應接 (응대) (응접)	依存=依支 (의존) (의지)
異域=海外 (이역) (해외)	利用=活用 (이용) (활용)	移轉=轉居 (이전) (전거)	認可=許可 (인가) (허가)	一門=一族 (일문) (일족)	自負=自信 (자부) (자신)
資産=財産 (자산) (재산)	自然=天然 (자연) (천연)	自讚=自稱 (자찬) (자칭)	前進=進步 (전진) (진보)	靜養*=休養 (정양) (휴양)	情趣=風情 (정취) (풍정)
早春=初春 (조춘) (초춘)	周甲*=華甲 (주갑) (화갑)	志望=志願 (지망) (지원)	支配=統治 (지배) (통치)	至上*=最高 (지상) (최고)	質問=質疑 (질문) (질의)
招待=招請 (초대) (초청)	推測=推量 (추측) (추량)	平素=平常 (평소) (평상)	華甲=回甲 (화갑) (회갑)	華甲=還甲 (화갑) (환갑)	效能=效用 (효능) (효용)

 요점만 콕!

- 巨星(거성) : 어떤 방면의 뛰어난 인물을 비유적으로 이름 = 大家(대가)
- 傾國(경국) : 나라를 기울일 만한 여자라는 뜻으로 매우 아름다운 여자를 이름 = 傾國之色(경국지색) 傾城(경성)
- 骨肉(골육) : 부자나 형제 등의 육친(肉親)을 이름 = 血肉(혈육)
- 九泉(구천) : 땅속 깊은 밑바닥이란 뜻으로 죽은 뒤에 넋이 돌아가는 곳을 이름 = 黃泉(황천)
- 半百(반백) : 쉰 살 = 知命(지명)
- 負約(부약) : 약속이나 계약을 어김 = 違約(위약) 食言(식언)
- 氷人(빙인) : 중매를 하는 사람을 이름 = 月下老人(월하노인) 氷上人(빙상인) 月老(월로)
- 相思病(상사병) : 이성을 몹시 그리워하는 데서 생기는 마음의 병 = 花風病(화풍병)
- 眼界(안계) : 눈으로 바라볼 수 있는 범위 = 視野(시야)
- 靜養(정양) : 몸과 마음을 안정하여 휴양함 = 休養(휴양)
- 周甲(주갑) : 예순한 살을 이름 = 華甲(화갑) 回甲(회갑) 還甲(환갑)
- 至上(지상) : 가장 높은 위 = 最高(최고)

〈3급〉

架空 = 虛構 (가공) (허구)	覺悟 = 決心 (각오) (결심)	角逐 = 逐鹿 (각축) (축록)	感染 = 傳染 (감염) (전염)	改稿*=潤文 (개고) (윤문)	乾坤 = 天地 (건곤) (천지)
鼓吹 = 鼓舞 (고취) (고무)	計劃 = 意圖 (계획) (의도)	古稀 = 七旬 (고희) (칠순)	貢獻 = 寄與 (공헌) (기여)	冠省*=除煩 (관성) (제번)	區劃 = 境界 (구획) (경계)
龜鑑 = 模範 (귀감) (모범)	飢死 = 餓死 (기사) (아사)	基礎 = 根底 (기초) (근저)	企劃 = 企圖 (기획) (기도)	雷同*=附同 (뇌동) (부동)	累卵 = 風燈 (누란) (풍등)
斷魂 = 斷腸 (단혼) (단장)	淡交*= 心友 (담교) (심우)	桃源 = 仙境 (도원) (선경)	凍梨*=卒壽 (동리) (졸수)	冒頭*=虛頭 (모두) (허두)	謀反 = 反逆 (모반) (반역)
沒頭 = 專心 (몰두) (전심)	默殺 = 無視 (묵살) (무시)	未熟 = 幼稚 (미숙) (유치)	薄情 = 冷淡 (박정) (냉담)	背恩 = 忘德 (배은) (망덕)	白眉 = 出衆 (백미) (출중)
變遷 = 沿革 (변천) (연혁)	鳳兒*= 伏龍 (봉아) (복룡)	不惑*= 强仕 (불혹) (강사)	散策 = 散步 (산책) (산보)	桑碧 = 桑海 (상벽) (상해)	先哲 = 先賢 (선철) (선현)
刷新 = 維新 (쇄신) (유신)	衰盡 = 衰退 (쇠진) (쇠퇴)	首肯 = 共鳴 (수긍) (공명)	隨機*=應變 (수기) (응변)	熟讀 = 精讀 (숙독) (정독)	瞬息 = 瞬間 (순식) (순간)
承諾 = 許諾 (승낙) (허락)	尋常 = 平凡 (심상) (평범)	雁書*= 信音 (안서) (신음)	殃禍 = 災殃 (앙화) (재앙)	廉價 = 低價 (염가) (저가)	永眠 = 他界 (영면) (타계)
了解 = 納得 (요해) (납득)	運輸 = 運送 (운수) (운송)	威脅 = 脅迫 (위협) (협박)	倫理 = 道德 (윤리) (도덕)	潤澤 = 豊富 (윤택) (풍부)	自暴 = 自棄 (자포) (자기)
鎭壓 = 制壓 (진압) (제압)	贊成 = 同意 (찬성) (동의)	贊助 = 協贊 (찬조) (협찬)	參照 = 參考 (참조) (참고)	蒼空 = 碧空 (창공) (벽공)	尺土*= 寸土 (척토) (촌토)
滯留 = 滯在 (체류) (체재)	沈着 = 冷靜 (침착) (냉정)	版圖*= 領土 (판도) (영토)	抱腹 = 絶倒 (포복) (절도)	漂泊 = 流離 (표박) (유리)	劃一 = 一律 (획일) (일률)
車同軌*=書同文 (거동궤) (서동문)	金蘭契=魚水親 (금란계) (어수친)	桃源境=別天地 (도원경) (별천지)	未曾有=破天荒 (미증유) (파천황)	比翼鳥*=連理枝 (비익조) (연리지)	戀愛病=懷心病 (연애병) (회심병)

요점만 콕!

- 冠省(관성) : 인사말을 생략한다는 뜻으로 편지 등의 첫머리에 쓰는 말 = 除煩(제번)
- 雷同(뇌동) : 줏대 없이 남의 의견에 따라 움직임 = 附和雷同(부화뇌동) 附同(부동)
- 淡交(담교) : 교양이 있는 군자의 교제를 이름 = 心友(심우)
- 凍梨(동리) : 아흔 살을 이름 = 卒壽(졸수)
- 冒頭(모두) : 이야기나 글의 첫머리 = 虛頭(허두)
- 鳳兒(봉아) : 지략이 뛰어난 젊은이 = 伏龍(복룡)
- 不惑(불혹) : 마흔 살을 이름 = 强仕(강사)
- 隨機(수기) : 기회에 따라 적절히 일을 처리함 = 應變(응변) 隨機應變(수기응변)
- 雁書(안서) : 먼 곳에서 소식을 전하는 편지 = 信音(신음) 雁信(안신) 雁報(안보)
- 尺土(척토) : 얼마 되지 않는 좁은 논밭 = 寸土(촌토)
- 版圖(판도) : 어떤 세력이 미치는 범위 = 領土(영토)
- 車同軌(거동궤) : 여러 지방의 수레 너비를 같게 한다는 뜻으로 천하가 통일된 상태를 이름 = 書同文(서동문)
- 比翼鳥(비익조) : 남녀나 부부 사이의 두터운 정을 이름 = 連理枝(연리지)

3. 반의자(反義字) : 한 단어 안에서 뜻이 서로 반대인 경우

⟨6~4급⟩

加減 (가감)	可否 (가부)	干滿* (간만)	甘苦 (감고)	強弱 (강약)	開閉 (개폐)	去來 (거래)	輕重 (경중)	京鄉 (경향)	古今 (고금)
苦樂 (고락)	高低 (고저)	曲直 (곡직)	骨肉 (골육)	功過 (공과)	攻防 (공방)	公私 (공사)	攻守 (공수)	官民 (관민)	光陰 (광음)
敎學 (교학)	君臣 (군신)	起伏 (기복)	起寢 (기침)	吉凶 (길흉)	難易 (난이)	冷溫 (냉온)	勞使* (노사)	老少 (노소)	單複* (단복)
斷續 (단속)	當落 (당락)	都農 (도농)	同異 (동이)	動靜 (동정)	得失 (득실)	登落 (등락)	末初 (말초)	賣買 (매매)	明暗 (명암)
問答 (문답)	文武 (문무)	物心 (물심)	班常* (반상)	發着 (발착)	方圓* (방원)	背向 (배향)	福災 (복재)	本末 (본말)	夫婦 (부부)
分合 (분합)	貧富 (빈부)	氷炭* (빙탄)	師弟 (사제)	死活 (사활)	賞罰 (상벌)	善惡 (선악)	成敗 (성패)	損益 (손익)	送迎 (송영)
授受 (수수)	受與 (수여)	收支* (수지)	順逆 (순역)	勝負 (승부)	勝敗 (승패)	始末 (시말)	是非 (시비)	始終 (시종)	新舊 (신구)
信疑 (신의)	安否 (안부)	安危 (안위)	與野* (여야)	玉石 (옥석)	往來 (왕래)	往復 (왕복)	遠近 (원근)	怨恩 (원은)	有無 (유무)
陸海 (육해)	隱現 (은현)	陰陽 (음양)	音訓 (음훈)	離合 (이합)	利害 (이해)	因果 (인과)	姉妹 (자매)	自他 (자타)	昨今 (작금)
長短 (장단)	將兵 (장병)	將卒 (장졸)	正誤 (정오)	祖孫 (조손)	存亡 (존망)	存無 (존무)	主客 (주객)	晝夜 (주야)	主從 (주종)
增減 (증감)	知行 (지행)	眞假 (진가)	進退 (진퇴)	集配 (집배)	集散 (집산)	出缺* (출결)	出納 (출납)	豊凶* (풍흉)	學問 (학문)
虛實 (허실)	兄弟 (형제)	好惡 (호오)	呼吸 (호흡)	和戰 (화전)	黑白 (흑백)	興亡 (흥망)	喜怒 (희로)	喜悲 (희비)	

  요점만 콕!

- **干滿**(간만) : 干은 간조(干潮)를, 滿은 만조(滿潮)를 뜻하므로 干과 滿은 반의자임
- **勞使**(노사) : 勞는 노동자(勞動者)를, 使는 사용자(使用者)를 뜻하므로 勞와 使는 반의자임
- **單複**(단복) : 單은 단식(單式)을, 複은 복식(複式)을 뜻하므로 單과 複은 반의자임
- **班常**(반상) : 班은 양반(兩班)을, 常은 평민(平民-상놈)을 뜻하므로 班과 常은 반의자임
- **方圓**(방원) : 方은 모난 것을, 圓은 둥근 것을 뜻하므로 方과 圓은 반의자임
- **氷炭**(빙탄) : 氷은 얼음을, 炭은 숯을 뜻하므로 氷과 炭은 반의자임
- **收支**(수지) : 收는 수입(收入)을, 支는 지출(支出)을 뜻하므로 收와 支는 반의자임
- **與野**(여야) : 與는 여당(與黨)을, 野는 야당(野黨)을 뜻하므로 與와 野는 반의자임
- **出缺**(출결) : 出은 출석(出席)을, 缺은 결석(缺席)을 뜻하므로 出은 缺은 반의자임
- **豊凶**(풍흉) : 豊은 풍년(豊年)을, 凶은 흉년(凶年)을 뜻하므로 豊은 凶은 반의자임

〈3급〉

剛柔 (강유)	乾坤 (건곤)	乾濕 (건습)	硬軟 (경연)	經緯* (경위)	慶弔 (경조)	啓閉 (계폐)	姑婦 (고부)	高卑 (고비)	供需 (공수)
寬猛 (관맹)	巧拙 (교졸)	屈伸 (굴신)	弓矢 (궁시)	貴賤 (귀천)	勤慢 (근만)	勤怠 (근태)	今昔 (금석)	禽獸 (금수)	及落* (급락)
急緩 (급완)	飢飽 (기포)	起陷 (기함)	諾否 (낙부)	奴婢* (노비)	老幼 (노유)	多寡 (다과)	旦夕 (단석)	貸借 (대차)	頭尾 (두미)
鈍敏 (둔민)	得喪 (득상)	明滅 (명멸)	美醜 (미추)	腹背 (복배)	夫妻 (부처)	浮沈 (부침)	賓主 (빈주)	邪正 (사정)	詳略 (상략)
生滅 (생멸)	生沒 (생몰)	暑寒 (서한)	盛衰 (성쇠)	疏密* (소밀)	需給* (수급)	首尾 (수미)	受拂 (수불)	叔姪 (숙질)	乘降 (승강)
昇降 (승강)	乘除* (승제)	伸縮 (신축)	深淺 (심천)	雅俗* (아속)	哀樂 (애락)	愛憎 (애증)	哀歡 (애환)	抑揚 (억양)	炎涼 (염량)
榮枯 (영고)	榮辱 (영욕)	銳鈍 (예둔)	往返 (왕반)	用捨 (용사)	優劣 (우열)	雨晴 (우청)	陰晴 (음청)	吏民 (이민)	任免 (임면)
長幼 (장유)	田畓 (전답)	早晚 (조만)	朝暮 (조모)	燥濕 (조습)	存滅 (존멸)	尊卑 (존비)	尊侍* (존시)	存廢 (존폐)	縱橫 (종횡)
坐立 (좌립)	坐臥 (좌와)	衆寡 (중과)	遲速 (지속)	智愚 (지우)	眞僞 (진위)	贊反 (찬반)	天壤 (천양)	添減 (첨감)	添削 (첨삭)
清濁 (청탁)	出沒 (출몰)	取捨 (취사)	親疏 (친소)	快鈍 (쾌둔)	廢置 (폐치)	表裏 (표리)	皮骨 (피골)	彼我 (피아)	彼此 (피차)
閑忙 (한망)	賢愚 (현우)	形影* (형영)	昏明 (혼명)	禍福 (화복)	皇民 (황민)	厚薄 (후박)	毀譽* (훼예)	胸背 (흉배)	

요점만 콕!

- 經緯(경위) : 經은 날실을, 緯는 씨실을 뜻하므로 經과 緯는 반의자임
- 及落(급락) : 及은 급제(及第)를, 落은 낙제(落第)를 뜻하므로 及과 落은 반의자임
- 奴婢(노비) : 奴(종 노)는 남자 종을, 婢(여종 비)는 여자 종을 의미하므로 반대자임
- 疏密(소밀) : 疏는 성김을, 密은 빽빽함을 뜻하므로 疏와 密은 반의자임
- 需給(수급) : 需는 수요(需要)를, 給은 공급(支出)을 뜻하므로 需와 給은 반의자임
- 乘除(승제) : 乘은 곱셈을, 除는 나눗셈을 뜻하므로 乘과 除는 반의자임
- 雅俗(아속) : 雅는 고상한 것을, 俗은 속된 것을 뜻하므로 雅와 俗은 반의자임
- 尊侍(존시) : 尊은 나이가 많은 웃어른을, 侍는 나이가 적은 아랫사람을 뜻하므로 尊은 侍는 반의자임
- 形影(형영) : 形은 형체를, 影은 그림자를 뜻하므로 形은 影은 반의자임
- 毀譽(훼예) : 毀는 훼방을, 譽는 칭찬을 뜻하므로 毀는 譽는 반의자임

반의어(反義語) : 단어의 뜻이 서로 반대인 경우

⟨6~4급⟩

可決⇔否決 (가결)(부결)	加重⇔輕減 (가중)(경감)	干潮*⇔滿潮 (간조)(만조)	減少⇔增加 (감소)(증가)	感情的⇔理性的 (감정적)(이성적)
強大⇔弱小 (강대)(약소)	強制⇔任意 (강제)(임의)	個別⇔全體 (개별)(전체)	巨富⇔極貧 (거부)(극빈)	拒否⇔承認 (거부)(승인)
結果⇔動機 (결과)(동기)	決算⇔豫算 (결산)(예산)	決定⇔留保 (결정)(유보)	結合⇔分離 (결합)(분리)	輕視⇔重視 (경시)(중시)
故意*⇔過失 (고의)(과실)	高調⇔低調 (고조)(저조)	苦痛⇔快樂 (고통)(쾌락)	困難⇔容易 (곤란)(용이)	空想⇔現實 (공상)(현실)
攻勢⇔守勢 (공세)(수세)	共用⇔專用 (공용)(전용)	共有⇔專有 (공유)(전유)	光明⇔暗黑 (광명)(암흑)	求心⇔遠心 (구심)(원심)
君子⇔小人 (군자)(소인)	權利⇔義務 (권리)(의무)	禁止⇔解禁 (금지)(해금)	禁止⇔許可 (금지)(허가)	起立⇔着席 (기립)(착석)
樂觀⇔悲觀 (낙관)(비관)	暖流⇔寒流 (난류)(한류)	難解⇔容易 (난해)(용이)	內容⇔形式 (내용)(형식)	內在律*⇔外在律 (내재율)(외재율)
內包*⇔外延 (내포)(외연)	單純⇔複雜 (단순)(복잡)	單式⇔複式 (단식)(복식)	短縮⇔延長 (단축)(연장)	當番⇔非番 (당번)(비번)
同居⇔別居 (동거)(별거)	得意⇔失意 (득의)(실의)	登場⇔退場 (등장)(퇴장)	等質⇔異質 (등질)(이질)	明示⇔暗示 (명시)(암시)
門外漢*⇔專門家 (문외한)(전문가)	物質⇔精神 (물질)(정신)	密集⇔散在 (밀집)(산재)	反共⇔容共 (반공)(용공)	反抗⇔服從 (반항)(복종)
發信⇔受信 (발신)(수신)	放心⇔操心 (방심)(조심)	背恩⇔報恩 (배은)(보은)	白眼視*⇔靑眼視 (백안시)(청안시)	白晝⇔深夜 (백주)(심야)

요점만 콕!

- 干潮(간조) : 바다에서 조수가 빠져나가 해수면이 가장 낮아진 상태 ⇔ 滿潮(만조)
- 故意(고의) : 일부러 하는 생각이나 태도 ⇔ 過失(과실) : 부주의나 태만 등에서 비롯된 잘못이나 허물
- 內在律(내재율) : 자유시나 산문시에서 문장에 잠재적으로 깃들어 있는 운율 ⇔ 外在律(외재율)
- 內包(내포) : 어떤 성질이나 뜻 등을 속에 품음 ⇔ 外延(외연) : 일정한 개념이 적용되는 사물의 전 범위
- 門外漢(문외한) : 어떤 일에 전문적인 지식이 없는 사람 ⇔ 專門家(전문가)
- 白眼視(백안시) : 남을 무시하는 태도로 흘겨봄 ⇔ 靑眼視(청안시) : 남을 달갑게 여겨 좋은 마음으로 봄

保守⇔進步 (보수)(진보)	保守⇔革新 (보수)(혁신)	本業⇔副業 (본업)(부업)	本質⇔現象 (본질)(현상)	不調⇔快調 (부조)(쾌조)
分散⇔集中 (분산)(집중)	分解⇔合成 (분해)(합성)	不文律⇔成文律 (불문율)(성문율)	不法化⇔合法化 (불법화)(합법화)	不備⇔完備 (불비)(완비)
不況⇔好況 (불황)(호황)	非難⇔稱讚 (비난)(칭찬)	辭任⇔就任 (사임)(취임)	死後⇔生前 (사후)(생전)	相對⇔絶對 (상대)(절대)
生家⇔養家 (생가)(양가)	生産⇔消費 (생산)(소비)	生食⇔火食 (생식)(화식)	善用⇔惡用 (선용)(악용)	先天⇔後天 (선천)(후천)
消極⇔積極 (소극)(적극)	消極的⇔積極的 (소극적)(적극적)	所得⇔損失 (소득)(손실)	續行⇔中止 (속행)(중지)	送信⇔受信 (송신)(수신)
手動⇔自動 (수동)(자동)	順境*⇔逆境 (순경)(역경)	順行⇔逆行 (순행)(역행)	勝利⇔敗北 (승리)(패배)	實際*⇔理論 (실제)(이론)
逆轉⇔好轉 (역전)(호전)	連勝⇔連敗 (연승)(연패)	溫暖⇔寒冷 (온난)(한랭)	友好⇔敵對 (우호)(적대)	原理*⇔應用 (원리)(응용)
怨恨⇔恩惠 (원한)(은혜)	應答⇔質疑 (응답)(질의)	依存⇔自立 (의존)(자립)	依他⇔自立 (의타)(자립)	異端*⇔正統 (이단)(정통)
異例⇔通例 (이례)(통례)	異說⇔定說 (이설)(정설)	異說⇔通說 (이설)(통설)	人爲⇔自然 (인위)(자연)	人造⇔天然 (인조)(천연)
一點紅*⇔靑一點 (일점홍)(청일점)	立體⇔平面 (입체)(평면)	自動⇔他動 (자동)(타동)	自律⇔他律 (자율)(타율)	子正*⇔正午 (자정)(정오)
低下⇔向上 (저하)(향상)	進化⇔退化 (진화)(퇴화)	集合⇔解散 (집합)(해산)	差別⇔平等 (차별)(평등)	處女⇔總角 (처녀)(총각)
總角⇔室女 (총각)(실녀)	限定的⇔開放的 (한정적)(개방적)	紅一點⇔靑一點 (홍일점)(청일점)		

요점만 콕!

- **順境**(순경) : 일이 마음먹은 대로 잘되어 가는 경우 ⇔ 逆境(역경)
- **實際**(실제) : 사실의 경우나 형편 ⇔ 理論(이론)
- **原理**(원리) : 사물의 근본이 되는 이치 ⇔ 應用(응용)
- **異端**(이단) : 전통이나 권위에 반항하는 주장이나 이론 ⇔ 靑一點(청일점)
- **一點紅**(일점홍) : 많은 남자 사이에 끼어 있는 한 사람의 여자 ⇔ 違約(위약) 食言(식언)
- **子正**(자정) : 자시(子時)의 한가운데. 밤 열두 시 ⇔ 正午(정오)

〈3급〉

架空⇔實在	加熱⇔冷却	却下⇔受理	幹線⇔支線	干涉⇔放任	剛健⇔柔弱
(가공)(실재)	(가열)(냉각)	(각하)(수리)	(간선)(지선)	(간섭)(방임)	(강건)(유약)
強硬⇔軟弱	強硬⇔柔和	降臨⇔昇天	槪算*⇔精算	蓋然*⇔必然	拒否⇔承諾
(강경)(연약)	(강경)(유화)	(강림)(승천)	(개산)(정산)	(개연)(필연)	(거부)(승낙)
拒絶⇔承諾	乾燥⇔濕潤	傑作⇔拙作	儉素⇔浪費	儉約⇔浪費	決裂⇔合意
(거절)(승낙)	(건조)(습윤)	(걸작)(졸작)	(검소)(낭비)	(검약)(낭비)	(결렬)(합의)
輕薄⇔重厚	輕率⇔愼重	硬直⇔柔軟	高踏的*⇔世俗的	高尙⇔卑俗	高尙⇔低俗
(경박)(중후)	(경솔)(신중)	(경직)(유연)	(고답적)(세속적)	(고상)(비속)	(고상)(저속)
高雅*⇔卑俗	高雅⇔低俗	高遠*⇔卑近	供給⇔需要	空腹⇔滿腹	寬大⇔嚴格
(고아)(비속)	(고아)(저속)	(고원)(비근)	(공급)(수요)	(공복)(만복)	(관대)(엄격)
官尊⇔民卑	郊外⇔都心	拘禁⇔釋放	拘束⇔放免	拘束⇔解放	屈服⇔抵抗
(관존)(민비)	(교외)(도심)	(구금)(석방)	(구속)(방면)	(구속)(해방)	(굴복)(저항)
僅少⇔過多	錦衣*⇔布衣	及第⇔落第	肯定⇔否定	旣決⇔未決	奇拔⇔平凡
(근소)(과다)	(금의)(포의)	(급제)(낙제)	(긍정)(부정)	(기결)(미결)	(기발)(평범)
飢餓⇔飽食	緊縮⇔緩和	吉兆⇔凶兆	濫讀⇔精讀	濫用⇔節約	內憂⇔外患
(기아)(포식)	(긴축)(완화)	(길조)(흉조)	(남독)(정독)	(남용)(절약)	(내우)(외환)
老鍊⇔未熟	大乘*⇔小乘	動搖⇔安定	鈍感⇔敏感	鈍濁⇔銳利	漠然⇔確然
(노련)(미숙)	(대승)(소승)	(동요)(안정)	(둔감)(민감)	(둔탁)(예리)	(막연)(확연)
慢性⇔急性	忘却⇔記憶	滅亡⇔隆盛	滅亡⇔隆興	冒頭⇔末尾	模倣⇔獨創
(만성)(급성)	(망각)(기억)	(멸망)(융성)	(멸망)(융흥)	(모두)(말미)	(모방)(독창)
模倣⇔創造	默讀⇔朗讀	微官*⇔顯官	微小⇔巨大	未熟⇔成熟	微視的⇔巨視的
(모방)(창조)	(묵독)(낭독)	(미관)(현관)	(미소)(거대)	(미숙)(성숙)	(미시적)(거시적)
微風⇔強風	敏速⇔遲鈍	返濟*⇔借用	傍系*⇔直系	繁忙⇔閑散	凡人⇔超人
(미풍)(강풍)	(민속)(지둔)	(반제)(차용)	(방계)(직계)	(번망)(한산)	(범인)(초인)

 요점만 콕!

- 槪算(개산) : 대강 하는 계산 ⇔ 精算(정산)
- 蓋然(개연) : 대개 그럴 것이라고 생각되는 상태 ⇔ 必然(필연)
- 高踏的(고답적) : 속세에 초연하며 현실과 동떨어진 것을 고상하게 여기는
- 高雅(고아) : 뜻이나 품격 등이 높고 우아함 ⇔ 卑俗(비속)
- 高遠(고원) : 품은 뜻이나 이상이 높고 원대함 ⇔ 卑近(비근) : 알기 쉽고 실생활에 가까움
- 錦衣(금의) : 벼슬길에 오른 선비 ⇔ 布衣(포의) : 벼슬이 없는 선비
- 大乘(대승) : 중생을 제도하여 부처의 경지에 이르게 하는 것을 이상으로 하는 불교 ⇔ 小乘(소승) : 수행을 통한 개인의 해탈을 가르치는 교법
- 微官(미관) : 지위가 낮은 관리 ⇔ 顯官(현관) : 높은 벼슬
- 返濟(반제) : 빌렸던 돈을 모두 다 갚음 ⇔ 借用(차용)
- 傍系(방계) : 주된 계통에서 갈라져 나가거나 벗어나 있는 관련 계통 ⇔ 直系(직계)

普遍⇔特殊 (보편)(특수)	扶桑*⇔咸池 (부상)(함지)	富裕⇔貧窮 (부유)(빈궁)	分裂⇔統一 (분열)(통일)	紛爭⇔和解 (분쟁)(화해)	非凡⇔平凡 (비범)(평범)
悲哀⇔歡喜 (비애)(환희)	貧賤⇔富貴 (빈천)(부귀)	死藏⇔活用 (사장)(활용)	詳述⇔略述 (상술)(약술)	上昇⇔下降 (상승)(하강)	喪失⇔獲得 (상실)(획득)
相違⇔類似 (상위)(유사)	洗鍊⇔稚拙 (세련)(치졸)	歲暮*⇔年頭 (세모)(연두)	騷亂⇔靜肅 (소란)(정숙)	消滅⇔發生 (소멸)(발생)	消滅⇔生成 (소멸)(생성)
拾得⇔遺失 (습득)(유실)	抑制⇔促進 (억제)(촉진)	憐憫⇔憎惡 (연민)(증오)	劣等感⇔優越感 (열등감)(우월감)	劣惡⇔優良 (열악)(우량)	靈魂⇔肉體 (영혼)(육체)
緩慢⇔急激 (완만)(급격)	緩行⇔急行 (완행)(급행)	偶數*⇔奇數 (우수)(기수)	偶然⇔必然 (우연)(필연)	韻文*⇔散文 (운문)(산문)	遠隔⇔近接 (원격)(근접)
緯度⇔經度 (위도)(경도)	違法⇔合法 (위법)(합법)	唯物論⇔唯心論 (유물론)(유심론)	悠長*⇔性急 (유장)(성급)	隆起⇔沈降 (융기)(침강)	隆起⇔陷沒 (융기)(함몰)
隱蔽⇔公開 (은폐)(공개)	一般⇔特殊 (일반)(특수)	臨時⇔經常 (임시)(경상)	抵抗⇔投降 (저항)(투항)	漸進⇔急進 (점진)(급진)	弔客⇔賀客 (조객)(하객)
拙劣⇔巧妙 (졸렬)(교묘)	拙丈夫⇔大丈夫 (졸장부)(대장부)	縱斷⇔橫斷 (종단)(횡단)	左遷*⇔榮轉 (좌천)(영전)	地獄⇔樂園 (지옥)(낙원)	鎭靜⇔興奮 (진정)(흥분)
慘敗⇔快勝 (참패)(쾌승)	債權者⇔債務者 (채권자)(채무자)	添加⇔削減 (첨가)(삭감)	添加⇔削除 (첨가)(삭제)	抽象⇔具體 (추상)(구체)	恥辱⇔名譽 (치욕)(명예)
妥當⇔不當 (타당)(부당)	破壞⇔建設 (파괴)(건설)	片道⇔往復 (편도)(왕복)	偏頗⇔公平 (편파)(공평)	閉鎖⇔開放 (폐쇄)(개방)	廢止⇔存續 (폐지)(존속)
暴騰⇔暴落 (폭등)(폭락)	漂流⇔定着 (표류)(정착)	被動⇔能動 (피동)(능동)	被害者⇔加害者 (피해자)(가해자)	虛僞⇔眞實 (허위)(진실)	嫌惡⇔愛好 (혐오)(애호)
紅顔*⇔白髮 (홍안)(백발)	和睦⇔反目 (화목)(반목)	擴大⇔縮小 (확대)(축소)	興奮⇔安靜 (흥분)(안정)		

요점만 콕!

- **扶桑**(부상) : 해가 뜨는 동쪽 바다 ⇔ **咸池**(함지) : 해가 진다고 하는 서쪽의 큰 못
- **歲暮**(세모) : 한 해가 끝날 무렵 ⇔ **年頭**(연두)
- **偶數**(우수) : 짝수 ⇔ **奇數**(기수) : 홀수
- **韻文**(운문) : 일정한 운율이 있는 글 ⇔ **散文**(산문)
- **悠長**(유장) : 급하지 않고 느릿 함 ⇔ **性急**(성급)
- **左遷**(좌천) : 낮은 관직이나 지위로 떨어지거나 외직으로 전근됨 ⇔ **榮轉**(영전)
- **紅顔**(홍안) : 붉은 얼굴이라는 뜻으로 젊어서 혈색이 좋은 얼굴 ⇔ **白髮**(백발)

4. 사자성어 (四字成語)

⟨8급~4급⟩

한자	뜻	독음
家家戶戶	한 집 한 집 또는 집집마다	가가호호
家內工業	집안에서 단순한 기술과 도구로써 작은 규모로 생산하는 수공업	가내공업
各人各色	사람마다 각기 다름	각인각색
各自圖生	제각기 살아 나갈 방법을 꾀함	각자도생
角者無齒	뿔이 있는 놈은 이가 없다는 뜻으로, 한 사람이 모든 복을 겸하지는 못함	각자무치
敢不生心	감(敢)히 엄두도 내지 못함	감불생심
甘言利說	귀가 솔깃하도록 남의 비위를 맞추거나 이로운 조건을 내세워 꾀는 말	감언이설
江湖煙波	강이나 호수 위에 안개처럼 보얗게 이는 잔물결	강호연파
居安思危	평안할 때에도 위험이 닥칠 것을 생각하며 미리 대비해야 함	거안사위
去者必反	헤어진 사람은 언젠가 반드시 돌아오게 됨을 뜻함	거자필반
格物致知	실제 사물의 이치를 연구하여 지식을 완전하게 함	격물치지
見利思義	이익을 보거든 먼저 그것을 취함이 의리에 합당한 지를 생각하라는 말	견리사의
見物生心	어떠한 실물을 보게 되면 그것을 가지고 싶은 욕심이 생김	견물생심
見危授命	나라의 위태로운 지경을 보면 목숨을 바쳐 싸움	견위수명
決死反對	죽기를 각오하고 있는 힘을 다하여 반대함	결사반대
結草報恩	풀을 묶어서 은혜를 갚는다라는 뜻으로, 죽어 혼이 되더라도 은혜를 잊지 않고 갚음	결초보은
敬老孝親	어른을 공경하고 어버이에게 효도함	경로효친
敬天勤民	하늘을 받들고 백성을 통치하기를 게을리 하지 아니함	경천근민
敬天愛人	하늘을 숭배하고 인간을 사랑함	경천애인
驚天動地	하늘을 놀라게 하고 땅을 뒤흔든다는 뜻으로, 세상을 몹시 놀라게 함을 뜻함	경천동지
鷄卵有骨	운수가 없는 사람은 모처럼 좋은 기회를 만나도 역시 일이 잘 안됨을 뜻함	계란유골
高等動物	복잡한 체제를 갖춘 동물. 보통 척추동물을 뜻함	고등동물

苦盡甘來	쓴 것이 다하면 단 것이 온다라는 뜻으로, 고생 끝에 낙이 온다라는 말	고진감래
骨肉相殘	부자(父子)나 형제 또는 같은 민족(民族) 간에 서로 싸움	골육상잔
公明正大	하는 일이나 태도가 사사로움이나 그릇됨이 없이 아주 정당하고 떳떳함	공명정대
過大評價	사실보다 지나치게 높게 평가(評價)함	과대평가
過失相規	향약의 네 가지 덕목 가운데 하나로, 나쁜 행실을 하지 못하도록 서로 규제함을 뜻함	과실상규
敎學相長	가르치고 배우면서 서로 성장함	교학상장
九死一生	죽을 고비를 여러 차례 넘기고 겨우 살아남을 뜻함	구사일생
九牛一毛	아홉 마리 소 가운데 털 하나라는 뜻으로, 매우 많은 것 중에 극히 적은 수를 뜻함	구우일모
九折羊腸	아홉 번 꺾어진 양의 창자라는 뜻으로, 꼬불꼬불한 험한 산길을 뜻함	구절양장
君臣有義	임금과 신하 사이의 도리는 의리에 있음을 뜻함. 오륜(五倫)의 하나	군신유의
金科玉條	금이나 옥처럼 귀중히 여겨 꼭 지켜야 할 법칙이나 규정	금과옥조
今始初聞	바로 지금 처음으로 들음	금시초문
起死回生	죽을 뻔하다가 살아남	기사회생
奇想天外	보통 사람으로는 짐작(斟酌)도 할 수 없을 만큼 생각이 기발하고 엉뚱함	기상천외
落木寒天	나뭇잎이 다 떨어진 겨울의 춥고 쓸쓸한 풍경이나 그런 계절	낙목한천
落花流水	떨어지는 꽃과 흐르는 물이라는 뜻으로, 가는 봄의 경치를 뜻함	낙화유수
難攻不落	공격(攻擊)하기 어려워 좀처럼 함락(陷落)되지 아니함	난공불락
難兄難弟	누구를 형이나 아우라 하기 어렵다는 뜻으로, 두 사물이 서로 비슷함을 뜻함	난형난제
南男北女	우리나라에서 남쪽 지방은 남자가 잘나고, 북쪽 지방은 여자가 아름답다는 말	남남북녀
男女有別	남자와 여자 사이에 분별이 있어야 함을 뜻함. 오륜(五倫)의 하나	남녀유별
男中一色	남자의 얼굴이 썩 뛰어나게 잘 생김	남중일색
論功行賞	공(功)이 있고 없음이나 크고 작음을 따져 거기에 알맞은 상을 줌	논공행상
能小能大	모든 일에 두루 능함을 뜻함	능소능대
多多益善	많으면 많을수록 더욱 좋다는 말	다다익선

多聞博識	보고 들은 것이 많고 학식(學識)이 넓음	다문박식
多才多能	재주와 능력이 여러 가지로 많음	다재다능
多情多感	정이 많고 감정이 풍부함	다정다감
代代孫孫	오래도록 내려오는 여러 대(代)	대대손손
大同團結	여러 집단이나 사람이 어떤 목적을 이루려고 크게 한 덩어리로 뭉침	대동단결
大同小異	큰 차이 없이 거의 같음	대동소이
大明天地	아주 환하게 밝은 세상	대명천지
大書特筆	신문 등의 출판물에서 어떤 기사에 큰 비중을 두어 다룸을 뜻함	대서특필
大義名分	사람으로서 마땅히 지켜야 할 중대한 의리(義理)와 명분(名分)	대의명분
東問西答	묻는 말에 엉뚱한 대답을 함	동문서답
東西古今	동양과 서양, 옛날과 지금을 통틀어 이름	동서고금
同苦同樂	괴로움도 즐거움도 함께 함	동고동락
同生共死	서로 같이 살고 같이 죽음	동생공사
同姓同本	성(姓)과 본관(本貫)이 모두 같음	동성동본
同化作用	외부에서 섭취한 에너지원을 자체의 고유한 성분으로 변화시키는 일	동화작용
得意滿面	뜻한 바를 이루어서 기쁜 표정(表情)이 얼굴에 가득 참	득의만면
燈下不明	'등잔 밑이 어둡다'는 뜻으로, 가까이 있는 것이 도리어 알아내기 어려움을 뜻함	등하불명
燈火可親	가을 밤은 시원하고 상쾌하므로 등불을 가까이 하여 글 읽기에 좋음을 뜻함	등화가친
馬耳東風	동풍이 말의 귀를 스쳐간다는 뜻으로, 남의 말을 귀담아듣지 아니하고 지나쳐 흘려버림	마이동풍
萬古不變	아주 오랜 세월 동안 변하지 아니함	만고불변
萬國信號	배와 배 사이 또는 배와 육지 사이의 연락을 위하여 국제적으로 쓰는 신호	만국신호
萬里長天	높고 넓은 하늘	만리장천
明鏡止水	맑은 거울과 고요한 물이라는 뜻으로, 사념(邪念)이 전혀 없는 깨끗한 마음을 뜻함	명경지수
名山大川	이름난 산과 큰 내	명산대천

目不識丁	고무래를 놓고 고무래 정(丁)자인 줄 모른다는 뜻으로, 글자를 전혀 모름을 뜻함	목불식정
無男獨女	아들이 없는 집안의 외동딸	무남독녀
無所不爲	하지 못하는 일이 없음	무소불위
無爲徒食	하는 일 없이 놀고먹음	무위도식
文房四友	서재에 꼭 있어야 할 네 벗, 즉 종이, 붓, 벼루, 먹을 말함	문방사우
門前成市	찾아오는 사람이 많아 집 문 앞이 시장을 이루다시피 함을 뜻함	문전성시
聞一知十	하나를 듣고 열 가지를 미루어 안다는 뜻으로, 지극히 총명함을 뜻함	문일지십
美風良俗	아름답고 좋은 풍속(風俗)	미풍양속
博學多識	학문이 넓고 식견(識見)이 많음	박학다식
白面書生	글만 읽고 세상일에는 전혀 경험이 없는 사람	백면서생
白衣民族	흰옷을 입는 민족이라는 뜻으로, 우리 민족을 뜻함	백의민족
百家爭鳴	여러 사람이 서로 자기 주장을 내세우는 일	백가쟁명
百年大計	먼 앞날까지 미리 내다보고 세우는 크고 중요한 계획	백년대계
百年河淸	황하강이 늘 흐려 맑을 때가 없다는 뜻으로, 오랜 시일이 지나도 일이 성사되기 어려움	백년하청
百萬大軍	아주 많은 군사로 이루어진 군대를 뜻함	백만대군
百萬長者	재산이 매우 많은 사람이나 아주 큰 부자를 뜻함	백만장자
百戰百勝	싸울 때마다 다 이김	백전백승
百折不屈	백 번 꺾여도 굴하지 않는다는 뜻으로, 어떠한 난관에도 결코 굽히지 않음을 뜻함	백절불굴
百害無益	해롭기만 하고 하나도 이로울 것이 없음	백해무익
別有天地	우리가 있는 이 세상 밖의 다른 세상이라는 뜻으로, 특별히 경치가 좋은 곳을 뜻함	별유천지
夫婦有別	남편과 아내 사이의 도리는 서로 침범하지 않음에 있음. 오륜(五倫)의 하나	부부유별
父子有親	아버지와 아들 사이의 도리는 친애(親愛)에 있음. 오륜(五倫)의 하나	부자유친
父傳子傳	아버지가 아들에게 대대로 전함	부전자전
北窓三友	거문고, 술, 시(詩)를 아울러 이름	북창삼우

不老長生	늙지 않고 오래 삶	불로장생
不立文字	깨달음은 문자나 말로써 전하는 것이 아니라 마음에서 마음으로 전한다는 뜻	불립문자
不問可知	묻지 아니하여도 알 수 있음	불문가지
不問曲直	옳고 그름을 따지지 아니함 = 曲直不問(곡직불문)	불문곡직
不遠千里	천 리 길도 멀다고 여기지 않음	불원천리
非一非再	같은 일이 한두 번이 아니라 많음	비일비재
氷山一角	빙산의 뿔이라는 뜻으로, 외부로 나타나 있는 것은 극히 일부분에 지나지 않음을 뜻함	빙산일각
思考方式	어떤 문제에 대하여 생각하고 궁리하는 방법이나 태도	사고방식
士農工商	예전에 백성을 나누던 네 가지 계급으로 선비, 농부, 장인, 상인을 뜻함	사농공상
四面春風	늘 좋은 얼굴로 누구에게나 좋게 대하는 일	사면춘풍
四方八方	모든 방향이나 방면	사방팔방
事事件件	해당되는 모든 일이나 온갖 사건	사사건건
事實無根	근거가 없거나 터무니없음	사실무근
事親以孝	어버이 섬기기를 효도로써 함을 뜻함. 세속오계의 하나	사친이효
事必歸正	모든 일은 결국에 가서는 반드시 바른 길로 돌아감	사필귀정
死生決斷	죽고 사는 것을 가리지 않고 끝장을 내려고 덤벼듦	사생결단
四通五達	도로나 교통망(交通網), 통신망(通信網) 등이 사방으로 막힘 없이 통함	사통오달
四海兄弟	온 천하 사람이 다 형제와 같이 친밀하다는 뜻	사해형제
山戰水戰	산에서도 물에서도 싸웠다는 뜻으로, 세상의 온갖 고생과 어려움을 다 겪었음을 뜻함	산전수전
山川草木	산과 내와 풀과 나무라는 뜻으로 자연을 말함	산천초목
山海珍味	산과 바다에서 나는 온갖 귀한 물건으로 차린 맛이 좋은 음식	산해진미
殺身成仁	자신의 몸을 희생하여 인(仁)을 이룬다는 뜻	살신성인
三三五五	서넛이나 대여섯 사람씩 떼를 지어 다니거나 무슨 일을 하는 모양	삼삼오오
三十六計	서른여섯 가지 계책 가운데 하나로, 상황이 불리할 때는 도망가는 것이 상책이라는 뜻	삼십육계

三位一體	세 가지의 것이 하나의 목적을 위하여 통합되는 일.	삼위일체
三寒四溫	한국을 비롯하여 아시아의 동부와 북부에서 나타나는 겨울 기온의 변화 현상	삼한사온
生老病死	사람이 나고 늙고 병들고 죽는 네 가지 고통	생로병사
生面不知	서로 한 번도 만난 적이 없어서 전혀 알지 못하는 사람이나 그런 관계	생면부지
生不如死	몹시 곤란(困難)한 지경(地境)에 빠져, 삶이 차라리 죽음만 같지 못하다는 뜻	생불여사
生死苦樂	삶과 죽음, 괴로움과 즐거움을 통틀어 이름	생사고락
先公後私	사(私)보다 공(公)을 앞세움이란 뜻으로, 공적인 일을 먼저 하고 사사로운 일은 뒤로 미룸	선공후사
善男善女	성품이 착한 남자와 여자란 뜻으로, 착하고 어진 사람들을 뜻함	선남선녀
善因善果	선업을 쌓으면 반드시 좋은 결과가 따름	선인선과
仙姿玉質	신선의 자태(姿態)와 옥 같은 바탕이라는 뜻으로, 용모와 기품이 뛰어난 사람을 뜻함	선자옥질
說往說來	서로 변론(辯論)을 주고받으며 옥신각신함	설왕설래
世上萬事	세상에서 일어나는 온갖 일	세상만사
歲時風俗	예로부터 해마다 관례(慣例)로서 행해지는 행사	세시풍속
速戰速決	싸움을 오래 끌지 아니하고 빨리 몰아쳐 이기고 짐을 결정함	속전속결
送舊迎新	묵은 해를 보내고 새해를 맞음	송구영신
時間問題	이미 결과가 뻔하여 조만간 저절로 해결될 문제	시간문제
是是非非	여러 가지의 잘잘못이나 옳고 그름을 따지며 다툼	시시비비
始終如一	처음부터 끝까지 한결 같아서 변함이 없음	시종여일
信賞必罰	공이 있는 자에게 반드시 상을 주고, 죄가 있는 자에게는 반드시 벌을 준다는 뜻	신상필벌
身言書判	인물을 선택하는 네 가지 조건이란 뜻으로, 인물, 말씨, 글씨, 판단력	신언서판
實事求是	사실에 토대를 두고 진리를 탐구한다는 뜻으로, 과학적, 객관적 학문 태도를 뜻함	실사구시
心機一轉	어떤 동기(動機)에 의하여 이제까지 가졌던 마음가짐을 버리고 완전히 달라짐	심기일전
十年知己	오래 전부터 친히 사귀어 잘 아는 사람	십년지기
十中八九	열 가운데 여덟이나 아홉 정도로 거의 대부분이거나 거의 틀림없음을 뜻함	십중팔구

惡戰苦鬪	매우 어려운 조건을 무릅쓰고 힘을 다하여 고생스럽게 싸움	악전고투
安分知足	편안한 마음으로 제 분수를 지키며 만족할 줄을 앎	안분지족
安貧樂道	가난한 생활을 하면서도 편안한 마음으로 도를 즐김	안빈낙도
眼下無人	눈 아래에 사람이 없다는 뜻으로, 사람됨이 교만(驕慢)하여 남을 업신여김	안하무인
藥房甘草	감초는 약을 지을 때 꼭 쓰이 듯 무슨 일에도 빠짐없이 끼인다는 것을 뜻함	약방감초
弱肉强食	약한 자는 강한 자에게 먹힘이란 뜻으로, 생존 경쟁(競爭)의 살벌함을 말함	약육강식
良藥苦口	좋은 약은 입에 쓰나 병에 이롭다는 뜻으로, 충언은 귀에 거슬리나 자신에게 이로움	양약고구
魚東肉西	제사(祭祀) 상을 차릴 때, 생선 반찬은 동쪽에 고기 반찬은 서쪽에 놓는다는 뜻	어동육서
語不成說	말이 조금도 사리에 맞지 아니함	어불성설
言文一致	실제로 쓰는 말과 글로 쓰는 말이 일치함	언문일치
言語道斷	말할 길이 끊어졌다는 뜻으로, 어이가 없어서 말하려 해도 말할 수 없음을 뜻함	언어도단
言中有骨	말 속에 뼈가 있다는 뜻으로, 예사로운 표현 속에 만만치 않은 속뜻이 들어 있음	언중유골
言行一致	말과 행동이 서로 같음	언행일치
如出一口	여러 사람의 말이 한 입에서 나오는 것처럼 한결같음	여출일구
女必從夫	아내는 반드시 남편의 뜻을 좇아야 한다는 말	여필종부
緣木求魚	나무에 인연하여 물고기를 구한다라는 뜻으로, 도저히 불가능한 일을 하는 것을 뜻함	연목구어
連戰連勝	싸울 때마다 매번 이김	연전연승
五穀百果	온갖 곡식(穀食)과 과일 (五穀: 쌀, 보리, 조, 콩, 기장)	오곡백과
玉骨仙風	살빛이 썩 희고 고결(高潔)하여 신선과 같은 뛰어난 풍채(風采)	옥골선풍
溫故知新	옛 것을 익히고 그것을 미루어서 새것을 앎	온고지신
樂山樂水	산을 좋아하고 물을 좋아한다는 뜻으로, 산수(山水)나 경치(景致)를 좋아함을 뜻함	요산요수
雨順風調	비가 알맞게 내리고 바람이 고르게 분다는 뜻으로, 농사에 알맞게 기후가 순조로움	우순풍조
右往左往	이리저리 왔다 갔다 하며 일이나 나아가는 방향을 종잡지 못함	우왕좌왕
牛耳讀經	쇠귀에 경 읽기란 뜻으로, 아무리 가르치고 일러주어도 알아듣지 못함을 뜻함	우이독경

月態花容	달 같은 태도와 꽃 같은 얼굴의 뜻으로, 미인을 뜻함	월태화용
月下老人	부부의 인연을 맺어 준다는 전설상의 노인	월하노인
危機一髮	조금도 여유가 없이 아슬아슬하게 닥친 위기의 순간을 뜻함	위기일발
有口無言	입은 있어도 말은 없다는 뜻으로, 변명할 말이 없음을 뜻함	유구무언
有名無實	이름만 그럴듯하고 실속은 없음	유명무실
有備無患	미리 준비 되어 있으면 걱정할 것이 없음	유비무환
類類相從	같은 무리끼리 서로 사귐	유유상종
異口同聲	입은 다르지만 말은 같다는 뜻으로, 여러 사람의 말이 한결같음을 뜻함	이구동성
耳目口鼻	귀, 눈, 입, 코나 이를 중심으로 한 얼굴의 생김새를 뜻함	이목구비
以卵擊石	계란으로 돌을 친다는 뜻으로, 아주 약한 것으로 강한 것에 대항하려는 어리석음을 뜻함	이란격석
以實直告	사실 그대로 고함	이실직고
以心傳心	마음에서 마음으로 서로 뜻이 통함	이심전심
以熱治熱	열은 열로써 다스린다는 뜻임	이열치열
利用厚生	기구를 편리하게 사용하며, 먹고 입는 것을 풍부하게 하여 백성의 생활을 나아지게 함	이용후생
二律背反	서로 모순되는 두 개의 명제가 동등한 권리로서 주장되는 일	이율배반
二八靑春	16세 무렵의 혈기 왕성한 젊은 시절	이팔청춘
離合集散	헤어졌다가 만나고 모였다가 흩어짐	이합집산
因果應報	사람이 짓는 선악에 따라, 좋은 일에는 좋은 결과가, 나쁜 일에는 나쁜 결과가 따름	인과응보
人命在天	사람의 목숨은 하늘에 달려 있다는 뜻으로, 목숨은 사람의 힘으로 어쩔 수 없음을 뜻함	인명재천
人事不省	제 몸에 벌어지는 일을 모를 만큼 정신을 잃은 상태	인사불성
人死留名	사람은 죽어도 이름은 남겨진다는 말로, 그 삶이 헛되지 않으면 그 이름이 길이 남음	인사유명
人山人海	사람이 헤아릴 수 없이 많이 모인 상태	인산인해
人相着衣	사람의 생김새와 옷차림	인상착의
人生無常	인생이 덧없음을 뜻함	인생무상

人海戰術	극히 많은 병력을 투입하여 적을 압도하는 전술	인해전술
仁者無敵	어진 사람은 모든 사람이 사랑하므로 세상에 적이 없음	인자무적
一刻千金	아무리 짧은 시간이라도 천금과 같이 귀중함을 뜻함	일각천금
一擧兩得	한 가지의 일로 두 가지 이익을 얻음	일거양득
一口二言	한 입으로 두 말을 한다는 뜻으로, 한 가지 일에 대하여 말을 이랬다저랬다 함을 뜻함	일구이언
一脈相通	생각이나 성질, 처지(處地) 등이 서로 통함	일맥상통
一問一答	한 번 묻는 데 대해 한 번 대답함	일문일답
一罰百戒	한 사람을 엄하게 벌 줌으로써 여러 사람을 경계함	일벌백계
一絲不亂	질서가 정연하여 조금도 흐트러진 데나 어지러운 데가 없음을 뜻함	일사불란
一石二鳥	한 가지 일을 해서 두 가지 이익(利益)을 얻음을 뜻함	일석이조
一心同體	한마음 한 몸이라는 뜻으로, 서로 굳게 결합함을 뜻함	일심동체
一言半句	한 마디의 말과 한 구절의 반이란 뜻으로, 아주 짧은 말을 뜻함	일언반구
一衣帶水	한 줄기의 띠와 같은 좁은 냇물이나 바닷물을 뜻함	일의대수
一日三省	하루에 세 번씩 자신의 행동을 반성(反省)함을 뜻함	일일삼성
一日三秋	하루가 삼 년 같다는 뜻으로, 몹시 애태우며 기다림을 뜻함	일일삼추
一長一短	일면의 장점과 다른 일면의 단점을 통틀어 이름	일장일단
一朝一夕	하루 아침과 하루 저녁이란 뜻으로, 짧은 시일을 뜻함	일조일석
一波萬波	한 사건이 그 사건에 그치지 아니하고 잇따라 많은 사건으로 번짐을 뜻함	일파만파
一喜一悲	기쁜 일과 슬픈 일이 번갈아 일어남	일희일비
日就月將	날마다 달마다 성장하고 발전함	일취월장
子孫萬代	오래도록 내려오는 여러 대(代)	자손만대
自强不息	스스로 힘써 몸과 마음을 가다듬어 쉬지 아니함	자강불식
自古以來	예로부터 지금까지의 동안	자고이래
自給自足	필요한 물자를 스스로 생산하여 충당함	자급자족

自問自答	자기가 묻고 자기가 답함	자문자답
自生植物	산이나 들 또는 강이나 바다에서 저절로 나는 식물	자생식물
自手成家	물려받은 재산이 없이 자기 혼자 힘으로 집안을 일으키고 재산을 모음	자수성가
自業自得	자기가 저지른 일의 결과를 자기가 받음을 뜻함	자업자득
自由自在	거침없이 자기 마음대로 할 수 있음	자유자재
自初至終	처음부터 끝까지의 과정	자초지종
自畵自讚	자기가 그린 그림을 스스로 칭찬한다는 뜻으로, 자기가 한 일을 자기 스스로 자랑함	자화자찬
作心三日	단단히 먹은 마음이 사흘을 가지 못한다는 뜻으로, 결심이 굳지 못함을 뜻함	작심삼일
張三李四	성명이나 신분(身分)이 뚜렷하지 못한 평범(平凡)한 사람들을 뜻함	장삼이사
適者生存	환경에 적응하는 생물만이 살아남고, 그렇지 못한 것은 도태되어 멸망하는 현상	적자생존
適材適所	어떤 일에 적당(適當)한 재능을 가진 자에게 적합한 지위나 임무를 맡김	적재적소
電光石火	매우 짧은 시간이나 매우 재빠른 움직임을 뜻함	전광석화
前代未聞	이전에는 들어 본 적이 없다는 뜻으로, 매우 놀랍거나 새로운 일을 뜻함	전대미문
前無後無	이전에도 없었고 앞으로도 없음 = 空前絶後(공전절후)	전무후무
全心全力	온 마음과 온 힘	전심전력
全知全能	어떠한 사물도 잘 알고, 모든 일을 다 행할 수 있음을 뜻함	전지전능
朝變夕改	아침 저녁으로 고친다는 뜻으로, 계획이나 결정 등을 일관성이 없이 자주 고침을 뜻함	조변석개
種豆得豆	콩 심은 데 콩 난다는 뜻으로, 원인(原因)에 따라 결과(結果)가 생김을 뜻함	종두득두
主客一體	주체와 객체가 하나가 됨	주객일체
走馬看山	말을 타고 달리며 산천을 바라본다는 뜻으로, 자세히 살피지 않고 대충대충 보고 지나감	주마간산
晝夜長川	밤낮으로 쉬지 않고 흐르는 시냇물과 같이 늘 잇따름	주야장천
竹馬故友	대나무 말을 타고 놀던 옛 친구라는 뜻으로, 어릴 때부터 같이 자란 친구를 뜻함	죽마고우
衆口難防	뭇사람의 말을 막기가 어렵다는 뜻으로, 막기 어려울 정도로 여럿이 마구 지껄임	중구난방
知過必改	허물을 알면 반드시 고쳐야 함	지과필개

地上天國	극락세계를 천상에서 구하지 않고, 사람이 사는 이 땅 위에 세워야 한다는 이상적 세계	지상천국
至誠感天	지극한 정성에는 하늘도 감동한다는 뜻으로, 일을 정성껏 하면 좋은 결과를 맺음	지성감천
知行合一	아는 것과 행동이 서로 맞음	지행합일
盡忠報國	충성(忠誠)을 다하여 나라에 보답(報答)함	진충보국
進退兩難	나아갈 수도 물러설 수도 없는 궁지(窮地)에 빠짐	진퇴양난
千慮一得	어리석은 사람이라도 천 가지 생각 가운데 한 번은 얻을 것이 있다는 뜻	천려일득
千慮一失	지혜로운 사람이라도 천 가지 생각 가운데 한 가지 실책(失策)은 있을 수 있다는 뜻	천려일실
千萬多幸	아주 다행함	천만다행
千差萬別	여러 가지 사물이 모두 차이(差異)가 있고 구별(區別)이 있음	천차만별
千篇一律	여러 시문의 격조가 서로 비슷하다는 뜻으로, 사물이 비슷해 특색이 없음을 뜻함	천편일률
天生緣分	하늘에서 정해 준 인연(因緣)	천생연분
天人共怒	하늘과 사람이 함께 노한다는 뜻으로, 도저히 용납할 수 없음을 뜻함	천인공노
天災地變	지진, 홍수, 태풍 등의 자연현상으로 인한 재앙(災殃)	천재지변
天下第一	세상에 견줄 만한 것이 없이 최고임	천하제일
青山流水	푸른 산에 흐르는 물이라는 뜻으로, 막힘 없이 썩 잘하는 말을 뜻함	청산유수
青天白日	맑게 갠 대낮	청천백일
清風明月	맑은 바람과 밝은 달	청풍명월
草綠同色	풀색과 녹색은 같은 색이라는 뜻으로, 같은 처지의 사람끼리 어울리는 것을 뜻함	초록동색
草食動物	식물을 주로 먹고 사는 동물	초식동물
寸鐵殺人	간단한 말로도 남을 감동하게 하거나, 남의 약점을 찌를 수 있음을 뜻함	촌철살인
秋風落葉	가을바람에 떨어지는 나뭇잎이라는 뜻으로, 어떤 세력이 갑자기 기울어지는 모양	추풍낙엽
出將入相	문무를 다 갖추어 장군과 재상의 벼슬을 모두 지냄을 뜻함	출장입상
忠言逆耳	충직한 말은 귀에 거슬림	충언역이
卓上空論	탁자 위에서만 펼치는 헛된 토론이란 뜻으로, 실현성이 없는 허황된 이론이나 논의	탁상공론

八方美人	여러 방면에 능통한 사람을 뜻함	팔방미인
敗家亡身	집안의 재산을 다 써 없애고 몸을 망침	패가망신
風前燈火	바람 앞의 등불이란 뜻으로, 사물이 매우 위태로운 처지에 놓여 있음을 뜻함	풍전등화
必有曲折	반드시 무슨 까닭이 있음	필유곡절
漢江投石	한강에 돌 던지기라는 뜻으로, 지나치게 미미하여 아무런 효과를 미치지 못함을 뜻함	한강투석
行動擧止	몸을 움직여 하는 모든 짓	행동거지
行方不明	간 곳이나 방향을 모름	행방불명
虛張聲勢	실속은 없으면서 큰소리치거나 허세를 부림	허장성세
形形色色	형상과 빛깔 등이 서로 다른 여러 가지	형형색색
好衣好食	좋은 옷을 입고 좋은 음식을 먹음	호의호식
呼兄呼弟	서로 형이니 아우니 하고 부른다는 뜻으로, 매우 가까운 친구로 지냄을 뜻함	호형호제
花朝月夕	꽃 피는 아침과 달 밝은 밤이라는 뜻으로, 경치가 좋은 시절을 뜻함	화조월석
會者定離	만나면 언젠가는 헤어지게 되어 있다는 뜻으로, 이별의 아쉬움을 뜻함	회자정리
凶惡無道	성질이 거칠고 사나우며 도의심이 없음	흉악무도
興盡悲來	즐거운 일이 지나가면 슬픈 일이 닥쳐온다는 뜻으로, 세상일이 순환됨을 뜻함	흥진비래

〈3급〉

街談巷說	길거리나 세상에 떠도는 소문(所聞)	가담항설
佳人薄命	아름다운 사람은 운명(運命)이 기박하고 명이 짧다는 말	가인박명
各得其所	모든 것이 있어야 할 곳에 있음. 각자의 능력과 적성에 맞게 적절한 배치를 받게 됨	각득기소
刻骨難忘	입은 은혜(恩惠)에 대한 고마운 마음이 뼈에까지 사무쳐 잊혀지지 아니함	각골난망
刻骨銘心	마음속 깊이 새겨 둠	각골명심
刻舟求劍	융통성 없이 현실에 맞지 않는 낡은 생각을 고집하는 어리석음을 뜻함	각주구검
干城之材	방패와 성의 구실을 하는 인재란 뜻으로, 나라를 지키는 믿음직한 인재를 뜻함	간성지재
間世之材	썩 드물게 뛰어난 인재	간세지재
感慨無量	마음속에서 느끼는 감동이나 느낌이 끝이 없음	감개무량
感之德之	이(이것)를 감사하게 생각하고 이를 덕으로 생각한다는 뜻으로, 대단히 고맙게 여김	감지덕지
甲男乙女	甲(갑)이라는 남자와 乙(을)이라는 여자라는 뜻으로, 평범한 사람들을 뜻함	갑남을녀
強近之族	도와줄 만한 가까운 친척(親戚)	강근지족
改過遷善	지난날의 잘못을 고치어 착하게 됨	개과천선
蓋世之才	세상을 뒤덮을 만큼 뛰어난 재주	개세지재
擧案齊眉	남편을 공경하여 밥상을 눈썹 높이로 들어 공손히 남편 앞에 가지고 간다는 뜻	거안제미
車載斗量	수레에 싣고 말[斗]로 될 수 있을 정도라는 뜻으로, 물건이 아주 많음을 뜻함	거재두량
乞人憐天	거지가 하늘을 불쌍히 여긴다는 뜻으로, 불행한 사람이 행복한 이를 동정한다는 말	걸인연천
隔世之感	오래지 않은 동안에 몰라보게 변하여 아주 다른 세상이 된 것 같은 느낌을 뜻함	격세지감
牽強附會	이치에 맞지 않는 말을 억지로 끌어 붙여 자기 주장의 조건에 맞도록 함	견강부회
見善如渴	착한 일 보기를 마치 목마른 것 같이 하라는 뜻	견선여갈
見善從之	착한 것을 보면 그것을 따르라는 뜻	견선종지
犬馬之勞	개나 말의 하찮은 수고라는 뜻으로, 윗사람에게 충성하는 자신의 노력을 낮추어 하는 말	견마지로
犬兔之爭	개와 토끼의 다툼이라는 뜻으로, 양자의 싸움에서 제3자가 이익(利益)을 봄	견토지쟁

堅忍不拔	굳게 참고 견디어 마음이 흔들리지 않음	견인불발
結者解之	일을 저지른 사람이 그 일을 해결해야 한다는 말	결자해지
兼人之勇	혼자서 능히 몇 사람을 당해 낼 만한 용기(勇氣)	겸인지용
輕擧妄動	경솔하여 생각 없이 망령되게 행동함	경거망동
輕薄浮虛	말하고 행동하는 것이 신중하지 못하고 가벼움	경박부허
傾國之色	임금이 혹하여 나라가 기울어질 정도의 미인이라는 뜻으로, 뛰어나게 아름다운 미인	경국지색
驚弓之鳥	한 번 화살에 맞은 새는 구부러진 나무만 보아도 놀란다는 뜻 = 傷弓之鳥(상궁지조)	경궁지조
鷄鳴狗盜	닭 울음 소리와 개 흉내를 잘 내는 좀도둑이라는 뜻으로, ① 천한 재주를 가진 사람도 때로는 요긴하게 쓸모가 있음 ② 비굴하게 남을 속이는 하찮은 재주	계명구도
高臺廣室	높은 누대와 넓은 집이라는 뜻으로, 매우 크고 좋은 집을 뜻함	고대광실
高枕安眠	베개를 높이 하여 편안히 잔다는 뜻으로, 근심 없이 편안히 지냄을 뜻함	고침안면
孤軍奮鬪	따로 떨어져 도움을 받지 못하게 된 군사가 많은 수의 적군과 용감하게 잘 싸움을 뜻함	고군분투
孤掌難鳴	외손뼉은 울릴 수 없다는 뜻으로, 맞서는 사람이 없으면 싸움이 일어나지 않음을 뜻함	고장난명
鼓腹擊壤	배를 두드리고 흙덩이를 친다는 뜻으로, 태평한 세월을 즐김을 뜻함	고복격양
姑息之計	근본 해결책이 아닌 우선 당장 편한 것만을 택하는 꾀나 방법	고식지계
苦肉之策	어려운 상태를 벗어나기 위해 어쩔 수 없이 꾸며 내는 계책을 뜻함	고육지책
曲學阿世	학문(學問)을 굽히어 세상에 아첨(阿諂)한다는 뜻	곡학아세
困獸猶鬪	궁지(窮地)에 빠지면 아무리 약한 짐승이라도 싸우려고 덤빈다는 뜻	곤수유투
空中樓閣	공중에 떠 있는 누각이라는 뜻으로, 아무런 근거나 토대가 없는 사물이나 생각을 뜻함	공중누각
過恭非禮	지나친 공손(恭遜)은 오히려 예의(禮儀)에 벗어남을 뜻함	과공비례
過猶不及	정도를 지나침은 미치지 못함과 같다는 뜻으로, 중용(中庸)의 중요함을 뜻함	과유불급
誇大妄想	사실보다 과장하여 터무니없는 헛된 생각을 하는 증상	과대망상
矯角殺牛	쇠뿔을 바로잡으려다 소를 죽인다라는 뜻으로, 잘못된 점을 고치려다 방법이 지나쳐 도리어 일을 그르침을 뜻함	교각살우
巧言令色	남의 환심(歡心)을 사기 위해 교묘(巧妙)히 꾸며서 하는 말과 아첨하는 얼굴빛	교언영색

九曲肝腸	아홉 번 구부러진 간과 창자라는 뜻으로, 깊은 마음속 또는 시름이 쌓인 마음속을 뜻함	구곡간장
口蜜腹劍	입에는 꿀이 있고 배 속에는 칼이 있다는 뜻으로, 말로는 친한 듯하나 속으로는 해칠 생각이 있음을 뜻함	구밀복검
口尚乳臭	입에서 아직 젖내가 난다는 뜻으로, 말과 하는 짓이 유치(幼稚)함을 뜻함	구상유취
口禍之門	입은 재앙(災殃)을 불러들이는 문이 된다는 뜻으로, 말조심을 하라고 경계하는 말	구화지문
國士無雙	그 나라에서 가장 뛰어난 인물은 둘도 없다는 뜻으로, 매우 뛰어난 인재를 뜻함	국사무쌍
國泰民安	나라가 태평(太平)하고 백성(百姓)이 살기가 편안함	국태민안
君爲臣綱	신하(臣下)는 임금을 섬기는 것이 근본(根本)임. 삼강(三綱)의 하나	군위신강
群鷄一鶴	닭의 무리 중에 한 마리의 학이란 뜻으로, 많은 사람 가운데서 뛰어난 인물을 뜻함	군계일학
群盲評象	장님 여럿이 코끼리를 만진다는 뜻으로, 일을 좁은 소견으로 잘못 판단함을 뜻함	군맹평상
群雄割據	여러 영웅이 각기 한 지방씩 차지하고 세력을 과시하며 위세를 부림	군웅할거
窮餘之策	국면을 타개하려고 궁한 나머지 생각다 못하여 짜낸 계책	궁여지책
窮狗莫追	피할 곳 없는 개를 쫓지 말라는 뜻으로, 곤란한 지경에 있는 사람을 모질게 다루지 말라는 뜻	궁구막추
權謀術數	목적 달성을 위해서는 수단과 방법을 가리지 아니하는 온갖 모략이나 술책을 뜻함	권모술수
勸善懲惡	착한 일을 권장(勸奬)하고 악한 일을 징계(懲戒)함을 뜻함	권선징악
貴耳賤目	귀를 귀하게 여기고 눈을 천하게 여긴다는 뜻으로, 멀리 있는 것을 귀하게 여기고, 가까이 있는 것을 천하게 여기는 것을 뜻함	귀이천목
克己復禮	자기의 욕망(慾望)이나 헛된 욕심을 누르고 예의범절을 따름	극기복례
近墨者黑	먹을 가까이하면 검어진다는 뜻으로, 나쁜 사람을 가까이하면 나쁜 버릇에 물들기 쉽다는 것을 뜻함	근묵자흑
近悅遠來	가까이 있는 사람들이 즐거워하고 먼 곳의 사람들이 흠모하여 모여 든다는 뜻으로, 덕(德)이 널리 미침을 뜻함	근열원래
今昔之感	지금과 옛날을 비교(比較)할 때 차이(差異)가 매우 심하여 느껴지는 감정	금석지감
金蘭之契	단단한 쇠나 향기로운 난 같은, 아주 친밀(親密)한 친구 사이를 뜻함	금란지계
金石之交	쇠와 돌처럼 변함없는 굳은 사귐	금석지교
金城湯池	쇠로 만든 성과 끓는 물을 채운 못이란 뜻으로, 방어 시설이 잘되어 있는 성을 뜻함	금성탕지

金枝玉葉	금 가지에 옥 잎사귀란 뜻으로, 임금의 자손이나 매우 귀한 집의 자손을 뜻함	금지옥엽
錦上添花	비단 위에 꽃을 더한다는 뜻으로, 좋은 일에 또 좋은 일이 더하여짐을 뜻함	금상첨화
錦衣夜行	비단옷을 입고 밤길을 간다는 뜻으로, 아무 보람없는 일을 뜻함	금의야행
錦衣玉食	비단옷과 흰 쌀밥이라는 뜻으로, 호화스럽고 사치스러운 생활을 뜻함	금의옥식
錦衣還鄉	비단옷 입고 고향에 돌아온다는 뜻으로, 출세하여 고향에 돌아옴을 뜻함	금의환향
氣高萬丈	기운이 만장이나 뻗치었다는 뜻으로, 일이 뜻대로 되어 기세가 대단함을 뜻함	기고만장
騎虎之勢	범을 타고 달리는 기세라는 뜻으로, 이미 시작한 일을 중도에서 그만둘 수 없음을 뜻함	기호지세
吉凶禍福	길흉과 화복이라는 뜻으로, 사람의 운수(運數)를 뜻함	길흉화복
暖衣飽食	따뜻하게 입고 배부르게 먹는다는 뜻으로, 의식(衣食) 걱정이 없는 편한 생활	난의포식
男尊女卑	남자는 높고 귀하게 여기고, 여자는 낮고 천하게 여기는 사회 관습을 뜻함	남존여비
內憂外患	나라 안팎의 여러 가지 어려운 근심을 뜻함	내우외환
內柔外剛	겉으로 보기에는 강하게 보이나, 마음은 부드러움	내유외강
內助之功	안에서 돕는 공이란 뜻으로, 아내가 집안 일을 잘 다스려 남편을 돕는 일을 뜻함	내조지공
怒甲移乙	갑에게 당한 노여움을 을에게 옮긴다는 뜻으로, 어떤 사람에게서 당한 노여움을 전혀 관계 없는 다른 사람에게 화풀이함을 뜻함	노갑이을
怒氣衝天	노여움이 하늘을 찌를 듯 크게 나 있음	노기충천
怒髮衝冠	노하여 일어선 머리털이 관을 추켜올린다는 뜻으로, 몹시 성이 난 것을 뜻함	노발충관
路柳墻花	길 가의 버들과 담 밑의 꽃은 누구든지 만지고 꺾을 수 있다는 뜻으로, 기생을 뜻함	노류장화
路不拾遺	길에 떨어진 물건을 주워 가지지 않는다는 뜻으로, 나라가 잘 다스려져 백성이 매우 정직한 것을 뜻함	노불습유
老馬之智	늙은 말의 지혜라는 뜻으로, 연륜이 깊으면 나름의 장점과 특기가 있음을 뜻함	노마지지
綠林豪傑	푸른 숲 속에 사는 호걸이라는 뜻으로, 도둑이나 산적을 뜻함	녹림호걸
綠楊芳草	푸른 버들과 향기로운 풀	녹양방초
綠衣紅裳	연두 저고리에 다홍치마라는 뜻으로, 곱게 차려 입은 젊은 아가씨의 옷차림을 뜻함	녹의홍상
弄瓦之慶	질그릇을 갖고 노는 경사란 뜻으로, 딸을 낳은 기쁨을 뜻함 = 弄瓦之喜(농와지희) 중국에서 딸을 낳으면 흙으로 만든 실패를 장난감으로 주었다는 데서 유래	농와지경

한자	뜻	독음
屢見不鮮	너무 자주 보아 전혀 새롭지 않음	누견불선
累卵之勢	포개어 놓은 달걀의 형세란 뜻으로, 위태로운 형세를 뜻함 = 누란지위(累卵之危)	누란지세
斷金之交	쇠라도 자를 만큼 굳고 단단한 사귐이란 뜻으로, 매우 두터운 우정을 뜻함	단금지교
斷機之敎	짜던 베의 날을 끊는 것과 같이 학업을 중도에 그만둠은 아무런 이익이 없음을 뜻함	단기지교
斷長補短	긴 것은 자르고 짧은 것은 메워서 들쭉날쭉한 것을 고르게 함	단장보단
單刀直入	혼자서 칼을 들고 적진으로 쳐들어 간다는 뜻으로, 바로 요점으로 들어감을 뜻함	단도직입
堂狗風月	서당 개 3년에 풍월을 읊는다는 뜻으로, 무슨 일 하는 것을 오래 보고 듣고 하면 자연히 할 줄 알게 된다는 뜻	당구풍월
大器晩成	큰 그릇을 만드는 데는 시간이 오래 걸린다는 뜻으로, 크게 될 사람은 오랜 공적을 크게 쌓아 늦게 이루어짐을 뜻함	대기만성
大聲痛哭	큰 소리로 목을 놓아 슬피 욺	대성통곡
大義滅親	큰 의리를 위해서는 사사(私事)로운 정을 버림	대의멸친
大海一粟	큰 바다의 좁쌀 한 알이란 뜻으로, 매우 작은 것을 뜻함 = 滄海一粟(창해 일속)	대해일속
對牛彈琴	소를 마주 대하여 거문고를 탄다는 뜻으로, 어리석은 사람은 아무리 도리를 가르쳐도 알아듣지 못함을 뜻함	대우탄금
對症下藥	증세에 맞게 약을 써야 한다는 뜻으로, 문제의 핵심을 바로 보고 대처해야 함	대증하약
德必有隣	덕이 있으면 반드시 따르는 사람이 있어 외롭지 않음	덕필유린
桃園結義	도원에서 의형제(義兄弟)를 맺음	도원결의
盜憎主人	도둑이 주인을 미워한다는 뜻으로, 사람은 자기 형편에 맞지 않으면 이를 싫어함	도증주인
道聽塗說	길에서 듣고 길에서 말한다는 뜻으로, 길거리에 떠돌아다니는 뜬 소문을 뜻함	도청도설
塗炭之苦	진흙에 빠지고 숯불에 타는 괴로움이라는 뜻으로, 가혹한 정치로 말미암아 백성이 심한 고통을 겪는 것을 뜻함	도탄지고
獨也靑靑	홀로 푸르다는 뜻으로, 홀로 높은 절개(節槪)를 지켜 늘 변함이 없음을 뜻함	독야청청
東奔西走	동쪽으로 뛰고 서쪽으로 뛴다는 뜻으로, 사방으로 이리저리 바삐 돌아다님	동분서주
同價紅裳	같은 값이면 다홍치마라는 뜻으로, 같은 조건이라면 좀 더 좋은 것을 택함	동가홍상
同根連枝	같은 뿌리와 잇달은 나뭇가지라는 뜻으로, 형제나 자매를 뜻함	동근연지

同病相憐	같은 병자끼리 서로 가엾게 여긴다는 뜻으로, 어려운 처지에 있는 사람끼리 서로 가엾게 여김을 뜻함	동병상련
同床異夢	겉으로는 같이 행동하면서 속으로는 각기 딴 생각을 함	동상이몽
登高自卑	높은 곳에 오르려면 낮은 곳에서부터 오른다는 뜻으로, 일은 차례를 밟아 해야 함	등고자비
莫上莫下	어느 것이 더 낫고 더 못함의 차이가 거의 없음	막상막하
莫逆之友	서로 거스름이 없는 친구라는 뜻으로, 허물이 없이 아주 친한 친구를 뜻함	막역지우
萬頃蒼波	만 이랑의 푸른 물결이라는 뜻으로, 넓고 푸른 바다를 뜻함	만경창파
萬古風霜	아주 오랜 세월 동안 겪어 온 많은 고생을 뜻함	만고풍상
萬事休矣	만 가지 일이 끝장이라는 뜻으로, 모든 것이 헛수고로 돌아감을 뜻함	만사휴의
萬紫千紅	울긋불긋한 여러 가지의 빛깔이라는 뜻으로, 가지 각색의 꽃이 만발한 것을 뜻함	만자천홍
萬全之策	아주 안전하거나 완전(完全)한 계책(計策)	만전지책
晚食當肉	배가 고플 때 먹으면 무엇이든지 맛이 있어 고기를 먹는 것과 같음	만식당육
晚時之歎	때늦은 한탄(恨歎)이라는 뜻으로, 시기가 늦어 기회를 놓친 것을 탄식(歎息)함	만시지탄
亡國之音	나라를 망치는 음악이란 뜻으로, 저속하고 난잡(亂雜)한 음악을 뜻함	망국지음
亡國之歎	나라가 망하여 없어진 것에 대한 탄식	망국지탄
亡羊之歎	갈래 길에서 양을 잃고 탄식함. 학문의 길도 여러 갈래라 길을 잡기 어려움을 뜻함	망양지탄
茫然自失	멍하니 정신을 잃음	망연자실
罔極之恩	끝없이 베풀어 주는 은혜라는 뜻으로, 임금이나 부모의 한없는 은혜를 뜻함	망극지은
望梅解渴	매실은 보기만 하여도 침이 돌아 목마름이 해소된다는 뜻	망매해갈
望雲之情	자식이 객지에서 고향에 계신 부모를 생각하는 마음	망운지정
妄自尊大	망령(妄靈)되이 자기만 잘났다고 뽐내며 남을 업신여김	망자존대
梅妻鶴子	매화를 아내로 학을 자식으로 삼는다는 뜻으로, 유유자적한 풍류 생활을 뜻함	매처학자
麥秀之歎	무성히 자라는 보리를 보고 하는 탄식이라는 뜻으로, 고국의 멸망에 대한 탄식	맥수지탄
孟母斷機	맹자(孟子)의 어머니가 짜던 베를 잘라서 학문을 중도에 그만둔 것을 훈계한 일	맹모단기

한자	뜻	음
孟母三遷	맹자의 어머니가 맹자를 제대로 교육하기 위해 집을 세 번이나 옮김	맹모삼천
面張牛皮	얼굴에 쇠가죽을 발랐다는 뜻으로, 몹시 뻔뻔스러움을 뜻함	면장우피
面從腹背	겉으로는 순종(順從)하는 체하고 속으로는 딴 마음을 먹음	면종복배
滅私奉公	사(私)를 버리고 공(公)을 위하여 힘씀	멸사봉공
名實相符	알려진 것과 실제의 상황이 서로 들어맞음	명실상부
明若觀火	불을 보듯 분명하고 명백함	명약관화
命在頃刻	목숨이 경각에 달렸다는 뜻으로, 숨이 곧 끊어질 지경(地境)에 이름	명재경각
目不忍見	차마 눈으로 볼 수 없을 정도로 딱하거나 참혹(慘酷)한 상황(狀況)	목불인견
武陵桃源	특별히 경치가 좋은 별천지(別天地)를 뜻함	무릉도원
無用之用	언뜻 보아 별 쓸모 없는 것으로 생각되는 것이 오히려 크게 쓰임을 뜻함	무용지용
無爲之治	덕이 커서 아무 일을 하지 않아도 천하가 저절로 잘 다스려짐 = 無爲而治(무위이치)	무위지치
無依無托	몸을 의지(依支)하고 맡길 곳이 없음. 몹시 가난하고 외로운 상황	무의무탁
勿輕小事	조그만 일도 가볍게 여기지 말라는 뜻으로, 작은 일도 정성을 다하여야 한다는 뜻	물경소사
勿失好機	좋은 기회(機會)를 놓치지 말라는 뜻	물실호기
物腐蟲生	물건은 먼저 썩은 뒤에야 벌레가 생긴다는 뜻으로, ① 남을 의심한 뒤에 그를 두고 하는 비방이나 소문을 듣고 믿게 됨 ② 내부에 약점이 생기면 곧 외부의 침입이 있게 된다는 뜻	물부충생
尾生之信	미생의 믿음이란 뜻으로, 융통성(融通性)이 없이 약속만을 굳게 지킴을 뜻함	미생지신
拍掌大笑	손뼉을 치면서 크게 웃음	박장대소
伴食宰相	곁에 모시고 밥을 먹는 재상(宰相)이라는 뜻으로, 무위도식으로 자리만 차지하고 있는 무능한 대신을 뜻함	반식재상
拔本塞源	근본을 빼내고 원천(源泉)을 막아 버린다는 뜻으로, 좋지 않은 일의 근본 원인이 되는 요소를 완전히 없애 버려서 다시는 그러한 일이 생길 수 없도록 함	발본색원
發憤忘食	일을 이루려고 끼니조차 잊고 열중하여 노력(勞力)함	발분망식
拔山蓋世	산을 뽑고 세상을 덮을 만한 기상 = 力拔山氣蓋世(역발산기개세)	발산개세
傍若無人	곁에 아무도 없는 것처럼 아무 거리낌 없이 함부로 말하고 행동하는 태도	방약무인

背水之陣	물을 등지고 진을 친다는 뜻으로, 어떤 일을 성취하기 위해 더이상 물러설 수 없음	배수지진
背恩忘德	남에게 입은 은덕(恩德)을 잊고 배신함	배은망덕
杯中蛇影	술 잔 속에 비친 뱀의 그림자라는 뜻으로, 아무 것도 아닌 일에 의심을 품고 근심함	배중사영
百計無策	어떤 어려운 일을 당해 온갖 계교(計巧)를 다 써도 해결할 방도를 찾지 못함	백계무책
百八煩惱	불교에서 나온 말로, 인간의 과거, 현재, 미래에 걸친 108가지 번뇌(煩惱)	백팔번뇌
百年佳約	백 년을 두고 하는 아름다운 언약이라는 뜻으로, 부부가 되겠다는 굳은 약속을 뜻함	백년가약
白骨難忘	죽어도 잊지 못할 큰 은혜란 뜻으로, 남에게 큰 은덕을 입었을 때 고마움을 뜻함	백골난망
伯牙絶絃	백아가 거문고 줄을 끊어 버렸다는 뜻으로, 자기를 알아주는 절친의 죽음을 슬퍼함	백아절현
伯仲叔季	형제의 차례(次例)를 나타내는 말. 伯은 맏이, 仲은 둘째, 叔은 셋째, 季는 막내	백중숙계
伯仲之勢	서로 우열을 가리기 힘든 형세를 뜻함	백중지세
別有乾坤	좀처럼 볼 수 없는 아주 좋은 세상 = 별유천지(別有天地), 별천지(別天地)	별유건곤
覆車之戒	앞의 수레가 뒤집히는 것을 보고 뒤의 수레는 미리 경계한다는 뜻으로, 남의 실패를 거울삼아 자기를 경계함을 뜻함	복거지계
夫爲婦綱	아내는 남편(男便)을 섬기는 것이 근본임. 삼강(三綱)의 하나	부위부강
夫唱婦隨	남편이 주장(主張)하고 아내가 이에 따른다는 뜻으로, 부부 사이의 도리를 뜻함	부창부수
父爲子綱	아들은 아버지를 섬기는 것이 근본임. 삼강(三綱)의 하나	부위자강
附和雷同	우레 소리에 맞춰 함께한다는 뜻으로, 줏대 없이 남의 의견에 따라 움직임을 뜻함	부화뇌동
不知其數	그 수를 알지 못한다는 뜻으로, 헤아릴 수가 없을 만큼 많음을 뜻함	부지기수
不恥下問	지위나 학식, 나이 등이 자기보다 아랫사람에게 묻는 것을 부끄럽게 여기지 아니함	불치하문
不偏不黨	아주 공평(公平)하여 어느 쪽으로도 치우침이 없음	불편부당
朋友有信	친구(親舊) 사이의 도리(道理)는 믿음에 있다는 뜻으로, 오륜(五倫)의 하나	붕우유신
非夢似夢	꿈인지 생시인지 어렴풋한 상태(狀態)	비몽사몽
比翼連理	암수가 각각 눈 하나에 날개가 하나씩이라서 짝을 짓지 않으면 날지 못한다는 비익조(比翼鳥)와 한 나무의 가지가 다른 나무의 가지와 맞붙어서 서로 결이 통한 연리지(連理枝)라는 뜻으로, 부부의 사이가 깊고 화목함을 뜻함	비익연리

氷炭之間	얼음과 숯 사이란 뜻으로, 서로 화합(和合)할 수 없는 사이를 뜻함	빙탄지간
四顧無親	사방을 돌아보아도 친척이 없다는 뜻으로, 의지할 만한 사람이 아무도 없음을 뜻함	사고무친
四分五裂	네 갈래 다섯 갈래로 나눠지고 찢어진다는 뜻으로, 여러 갈래로 갈기갈기 찢어짐	사분오열
斯文亂賊	성리학에서, 교리를 어지럽히고 사상에 어긋나는 언행을 하는 사람을 뜻함	사문난적
邪不犯正	바르지 못한 것은 바른 것을 범하지 못한다는 뜻으로, 정의는 반드시 이긴다는 뜻	사불범정
沙上樓閣	모래 위에 세운 누각이라는 뜻으로, 기초가 약해 오래 견디지 못할 일이나 물건을 뜻함	사상누각
捨生取義	목숨을 버리고 의를 좇는다는 뜻으로, 목숨을 버릴지언정 옳은 일을 함	사생취의
似是而非	겉은 비슷한 것 같으나 속은 완전히 다름 = 似而非(사이비)	사시이비
辭讓之心	겸손히 남에게 사양하는 마음. 사단(四端)의 하나	사양지심
使人勿疑	사람을 부리면 그 사람을 의심하지 말아야 함 = 疑人勿使(의인물사)	사인물의
山紫水明	산 빛이 곱고 강물이 맑다는 뜻으로, 경치가 아름다움을 뜻함	산자수명
森羅萬象	우주(宇宙) 안에 있는 온갖 사물과 현상(現象)	삼라만상
三省吾身	날마다 세 번씩 자신을 반성(反省)함	삼성오신
三旬九食	삼십 일 동안 아홉 끼니밖에 못 먹는다는 뜻으로, 몹시 가난함을 뜻함	삼순구식
三人成虎	세 사람이면 없던 호랑이도 만든다는 뜻으로, 여러 사람이 말하면 거짓말이라도 참말로 곧이듣게 됨을 뜻함	삼인성호
三從之道	예전에, 여자는 어려서는 아버지를, 시집가서는 남편을, 남편이 죽은 후에는 아들을 따라야 한다는 세 가지 도리를 말함	삼종지도
喪家之狗	초상집의 개라는 뜻으로, 별 대접을 받지 못하는 사람을 말함	상가지구
上善若水	지극히 착한 것은 물과 같다는 뜻으로, 물을 이 세상에서 으뜸가는 선의 표본으로 여김	상선약수
桑田碧海	뽕나무 밭이 푸른 바다가 되었다라는 뜻으로, 세상일의 변천이 심함을 뜻함	상전벽해
塞翁之馬	변방에 사는 노인의 말이라는 뜻으로, ① 세상만사는 변화가 많아 어느 것이 화가 되고 복이 될지 예측하기 어렵다는 말 ② 인생의 길(吉), 흉(凶), 화(禍), 복(福)은 늘 바뀌어 변화가 많음을 뜻함	새옹지마
生而知之	도를 닦지 않아도 태어나면서부터 스스로 깨달음	생이지지
生者必滅	생명이 있는 것은 반드시 죽는다는 뜻	생자필멸

先見之明	앞을 내다보는 안목이라는 뜻으로, 어떤 일이 일어나기 전에 미리 앞을 내다보는 지혜	선견지명
雪上加霜	눈 위에 또 서리가 내린다는 뜻으로, 어려운 일이 겹침을 뜻함	설상가상
盛者必衰	세상일은 무상(無常)하여 한 번 성한 것은 반드시 쇠하게 된다는 뜻	성자필쇠
城下之盟	성 밑까지 쳐들어온 적군과 맺는 맹약이라는 뜻으로, 대단히 굴욕적인 항복을 뜻함	성하지맹
笑裏藏刀	웃음 속에 칼을 감춘다는 뜻으로, 겉으로는 웃으나 마음속에는 해칠 마음을 품고 있음	소리장도
燒眉之急	눈썹이 타는 위급함이라는 뜻으로, 매우 급함을 뜻함	소미지급
騷人墨客	시인(詩人)과 서예가, 화가(畫家) 등 풍류(風流)를 아는 사람	소인묵객
小貪大失	작은 것을 탐하다가 오히려 큰 것을 잃음	소탐대실
束手無策	손을 묶은 것처럼 어찌 할 도리가 없이 꼼짝 못하게 됨을 뜻함	속수무책
首丘初心	여우가 죽을 때 머리를 자기가 살던 굴 쪽으로 둔다는 뜻으로, 고향을 그리워하는 마음	수구초심
壽福康寧	오래 살고 복을 누리며 건강하고 평안함	수복강령
手不釋卷	손에서 책을 놓지 않는다는 뜻으로, 늘 책을 가까이하여 학문을 열심히 함을 뜻함	수불석권
修身齊家	자기의 몸과 마음을 수양하고, 집안 일을 잘 다스림	수신제가
水魚之交	물과 물고기의 사귐이란 뜻으로, 서로 떨어질 수 없는 친한 사이를 뜻함	수어지교
守株待兎	그루터기를 지켜 토끼를 기다린다는 뜻으로, 고지식하고 어리석은 사람을 뜻함	수주대토
隨衆逐隊	무리를 따르고 대열을 쫓는다는 뜻으로, 뚜렷한 주관 없이 여러 사람의 틈에 끼어 덩달아 행동함을 뜻함 = 附和雷同(부화뇌동)	수중축대
壽卽多辱	오래 살수록 그만큼 욕됨이 많음	수즉다욕
宿虎衝鼻	자는 범의 코를 찌른다는 뜻으로, 가만 있는 사람을 건드려 화를 스스로 부르는 일	숙호충비
脣亡齒寒	입술을 없으면 이가 시리다는 뜻으로, 서로 이해관계가 밀접한 사이에 어느 한쪽이 망하면 다른 한쪽도 그 영향을 받아 온전하기 어려움을 뜻함	순망치한
乘勝長驅	싸움에서 이긴 기세(氣勢)를 타고 계속 적을 몰아침	승승장구
始終一貫	일등을 처음부터 끝까지 한결같이 함	시종일관
食少事煩	먹을 것은 적고 할 일은 많다는 뜻으로, 수고는 많이 하나 얻는 것이 적음을 뜻함	식소사번
識字憂患	글자를 아는 것이 근심이 된다는 뜻으로, 제대로 알지 못하면 오히려 근심이 됨	식자우환

神出鬼沒	귀신같이 나타났다가 사라진다는 뜻으로, 그 움직임이 자유자재로 나타나고 사라짐	신출귀몰
深思熟考	깊이 생각하고 고찰(考察)함	심사숙고
深山幽谷	깊은 산속의 고요하고 으슥한 골짜기	심산유곡
十伐之木	열 번 찍어 베는 나무라는 뜻으로, 열 번 찍어 안 넘어가는 나무가 없음을 뜻함	십벌지목
十日之菊	한창때인 9월 9일이 지난 9월 10일의 국화라는 뜻으로, 이미 때가 늦은 일을 뜻함	십일지국
我田引水	자기 논에 물 대기라는 뜻으로, 자기에게만 이롭게 되도록 생각하거나 행동함을 뜻함	아전인수
眼高手卑	눈은 높으나 솜씨는 서투르다는 뜻으로, 이상만 높고 실천이 따르지 못함을 뜻함	안고수비
殃及池魚	재앙이 못의 물고기에 미친다는 뜻으로, 제삼자가 엉뚱하게 재난을 당함을 뜻함	앙급지어
良禽擇木	좋은 새는 나무를 가려서 깃든다는 뜻으로, 어진 사람은 훌륭한 임금을 가려 섬김	양금택목
羊頭狗肉	양 머리를 걸어놓고 개고기를 판다는 뜻으로, 겉보기만 그럴듯하게 보이고 속은 변변하지 아니함을 뜻함	양두구육
羊質虎皮	속은 양이고 거죽은 호랑이라는 뜻으로, 겉모양은 훌륭하나 실속이 없음을 뜻함	양질호피
養虎遺患	범을 길러 화근을 남긴다는 뜻으로, 화근이 될 것을 길러서 후환을 당하게 됨을 뜻함	양호유환
梁上君子	대들보 위의 군자라는 뜻으로, 도둑을 미화하여 점잖게 부르는 말	양상군자
魚頭肉尾	물고기는 머리 쪽이 맛이 있고, 짐승 고기는 꼬리 쪽이 맛이 있다는 말	어두육미
漁父之利	어부의 이익이라는 뜻으로, 둘이 다투는 틈을 타서 제3자가 이익을 가로챔을 뜻함	어부지리
抑强扶弱	강자(强者)를 누르고 약자(弱者)를 도와 줌	억강부약
億兆蒼生	수 많은 백성(百姓)	억조창생
焉敢生心	어찌 감히 그런 마음을 품을 수 있겠냐는 뜻으로, 전혀 그런 마음이 없었음을 뜻함	언감생심
言卽是也	말인 즉 옳다는 뜻으로, 말하는 것이 사리(事理)에 맞음을 뜻함	언즉시야
嚴妻侍下	엄한 아내를 모시는 그 아래라는 뜻으로, 아내에게 쥐여 사는 남편의 처지를 뜻함	엄처시하
如履薄氷	얇은 얼음을 밟 듯 몹시 위험(危險)함을 뜻함	여리박빙
易地思之	처지를 서로 바꾸어 생각함이란 뜻으로, 상대방의 처지에서 생각해 보는 것을 뜻함	역지사지
連理比翼	연리지(連理枝)와 비익조(比翼鳥)라는 뜻으로, 부부의 사이가 썩 화목함을 뜻함	연리비익

燕雁代飛	제비가 날아올 즈음 기러기는 떠난다는 뜻으로, 사람의 일이 서로 어긋남을 뜻함	연안대비
燕鴻之歎	봄과 가을에 엇갈리는 제비와 기러기처럼 서로 만나지 못함을 한탄(恨歎)하는 말	연홍지탄
炎涼世態	권세가 있을 때에는 아첨하여 쫓고, 권세가 없어지면 푸대접하는 세상인심을 뜻함	염량세태
榮枯盛衰	인생이나 사물의 번성함과 쇠락함이 서로 뒤바뀌는 현상	영고성쇠
五車之書	다섯 수레에 실을 만한 책이란 뜻으로, 많은 장서(藏書)를 뜻함	오거지서
五里霧中	오 리나 되는 짙은 안개 속에 있다는 뜻으로, 무슨 일에 대해 갈피를 잡을 수 없음	오리무중
吾不關焉	나는 그 일에 상관(相關)하지 아니함	오불관언
吾鼻三尺	내 코가 석자라는 뜻으로, 자기 사정이 급하여 남을 돌볼 겨를이 없음을 뜻함	오비삼척
吾舌尚在	나의 혀는 아직 있다는 뜻으로, 혀만 살아 있으면 천하를 움직일 수 있는 힘이 있다는 뜻	오설상재
烏飛梨落	아무 관계도 없이 한 일이 공교롭게도 때가 같아 억울하게 의심을 받음	오비이락
傲霜孤節	서릿발이 심한 속에서도 굴하지 아니하고 외로이 지키는 절개라는 뜻으로, 국화를 뜻함	오상고절
烏鳥私情	까마귀가 자기를 길러 준 어미의 은혜를 갚는 사사로운 정이라는 뜻으로, 자식이 부모에게 효성(孝誠)을 다하려는 마음을 뜻함	오조사정
烏合之卒	까마귀가 모인 것 같은 무리라는 뜻으로, 질서 없이 모인 군중을 뜻함	오합지졸
曰可曰否	어떤 일에 대하여 옳거니 옳지 아니하거니 하고 떠들어댐	왈가왈부
外柔內剛	겉으로 보기에는 순하게 보이나 속은 곧고 굳셈	외유내강
搖之不動	흔들어도 꿈쩍도 하지 않음	요지부동
欲速不達	일을 빨리 하려고 하면 도리어 이루지 못함	욕속불달
欲取先予	얻으려면 먼저 주어야 함	욕취선여
龍頭蛇尾	용의 머리와 뱀의 꼬리라는 뜻으로, 처음은 왕성하나 끝이 부진함을 뜻함	용두사미
龍味鳳湯	용과 봉황으로 만든 음식이라는 뜻으로, 맛이 매우 좋은 음식을 뜻함	용미봉탕
龍蛇飛騰	용과 뱀이 하늘로 날아오르 듯 매우 활기찬 글씨를 뜻함	용사비등
愚公移山	우공이 산을 옮긴다는 뜻으로, 어떤 일이든 끊임없이 노력하면 반드시 이루어짐을 뜻함	우공이산
優柔不斷	어물어물 망설이기만 하고 결단성이 없음	우유부단

雲泥之差	구름과 진흙 차이란 뜻으로, 서로의 차이(差異)가 매우 큼을 뜻함	운니지차
願乞終養	부모가 돌아가시는 날까지 봉양하기를 원한다는 뜻으로, 지극한 효성을 뜻함	원걸종양
遠禍召福	화를 멀리하고 복을 불러들임	원화소복
流芳百世	향기가 백대에 걸쳐 흐름이란 뜻으로, 꽃다운 이름이 후세에 길이 전함을 뜻함	유방백세
流水不腐	흐르는 물은 썩지 않는다는 뜻으로, 항상 움직이는 것은 썩지 않음을 뜻함	유수불부
唯我獨尊	세상에서 자기 혼자 잘났다고 뽐내는 독선적인 태도	유아독존
有耶無耶	있는 듯 없는 듯 흐지부지함	유야무야
悠悠自適	속세에 속박(束縛)됨이 없이 자기가 하고 싶은 대로 마음 편히 지냄	유유자적
遺臭萬年	냄새가 만 년까지 풍긴다는 뜻으로, 더러운 이름을 후세에 오래도록 남김을 뜻함	유취만년
隱忍自重	괴로움을 마음속에 감추어 참고, 몸가짐을 신중(愼重)히 함	은인자중
吟風弄月	맑은 바람과 밝은 달을 보고 시를 짓고 흥취를 자아내어 즐김	음풍농월
意氣揚揚	뜻한 바를 이루어 자랑스럽고 만족한 마음이 얼굴에 나타난 모양	의기양양
泥田鬪狗	진 탕에서 싸우는 개라는 뜻으로, 자기의 이익을 위하여 비열하게 다툼을 뜻함	이전투구
人琴俱亡	진(晉)나라의 왕헌지가 죽자 그가 쓰던 거문고도 소리를 내지 않았다는 데서, 친구의 죽음을 몹시 슬퍼함을 뜻함	인금구망
人面獸心	사람의 얼굴을 하고 있으나 마음은 짐승과 같다는 뜻으로, 마음이 몹시 흉악함을 뜻함	인면수심
日久月深	날이 오래고 달이 깊어 간다는 뜻으로, 세월이 흐를수록 더함을 뜻함	일구월심
日暮途遠	날은 저물고 갈 길은 멀다는 뜻으로, 늙고 쇠약한데 앞으로 해야 할 일은 많음을 뜻함	일모도원
一刀兩斷	한칼로 쳐서 두 동강이를 낸다는 뜻으로, 머뭇거리지 않고 일을 선뜻 결정함을 뜻함	일도양단
一蓮托生	죽은 뒤에 극락(極樂) 정토(淨土)에서 같은 연꽃 위에 다시 태어난다는 뜻	일련탁생
一魚濁水	물고기 한 마리가 물을 흐린다는 뜻으로, 한 사람의 잘못으로 여러 사람이 피해를 입음	일어탁수
一葉片舟	한 조각의 작은 배	일엽편주
一以貫之	하나로써 그것을 꿰뚫었다는 뜻으로, 모든 것을 하나의 원리로 꿰뚫어 이야기함	일이관지
一日之長	하루 먼저 세상에 태어났다는 뜻으로, 나이가 조금 위임을 뜻함	일일지장

一場春夢	한바탕의 봄꿈이라는 뜻으로, 인생의 허무(虛無)함을 뜻함	일장춘몽
一觸卽發	한 번 건드리기만 해도 폭발할 것같이 몹시 위급한 상태	일촉즉발
一片丹心	한 조각의 붉은 마음이라는 뜻으로, 진심에서 우러나오는 변치 아니하는 마음을 뜻함	일편단심
一筆揮之	글씨를 단숨에 죽 내리 씀	일필휘지
一敗塗地	싸움에 한 번 패하여 간과 뇌가 땅바닥에 으깨어진다는 뜻으로, 여지없이 패하여 다시 일어날 수 없게 되는 지경에 이름을 뜻함	일패도지
臨機應變	어느 때 어느 자리에서 뜻밖의 일을 당했을 때 재빨리 그에 알맞게 대처하는 일	임기응변
臨時方便	그때그때 처한 사태에 맞추어 즉각 그 자리에서 결정하거나 처리함	임시방편
任人唯賢	오직 인품과 능력만을 보고 사람을 채용함	임인유현
立身揚名	사회적으로 인정(認定)을 받고 출세하여 이름을 세상에 드날림	입신양명
自激之心	자기가 한 일에 대하여 스스로 미흡하게 여기는 마음	자격지심
自愧之心	스스로 부끄럽게 여기는 마음	자괴지심
自中之亂	같은 편 안에서 일어나는 싸움	자중지란
自暴自棄	절망에 빠져 자신을 스스로 포기하고 돌아보지 아니함	자포자기
赤手空拳	맨손과 맨주먹이란 뜻으로, 아무 것도 가진 것이 없음을 뜻함	적수공권
轉禍爲福	재앙과 화가 바뀌어 오히려 복이 됨	전화위복
絶世佳人	세상에 견줄 만한 사람이 없을 정도로 뛰어나게 아름다운 여인	절세가인
絶長補短	장점이나 넉넉한 것으로 단점이나 부족한 것을 채운다는 뜻	절장보단
切齒腐心	이를 갈고 마음을 썩인다는 뜻으로, 대단히 분한 마음을 뜻함	절치부심
漸入佳境	가면 갈수록 경치가 아름다워진다는 뜻으로, 들어갈수록 점점 재미가 있음을 뜻함	점입가경
朝令暮改	아침에 명령을 내리고 저녁에 고친다는 뜻으로, 법령을 자꾸 고쳐서 믿을 수가 없음	조령모개
朝三暮四	아침에 세 개 저녁에 네 개라는 뜻으로, 간사한 꾀로 남을 속여 희롱함을 뜻함	조삼모사
鳥足之血	새 발의 피라는 뜻으로, 매우 적은 분량(分量)을 뜻함	조족지혈
足脫不及	맨발로 뛰어도 따라가지 못한다는 뜻으로, 능력이나 역량(力量) 등이 많이 모자람	족탈불급

存亡之秋	존속하느냐 멸망하느냐의 아주 절박한 경우나 시기	존망지추
縱橫無盡	자유자재로 행동하여 거침이 없는 상태	종횡무진
左顧右視	이쪽 저쪽을 돌아 본다는 뜻으로, 앞뒤를 재고 망설인다는 뜻	좌고우시
左之右之	이리저리 제 마음대로 휘두르거나 다룸	좌지우지
左衝右突	이리저리 닥치는 대로 마구 부딪침	좌충우돌
坐不安席	앉아도 자리가 편안하지 않다는 뜻으로, 불안한 마음에 안절부절 못하는 모양	좌불안석
坐井觀天	우물 속에 앉아서 하늘을 본다는 뜻으로, 사람의 견문(見聞)이 매우 좁음을 뜻함	좌정관천
晝耕夜讀	낮에는 농사짓고, 밤에는 글을 읽는다는 뜻으로, 어려운 여건 속에서도 꿋꿋이 공부함	주경야독
酒池肉林	술로 연못을 이루고 고기로 숲을 이룬다는 뜻으로, 호사스러운 술잔치를 뜻함	주지육림
衆寡不敵	적은 수효(數爻)로 많은 수효를 대적하지 못한다는 뜻	중과부적
知己之友	자기를 가장 잘 알아주는 친한 친구	지기지우
知命之年	천명(天命)을 알 나이라는 뜻으로, 나이 오십을 뜻함	지명지년
知足不辱	분수를 지켜 만족할 줄 아는 사람은 욕되지 아니함	지족불욕
指鹿爲馬	사슴을 가리켜 말이라고 한다는 뜻으로, 윗사람을 농락하여 권세를 마음대로 함	지록위마
支離滅裂	이리저리 흩어져 찢기어 갈피를 잡을 수 없음	지리멸렬
池魚之殃	재앙이 못의 물고기에 미친다는 뜻으로, 제삼자가 엉뚱하게 재난을 당함을 뜻함	지어지앙
指呼之間	손짓하여 부르면 대답할 수 있는 가까운 거리(距離)	지호지간
進退維谷	앞으로도 뒤로도 나아가거나 물러서지 못한다는 뜻으로, 궁지(窮地)에 빠진 상태	진퇴유곡
此日彼日	오늘 내일 하며 자꾸 기한(期限)을 늦춤	차일피일
天高馬肥	하늘은 높고 말이 살찐다는 뜻으로, 오곡백과가 무르익는 가을을 뜻함	천고마비
天壤之差	하늘과 땅 사이와 같이 엄청난 차이(差異)	천양지차
天井不知	천장을 모른다는 뜻으로, 물건의 값 등이 자꾸 오르기만 함을 뜻함	천정부지
千辛萬苦	온갖 어려운 고비를 다 겪으며 심하게 고생함을 뜻함	천신만고
千紫萬紅	울긋불긋한 여러 가지 빛깔이라는 뜻으로, 색색의 꽃이 피어 있는 상태	천자만홍

千載一遇	천 년에 한 번 만난다는 뜻으로, 좀처럼 얻기 어려운 좋은 기회를 뜻함	천재일우
徹頭徹尾	처음부터 끝까지 방침을 바꾸지 않고 생각을 철저히 관철(貫徹)함	철두철미
徹天之恨	하늘에 사무치는 크나큰 원한(怨恨)	철천지한
靑雲之志	높은 지위에 오르고자 하는 욕망	청운지지
晴耕雨讀	날이 개면 밭을 갈고 비가 오면 글을 읽는다는 뜻으로, 부지런히 일하며 공부함을 뜻함	청경우독
追友江南	친구 따라 강남 간다는 뜻으로, 자기의 주관 없이 남의 말에 아부하며 동조함	추우강남
推舟於陸	뭍에서 배를 민다는 뜻으로, 고집으로 무리하게 밀고 나가려고 함을 뜻함	추주어륙
秋毫之末	가을철에 털갈이하여 가늘어진 짐승의 털끝이라는 뜻, 매우 가는 것을 뜻함	추호지말
取捨選擇	여럿 가운데서 쓸 것은 쓰고 버릴 것은 버림	취사선택
醉生夢死	술에 취한 듯 살다가 꿈꾸 듯 죽는다는 뜻으로, 한평생을 아무 의미 없이 살아감	취생몽사
七去之惡	예전에, 아내를 내쫓을 수 있는 일곱 가지의 조건을 말함	칠거지악
沈魚落雁	부끄러워 물고기는 물 속으로, 기러기는 땅으로 떨어진다는 뜻으로, 미인을 뜻함	침어낙안
快刀亂麻	헝클어진 삼을 칼로 자른다는 뜻으로, 복잡하게 얽힌 문제를 명쾌하게 처리함	쾌도난마
他山之石	본이 되지 않은 남의 행동도 자신을 수양하는 데에 도움이 될 수 있음을 뜻함	타산지석
打草驚蛇	풀을 쳐서 뱀을 놀라게 한다는 뜻으로, 을(乙)을 징계하여 갑(甲)을 경계함	타초경사
貪官汚吏	백성의 재물을 탐내어 빼앗는, 행실이 깨끗하지 못한 관리	탐관오리
貪天之功	하늘의 공을 탐한다는 뜻으로, 남의 공을 탐내어 자기 힘으로 이룬 체함	탐천지공
泰山北斗	태산과 북두성이라는 뜻으로, 학문이나 예술 분야의 대가	태산북두
破邪顯正	불교에서 사견(邪見)과 사도(邪道)를 깨고 정법(正法)을 드러내는 일	파사현정
破顔大笑	얼굴이 찢어지도록 크게 웃는다는 뜻으로, 매우 즐거운 표정으로 활짝 웃음	파안대소
破竹之勢	대나무를 쪼개는 기세라는 뜻으로, 세력이 강하여 걷잡을 수 없이 나아가는 기세	파죽지세
廢寢忘食	잠을 안 자고, 밥 먹는 것도 잊는다는 뜻으로, 매우 열심히 공부함을 뜻함	폐침망식
抱腹絶倒	배를 그러안고 넘어질 정도로 크게 웃음	포복절도
飽食暖衣	배부르게 먹고 따뜻하게 입는다는 뜻으로, 의식(衣食)이 넉넉하게 지냄을 뜻함	포식난의

布衣之交	베옷을 입고 다닐 때의 사귐이라는 뜻으로, 벼슬을 하기 전 선비 시절의 사귐	포의지교
表裏不同	겉과 속이 같지 않음이란 뜻으로, 마음이 음흉하고 불량하여 겉과 속이 다름	표리부동
風樹之嘆	효도를 다하지 못한 채 어버이를 여읜 자식의 슬픔을 뜻함	풍수지탄
皮骨相接	살가죽과 뼈가 맞붙을 정도로 몹시 마름	피골상접
彼此一般	저것이나 이것이나 마찬가지라는 뜻으로, 두 편이 서로 같음	피차일반
匹夫匹婦	평범(平凡)한 남자와 평범한 여자	필부필부
下石上臺	아랫돌 빼서 윗돌 괴다는 뜻으로, 임시변통으로 이리저리 둘러맞춤을 뜻함	하석상대
鶴首苦待	학처럼 목을 길게 빼고 기다린다는 뜻으로, 간절한 기다림을 뜻함	학수고대
咸興差使	심부름을 가서 오지 아니하거나 늦게 온 사람을 뜻함	함흥차사
恒茶飯事	차를 마시고 밥을 먹는 일이라는 뜻으로 보통 있는 예사로운 일을 뜻함	항다반사
虛無孟浪	터무니없이 허황(虛荒)되고 실속이 없음	허무맹랑
軒軒丈夫	외모가 준수하고 풍채가 당당한 남자	헌헌장부
賢母良妻	어진 어머니이면서 또한 착한 아내	현모양처
螢雪之功	반딧불과 눈과 함께 하는 노력이라는 뜻으로, 고생을 하면서 부지런히 공부하는 자세	형설지공
虎口餘生	여러 차례 죽을 고비를 겪고 겨우 살아남은 목숨	호구여생
虎死留皮	범이 죽으면 가죽을 남기는 것과 같이, 사람은 죽은 뒤에 이름을 남겨야 한다는 뜻	호사유피
胡馬望北	호(胡)나라의 말은 호나라 쪽에서 불어오는 북풍이 불 때마다 고향을 그리워함	호마망북
浩然之氣	하늘과 땅 사이에 가득 찬 넓고 큰 원기 같은 거침 없이 넓고 큰 기개를 뜻함	호연지기
胡蝶之夢	장자(莊子)가 나비가 되어 날아다닌 꿈으로, 현실과 꿈의 구별이 안 되는 것을 뜻함	호접지몽
昏定晨省	자식(子息)이 아침저녁으로 부모의 안부(安否)를 물어서 살핌	혼정신성
忽顯忽沒	문득 나타났다가 문득 없어짐	홀현홀몰
紅爐點雪	뜨거운 불길 위에 한 점 눈이 순식간에 녹 듯 도를 깨달아 의혹이 일시에 없어짐	홍로점설
弘益人間	널리 인간 세계를 이롭게 한다는 뜻으로, 단군(檀君)의 건국 이념	홍익인간
畵蛇添足	뱀의 그림에 발을 더한다는 뜻으로, 필요 이상으로 쓸데 없는 일을 해 도리어 실패함을 뜻함	화사첨족

畵虎類狗	범을 그리려다가 개를 그린다는 뜻으로, 범인이 호걸인 체하다가 도리어 망신을 당함	화호유구
黃口乳臭	젖내 나는 어린아이 같이 아직 젖비린내가 난다는 뜻으로, 어리고 하잘것없음을 뜻함	황구유취
橫來之厄	뜻밖에 닥쳐오는 불행	횡래지액
後生可畏	후진들이 선배들보다 젊고 기력이 좋아 큰 인물이 될 수 있으므로 가히 두렵다는 말	후생가외
厚顔無恥	얼굴이 두껍고 부끄러움이 없다라는 뜻으로, 뻔뻔스러워 부끄러워할 줄 모름을 뜻함	후안무치
胸有成竹	대나무 그림을 그리기 전에 마음속에는 이미 완성된 대나무 그림이 있다는 뜻	흉유성죽
興亡盛衰	흥하고 망하고 성하고 쇠하는 일	흥망성쇠
喜怒哀樂	기쁨, 노여움, 슬픔과 즐거움이라는 뜻으로, 곧 사람의 여러 가지 감정을 뜻함	희로애락

5. 부수 해석 - 214자

부수란

한글은 자음과 모음을 기준으로 글자를 정리한 반면 한자는 글자 하나 하나가 뜻을 가지고 있는 것이라 그 뜻 중에 공통된 부분을 추려내어 누구나 사전에서 찾기 쉽도록 규칙을 정했는데 그것이 바로 부수입니다.

부수란 글자의 공통된 특징을 분류해 놓았다고 보시면 됩니다.

예를 들어 水(물 수), 河(강 하), 江(강 강), 海(바다 해) 등등은 모두 물과 관련된 글자들입니다. 이 글자들은 물이라는 공통된 특징이 있으므로 水(물 수)를 대표적인 부수로 정해 분류하였습니다.

부수를 최초로 만든 사람은 중국 후한 때의 허신(許愼)이라는 분으로 수 많은 한자들을 쉽게 정리 할 수 있도록 9,000개나 되는 한자를 540개의 부수를 이용하여 분류하였습니다. 그 후 후대에 걸쳐 내려오며 214자로 정리 되었습니다.

NO	부수	부수명칭/훈음	기본뜻 및 속뜻	풀 이	예
1	一	한 일	하나/모으다	* 물건이 하나 있는 모양으로 * 사람들이 모여 하나의 조직이나 나라를 이루니	丁
2	丨	뚫을 곤	뚫다	물건을 뚫은 모양	中
3	丶	점 주	불똥/중요	* 불똥의 모양으로 * 옛날에는 불똥을 모은 불씨가 중요했으니	主
4	丿	삐침 별	다스리다	* 칼을 내리치는 모양으로 * 칼을 내리쳐 상대방을 다스리니.	乃
5	乙	새 을	새/굽음	* 가슴이 불룩한 새의 모양 * 글씨가 굽어 있는 모양에서 굽다	九
6	亅	갈고리 궐	갈고리/ 농기구/무기	농기구나 무기처럼 끝이 구부러진 갈고리 모양	事
7	二	두 이	둘	물건이 두 개 있는 모양,	五
8	亠	돼지머리 해	머리/높다	상투의 모양으로 상투가 있는 머리는 몸에서 높으니	京
9	人	사람 인	사람	사람이 서 있는 모양	今
10	儿	어진사람 인	사람/ 어질다	어진 노인의 수염 모양	兄

NO	부수	부수명칭/훈음	기본뜻 및 속뜻	풀 이	예
11	入	들 입	들어가다	사람이 문으로 들어가려고 고개를 숙인 모양	全
12	八	여덟 팔	나누다/ 사람들	* 두 손을 나누고 있는 모양 * 많은 사람들을 가리킴	公共
13	冂	멀 경	울타리	멀리 떨어져 있는 성이나 울타리의 모양	再
14	冖	민갓머리 덮을 멱	덮다	물건을 덮은 모양	冠
15	冫	이수변 얼음 빙	차다	날씨가 차 고드름이 달린 모양	冷
16	几	안석 궤	안석/기대다	사람이 몸을 기대 앉는 책상의 모양	凡
17	凵	위튼입 구 입벌릴 감	그릇	빈 그릇의 모양	凶
18	刀	칼 도	칼/나누다	* 칼의 모양 * 칼은 물건을 나눌 때 사용하니	初
19	力	힘 력	힘쓰다	근육의 힘줄 모양	加
20	勹	쌀 포	싸다	물건을 몸으로 싸고 있는 모양	包
21	匕	비수 비	칼/숟가락	* 구부러진 칼의 모양 * 칼과 숟가락을 사용하여 음식을 먹으니	化
22	匚	터진입 구 상자 방	상자	상자의 모양	匠
23	匸	터진에운담 감출 혜	감추다	물건을 감춰 둔 상자의 모양	區
24	十	열 십	많다	물건이 열 개씩 많이 묶여있는 모양	半
25	卜	점 복	점	점칠 때 사용하는 거북의 등 껍질이 갈라진 모양	占
26	卩	병부 절	벼슬	* 벼슬아치가 무릎을 꿇고 앉아 있는 모양 * 임금이 신하에게 명령을 내릴 때 주던 신분증	印

NO	부수	부수명칭/훈음	기본뜻 및 속뜻	풀 이	예
27	厂	민엄 호 언덕 한	장소	바위가 튀어나와 그 밑에 장소가 생긴 모양	原
28	厶	마늘모 사사로울 사	개인/크다	* 팔을 구부려 자신의 큰 얼굴을 가리키는 모양 * 마늘의 모양이라 마늘모라 함	去
29	又	또 우	다스리다/ 들어오다	오른손의 모양으로, 손에 무기를 들고 적을 다스린 후 성으로 들어오니	受
30	口	입 구	입/사람	사람이 입을 벌린 모양	古
31	囗	큰입구에운담 나라 국	싸다/둥글다	둥근 담이 사방을 둘러 싸고 있는 모양	國
32	土	흙 토	흙/땅	많은(十) 것들이 모여(一) 있는 곳이니	地
33	士	선비 사	선비	하나(一)만 배워도 많은(十) 것을 깨우치는 사람이니	壯
34	夂	뒤져올 치	천천히	* 다리를 넓게 벌리고 천천히 걷는 모양 * 지금은 夂(뒤져올 치)와 夊(천천히걸을 쇠)를 같이 사용함	夆
35	夊	천천히걸을 쇠			夏
36	夕	저녁 석	저녁	달이 서산에 걸려있는 모양	外
37	大	큰 대	크다	사람(人)이 두 팔(一) 벌린 모양이니	天
38	女	여자 녀	여자	여자가 집안에서 다소곳이 두 손 모아 앉아 있는 모양	婦
39	子	아들 자	아들	아이가 두 팔 벌린 모양	存
40	宀	갓머리 집 면	집	중요(丶)한 지붕으로 덮인(冖) 집의 모양	安
41	寸	마디 촌	마디/ 헤아리다	맥박이 뛰는 팔목의 마디 모양으로 옛날에는 마디가 길이를 헤아리는 기준이었으니	寺
42	小	작을 소	작다	곡식의 낟알이 작게 흩어져 있는 모양	少

NO	부수	부수명칭/훈음	기본뜻 및 속뜻	풀 이	예
43	尢	절름발이 왕	절름발이	발을 절뚝거리는 절름발이의 모양	就
44	尸	주검 시	죽음/ 지붕/몸	* 관속에 사람의 몸이 죽어있는 모양 * 관은 시체에게 집과 지붕이 되어 주니	屋
45	屮	싹날 철 왼손 좌	싹	싹이 돋아 있는 모양	屯
46	山	메 산	산	산의 모양	崇
47	巛	개미허리 내 천	냇물	냇물이 흐르는 모양 川(내 천)의 변형	州
48	工	장인 공	장인/ 만들다	장인이 물건을 만들 때 사용하는 자의 모양	巨
49	己	몸 기	몸	몸을 구부리고 있는 모양	巳
50	巾	수건 건	베/재물	* 베로 만든 수건이 걸려 있는 모양 * 베는 값비싼 재물이니	布
51	干	방패 간	방패	손잡이가 달린 방패의 모양	平
52	幺	작을 요	작다	작고 가느다란 실타래의 모양	幼
53	广	바위집엄 집 엄	장소	바위가 튀어나와 그 밑에 장소가 생긴 모양	度
54	廴	민책받침 끌 인	가다	다리를 길게 뻗어 걸어 가는 모양	建
55	廾	밑스물 입 받쳐들 공	많다/ 바치다	많은 물건을 두 손으로 윗사람에게 바치는 모양	弄
56	弋	주살 익	줄화살/ 가지다	* 주살(줄을 매어 쏘는 화살)의 모양 * 줄을 당기면 화살을 다시 가질 수 있으니	式
57	弓	활 궁	활	활의 모양	引
58	彐	터진가로 왈 돼지머리 계	힘쓰다	돼지가 땅에 머리를 박고 힘쓰는 모양	当

NO	부수	부수명칭/훈음	기본뜻 및 속뜻	풀 이	예
59	彡	터럭 삼	털	털이 가지런히 나 있는 모양	形
60	彳	두인변 조금걸을 척	사람/가다	걸어 가는 사람의 다리 모양	往
61	心	마음 심	마음	심장의 모양	必
62	戈	창 과	창	창의 모양	成
63	戶	지게(집) 호	집	지게문(옛날식 가옥에서 마루와 방 사이의 문)의 모양	房
64	手	손 수	손	손의 모양	擧
65	支	지탱할 지	지탱하다	많은 것을 다룰 때는 나누어서 다스려야 오래 버틸 수 있으니	
66	攴	등글월문 칠 복	치다/ 힘쓰다	회초리를[卜(점 복-회초리의 모양)] 들고 아들을 다스리려면[又(또 우- 다스리다)] 힘써야 함	敍
67	文	글월 문	글	지위가 높은(亠) 사람이 부하나 백성을 다스리기(乂) 위해 익혀야 하는 것이니	斑
68	斗	말 두	말	곡식이 말에 담겨져 있는 모양	料
69	斤	도끼 근	도끼/작다	* 도끼의 모양 * 도끼는 물건을 쪼개 작게 만드니	斷
70	方	모 방	모/방위	* 뱃머리의 모양을 본뜬 자 * 뱃머리는 모가 나고, 어느 방위를 가리키니	旗
71	无	없을 무	없다	절름발이(尢 : 절름발이 왕)가 모여(一)있어 일할 사람이 없으니	旣
72	日	해/날 일	해/날	* 해의 모양 = 해 * 해가 뜨고 지면 하루가 지나니 = 날	時
73	曰	가로 왈	말하다	말을 할 때 입(口) 안에서 혀(一 : 혀 모양)가 움직이니	更
74	月	달 월	달/세월	* 달의 모양 * 달이 같은 모양으로 되돌아오면 한 달이니	服

NO	부수	부수명칭/훈음	기본뜻 및 속뜻	풀 이	예
75	木	나무 목	나무	뿌리를 땅에 박고 서 있는 나무의 모양	樹
76	欠	하품 흠	입 벌리다	사람이 입 벌려 하품을 하는 모양	次
77	止	그칠 지	그치다	발걸음을 그친 발의 모양	步
78	歹	죽을사변 부서진뼈 알	죽음	사람이 죽어 뼈만 남은 모양	殘
79	殳	갖은등글월문 창/몽둥이 수	몽둥이/ 창/치다	* 몽둥이나 창을 들고 내리치는 모양 * 상대를 나에게 기대게(几) 하려고 다스리니(又)	段
80	母	말 무	말다/없다	여자의 몸은 함부로 만지면 안되니	每
81	比	견줄 비	견주다	칼 두 개를 놓고 날카로움을 비교하니	毘
82	毛	털 모	털	털의 모양	毫
83	氏	성 씨	성/뿌리	* 나무의 뿌리 모양 * 성(姓)이 같은 사람은 조상의 뿌리가 같으니	民
84	气	기운 기	기운	구름의 기운이 하늘에 떠다니는 모양	氣
85	水	물 수	물	물이 출렁거리는 모양	氷
86	火	불 화	불	불이 타고 있는 모양	災
87	爪	손톱 조	손톱/손	손톱의 모양	爲
88	父	아버지 부	아버지	도끼를 어깨에 메고 사냥을 가는 어른의 모양	爺
89	爻	점괘 효	점괘/사귀다	점치는 나무가 서로 엇갈린 모양	爾
90	爿	장수장변 나무조각 장	조각/장수	장수가 칼로 반 토막 낸 나무 조각 모양	牀

NO	부수	부수명칭/훈음	기본뜻 및 속뜻	풀 이	예
91	片	조각 편	조각	나무가 갈라진 조각의 모양	版
92	牙	어금니 아	어금니	코끼리의 어금니 모양	掌
93	牛	소 우	소	뿔이 나 있는 소의 모양	牧
94	犬	개 견	개	개가 앞 발을 든 모양	犯
95	玄	검을 현	검다 오묘하다	높이(亠) 올라가 작고(幺) 가물 가물하게 보이니	率
96	玉	구슬 옥	구슬	임금(王)이 갖고 있는 중요(丶)한 것이니	球
97	瓜	오이 과	오이	오이가 덩굴에 달려 있는 모양	
98	瓦	기와 와	기와/질그릇	수키와와 암키와가 서로 엇갈려 겹쳐있는 모습이니	甕
99	甘	달 감	달다/즐거움	혀에 사탕 같은 단 물건이 놓여 있는 모양	甚
100	生	날 생	태어나다/ 살아가다	초목이 흙(土)에서 나서 높이(ㄅ) 자라니	産
101	用	쓸 용	쓰다	울타리(冂)에 많은(キ) 것을 두고 사용하니	甫
102	田	밭 전	밭	나누어진 밭의 모양	申
103	疋	필(짝) 필	발/바르다	* 발의 모양 * 正(바를 정)의 변형	疑
104	疒	병질엄 병들 녁	병	찬(冫) 날씨에 병에 걸린 환자가 어느 장소(厂)에 누워 있는 모양	病
105	癶	필발머리 걸을 발	가다	걸어 가는 사람의 다리 모양	登
106	白	흰 백	희다/ 말하다	밝게 비치는(丿:해가 비치는 모양) 햇빛(日)에 세상이 밝아지니, 밝고 분명하게 말하니	的

NO	부수	부수명칭/훈음	기본뜻 및 속뜻	풀 이	예
107	皮	가죽 피	가죽	짐승의 몸을 덮고(冂)있는 가죽을 뚫고(丨) 다스려(又) 벗기니	
108	皿	그릇 명	그릇	그릇의 모양	盛
109	目	눈 목	눈	눈의 모양	直
110	矛	창 모	창	내(予: 나 여)가 창을 들고 있는 모양	矜
111	矢	화살 시	화살	화살의 모양	知
112	石	돌 석	돌	어느 장소에 있는 돌의 모양	硏
113	示	보일 시	신	신에게 제사를 지내는 제사상이나 제단의 모양	神
114	禸	짐승발자국 유	짐승발자국	울타리(冂)를 넘어온 짐승의 커다란(厶) 발자국 모양	禽
115	禾	벼 화	벼/곡식	고개 숙인(丿: 고개 숙인 모양) 나무(木)니	科
116	穴	구멍 혈	구멍/굴	집(宀)이 오래되어 벽이 갈라져 나눠지면(八: 나누다) 생기는 것이니	窓
117	立	설 립	서다	머리(亠)를 위로 하고 두 발로 땅에 서 있는 모양	章
118	竹	대 죽	대나무/책	대나무의 모양	算
119	米	쌀 미	쌀	사방(十)으로 흩어져 있는 쌀알(丶)의 모양	精
120	糸	실 사	실	실을 감아 놓은 실타래의 모양	綠
121	缶	장군 부	장군/질그릇	질그릇으로 만든 장군의 모양 * 장군: 술이나 간장 등을 담아 옮길 때 쓰는 그릇	缺
122	网	그물 망	그물	그물의 모양	罔

NO	부수	부수명칭/훈음	기본뜻 및 속뜻	풀 이	예
123	羊	양 양	양	양의 모양	美
124	羽	깃 우	날개/깃털	새의 날개에 나 있는 털의 모양	習
125	老	늙을 로	늙다	허리가 굽은(匕) 늙은이(耂)니	考
126	而	말이을 이	이어지다	수염의 난 모양, 수염 사이로 말이 이어지니	耐
127	耒	쟁기 뢰	쟁기	나무로 만든 쟁기의 모양	耕
128	耳	귀 이	귀	귀의 모양	聞
129	聿	붓 율	붓	붓을 손에 들고 있는 모양	肅
130	肉	고기 육	고기/몸	고기 덩어리의 모양	腸
131	臣	신하 신	신하	왕의 눈치를 보며 눈을 좌우로 굴리는 신하의 모습	臥
132	自	스스로 자	코/자기	주름진 코의 모양, 자신을 가리킬 때 얼굴의 코를 가리키니	臭
133	至	이를 지	이르다	화살이 날아와 땅(土)에 꽂힌 모양	致
134	臼	절구 구	절구	절구의 모양	與
135	舌	혀 설	혀	천(千) 번이나 입(口)안에서 움직이는 것이니	舍
136	舛	어그러질 천	어그러지다	* 두 다리를 엇갈리게 꼬고 있는 모습 * 저녁(夕)에 담을 넘을(㐄) 때 발이 어그러지니	舞
137	舟	배 주	배	작은 배의 모양	船
138	艮	그칠 간	그치다	태양(日) 아래서 발(㐅)걸음을 그치고 쉬니	良

NO	부수	부수명칭/훈음	기본뜻 및 속뜻	풀 이	예
139	色	빛 색	빛	뱀(巴)과 다툴(⺈) 때는 얼굴 빛이 달라지니	艷
140	艸	풀 초	풀	초목의 싹이(屮: 싹날 철) 돋아 나온 모양	華
141	虍	범 호	범	범 가죽 무늬의 모양	處
142	虫	벌레 충	벌레	벌레의 모양	蟲
143	血	피 혈	피	내리친 칼(丿: 칼을 내리치는 모양)에 베여 그릇(皿)에 피가 떨어지니	衆
144	行	다닐 행	다니다	장정(丁)들이 곡식을 모으려고(一) 들로 산으로 가니(彳)	術
145	衣	옷 의	옷	머리(亠)를 위로 하고 옷고름(丿)을 날리며 발(𠂊)로 서있는 모양	表
146	襾	덮을 아	덮다	뚜껑을 덮어 막아 놓은 모양	要
147	見	볼 견	보다	눈(目)으로 사람(儿)이 하는 일이니	規
148	角	뿔 각	뿔	뿔의 모양	解
149	言	말씀 언	말	지위가 높은(亠) 사람이 두 번(二) 생각해서 입(口)으로 말하는 것이니	誤
150	谷	골 곡	골짜기	골짜기의 모양	
151	豆	콩 두	콩/제기	제기(祭器: 제사를 지낼 때 사용되는 그릇) 모양을 본뜬 자로 제기와 콩의 모양이 비슷하니	豊
152	豕	돼지 시	돼지/많다	살이 많이 찐 돼지가 서 있는 모양	象
153	豸	발없는벌레 치 해태 태	짐승/벌레	짐승이 몸을 웅크리고 벌레를 덮쳐 들려고 노리는 모양	貌
154	貝	조개 패	재물/조개	* 조개의 모양 * 옛날에는 조개 껍질을 돈 대신 사용했으니	財

NO	부수	부수명칭/훈음	기본뜻 및 속뜻	풀 이	예
155	赤	붉을 적	붉다	땅(土)이 불(灬)에 타고 있으니	赦
156	走	달릴 주	달리다	흙(土)이 발(龰) 위에 튈 정도로 빨리 가니	起
157	足	발 족	발	사람(口)의 발(龰)이니	路
158	身	몸 신	몸	코(自-주름진 코의 모양)가 있는 얼굴, 불룩한 배, 팔 다리가 있는 몸의 모양	驅
159	車	수레 차/거	수레/군대	* 수레의 모양 * 전쟁 시 군대에서 수레를 많이 사용 했으니	輕
160	辛	매울 신	맵다/고생/죄	죄를 지어 십자가(十) 위에 힘들게 서(立) 있으니	辭
161	辰	별 진/때 신	별/때	농사철을 알리는 별이 뜰 때 어느 곳(厂)에 농부의 발(㐅)이 모여(一 一) 농사를 시작하니	農
162	辶	책받침 쉬엄쉬엄갈 착	가다	쉬엄쉬엄 걷고 있는 모양	送
163	邑	고을 읍	고을	사람(口)들이 뱀(巴: 뱀 파)처럼 모여 사는 곳이니	郡
164	酉	닭 유	술/닭	* 술을 담는 술병의 모양 * 12지지(地支) 중 닭을 나타냄- 닭 유	醫
165	釆	분별할 변	분별하다	벼(禾)와 쌀(米)이 섞인 모양으로 종류에 맞게 분별해두니	釋
166	里	마을 리	마을/거리	밭(田) 옆에 있는 땅(土)이니	量
167	金	쇠 금	쇠/금속/재물	사람(人)들이 모여(一) 땅(土)에서 캐는 중요(丶)한 것이니	鐵
168	長	길 장	길다/어른	긴 머리카락(ㅌ)을 가진 노인이 발(㐅)로 서 있는 모양	
169	門	문 문	문	대문의 모양	間
170	阜	언덕 부	언덕	언덕 위에 깃발이 꽂혀 있는 모양	院

NO	부수	부수명칭/훈음	기본뜻 및 속뜻	풀 이	예
171	隶	미칠 이	미치다	힘써(크) 모으면(氺) 목표에 도달하니	隷
172	隹	새 추	새	꽁지가 짧은 새의 모양	雄
173	雨	비 우	비/기상상태	비가 내리는 모양	雲
174	靑	푸를 청	푸르다/젊다	초목이 쌓여(丰) 있는 붉은[円: 丹(붉을 단)의 변형] 흙 위로 자라니	靜
175	非	아닐 비	아니다/날개	새의 날개 모양, 날개는 같은 방향이 아니니	
176	面	낯 면	얼굴/표면	코(自-주름진 코의 모양)가 있는 얼굴의 모양	
177	革	가죽 혁	가죽/고치다	많은(卄) 사람(口)들이 많이(十) 원하는 것이니	靴
178	韋	다룬가죽 위	가죽/어긋나다	* 사람이 가죽을 다루어 옷을 만들고 있는 모양 * 옷을 만들기 위해 가죽을 어긋나게 붙이니	韓
179	韭	부추 구	부추	땅에 나 있는 부추의 모양	韱
180	音	소리 음	소리	서서(立) 말(日: 가로 왈⇒말하다)을 하면 나오는 것이 소리니	韻
181	頁	머리 혈	머리/우두머리	코(自: 주름진 코의 모양)가 있는 부분이니	頭
182	風	바람 풍	바람	무릇(凡: 무릇 범 ⇒ 대체로 보아) 벌레(虫)들이 숨을 땐 바람이 불어오니	颱
183	飛	날 비	날다	새가 날개를 치며 하늘로 날아 오르니	
184	食	밥 식	밥/먹다	사람(人)은 먹는 것을 좋아(良: 어질 량 ⇒ 좋다)하니	養
185	首	머리 수	머리/우두머리	코(自: 주름진 코의 모양)가 있는 얼굴의 위 쪽 높은(亠) 부분이니	
186	香	향기 향	향기	벼(禾)가 햇빛(日)에 잘 익어 고소한 향기가 나니	

부록 1

NO	부수	부수명칭/훈음	기본뜻 및 속뜻	풀 이	예
187	馬	말 마	말	네발로 달리고 있는 말의 모양	騎
188	骨	뼈 골	뼈	몸(月)에서 살을 발라낸 뼈	體
189	高	높을 고	높다	높은(亠) 사람들이(口) 사는 곳은 울타리(冂)도 높으니	
190	髟	머리털늘어질 표	머리털	긴(長) 머리털(彡)이 늘어져 있으니	髮
191	鬥	싸움 투	싸움	왕(王)들이 편을 나눠 싸우니	鬪
192	鬯	울창주 창	울창주/술	그릇(凵)에 담겨 있는 울창주(※)를 숟가락(匕)으로 젓고 있으니 * 울창주 : 향기 나는 술	
193	鬲	솥 력 막을 격	솥/막다	* 다리가 세 개인 솥의 모양 * 불을 지필 때는 바람을 막으니	
194	鬼	귀신 귀	귀신/혼백	귀신의 모양	魂
195	魚	고기 어	물고기	물고기의 모양	鮮
196	鳥	새 조	새	새의 모양	鳴
197	鹵	소금밭 로	소금	소금의 모양	鹽
198	鹿	사슴 록	사슴	사슴의 모양	麗
199	麥	보리 맥	보리	식량이 부족한 보릿고개 때는 보리를 수확하는 날이 천천히(夂) 오는(來) 것처럼 느껴지니	麵
200	麻	삼 마	삼베/저리다	어느 장소(广)에 수풀(林)이 우거지도록 기르는 것이니	麾
201	黃	누를 황	누렇다	사람들(八)이 많이(艹) 모여(一) 일한 것으로 말미암아(由) 곡식이 누렇게 익었으니	
202	黍	기장 서	기장/곡식	벼(禾)와 같이 사람(人)이 모으는(氺) 곡식이니 * 기장 : 볏과의 한해살이 풀	黎

NO	부수	부수명칭/훈음	기본뜻 및 속뜻	풀 이	예
203	黑	검을 흑	검다	흙(土)으로 만든 굴뚝(㸚: 굴뚝모양)이 불(灬)을 지펴 나는 연기에 까매지니	點
204	黹	바느질할 치	바느질하다	실을 꿴 바늘로 수를 놓는 모양	
205	黽	힘쓸 민	힘쓰다/맹꽁이	맹꽁이가 힘써 기어 가는 모양	鼇
206	鼎	솥 정	솥	세 발 달린 솥의 모양	
207	鼓	북 고	북/두드리다	많은(十) 콩(豆)을 통에 넣고 많이(十) 두드리고 또(又) 두드려 큰 소리를 내는 것이니	
208	鼠	쥐 서	쥐	절구(臼)를 뒤지는 쥐의 모양	
209	鼻	코 비	코/시조	스스로(自) 공기를 주고(畀: 줄 비) 받는 곳이니	
210	齊	가지런할 제	가지런하다	벼 보리 등 곡식의 이삭이 가지런한 모양	齋
211	齒	이 치	이	윗부분은 그쳐(止) 있고 아랫부분만 움직이는 이빨의 모양이니	齡
212	龍	용 룡	용	몸을 세워 하늘로 올라가는 용의 모양	
213	龜	거북 귀	거북/터지다/ 땅이름	등이 갈라진 거북의 모양	
214	龠	피리 약	피리	여러 구멍이 나 있는 피리의 모양	

6. 총 복습 1- 3급 배정한자 읽기(본문 나열 순) – 3급(1817字)

1	3일째	一	三	上	下	丈	丁	亭	停	寧	貯
2		打	頂	訂	七	切	不	否	杯	丙	病
3		疫	疾	症	丘	兵	岳	且	祖	組	租
4		宜	助	査	世	葉	蝶	棄	中	仲	忠
5	4일째	患	丹	靑	淸	請	情	精	靜	晴	久
6		之	主	住	注	往	柱	乃	秀	透	誘
7		携	乙	乞	乾	也	地	他	池	九	丸
8		軌	乳	浮	亂	辭	了	予	野	序	事
9	5일째	二	于	宇	云	雲	五	吾	語	悟	互
10		井	耕	形	刑	亞	惡	亡	望	妄	荒
11		盲	忙	忘	茫	冏	交	校	效	較	郊
12		亥	刻	核	該	亦	赤	亨	享	郭	敦
13	6일째	孰	熟	京	景	影	涼	諒	掠	人	今
14		念	陰	含	吟	琴	貪	來	麥	介	界
15		休	信	仁	仙	候	侯	代	貸	伐	以
16		似	令	命	領	冷	嶺	零	付	附	符
17	7일째	府	腐	余	餘	除	途	徐	敍	斜	塗
18		倉	創	蒼	修	條	悠	保	俊	傑	僚
19		偶	遇	愚	萬	勵	元	完	院	冠	兄
20		祝	況	競	克	充	統	銃	沈	枕	深
21	8일째	探	先	洗	光	贊	讚	兆	逃	桃	挑
22		跳	免	免	勉	晚	逸	兒	入	內	納
23		全	兩	滿	八	六	兮	公	松	頌	訟
24		共	供	恭	洪	巷	港	選	其	旗	期
25	9일째	基	欺	具	俱	典	兼	謙	廉	嫌	冊
26		再	構	講	稱	凶	胸	渴	謁	出	屈
27		拙	凡	築	染	風	楓	刀	初	忍	認
28		梁	分	粉	紛	貧	寡	列	例	烈	裂

6.총 복습2 – 3급 배정한자 쓰기(본문 나열 순) – 3급(1817字)

3일째	한 일	석 삼	윗 상	아래 하	어른 장	장정 정	정자 정	머무를 정	편안 녕	쌓을 저
	칠 타	정수리 정	바로잡을 정	일곱 칠	끊을 절	아닐 불	아닐 부	잔 배	남녘 병	병 병
	전염병 역	병 질	증세 증	언덕 구	병사 병	큰산 악	또 차	조상 조	짤 조	조세 조
	마땅 의	도울 조	조사할 사	세상 세	잎 엽	나비 접	버릴 기	가운데 중	버금 중	충성 충
4일째	근심 환	붉을 단	푸를 청	맑을 청	청할 청	뜻 정	정할 정	고요할 정	갤 청	오랠 구
	어조사 지	주인 주	살 주	부을 주	갈 왕	기둥 주	이에 내	빼어날 수	사무칠 투	꿸 유
	이끌 휴	새 을	빌 걸	하늘 건	어조사 야	땅 지	다를 타	연못 지	아홉 구	둥글 환
	바퀴자국 궤	젖 유	뜰 부	어지러울 란	말씀 사	마칠 료	나 여	들 야	차례 서	일 사
5일째	두 이	어조사 우	집 우	이를 운	구름 운	다섯 오	나 오	말씀 어	깨달을 오	서로 호
	우물 정	밭갈 경	모양 형	형벌 형	버금 아	악할 악	망할 망	바랄 망	망령될 망	거칠 황
	소경 맹	바쁠 망	잊을 망	아득할 망	없을 망	사귈 교	학교 교	본받을 효	비교 교	들 교
	돼지 해	새길 각	씨 핵	갖출 해	또 역	붉을 적	형통할 형	누릴 향	성곽 곽	도타울 돈
6일째	누구 숙	익을 숙	서울 경	볕 경	그림자 영	서늘할 량	살펴알 량	노략질할 략	사람 인	이제 금
	생각 념	그늘 음	머금을 함	읊을 음	거문고 금	탐낼 탐	올 래	보리 맥	끼일 개	지경 계
	쉴 휴	믿을 신	어질 인	신선 선	기후 후	제후 후	대신할 대	빌릴 대	칠 벌	써 이
	같을 사	하여금 령	목숨 명	거느릴 령	찰 랭	고개 령	떨어질 령	부칠 부	붙을 부	부호 부
7일째	관청 부	썩을 부	나 여	남을 여	덜 제	길 도	천천히 서	펼 서	비낄 사	힐할 도
	곳집 창	비롯할 창	푸를 창	닦을 수	가지 조	멀 유	지킬 보	준걸 준	뛰어날 걸	동료 료
	짝 우	만날 우	어리석을 우	일만 만	힘쓸 려	으뜸 원	완전할 완	집 원	갓 관	형 형
	빌 축	상황 황	다툴 경	이길 극	채울 충	거느릴 통	총 총	잠길 침	베개 침	깊을 심
8일째	찾을 탐	먼저 선	씻을 세	빛 광	도울 찬	기릴 찬	억조 조	달아날 도	복숭아 도	돋울 도
	뛸 도	토끼 토	면할 면	힘쓸 면	늦을 만	편안할 일	아이 아	들 입	안 내	들일 납
	온전할 전	두 량	찰 만	여덟 팔	여섯 륙	어조사 혜	공평할 공	소나무 송	기릴 송	송사할 송
	한가지 공	이바지할 공	공손할 공	넓을 홍	거리 항	항구 항	가릴 선	그 기	기 기	기약할 기
9일째	터 기	속일 기	갖출 구	함께 구	법 전	겸할 겸	겸손할 겸	청렴할 렴	싫어할 혐	책 책
	두 재	얽을 구	욀 강	일컬을 칭	흥할 흥	가슴 흉	마를 갈	뵐 알	날 출	굽힐 굴
	못날 졸	무릇 범	쌓을 축	물들 염	바람 풍	단풍 풍	칼 도	처음 초	참을 인	알 인
	들보 량	나눌 분	가루 분	어지러울 분	가난할 빈	적을 과	벌일 렬	법식 례	매울 렬	찢어질 렬

29	10일째	別	卷	券	拳	勝	騰	制	製	刺	策
30		束	速	賴	則	側	測	刷	前	副	福
31		富	幅	剛	綱	鋼	力	加	架	賀	勿
32		物	忽	場	陽	傷	腸	湯	揚	楊	暢
33	11일째	易	賜	均	包	砲	胞	飽	抱	化	花
34		貨	北	背	匹	甚	十	計	千	南	索
35		奔	憤	墳	半	伴	判	午	許	卑	碑
36		婢	卒	醉	牛	件	牧	丑	協	脅	卜
37	12일째	外	朴	占	店	點	卓	赴	掛	卯	柳
38		留	貿	卵	卿	印	迎	仰	抑	卽	節
39		鄕	響	旣	槪	慨	潛	厄	危	犯	範
40		怨	原	源	願	泉	線	珍	參	慘	去
41	13일째	法	蓋	却	脚	又	怪	反	返	飯	叛
42		板	版	販	取	最	趣	叔	督	淑	寂
43		友	及	級	吸	口	史	吏	使	可	歌
44		河	何	荷	阿	奇	寄	騎	司	詞	右
45	14일째	若	諾	古	苦	故	枯	姑	固	個	胡
46		湖	召	招	昭	照	句	拘	苟	狗	敬
47		警	驚	只	同	洞	銅	向	各	格	略
48		閣	絡	落	客	額	路	露	合	答	給
49	15일째	拾	塔	君	郡	群	次	資	姿	恣	盜
50		名	銘	告	造	浩	乎	呼	周	週	調
51		品	區	驅	操	燥	員	圓	損	韻	商
52		敵	適	摘	滴	單	戰	彈	禪	唐	糖
53	16일째	困	囚	溫	因	恩	姻	回	圖	菌	四
54		土	吐	坐	座	壇	檀	墻	垂	郵	睡
55		華	畢	佳	桂	封	涯	陸	睦	陵	熱
56		勢	藝	燒	曉	士	仕	吉	結	志	誌

10일째	나눌 별	책 권	문서 권	주먹 권	이길 승	오를 등	절제할 제	지을 제	찌를 자	꾀 책
	묶을 속	빠를 속	의뢰할 뢰	법칙 칙	곁 측	헤아릴 측	인쇄할 쇄	앞 전	버금 부	복 복
	부자 부	폭 폭	굳셀 강	벼리 강	강철 강	힘 력	더할 가	시렁 가	하례할 하	말 물
	물건 물	갑자기 홀	마당 장	볕 양	다칠 상	창자 장	끓을 탕	날릴 양	버들 양	화창할 창
11일째	바꿀 역	줄 사	고를 균	쌀 포	대포 포	세포 포	배부를 포	안을 포	될 화	꽃 화
	재물 화	북녘 북	등 배	짝 필	심할 심	열 십	셀 계	일천 천	남녘 남	찾을 색
	달릴 분	분할 분	무덤 분	반 반	짝 반	판단할 판	낮 오	허락할 허	낮을 비	비석 비
	여종 비	군사 졸	취할 취	소 우	물건 건	칠 목	소 축	화할 협	위협할 협	점 복
12일째	바깥 외	성 박	점칠 점	가게 점	점 점	높을 탁	다다를 부	걸 괘	토끼 묘	버들 류
	머무를 류	무역할 무	알 란	벼슬 경	도장 인	맞을 영	우러를 앙	누를 억	곧 즉	마디 절
	시골 향	울릴 향	이미 기	대개 개	슬퍼할 개	잠길 잠	재앙 액	위태할 위	범할 범	법 범
	원망할 원	언덕 원	근원 원	원할 원	샘 천	줄 선	보배 진	참여할 참	참혹할 참	갈 거
13일째	법 법	덮을 개	물리칠 각	다리 각	또 우	괴이할 괴	돌이킬 반	돌이킬 반	밥 반	배반할 반
	널 판	판목 판	팔 판	취할 취	가장 최	뜻 취	아재비 숙	살필 독	맑을 숙	고요할 적
	벗 우	미칠 급	등급 급	마실 흡	입 구	사기 사	관리 리	부릴 사	옳을 가	노래 가
	물 하	어찌 하	멜 하	언덕 아	기특할 기	부칠 기	말탈 기	맡을 사	말 사	오른 우
14일째	같을 약	허락할 낙	예 고	쓸 고	연고 고	마를 고	시어머니 고	굳을 고	낱 개	되 호
	호수 호	부를 소	부를 초	밝을 소	비출 조	글귀 구	잡을 구	진실로 구	개 구	공경 경
	깨우칠 경	놀랄 경	다만 지	한가지 동	고을 동	구리 동	향할 향	각각 각	격식 격	간략할 략
	집 각	이을 락	떨어질 락	손 객	이마 액	길 로	이슬 로	합할 합	답할 답	줄 급
15일째	주울 습	탑 탑	임금 군	고을 군	무리 군	버금 차	재물 자	모양 자	방자할 자	도둑 도
	이름 명	새길 명	고할 고	지을 조	넓을 호	어조사 호	부를 호	두루 주	주일 주	고를 조
	물건 품	구분할 구	몰 구	잡을 조	마를 조	인원 원	둥글 원	덜 손	운 운	장사 상
	대적할 적	맞을 적	딸 적	물방울 적	홀 단	싸울 전	탄알 탄	선 선	당황할 당	엿 당
16일째	곤할 곤	가둘 수	따뜻할 온	인할 인	은혜 은	혼인 인	돌아올 회	그림 도	버섯 균	넉 사
	흙 토	토할 토	앉을 좌	자리 좌	제단 단	박달나무 단	담 장	드리울 수	우편 우	좋을 수
	빛날 화	마칠 필	아름다울 가	계수나무 계	봉할 봉	물가 애	뭍 륙	화목할 목	언덕 릉	더울 열
	형세 세	재주 예	사를 소	새벽 효	선비 사	섬길 사	길할 길	맺을 결	뜻 지	기록할 지

57	17일째	壬	任	賃	淫	廷	庭	程	聖	壽	鑄
58		夕	多	移	夜	液	夢	蒙	大	太	奈
59		天	夫	扶	替	尖	送	笑	添	央	英
60		映	殃	失	秩	奚	溪	鷄	夷	契	潔
61	18일째	女	奴	努	怒	好	如	恕	汝	妥	爭
62		淨	採	彩	菜	受	授	愛	爵	暖	援
63		緩	隱	姉	妹	始	治	殆	怠	掃	婦
64		歸	妻	姦	康	逮	隷	子	孔	字	庚
65	19일째	孤	厚	承	蒸	孟	猛	宅	托	存	在
66		安	案	宴	官	管	館	追	遣	帥	師
67		宮	害	割	憲	責	債	積	績	家	逐
68		豚	隊	遂	象	像	豫	緣	寒	塞	寫
69	20일째	寅	演	侵	寢	浸	寸	村	守	尋	寺
70		待	特	等	時	詩	持	侍	射	謝	討
71		專	傳	轉	團	惠	對	業	小	少	省
72		妙	沙	抄	秒	劣	尚	賞	償	裳	常
73	21일째	堂	當	黨	嘗	掌	尤	就	尺	局	屋
74		居	尾	展	殿	慰	漏	淚	泥	眉	竝
75		屛	屢	樓	數	山	峯	逢	蜂	屯	鈍
76		純	川	州	洲	訓	順	巡	災	輕	經
77	22일째	徑	腦	惱	工	功	攻	江	紅	項	貢
78		恐	巧	誇	污	聘	左	佐	隨	墮	巨
79		拒	距	己	記	紀	忌	妃	改	已	巳
80		祀	色	絶	邑	把	肥	市	肺	布	希
81	23일째	稀	帝	席	度	渡	庶	弊	幣	蔽	綿
82		錦	絹	帶	滯	干	刊	肝	岸	汗	旱
83		幹	平	評	年	幸	執	擇	澤	譯	驛
84		釋	辛	辯	辨	宰	避	壁	報	服	幼

일차											
17일째	천간 임	맡길 임	품삯 임	음란할 음	조정 정	뜰 정	한도 정	성인 성	목숨 수	쇠불릴 주
	저녁 석	많을 다	옮길 이	밤 야	진 액	꿈 몽	어두울 몽	큰 대	클 태	어찌 내
	하늘 천	남편 부	도울 부	바꿀 체	뾰족할 첨	보낼 송	웃을 소	더할 첨	가운데 앙	꽃부리 영
	비칠 영	재앙 앙	잃을 실	차례 질	어찌 해	시내 계	닭 계	오랑캐 이	맺을 계	깨끗할 결
18일째	여자 녀	종 노	힘쓸 노	성낼 노	좋을 호	같을 여	용서할 서	너 여	온당할 타	다툴 쟁
	깨끗할 정	캘 채	채색 채	나물 채	받을 수	줄 수	사랑 애	벼슬 작	따뜻할 난	도울 원
	느릴 완	숨을 은	손위누이 자	누이 매	비로소 시	다스릴 치	거의 태	게으를 태	쓸 소	며느리 부
	돌아갈 귀	아내 처	간음할 간	편안 강	잡을 체	종 례/예	아들 자	구멍 공	글자 자	천간 경
19일째	외로울 고	두터울 후	이을 승	찔 증	맏 맹	사나울 맹	집 택/댁	맡길 탁	있을 존	있을 재
	편안 안	책상 안	잔치 연	벼슬 관	주관할 관	집 관	따를 추	보낼 견	장수 수	스승 사
	집 궁	해할 해	벨 할	법 헌	꾸짖을 책	빚 채	쌓을 적	길쌈 적	집 가	쫓을 축
	돼지 돈	무리 대	드디어 수	코끼리 상	모양 상	미리 예	인연 연	찰 한	막힐 색	베낄 사
20일째	범 인	펼 연	침노할 침	잘 침	잠길 침	마디 촌	마을 촌	지킬 수	찾을 심	절 사
	기다릴 대	특별할 특	무리 등	때 시	시 시	가질 지	모실 시	쏠 사	사례할 사	칠 토
	오로지 전	전할 전	구를 전	모일 단	은혜 혜	대할 대	일 업	작을 소	적을 소	살필 성
	묘할 묘	모래 사	뽑을 초	분초 초	못할 렬	오히려 상	상줄 상	갚을 상	치마 상	항상 상
21일째	집 당	마땅 당	무리 당	맛볼 상	손바닥 장	더욱 우	나아갈 취	자 척	판 국	집 옥
	살 거	꼬리 미	펼 전	전각 전	위로할 위	샐 루	눈물 루	진흙 니	눈썹 미	나란히 병
	병풍 병	여러 루	다락 루	셀 수	메 산	봉우리 봉	만날 봉	벌 봉	진칠 둔	둔할 둔
	순수할 순	내 천	고을 주	물가 주	가르칠 훈	순할 순	돌 순	재앙 재	가벼울 경	지날 경
22일째	지름길 경	뇌 뇌	괴로워할 뇌	장인 공	공 공	칠 공	강 강	붉을 홍	항목 항	바칠 공
	두려울 공	공교할 교	자랑할 과	더러울 오	부를 빙	왼 좌	도울 좌	따를 수	떨어질 타	클 거
	막을 거	떨어질 거	몸 기	기록할 기	벼리 기	꺼릴 기	왕비 비	고칠 개	이미 이	뱀 사
	제사 사	빛 색	끊을 절	고을 읍	잡을 파	살찔 비	시장 시	허파 폐	베 포	바랄 희
23일째	드물 희	임금 제	자리 석	법도 도	건널 도	여러 서	폐단 폐	화폐 폐	덮을 폐	솜 면
	비단 금	비단 견	띠 대	막힐 체	방패 간	새길 간	간 간	언덕 안	땀 한	가물 한
	줄기 간	평평할 평	평할 평	해 년	다행 행	잡을 집	가릴 택	못 택	번역할 역	역 역
	풀 석	매울 신	말씀 변	분별할 변	재상 재	피할 피	벽 벽	갚을 보	옷 복	어릴 유

85	24일째	幽	幾	機	畿	斷	繼	樂	藥	關	聯
86		顯	濕	建	健	筆	律	書	畫	畵	劃
87		盡	肅	弄	算	式	試	戌	茂	戊	咸
88		感	減	威	戚	滅	戒	械	賊	成	城
89	25일째	盛	誠	或	國	域	惑	哉	鐵	栽	載
90		裁	錢	殘	淺	踐	賤	弓	引	弘	强
91		弱	弔	弟	第	費	佛	拂	役	投	設
92		殺	段	穀	毁	擊	繫	後	冬	終	夏
93	26일째	憂	優	復	複	腹	履	覆	育	徹	微
94		徵	懲	心	思	急	恥	慧	必	密	蜜
95		祕	決	缺	快	訣	悅	脫	說	稅	銳
96		閱	愈	輸	憐	隣	瞬	降	恨	限	眼
97	27일째	根	銀	退	懇	良	朗	浪	娘	郎	廊
98		食	飮	吹	誤	娛	飢	飾	我	餓	義
99		議	儀	戶	肩	所	啓	篇	偏	編	遍
100		手	看	拜	才	材	財	抗	航	拔	髮
101	28일째	指	捕	浦	補	博	薄	簿	換	謠	搖
102		遙	寶	陶	擔	支	技	枝	搜	收	叫
103		糾	敢	嚴	巖	散	斗	科	料	文	紋
104		斥	近	新	折	哲	誓	逝	祈	質	析
105	29일째	斯	漸	暫	慙	斥	訴	方	放	房	防
106		訪	妨	芳	倣	傲	激	傍	族	旅	施
107		遊	旋	於	日	旦	但	得	量	糧	宣
108		恒	冥	早	草	朝	潮	廟	旬	殉	昌
109	30일째	唱	冒	慢	漫	昇	飛	明	盟	昔	惜
110		借	錯	籍	是	題	提	堤	作	昨	詐
111		春	奉	泰	奏	普	譜	暴	爆	假	暇
112		異	翼	曆	歷	日	曲	更	便	硬	曾

24일째	그윽할 유	몇 기	틀 기	경기 기	끊을 단	이을 계	즐길 락	약 약	관계할 관	연이을 련
	나타날 현	젖을 습	세울 건	굳셀 건	붓 필	법칙 률	글 서	낮 주	그림 화	그을 획
	다할 진	엄숙할 숙	희롱할 롱	셈할 산	법 식	시험 시	천간 무	무성할 무	개 술	다 함
	느낄 감	덜 감	위엄 위	친척 척	멸할 멸	경계할 계	기계 계	도둑 적	이룰 성	재 성
25일째	성할 성	정성 성	혹시 혹	나라 국	지경 역	미혹할 혹	어조사 재	쇠 철	심을 재	실을 재
	마를 재	돈 전	남을 잔	얕을 천	밟을 천	천할 천	활 궁	끌 인	클 홍	강할 강
	약할 약	조상할 조	아우 제	차례 제	쓸 비	부처 불	떨칠 불	부릴 역	던질 투	베풀 설
	죽일 살	층계 단	곡식 곡	헐 훼	칠 격	맬 계	뒤 후	겨울 동	마칠 종	여름 하
26일째	근심 우	넉넉할 우	회복할 복	겹칠 복	배 복	밟을 리	뒤집힐 복	기를 육	통할 철	작을 미
	부를 징	징계할 징	마음 심	생각 사	급할 급	부끄러울 치	슬기로울 혜	반드시 필	빽빽할 밀	꿀 밀
	숨길 비	결단할 결	이지러질 결	쾌할 쾌	이별할 결	기쁠 열	벗을 탈	말씀 설	세금 세	날카로울 예
	볼 열	나을 유	보낼 수	불쌍히여길 련	이웃 린	눈깜짝일 순	내릴 강	원한 한	한할 한	눈 안
27일째	뿌리 근	은 은	물러날 퇴	간절할 간	어질 량	밝을 랑	물결 랑	계집 낭	사내 랑	행랑 랑
	먹을 식	마실 음	불 취	그르칠 오	즐거워할 오	주릴 기	꾸밀 식	나 아	주릴 아	옳을 의
	의논할 의	거동 의	집 호	어깨 견	바 소	열 계	책 편	치우칠 편	엮을 편	두루 편
	손 수	볼 간	절 배	재주 재	재목 재	재물 재	겨룰 항	배 항	뽑을 발	터럭 발
28일째	가리킬 지	잡을 포	개 포	기울 보	넓을 박	엷을 박	무서 부	바꿀 환	노래 요	흔들 요
	멀 요	보배 보	질그릇 도	멜 담	지탱할 지	재주 기	가지 지	찾을 수	거둘 수	부르짖을 규
	얽힐 규	감히 감	엄할 엄	바위 암	흩을 산	말 두	과목 과	헤아릴 료	글월 문	무늬 문
	도끼 근	가까울 근	새 신	꺾을 절	밝을 철	맹세할 서	갈 서	빌 기	바탕 질	쪼갤 석
29일째	이 사	점점 점	잠깐 잠	부끄러울 참	물리칠 척	호소할 소	방위 방	놓을 방	방 방	막을 방
	찾을 방	방해할 방	꽃다울 방	본뜰 방	거만할 오	격할 격	곁 방	겨레 족	나그네 려	베풀 시
	놀 유	돌 선	어조사 어	해 일	아침 단	다만 단	얻을 득	헤아릴 량	양식 량	베풀 선
	항상 항	어두울 명	이를 조	풀 초	아침 조	조수 조	사당 묘	열흘 순	따라죽을 순	창성할 창
30일째	부를 창	무릅쓸 모	거만할 만	흩어질 만	오를 승	날 비	밝을 명	맹세 맹	예 석	아낄 석
	빌릴 차	어긋날 착	문서 적	옳을 시	제목 제	끌 제	둑 제	지을 작	어제 작	속일 사
	봄 춘	받들 봉	클 태	아뢸 주	넓을 보	족보 보	사나울 폭	터질 폭	거짓 가	틈 가
	다를 이	날개 익	책력 력	지날 력	가로 왈	굽을 곡	고칠 경	편할 편	굳을 경	일찍 증

113	31일째	增	憎	贈	僧	層	會	月	木	有	朋
114		崩	朔	逆	厥	本	末	未	味	李	林
115		床	漆	禁	森	桑	東	陳	陣	凍	果
116		課	甘	某	謀	媒	朱	株	珠	殊	榮
117	32일째	營	勞	螢	檢	儉	險	驗	劍	論	輪
118		倫	極	欄	蘭	練	鍊	權	勸	觀	歡
119		漢	難	歎	勤	僅	謹	止	企	肯	武
120		賦	步	歲	涉	頻	延	誕	齒	御	正
121	33일째	政	征	整	定	此	紫	死	葬	母	每
122		海	梅	悔	侮	敏	繁	毒	比	批	混
123		皆	階	毛	毫	豪	氏	紙	低	底	抵
124		昏	婚	民	眠	氣	汽	水	氷	永	泳
125	34일째	詠	求	球	救	沒	陷	沿	鉛	船	派
126		脈	流	疏	蔬	火	炎	談	淡	灰	炭
127		然	燃	燕	無	舞	爲	僞	父	片	壯
128		裝	莊	將	獎	狀	藏	臟	牙	雅	芽
129	35일째	邪	犬	伏	器	哭	壓	獸	獄	獵	獨
130		觸	燭	濁	屬	遲	玄	絃	畜	蓄	率
131		牽	兹	慈	玉	班	王	皇	狂	瓦	生
132		姓	性	星	隆	産	顔	用	備	庸	通
133	36일째	痛	勇	誦	田	男	細	累	苗	畓	踏
134		畏	番	審	播	飜	雷	由	油	宙	笛
135		抽	甲	押	申	電	神	伸	坤	疑	凝
136		礎	癸	登	燈	證	發	廢	白	伯	拍
137	37일째	迫	泊	貌	百	宿	縮	的	約	皮	疲
138		破	波	彼	被	頗	益	目	直	植	置
139		値	眞	鎭	愼	循	德	聽	廳	相	想
140		霜	務	霧	柔	矢	知	智	短	矣	石

31일째	더할 증	미워할 증	줄 증	중 승	층 층	모일 회	달 월	나무 목	있을 유	벗 붕
	무너질 붕	초하루 삭	거스를 역	그 궐	근본 본	끝 말	아닐 미	맛 미	오얏 리	수풀 림
	상 상	옻 칠	금할 금	수풀 삼	뽕나무 상	동녘 동	베풀 진	진칠 진	얼 동	실과 과
	공부할 과	달 감	아무 모	꾀 모	중매 매	붉을 주	그루 주	구슬 주	다를 수	영화 영
32일째	경영할 영	일할 로	반딧불 형	검사할 검	검소할 검	험할 험	시험 험	칼 검	논할 론	바퀴 륜
	인류 륜	다할 극	난간 란	난초 란	익힐 련	단련할 련	권세 권	권할 권	볼 관	기쁠 환
	한나라 한	어려울 난	탄식할 탄	부지런할 근	겨우 근	삼갈 근	그칠 지	꾀할 기	즐길 긍	호반 무
	부세 부	걸음 보	해 세	건널 섭	자주 빈	늘일 연	낳을 탄	이 치	거느릴 어	바를 정
33일째	정사 정	칠 정	가지런할 정	정할 정	이 차	자주빛 자	죽을 사	장사지낼 장	어머니 모	매양 매
	바다 해	매화 매	뉘우칠 회	업신여길 모	민첩할 민	번성할 번	독 독	견줄 비	비평할 비	섞을 혼
	다 개	섬돌 계	털 모	터럭 호	호걸 호	성 씨	종이 지	낮을 저	밑 저	막을 저
	어두울 혼	혼인할 혼	백성 민	잘 면	기운 기	물끓는김 기	물 수	얼음 빙	길 영	헤엄칠 영
34일째	읊을 영	구할 구	공 구	구원할 구	빠질 몰	빠질 함	물따라갈 연	납 연	배 선	갈래 파
	줄기 맥	흐를 류	소통할 소	나물 소	불 화	불꽃 염	말씀 담	맑을 담	재 회	숯 탄
	그럴 연	탈 연	제비 연	없을 무	춤출 무	할 위	거짓 위	아버지 부	조각 편	장할 장
	꾸밀 장	씩씩할 장	장수 장	장려할 장	형상 상	감출 장	오장 장	어금니 아	맑을 아	싹 아
35일째	간사할 사	개 견	엎드릴 복	그릇 기	울 곡	누를 압	짐승 수	감옥 옥	사냥 렵	홀로 독
	닿을 촉	촛불 촉	흐릴 탁	붙일 속	늦을 지	검을 현	줄 현	짐승 축	모을 축	비율 률
	끌 견	이 자	사랑 자	구슬 옥	나눌 반	임금 왕	임금 황	미칠 광	기와 와	살 생
	성 성	성품 성	별 성	높을 륭	낳을 산	낯 안	쓸 용	갖출 비	떳떳할 용	통할 통
36일째	아플 통	날랠 용	욀 송	밭 전	사내 남	가늘 세	여러 루	모 묘	논 답	밟을 답
	두려워할 외	차례 번	살필 심	뿌릴 파	번역할 번	우레 뢰	말미암을 유	기름 유	집 주	피리 적
	뽑을 추	갑옷 갑	누를 압	펼/납 신	번개 전	귀신 신	펼 신	땅 곤	의심할 의	엉길 응
	주춧돌 초	천간 계	오를 등	등 등	증거 증	필 발	폐할 폐	흰 백	맏 백	칠 박
37일째	핍박할 박	머무를 박	모양 모	일백 백	잘 숙	줄일 축	과녁 적	맺을 약	가죽 피	피곤할 피
	깨뜨릴 파	물결 파	저 피	입을 피	자못 파	더할 익	눈 목	곧을 직	심을 식	둘 치
	값 치	참 진	진압할 진	삼갈 신	돌 순	큰 덕	들을 청	관청 청	서로 상	생각 상
	서리 상	힘쓸 무	안개 무	부드러울 유	화살 시	알 지	지혜 지	짧을 단	어조사 의	돌 석

141	38일째	拓	研	確	碧	示	視	社	宗	崇	祭
142		際	察	票	標	漂	價	西	要	腰	栗
143		粟	煙	遷	祿	綠	錄	禾	私	利	梨
144		和	種	秋	愁	委	季	香	稻	稚	稿
145	39일째	高	橋	矯	乘	穴	空	究	窓	窮	突
146		竊	立	位	泣	部	倍	培	音	意	億
147		憶	識	職	織	暗	竟	境	鏡	章	障
148		妾	接	童	竹	筋	米	粧	迷	菊	絲
149	40일째	素	系	係	孫	縣	懸	變	戀	總	聰
150		罪	罰	羊	洋	美	養	樣	着	差	善
151		達	詳	祥	羽	習	翁	考	老	孝	者
152		敎	都	著	緖	諸	署	暑	而	耐	端
153	41일째	需	儒	耳	聲	耶	攝	肉	肯	消	削
154		胃	謂	能	態	罷	臣	堅	賢	緊	臥
155		臨	監	鑑	濫	覽	鹽	自	息	鼻	邊
156		身	面	首	道	導	臭	至	室	致	到
157	42일째	倒	臺	姪	與	擧	譽	興	興	學	覺
158		舌	活	話	舍	捨	舟	般	盤	茶	莫
159		墓	模	幕	漠	慕	暮	募	虎	號	處
160		據	劇	虛	戲	遞	慮	爐	獻	隔	蟲
161	43일째	蛇	血	衆	行	街	衛	述	術	衝	衡
162		衣	依	遠	園	表	哀	衰	環	還	裏
163		壞	讓	壤	懷	喪	見	親	現	規	寬
164		角	解	谷	俗	浴	容	欲	慾	裕	言
165	44일째	豆	頭	樹	鬪	豈	豐	體	禮	鼓	喜
166		貝	敗	貞	貴	遺	買	賣	讀	續	貫
167		慣	實	負	賓	走	起	超	越	徒	從
168		縱	足	蹟	跡	促	捉	車	連	蓮	庫

38일째	넓힐 척	갈 연	굳을 확	푸를 벽	보일 시	볼 시	모일 사	마루 종	높을 숭	제사 제
	가 제	살필 찰	표 표	표할 표	떠다닐 표	값 가	서녘 서	요긴할 요	허리 요	밤 률
	조 속	연기 연	옮길 천	녹 록	푸를 록	기록할 록	벼 화	사사로울 사	이할 리	배 리
	화할 화	씨 종	가을 추	근심 수	맡길 위	계절 계	향기 향	벼 도	어릴 치	원고 고
39일째	높을 고	다리 교	바로잡을 교	탈 승	구멍 혈	빌 공	연구할 구	창 창	다할 궁	갑자기 돌
	훔칠 절	설 립	자리 위	울 읍	떼 부	곱 배	북돋울 배	소리 음	뜻 의	억 억
	생각할 억	알 식	직분 직	짤 직	어두울 암	마침내 경	지경 경	거울 경	글 장	막을 장
	첩 첩	이을 접	아이 동	대 죽	힘줄 근	쌀 미	단장할 장	미혹할 미	국화 국	실 사
40일째	본디 소	이어맬 계	맬 계	손자 손	고을 현	매달 현	변할 변	그리워할 련	다 총	귀밝을 총
	허물 죄	벌할 벌	양 양	큰바다 양	아름다울 미	기를 양	모양 양	붙을 착	다를 차	착할 선
	통달할 달	자세할 상	상서로울 상	깃 우	익힐 습	늙은이 옹	생각할 고	늙을 로	효도 효	놈 자
	가르칠 교	도울 도	나타날 저	실마리 서	모두 제	마을 서	더울 서	말이을 이	견딜 내	끝 단
41일째	쓰일 수	선비 유	귀 이	소리 성	어조사 야	잡을 섭	고기 육	닮을 초	사라질 소	깎을 삭
	밥통 위	이를 위	능할 능	모습 태	마칠 파	신하 신	굳을 견	어질 현	긴할 긴	누울 와
	임할 림	볼 감	거울 감	넘칠 람	볼 람	소금 염	스스로 자	쉴 식	코 비	가 변
	몸 신	낯 면	머리 수	길 도	인도할 도	냄새 취	이를 지	집 실	이를 치	이를 도
42일째	넘어질 도	대 대	조카 질	줄 여	들 거	기릴 예	일 흥	수레 여	배울 학	깨달을 각
	혀 설	살 활	말씀 화	집 사	버릴 사	배 주	일반 반	소반 반	차 차	없을 막
	무덤 묘	본뜰 모	장막 막	넓을 막	그릴 모	저물 모	모을 모	범 호	이름 호	곳 처
	근거 거	심할 극	빌 허	놀이 희	갈릴 체	생각할 려	화로 로	드릴 헌	사이뜰 격	벌레 충
43일째	뱀 사	피 혈	무리 중	다닐 행	거리 가	지킬 위	펼 술	재주 술	찌를 충	저울대 형
	옷 의	의지할 의	멀 원	동산 원	겉 표	슬플 애	쇠할 쇠	고리 환	돌아올 환	속 리
	흙덩이 양	사양할 양	무너질 괴	품을 회	잃을 상	볼 견	친할 친	나타날 현	법 규	너그러울 관
	뿔 각	풀 해	골 곡	풍속 속	목욕할 욕	얼굴 용	하고자할 욕	욕심 욕	넉넉할 유	말씀 언
44일째	콩 두	머리 두	나무 수	싸움 투	어찌 기	풍년 풍	몸 체	예도 례	북 고	기쁠 희
	조개 패	패할 패	곧을 정	귀할 귀	남길 유	살 매	팔 매	읽을 독	이을 속	펠 관
	익숙할 관	열매 실	질 부	손 빈	달릴 주	일어날 기	뛰어넘을 초	넘을 월	무리 도	좇을 종
	세로 종	발 족	자취 적	발자취 적	재촉할 촉	잡을 착	수레 차	이을 련	연꽃 련	창고 고

169	45일째	軟	軒	軍	運	揮	輝	辰	振	震	農
170		晨	辱	脣	那	邦	酉	酒	配	醫	酌
171		醜	尊	猶	遵	里	理	埋	重	動	金
172		鍾	針	鎖	長	帳	張	門	問	聞	開
173	46일째	閉	間	簡	閑	閏	潤	憫	集	進	準
174		雜	推	雄	舊	維	羅	催	雙	唯	惟
175		雖	誰	奮	奪	離	禽	護	獲	穫	應
176		雁	曜	濯	躍	擁	懼	鳥	島	鳴	焉
177	47일째	鳳	鶴	鴻	烏	鳴	雨	雪	靈	非	悲
178		排	輩	革	韓	偉	圍	違	緯	頃	傾
179		類	須	顧	煩	馬	篤	騷	骨	禍	過
180		鬼	魂	愧	塊	魚	漁	鮮	蘇	鹿	麗
181		慶	薦	麻	磨	黃	廣	鑛	擴	橫	黑
182		默	墨	齊	濟	龍	襲	龜			

45일째	연할 연	집 헌	군사 군	옮길 운	휘두를 휘	빛날 휘	별 진	떨칠 진	우레 진	농사 농
	새벽 신	욕될 욕	입술 순	어찌 나	나라 방	닭 유	술 주	나눌 배	의원 의	술따를 작
	추할 추	높을 존	오히려 유	좇을 준	마을 리	다스릴 리	묻을 매	무거울 중	움직일 동	쇠 금
	쇠북 종	바늘 침	쇠사슬 쇄	긴 장	장막 장	베풀 장	문 문	물을 문	들을 문	열 개
46일째	닫을 폐	사이 간	대쪽 간	한가할 한	윤달 윤	불을 윤	불쌍히여길 민	모을 집	나아갈 진	준할 준
	섞일 잡	밀 추	수컷 웅	예 구	벼리 유	벌릴 라	재촉할 최	둘 쌍	오직 유	생각할 유
	비록 수	누구 수	떨칠 분	빼앗을 탈	떠날 리	새 금	도울 호	얻을 획	거둘 확	응할 응
	기러기 안	빛날 요	씻을 탁	뛸 약	낄 옹	두려워할 구	새 조	섬 도	울 명	어찌 언
47일째	봉황새 봉	두루미 학	기러기 홍	까마귀 오	슬플 오	비 우	눈 설	신령 령	아닐 비	슬플 비
	밀칠 배	무리 배	가죽 혁	한국 한	위대할 위	에워쌀 위	어길 위	씨 위	이랑 경	기울 경
	무리 류	모름지기 수	돌아볼 고	번거로울 번	말 마	도타울 독	떠들 소	뼈 골	재앙 화	지날 과
	귀신 귀	넋 혼	부끄러울 괴	흙덩이 괴	물고기 어	고기잡을 어	고울 선	소생할 소	사슴 록	고울 려
	경사 경	천거할 천	삼 마	갈 마	누를 황	넓을 광	쇳돌 광	넓힐 확	가로 횡	검을 흑
	잠잠할 묵	먹 묵	가지런할 제	건널 제	용 룡	엄습할 습	거북 귀			

부록2

한자의 기초 및
한자능력검정시험 안내

한자의 기초。
한자능력검정시험 응시 요강。
전국한자능력검정시험 예상문제 및 정답。

한자의 기초

● 3요소(要素)

한자는 글자 하나하나가 뜻을 지닌 글자로써 표의문자(表意文字)라고도 하며,
각 글자마다 각각의 모양[形]과 뜻[訓], 소리[音]를 가지고 있는데, 이를 한자의 3요소라 합니다.

● 육서(六書)

한자를 만드는 여섯 가지 원리를 육서라고 합니다.
육서에는 사물의 모양을 그대로 본떠 만들어진 상형(象形),
상징적 부호로 약속을 해서 만들어진 지사(指事),
의미와 의미가 결합되어 새로운 의미를 만들어낸 회의(會意),
뜻을 나타내는 한자와 소리를 나타내는 한자를 결합하여 만들어낸 형성(形聲),
그리고 한자의 활용(活用)과 확장성(擴張性) 부분인 전주(轉注)와 가차(假借)가 있습니다.

1. 상형 (象形)

한자를 만드는 가장 기본적인 원리로 사물의 모양을 본뜬 글자입니다.
예) 입[口], 사람[人], 산[山], 달[月], 해[日], 거북[龜]

2. 지사 (指事)

상형으로 나타낼 수 없는 사상(思想)이나 개념을
선이나 점으로 나타내 글자로 만드는 원리입니다.
예) 上(윗 상) 과 下(아래 하) 또는 一, 二, 三 역시
　　선의 개수를 이용해서 숫자 개념을 문자로 변형한 것이라 할 수 있습니다.

3. 회의 (會意)

뜻이 모인다는 뜻으로, 한자를 만들 때
의미에 중점을 두고 두 개 이상의 문자를 합성하는 방법입니다.
예) 日(해 일) + 月(달 월) = 明(밝을 명)
　　木(나무 목) + 木(나무 목) = 林(수풀 림)

4. 형성 (形聲)

모양[形:의미]과 소리[聲:발음]를
나타내는 부분을 결합하여 새로운 글자를 만드는 원리입니다.

예) 氵(삼수변) + 靑(푸를 청) = 淸(맑을 청)
    艹(풀 초) + 化(될 화) = 花(꽃 화)

형성은 한자의 생성 및 발전에 획기적인 전환점이 되었고,
그 발전에 힘입어 한자어의 90% 이상을 차지하게 되었습니다.
형성은 육서 중에서 원리가 가장 쉬운데 체계적인 정리가 가능하기 때문입니다.
이런 정리를 가능하게 하는 것은 형성의 모양[形:의미]부분으로
한자 이해의 핵심인 부수자(部首字)입니다.

5. 전주 (轉注)

이미 있는 글자의 의미를 확대 및 변화하여 새로운 뜻을 나타내는 원리입니다.

예) 樂의 윗부분은 큰북과 작은북을,
    아래부분의 木는 북을 설치하는 나무 받침대를 본뜬 것 입니다.
    • 樂의 원래 뜻 : 노래 악 예) 音樂(음악) 樂報(악보)
    • 새로운 뜻   : 즐길 라 예) 苦樂(고락) 享樂(향락)
                    좋아할 요 예) 樂山樂水(요산요수)

6. 가차 (假借)

글자의 본래 의미와는 상관없이 발음이 같은 글자를 빌려서 나타내는 원리입니다.
대부분 외국어의 표기를 목적으로 사용하고, 부사어적(副詞語的) 표현, 의성어(擬聲語),
의태어(擬態語)에도 가차의 개념을 사용합니다.

예) 달러 화폐의 모양 그대로 사용하는 '弗'[화폐단위],
    아시아(Asia)의 음역(音譯)인 '亞世亞'(아세아),
    프랑스를 뜻하는 불란서(佛蘭西),
    의젓하고 버젓한 모양의 의미 '堂堂'(당당).

● 부수의 위치와 명칭

 한자의 부수(部首) 214자는 옥편에서 한자를 찾을 때 꼭 필요하며, 형성문자의 의미부(意味部)는 모두 이 부수자(部首字)이므로 한자의 뜻을 이해하는 데 꼭 필요한 부분입니다. 같은 부수자에 속한 글자는 대체로 부수자가 지니고 있는 큰 개념을 공유하게 됩니다. 예를 들면 休, 信, 作, 仁 등은 사람과 관련된 의미를 갖고, 江, 海, 洋, 淸 등은 물과 관련된 의미를 갖습니다. 부수는 글자 안에서 일정한 위치를 차지하며, 그 위치에 따라 다음과 같이 나누어집니다.

1. **변(邊)** : 부수가 글자의 왼쪽에 있는 경우

    亻(사람인변) 예) 休, 住, 信, 作, 個

2. **방(傍)** : 부수가 글자의 오른쪽에 있는 경우

    刂(선칼도방) 예) 利, 別, 判

3. **머리** : 부수가 글자의 윗부분에 있는 경우

    艹(초두머리) 예) 草, 花, 落

4. **발** : 부수가 글자의 아랫부분에 있는 경우

    心(마음 심) 예) 思, 念, 急

5. **엄** : 부수가 글자의 위부터 왼쪽에 걸쳐 있는 경우

    广(엄 호) 예) 度, 庭, 廣

6. **받침** : 부수가 글자의 왼쪽부터 아래에 걸쳐 있는 경우

    辶(책받침) 예) 道, 速, 通

7. **에운담(몸)** : 부수가 글자의 전체나 일부를 에워싸고 있는 경우

    囗(큰입구에운담) 예) 四, 國, 園
    門(문 문) 예) 間, 開, 閉
    凵(위터진입 구) 예) 出, 凶, 凾
    匚(터진에운담) 예) 區, 匹, 匿

8. **제부수** : 한 글자 전체가 그대로 부수인 것

    예) 一, 乙, 二, 人, 入, 八, 刀, 力, 十, 口, 土,
    　　大, 山, 木, 身, 車, 邑, 門, 魚, 鳥, 齒, 龜

●자전(字典) 찾는 방법

자전이란 한자의 부수(部首) 214자와 획수에 따라 분류한 한자를 차례로 배열하여 각 글자의 훈(訓)과 음(音)을 정리한 책으로 옥편이라고도 합니다. 한자는 한글이나 영어 같은 소리글자[표음문자(表音文字)]와는 달리 뜻글자[표의문자 (表意文字)]이기 때문에 글자만 보고는 음을 구별할 수가 없습니다. 그래서 자전에서는 한자를 부수 별로 분류하여 쉽게 찾을 수 있게 한 것 입니다.

그럼 休(쉴 휴)를 이용하여 자전을 찾는 여러 가지 방법을 알아볼까요?

1. 부수 색인 이용법

자전에는 부수를 획수 순으로 정리한 부수 색인이 있습니다.

① 먼저 '休'의 부수가 'イ'라는 것을 알아야 합니다.
② 'イ'의 획수가 2획이라는 것을 알고
③ 자전의 부수색인 2획 부분에서 'イ'를 찾으세요
④ 'イ'에 해당되는 쪽수를 찾으신 후에
⑤ '休'에서 부수를 뺀 나머지 부분인 木의 획수를 세보시고
⑥ 4획 부분에서 '休'를 찾으세요
⑦ '休'의 훈과 음을 확인하세요

2. 총획 색인 이용법

한자의 부수나, 음을 모를 때 사용합니다. 자전에는 한자를 총 획수 순으로 정리하고 같은 획수의 한자는 부수 순으로 정리한 총획 색인이 있습니다.

① 먼저 '休'의 총 획수가 6획이라는 것을 알아야 합니다.
② 총획 색인의 6획 부분에서 '休'를 찾으세요.
③ '休'에 해당되는 쪽수를 찾으시고
④ '休'의 훈과 음을 확인하세요

3. 자음 색인 이용법

주로 한자의 부수는 모르고 한자의 음만 알 때 사용합니다.
자전에는 한자의 음을 '가나다' 순으로 정리한 자음 색인이 있습니다.

① 먼저 '休'의 음이 '휴'라는 것을 알아야 합니다.
② 자전의 자음 색인 '휴' 부분에서 '休'를 찾으세요
③ '休'에 해당되는 쪽수를 찾아보시고
④ '休'의 훈과 음을 확인하세요

● 한자어(漢字語)의 짜임

한자(漢字)는 중국에서 기원된 글자로 한자어와 한문의 기초가 되는 글자며
한자어(漢字語)는 한자가 하나 또는 둘 이상의 한자가 모여 이루어진 낱말입니다.
한문(漢文)은 한자와 한자어로 이루어져 일정한 뜻을 나타내며 기록된 문장입니다.
한자어의 짜임을 살펴보면 다음과 같습니다.

1. 주술(主述) 관계 (주어 + 서술어 = ~가 ~이다, ~이 ~하다)

- 月出(월출) : 달이 뜨다
- 月明(월명) : 달이 밝다,
- 春來(춘래) : 봄이 오다
- 花開(화개) : 꽃이 피다

2. 술목(述目) 관계 (서술어 + 목적어 = ~하다 ~을)

- 讀書(독서) : 읽다 책을 ⇒ 책을 읽다
- 卒業(졸업) : 마치다 학업을 ⇒ 학업을 마치다
- 修身(수신) : 닦다 몸을 ⇒ 몸을 닦다
- 愛國(애국) : 사랑하다 나라를 ⇒ 나라를 사랑하다

3. 술보(述補) 관계 (서술어 + 보어)

- 登山(등산) : 오르다 산에 ⇒ 산에 오른다
- 如海(여해) : 같다 바다와 ⇒ 바다와 같다
- 有信(유신) : 있다 믿음이 ⇒ 믿음이 있다
- 無患(무환) : 없다 근심이 ⇒ 근심이 없다

4. 수식(修飾) 관계 (수식어 + 피수식어)

- 체언 + 체언 (~의~) 예) 國土(국토) ⇒ 나라의 땅   • 체언 : 문장에서 주어 역할을 하는 말
- 관형어 + 체언 (~ㄴ~) 예) 明月(명월) ⇒ 밝은 달
- 부사어 + 용언 (~하게~) 예) 晚成(만성) ⇒ 늦게 이루다

5. 유사(類似) 관계 (서로 비슷한 뜻을 가진 한자가 나란히 놓인 한자어)

- 뜻이 같은 경우 예) 海洋(해양) 溫暖(온난) 星辰(성신)
- 뜻이 비슷한 경우 예) 正直(정직) 公正(공정) 善良(선량)
- 첩어(疊語) 예) 明明(명명) 洋洋(양양) 堂堂(당당)   • 첩어 : 같은 글자가 반복되는 단어

6. 대립(對立) 관계 (서로 반대의 뜻을 가진 한자가 나란히 놓인 한자어)

- 有無(유무) : 있고 없다
- 大小(대소) : 크고 작다
- 高低(고저) : 높고 낮다
- 長短(장단) : 길고 짧다
- 遠近(원근) : 멀고 가깝다
- 强弱(강약) : 강하고 약하다

● 한자의 획(劃)과 획수(劃數)

1. 획 (한자를 이루는 선과 점)

획의 명칭에는 점, 가로획, 세로획, 갈고리, 삐침, 파임, 받침 등이 있어요

- 점 예) 、
- 직선 예) 一(가로획), ㅣ(세로획) 亅(갈고리)
- 곡선 예) 丿(삐침), 乀(파임), 辶(받침)

2. 획수(劃數)

한자를 쓸 때 한 번 붓을 대어 뗄 때까지 그은
선이나 점을 1획으로 계산하며, 한 글자를 이루는 획의 수

● 기본 획순(基本 劃順)

- 위에서 아래로 예) 言
- 왼쪽에서 오른쪽으로 예) 州
- 가로 획과 세로 획이 교차될 때는 가로 획을 먼저 예) 十
- 꿰뚫는 획은 나중에 예) 車
- 막혀있는 경우에는 세로획을 먼저 예) 由
- 좌우 대칭일 때는 가운데, 좌, 우 순으로 예) 水
  (주의) 가운데를 마지막에 쓰는 한자도 있어요 예) 火
- 삐침과 파임이 교차할 때는 삐침부터 예) 交
- 몸과 안쪽이 있을 때, 몸 쪽을 먼저 예) 因
  (주의) 우측이 터진 경우는 달라요 예) 區
- 가로획이 길고 왼쪽 삐침이 짧으면 왼쪽 삐침부터 예) 右,有,布,希
- 가로획이 짧고 왼쪽 삐침이 길면 가로획부터 예) 左,友,在,存
- 오른쪽 위의 점은 맨 나중에 예) 犬
- 책받침은 나중에 예) 道
  (주의) 단 題, 起, 勉, 越은 받침부분을 먼저

● 두음 법칙(頭音法則)

국어의 음운법칙(音韻法則)에 따라 일부의 소리가
단어의 첫머리에서 다른 소리로 발음되는 것을 말합니다.

1. '녀, 뇨, 뉴, 니'가 단어의 첫머리에 올 때는 '여, 요, 유, 이'로 적어요

예) 女子(녀자⇒여자) 尿素(뇨소⇒요소) 紐帶(뉴대⇒유대) 匿名(닉명⇒익명)

예외) ① 다음과 같은 의존 명사에서는 '냐, 녀'음을 인정해요
  ▶ 몇 年(몇 연⇒몇 년)
② 접두사처럼 쓰이는 한자가 붙어서 된 말이나 합성어에서, 뒷말의 첫소리가
  'ㄴ' 소리로 나더라도 두음 법칙에 따라 적어요
  ▶ 신여성(新女性), 공염불(空念佛)

2. '랴, 려, 례, 료, 류, 리'가 단어의 첫머리에 올 때는 '야, 여, 예, 요, 유, 이'로 적어요

예) 良心(량심⇒양심) 歷史(력사⇒역사) 禮儀(례의⇒예의) 龍宮(룡궁⇒용궁)

예외) ① 다음과 같은 의존 명사는 본음대로 적어요
  ▶ 몇 리(里)냐?, 그럴 리(理)가 없다
② 모음이나 'ㄴ' 받침 뒤에 이어지는 '렬, 률'은 '열, 율'로 적어요
  ▶ 羅列(라열⇒나열), 比率(비률⇒비율)
③ 외자로 된 이름을 성에 붙여 쓸 경우에도 본음대로 적을 수 있어요
  ▶ 申砬(신립) 崔麟(최린) 蔡倫(채륜) 河崙(하륜)
④ 준말에서 본음으로 소리 나는 것은 본음대로 적어요
  ▶ 國聯(국련:국제연합), 大韓敎聯(대한교련:대한교육연합회)
⑤ 접두사처럼 단어의 앞에 쓰이는 한자가 붙어서 된 말이나, 합성어에서 뒷말의
  첫소리가 'ㄴ' 또는 'ㄹ' 소리로 나더라도 두음 법칙에 따라 적어요
  ▶ 逆利用(역이용) 年利率(연이율) 熱力學(열역학) 海外旅行(해외여행)

3. '라, 래, 로, 뢰, 루, 르'가 단어의 첫머리에 올 때는 '나, 내, 노, 뇌, 누, 느'로 적어요

예) 樂園(락원⇒낙원) 來日(래일⇒내일) 老人(로인⇒노인) 樓閣(루각⇒누각)

예외) 접두사처럼 단어의 앞에 쓰이는 한자가
  붙어서 된 단어는 뒷말을 두음 법칙에 따라 적어요
  ▶ 來來月(내내월) 上老人(상노인) 重勞動(중노동) 非論理的(비논리적)

한자능력검정시험 응시요강

○ 한자능력검정시험 급수 별 배정한자 및 수준

급수	배정한자	수준
특급	읽기 5,978자, 쓰기 3,500자	국한혼용 고전을 불편 없이 읽고, 연구할 수 있는 수준 고급
특급 II	읽기 4,918자, 쓰기 2,355자	국한혼용 고전을 불편 없이 읽고, 연구할 수 있는 수준 중급
1급	읽기 3,500자, 쓰기 2,005자	국한혼용 고전을 불편 없이 읽고, 연구할 수 있는 수준 초급
2급	읽기 2,355자, 쓰기 1,817자	상용한자를 활용하는 것은 물론 인명지명용 기초한자 활용 단계
3급	읽기 1,817자, 쓰기 1,000자	고급 상용한자 활용의 중급 단계
3급 II	읽기 1,500자, 쓰기 750자	고급 상용한자 활용의 초급 단계
4급	읽기 1,000자, 쓰기 500자	중급 상용한자 활용의 고급 단계
4급 II	읽기 750자, 쓰기 400자	중급 상용한자 활용의 중급 단계
5급	읽기 500자, 쓰기 300자	중급 상용한자 활용의 초급 단계
5급 II	읽기 400자, 쓰기 225자	중급 상용한자 활용의 초급 단계
6급	읽기 300자, 쓰기 150자	기초 상용한자 활용의 고급 단계
6급 II	읽기 225자, 쓰기 50자	기초 상용한자 활용의 중급 단계
7급	읽기 150자, 쓰기 없음	기초 상용한자 활용의 초급 단계
7급 II	읽기 100자, 쓰기 없음	기초 상용한자 활용의 초급 단계
8급	읽기 50자, 쓰기 없음	한자 학습 동기 부여를 위한 급수

※ 급수별 출제 유형 / 합격기준 / 시험시간 / 검정료   단위:문항 수

구분	1급	2급	3급	3급II	4급	4급II	5급	5급II	6급	6급II	7급	7급II	8급
독음	50	45	45	45	32	35	35	35	33	32	32	22	24
한자쓰기	40	30	30	30	20	20	20	20	20	10	0	0	0
훈음	32	27	27	27	22	22	23	23	22	29	30	30	24
완성형	15	10	10	10	5	5	4	4	3	2	2	2	0
반의어	10	10	10	10	3	3	3	3	3	2	2	2	0
뜻풀이	10	5	5	5	3	3	3	3	2	2	2	2	0
동음이의어	10	5	5	5	3	3	3	3	2	0	0	0	0
부수	10	5	5	5	3	3	0	0	0	0	0	0	0
동의어	10	5	5	5	3	3	3	3	2	0	0	0	0
장단음	10	5	5	5	3	0	0	0	0	0	0	0	0
약자	3	3	3	3	3	3	3	3	0	0	0	0	0
필순	0	0	0	0	0	0	3	3	3	3	2	2	2
전체 문항 수	200	150	150	150	100	100	100	100	90	80	70	60	50
합격 문항 수	160	105	105	105	70	70	70	70	63	56	49	42	35

시험시간	90분	60분			50분								
검정료	**	20,000원			15,000원								

♧ 한자능력검정시험 접수 방법 및 기타 사항은 한국어문회 홈페이지 www.hanja.re.kr 참조
** 1급/특급II/특급 검정료 : 40,000 원

한자능력검정시험 예상문제 및 정답

3급 한자능력검정시험 예상문제 제1회
(社)韓國語文會 주관 (150문항, 시험시간 60분)

[問1-45] 다음 밑줄 친 또는 제시된 漢字語의 讀音을 쓰시오.

[1] 배우가 연극 臺詞를 외우고 있다.
[2] 韻律에 맞추어 시를 낭송하다.
[3] 물질이 燃燒되며 연기가 나다.
[4] 세금을 脫漏한 혐의로 조사받다.
[5] 微賤한 가문에서 태어나다.
[6] 불길한 徵兆를 보이다.
[7] 族譜에 이름을 새겨 넣다.
[8] 피해자가 사건을 陳述하다.
[9] 무이자 割賦로 물건을 구입했다.
[10] 취미로 蘭草를 키우다.
[11] 상대를 넓은 雅量으로 용서하다.
[12] 십 대 청소년들은 가수에게 熱狂한다.
[13] 無顔스럽게 한참을 쳐다보았다.
[14] 학생에게서 담배를 押收하다.
[15] 사건 발생 지역의 巡察을 강화하다.
[16] 境遇에 어긋나는 행동을 하다.
[17] 군사적 緊張상태가 계속되다.
[18] 땀을 흘리면 鹽分을 섭취해야 한다.
[19] 교통 遞增이 매우 심하다.
[20] 醜雜스러운 말을 늘어놓다.
[21] 선수들의 奮鬪에 박수를 보내다.
[22] 한밤중에 강도의 襲擊을 받았다.

[23] 研磨 [24] 幼稚 [25] 切迫
[26] 催眠 [27] 漂流 [28] 朗誦
[29] 軟弱 [30] 臟器 [31] 硬直
[32] 寬容 [33] 冥福 [34] 編成
[35] 原稿 [36] 稀微 [37] 綿密
[38] 養豚 [39] 高尚 [40] 豫審
[41] 佳約 [42] 範圍 [43] 忍耐
[44] 連絡 [45] 大麻草

[問 46-72] 다음 漢字의 訓과 音을 쓰시오.

[46] 妥 [47] 拙 [48] 亨 [49] 似
[50] 閱 [51] 諒 [52] 泳 [53] 跳
[54] 廉 [55] 冒 [56] 崩 [57] 暮
[58] 遞 [59] 宰 [60] 姪 [61] 析
[62] 誰 [63] 恣 [64] 埋 [65] 殉
[66] 煩 [67] 皆 [68] 蜂 [69] 堤
[70] 巷 [71] 抄 [72] 僚

[問 73-92] 다음 밑줄 친 漢字語를 漢字로 쓰시오.

[73] 흉년으로 식량이 충분하지 못하다.
[74] 아무런 방해도 받지 않았다.
[75] 관군이 산적을 토벌하다.
[76] 문학에서 새로운 사조가 대두되다.
[77] 비행기가 안개 때문에 연착되었다.
[78] 무덤 앞에 묘비를 세우다.
[79] 회사는 영리를 목적으로 한다.
[80] 아군이 적의 공격을 격퇴하였다.
[81] 적절한 조치를 취하다.
[82] 그는 담배를 끊으라는 의사의 권고를 받았다.
[83] 군인들이 주위를 경계하며 보초를 서고 있다.
[84] 험상궂은 표정을 짓다.
[85] 시위대가 도로를 점거하고 데모를 하다.
[86] 무단으로 결석한 학생은 제적된다.
[87] 조직 내의 반대 세력을 숙청하다.
[88] 보통 솜씨가 아니다.

〈계속〉

[89] 잘못 투자하면 돈을 다 잃을 수 있다.
[90] 백성들의 원성이 자자하다.
[91] 수단과 방법을 가리지 않다.
[92] 핵폭탄은 인류에게 큰 위협을 주고 있다.

[問 93-102] 다음 漢字語를 ( ) 속의
　　　　　뜻풀이를 참고하여 漢字(正字)로 쓰시오.

[93] 면학 (학문에 힘씀)
[94] 경이 (놀랍고 신기하게 여김)
[95] 예보 (앞일을 미리 알림)
[96] 제약 (약을 제조함)
[97] 지병 (오래되어 고치기 어려운 병)
[98] 반항 (순종하지 않고 저항함)
[99] 엄동 (몹시 추운 겨울)
[100] 각인 (도장을 새김)
[101] 제헌 (헌법을 제정함)
[102] 주안상 (술과 안주를 차려놓은 상)

[問 103-107] 다음 漢字語 중 첫소리가 長音인 것을
　　　　　5개만 가려 그 기호(㉮-㉷)를 쓰시오.

㉮ 途上　㉯ 吏讀　㉰ 威脅　㉱ 晩學　㉲ 滅裂
㉳ 稀釋　㉴ 叛軍　㉵ 雜種　㉶ 銳利　㉷ 喪家

[103] ( )
[104] ( )
[105] ( )
[106] ( )
[107] ( )

[問 108-112] 다음 漢字와 뜻이 反對 또는
　　　　　相對되는 漢字를 써넣어 단어를 완성하시오.

[108] 胸( )
[109] 昏( )
[110] ( )免
[111] ( )姪
[112] ( )辱

[問 113-117] 다음 단어의 反意語를 漢字로 쓰시오.

[113] 抵抗 - ( )( )
[114] 被動 - ( )( )
[115] 浪費 - ( )( )
[116] 拙作 - ( )( )
[117] 郊外 - ( )( )

[問 118-122] 빈칸에 訓이 같은 漢字를 써넣어
　　　　　단어를 완성하시오.

[118] 微( )
[119] 怪( )
[120] 憂( )
[121] ( )栽
[122] ( )拔

[問 123-132] 다음 빈칸에 알맞은 漢字를 써넣어
　　　　　四字成語를 完成하시오.

[123] 金( )湯池
[124] 累( )之危
[125] 上( )若水
[126] ( )丘初心
[127] ( )猶不及
[128] 擧( )齊眉
[129] ( )陵桃源
[130] ( )鳴狗盜
[131] 感之( )之
[132] 螢( )之功

[問 133-137] 다음 漢字의 部首를 쓰시오.

[133] 脚
[134] 乾
[135] 亞
[136] 暮
[137] 冒

〈계속〉

[問 138-142] 다음 漢字語의 同音語를 쓰되 주어진 뜻풀이에 맞는 것을 漢字로 쓰시오.

[138] 收拾 - ( )( ) 학업 등을 배워 익힘
[139] 訟事 - ( )( ) 사람을 이별하여 보내면서 하는 인사말
[140] 其餘 - ( )( ) 도움이 되도록 이바지함
[141] 靜寂 - ( )( ) 정치에서 대립되는 처지에 있는 사람
[142] 直腸 - ( )( ) 사람들이 일정한 직업을 가지고 일하는 곳

[問 143-147] 다음 漢字語의 뜻을 각각 7음절 이내로 쓰시오.

[143] 文廟
[144] 哀痛
[145] 頗多
[146] 疲弊
[147] 老鍊

[問 148-150] 다음 漢字의 略字는 正字로, 正字는 略字로 쓰시오.

[148] 龍
[149] 據
[150] 爲

〈끝〉 - 수고하셨습니다. -

〈예상문제 1회 – 정답〉

	1	2	3	4	5	6	7	8	9	10
	대사	운율	연소	탈루	미천	징조	족보	진술	할부	난초
1	아량	열광	무안	압수	순찰	경우	긴장	염분	체증	추잡
2	분투	습격	연마	유치	절박	최면	표류	낭송	연약	장기
3	경직	관용	명복	편성	원고	희미	면밀	양돈	고상	예심
4	가약	범위	인내	연락	대마초	온당할 타	못날 졸	형통할 형	같을 사	불 열
5	살펴알 량	헤엄칠 영	뛸 도	청렴할 렴	무릅쓸 모	무너질 붕	저물 모	갈릴 체	재상 재	조카 질
6	쪼갤 석	누구 수	방자할 자	묻을 매	따라죽을순	번거로울번	다 개	벌 봉	둑 제	거리 항
7	뽑을 초	동료 료	食糧	妨害	山賊	思潮	延着	墓碑	營利	擊退
8	適切	勸告	警戒	險狀	占據	除籍	肅淸	普通	投資	怨聲
9	手段	核爆彈	勉學	驚異	豫報	製藥	持病	反抗	嚴冬	刻印
10	制憲	酒案床	㉮	㉯	㉰	㉱	㉲	背	明	任
11	叔	榮	屈服	能動	儉素	傑作	都心	細(小)	奇	愁(患)
12	植	選	城	卵	善	首	過	案	武	鷄
13	德	雪	肉	乙	二	日	冂	修習	送辭	寄與
14	政敵	職場	공자를 모신 사당	몹시 슬퍼함	아주 많음	지치고 쇠약해짐	익숙하고 능란함	竜	拠	為

〈예상문제 1회 – 문제 풀이〉

[110] 任免(임면) : 任은 임명(任命)을, 免은 해임(解任)을 의미하므로 반대자임
[112] 榮辱(영욕) : 榮은 영예(榮譽)를, 辱은 치욕(恥辱)을 의미하므로 반대자임
[123] 金城湯池(금성탕지) : 황금으로 만든 성과 끓는 물을 채운 못이란 뜻으로
　　　　　　　　　　　　매우 견고한 성(城)과 해자(垓字)를 이르는 말
[125] 上善若水(상선약수) : 지극히 착한 것은 물과 같다는 뜻으로, 물은 만물을 이롭게 하면서도 다투지
　　　　　　　　　　　　아니하고, 많은 사람들이 싫어하는 낮은 곳에 있으니, 그런 까닭으로 도에 가까움
[126] 首丘初心(수구초심) : 여우는 죽을 때 구릉을 향해 머리를 두고 초심으로 돌아 간다라는 뜻으로,
　　　　　　　　　　　　① 근본을 잊지 않음　② 죽어서라도 고향 땅에 묻히고 싶어하는 마음
[127] 過猶不及(과유불급) : 사물이 정도를 지나치면 도리어 안 한 것만 못함이라는 뜻으로 중용을 가리키는 말
[128] 擧案齊眉(거안제미) : 밥상을 눈썹 높이로 들어 공손(恭遜)히 남편 앞에 가지고 간다는 뜻으로,
　　　　　　　　　　　　남편을 깍듯이 공경(恭敬)함을 일컫는 말
[130] 鷄鳴狗盜(계명구도) : 닭의 울음 소리와 개의 흉내를 잘 내는 좀도둑이라는 뜻으로, ① 천한 재주를 가진
　　　　　　　　　　　　사람도 때로는 요긴하게 쓸모가 있음을 비유　② '야비하게 남을 속이는 꾀'를 비유
[131] 感之德之(감지덕지) : 이를 감사하게 생각하고 이를 덕으로 생각한다는 뜻으로, 대단히 고맙게 여김

3급 한자능력검정시험 예상문제 제2회

(社)韓國語文會 주관 (150문항, 시험시간 60분)

[問1-45] 다음 밑줄 친 또는 제시된 漢字語의 讀音을 쓰시오.

[1] 나는 그의 謀陷으로 해고당했다.
[2] 스님의 손에는 念珠가 들려 있었다.
[3] 이 물질은 燃燒되며 가스를 배출한다.
[4] 된장을 항아리에 貯藏해두다.
[5] 부모님의 慈愛에 보답할 방법이 없다.
[6] 외국 소설을 飜譯하였다.
[7] 황무지를 開拓하여 농지로 만들다.
[8] 거실을 꽃으로 粧飾하다.
[9] 음악을 鑑賞하다.
[10] 남녀가 서로에게 戀慕의 정을 품다.
[11] 책의 저작권을 출판사에 讓渡하다.
[12] 신사임당은 한국 여성들의 龜鑑이다.
[13] 외부인의 출입을 封鎖하다.
[14] 빚쟁이들의 督促에 시달리다.
[15] 적군을 懷柔하여 아군으로 만들다.
[16] 부모님의 臨終을 지키지 못하다.

[17] 貸與   [18] 貪慾   [19] 官吏
[20] 便宜   [21] 沈沒   [22] 劣惡
[23] 郊外   [24] 祝賀   [25] 肺炎
[26] 散策   [27] 貨幣   [28] 巖石
[29] 潛行   [30] 支拂   [31] 凍傷
[32] 比率   [33] 破片   [34] 戀愛
[35] 毁損   [36] 騎兵   [37] 侵犯
[38] 遊覽   [39] 凝視   [40] 部署
[41] 獲得   [42] 沙漠   [43] 削髮
[44] 遵法   [45] 似而非

[問 46-72] 다음 漢字의 訓과 音을 쓰시오.

[46] 苗   [47] 冥   [48] 飢   [49] 亥
[50] 顧   [51] 吟   [52] 夷   [53] 逝
[54] 臭   [55] 臥   [56] 屯   [57] 朋
[58] 寅   [59] 肩   [60] 尋   [61] 妾
[62] 孰   [63] 輿   [64] 雁   [65] 昭
[66] 醜   [67] 托   [68] 互   [69] 汝
[70] 伴   [71] 墳   [72] 涉

[問 73-92] 다음 밑줄 친 漢字語를 漢字로 쓰시오.

[73] 군대는 엄연한 계급 사회다.
[74] 부모에 대한 공경이 극진하다.
[75] 예상이 절묘하게 맞아떨어지다.
[76] 재원이 고갈되었다.
[77] 어떤 위험도 감수할 수 있다.
[78] 시합에 진 선수를 위로하다.
[79] 전화를 도청하는 것은 불법이다.
[80] 연필을 뾰족하게 깎아 글씨를 쓰다.
[81] 매일 라디오를 청취한다.
[82] 화살이 표적에 정확히 명중되다.
[83] 손익을 따져가며 일하다.
[84] 다른 나라에 군대를 파병하다.
[85] 적의 계략에 빠지다.
[86] 조직에 깊숙이 간여하다.
[87] 그들은 승리를 장담했다.
[88] 엄격한 가정에서 자라다.
[89] 로마 제국을 건설하다.
[90] 폭죽을 터트리며 축제를 즐기다.

〈계속〉

[91] 웅변 대회에 많은 학생이 참석하다.
[92] 현충일에 국립묘지를 찾았다.

[問 93-102] 다음 漢字語를 ( ) 속의
뜻풀이를 참고하여 漢字(正字)로 쓰시오.

[93] 액면 (주식이나 화폐 등의 겉면)
[94] 흡입 (기체나 액체를 빨아들임)
[95] 만월 (보름달)
[96] 오판 (그릇된 판단)
[97] 용상 (임금이 앉는 평상)
[98] 담소 (웃으면서 이야기함)
[99] 가속 (한 집안에 딸린 구성원)
[100] 선혈 (생생한 피)
[101] 투계 (싸움 닭)
[102] 전천후 (어떠한 기상 조건에도 견딜 수 있음)

[問 103-107] 다음 漢字語 중 첫소리가 長音인 것을
5개만 가려 그 기호(㉮-㉳)를 쓰시오.

㉮ 慈悲 ㉯ 訴訟 ㉰ 廟堂 ㉱ 御命 ㉲ 徵兆
㉳ 娛樂 ㉴ 脫俗 ㉵ 緩衝 ㉶ 逆攻 ㉷ 我軍

[103] ( )
[104] ( )
[105] ( )
[106] ( )
[107] ( )

[問 108-112] 다음 漢字와 뜻이 反對 또는
相對되는 漢字를 써넣어 단어를 완성하시오.

[108] 賓( )
[109] 暑( )
[110] ( )裏
[111] ( )濁
[112] ( )尾

[問 113-117] 다음 단어의 反意語를 漢字로 쓰시오.

[113] 緩行 - ( )( )
[114] 擴大 - ( )( )
[115] 非凡 - ( )( )
[116] 濫讀 - ( )( )
[117] 虛僞 - ( )( )

[問 118-122] 빈칸에 訓이 같은 漢字를 써넣어
단어를 완성하시오.

[118] 剛( )
[119] 賦( )
[120] 超( )
[121] ( )寧
[122] ( )戲

[問 123-132] 다음 빈칸에 알맞은 漢字를 써넣어
四字成語를 完成하시오.

[123] ( )狗風月
[124] 桃園結( )
[125] ( )羊之歎
[126] 勸善懲( )
[127] 對( )彈琴
[128] 內憂外( )
[129] 錦衣還( )
[130] 伯仲( )季
[131] 近墨者( )
[132] ( )上加霜

[問 133-137] 다음 漢字의 部首를 쓰시오.

[133] 脅
[134] 也
[135] 載
[136] 卿
[137] 蜜

〈계속〉

[問 138-142] 다음 漢字語의 同音語를 쓰되 주어진 뜻풀이에 맞는 것을 漢字로 쓰시오.

[138] 奴婢 – (　)(　) 먼 길을 떠나 오가는 데 드는 비용
[139] 詞壇 – (　)(　) 군대 편성 단위의 하나
[140] 寬容 – (　)(　) 정부 기관 등에서 사용함
[141] 極端 – (　)(　) 연극을 전문으로 공연하는 단체
[142] 樣式 – (　)(　) 서양식의 음식

[問 143-147] 다음 漢字語의 뜻을 각각 7음절이내로 쓰시오.

[143] 慙愧
[144] 修飾
[145] 普遍
[146] 錯誤
[147] 殘忍

[問 148-150] 다음 漢字의 略字는 正字로, 正字는 略字로 쓰시오.

[148] 興
[149] 續
[150] 脈

〈끝〉 – 수고하셨습니다. –

〈예상문제 2회 - 정답〉

	1	2	3	4	5	6	7	8	9	10
	모함	염주	연소	저장	자애	번역	개척	장식	감상	연모
1	양도	귀감	봉쇄	독촉	회유	임종	대여	탐욕	관리	편의
2	침몰	열악	교외	축하	폐염	산책	화폐	암석	잠행	지불
3	동상	비율	파편	연애	훼손	기병	침범	유람	응시	부서
4	획득	사막	삭발	준법	사이비	모 묘	어두울 명	주릴 기	돼지 해	돌아볼 고
5	읊을 음	오랑캐 이	갈 서	냄새 취	누울 와	진칠 둔	벗 붕	범 인	어깨 견	찾을 심
6	첩 첩	누구 숙	수레 여	기러기 안	밝을 소	추할 추	맡길 탁	서로 호	너 여	짝 반
7	무덤 분	건널 섭	階級	極盡	絕妙	財源	甘受	慰勞	盜聽	鉛筆
8	聽取	標的	損益	派兵	計略	干與	壯談	嚴格	帝國	爆竹
9	雄辯	顯忠日	額面	吸入	滿月	誤判	龍床	談笑	家屬	鮮血
10	鬪鷄	全天候	㉰	㉱	㉲	㉴	㉳	主	寒	表
11	淸	末	急行	縮小	平凡	精讀	眞實	健	與	過
12	安(康)	遊	堂	義	亡	惡	牛	患	鄕	叔
13	黑	雪	肉	乙	車	卩	虫	路費	師團	官用
14	劇團	洋食	매우 부끄러워 함	겉모양을 꾸밈	두루 널리 미침	착각하여 잘못함	인정이 없고 모짊	興	續	脈

〈예상문제 2회 - 문제 풀이〉

[116] * 濫讀(남독) : 책의 내용이나 수준 등을 가리지 아니하고 아무 책이나 닥치는 대로 마구 읽음 = 亂讀(난독)
* 精讀(정독) : 뜻을 새겨 가며 자세히 읽음

[123] 堂狗風月(당구풍월) : 서당 개 3년에 풍월(風月)을 한다는 뜻으로,
무슨 일 하는 것을 오래 보고 듣고 하면 자연히 할 줄 알게 된다는 뜻

[125] 亡羊之歎(망양지탄) : 여러 갈래 길에서 양을 잃고 탄식한다는 뜻으로,
① 학문의 길도 여러 갈래라 길을 잡기 어렵다는 말
② 학문의 폭이 좁음을 탄식

[127] 對牛彈琴(대우탄금) : 소를 대하여 거문고를 탄다는 뜻으로,
어리석은 사람은 아무리 도리를 가르쳐도 알아듣지 못함을 이르는 말

[130] 伯仲叔季(백중숙계)
* 伯(맏 백) : 맏이 ▶ 畵伯(화백) 伯父(백부:아버지의 형제 중 맏이, 큰아버지)
* 仲(버금 중) : 둘째 ▶ 仲裁(중재) 仲父(중부:아버지의 형제 중 둘째)
* 叔(아재비 숙) : 셋째 ▶ 叔父(숙부) 叔母(숙모) 叔姪(숙질) 堂叔(당숙)
* 季(계절/끝 계) : 막내 ▶ 季父(계부:아버지의 막내아우)

부록 3
훈음색인

3급 배정한자 1817자(가나다순).

3급 배정한자(1817자, 가나다 순)

NO	한자	대표 훈음	부수	획수	급수	쪽수	NO	한자	대표 훈음	부수	획수	급수	쪽수
1	家	집 가	宀	10	7II	194	32	監	볼 감	皿	14	4II	412
2	可	옳을 가	口	5	5	134	33	鑑	거울 감	金	22	3II	412
3	歌	노래 가	欠	14	7	134	34	甲	갑옷 갑	田	5	4	362
4	加	더할 가	力	5	5	104	35	康	편안 강	广	11	4II	185
5	架	시렁 가	木	9	3II	104	36	強	강할 강	弓	11	6	252
6	佳	아름다울 가	人	8	3II	162	37	江	강 강	水	6	7II	219
7	街	거리 가	行	12	4II	429	38	剛	굳셀 강	刀	10	3II	103
8	假	거짓 가	人	11	4II	304	39	綱	벼리 강	糸	14	3II	103
9	暇	틈 가	日	12	4	304	40	鋼	강철 강	金	16	3II	103
10	價	값 가	人	15	5II	381	41	講	욀 강	言	17	4II	90
11	刻	새길 각	刀	8	4	54	42	降	내릴 강 항복할 항	阜	9	4	265
12	却	물리칠 각	卩	7	3	128	43	介	끼일 개	人	4	3II	62
13	脚	다리 각	肉	11	3II	128	44	個	낱 개	人	10	4II	140
14	各	각각 각	口	6	6II	143	45	改	고칠 개	攴	7	5	223
15	閣	집 각	門	14	3II	144	46	槪	대개 개	木	15	3II	123
16	覺	깨달을 각	見	20	4	420	47	慨	슬퍼할 개	心	14	3	123
17	角	뿔 각	角	7	6II	434	48	皆	다 개	白	9	3	332
18	干	방패 간	干	3	4	231	49	蓋	덮을 개	艸	14	3II	128
19	刊	새길 간	刀	5	3II	231	50	開	열 개	門	12	6	456
20	肝	간 간	肉	7	3II	231	51	客	손 객	宀	9	5II	145
21	姦	간음할 간	女	9	3	184	52	去	갈 거	厶	5	5	126
22	幹	줄기 간	干	13	3II	232	53	居	살 거	尸	8	4	210
23	懇	간절할 간	心	17	3II	268	54	巨	클 거	工	5	4	222
24	看	볼 간	目	9	4	274	55	拒	막을 거	手	8	4	222
25	間	사이 간	門	12	7II	458	56	距	떨어질 거	足	12	3II	222
26	簡	대쪽 간	竹	18	4	458	57	據	근거 거	手	16	4	424
27	渴	마를 갈	水	12	3	91	58	擧	들 거	手	18	5	419
28	感	느낄 감	心	13	6	244	59	車	수레 거/차	車	7	7II	445
29	減	덜 감	水	12	4II	244	60	乾	하늘 건	乙	11	3II	43
30	敢	감히 감	攴	12	4	282	61	件	물건 건	人	6	5	115
31	甘	달 감	甘	5	4	314							

NO	한자	대표 훈음	부수	획수	급수	쪽수	NO	한자	대표 훈음	부수	획수	급수	쪽수
62	建	세울 건	廴	9	5	240	93	鏡	거울 경	金	19	4	393
63	健	굳셀 건	人	11	5	241	94	慶	경사 경	心	15	4Ⅱ	477
64	乞	빌 걸	乙	3	3	43	95	庚	천간 경	广	8	3	186
65	傑	뛰어날 걸	人	12	4	72	96	更	고칠 경 / 다시 갱	曰	7	4	305
66	檢	검사할 검	木	17	4Ⅱ	318	97	硬	굳을 경	石	12	3Ⅱ	306
67	儉	검소할 검	人	15	4	319	98	敬	공경 경	攵	13	5Ⅱ	142
68	劍	칼 검	刀	13	3Ⅱ	319	99	警	깨우칠 경	言	20	4Ⅱ	142
69	擊	칠 격	手	17	4	255	100	驚	놀랄 경	馬	23	4	142
70	格	격식 격	木	10	5Ⅱ	144	101	競	다툴 경	立	20	5	74
71	激	격할 격	水	16	4	291	102	輕	가벼울 경	車	14	5	216
72	隔	사이뜰 격	阜	13	3Ⅱ	426	103	經	지날 경	糸	13	4Ⅱ	216
73	堅	굳을 견	土	11	4	411	104	徑	지름길 경	彳	10	3Ⅱ	218
74	牽	끌 견	牛	11	3	352	105	耕	밭갈 경	耒	10	3Ⅱ	50
75	犬	개 견	犬	4	4	348	106	卿	벼슬 경	卩	12	3	120
76	絹	비단 견	糸	13	3	230	107	系	이어맬 계	糸	7	4	398
77	肩	어깨 견	肉	8	3	273	108	係	맬 계	人	9	4Ⅱ	398
78	見	볼 견 / 뵈올 현	見	7	5Ⅱ	433	109	繫	맬 계	糸	19	3	255
79	遣	보낼 견	辶	14	3	191	110	季	계절 계	子	8	4	385
80	決	결단할 결	水	7	5Ⅱ	262	111	戒	경계할 계	戈	7	4	245
81	缺	이지러질 결	缶	10	4Ⅱ	262	112	械	기계 계	木	11	3Ⅱ	246
82	訣	이별할 결	言	11	3Ⅱ	263	113	桂	계수나무 계	木	10	3Ⅱ	162
83	潔	깨끗할 결	水	15	4Ⅱ	176	114	計	셀 계	言	9	6Ⅱ	111
84	結	맺을 결	糸	12	5Ⅱ	165	115	界	지경 계	田	9	6Ⅱ	62
85	兼	겸할 겸	八	10	3Ⅱ	89	116	癸	천간 계	癶	9	3	364
86	謙	겸손할 겸	言	17	3Ⅱ	89	117	啓	열 계	口	11	3Ⅱ	273
87	京	서울 경	亠	8	6	58	118	契	맺을 계	大	9	3Ⅱ	176
88	景	별 경	日	12	5	58	119	繼	이을 계	糸	20	4	239
89	頃	이랑 경	頁	11	3Ⅱ	472	120	階	섬돌 계	阜	12	4	332
90	傾	기울 경	人	13	4	472	121	溪	시내 계	水	13	3Ⅱ	175
91	竟	마침내 경	立	11	3	393	122	鷄	닭 계	鳥	21	4	175
92	境	지경 경	土	14	4Ⅱ	393	123	古	예 고	口	5	6	138

NO	한자	대표 훈음	부수	획수	급수	쪽수	NO	한자	대표 훈음	부수	획수	급수	쪽수
124	苦	쓸 고	艹	9	6	138	156	果	실과 과	木	8	6II	314
125	故	연고 고	攵	9	4II	139	157	課	공부할 과	言	15	5II	314
126	固	굳을 고	口	8	5	139	158	科	과목 과	禾	9	6II	283
127	姑	시어머니 고	女	8	3II	139	159	誇	자랑할 과	言	13	3II	220
128	枯	마를 고	木	9	3	139	160	過	지날 과	辶	13	5II	474
129	告	고할 고	口	7	5II	150	161	郭	성곽 곽	邑	11	3	56
130	孤	외로울 고	子	8	4	188	162	冠	갓 관	冖	9	3II	74
131	庫	창고 고	广	10	4	446	163	官	벼슬 관	宀	8	4II	191
132	稿	원고 고	禾	15	3II	386	164	管	주관할 관	竹	14	4	191
133	考	생각할 고	耂	6	5	403	165	館	집 관	食	17	3II	191
134	顧	돌아볼 고	頁	21	3	473	166	寬	너그러울 관	宀	15	3II	434
135	高	높을 고	高	10	6II	388	167	貫	꿸 관	貝	11	3II	442
136	鼓	북 고	鼓	13	3II	439	168	慣	익숙할 관	心	14	3II	442
137	哭	울 곡	口	10	3II	349	169	觀	볼 관	見	25	5II	322
138	曲	굽을 곡	曰	6	5	305	170	關	관계할 관	門	19	5II	240
139	穀	곡식 곡	禾	14	4	255	171	光	빛 광	儿	6	6II	78
140	谷	골 곡	谷	7	3II	434	172	廣	넓을 광	广	15	5II	478
141	困	곤할 곤	口	7	4	158	173	鑛	쇳돌 광	金	23	4	478
142	坤	땅 곤	土	8	3	363	174	狂	미칠 광	犬	7	3II	354
143	骨	뼈 골	骨	10	4	474	175	掛	걸 괘	手	11	3	119
144	孔	구멍 공	子	4	4	186	176	塊	흙덩이 괴	土	13	3	475
145	公	공평할 공	八	4	6II	83	177	愧	부끄러울 괴	心	13	3	475
146	共	한가지 공	八	6	6II	84	178	壞	무너질 괴	土	19	3II	432
147	供	이바지할 공	人	8	3II	84	179	怪	괴이할 괴	心	8	3II	129
148	恭	공손할 공	心	10	3II	85	180	交	사귈 교	亠	6	6	53
149	工	장인 공	工	3	7II	218	181	校	학교 교	木	10	8	53
150	功	공 공	力	5	6II	219	182	較	비교 교	車	13	3II	54
151	攻	칠 공	攵	7	4	219	183	郊	들 교	邑	9	3	54
152	空	빌 공	穴	8	7II	389	184	巧	공교할 교	工	5	3II	220
153	貢	바칠 공	貝	10	3II	220	185	教	가르칠 교	攵	11	8	404
154	恐	두려울 공	心	10	3II	220	186	橋	다리 교	木	16	5	388
155	寡	적을 과	宀	14	3II	95	187	矯	바로잡을 교	矢	17	3	388

NO	한자	대표 훈음	부수	획수	급수	쪽수	NO	한자	대표 훈음	부수	획수	급수	쪽수
188	丘	언덕 구	一	5	3II	33	218	窮	다할 궁	穴	15	4	389
189	久	오랠 구	丿	3	3II	40	219	卷	책 권	㔾	8	4	98
190	九	아홉 구	乙	2	8	44	220	券	문서 권	刀	8	4	98
191	具	갖출 구	八	8	5II	88	221	拳	주먹 권	手	10	3II	98
192	俱	함께 구	人	10	3	88	222	勸	권할 권	力	20	4	321
193	區	구분할 구	匚	11	6	152	223	權	권세 권	木	22	4II	321
194	驅	몰 구	馬	21	3	153	224	厥	그 궐	厂	12	3	310
195	口	입 구	口	3	7	133	225	軌	바퀴자국 궤	車	9	3	44
196	句	글귀 구	口	5	4II	141	226	歸	돌아갈 귀	止	18	4	184
197	拘	잡을 구	手	8	3II	141	227	貴	귀할 귀	貝	12	5	440
198	狗	개 구	犬	8	3	142	228	鬼	귀신 귀	鬼	10	3II	474
199	苟	진실로 구	艸	9	3	141	229	叫	부르짖을 규	口	5	3	282
200	構	얽을 구	木	14	4	90	230	糾	얽힐 규	糸	8	3	282
201	求	구할 구	水	7	4II	338	231	規	법 규	見	11	5	434
202	球	공 구	玉	11	6II	338	232	均	고를 균	土	7	4	108
203	救	구원할 구	攵	11	5	338	233	菌	버섯 균	艸	12	3II	159
204	究	연구할 구	穴	7	4II	389	234	克	이길 극	儿	7	3II	75
205	舊	예 구	臼	18	5II	461	235	劇	심할 극	刀	15	4	424
206	懼	두려워할 구	心	21	3	465	236	極	다할 극	木	13	4II	320
207	龜	땅이름 구 거북 귀 터질 균	龜	16	3	480	237	勤	부지런할 근	力	13	4	323
							238	僅	겨우 근	人	13	3	323
							239	謹	삼갈 근	言	18	3	323
208	國	나라 국	囗	11	8	248	240	斤	도끼 근	斤	4	3	284
209	局	판 국	尸	7	5II	210	241	近	가까울 근	辶	8	6	284
210	菊	국화 국	艸	12	3II	396	242	根	뿌리 근	木	10	6	268
211	君	임금 군	口	7	4	148	243	筋	힘줄 근	竹	12	4	395
212	群	무리 군	羊	13	4	149	244	今	이제 금	人	4	6II	60
213	郡	고을 군	邑	10	6	148	245	琴	거문고 금	玉	12	3II	61
214	軍	군사 군	車	9	8	448	246	禁	금할 금	示	13	4II	312
215	屈	굽힐 굴	尸	8	4	92	247	禽	새 금	禸	13	3II	463
216	宮	집 궁	宀	10	4II	192	248	金	쇠 금	金	8	8	454
217	弓	활 궁	弓	3	3II	251	249	錦	비단 금	金	16	3II	230

NO	한자	대표 훈음	부수	획수	급수	쪽수	NO	한자	대표 훈음	부수	획수	급수	쪽수
250	及	미칠 급	又	4	3II	132	282	吉	길할 길	口	6	5	165
251	級	등급 급	糸	10	6	132	283	那	어찌 나	邑	7	3	451
252	急	급할 급	心	9	6II	261	284	諾	허락할 낙	言	16	3II	138
253	給	줄 급	糸	12	5	146	285	暖	따뜻할 난	日	13	4II	182
254	肯	즐길 긍	肉	8	3	324	286	難	어려울 난	隹	19	4II	322
255	企	꾀할 기	人	6	3II	324	287	南	남녘 남	十	9	8	112
256	其	그 기	八	8	3II	86	288	男	사내 남	田	7	7II	359
257	期	기약할 기	月	12	5	86	289	納	들일 납	糸	10	4	82
258	旗	기 기	方	14	7	86	290	娘	계집 낭	女	10	3II	269
259	基	터 기	土	11	5II	88	291	乃	이에 내	丿	2	3	41
260	欺	속일 기	欠	12	3	88	292	內	안 내	入	4	7II	82
261	器	그릇 기	口	16	4II	348	293	奈	어찌 내/나	大	8	3	172
262	氣	기운 기	气	10	7II	335	294	耐	견딜 내	而	9	3II	406
263	汽	물끓는김 기	水	7	5	335	295	女	여자 녀	女	3	8	178
264	技	재주 기	手	7	5	281	296	年	해 년	干	6	8	233
265	奇	기특할 기	大	8	4	135	297	念	생각 념	心	8	5II	60
266	寄	부칠 기	宀	11	4	135	298	寧	편안 녕	宀	14	3II	30
267	騎	말탈 기	馬	18	3II	135	299	奴	종 노	女	5	3II	178
268	旣	이미 기	无	15	3	122	300	努	힘쓸 노	力	7	4II	178
269	棄	버릴 기	木	12	3	36	301	怒	성낼 노	心	9	4II	178
270	幾	몇 기	幺	12	3	238	302	農	농사 농	辰	13	7II	450
271	機	틀 기	木	16	4	238	303	腦	뇌 뇌	肉	13	3II	218
272	畿	경기 기	田	15	3II	238	304	惱	괴로워할 뇌	心	12	3	218
273	己	몸 기	己	3	5II	222	305	能	능할 능	肉	10	5II	410
274	記	기록할 기	言	10	7II	222	306	泥	진흙 니	水	8	3II	211
275	紀	벼리 기	糸	9	4	223	307	多	많을 다	夕	6	6	170
276	忌	꺼릴 기	心	7	3	223	308	茶	차 다/차	艸	10	3II	422
277	祈	빌 기	示	9	3II	286	309	丹	붉을 단 / 꽃이름 란	丶	4	3II	38
278	豈	어찌 기	豆	10	3	440	310	單	홑 단	口	12	4II	155
279	起	일어날 기	走	10	4II	443	311	團	둥글 단	口	14	5II	203
280	飢	주릴 기	食	11	3	271	312	壇	제단 단	土	16	5	161
281	緊	긴할 긴	糸	14	3II	412							

NO	한자	대표 훈음	부수	획수	급수	쪽수	NO	한자	대표 훈음	부수	획수	급수	쪽수
313	檀	박달나무 단	木	17	4II	161	344	圖	그림 도	口	14	6II	159
314	斷	끊을 단	斤	18	4II	239	345	盜	도둑 도	皿	12	4	150
315	旦	아침 단	日	5	3II	293	346	島	섬 도	山	10	5	465
316	但	다만 단	人	7	3II	293	347	度	법도 도 / 헤아릴 탁	广	9	6	228
317	段	층계 단	殳	9	4	254	348	渡	건널 도	水	12	3II	229
318	短	짧을 단	矢	12	6II	376	349	徒	무리 도	彳	10	4	444
319	端	끝 단	立	14	4II	406	350	桃	복숭아 도	木	10	3II	79
320	達	통달할 달	辶	13	4II	402	351	逃	달아날 도	辶	10	4	79
321	擔	멜 담	手	16	4II	280	352	挑	돋울 도	手	9	3	80
322	淡	맑을 담	水	11	3II	341	353	跳	뛸 도	足	13	3	80
323	談	말씀 담	言	15	5	341	354	稻	벼 도	禾	15	3	386
324	畓	논 답	田	9	3	359	355	道	길 도	辶	13	7II	415
325	踏	밟을 답	足	15	3II	360	356	導	인도할 도	寸	16	4II	415
326	答	답할 답	竹	12	7II	146	357	途	길 도	辶	11	3II	69
327	堂	집 당	土	11	6II	208	358	塗	칠할 도	土	13	3	70
328	當	마땅 당	田	13	5II	208	359	都	도읍 도	邑	12	5	404
329	黨	무리 당	黑	20	4II	208	360	陶	질그릇 도	阜	11	3II	280
330	唐	당황할 당	口	10	3II	156	361	毒	독 독	毋	8	4II	331
331	糖	엿 당 / 사탕 탕	米	16	3II	156	362	獨	홀로 독	犬	16	5II	350
332	代	대신할 대	人	5	6II	63	363	督	살필 독	目	13	4II	131
333	貸	빌릴 대	貝	12	3II	64	364	篤	도타울 독	竹	16	3	473
334	大	큰 대	大	3	8	171	365	讀	읽을 독 / 구절 두	言	22	6II	441
335	對	대할 대	寸	14	6II	203	366	敦	도타울 돈	攵	12	3	56
336	帶	띠 대	巾	11	4II	230	367	豚	돼지 돈	豕	11	3	194
337	待	기다릴 대	彳	9	6	200	368	突	갑자기 돌	穴	9	3II	390
338	臺	대 대	至	14	3II	418	369	冬	겨울 동	冫	5	7	256
339	隊	무리 대	阜	12	4II	194	370	東	동녘 동	木	8	8	313
340	德	큰 덕	彳	15	5II	373	371	凍	얼 동	冫	10	3II	314
341	刀	칼 도	刀	2	3II	93	372	動	움직일 동	力	11	7II	454
342	到	이를 도	刀	8	5II	416	373	同	한가지 동	口	6	7	143
343	倒	넘어질 도	人	10	3II	418							

NO	한자	대표 훈음	부수	획수	급수	쪽수
374	洞	고을 동 밝을 통	水	9	7	143
375	銅	구리 동	金	14	4II	143
376	童	아이 동	立	12	6II	394
377	豆	콩 두	豆	7	4II	438
378	頭	머리 두	頁	16	6	438
379	斗	말 두	斗	4	4II	283
380	屯	진칠 둔	屮	4	3	214
381	鈍	둔할 둔	金	12	3	214
382	得	얻을 득	彳	11	4II	293
383	登	오를 등	癶	12	7	364
384	燈	등 등	火	16	4II	365
385	騰	오를 등	馬	20	3	99
386	等	무리 등	竹	12	6II	200
387	羅	벌릴 라	罒	19	4II	461
388	樂	노래 악 즐길 락 좋아할 요	木	15	6II	239
389	絡	이을 락	糸	12	3II	144
390	落	떨어질 락	艸	13	5	144
391	亂	어지러울 란	乙	13	4	45
392	卵	알 란	卩	7	4	120
393	欄	난간 란	木	21	3II	320
394	蘭	난초 란	艸	21	3II	321
395	濫	넘칠 람	水	17	3	413
396	覽	볼 람	見	21	4	413
397	朗	밝을 랑	月	11	5II	269
398	浪	물결 랑	水	10	3II	269
399	郞	사내 랑	邑	10	3II	270
400	廊	행랑 랑	广	13	3II	270
401	來	올 래	人	8	7	61
402	冷	찰 랭	冫	7	5	65

NO	한자	대표 훈음	부수	획수	급수	쪽수
403	掠	노략질할 략	手	11	3	59
404	略	간략할 략	田	11	4	144
405	兩	두 량	入	8	4II	82
406	梁	들보 량	木	11	3II	94
407	良	어질 량	艮	7	5II	269
408	涼	서늘할 량	水	10	3II	59
409	諒	살펴알 량	言	15	3	59
410	量	헤아릴 량	里	12	5	293
411	糧	양식 량	米	18	4	294
412	勵	힘쓸 려	力	17	3II	73
413	慮	생각할 려	心	15	4	425
414	旅	나그네 려	方	10	5II	291
415	麗	고울 려	鹿	19	4II	476
416	力	힘 력	力	2	7II	103
417	歷	지날 력	止	16	5II	305
418	曆	책력 력	日	16	3II	304
419	憐	불쌍히여길 련	心	15	3	265
420	戀	그리워할 련	心	23	3II	399
421	練	익힐 련	糸	15	5II	321
422	鍊	단련할 련	金	17	3II	321
423	聯	연이을 련	耳	17	3II	240
424	連	이을 련	辶	11	4II	446
425	蓮	연꽃 련	辶	15	3II	446
426	列	벌일 렬	刀	6	4II	95
427	烈	매울 렬	火	10	4	96
428	裂	찢어질 렬	衣	12	3II	96
429	劣	못할 렬	力	6	3	205
430	廉	청렴할 렴	广	13	3	89
431	獵	사냥 렵	犬	18	3	349
432	令	하여금 령	人	5	5	64
433	領	거느릴 령	頁	14	5	65
434	嶺	고개 령	山	17	3II	65

NO	한자	대표 훈음	부수	획수	급수	쪽수	NO	한자	대표 훈음	부수	획수	급수	쪽수
435	零	떨어질 령	雨	13	3	66	467	陸	뭍 륙	阜	11	5II	163
436	靈	신령 령	雨	24	3II	469	468	倫	인륜 륜	人	10	3II	320
437	例	법식 례	人	8	6	95	469	輪	바퀴 륜	車	15	4	320
438	禮	예도 례	示	18	6	439	470	律	법칙 률	彳	9	4II	241
439	隸	종 례/예	隶	16	3	185	471	栗	밤 률	木	10	3II	382
440	勞	일할 로	力	12	5II	318	472	率	비율 률 / 거느릴 솔	玄	11	3II	352
441	爐	화로 로	火	20	3II	425	473	隆	높을 륭	阜	12	3II	355
442	老	늙을 로	老	6	7	404	474	陵	언덕 릉	阜	11	3II	164
443	路	길 로	足	13	6	145	475	利	이할 리	刀	7	6II	384
444	露	이슬 로	雨	20	3II	145	476	梨	배 리	木	11	3	384
445	祿	녹 록	示	13	3II	383	477	吏	관리 리	口	6	3II	133
446	綠	푸를 록	糸	14	6	383	478	履	밟을 리	尸	15	3II	259
447	錄	기록할 록	金	16	4II	383	479	李	오얏 리	木	7	6	312
448	鹿	사슴 록	鹿	11	3	476	480	里	마을 리	里	7	7	453
449	論	논할 론	言	15	4II	320	481	理	이치 리	玉	11	6II	453
450	弄	희롱할 롱	廾	7	3II	242	482	裏	속 리	衣	13	3II	432
451	賴	의뢰할 뢰	貝	16	3II	100	483	離	떠날 리	隹	19	4	463
452	雷	우레 뢰	雨	13	3II	361	484	隣	이웃 린	阜	15	3	265
453	了	마칠 료	丨	2	3	45	485	林	수풀 림	木	8	7	312
454	僚	동료 료	人	14	3	72	486	臨	임할 림	臣	17	3II	412
455	料	헤아릴 료	斗	10	5	284	487	立	설 립	立	5	7II	390
456	龍	용 룡	龍	16	4	480	488	麻	삼 마	麻	11	3II	477
457	樓	다락 루	木	15	3II	212	489	磨	갈 마	石	16	3II	477
458	屢	여러 루	尸	14	3	212	490	馬	말 마	馬	10	5	473
459	累	여러 루	糸	11	3II	359	491	莫	없을 막	艸	11	3II	422
460	淚	눈물 루	水	11	3	211	492	幕	장막 막	巾	14	3II	422
461	漏	샐 루	水	14	3II	211	493	漠	넓을 막	水	14	3II	423
462	柳	버들 류	木	9	4	120	494	慢	거만할 만	心	14	3	298
463	留	머무를 류	田	10	4II	120	495	漫	흩어질 만	水	14	3	298
464	流	흐를 류	水	10	5II	340	496	滿	찰 만	水	14	4II	82
465	類	무리 류	頁	19	5II	472	497	晚	늦을 만	日	11	3II	81
466	六	여섯 륙	八	4	8	83							

NO	한자	대표 훈음	부수	획수	급수	쪽수	NO	한자	대표 훈음	부수	획수	급수	쪽수
498	萬	일만 만	艹	13	8	73	530	明	밝을 명	日	8	6II	299
499	末	끝 말	木	5	5	311	531	鳴	울 명	鳥	14	4	466
500	亡	망할 망	亠	3	5	51	532	侮	업신여길 모	人	9	3	330
501	望	바랄 망	月	11	5II	51	533	冒	무릅쓸 모	冂	9	3	298
502	妄	망령될 망	女	6	3II	52	534	模	본뜰 모	木	15	4	422
503	忙	바쁠 망	心	6	3	52	535	慕	그릴 모	心	15	3II	423
504	忘	잊을 망	心	7	3	52	536	暮	저물 모	日	15	3	423
505	罔	없을 망	网	8	3	53	537	募	모을 모	力	13	3	423
506	茫	아득할 망	艹	10	3	53	538	某	아무 모	木	9	3	315
507	埋	묻을 매	土	10	3	453	539	謀	꾀 모	言	16	3II	315
508	妹	누이 매	女	8	4	183	540	母	어머니 모	母	5	8	329
509	媒	중매 매	女	12	3II	315	541	毛	털 모	毛	4	4II	332
510	每	매양 매	母	7	7II	330	542	貌	모양 모	豸	14	3II	368
511	梅	매화 매	木	11	3II	330	543	木	나무 목	木	4	8	309
512	買	살 매	貝	12	5	441	544	牧	칠 목	牛	8	4II	115
513	賣	팔 매	貝	15	5	441	545	目	눈 목	目	5	6	371
514	脈	줄기 맥	肉	10	4II	340	546	睦	화목할 목	目	13	3II	163
515	麥	보리 맥	麥	11	3II	61	547	沒	빠질 몰	水	7	3II	339
516	孟	맏 맹	子	8	3II	189	548	夢	꿈 몽	夕	14	3II	171
517	猛	사나울 맹	犬	11	3II	189	549	蒙	어두울 몽	艹	14	3II	171
518	盲	소경 맹	目	8	3II	52	550	卯	토끼 묘	卩	5	3	119
519	盟	맹세 맹	皿	13	3II	299	551	墓	무덤 묘	土	14	4	422
520	免	면할 면	儿	7	3II	80	552	妙	묘할 묘	女	7	4	204
521	勉	힘쓸 면	力	9	4	80	553	廟	사당 묘	广	15	3	295
522	眠	잘 면	目	10	3II	334	554	苗	모 묘	艹	9	3	359
523	綿	솜 면	糸	14	3II	230	555	武	호반 무	止	8	4II	324
524	面	낯 면	面	9	7	414	556	戊	천간 무	戈	5	3	243
525	滅	멸할 멸	水	13	3II	245	557	茂	무성할 무	艹	9	3II	244
526	冥	어두울 명	冖	10	3	294	558	無	없을 무	火	12	5	343
527	名	이름 명	口	6	7II	150	559	舞	춤출 무	舛	14	4	343
528	銘	새길 명	金	14	3II	150	560	貿	무역할 무	貝	12	3II	120
529	命	목숨 명	口	8	7	65	561	務	힘쓸 무	力	11	4II	374

NO	한자	대표 훈음	부수	획수	급수	쪽수	NO	한자	대표 훈음	부수	획수	급수	쪽수
562	霧	안개 무	雨	19	3	375	594	返	돌이킬 반	辶	8	3	129
563	墨	먹 묵	土	15	3II	479	595	飯	밥 반	食	13	3II	130
564	默	잠잠할 묵	黑	16	3II	479	596	叛	배반할 반	又	9	3	130
565	門	문 문	門	8	8	456	597	班	나눌 반	玉	10	6II	353
566	問	물을 문	口	11	7	456	598	般	일반 반	舟	10	3II	421
567	聞	들을 문	耳	14	6II	456	599	盤	소반 반	皿	15	3II	421
568	文	글월 문	文	4	7	284	600	發	필 발	癶	12	6II	365
569	紋	무늬 문	糸	10	3II	284	601	髮	터럭 발	髟	15	4	276
570	勿	말 물	勹	4	3II	104	602	拔	뽑을 발	手	8	3II	276
571	物	물건 물	牛	8	7II	104	603	方	모 방	方	4	7II	289
572	未	아닐 미	木	5	4II	311	604	放	놓을 방	攴	8	6II	289
573	味	맛 미	口	8	4II	311	605	房	방 방	戶	8	4II	289
574	尾	꼬리 미	尸	7	3II	210	606	防	막을 방	阜	7	4II	290
575	微	작을 미	彳	13	3II	260	607	訪	찾을 방	言	11	4II	290
576	眉	눈썹 미	目	9	3	212	608	妨	방해할 방	女	7	4	290
577	米	쌀 미	米	6	6	395	609	芳	꽃다울 방	艸	8	3II	290
578	迷	미혹할 미	辶	10	3	396	610	倣	본뜰 방	人	10	3	290
579	美	아름다울 미	羊	9	6	401	611	邦	나라 방	邑	7	3	451
580	憫	민망할 민	心	15	3	459	612	傍	곁 방	人	12	3	291
581	敏	민첩할 민	攴	11	3	331	613	倍	곱 배	人	10	5	391
582	民	백성 민	氏	5	8	334	614	培	북돋울 배	土	11	3II	391
583	密	빽빽할 밀	宀	11	4II	262	615	拜	절 배	手	9	4II	275
584	蜜	꿀 밀	虫	14	3	262	616	排	밀칠 배	手	11	3II	470
585	朴	성 박	木	6	6	118	617	輩	무리 배	車	15	3II	470
586	拍	칠 박	手	8	4	366	618	杯	잔 배	木	8	3	32
587	迫	핍박할 박	辶	9	3II	368	619	背	등 배	肉	9	4II	110
588	泊	머무를 박	水	8	3	368	620	配	나눌 배	酉	10	4II	452
589	博	넓을 박	十	12	4II	279	621	白	흰 백	白	5	8	366
590	薄	엷을 박	艸	17	3II	279	622	伯	맏 백	人	7	3II	366
591	半	반 반	十	5	6II	113	623	百	일백 백	白	6	7	368
592	伴	짝 반	人	7	3	113	624	煩	번거로울 번	火	13	3	473
593	反	돌이킬 반	又	4	6II	129	625	番	차례 번	田	12	6	360

NO	한자	대표 훈음	부수	획수	급수	쪽수
626	飜	번역할 번	飛	21	3	361
627	繁	번성할 번	糸	17	3II	331
628	伐	칠 벌	人	6	4II	64
629	罰	벌할 벌	网	14	4II	400
630	凡	무릇 범	几	3	3II	92
631	犯	범할 범	犬	5	4	124
632	範	법 범	竹	15	4	124
633	法	법 법	水	8	5II	128
634	壁	벽 벽	土	16	4II	236
635	碧	푸를 벽	石	14	3II	378
636	變	변할 변	言	23	5II	399
637	辯	말씀 변	辛	21	4	235
638	辨	분별할 변	辛	16	3	235
639	邊	가 변	辶	19	4II	414
640	別	나눌 별	刀	7	6	98
641	丙	남녘 병	一	5	3II	32
642	病	병 병	疒	10	6	32
643	兵	병사 병	八	7	5II	33
644	竝	나란히 병	立	10	3	212
645	屛	병풍 병	尸	11	3	212
646	保	지킬 보	人	9	4II	71
647	報	갚을 보	土	12	4II	236
648	寶	보배 보	宀	20	4II	280
649	普	넓을 보	日	12	4	303
650	譜	족보 보	言	19	3II	303
651	步	걸음 보	止	7	4II	324
652	補	기울 보	衣	12	3II	278
653	伏	엎드릴 복	人	6	4	348
654	卜	점 복	卜	2	3	116
655	復	회복할 복 / 다시 부	彳	12	4II	258
656	腹	배 복	肉	13	3II	259
657	複	겹칠 복	衣	14	4	258
658	服	옷 복	月	8	6	236
659	福	복 복	示	14	5II	102
660	覆	뒤집힐 복 / 덮을 부	襾	18	3II	259
661	本	근본 본	木	5	6	311
662	奉	받들 봉	大	8	5II	302
663	封	봉할 봉	寸	9	3II	163
664	峯	봉우리 봉	山	10	3II	213
665	逢	만날 봉	辶	11	3II	213
666	蜂	벌 봉	虫	13	3	213
667	鳳	봉황새 봉	鳥	14	3II	468
668	父	아버지 부	父	4	8	343
669	副	버금 부	刀	11	4II	102
670	富	부자 부	宀	12	4II	102
671	否	아닐 부	口	7	4	31
672	部	떼 부	邑	11	6II	391
673	婦	며느리 부	女	11	4II	184
674	夫	남편 부	大	4	7	172
675	扶	도울 부	手	7	3II	172
676	付	부칠 부	人	5	3II	66
677	附	붙을 부	阜	8	3II	66
678	符	부호 부	竹	11	3II	66
679	府	관청 부	广	8	4II	68
680	腐	썩을 부	肉	14	3II	68
681	浮	뜰 부	水	10	3II	45
682	簿	문서 부	竹	19	3II	279
683	負	질 부	貝	9	4	442
684	賦	부세 부	貝	14	3II	324
685	赴	다다를 부	走	9	3	119
686	北	북녘 북 / 달아날 배	匕	5	8	110

NO	한자	대표 훈음	부수	획수	급수	쪽수	NO	한자	대표 훈음	부수	획수	급수	쪽수
687	分	나눌 분	刀	4	6II	94	719	士	선비 사	士	3	5II	165
688	粉	가루 분	米	10	4	94	720	仕	섬길 사	人	5	5II	165
689	紛	어지러울 분	糸	10	3II	95	721	似	같을 사	人	7	3	64
690	憤	분할 분	心	15	4	112	722	史	사기 사	口	5	5II	133
691	墳	무덤 분	土	15	3	112	723	使	부릴 사	人	8	6	133
692	奔	달릴 분	大	9	3II	112	724	司	맡을 사	口	5	3II	136
693	奮	떨칠 분	大	16	3II	462	725	詞	말/글 사	言	12	3II	136
694	不	아닐 불	一	4	7II	31	726	四	넉 사	口	5	8	160
695	佛	부처 불	人	7	4II	253	727	寺	절 사 / 관청 시	寸	6	4II	200
696	拂	떨칠 불	手	8	3II	253	728	巳	뱀 사	己	3	3	224
697	朋	벗 붕	月	8	3	310	729	祀	제사 사	示	8	3II	224
698	崩	무너질 붕	山	11	3	310	730	師	스승 사	巾	10	4II	192
699	備	갖출 비	人	12	4II	356	731	思	생각 사	心	9	5	261
700	卑	낮을 비	十	8	3II	114	732	斜	기울 사	斗	11	3II	69
701	碑	비석 비	石	13	4	114	733	斯	이 사	斤	12	3	288
702	婢	여종 비	女	11	3II	114	734	査	조사할 사	木	9	5	35
703	比	견줄 비	比	4	5	331	735	死	죽을 사	歹	6	6	329
704	批	비평할 비	手	7	4	331	736	沙	모래 사	水	7	3II	204
705	妃	왕비 비	女	6	3II	223	737	社	모일 사	示	8	6II	379
706	肥	살찔 비	肉	8	3II	225	738	寫	베낄 사	宀	15	5	196
707	費	쓸 비	貝	12	5	253	739	私	사사로울 사	禾	7	4	383
708	非	아닐 비	非	8	4II	470	740	絲	실 사	糸	12	4	396
709	悲	슬플 비	心	12	4II	470	741	舍	집 사	舌	8	4II	421
710	飛	날 비	飛	9	4II	299	742	捨	버릴 사	手	11	3	421
711	鼻	코 비	鼻	14	5	414	743	蛇	뱀 사	虫	11	3II	428
712	祕	숨길 비	示	10	4	262	744	詐	속일 사	言	12	3	302
713	貧	가난할 빈	貝	11	4II	95	745	射	쏠 사	寸	10	4	202
714	賓	손 빈	貝	14	3	442	746	謝	사례할 사	言	17	4II	202
715	頻	자주 빈	頁	16	3	325	747	賜	줄 사	貝	15	3	108
716	氷	얼음 빙	水	5	5	335	748	辭	말씀 사	辛	19	4	45
717	聘	부를 빙	耳	13	3	221	749	邪	간사할 사	邑	7	3II	348
718	事	일 사	丨	8	7II	46							

NO	한자	대표 훈음	부수	획수	급수	쪽수	NO	한자	대표 훈음	부수	획수	급수	쪽수
750	削	깎을 삭	刀	9	3II	410	780	塞	막힐 색	土	13	3II	196
751	朔	초하루 삭	月	10	3	310			변방 새				
752	山	메 산	山	3	8	213	781	索	찾을 색	糸	10	3II	112
753	散	흩을 산	攵	12	4	283			노 삭				
754	産	낳을 산	生	11	5II	355	782	生	살 생	生	5	8	354
755	算	셈할 산	竹	14	7	243	783	序	차례 서	广	7	5	46
756	殺	죽일 살	殳	11	4II	254	784	庶	여러 서	广	11	3	229
		감할 쇄					785	徐	천천히 서	彳	10	3II	69
757	三	석 삼	一	3	8	28	786	敍	펼 서	攴	11	3	69
758	森	수풀 삼	木	12	3II	313	787	恕	용서할 서	心	10	3II	179
759	上	위 상	一	3	7II	28	788	書	글/책 서	日	10	6II	241
760	傷	다칠 상	人	13	4	105	789	緒	실마리 서	糸	15	3II	405
761	象	코끼리 상	豕	12	4	195	790	署	마을 서	网	14	3II	405
762	像	모양 상	人	14	3II	195	791	暑	더울 서	日	13	3	406
763	商	장사 상	口	11	5II	154	792	西	서녘 서	西	6	8	381
764	喪	잃을 상	口	12	3II	433	793	誓	맹세할 서	言	14	3	285
765	尙	오히려 상	小	8	3II	205	794	逝	갈 서	辶	11	3	285
766	賞	상줄 상	貝	15	5	205	795	析	쪼갤 석	木	8	3	286
767	償	갚을 상	人	17	3II	206	796	夕	저녁 석	夕	3	7	170
768	常	항상 상	巾	11	4II	206	797	席	자리 석	巾	10	6	228
769	裳	치마 상	衣	14	3II	206	798	昔	예 석	日	8	3	200
770	嘗	맛볼 상	口	14	3	208	799	惜	아낄 석	心	11	3II	300
771	狀	형상 상	犬	8	4II	345	800	石	돌 석	石	5	6	376
		문서 장					801	釋	풀 석	釆	20	3II	234
772	床	상 상	广	7	4II	312	802	仙	신선 선	人	5	5II	63
773	桑	뽕나무 상	木	10	3II	313	803	先	먼저 선	儿	6	8	78
774	詳	자세할 상	言	13	3II	402	804	善	착할 선	口	12	5	402
775	祥	상서로울 상	示	11	3	402	805	鮮	고울 선	魚	17	5II	476
776	相	서로 상	目	9	5II	374	806	宣	베풀 선	宀	9	4	294
777	想	생각 상	心	13	4II	374	807	旋	돌 선	方	11	3II	292
778	霜	서리 상	雨	17	3II	374	808	禪	선 선	示	17	3II	156
779	色	빛 색	色	6	7	224	809	線	줄 선	糸	15	6II	125

NO	한자	대표 훈음	부수	획수	급수	쪽수	NO	한자	대표 훈음	부수	획수	급수	쪽수
810	船	배 선	舟	11	5	339	840	消	사라질 소	水	10	6II	410
811	選	가릴 선	辶	16	5	85	841	燒	사를 소	火	16	3II	164
812	舌	혀 설	舌	6	4	420	842	疏	소통할 소	疋	11	3II	340
813	設	베풀 설	言	11	4II	254	843	蔬	나물 소	艹	15	3	340
814	說	말씀 설 / 달랠 세	言	14	5II	263	844	笑	웃을 소	竹	10	4II	173
							845	素	본디 소	糸	10	4II	398
815	雪	눈 설	雨	11	6II	469	846	蘇	소생할 소	艹	20	3II	476
816	攝	잡을 섭	手	21	3	409	847	訴	호소할 소	言	12	3II	289
817	涉	건널 섭	水	10	3	325	848	騷	떠들 소	馬	20	3	474
818	成	이룰 성	戈	7	6II	246	849	俗	풍속 속	人	9	4II	435
819	城	재 성	土	10	4II	246	850	屬	붙일 속	尸	21	4	350
820	盛	성할 성	皿	12	4II	248	851	束	묶을 속	木	7	5II	100
821	誠	정성 성	言	14	4II	248	852	速	빠를 속	辶	11	6	100
822	聖	성인 성	耳	13	4II	169	853	粟	조/벼 속	米	12	3	382
823	聲	소리 성	耳	17	4II	408	854	續	이을 속	糸	21	4II	441
824	省	살필 성 / 덜 생	目	9	6II	204	855	孫	손자 손	子	10	6	398
							856	損	덜 손	手	13	4	154
825	姓	성 성	女	8	7II	354	857	松	소나무 송	木	8	4	84
826	性	성품 성	心	8	5II	354	858	訟	송사할 송	言	11	3II	84
827	星	별 성	日	9	4II	355	859	頌	기릴 송	頁	13	4	84
828	世	세상 세	一	5	7II	35	860	誦	욀 송	言	14	3	358
829	勢	형세 세	力	13	4II	164	861	送	보낼 송	辶	10	4II	173
830	歲	해 세	止	13	5II	325	862	刷	인쇄할 쇄	刀	8	3II	101
831	洗	씻을 세	水	9	5II	78	863	鎖	쇠사슬 쇄	金	18	3II	455
832	稅	세금 세	禾	12	4II	264	864	衰	쇠할 쇠	衣	10	3II	431
833	細	가늘 세	糸	11	4II	359	865	修	닦을 수	人	10	4II	70
834	召	부를 소	口	5	3	140	866	受	받을 수	又	8	4II	181
835	昭	밝을 소	日	9	3	141	867	授	줄 수	手	11	4II	181
836	小	작을 소	小	3	8	204	868	囚	가둘 수	口	5	3	158
837	少	적을 소	小	4	7	204	869	垂	드리울 수	土	8	3II	161
838	所	바/곳 소	戶	8	7	273	870	睡	졸음 수	目	13	3	162
839	掃	쓸 소	手	11	4II	184	871	壽	목숨 수	士	14	3II	170

NO	한자	대표 훈음	부수	획수	급수	쪽수	NO	한자	대표 훈음	부수	획수	급수	쪽수
872	守	지킬 수	宀	6	4II	199	903	純	순수할 순	糸	10	4II	214
873	帥	장수 수	巾	9	3II	192	904	脣	입술 순	肉	11	3	450
874	愁	근심 수	心	13	3II	385	905	順	순할 순	頁	12	5II	215
875	手	손 수	手	4	7II	274	906	戌	개 술	戈	6	3	244
876	收	거둘 수	攵	6	4II	282	907	術	재주 술	行	11	6II	429
877	搜	찾을 수	手	13	3	281	908	述	펼 술	辶	9	3II	429
878	數	셀 수	攵	15	7	213	909	崇	높을 숭	山	11	4	379
879	樹	나무 수	木	16	6	438	910	濕	젖을 습	水	17	3II	240
880	殊	다를 수	歹	10	3II	316	911	拾	주울 습 / 열 십	手	9	3II	148
881	水	물 수	水	4	8	335	912	習	익힐 습	羽	11	6	403
882	獸	짐승 수	犬	19	3II	349	913	襲	엄습할 습	衣	22	3II	480
883	秀	빼어날 수	禾	7	4	42	914	乘	탈 승	丿	10	3II	388
884	雖	비록 수	隹	17	3	462	915	僧	중 승	人	14	3II	308
885	誰	누구 수	言	15	3	462	916	勝	이길 승	力	12	6	99
886	輸	보낼 수	車	16	3II	264	917	承	이을 승	手	8	4II	188
887	遂	드디어 수	辶	13	3	195	918	昇	오를 승	日	8	3II	299
888	隨	따를 수	阜	16	3II	221	919	始	비로소 시	女	8	6II	183
889	需	쓰일 수	雨	14	3II	408	920	市	시장 시	巾	5	7II	225
890	須	모름지기 수	頁	12	3	472	921	施	베풀 시	方	9	4II	292
891	首	머리 수	首	9	5II	415	922	是	옳을 시	日	9	4II	300
892	叔	아재비 숙	又	8	4	131	923	時	때 시	日	10	7II	201
893	淑	맑을 숙	水	11	3II	132	924	詩	시 시	言	13	4II	201
894	孰	누구 숙	子	11	3	58	925	侍	모실 시	人	8	3II	201
895	熟	익을 숙	火	15	3II	58	926	矢	화살 시	矢	5	3	375
896	宿	잘 숙 / 별자리 수	宀	11	5II	369	927	示	보일 시	示	5	5	379
897	肅	엄숙할 숙	聿	13	4	242	928	視	볼 시	見	12	4II	379
898	巡	돌 순	巛	7	3II	215	929	試	시험 시	言	13	4II	243
899	循	돌 순	彳	12	3	373	930	式	법 식	弋	6	6	243
900	旬	열흘 순	日	6	3II	296	931	息	쉴 식	心	10	4II	414
901	殉	따라죽을 순	歹	10	3	296	932	植	심을 식	木	12	7	372
902	瞬	눈깜짝일 순	目	17	3II	265	933	食	먹을 식	食	9	7II	270

NO	한자	대표 훈음	부수	획수	급수	쪽수	NO	한자	대표 훈음	부수	획수	급수	쪽수
934	識	알 식	言	19	5II	392	965	岳	큰산 악	山	8	3	33
		기록할 지					966	惡	악할 악	心	12	5II	51
935	飾	꾸밀 식	食	14	3II	271			미워할 오				
936	申	펼/납 신	田	5	4II	362	967	安	편안 안	宀	6	7II	190
937	伸	펼 신	人	7	3	363	968	案	책상 안	木	10	5	190
938	神	귀신 신	示	10	6II	363	969	岸	언덕 안	山	8	3II	232
939	信	믿을 신	人	9	6II	62	970	眼	눈 안	目	11	4II	266
940	愼	삼갈 신	心	13	3II	373	971	雁	기러기 안	隹	12	3	464
941	新	새 신	斤	13	6II	285	972	顔	낯 안	頁	18	3II	355
942	晨	새벽 신	日	11	3	450	973	謁	뵐 알	言	16	3	91
943	臣	신하 신	臣	6	5II	411	974	巖	바위 암	山	23	3II	283
944	身	몸 신	身	7	6II	414	975	暗	어두울 암	日	13	4II	393
945	辛	매울 신	辛	7	3	235	976	壓	누를 압	土	17	4II	349
946	失	잃을 실	大	5	6	174	977	押	누를 압	手	8	3	362
947	室	집/방 실	宀	9	8	416	978	仰	우러를 앙	人	6	3II	121
948	實	열매 실	宀	14	5II	442	979	央	가운데 앙	大	5	3II	174
949	審	살필 심	宀	15	3II	360	980	殃	재앙 앙	歹	9	3	174
950	尋	찾을 심	寸	12	3	200	981	哀	슬플 애	口	9	3II	431
951	心	마음 심	心	4	7	260	982	愛	사랑 애	心	13	6	181
952	深	깊을 심	水	11	4II	76	983	涯	물가 애	水	11	3	163
953	甚	심할 심	甘	9	3II	111	984	厄	재앙 액	厂	4	3	123
954	十	열 십	十	2	8	111	985	液	진 액	水	11	4II	171
955	雙	둘 쌍	隹	18	3II	461	986	額	이마 액	頁	18	4	145
956	氏	성 씨	氏	4	4	333	987	也	어조사 야	乙	3	3	43
957	亞	버금 아	二	8	3II	51	988	夜	밤 야	夕	8	6	171
958	兒	아이 아	儿	8	5II	81	989	耶	어조사 야	耳	9	3	409
959	我	나 아	戈	7	3II	271	990	野	들 야	里	11	6	46
960	餓	주릴 아	食	16	3	272	991	弱	약할 약	弓	10	6II	252
961	牙	어금니 아	牙	4	3II	346	992	約	맺을 약	糸	9	5II	369
962	芽	싹 아	艸	8	3II	346	993	若	같을 약	艸	9	3II	138
963	雅	맑을 아	隹	12	3II	346	994	藥	약 약	艸	19	6II	239
964	阿	언덕 아	阜	8	3II	135	995	躍	뛸 약	足	21	3	465

NO	한자	대표 훈음	부수	획수	급수	쪽수	NO	한자	대표 훈음	부수	획수	급수	쪽수
996	陽	볕 양	阜	12	6	105	1027	易	바꿀 역	日	8	4	108
997	揚	날릴 양	手	12	3II	106			쉬울 이				
998	楊	버들 양	木	13	3	106	1028	譯	번역할 역	言	20	3II	234
999	羊	양 양	羊	6	4II	400	1029	驛	역 역	馬	23	3II	234
1000	洋	큰바다 양	水	9	6	401	1030	逆	거스를 역	辶	10	4II	310
1001	養	기를 양	食	15	5II	401	1031	域	지경 역	土	11	4	249
1002	樣	모양 양	木	15	4	401	1032	宴	잔치 연	宀	10	3II	190
1003	壤	흙덩이 양	土	20	3II	432	1033	延	늘일 연	廴	7	4	325
1004	讓	사양할 양	言	24	3II	432	1034	演	펼 연	水	14	4II	198
1005	御	거느릴 어	彳	11	3II	326	1035	然	그럴 연	火	12	7	342
1006	於	어조사 어	方	8	3	292	1036	燃	탈 연	火	16	4	342
		탄식할 오					1037	燕	제비 연	火	16	3II	342
1007	語	말씀 어	言	14	7	49	1038	煙	연기 연	火	13	4II	382
1008	魚	물고기 어	魚	11	5	475	1039	硏	갈 연	石	11	4II	378
1009	漁	고기잡을 어	水	14	5	475	1040	緣	인연 연	糸	15	4	196
1010	億	억 억	人	15	5	392	1041	軟	연할 연	車	11	3II	448
1011	憶	생각할 억	心	16	3II	392	1042	鉛	납 연	金	13	4	339
1012	抑	누를 억	手	7	3II	121	1043	沿	물따라갈 연	水	8	3II	339
1013	焉	어찌 언	火	11	3	466	1044	悅	기쁠 열	心	10	3II	263
1014	言	말씀 언	言	7	6	436	1045	閱	볼 열	門	15	3	264
1015	嚴	엄할 엄	口	20	4	282	1046	熱	더울 열	火	15	5	164
1016	業	일/업 업	木	13	6II	203	1047	染	물들 염	木	9	3II	93
1017	予	나/줄 여	丨	4	3	46	1048	炎	불꽃 염	火	8	3II	341
1018	余	나 여	人	7	3	68	1049	鹽	소금 염	鹵	24	3II	413
1019	餘	남을 여	食	16	4II	68	1050	葉	잎 엽	艹	13	5	35
1020	汝	너 여	水	6	3	179	1051	影	그림자 영	彡	15	3II	59
1021	與	줄 여	臼	14	4	418	1052	英	꽃부리 영	艹	9	6	174
1022	輿	수레 여	車	17	3	419	1053	映	비칠 영	日	9	4	174
1023	如	같을 여	女	6	4II	179	1054	榮	영화 영	木	14	4II	316
1024	亦	또 역	亠	6	3II	55	1055	營	경영할 영	火	17	4	318
1025	疫	전염병 역	疒	9	3II	32	1056	永	길 영	水	5	6	335
1026	役	부릴 역	彳	7	3II	254	1057	泳	헤엄칠 영	水	8	3	336

NO	한자	대표 훈음	부수	획수	급수	쪽수	NO	한자	대표 훈음	부수	획수	급수	쪽수
1058	詠	읊을 영	言	12	3	338	1090	要	요긴할 요	襾	9	5II	381
1059	迎	맞을 영	辶	8	4	121	1091	腰	허리 요	肉	13	3	382
1060	藝	재주 예	艸	19	4II	164	1092	謠	노래 요	言	17	4II	279
1061	譽	기릴 예	言	21	3II	419	1093	搖	흔들 요	手	13	3	280
1062	豫	미리 예	豕	16	4	195	1094	遙	멀 요	辶	14	3	280
1063	銳	날카로울 예	金	15	3	264	1095	欲	하고자할 욕	欠	11	3II	436
1064	五	다섯 오	二	4	8	49	1096	慾	욕심 욕	心	15	3II	436
1065	吾	나 오	口	7	3	49	1097	浴	목욕할 욕	水	10	5	435
1066	悟	깨달을 오	心	10	3II	49	1098	辱	욕될 욕	辰	10	3II	450
1067	傲	거만할 오	人	13	3	291	1099	勇	날랠 용	力	9	6II	358
1068	午	낮 오	十	4	7II	113	1100	容	얼굴 용	宀	10	4II	435
1069	誤	그르칠 오	言	14	4II	271	1101	用	쓸 용	用	5	6II	355
1070	娛	즐거워할 오	女	10	3	271	1102	庸	떳떳할 용	广	11	3	356
1071	汚	더러울 오	水	6	3	220	1103	于	어조사 우	二	3	3	48
1072	烏	까마귀 오	火	10	3II	468	1104	宇	집 우	宀	6	3II	48
1073	嗚	슬플 오	口	13	3	469	1105	偶	짝 우	人	11	3II	72
1074	屋	집 옥	尸	9	5	210	1106	愚	어리석을 우	心	13	3II	72
1075	獄	감옥 옥	犬	14	3II	349	1107	遇	만날 우	辶	13	4	72
1076	玉	구슬 옥	玉	5	4II	353	1108	友	벗 우	又	4	5II	132
1077	溫	따뜻할 온	水	13	6	158	1109	右	오른 우	口	5	7II	136
1078	擁	낄 옹	手	16	3	465	1110	尤	더욱 우	尢	4	3	209
1079	翁	늙은이 옹	羽	10	3	403	1111	憂	근심 우	心	15	3II	258
1080	瓦	기와 와	瓦	5	3II	354	1112	優	넉넉할 우	人	17	4	258
1081	臥	누울 와	臣	8	3	412	1113	牛	소 우	牛	4	5	115
1082	完	완전할 완	宀	7	5	73	1114	羽	깃 우	羽	6	3II	403
1083	緩	느릴 완	糸	15	3II	182	1115	又	또 우	又	2	3	129
1084	曰	가로 왈	曰	4	3	305	1116	郵	우편 우	邑	11	4	161
1085	往	갈 왕	彳	8	4II	41	1117	雨	비 우	雨	8	5II	469
1086	王	임금 왕	玉	4	8	353	1118	云	이를 운	二	4	3	48
1087	外	바깥 외	夕	5	8	118	1119	雲	구름 운	雨	12	5II	49
1088	畏	두려워할 외	田	9	3	360	1120	運	옮길 운	辶	13	6II	448
1089	曜	빛날 요	日	18	5	464	1121	韻	운 운	音	19	3II	154

NO	한자	대표 훈음	부수	획수	급수	쪽수	NO	한자	대표 훈음	부수	획수	급수	쪽수
1122	雄	수컷 웅	隹	12	5	460	1154	惟	생각할 유	心	11	3	462
1123	元	으뜸 원	儿	4	5II	73	1155	幼	어릴 유	幺	5	3II	236
1124	院	집 원	阜	10	5	73	1156	幽	그윽할 유	幺	9	3II	238
1125	原	언덕 원	厂	10	5	124	1157	悠	멀 유	心	11	3II	71
1126	源	근원 원	水	13	4	125	1158	愈	나을 유	心	13	3	264
1127	願	원할 원	頁	19	5	125	1159	有	있을 유	月	6	7	309
1128	員	인원 원	口	10	4II	153	1160	柔	부드러울 유	木	9	3II	375
1129	圓	둥글 원	口	13	4II	153	1161	由	말미암을 유	田	5	6	361
1130	遠	멀 원	辶	14	6	430	1162	油	기름 유	水	8	6	361
1131	園	동산 원	口	13	6	430	1163	猶	오히려 유	犬	12	3II	453
1132	怨	원망할 원	心	9	4	124	1164	裕	넉넉할 유	衣	12	3II	436
1133	援	도울 원	手	12	4	182	1165	誘	꾈 유	言	14	3II	42
1134	月	달 월	月	4	8	309	1166	遊	놀 유	辶	13	4	292
1135	越	넘을 월	走	12	3II	443	1167	遺	남길 유	辶	16	4	441
1136	位	자리 위	人	7	5	390	1168	酉	닭 유	酉	7	3	451
1137	爲	할 위	爪	12	4II	343	1169	肉	고기 육	肉	6	4II	409
1138	僞	거짓 위	人	14	3II	343	1170	育	기를 육	肉	8	7	259
1139	危	위태할 위	卩	6	4	124	1171	閏	윤달 윤	門	12	3	459
1140	委	맡길 위	女	8	4	385	1172	潤	불을 윤	水	15	3II	459
1141	威	위엄 위	女	9	4	245	1173	恩	은혜 은	心	10	4II	159
1142	慰	위로할 위	心	15	4	211	1174	銀	은 은	金	14	6	268
1143	偉	클 위	人	11	5II	471	1175	隱	숨을 은	阜	17	4	182
1144	圍	에워쌀 위	口	12	4	471	1176	乙	새 을	乙	1	3II	42
1145	違	어길 위	辶	13	3	471	1177	淫	음란할 음	水	11	3II	168
1146	緯	씨 위	糸	15	3	472	1178	陰	그늘 음	阜	11	4II	60
1147	衛	지킬 위	行	16	4II	429	1179	吟	읊을 음	口	7	3	61
1148	胃	밥통 위	肉	9	3II	410	1180	音	소리 음	音	9	6II	391
1149	謂	이를 위	言	16	3II	410	1181	飮	마실 음	食	13	6II	270
1150	乳	젖 유	乙	8	4	44	1182	泣	울 읍	水	8	3	390
1151	儒	선비 유	人	16	4	408	1183	邑	고을 읍	邑	7	7	225
1152	維	벼리 유	糸	14	3II	461	1184	凝	엉길 응	冫	16	3	364
1153	唯	오직 유	口	11	3	462	1185	應	응할 응	心	17	4II	464

NO	한자	대표 훈음	부수	획수	급수	쪽수	NO	한자	대표 훈음	부수	획수	급수	쪽수
1186	衣	옷 의	衣	6	6	430	1218	壬	천간 임	士	4	3II	168
1187	依	의지할 의	人	8	4	430	1219	任	맡길 임	人	6	5II	168
1188	義	옳을 의	羊	13	4II	272	1220	賃	품삯 임	貝	13	3II	168
1189	議	의논할 의	言	20	4II	272	1221	入	들 입	入	2	7	81
1190	儀	거동 의	人	15	4	272	1222	刺	찌를 자/척 수라 라	刀	8	3II	100
1191	宜	마땅 의	宀	8	3	34							
1192	意	뜻 의	心	13	6II	392	1223	姿	모양 자	女	9	4	149
1193	疑	의심할 의	疋	14	4	364	1224	資	재물 자	貝	13	4	149
1194	矣	어조사 의	矢	7	3	376	1225	恣	방자할 자	心	10	3	150
1195	醫	의원 의	酉	18	6	452	1226	子	아들 자	子	3	7II	185
1196	二	두 이	二	2	8	48	1227	字	글자 자	子	6	7	186
1197	以	써 이	人	5	5II	64	1228	自	스스로 자	自	6	7II	413
1198	夷	오랑캐 이	大	6	3	176	1229	玆	이 자	玄	10	3	352
1199	已	이미 이	己	3	3II	224	1230	慈	사랑 자	心	13	3II	352
1200	異	다를 이	田	11	4	304	1231	紫	자주빛 자	糸	11	3II	329
1201	移	옮길 이	禾	11	4II	170	1232	者	놈 자	老	9	6	404
1202	而	말이을 이	而	6	3	406	1233	姉	손위누이 자	女	8	4	182
1203	耳	귀 이	耳	6	5	408	1234	作	지을 작	人	7	6II	301
1204	益	더할 익	皿	10	4II	371	1235	昨	어제 작	日	9	6II	301
1205	翼	날개 익	羽	17	3II	304	1236	爵	벼슬 작	爪	18	3	181
1206	人	사람 인	人	2	8	60	1237	酌	술따를 작	酉	10	3	452
1207	仁	어질 인	人	4	4	62	1238	殘	남을 잔	歹	12	4	250
1208	印	도장 인	卩	6	4II	121	1239	暫	잠깐 잠	日	15	3II	288
1209	因	인할 인	口	6	5	158	1240	潛	잠길 잠	水	15	3II	123
1210	姻	혼인 인	女	9	3	159	1241	雜	섞일 잡	隹	18	4	460
1211	寅	범 인	宀	11	3	198	1242	丈	어른 장	一	3	3II	29
1212	引	끌 인	弓	4	4II	252	1243	場	마당 장	土	12	7II	105
1213	忍	참을 인	心	7	3II	94	1244	腸	창자 장	肉	13	4	105
1214	認	알 인	言	14	4II	94	1245	墻	담 장	土	16	3	161
1215	一	한 일	一	1	8	28	1246	壯	장할 장	士	7	4	344
1216	日	해/날 일	日	4	8	292	1247	莊	씩씩할 장	艸	11	3II	344
1217	逸	편안할 일	辶	12	3II	81	1248	裝	꾸밀 장	衣	13	4	344

NO	한자	대표 훈음	부수	획수	급수	쪽수	NO	한자	대표 훈음	부수	획수	급수	쪽수
1249	將	장수 장	寸	11	4II	344	1281	摘	딸 적	手	14	3II	155
1250	獎	장려할 장	大	14	4	345	1282	滴	물방울 적	水	14	3	155
1251	長	긴 장	長	8	8	455	1283	的	과녁 적	白	8	5II	369
1252	帳	장막 장	巾	11	4	455	1284	積	쌓을 적	禾	16	4	193
1253	張	베풀 장	弓	11	4	455	1285	績	길쌈 적	糸	17	4	194
1254	掌	손바닥 장	手	12	3II	209	1286	笛	피리 적	竹	11	3II	362
1255	粧	단장할 장	米	12	3II	395	1287	籍	문서 적	竹	20	4	300
1256	藏	감출 장	艸	18	3II	345	1288	赤	붉을 적	赤	7	5	55
1257	臟	오장 장	肉	22	3II	345	1289	蹟	자취 적	足	18	3II	444
1258	葬	장사지낼 장	艸	13	3II	329	1290	跡	발자취 적	足	13	3II	445
1259	章	글 장	立	11	6	394	1291	賊	도둑 적	貝	13	4	246
1260	障	막을 장	阜	14	4II	394	1292	專	오로지 전	寸	11	4	202
1261	再	두 재	冂	6	5	90	1293	傳	전할 전	人	13	5II	202
1262	哉	어조사 재	口	9	3	249	1294	轉	구를 전	車	18	4	203
1263	栽	심을 재	木	10	3II	250	1295	全	온전할 전	入	6	7II	82
1264	載	실을 재	車	13	3II	250	1296	典	법/책 전	八	8	5II	89
1265	裁	마를 재	衣	12	3II	250	1297	前	앞 전	刀	9	7II	102
1266	在	있을 재	土	6	6	190	1298	展	펼 전	尸	10	5II	210
1267	宰	재상 재	宀	10	3	235	1299	殿	전각 전	殳	13	3II	211
1268	才	재주 재	手	3	6II	275	1300	戰	싸울 전	戈	16	6II	155
1269	材	재목 재	木	7	5II	275	1301	田	밭 전	田	5	4II	358
1270	財	재물 재	貝	10	5II	275	1302	錢	돈 전	金	16	4	250
1271	災	재앙 재	火	7	5	216	1303	電	번개 전	雨	13	7II	363
1272	爭	다툴 쟁	爪	8	5	180	1304	切	끊을 절 / 온통 체	刀	4	5II	31
1273	低	낮을 저	人	7	4II	333	1305	折	꺾을 절	手	7	4	285
1274	底	밑 저	广	8	4	333	1306	竊	훔칠 절	穴	22	3	390
1275	抵	막을 저	手	8	3II	334	1307	節	마디 절	竹	15	5II	122
1276	著	나타날 저	艸	13	3II	405	1308	絶	끊을 절	糸	12	4II	224
1277	貯	쌓을 저	貝	12	5	30	1309	占	점칠 점	卜	5	4	118
1278	寂	고요할 적	宀	11	3II	132	1310	店	가게 점	广	8	5II	118
1279	敵	대적할 적	攵	15	4II	154	1311	點	점 점	黑	17	4	119
1280	適	맞을 적	辶	15	4	154							

NO	한자	대표 훈음	부수	획수	급수	쪽수	NO	한자	대표 훈음	부수	획수	급수	쪽수
1312	漸	점점 점	水	14	3II	288	1344	祭	제사 제	示	11	4II	380
1313	接	이을 접	手	11	4II	394	1345	際	가 제	阜	14	4II	380
1314	蝶	나비 접	虫	15	3	35	1346	諸	모두 제	言	16	3II	405
1315	丁	장정 정	一	2	4	29	1347	除	덜 제	阜	10	4II	69
1316	亭	정자 정	亠	9	3II	29	1348	兆	억조 조	儿	6	3II	79
1317	停	머무를 정	人	11	5	29	1349	助	도울 조	力	7	4II	35
1318	訂	바로잡을 정	言	9	3	30	1350	祖	조상 조	示	10	7	34
1319	頂	정수리 정	頁	11	3II	30	1351	租	조세 조	禾	10	3II	34
1320	井	우물 정	二	4	3II	50	1352	組	짤 조	糸	11	4	34
1321	廷	조정 정	廴	7	3II	169	1353	弔	조상할 조	弓	4	3	252
1322	庭	뜰 정	广	10	6II	169	1354	操	잡을 조	手	16	5	153
1323	程	한도/길 정	禾	12	4II	169	1355	燥	마를 조	火	17	3	153
1324	正	바를 정	止	5	7II	326	1356	早	이를 조	日	6	4II	294
1325	政	정사 정	攵	9	4II	328	1357	朝	아침 조	月	12	6	295
1326	征	칠 정	彳	8	3II	328	1358	潮	조수 조	水	15	4	295
1327	整	가지런할 정	攵	16	4	328	1359	條	가지 조	木	11	4	71
1328	定	정할 정	宀	8	6	328	1360	照	비출 조	火	13	3II	141
1329	情	뜻 정	心	11	5II	39	1361	調	고를 조	言	15	5II	152
1330	精	정할 정	米	14	4II	39	1362	造	지을 조	辶	11	4II	151
1331	靜	고요할 정	靑	16	4	39	1363	鳥	새 조	鳥	11	4II	465
1332	貞	곧을 정	貝	9	3II	440	1364	族	겨레 족	方	11	6	291
1333	淨	깨끗할 정	水	11	3II	180	1365	足	발 족	足	7	7II	444
1334	制	절제할 제	刀	8	4II	99	1366	存	있을 존	子	6	4	190
1335	製	지을 제	衣	14	4II	99	1367	尊	높을 존	寸	12	4II	452
1336	題	제목 제	頁	18	6II	301	1368	卒	군사 졸	十	8	5II	114
1337	提	끌 제	手	12	4II	301	1369	拙	못날 졸	手	8	3	92
1338	堤	둑 제	土	12	3	301	1370	宗	마루 종	宀	8	4II	379
1339	帝	임금 제	巾	9	4	228	1371	從	좇을 종	彳	11	4	444
1340	弟	아우 제	弓	7	8	253	1372	縱	세로 종	糸	17	3II	444
1341	第	차례 제	竹	11	6II	253	1373	種	씨 종	禾	14	5II	384
1342	齊	가지런할 제	齊	14	3II	479	1374	鐘	쇠북 종	金	20	4	454
1343	濟	건널 제	水	17	4II	480	1375	終	마칠 종	糸	11	5	256

NO	한자	대표 훈음	부수	획수	급수	쪽수	NO	한자	대표 훈음	부수	획수	급수	쪽수
1376	左	왼 좌	工	5	7II	221	1408	曾	일찍 증	日	12	3II	306
1377	佐	도울 좌	人	7	3	221	1409	增	더할 증	土	15	4II	308
1378	坐	앉을 좌	土	7	3II	160	1410	憎	미워할 증	心	15	3II	308
1379	座	자리 좌	广	10	4	160	1411	贈	줄 증	貝	19	3	308
1380	罪	허물 죄	网	13	5	400	1412	症	증세 증	疒	10	3II	32
1381	主	주인 주	丶	5	7	40	1413	蒸	찔 증	艸	14	3II	188
1382	住	살 주	人	7	7	40	1414	證	증거 증	言	19	4	365
1383	注	부을 주	水	8	6II	41	1415	之	어조사 지	丿	4	3II	40
1384	柱	기둥 주	木	9	3II	41	1416	只	다만 지	口	5	3	142
1385	周	두루 주	口	8	4	152	1417	地	땅 지	土	6	7	43
1386	週	주일 주	辶	12	5II	152	1418	池	연못 지	水	6	3II	44
1387	奏	아뢸 주	大	9	3II	302	1419	志	뜻 지	心	7	4II	166
1388	宙	집 주	宀	8	3II	361	1420	誌	기록할 지	言	14	4	166
1389	州	고을 주	巛	6	5II	215	1421	持	가질 지	手	9	4	201
1390	洲	물가 주	水	9	3II	215	1422	指	가리킬 지	手	9	4II	278
1391	晝	낮 주	日	11	6	241	1423	知	알 지	矢	8	5II	375
1392	朱	붉을 주	木	6	4	315	1424	智	지혜 지	日	12	4	376
1393	株	그루 주	木	10	3II	315	1425	支	지탱할 지	支	4	4II	281
1394	珠	구슬 주	玉	10	3II	316	1426	枝	가지 지	木	8	3II	281
1395	舟	배 주	舟	6	3	421	1427	止	그칠 지	止	4	5	323
1396	走	달릴 주	走	7	4II	443	1428	紙	종이 지	糸	10	7	333
1397	酒	술 주	酉	10	4	451	1429	至	이를 지	至	6	4II	416
1398	鑄	쇠불릴 주	金	22	3II	170	1430	遲	늦을 지	辶	16	3	351
1399	竹	대 죽	竹	6	4II	395	1431	直	곧을 직	目	8	7II	371
1400	俊	준걸 준	人	9	3	71	1432	職	직분 직	耳	18	4II	392
1401	準	준할 준	水	13	4II	460	1433	織	짤 직	糸	18	4	393
1402	遵	좇을 준	辶	16	3	453	1434	眞	참 진	目	10	4II	372
1403	中	가운데 중	丨	4	8	36	1435	鎭	진압할 진	金	18	3II	372
1404	仲	버금 중	人	6	3II	36	1436	珍	보배 진	玉	9	4	125
1405	衆	무리 중	血	12	4II	428	1437	進	나아갈 진	辶	12	4II	460
1406	重	무거울 중	里	9	7	454	1438	辰	별/용 진 별/때 신	辰	7	3II	449
1407	卽	곧 즉	卩	9	3II	122							

NO	한자	대표 훈음	부수	획수	급수	쪽수	NO	한자	대표 훈음	부수	획수	급수	쪽수
1439	振	떨칠 진	手	10	3II	449	1469	昌	창성할 창	日	8	3II	296
1440	震	우레 진	雨	15	3II	450	1470	唱	부를 창	口	11	5	298
1441	盡	다할 진	皿	14	4	242	1471	暢	화창할 창	日	14	3	106
1442	陣	진칠 진	阜	10	4	314	1472	窓	창 창	穴	11	6II	389
1443	陳	베풀 진	阜	11	3II	313	1473	債	빚 채	人	13	3II	193
1444	姪	조카 질	女	9	3	418	1474	採	캘 채	手	11	4	180
1445	疾	병 질	疒	10	3II	32	1475	彩	채색 채	彡	11	3II	180
1446	秩	차례 질	禾	10	3II	175	1476	菜	나물 채	艸	12	3II	181
1447	質	바탕 질	貝	15	5II	286	1477	冊	책 책	冂	6	4	90
1448	執	잡을 집	土	11	3II	233	1478	策	꾀 책	竹	12	3II	100
1449	集	모을 집	隹	12	6II	459	1479	責	꾸짖을 책	貝	11	5II	193
1450	徵	부를 징 음계 치	彳	15	3II	260	1480	妻	아내 처	女	8	3II	184
							1481	處	곳 처	虍	11	4II	424
1451	懲	징계할 징	心	19	3	260	1482	尺	자 척	尸	4	3II	209
1452	且	또 차	一	5	3	34	1483	戚	친척 척	戈	11	3II	245
1453	借	빌릴 차	人	10	3II	300	1484	拓	넓힐 척 박을 탁	手	8	3II	378
1454	差	다를 차	工	10	4	402							
1455	次	버금 차	欠	6	4II	149	1485	斥	물리칠 척	斤	5	3	289
1456	此	이 차	止	6	3II	329	1486	千	일천 천	十	3	7	111
1457	捉	잡을 착	手	10	3	445	1487	天	하늘 천	大	4	7	172
1458	着	붙을 착	目	12	5II	401	1488	川	내 천	巛	3	7	214
1459	錯	어긋날 착	金	16	3II	300	1489	泉	샘 천	水	9	4	125
1460	贊	도울 찬	貝	19	3II	79	1490	淺	얕을 천	水	12	3II	251
1461	讚	기릴 찬	言	26	4	79	1491	踐	밟을 천	足	15	3II	251
1462	察	살필 찰	宀	14	4II	380	1492	賤	천할 천	貝	15	3II	251
1463	參	참여할 참 석 삼	厶	11	5II	126	1493	薦	천거할 천	艸	17	3	477
							1494	遷	옮길 천	辶	16	3II	382
1464	慘	참혹할 참	心	14	3	126	1495	哲	밝을 철	口	10	3II	285
1465	慙	부끄러울 참	心	15	3	288	1496	徹	통할 철	彳	15	3II	260
1466	倉	곳집 창	人	10	3II	70	1497	鐵	쇠 철	金	21	5	249
1467	創	비롯할 창	刀	12	4II	70	1498	尖	뾰족할 첨	小	6	3	173
1468	蒼	푸를 창	艸	14	3II	70	1499	添	더할 첨	水	11	3	173

NO	한자	대표 훈음	부수	획수	급수	쪽수	NO	한자	대표 훈음	부수	획수	급수	쪽수
1500	妾	첩 첩	女	8	3	394	1532	秋	가을 추	禾	9	7	384
1501	聽	들을 청	耳	22	4	373	1533	追	따를 추	辶	10	3II	191
1502	廳	관청 청	广	26	4	374	1534	醜	추할 추	酉	17	3	452
1503	青	푸를 청	青	8	8	38	1535	丑	소 축	一	4	3	115
1504	晴	갤 청	日	12	3	40	1536	畜	짐승 축	田	10	3II	351
1505	淸	맑을 청	水	11	6II	38	1537	蓄	모을 축	艹	14	4II	352
1506	請	청할 청	言	15	4II	39	1538	祝	빌 축	示	10	5	74
1507	替	바꿀 체	日	12	3	173	1539	築	쌓을 축	竹	16	4II	92
1508	滯	막힐 체	水	14	3II	231	1540	縮	줄일 축	糹	17	4	369
1509	逮	잡을 체	辶	12	3	185	1541	逐	쫓을 축	辶	11	3	194
1510	遞	갈릴 체	辶	14	3	425	1542	春	봄 춘	日	9	7	302
1511	體	몸 체	骨	23	6II	439	1543	出	날 출	凵	5	7	92
1512	初	처음 초	刀	7	5	93	1544	充	채울 충	儿	6	5II	75
1513	招	부를 초	手	8	4	140	1545	忠	충성 충	心	8	4II	36
1514	礎	주춧돌 초	石	18	3II	364	1546	蟲	벌레 충	虫	18	4II	426
1515	抄	뽑을 초	手	7	3	205	1547	衝	찌를 충	行	15	3II	429
1516	秒	분초 초	禾	9	3	205	1548	取	취할 취	又	8	4II	131
1517	肖	닮을 초	肉	7	3II	409	1549	趣	뜻 취	走	15	4	131
1518	草	풀 초	艹	10	7	295	1550	吹	불 취	口	7	3II	270
1519	超	뛰어넘을 초	走	12	3II	443	1551	就	나아갈 취	尢	13	4	209
1520	促	재촉할 촉	人	9	3II	445	1552	臭	냄새 취	自	10	3	415
1521	燭	촛불 촉	火	17	3	350	1553	醉	취할 취	酉	15	3II	114
1522	觸	닿을 촉	角	20	3II	350	1554	側	곁 측	人	11	3II	101
1523	寸	마디 촌	寸	3	8	199	1555	測	헤아릴 측	水	12	4II	101
1524	村	마을 촌	木	7	7	199	1556	層	층 층	尸	15	4	309
1525	總	다 총	糹	17	4II	400	1557	恥	부끄러울 치	心	10	3II	261
1526	聰	귀밝을 총	耳	17	3	400	1558	治	다스릴 치	水	8	4II	183
1527	銃	총 총	金	14	4II	75	1559	稚	어릴 치	禾	13	3II	386
1528	催	재촉할 최	人	13	3II	461	1560	置	둘 치	罒	13	4II	372
1529	最	가장 최	日	12	5	131	1561	値	값 치	人	10	3II	372
1530	抽	뽑을 추	手	8	3	362	1562	致	이를 치	至	10	5	416
1531	推	밀 추	手	11	4	460	1563	齒	이 치	齒	15	4II	326

NO	한자	대표 훈음	부수	획수	급수	쪽수	NO	한자	대표 훈음	부수	획수	급수	쪽수
1564	則	법칙 칙 곧 즉	刀	9	5	101	1594	太	클 태	大	4	6	172
							1595	泰	클 태	水	10	3II	302
1565	親	친할 친	見	16	6	433	1596	殆	거의 태	歹	9	3II	183
1566	七	일곱 칠	一	2	8	31	1597	怠	게으를 태	心	9	3	183
1567	漆	옻 칠	水	14	3II	312	1598	態	모습 태	心	14	4II	411
1568	侵	침노할 침	人	9	4II	198	1599	宅	집 택/댁	宀	6	5II	189
1569	浸	잠길 침	水	10	3II	199	1600	擇	가릴 택	手	16	4	234
1570	寢	잘 침	宀	14	4	198	1601	澤	못/윤 택	水	16	3II	234
1571	枕	베개 침	木	8	3	76	1602	土	흙 토	土	3	8	160
1572	沈	잠길 침 성 심	水	7	3II	75	1603	吐	토할 토	口	6	3II	160
							1604	討	칠 토	言	10	4	202
1573	針	바늘 침	金	10	4	454	1605	兎	토끼 토	儿	8	3II	80
1574	稱	일컬을 칭	禾	14	4	91	1606	通	통할 통	辶	11	6	356
1575	快	쾌할 쾌	心	7	4II	263	1607	痛	아플 통	疒	12	4	358
1576	他	다를 타	人	5	5	44	1608	統	거느릴 통	糸	12	4II	75
1577	墮	떨어질 타	土	15	3	221	1609	退	물러날 퇴	辶	12	4II	268
1578	妥	온당할 타	女	7	3	180	1610	投	던질 투	手	7	4	254
1579	打	칠 타	手	5	5	30	1611	透	사무칠 투	辶	11	3II	42
1580	卓	높을 탁	十	8	5	119	1612	鬪	싸움 투	門	20	4	438
1581	托	맡길 탁	手	6	3	189	1613	特	특별할 특	牛	12	6	200
1582	濁	흐릴 탁	水	16	3	350	1614	把	잡을 파	手	7	3	225
1583	濯	씻을 탁	水	17	3	464	1615	播	뿌릴 파	手	15	3	360
1584	彈	탄알 탄	弓	15	4	155	1616	破	깨뜨릴 파	石	10	4II	370
1585	歎	탄식할 탄	欠	15	4	322	1617	波	물결 파	水	8	4II	370
1586	炭	숯 탄	火	9	5	342	1618	頗	자못 파	頁	14	3	371
1587	誕	낳을 탄	言	14	3	325	1619	派	갈래 파	水	9	4	340
1588	奪	빼앗을 탈	大	14	3II	463	1620	罷	마칠 파	网	15	3	411
1589	脫	벗을 탈	肉	11	4	263	1621	判	판단할 판	刀	7	4	113
1590	探	찾을 탐	手	11	4	78	1622	板	널 판	木	8	5	130
1591	貪	탐낼 탐	貝	11	3	61	1623	版	판목 판	片	8	3II	130
1592	塔	탑 탑	土	13	3II	148	1624	販	팔 판	貝	11	3	130
1593	湯	끓을 탕	水	12	3II	106	1625	八	여덟 팔	八	2	8	83

NO	한자	대표 훈음	부수	획수	급수	쪽수
1626	貝	조개 패	貝	7	3	440
1627	敗	패할 패	攴	11	5	440
1628	便	편할 편 / 똥오줌 변	人	9	7	306
1629	篇	책 편	竹	15	4	273
1630	偏	치우칠 편	人	11	3II	274
1631	編	엮을 편	糸	15	3II	274
1632	遍	두루 편	辶	13	3	274
1633	片	조각 편	片	4	3II	344
1634	平	평평할 평	干	5	7II	232
1635	評	평할 평	言	12	4	233
1636	弊	폐단 폐	廾	15	3II	229
1637	幣	화폐 폐	巾	15	3	229
1638	蔽	덮을 폐	艸	16	3	230
1639	廢	폐할 폐	广	15	3II	365
1640	肺	허파 폐	肉	8	3II	226
1641	閉	닫을 폐	門	11	4	458
1642	捕	잡을 포	手	10	3II	278
1643	浦	개 포	水	10	3II	278
1644	布	베/펼 포 / 보시 보	巾	5	4II	226
1645	包	쌀 포	勹	5	4II	108
1646	砲	대포 포	石	10	4II	109
1647	抱	안을 포	手	8	3	109
1648	胞	세포 포	肉	9	4	109
1649	飽	배부를 포	食	14	3	109
1650	幅	폭 폭	巾	12	3	102
1651	暴	사나울 폭 / 모질 포	日	15	4II	303
1652	爆	터질 폭	火	19	4	303
1653	票	표 표	示	11	4II	380
1654	標	표할 표	木	15	4	380

NO	한자	대표 훈음	부수	획수	급수	쪽수
1655	漂	떠다닐 표	水	14	3	381
1656	表	겉 표	衣	8	6II	431
1657	品	물건 품	口	9	5II	152
1658	豊	풍년 풍	豆	13	4II	439
1659	風	바람 풍	風	9	6II	93
1660	楓	단풍 풍	木	13	3II	93
1661	皮	가죽 피	皮	5	3II	370
1662	疲	피곤할 피	疒	10	4	370
1663	彼	저 피	彳	8	3II	370
1664	被	입을 피	衣	10	3II	371
1665	避	피할 피	辶	17	4	235
1666	匹	짝 필	匸	4	3	110
1667	必	반드시 필	心	5	5II	261
1668	畢	마칠 필	田	11	3II	162
1669	筆	붓 필	竹	12	5II	241
1670	下	아래 하	一	3	7II	28
1671	何	어찌 하	人	7	3II	134
1672	河	물 하	水	8	5	134
1673	荷	멜 하	艸	11	3II	134
1674	夏	여름 하	夂	10	7	256
1675	賀	하례할 하	貝	12	3II	104
1676	學	배울 학	子	16	8	420
1677	鶴	두루미 학	鳥	21	3II	468
1678	寒	찰 한	宀	12	5	196
1679	恨	원한 한	心	9	4	265
1680	限	한할 한	阜	9	4II	266
1681	汗	땀 한	水	6	3II	232
1682	旱	가물 한	日	7	3	232
1683	漢	한나라 한	水	14	7II	322
1684	閑	한가할 한	門	12	4	458
1685	韓	한국 한	韋	17	8	471
1686	割	벨 할	刀	12	3II	192

NO	한자	대표 훈음	부수	획수	급수	쪽수	NO	한자	대표 훈음	부수	획수	급수	쪽수
1687	含	머금을 함	口	7	3II	60	1719	縣	고을 현	糸	16	3	399
1688	咸	다 함	口	9	3	244	1720	懸	매달 현	心	20	3II	399
1689	陷	빠질 함	阜	11	3II	339	1721	玄	검을 현	玄	5	3II	351
1690	合	합할 합	口	3	6	146	1722	絃	줄 현	糸	11	3	351
1691	巷	거리 항	己	9	3	85	1723	現	나타날 현	玉	11	6II	433
1692	港	항구 항	水	12	4II	85	1724	賢	어질 현	貝	15	4II	411
1693	恒	항상 항	心	9	3II	294	1725	顯	나타날 현	頁	23	4	240
1694	抗	겨룰 항	手	7	4	276	1726	穴	구멍 혈	穴	5	3II	389
1695	航	배 항	舟	10	4II	276	1727	血	피 혈	血	6	4II	428
1696	項	항목 항	頁	12	3II	219	1728	嫌	싫어할 혐	女	13	3	90
1697	害	해할 해	宀	10	5II	192	1729	協	화할 협	十	8	4II	116
1698	奚	어찌 해	大	10	3	175	1730	脅	위협할 협	肉	10	3II	116
1699	海	바다 해	水	10	7II	330	1731	亨	형통할 형	亠	7	3	55
1700	解	풀 해	角	13	4II	434	1732	兄	형 형	儿	5	8	74
1701	亥	돼지 해	亠	6	3	54	1733	刑	형벌 형	刀	6	4	50
1702	該	갖출 해	言	13	3	54	1734	形	모양 형	彡	7	6II	50
1703	核	씨 핵	木	10	4	54	1735	螢	반딧불 형	虫	16	3	318
1704	幸	다행 행	干	8	6II	233	1736	衡	저울대 형	行	16	3II	430
1705	行	다닐 행	行	6	6	428	1737	兮	어조사 혜	八	4	3	83
1706	享	누릴 향	亠	8	3	56	1738	惠	은혜 혜	心	12	4II	203
1707	向	향할 향	口	6	6	143	1739	慧	슬기로울 혜	心	15	3II	261
1708	鄕	시골 향	邑	13	4II	122	1740	乎	어조사 호	丿	5	3	151
1709	響	울릴 향	音	21	3II	122	1741	呼	부를 호	口	8	4II	151
1710	香	향기 향	香	9	4II	385	1742	互	서로 호	二	4	3	50
1711	虛	빌 허	虍	12	4II	424	1743	好	좋을 호	女	6	4II	179
1712	許	허락할 허	言	11	5	113	1744	戶	집 호	戶	4	4II	272
1713	憲	법 헌	心	16	4	193	1745	毫	터럭 호	毛	11	3	332
1714	獻	드릴 헌	犬	20	3II	426	1746	豪	호걸 호	豕	14	3II	333
1715	軒	집 헌	車	10	3	448	1747	浩	넓을 호	水	10	3II	151
1716	險	험할 험	阜	16	4	319	1748	胡	되 호	肉	9	3II	140
1717	驗	시험 험	馬	23	4II	319	1749	湖	호수 호	水	12	5	140
1718	革	가죽 혁	革	9	4	470	1750	虎	범 호	虍	8	3II	423

NO	한자	대표 훈음	부수	획수	급수	쪽수	NO	한자	대표 훈음	부수	획수	급수	쪽수
1751	號	이름 호	虍	13	6	424	1783	活	살 활	水	9	7II	420
1752	護	도울 호	言	21	4II	463	1784	況	상황 황	水	8	4	74
1753	或	혹시 혹	戈	8	4	248	1785	皇	임금 황	白	9	3II	353
1754	惑	미혹할 혹	心	12	3II	249	1786	荒	거칠 황	艸	10	3II	52
1755	昏	어두울 혼	日	8	3	334	1787	黃	누를 황	黃	12	6	478
1756	婚	혼인할 혼	女	11	4	334	1788	回	돌아올 회	口	6	4II	159
1757	混	섞을 혼	水	11	4	332	1789	悔	뉘우칠 회	心	10	3II	330
1758	魂	넋 혼	鬼	14	3II	476	1790	懷	품을 회	心	19	3II	432
1759	忽	갑자기 홀	心	8	3II	105	1791	會	모일 회	曰	13	6II	309
1760	弘	클 홍	弓	5	3	252	1792	灰	재 회	火	6	4	342
1761	洪	넓을 홍	水	9	3II	85	1793	劃	그을 획	刀	14	3II	242
1762	紅	붉을 홍	糸	9	4	219	1794	獲	얻을 획	犬	17	3II	463
1763	鴻	기러기 홍	鳥	17	3	468	1795	橫	가로 횡	木	16	3II	478
1764	化	될 화	匕	4	5II	109	1796	孝	효도 효	子	7	7II	404
1765	花	꽃 화	艸	8	7	110	1797	效	본받을 효	攵	10	5II	53
1766	貨	재물 화	貝	11	4II	110	1798	曉	새벽 효	日	16	3	165
1767	禾	벼 화	禾	5	3	383	1799	侯	제후 후	人	9	3	63
1768	和	화할 화	口	8	6II	384	1800	候	기후 후	人	10	4	63
1769	火	불 화	火	4	8	341	1801	厚	두터울 후	厂	9	4	188
1770	禍	재앙 화	示	14	3II	474	1802	後	뒤 후	彳	9	7II	255
1771	華	빛날 화	艸	12	4	162	1803	訓	가르칠 훈	言	10	6	215
1772	話	말씀 화	言	13	7II	420	1804	毁	헐 훼	殳	13	3	255
1773	畵	그림 화	田	12	6	242	1805	揮	휘두를 휘	手	12	4	449
1774	擴	넓힐 확	手	18	3	478	1806	輝	빛날 휘	車	15	3	449
1775	確	굳을 확	石	15	4II	378	1807	休	쉴 휴	人	6	7	62
1776	穫	거둘 확	禾	19	3	464	1808	携	이끌 휴	手	13	3	42
1777	丸	둥글 환	丶	3	3	44	1809	凶	흉할 흉	凵	4	5II	91
1778	患	근심 환	心	11	5	38	1810	胸	가슴 흉	肉	10	3II	91
1779	換	바꿀 환	手	12	3II	279	1811	黑	검을 흑	黑	12	5	479
1780	歡	기쁠 환	欠	22	4	322	1812	吸	마실 흡	口	7	4II	133
1781	環	고리 환	玉	17	4	431	1813	興	일 흥	臼	16	4II	419
1782	還	돌아올 환	辶	17	3II	431	1814	喜	기쁠 희	口	12	4	439

NO	한자	대표 훈음	부수	획수	급수	쪽수	NO	한자	대표 훈음	부수	획수	급수	쪽수
1815	希	바랄 희	巾	7	4II	226	1817	戲	놀이 희	戈	16	3II	425
1816	稀	드물 희	禾	12	3II	228							